Umwelt-, Klima- und Konsumgeschichte

Wüst, Wolfgang / Drossbach, Gisela (Hrsg.)

Umwelt-, Klima- und Konsumgeschichte

Fallstudien zu Süddeutschland, Österreich und der Schweiz

Unter Mitarbeit von Lisa Bauereisen und Christoph Gunkel

PETER LANG

Bibliografische Information der Deutschen Nationalbibliothek
Die Deutsche Nationalbibliothek verzeichnet diese Publikation in der Deutschen Nationalbibliografie; detaillierte bibliografische Daten sind im Internet über http://dnb.d-nb.de abrufbar.

Für die Unterstützung der Drucklegung bedanken wir uns bei der Forschungsstiftung Bayerische Geschichte, der Friedrich-Alexander-Universität Erlangen-Nürnberg und der Sektion Franken des Zentralinstituts für Regionenforschung an der FAU.

Umschlagabbildung:
Digitale Bildmontage von Marc Holländer: Dreiklang der Wechselwirkungen, 2018.

Bildnachweise: KHM-Museumsverband Kunsthistorisches Museum Wien
GG 1060 Lucas I. van Valckenborch: Sommerlandschaft (Juli oder August)
GG 957 Roelant Savery: Gebirgslandschaft mit Holzfällern
GG 3560: Lucas Cranach d. Ä. Hirschjagd des Kurfürsten Friedrich des Weisen

Cover Design: © Olaf Gloeckler, Atelier Platen, Friedberg

ISBN 978-3-631-77748-0 (Print) · E-ISBN 978-3-631-78135-7 (E-PDF)
E-ISBN 978-3-631-78136-4 (EPUB) · E-ISBN 978-3-631-78137-1 (MOBI)
DOI 10.3726/b15259

Peter Lang – Berlin · Bern · Bruxelles · New York · Oxford · Warszawa · Wien

Diese Publikation wurde begutachtet.

www.peterlang.com

Vorwort

Der vorliegende Tagungsband basiert auf zwei Seminaren, zu denen der Lehrstuhl für Bayerische und Fränkische Landesgeschichte und das Zentralinstitut für Regionenforschung (Sektion Franken) an der Friedrich-Alexander-Universität Erlangen-Nürnberg sowie Prof. Dr. Gisela Drossbach am Lehrstuhl für Europäische Regionalgeschichte der Universität Augsburg in Kooperation mit der Hanns-Seidel-Stiftung im September 2017 und März 2018 nach Kloster Banz (Bad Staffelstein) luden. Das Thema lautete: ***Bayerische Umwelt-, Klima- und Konsumgeschichte***.

*

Es ist dem großen Interesse des Peter Lang Verlags – hier insbesondere des Leitenden Lektors Herrn Dr. Hermann Ühlein –, den meist willigen Autorinnen und Autoren – nicht alle Referenten konnten oder wollten allerdings ihr Manuskript zeitnah zur Druckreife bringen –, der ebenso emsigen wie disziplinierten Buchredaktion unter Federführung von Frau Lisa Bauereisen, M.A., und last but not least der Unbeirrbarkeit der Herausgeber und vormaligen Tagungsleiter geschuldet, dass der Band in relativ kurzer Zeit vollendet werden konnte. Erschwerend kam hinzu, dass unser wunderbares Thema eine breite inhaltliche wie räumliche Streuung im Sinne europäischer Kulturgeschichte zuließ, die ein sorgfältig gearbeitetes Register unverzichtbar machten. Ein großer Dank geht auch an Herrn Christoph Gunkel, B.A., für wertvolle redaktionelle Hilfestellungen. Herr Christian Gürtler erstellte das umfangreiche Orts- und Personenregister.

Für die finanzielle Förderung des Drucks danken wir als Herausgeber im Namen aller Autorinnen und Autoren der Forschungsstiftung Bayerische Geschichte, der Friedrich-Alexander-Universität Erlangen-Nürnberg und der Sektion Franken des Zentralinstituts für Regionenforschung an der FAU.

*

Unsere oft aufgerufenen Tagungsberichte im Online-Portal H/Soz/Kult (Kommunikation und Fachinformation für die Geschichtswissenschaften) vom 27. November 2017 respektive 23. April 2018[1] mögen ein kleiner Vorgeschmack

1 Tagungsberichte: Bayerische Umwelt-, Klima- und Konsumgeschichte (Teil 1), 21.9.2017–22.9.2017, Bad Staffelstein, in: H-Soz-Kult, 27.11.2017, www.hsozkult.de/conferencereport/id/tagungsberichte-7416; Bayerische Umwelt-, Klima- und Konsumgeschichte (Teil 2), 8.3.2018–9.3.2018, Bad Staffelstein, in: H-Soz-Kult, 23.4.2018, www.hsozkult.de/conferencereport/id/tagungsberichte-7660.

gewesen sein auf das nun vorliegende Buch. Wir wünschen dem ansprechend gestalteten Band als Ganzem und den Einzelbeiträgen der Autoren eine gute Aufnahme in den Medien und im Buchhandel sowie eine nachhaltige Rezeption in Wissenschaft und Öffentlichkeit.

Erlangen, im Oktober 2018 Wolfgang Wüst
Augsburg, im Oktober 2018 Gisela Drossbach

Inhaltsverzeichnis

Verzeichnis der AutorInnen und MitarbeiterInnen

Lisa Bauereisen, M.A., Friedrich-Alexander-Universität Erlangen-Nürnberg
Prof. Dr. Günter Dippold, Otto-Friedrich-Universität Bamberg
Prof. Dr. Gisela Drossbach, Universität Augsburg
Prof. Dr. Amalie Fößel, Universität Duisburg-Essen
Prof. Dr. Gerhard Fritz, Pädagogische Hochschule Schwäbisch Gmünd
Oliver Gerstacker, M.A., Friedrich-Alexander-Universität Erlangen-Nürnberg
Christian Gürtler, Friedrich-Alexander-Universität Erlangen-Nürnberg
Felix Guffler, M.A., Universität Augsburg
Christoph Gunkel, B.A., Friedrich-Alexander-Universität Erlangen-Nürnberg
Dr. Thomas J. Hagen, Friedrich-Alexander-Universität Erlangen-Nürnberg
Nadja Hendriks, M.A., Universität Augsburg
Michaela Hermann, M.A., Stadtarchäologie Augsburg
Marc Holländer, B.A., Friedrich-Alexander-Universität Erlangen-Nürnberg
Prof. Dr. Martin Knoll, Universität Salzburg
PD Dr. Stefan Lindl, Universität Augsburg
Dr. Herbert May, Fränkisches Freilandmuseum Bad Windsheim
Reinhard Ferdinand Nießner, M.A., Universität Innsbruck
Renate Pfeuffer, M.A., Augsburg
Dr. Barbara Rajkay, Universität Augsburg
Prof. Dr. Christian Rohr, Universität Bern
Prof. Dr. Klaus Wolf, Universität Augsburg
PD Dr. Thomas Wozniak, Eberhard Karls Universität Tübingen
Sabine Wüst, Friedrich-Alexander-Universität Erlangen-Nürnberg
Prof. Dr. Wolfgang Wüst, Friedrich-Alexander-Universität Erlangen-Nürnberg

Abkürzungsverzeichnis

a.d.D.	an der Donau
a.M.	am Main
Abt.	Abteilung(en)
AIZ	Augsburgischer Intelligenz-Zettel
AK	Arbeitskreis
AKW	Atomkraftwerk
Anm.	Anmerkung(en)
AOP	Augsburgische Ordinari Postzeitung
Art.	Artikel
Aufl.	Auflage(n)
bayer.	bayerisch
BayGTzeitung	Bayerische Gemeindetagszeitung
BayHStA	Bayerisches Hauptstaatsarchiv
BayStaBi	Bayerische Staatsbibliothek
Bd.	Band
Bde.	Bände
bearb.	bearbeitet
Bearb.	Bearbeiter/in
bes.	besonders
betr.	betreffend
Bgf.	Burggraf
bzw.	beziehungsweise
ca.	circa
Cf.	confer (vergleiche)

d.Ä.	der Ältere
d.J.	der Jüngere
Dep.	Depositum
ders./Ders.	derselbe
Dez.	Dezember
dies./Dies.	dieselbe(n)
Diss. masch.	Dissertation (maschinenschriftlich)
doi	digital object identifier (Digitaler Objektbezeichner mit integrierter Lokalisierungsfunktion)
e.V.	eingetragener Verein
ebd./Ebd.	ebenda
Ed.	Editor/in
erg.	ergänzt
erw.	erweitert
f./ff.	folgende(n)
Fasz.	Faszikel
FH	Fachhochschule
fl.	florenus (Gulden)
fol.	Folio
freiherrl.	freiherrlich
Frhr.	Freiherr
Gal.-Waren	Galmei-Waren
GbR	Gesellschaft bürgerlichen Rechts
Gf.	Graf
Gmde.	Gemeinde
GR	Gemeinderat
gräfl.	gräflich

Habil.-Schr.	Habilitationsschrift
Hdlg.	Handlung
Hg.	Herausgeber/in
hl.	heilig
Hoflief.	Hoflieferant
HRR	Heiliges Römisches Reich (Deutscher Nation)
hrsg.	herausgegeben
HStA	Hauptstaatsarchiv
Hzg.	Herzog
i.e.	id est (gemeint ist)
ICLEI	International Council for Local Environmental Initiatives
ICOMOS	International Council on Monuments and Sites
ID-Nr.	Identifikationsnummer
IHK	Industrie- und Handelskammer
Inh.	Inhaber/in
Inv.	Inventar
ital.	italienisch
Jan.	Januar
Jh.	Jahrhundert
jun.	junior
K.	Kaiser
Kat.	Katalog(e)
Kf.	Kurfürst
Kg.	König
kgl.	königlich
LA	Landesarchiv
Lgf.	Landgraf

Lkr.	Landkreis
Mg	Morgen
Mgf.	Markgraf
MGH	Monumenta Germaniae Historiae
MGH SS	Monumenta Germaniae Historiae Scriptores (in Folio)
MGH SS rer. Germ.	Scriptores rerum Germanicarum in usum scholarum separatim editi
Mgl.	Mitglied
mündl.	mündlich
N.F./NF	Neue Folge
ND	Neudruck
NDB	Neue Deutsche Biographie
N.N.	Nomen nominandum ([noch] zu nennender Name)
NÖ	Niederösterreich
No.	Numero (vereinfacht)
Nr.	Nummer
o.D.	ohne Datum
o.J.	ohne Jahr
o.O.	ohne Ort
OT	Ortsteil
pag.	pagina (Seite)
phil. Diss.	Dissertation an der Philosophischen Fakultät
r	recto
reg.	regierte
Rep.	Repertorium
Rh.	Ratsherr

Rmgl.	Ratsmitglied
Rst.	Reichsstadt
S.	Seite(n)
s.	siehe
s.l.	sine loco (ohne Ort)
s.v.	sub voce/sub verbo (unter dem Ausdruck/unter dem Wort)
SchlossA	Schlossarchiv
sen.	senior
Sign.	Signatur(en)
Sp.	Spalte(n)
St.	Sankt
StA/StaatsA	Staatsarchiv
StABa	Staatsarchiv Bamberg
StAN	Staatsarchiv Nürnberg
StaatsAA	Staatsarchiv Augsburg
StadtA	Stadtarchiv
StadtAA	Stadtarchiv Augsburg
StMin	Staatsministerium
SZ	Süddeutsche Zeitung
Tl.	Teil
Tle.	Teile
u.	und
u.a.	unter anderen, unter anderem
u.ö.	und öfter
UB	Universitätsbibliothek
v	verso
v.	von/vom

v.a.	vor allem
verb.	verbessert
verm.	vermehrt
Veröff.	Veröffentlichung(en)
vgl./Vgl.	vergleiche
VKgLk	Kommission für geschichtliche Landeskunde in Baden-Württemberg
vs.	versus
xr.	Kreuzer
z.B.	zum Beispiel
ZBLG	Zeitschrift für bayerische Landesgeschichte
ZGO	Zeitschrift für die Geschichte des Oberrheins
zit.	zitiert
zugl.	zugleich

Themeneinführung und Zusammenfassungen

Gisela Drossbach / Wolfgang Wüst

Umwelt-, Klima- und Konsumgeschichte: eine Einführung

Der vorliegende Tagungsband basiert auf zwei Seminaren, die im September 2017 und März 2018 in Kloster Banz, dem Bildungszentrum der Hanns-Seidel-Stiftung, stattfanden. Diese wurden durch das lebhafte Interesse und die reiche Unterstützung von Herrn Wolfgang Schwirz vom Referat für Agrar-, Umwelt- und Energiepolitik, Verbraucherschutz, der Hanns-Seidel-Stiftung, München, möglich. Für diese in mehrfacherweise ertragreiche Kooperation sei Herrn Schwirz herzlich gedankt.

Mehr als bloße Konsumkritik: Der Klimawandel als Sündenfall ohne Vorgeschichte?

Angesichts der Katastrophen und der politischen Lage hätte das Thema *Umwelt, Klima und Konsum* unserer Tagung kaum aktueller gewählt sein können. Da wären zunächst der sprunghafte US-Präsident, der das Pariser Klimaabkommen aufkündigte, die Hurrikan-Saison 2017, die zwei starken Erdbeben in Mexiko vom 8. und 19. September 2017 sowie letztlich die ernüchternden Zweifel einer Mehrzahl von Wissenschaftlern daran, dass individuelle Wetterereignisse jemals sicher der globalen Erwärmung angelastet werden könnten – nach dem Motto: Klimawandel hin oder her, im chaotischen Wettersystem sind extreme Ausreißer jederzeit möglich.[1]

Um die Aktualität des vorliegenden Sammelbandes auch hinsichtlich des Themas *Konsum* zu betonen, werden im Folgenden die Aspekte *Konsumkritik* (hinsichtlich ihrer Wirkung beziehungsweise Wirkungslosigkeit) sowie *Karma-Konsum* angeführt.

*

1 Selbst Papst Franziskus bezeichnete im September 2017 die Klimawandel-Leugner als „dumm", „stur" und „blind" und berief sich hierbei auf derart im Alten Testament beschriebene Menschen. Ole Reißmann, Papst nennt Leugner des Klimawandels „dumm", „stur" und „blind", publiziert am 12.9.2017 unter URL: https://www. bento.de/nachhaltigkeit/klimawandel-leugner-sind-dumm-stur-und-blind-sagt-papst-franziskus-a-00000000-003-0001-0000-000001678762 (letzter Zugriff: 16.9.2018).

In seinem Buch „Empire of the things", „Herrschaft der Dinge", in deutscher Übersetzung just 2017 erschienen, beschreibt der am Birkbeck College/University of London lehrende Historiker Frank Trentmann auf 1.104 Seiten Ergebnisse aus dem von ihm geleiteten, mit fünf Millionen Pounds gesponserten, „Cultures of resumption research project"/„Forschungsprojekt über die Kulturen des Konsums".[2] Demnach ist das 15. Jahrhundert als Ausgangspunkt für die Geschichte des Konsums zu sehen. Durch zunehmenden Handel habe damals in Teilen Europas und Asiens der *Kreislauf der Dinge* spürbar zugenommen. Konsum und Besitzgegenstände hätten von den Eliten nicht nur zu den Händlergruppen ihren Weg gefunden, sondern auch zu Handwerkern und Bauern. Als Ursache hierfür bringt Trentmann nicht etwa eine wirtschaftsgeschichtliche Erklärung, sondern er schreibt von einem materiellen Selbst: Aus 600 Jahren Geschichte könne man ableiten, dass der Mensch nicht eine rein psychologische Identität habe, sondern dass Gegenstände in unserem Leben Teil unseres Ichs seien: Konsum erlaube uns, unsere eigentliche Persönlichkeit zu entwickeln. Neben dem psychologischen und sozialen Selbst gebe es auch ein materielles Selbst.[3]

Und bezogen auf die Gegenwart, ob Konsumenten über den Kauf auch Macht haben, gefragt in einem Interview des Deutschen Rundfunks, meint Trentmann, dass diese Macht relativ zu sehen sei: Die großen Hoffnungen, dass Konsumenten allein über ihren Geldbeutel die Weltwirtschaft verändern können, hält er für zu weit gegriffen. Konsumkritik sei mehrere tausend Jahre alt und habe „nicht sehr viel produziert", Zitat: „Einfach den Konsum verteufeln, das gab es schon immer. Das hat aber wirklich nicht dazu geführt, dass unsere Konsumsucht zurückgegangen ist".[4] Es sei unwahrscheinlich, dass kleine konsumkritische Gruppierungen wie die *Zero Waste*-Bewegung oder die der *Konsum-Minimalisten* große Effekte hätten, denn „die Gesellschaft um uns herum tickt zu einem ganz anderen Rhythmus".

*

Was bedeutet dies für Wirkung und Effekte, die von dem vorliegenden Tagungsband ausgehen sollen? Gerade im Kontext von Umwelt und Klima fängt für uns die Konsumgeschichte nicht erst im 15. Jahrhundert an und nimmt ihren Ausgang

---

2 Frank Trentmann, Herrschaft der Dinge. Die Geschichte des Konsums vom 15. Jahrhundert bis heute. Aus dem Englischen von Klaus-Dieter Schmidt und Stephan Gebauer-Lippert, München 2017.

3 Ebd., S. 134.

4 Interview mit Jonas Reese, Gegenstände sind Teil unseres Ichs, publiziert am 13.8.2017 unter URL: https://www.deutschlandfunk.de/historiker-trentmann-ueber-konsum-gegenstaende-sind-teil.694.de.html?dram:article_id=393372 (letzter Zugriff: 16.9.2018).

nicht allein bei „Wirtschaftseliten“. Und ob die hier getroffene Themenwahl Klima, Konsum und Umwelt von Erfolg gekrönt sein wird, hängt zum einen vom Einsatz der Autoren nebst der Qualität ihrer Beiträge ab und zum anderen vom *Karma-Konsum* des Bandes sowie der positiven Resonanz darauf.

*

Was also ist *Karma-Konsum*? Das ist nach dem Vordenker der Wertegemeinschaft Karmakonsum, Christoph Harrach, der Versuch an das Prinzip der Nachhaltigkeit anzuknüpfen, nämlich zu sehen, dass in einer globalen, vernetzten Welt eben jede Handlung wieder zurückfällt auch auf die, die sie verursachen.[5] Das heißt, der Begriff *Karma* ist stellvertretend für ein Ursache-Wirkungs-Prinzip. In der Bibel steht ja schon: „So wie wir sähen, werden wir ernten.“ Das heißt, so wie der Ökonom oder Produzent agiert, wird er auch die Früchte einfahren. Auch jedes Produkt hat ein in sich inkludiertes Karma, das betrifft alle Handlungen, die ausgeführt wurden, damit das Produkt bei uns im Laden liegt. Wer als Karma-Konsument lebt, will nicht länger *schlechtes Karma* für den eigenen Konsum in Kauf nehmen. Im Gegenteil: Er will möglichst *gutes Karma* produzieren. Möge der vorliegende Tagungsband auch diesbezüglich unter einer guten Vorsehung stehen!

Quellenbasierte Anregungen zur (ökologischen) Nachhaltigkeit aus der geografischen Mitte Europas

Klimaschwankungen mit extremen Dürrezeiten, periodisch wiederkehrenden Überschwemmungen oder orkanartigen Stürmen beeinträchtigen seit jeher auch die Lebensbedingungen in Europa. Auch die hier näher untersuchten süddeutschen Regionen waren nicht sicher vor den Fernwirkungen großer Naturkatastrophen wie dem Erdbeben in Basel 1356[6] oder den Vulkanausbrüchen auf Island (Laki) 1783/84 und auf dem indonesischen Archipel 1816/17. Hungersnöte waren deshalb in großen Teilen Deutschlands, Österreichs und der Schweiz die

5 Christoph Harrach ist Betriebswirt, Yogalehrer und Initiator des Blogs „www.karmakonsum.de“. Er bloggt zu Themen wie Nachhaltigkeit, Ökologie oder Spiritualität in der Ökonomie. Er will seine Leser animieren, bewusster zu konsumieren, beziehungsweise als Unternehmer achtsamer zu produzieren. Siehe URL: https://www.karmakonsum.de/author/ (letzter Zugriff: 16.9.2018).

6 Arno Borst, Das Erdbeben von 1348. Ein historischer Beitrag zur Katastrophenforschung, in: Historische Zeitschrift 233, 1981, S. 529–569.

unmittelbare Folge.[7] Wilhelm Abels Ergebnisse zu „Massenarmut und Hungerkrisen“ konnten so perspektivisch und inhaltlich neu akzentuiert werden.[8]

Trotz der von der natur- und geisteswissenschaftlichen Forschung gleichermaßen zum Teil früh fokussierten Zusammenhänge zwischen Umwelt und menschlicher Existenzsicherung zählt eine systematisch betriebene *Umweltgeschichte* zu den neuen Wissensfeldern, denen sich die moderne Landesgeschichte in Abkehr einer traditionsreichen Herrschafts- und Verfassungsgeschichte viel zu spät öffnete.

Die von Lucien Febvre („La terre et l'evolution humaine: introduction géographique à l'histoire“, Paris 1922) bereits in der Zwischenkriegszeit angemahnte Hinwendung der Geschichtswissenschaften zu den geologisch-geographischen Grundlagen unseres Daseins sollte in den von Gisela Drossbach und Wolfgang Wüst geleiteten Banzer Tagungsseminaren am 21./22. September 2017 und am 8./9. März 2018 vor dem Hintergrund neuerer Arbeiten und breiter archivalischer Überlieferung für Süddeutschland und seine Nachbarländer im alpinen Raum versucht werden. Dabei spielten auch regionale Stadt-, Markt- und Ortsgeschichten eine unterstützende Rolle, da sie, wie das Beispiel Würzburg zeigt, die Umweltgeschichte mitunter relativ früh in ihr Curriculum integrierten.[9]

*

Als zentraler Begriff und Wegweiser hat sich seit Jahren die Nachhaltigkeit[10] in der *Klima-* und *Umweltgeschichte* etabliert. Pars pro toto kann das Prinzip ökologischer Nachhaltigkeit als Leitlinie für die Schonung immer knapper werdender Energieressourcen, für die Entwicklung alternativer Techniken im

---

7 Manfred Vasold, Die Ursachen und Auswirkungen der Hungersnot von 1816/17: Ein Beitrag zur fränkischen Klima- und Umweltgeschichte, in: Karl Borchardt (Hg.), Städte, Regionen, Vergangenheiten, Würzburg 2003, S. 403–423; Ders., Die Eruption des Laki von 1783/84 und die Überschwemmungen vom Februar 1784 im fränkischen Raum, in: Jahrbuch für fränkische Landesforschung 64, 2004, S. 131–143. Neuerdings vor allem: Wolfgang Behringer, Tambora und das Jahr ohne Sommer. Wie ein Vulkan die Welt in die Krise stürzte, München 2015; Ders., Kulturgeschichte des Klimas. Von der Eiszeit bis zur globalen Erwärmung, München ^{5}2010.

8 Wilhelm Abel, Massenarmut und Hungerkrisen im vorindustriellen Deutschland, Göttingen ^{2}1977.

9 Rüdiger Glaser / Winfried Schenk, Aspekte der vorindustriellen Umweltgeschichte des Würzburger Siedlungsraums, in: Ulrich Wagner (Hg.), Geschichte der Stadt Würzburg 2, Stuttgart 2004, S. 21–36.

10 Wolfgang Wüst, Nachhaltige Landespolitik? Fürstenherrschaft und Umwelt in der Vormoderne, in: Zeitschrift für bayerische Landesgeschichte 70, 2007, S. 85–108.

Dienste umweltverträglicher Zukunftssicherung und zur Dämpfung einer dramatischen Klimaerwärmung instrumentalisiert werden. Nachhaltigkeit wurde zum Schlagwort umweltorientierter Berichterstattung in Presse, Rundfunk und Fernsehen. Vorexerziert wurden ihre Leitsätze zuerst in der Forst- und Waldwirtschaft.[11] Eine Fundprobe im Internet über die Suchmaschine Google ergab am 12. Juni 2018 nicht weniger als 20.500.000 Treffer zum Stichwort *Nachhaltigkeit*, das damit schon heute auch den Cyberspace nachhaltig infiltriert, und die einhergehende Beschäftigung mit Umweltfragen hat längst eine internationale wie interdisziplinäre Dimension angenommen, die erst in jüngerer Zeit, wie gesagt, die Geschichtswissenschaft im Allgemeinen und die Landesgeschichte im Besonderen erreicht hat.[12] Auch auf europäischer Ebene wurde erst 1999 beispielsweise die „European Society for Environmental History" (ESEH)[13] gegründet, die sich als Förderer und Dachverband für umwelthistorisches Forschen versteht.

Doch trotz der noch nicht vollkommen etablierten Fachperspektive des – keineswegs neuen – Themas *Umweltgeschichte* liegen erste wissenschaftshistorische Resümees[14] vor, die die Autoren dieses Bandes quellenorientiert weiterführen.

*

11 Hansjörg Küster, Geschichte des Waldes, München 1998.

12 In Auswahl: Helmut Jäger, Einführung in die Umweltgeschichte, Darmstadt 1994; Wolfram Siemann / Nils Freytag / Wolfgang Piereth (Hg.), Städtische Holzversorgung. Machtpolitik, Armenfürsorge und Umweltkonflikte in Bayern und Österreich 1750–1850 (= Zeitschrift für bayerische Landesgeschichte B/22), München 2002; Wolfram Siemann / Nils Freytag (Hg.), Umweltgeschichte. Themen und Perspektiven (Beck'sche Reihe 1519), München 2003 (Vgl. hier vor allem die Einleitung der Herausgeber: „Umwelt – eine geschichtswissenschaftliche Grundkategorie", S. 7–20).

13 URL: www.eseh.org (letzter Zugriff: 1.9.2018).

14 Franz-Josef Brüggemeier, Umweltgeschichte: Erfahrungen, Ergebnisse, Erwartungen, in: Archiv für Sozialgeschichte 43, 2003, S. 1–18; Ders. / Jens Ivo Engels, Den Kinderschuhen entwachsen: Einleitende Worte zur Umweltgeschichte der zweiten Hälfte des 20. Jahrhunderts, in: Franz-Josef Brüggemeier (Hg.), Natur- und Umweltschutz nach 1945: Konzepte, Konflikte, Kompetenzen, Frankfurt/Main u.a. 2005, S. 10–19; Fiona Watson / Jens Ivo Engels, Einleitung, in: Franz Bosbach (Hg.), Umwelt und Geschichte in Deutschland und Großbritannien / Environment and history in Britain and Germany (Prinz-Albert-Studien 24), München 2006, S. 23–35.

Die *Konsumgeschichte*[15] führte bisher vor allem auch in der Landes- und Regionalgeschichte[16] ein Schattendasein. Die historische Bewertung des Konsums blieb im Kielwasser der Wirtschafts-, Sozial-, Markt-, Mode- sowie der Medienwissenschaften mit Blick auf die Luxus-, Genuss- und Verbrauchsgüter kaum fokussiert. Dieser Befund ist zunächst überraschend, da die Neuere Kulturgeschichte auch in Bayern durchaus verstärkt nach gesellschaftlichen Alltagsphänomenen suchte und sich in der Regionalgeschichte die Empirie auch auf das engere Marktgeschehen konzentrierte. Konsumgeschichte ist somit leider bis heute in ihrer methodischen Abhängigkeit von Pionierarbeiten[17] aus dem angelsächsischen

---

15 Den Forschungsstand und das Wissensfeld resümierend: Wolfgang König, Kleine Geschichte der Konsumgesellschaft. Konsum als Lebensform der Moderne, Stuttgart ²2013; Hannes Siegrist / Hartmut Kaelble / Jürgen Kocka (Hg.), Europäische Konsumgeschichte. Zur Gesellschafts- und Kulturgeschichte des Konsums (18. bis 20. Jahrhundert), Frankfurt a.M./New York 1997; Rolf Walter (Hg.), Geschichte des Konsums: Erträge der 20. Arbeitstagung der Gesellschaft für Sozial- und Wirtschaftsgeschichte 23.–26. April 2003 in Greifswald (Vierteljahresschrift für Sozial- und Wirtschaftsgeschichte, Beiheft 175), Wiesbaden 2004. Einführend und quellenbasiert: Rainer Beck, Luxus oder Decencies? Zur Konsumgeschichte der Frühneuzeit als Beginn der Moderne, in: Reinhold Reith / Torsten Meyer (Hg.), Luxus und Konsum – eine historische Annäherung, Münster u.a. 2003, S. 29–46; Christine Reves, Vom Pomeranzengängler zum Großhändler? Netzwerke und Migrationsverhalten der Brentano-Familien im 17. und 18. Jahrhundert, Paderborn 2012; Michael North, Genuss und Glück des Lebens. Kulturkonsum im Zeitalter der Aufklärung, Köln u.a. 2003; Michael Prinz (Hg.), Der lange Weg in den Überfluss. Anfänge und Entwicklung der Konsumgesellschaft seit der Vormoderne, Paderborn/Wien 2003; Wolfgang Wüst, Luxus oder Sparzwang? Höfisches Leben im frühmodernen Kleinstaat der fränkischen Hohenzollern und der Bischöfe von Augsburg, in: Werner Paravicini (Hg.), Luxus und Integration. Materielle Hofkultur Westeuropas vom 12. bis zum 18. Jahrhundert, München 2010, S. 65–82; Michael North, Das Goldene Zeitalter. Kunst und Kommerz in der niederländischen Malerei des 17. Jahrhunderts, Köln/Weimar/Wien 2001; Wolfgang Wüst (Hg.), Regionale Konsumgeschichte. Vom Mittelalter bis zur Moderne. Referate der Tagung vom 26. bis 28. Februar 2014 im Bildungszentrum Kloster Banz (Franconia 7. Beihefte zum Jahrbuch für fränkische Landesforschung), Erlangen 2015.

16 Angesprochen wurde das Thema zwar in einer Reihe wirtschafts- und handelsorientierter Arbeiten, ohne aber primär auf Marktkritik und regionale Konsumgeschichte diskursiv einzugehen. Zu diesem wichtigen Bereich landeshistorischer Grundlagenforschung zählt das Messe- und Marktwesen. Vgl. Peter Johanek, Europäische Messen und Märktesysteme in Mittelalter und Neuzeit, Köln 1996.

17 Kent McCracken, Culture and Consumption. New Approaches to the Symbolic Character of Consumer Goods and Activities, Bloomington 1988; Neil McKendrick / John Brewer / Jack Plumb (Hg.), The Birth of a Consumer Society. The Commercialization

Kultur- und Konsumraum einerseits, und, trotz der seit den 1970er Jahren hauptsächlich von den deutschen Sozialwissenschaften[18] eingeführten Untersuchungs- und Deutungsmuster andererseits, eine verkannte Größe geblieben. Das trifft – wie gesagt auch in Bayern – insbesondere für regionale Varianten zu. Es entstand eine offensichtliche Diskrepanz zur aktuellen Themenvielfalt der Markt- und Konsumkritiker, die am Beispiel der *Slow-Food*-Bewegung einerseits Genuss, Lebensqualität – thematisiert sind hier vor allem Konsum, Verschwendung und Haushalten – und Geschichte[19], andererseits Ökologie und Ökonomie zu verbinden wussten.

So war bereits die siebte Leitmesse der *Slow-Food*-Bewegung im „Markt des guten Geschmacks" im April 2013 in Stuttgart ein voller Erfolg. Man zählte knapp 80.000 Besucher, die bereit waren, sich nachhaltig für das Wissen zu engagieren, wie und was man zu fairen Preisen und guter Qualität in und aus europäischen Regionen essen kann.[20] Ein Jahr später präsentierten am gleichen Ort bereits 475 Aussteller unter dem Themenschwerpunkt „Junges Gemüse auf dem Markt des guten Geschmacks" ihre Produkte.[21]

---

of Eighteenth-Century England, London 1982; Anne Bermingham, The Consumption of Culture. 1600–1800, London 1997; Christopher J. Berry, The Idea of Luxury. A Conceptual and Historical Investigation, Cambridge 1994; Craig Clunas, Modernity Global and Local. Consumption and the Rise of the West. An Review Essay, in: The American Historical Review 104, 1991, S. 1497–1511.

18 Resümierend: Norbert F. Schneider / Doris Rosenkranz (Hg.), Konsum. Soziologische, ökonomische und psychologische Perspektiven, Opladen 2000.

19 Vgl. dazu: Karl Gattinger (Hg.), Genuss mit Geschichte. Einkehr in bayerischen Denkmälern – Gasthöfe, Wirtshäuser und Weinstuben, München 2009. Der Band wurde in mehreren Auflagen aktualisiert.

20 URL: http://www.slowfood.de/slow_food_messen/markt_des_guten_geschmacks_die_slow_food_messe (letzter Zugriff: 1.4.2016).

21 URL: https://salatwerkstatt.de/junges-gemuese-auf-markt-des-guten-geschmacks (letzter Zugriff: 3.8.2018).

Oliver Gerstacker

Zusammenfassung Teil 1

Die Aktualität des Tagungsthemas spiegeln gegenwärtige und immer wiederkehrende Naturkatastrophen, Umweltproblematik, Veränderungen im Klima sowie die Kritik an der modernen Konsumgesellschaft wider. Extremer werdende Wetterphänomene gehören mehr oder weniger zu unserem Alltag. In diesem Sinn beschäftigte sich die von der Hanns-Seidel-Stiftung geförderte Tagung mit verschiedenen Themen der Umwelt-, Klima- und Konsumgeschichte vom Mittelalter bis zur frühen Neuzeit im süddeutschen Raum.

Nach der Begrüßung der Teilnehmer und Referenten führten die Veranstalter Wolfgang Wüst (Erlangen) und Gisela Drossbach (Augsburg/München) in das Tagungsprogramm ein und stellten dessen Konzeption vor. Konsum sei von jeher wichtig für die Entwicklung von Personen und Gesellschaften gewesen. In diesem Kontext ist laut Wolfgang Wüst der Begriff des „Protokonsums" zu sehen, der die Macht der Dinge über die Menschen beschreibt. Nicht einmal die aktuelle sowie eine historische Konsumkritik hätten etwas an der herrschenden Konsumsucht ändern können. Gisela Drossbach erklärte den Begriff „Karmakonsum" entsprechend dem Verständnis führender Ökonomen, der auf das Prinzip der Nachhaltigkeit im Kontext zu Umwelt und Klima ausgerichtet ist. Es folgten Hinweise auf den vorliegenden gemeinsamen Tagungsband, der diese sowie die zweite Tagungseinheit, die am 8. und 9. März 2018 stattgefunden hat, umfasst. Für die Drucklegung standen leider nicht alle Vorträge zur Verfügung.

Den ersten Vortrag hielt Thomas J. Hagen (Erlangen) zum Thema „Konfliktpotential alltäglicher Konsumgüter: Der Streit ums Biermonopol im frühneuzeitlichen Oberfranken". Er konstatierte hierzu, dass der Bierkonsum zwar aktuell rückläufig, aber regional in Franken stark vertreten und touristisch gut ausgebaut sei. Der Bierverkauf galt in Mittelalter und Früher Neuzeit als Privileg im Verbund mit der Vergabe des Stadtrechtes und war oftmals ein Monopol der Städte. Ein Gesetz besagte, dass innerhalb einer „Bierbannmeile" kein fremdes Bier ausgeschenkt werden durfte. An Vorrechten, wie dem Brau-, Schank-, und Bierverlagsrecht wurde gern – nicht zuletzt wegen der damit verbundenen Biersteuereinnahmen – festgehalten. Aber auch Klöster und der „niedere Adel" begannen zunehmend mit dem kommerziellen Bierverkauf, was Konflikte, die sich in gewalttätige Auseinandersetzungen zwischen Städten und reichsritterschaftlichen

Ortschaften entwickelten, hervorrief. Der klimabedingte Rückgang von Weinbau beförderte zudem den Bierkonsum. Das Bierbrauen wurde somit zu einem Wirtschaftsfaktor mit hohem Stellenwert. Wurde das städtische Bierverlagsmonopol missachtet, gab es drastische Geldstrafen. Als ein Fazit konstatierte THOMAS J. HAGEN, dass es in der Frühen Neuzeit keinen freien und fairen Wettbewerb gab. Erst eine neue, staatliche Biersteuer ermöglichte seit Anfang des 19. Jahrhunderts den freien Handel und die Entstehung von zahlreichen Landbrauereien, wie wir sie heute noch kennen und schätzen.

WOLFGANG WÜST (Erlangen) berichtete daraufhin über das „Prinzip der Nachhaltigkeit" unter Hinzuziehung der bayerischen „Holz- und Waldordnungen als Quellen für ökologisches Wirtschaften". Er warf dazu die noch ungeklärte Frage auf, wie der Begriff der Nachhaltigkeit auf die historischen Quellen übertragen werden kann. Aus einer Analyse von Jagd- und Forstordnungen könne entnommen werden, dass bereits 1598 in Bayern eine erste Waldordnung erlassen wurde. Für das 17. Jahrhundert stellte er unter anderem eine Eichstätter Holzordnung sowie Forstordnungen aus den Markgraftümern Brandenburg-Ansbach und Bayreuth vor. Diese Quellen sind im Kontext der „guten Policey" anzusiedeln und behandeln neben der herrschaftlichen Waldnutzung, Forstverwaltung und genossenschaftlichen Waldrechten auch Kriminalitätsformen, wie zum Beispiel den Jagd- oder Holzfrevel. Die Ordnungen ließen, so Wüst, bereits einen Willen zur Nachhaltigkeit bei der Nutzung des Waldes als Ressource erkennen. In einer Feuerordnung aus Salzburg von 1713 wird diesbezüglich die Brandrodung in den Wäldern verboten und in einer weiteren Quelle aus Passau wird die Holzverschwendung angeprangert. Letztendlich wird das Prinzip der Nachhaltigkeit bereits seit dem 15. Jahrhundert aus den Quellen ersichtlich.

Mit HERBERT MAY (Bad Windsheim) erfolgte über das Thema „Wärmedämmung und Wetterschutz im historischen Hausbau" ein Einblick in den interdisziplinären Forschungszweig der Hausforschung. Neben Beispielen zu den verschiedenen Dämmungstechniken, wie Wärme durch Gras, Heu und Stroh, zeigte der Referent unterschiedliche Wohn- und Bauernhäuser aus der frühen Neuzeit, vorwiegend aus Franken, welche die Techniken der Lehmvorsatzschale anwandten. Es handelte sich hier um Lehmwände mit einem Hohlraum, der mit Heu, Stroh oder Schilf aufgefüllt wurde. Eine Außendämmung aus dem 19. Jahrhundert war die Nutzung von Ziegelvorsatzschalen. Andere Beispiele waren Schieferverkleidungen, isolierte Dachschrägen, frostbeständiges Ziegelmauerwerk oder isolierende Wirkung durch Holz. Für bestimmte Gegenden kann ein Trend hin zur Versteinerung des ländlichen Hausbaus festgestellt werden, was auch mit der Genehmigung von Bauanträgen durch die Nürnberger Waldämter zusammenhing, welche die Schonung der Holzbestände im Nürnberger Reichswald zum Zweck hatten. Der Vortragende schloss seinen Beitrag mit der Feststellung, dass das historische Bauernhaus einem fein austarierten Mikrokosmos glich, das mit einem gut durchdachten Klimasystem versehen war.

Im letzten Vortrag des Tages[1] sprach MICHAEL RUMPF (Bühl/Baden) in Vertretung des verhinderten GERHARD FRITZ (Schwäbisch Gmünd) über den „Kampf mit den Naturgewalten: Mühlen im Spannungsfeld von Eis, Überschwemmungen und Dürre". Sein Schwerpunkt lag vor allem in Baden-Württemberg und seinen Nachbarregionen und basierte auf Erkenntnissen aus der Arbeit am Mühlenatlas Baden-Württemberg. Es ging hierbei besonders um die Probleme der Müller in der frühen Neuzeit, wie Betrieb, Instandhaltung, Reparaturen und ihre Rechte. Der Vortragende erläuterte, dass Energie schon früher ein knappes und begehrtes Gut gewesen sei und stellte klar, dass die klassischen Mühlen in Süddeutschland meist durch Mühlenkanäle mit den Wasserläufen verbunden waren. Große Zerstörungen gab es durch Hochwasser, zum Beispiel am Mühlkanal oder am Wehr, aber auch durch Flößereibetrieb und schwimmendes Scheitholz. Auch im Normalbetrieb, bedingt durch den hohen Arbeitsaufwand, gab es eine schleichende Abnutzung und Verschleiß an den Mühlen. Die Müller konkurrierten auch untereinander um das Wasser und man fragte sich, wer im Fall von Elementarschäden aufkam, wobei es dann auch um Beteiligung des Lehensherren ging, der im Fall von Krieg, Hochwasser oder Brand einsprang. Der Müller war allerdings zur Instandhaltung verpflichtet. In seinem Fazit wies der Referent darauf hin, dass es auch heute noch bei den Wasserkraftnutzern Probleme mit zu viel oder zu wenig Wasser gibt.

Den nächsten Tag begann MARINA HELLER (Erlangen) mit ihrem Vortrag zu „Verhütung und Bekämpfung von Feuergefahr im Franken der frühen Neuzeit. Die Feuerpolicey im Stadt-Land-Vergleich".[2] Sie wies daraufhin, dass Feuer, aufgrund von dichter Bebauung, offene Feuerstellen sowie Holzbauweise samt Strohdächern in Stadt und Land eine latente Gefahrenquelle darstellte. Um Feuerkatastrophen vorzubeugen, wurden bereits im späten Mittelalter die ersten Feuerordnungen erlassen. Hierzu benannte sie Beispiele aus Franken wie zum Beispiel verheerende Brände im ländlichen Bindlach oder im städtischen Bayreuth im 17. Jahrhundert sowie Feuerordnungen aus dem 16. bis zum 18. Jahrhundert. Die Ordnungen

1 Der im Tagungsprogramm angekündigte Vortrag von Wolfgang Behringer (Saarbrücken) zum Thema „Vulkane in Indonesien und süddeutsche Wetterkatastrophen" mit Buchvorstellung des Titels „Tambora und das Jahr ohne Sommer" konnte nicht gehalten werden und stand für den Druck leider nicht zur Verfügung.

2 Der Vortrag von Marina Heller stand für den Druck leider nicht zur Verfügung.

konnten Bestandteile von Policey- und Gemeindeordnungen sein, wurden nach Bränden erlassen, durch Mandate aktualisiert oder sogar von Gemeinden eingefordert und meist jährlich verlesen. Die Reichsstadt Nürnberg blieb von großen Stadtbränden verschont. Dies hatte sie nicht zuletzt ihrem besonderen Bau- und Brandschutz sowie straff durchorganisierten Feuerordnungen zu verdanken. Steinschlöte, massive Untergeschosse und Dachziegel waren hier zu Beginn des 16. Jahrhunderts bereits üblich. Dagegen konnte die bereits im 16. Jahrhundert eingeforderte Abschaffung von Strohdächern im ländlichen Bereich, zum Beispiel in Neuendettelsau, erst im 19. Jahrhundert durchgesetzt werden.

Im nächsten Vortrag berichtete GÜNTER DIPPOLD (Bamberg) von der „Flussfischerei und Fischzucht im östlichen Franken vom Spätmittelalter bis ins 19. Jahrhundert". Zu Beginn seiner Ausführungen stellte der Referent fest, dass Fisch nicht nur Fastenmahlzeit, sondern auch eine Luxusspeise war und ihm besonders in den katholischen Gegenden, wie zum Beispiel dem Kloster Banz, eine besondere Bedeutung zukam. Hierzu zählten Stockfisch und Brandhering als Importwaren, während Lachs und Stöhr im heimischen Main gefangen werden konnte. Fisch galt auch in evangelischen Gegenden als Delikatesse und Süßwasserfisch war etwa dreimal so teuer wie Wild oder Fleisch. Da es in Franken keine großen Seen gab, war hier die Flussfischerei weit verbreitet. Die Rechte hierfür lagen schon im Hochmittelalter in herrschaftlicher Hand. Die Teichwirtschaft entstand im 14. Jahrhundert und auch in Stadtgräben wurde gefischt. Ab dem 18. Jahrhundert geriet die Teichwirtschaft immer mehr in die Diskussion und Trockenlegungen zugunsten einträglicher Tabakplantagen waren die Folge. Schließlich folgte der Zusammenbruch der Teichwirtschaft am Ende des 18. Jahrhunderts. Seit dem 17. Jahrhundert ging die Fischerei kontinuierlich zurück. Der Rückgang war nicht zuletzt auf den Bahnbau, die Begradigung der Flüsse und die Verringerung des Fischreichtums aufgrund von Überfischung und Umweltgiften zurückzuführen.

Daraufhin folgte mit dem nächsten Referenten MARTIN KNOLL (Salzburg) ein Einblick in die bayerische Jagdgeschichte: „Jagd und gesellschaftliche Nachhaltigkeit in der bayerischen Geschichte". Nach einem Zitat von Cyriakus von Spangenberg aus dem 16. Jahrhundert als ein Beispiel jagdkritischer Literatur, bemerkte Martin Knoll, dass in der Frühen Neuzeit immer mehr Aufwand für die herrschaftliche Jagd betrieben wurde, wobei zwischen fürstlichem und ständischem Jagdbetrieb zu unterscheiden ist. Früh entstand eine Debatte zur Legitimität der Jagd und es wurden – anachronistisch formuliert – Fragen zur ökologischen und sozialen Nachhaltigkeit aufgeworfen. Jagdgeschichte ist immer auch Umweltgeschichte, ergänzt um Ansätze der Alltags- und Mikrogeschichte sowie der Kriminalitätsforschung, siehe Holzfrevel und Wilderei. Jagd spielte und spielt sich nicht in ferner Wildnis ab, sondern war und ist in der gesellschaftlichen Landnutzung integriert. Anhand der Analyse von Parlamentaria des Bayerischen Landtags aus dem 19. und 20. Jahrhundert konnte Knoll nachzeichnen, dass Jagd über die jagdrechtliche Zäsur von 1848/49 und politische Systemwechsel hinweg als Konfliktgegenstand ökologischer wie sozialer Nachhaltigkeit auf der politischen Agenda blieb.

Jesko Graf zu Dohna (Fürstlich Castell'sches Archiv) führte das Auditorium in das Thema „Weinbau und Weinkonsum in Franken" ein.[3] Zunächst bekamen die Zuhörer einen Überblick über die vier Phasen des fränkischen Weinbaus, der mit dem frühen Mittelalter begann. Die ältesten Nachweise stammen aus den Fuldaer Traditionsbüchern für das Jahr 770 (Münnerstadt, Halsheim) und einer Schenkung Karls des Großen 777 für Hammelburg. Um 1560 gab es in Franken die größte Weinanbaufläche, die auf 40.000 Hektar geschätzt wird, und der Handel erlangte große Bedeutung. Dem Kitzinger Reinheitsgebot für Wein von 1482 folgte unter anderem eine Nürnberger Weinmarktverordnung von 1597. Es folgte ein allmählicher Rückgang des Weinbaus aufgrund politischer und klimatischer Faktoren, wie der kleinen Eiszeit und dem Dreißigjährigen Krieg. Bis 1800 schrumpfte die Anbaufläche auf die Hälfte und Bier verdrängte den Wein als Volksgetränk. Nicht zuletzt der berühmte Bocksbeutel, in dem bereits ab 1726 der Steinwein des Würzburger Bürgerspitals abgefüllt wurde, half neben neuen Rebsorten als Marketingmaßnahme seit den 1920er-Jahren kräftig den Absatz im 20. Jahrhundert wieder zu steigern. Graf zu Dohna schloss seinen Vortrag mit dem Hinweis, dass heute noch 6.231 Hektar Rebfläche in Franken bewirtschaftet werden und diese seit 15 Jahren zwischen Steigerwald und Spessart konstant geblieben sei.

Im letzten Beitrag referierte Gisela Drossbach (Augsburg/München) über „Herrenspeise – Armenspeise: Essen und Trinken im mittelalterlichen und frühneuzeitlichen Spital". Sie stellte zu Beginn klar, dass die Verpflegung und Unterkunft früher wie heute als wichtige Indikatoren für Spitäler angesehen wurden und gliederte ihren Vortrag in drei Teile: die bayerischen Spitäler, Kategorien des Speiseplans und einzelne Speisen und Getränke. Spitäler sind eine Institution mit 2.000-jähriger Geschichte voller Wandlungen. Sie dienten auch als Altersheime, Schulen und so weiter und stellten sozusagen polyfunktionale Einrichtungen dar. Die Spitalbewohner waren Arme, Alte, Waisen, Schwangere, Wöchnerinnen sowie

3 Der Vortrag von Jesko Graf zu Dohna stand für den Druck leider nicht zur Verfügung, stattdessen findet sich im Druck dieser Sektion ein Beitrag von Sabine Wüst zum Thema „Zeidelwesen in fränkischen Landen aus umweltgeschichtlichem Blickwinkel".

Kranke, die man sogar wöchentlich aus der Stadt aufnahm. Der Speiseplan konnte gemäß der Hierarchie des Personals im Hospital in den Spitalstatuten oder in Zusatzbestimmungen zu den Statuten schriftlich fixiert sein, wichtiger waren jedoch die Rechnungsbücher. Neben der Speisung der Dürftigen, die in Memmingen 1590 auch Fleisch und Wein erhielten, gab es auch Tische für arme und reiche Pfründner. Es gab jährlich 48 Fastentage, an denen es kein Fleisch, dafür aber Hering beziehungsweise Stockfisch zu essen gab. Die Referentin schloss ihren Vortrag mit dem Hinweis ab, dass zum Beispiel im Regensburger Katharinen-Spital Bier und Wein oft Ersatz für das ungenießbare Wasser waren und es an den Feiertagen für die Spitalinsassen meist Doppelbier gab.

Zusammenfassend lässt sich sagen, dass durch die vielfältigen Beiträge und den anregenden Diskussionen in diesem Seminar zur Umwelt- und Konsumgeschichte ein Bezug zu den Konsumgewohnheiten und Entwicklungen vornehmlich in Bayern vom Mittelalter bis in die Neuzeit hergestellt werden konnte und auch die Teilnehmer zum Nachdenken über die aktuellen umweltpolitischen Themen angeregt wurden. Dies machte neugierig auf den zweiten Teil der Tagung, der mit weiteren ausgewählten Beiträgen noch bestehende Lücken in dieser breit angelegten Themenvielfalt schließt oder zumindest ergänzt.

Übersicht der Tagung

Begrüßung: Wolfgang Wüst (Erlangen) / Gisela Drossbach (Augsburg/München)

Moderation: Gisela Drossbach (Augsburg/München)

Thomas Hagen (Erlangen): Konfliktpotential alltäglicher Konsumgüter – Der Streit ums Biermonopol im frühneuzeitlichen Oberfranken

Wolfgang Wüst (Erlangen): Das Prinzip der Nachhaltigkeit unter Hinzuziehung der bayerischen Holz- und Waldordnungen als Quellen für ökologisches Wirtschaften

Herbert May (Bad Windsheim): Wärmedämmung und Wetterschutz im historischen Hausbau

Moderation: Wolfgang Wüst (Erlangen)

Gerhard Fritz (Schwäbisch Gmünd), vorgetragen von Michael Rumpf (Bühl/Baden): Der Kampf mit den Naturgewalten: Mühlen im Spannungsfeld von Eis, Überschwemmungen und Dürre

Marina Heller (Erlangen): Verhütung und Bekämpfung von Feuergefahr im Franken der frühen Neuzeit. Die Feuerpolicey im Stadt-Land-Vergleich

Moderation: Marina Heller (Erlangen)

Günter Dippold (Bamberg): Flussfischerei und Fischzucht im östlichen Franken vom Spätmittelalter bis ins 19. Jahrhundert

Moderation: Günter Dippold (Bamberg)

Martin Knoll (Salzburg): Jagd und gesellschaftliche Nachhaltigkeit in der bayerischen Geschichte

Jesko Graf zu Dohna (Fürstlich Castell'sches Archiv): Weinbau und Weinkonsum in Franken

Gisela Drossbach (Augsburg/München): Herrenspeise – Armenspeise: Essen und Trinken im mittelalterlichen und frühneuzeitlichen Spital

Abschiedsworte, Hinweise auf das Programm von Teil 2: Wolfgang Wüst (Erlangen) / Gisela Drossbach (Augsburg/München)

Zusammenfassung: Oliver Gerstacker (Erlangen)

Marc Holländer

Zusammenfassung Teil 2

Auf Grund der seit Abhaltung von Teil 1 der Tagung unter Leitung von Herrn Prof. Dr. Wolfgang Wüst (Erlangen) ins Land gegangenen Zeit und der hinzugekommenen offenkundigen Indizien für den Klimawandel in Form von extremen Hochwassern und dem Ansteigen der Meeresspiegel sowie der Tatsache, dass die VR China den Plastikmüll der BR Deutschland nicht mehr unter anderem für die Fabrikation von synthetischen Textilgarnen annimmt, hätte der Zeitpunkt für die Durchführung von Teil 2 unter der Leitung von Frau Prof. Dr. Gisela Drossbach (Augsburg/München) und erneuter Förderung durch die Hanns-Seidel-Stiftung vom 8. bis 9. März 2018 im Bildungszentrum Kloster Banz nicht besser gewählt sein können.

Nach der Begrüßung der Teilnehmer und Referenten führten die Veranstalter Wolfgang Wüst (Erlangen) und Gisela Drossbach (Augsburg/München) in das Tagungsprogramm ein und stellten dessen Konzeption vor. Gisela Drossbach eröffnete mit Zitaten aus historischen Reiseberichten von Skandinavien und schlug die Brücke zur aktuellen Diskussion um die Klimaschädlichkeit von Dieselmotoren, wobei sie die Relevanz der Tagung bekräftigte und die Kritik am Konsum seit Menschengedenken aus der griechischen Antike belegte. Anschließend ließ Wolfgang Wüst die vorangegangene Tagungseinheit Revue passieren und leitete unter Verweis auf den sich langsam entwickelnden interdisziplinären Schulterschluss der historischen und der geografischen Wissenschaft zu Teil 2 über, um nach einer Vorstellungsrunde den Referenten das Wort zu erteilen.

Zu Beginn griff Nadja Hendriks (Augsburg) den in Teil 1 bereits für die mittelalterliche Forstwirtschaft thematisierten Begriff der Nachhaltigkeit auf und zeigte unter dem Titel „Global denken, lokal handeln. Deutungen und Bedeutung von Nachhaltigkeit in Bayern auf lokaler Ebene (ab den 70er Jahren)“ anhand des Beispiels der Gemeinde Buttenwiesen im Donauried auf, dass dieser aktuell Ansichtssache ist.[1] Hier war es zu großen Protestbewegungen der Einwohnerschaft gegen kommunale Projekte gekommen. Die „Agenda 21“ soll dabei zwischen

1 Dies statt zuletzt zuvorderst, da der Vortrag von Herrn Thomas Wozniak (Tübingen) mit dem Thema „Zwischen Wetterbeobachtung und Katastrophenangst – Zur Wahrnehmung frühmittelalterlicher Naturereignisse“ krankheitsbedingt leider entfallen

privatwirtschaftlichen Investoren, kommunalen Entwicklungsplänen und privaten Initiativen mit ihrer jeweiligen Interpretation von Nachhaltigkeit vermitteln.

Amalie Fössel (Duisburg/Essen) führte das Plenum mit Verweis auf aktuelle UN-Studien zur Sterblichkeit der Weltbevölkerung durch selbstgemachte Umweltbelastungen zu Beginn der betrachteten Zeitspanne im Hochmittelalter zurück und zeigte unter dem Thema „Der sogenannte Schwarze Tod und die Relevanz von Klima und Umwelt“[2] die damals wie heute aktuellen Zusammenhänge auf. Hierbei wurde offenbar, dass die Menschen des europäischen Mittelalters unter Rückgriff auf antike Medizinalabhandlungen und Beobachtung große Fortschritte in der Medizin und Hygiene machten, die sich in Policey-Ordnungen in Italien, dann auch beispielsweise in Nürnberg, niederschlugen. Da Handelsmetropolen wie Prag teilweise verschont blieben, müssen die pauschalen Vorstellungen von streng entlang den Handelsstraßen verlaufenen Pestzügen anhand lokaler Quellen überprüft werden.

Michaela Hermann (Augsburg) überwand unter dem Titel „Aus Latrinen und Müllhalden. Die Augsburger Warenwelt in Spätmittelalter und Renaissance aus Sicht der Archäologie“ das bisherige Nebeneinander von streng objektbasierter Archäologie und Zusammenhänge kombinierender Konsumgeschichte. Über Anzahl, Beschaffenheit und Verortung von Funden neuester Ausgrabungen im historischen Kern Augsburgs als ehemals zentraleuropäischem Handelszentrum ersten Ranges stellte sie dabei frühere pauschale Forschungsmeinungen zu Angebot und Nachfrage von vormaligen Luxusartikeln im Europa dieser Zeit infrage und kam analog zu ihrer Vorrednerin zu dem Schluss, dass hier landesgeschichtliche Überprüfung notwendig ist.

Einen Einblick in die zeitgenössische Wahrnehmung von Landschaft, Konsum und Klima über Jahrhunderte hinweg gab Klaus Wolf (Augsburg) mit seiner Buchpräsentation: Bayerische Umwelt-, Klima- und Konsumgeschichte – Eine Blütenlese mit Buchpräsentation der „Bayerischen Literaturgeschichte“. Einleitend mit der Genese seines Werkes machte er im Rückblick auf vorhergegangene Projekte gleichen gesamtheitlichen Anspruchs auf die Komplexität der notwendigen Definition und Abgrenzung von Kulturräumen aufmerksam. Mit Leseproben der versammelten Autoren wurde zudem belegt, dass interdisziplinäre Zusammenarbeit auch mit der Kultur- und Kunstgeschichte für die

musste. Erfreulicherweise wird dieser im vorliegenden Tagungsband als Beitrag unter gleichlautendem Titel publiziert.

2 Dies in Abänderung des ursprünglichen Titels „Der Schwarze Tod und seine Umweltfolgen“, im vorliegenden Tagungsband publiziert unter dem Titel „Der ‚Schwarze Tod‘ und seine Implikationen für Umwelt und Klima“.

Interessensbildung aller elementar ist und die bloße Auswertung und Edition von digitalisierten Quellen keinen Erkenntnisgewinn zeitigen kann.

Christian Rohr (Bern/Schweiz) warf mit seinen Ausführungen „Zum Umgang mit schweren Hochwassern an der unteren Salzach und am unteren Inn seit dem späten Mittelalter" die Frage auf, was der Mensch aus früheren Katastrophen lernen könne. Dabei wurde aus Quellen wie Stadtchroniken und vor allem Eintragungen in Rechnungsbüchern über Reparaturarbeiten an Brücken und Infrastruktur der Anrainergemeinden die wiederholt menschenverschuldete Eskalation von natürlichen Hochwassern der alpinen Flusslandschaften sowie deren bewusste Inkaufnahme wegen des gewinnträchtigen Salzhandels offenbar. Am Ende stand die Erkenntnis, dass mit der Memorialkultur heutzutage auch der Respekt vor der Natur fehle und lieber kleinteilige bauliche Maßnahmen ergriffen werden, statt die nötigen internationalen Kooperationen anzustoßen.

In seinem Beitrag „Citronen, Pomeranzen, Spargel, Tabak: Exotik im Acker und Garten – Anbau und Konsum in frühen bayerischen Quellen (16.–18. Jahrhundert)" zeichnete Wolfgang Wüst (Erlangen) anhand von Rechnungsbüchern und Policey-Ordnungen auch fränkischer kirchlicher Autoritäten des 17./18. Jahrhunderts die Verbreitung nicht heimischer Feldfrüchte und Genussmittel nach. Auch Steuerbücher geben durch die Naturalabgaben Aufschluss über die Verbreitung nicht einheimischer Ackerfrüchte. So tauchten im 15. Jahrhundert bereits Kraut- und Knollenpflanzen als Abgaben an St. Egidien in Nürnberg auf und hatte sich der Spargel von einem exotischen Prestigeobjekt im Württembergischen Hofgarten 1562 laut einer Steuerliste aus Sinning im 19. Jahrhundert schließlich zur großflächig angebauten Feldfrucht entwickelt.

Michaela Hermann (Augsburg) verlas sodann den Vortrag „Eimerweise Luxus. Die Wasseranschlüsse privater Haushalte in Augsburg 1558–1806" der erkrankten Barbara Rajkay (Augsburg), in welchem die Wandlung des vorherigen Allgemeinguts Wasser hin zum Konsumgut nachgezeichnet wurde.[3] Da die öffentliche Wasserversorgung der Reichsstadt Augsburg durch ihre geografische Lage nur mit enormen technischen Aufwand sicherzustellen war, entschloss sich die Stadt Mitte des 16. Jahrhunderts, über den Verkauf von Nutzungsrechten und den Anschluss für fließend Wasser in reichen Privathaushalten, die Kosten hierfür

3 Dies in Vertretung für Barbara Rajkay, welche ihren Vortrag krankheitsbedingt nicht persönlich halten konnte. Erfreulicher Weise wird dieser im vorliegenden Tagungsband als Beitrag mit gleichlautendem Titel publiziert. Ergänzend zum Tagungsprogramm bereichert Herr Felix Guffler (Augsburg) diese Sektion um das Thema „Die Entstehung eines urbanen Naturerlebens in Augsburg 1880–1920: Eine ikonographische Analyse von Darstellungen des Unteren St.-Jakobs-Wasserturms".

umzuverteilen. Obwohl die Wasserversorgung immer ein Zuschussgeschäft bleiben sollte, erlangte Augsburg mit seinem technisch komplexen Wassersystem europaweit den Ruf eines Zentrums der Wasserwirtschaft und ob des Bevölkerungswachstums konnte die Versorgung so demokratisiert werden.

Auf die Versorgung Augsburgs mit Wassern anderer Art kaprizierte sich Renate Pfeuffer (Augsburg) unter dem Titel „Medizin in Henkelkrügen. Zu Vertrieb und Konsum von Sauerbrunnen in Augsburg 1750–1850". Schon Freiherr Hans Fugger, Herr zu Kirchheim, hatte sich die Möglichkeit gewünscht, die Reise zu Kurbädern durch eine häusliche Trinkkur mit Sauerbrunnenwasser umgehen zu können. Augsburg wurde ob der reichen Patrizier, Beamten und Würdenträger zu einem Zentrum für Steingutflaschen, die den Transport der Luxusware zwar sicherer machten, jedoch auch dem Umfüllen von billigeren Wassern in Flaschen teurerer Sorten auf dem langen Weg aus Eiffel, Taunus und Böhmen Vorschub leisteten. Im abschließenden Ausblick wurde wieder deutlich, dass die fortführende aufwendig-kleinteilige Erforschung des lokalen Einzelhandels noch aussteht.

Zuletzt informierte Reinhard Ferdinand Nießner (Innsbruck) über den aktuellen Stand seiner Dissertation mit dem Titel „Vom Sinn und Unsinn historischer Temperaturreihen für die Hochwasserforschung".[4] Dass die Präsenz von Hochwassern in den Quellen nicht hinreicht, um deren tatsächliche Häufigkeit zu belegen und ihre religiöse Deutung komplementär zur rationalen Wissenschaft stehen konnte, zeigte sich in der Person Franz von Zallingers. Dieser hatte neben Veröffentlichungen zu deren Ursachen und Präventivmaßnahmen als Jesuitenpater und Professor für Physik sowie Mathematik in Innsbruck ab 1777 50 Jahre lang täglich Temperaturmessungen durchgeführt, die als Temperaturreihe allerdings nur in Kombination mit anderen Quellen wie Stadtchroniken ergänzend Rückschlüsse auf Hochwasser und deren menschengemachte Eskalation zulassen.

Mit einem Fokus auf der ehemaligen Reichsstadt Augsburg als europäischem Handelszentrum ergänzte Teil 2 nicht nur die altbayerischen Gebiete des heutigen Freistaats, sondern erwies im Blick über den bayerischen Kulturraum hinaus die Notwendigkeit, pauschale Forschungsmeinungen zum europaweiten Handel und Konsum von Luxusgütern sowie ihren schädlichen Folgen vom Mittelalter bis ins 19. Jahrhundert hinein auf lokaler Ebene quellenbasiert interdisziplinär

---

4 Dies statt des Vortrages von Stefan Lindl (Augsburg) zum Thema „Klima und Konsum. Gesellschaftliche Konstitution eines Naturverhältnisses vom ausgehenden Mittelalter bis ins 20. Jahrhundert", welcher krankheitsbedingt leider nicht gehalten werden konnte. Erfreulicher Weise findet sich im Druck dieser Sektion stattdessen sein Beitrag unter dem Titel „Klima und Konsum. Gesellschaftliche Konstitution des anthropogen verursachten Klimawandels von 1600 bis zu Svante Arrhenius".

zu überprüfen. Die Tagung profitierte insbesondere von inhaltlichen Kontrasten der jeweiligen Referate, die im Bogen vom Mittelalter bis heute ein durchwachsenes Bild von Verständnis, Wahrnehmung und Umgang mit der Umwelt vermitteln. Dass die Klimaforschung im heutigen Sinne und erst recht die historische Klimatologie eine noch sehr junge Teildisziplin ist, wurde in den Beiträgen zu den europäischen Pestzügen und der Relevanz von Temperaturreihen für die Hochwasserforschung ersichtlich. Auf Grund der technischen Möglichkeiten und kleinteiligen Territorienwelt des Alten Reiches war die punktuelle Messung und Niederlegung von lokal isolierten klimatischen Verhältnissen, wie im Falle Zallinger gezeigt, zunächst ein Zeitvertreib interessierter Intellektueller ohne weiterführenden Erkenntnisgewinn. Erst durch die moderne globale Vernetzung und technischen Möglichkeiten ist es heute möglich, klimatische Einflüsse auf historische Ereignisse über Staatsgrenzen hinweg quellenbasiert und naturwissenschaftlich rückblickend zu rekonstruieren.

Übersicht der Tagung

Begrüßung: Wolfgang Wüst (Erlangen) / Gisela Drossbach (Augsburg/München)

Moderation: Wolfgang Wüst (Erlangen)

Nadja Hendriks (Augsburg): Global denken – lokal handeln. Deutungen und Bedeutung von Nachhaltigkeit in Bayern auf lokaler Ebene (ab den 70er Jahren)

Amalie Fößel (Duisburg/Essen): Der sogenannte Schwarze Tod und die Relevanz von Klima und Umwelt

Michaela Hermann (Augsburg): Aus Latrinen und Müllhalden. Die Augsburger Warenwelt im Spätmittelalter und der Renaissance aus Sicht der Archäologie

Moderation: Gisela Drossbach (Augsburg/München)

Klaus Wolf (Augsburg): Buchpräsentation: Bayerische Umwelt-, Klima- und Konsumgeschichte im Spiegel der Bayerischen Literaturgeschichte – Eine Blütenlese mit Buchvorstellung der „Bayerischen Literaturgeschichte“ (C. H. Beck, München, März 2018)

Christian Rohr (Bern/Schweiz): Zum Umgang mit schweren Hochwassern an der unteren Salzach und am unteren Inn seit dem späten Mittelalter

Moderation: Klaus Wolf (Augsburg)

Wolfgang Wüst (Erlangen): Citronen, Pomeranzen, Spargel, Tabak: Exotik im Acker und Garten – Anbau und Konsum in frühen bayerischen Quellen (16.–18. Jahrhundert)

Barbara Rajkay (Augsburg), vorgetragen von Michaela Hermann (Augsburg): Eimerweise Luxus: Die Wasseranschlüsse privater Haushalte in Augsburg 1558–1806

Renate Pfeuffer (Augsburg): Medizin aus Henkelkrügen. Zu Vertrieb und Konsum von Sauerbrunnen in Augsburg 1750–1850

Reinhard Ferdinand Nießner (Innsbruck): Vom Sinn und Unsinn historischer Temperaturreihen für die Hochwasserforschung

Zusammenfassungen, Kommentare, Hinweise auf den Tagungsband: Wolfgang Wüst (Erlangen) / Gisela Drossbach (Augsburg/München)

Zusammenfassung: Marc Holländer (Erlangen)

Sektion I:
Franken

Thomas J. Hagen

Konfliktpotential alltäglicher Konsumgüter: Der Streit ums Biermonopol im frühneuzeitlichen Oberfranken

In Upper Franconia, still there is a large selection of beers today. Almost harmonious there appears the juxtaposition of innumerable small private breweries. But that was not always the case. In the past, however, there was often a dispute over the right to brew and sell beer. The article shows how the economically justified arguments led right through to "beer wars" between privileged cities on the one hand, and villages or nobles on the other.

Hintergründe, Entstehung und Problem des Biermonopols

Trotz rückläufigem Bierkonsum in Deutschland steht Mitteleuropa mit an der Weltspitze bei der Herstellung und beim Pro-Kopf-Verbrauch von Gerstensaft. Auch was die Zahl der Brauereibetriebe im Verhältnis zur Bevölkerung betrifft, findet man die Bundesrepublik – und hier insbesondere Bayern – ganz vorn in der Statistik. In Bayern wiederum glänzt der Regierungsbezirk Oberfranken mit so manch rekordverdächtiger Einrichtung und einfallsreicher Vermarktungsstrategie rund ums Bier. So finden wir in der Fränkischen Schweiz, wo inzwischen mit der Biervielfalt des Landstrichs und mit gut organisierten „Bier- oder Brauereiwanderwegen" touristisch erfolgreich geworben wird, viele, teils uralte Braustätten. Hier hat es die Gemeinde Aufseß mit ihren Ortsteilen Heckenhof, Sachsendorf und Hochstahl gar ins Guinnessbuch der Rekorde geschafft, da sie mit der weltweit „größten Brauereiendichte" aufwarten kann.[1] Trotz des seit geraumer Zeit feststellbaren Brauereien- und Wirtshaussterbens steht es immer noch gut um die Biervielfalt in Oberfranken und im Freistaat.

Dass dies und die Vielfalt des Bieres sowie die damit verbundenen, schier endlos erscheinenden Auswahlmöglichkeiten für den Verbraucher nicht immer selbstverständlich waren, zeigt uns ein Blick in die Geschichte Oberfrankens.

---

1 Vgl. Hans-Peter Siebenhaar / Michael Müller, Fränkische Schweiz, Bamberg/Bayreuth/Erlangen [8]2006, S. 201.

Abb. 1: Werbeprospekte Brauereiwanderweg: Städtische Tourist-Information, Waischenfeld 2017; Gemeinde Aufseß 2017.

Seit der allgemeinen Einführung des sogenannten Umgeldes als Landessteuer auf Bier um die Wende vom Mittelalter zur Neuzeit gewann auch das Braurecht staatspolitische Bedeutung. Spätestens jetzt erinnerten sich viele Landstädte – in den Reichsstädten war schon seit dem 13. Jahrhundert das Einheben diesbezüglicher Verbrauchssteuern üblich gewesen – an ihre, mit der Verleihung des Stadtrechts verbundenen Privilegien. So pochten von da ab immer mehr kleine Städte im Gebiet des heutigen Oberfrankens auf ihre Vorrechte, innerhalb eines bestimmten Bezirkes das Handelsmonopol auch und gerade auf Bier zu besitzen.[2] Damit verbanden sie in der Regel – obwohl in keiner kaiserlichen Stadtrechtsurkunde explizit erwähnt – das alleinige Recht, innerhalb der sogenannten „*Bierbannmeile*"

2 So im Falle Ebermannstadts, das sich auf die Urkunde über die Verleihung des Stadtrechts durch Kaiser Ludwig den Bayern von 1323 berief; diese findet sich vollständig abgedruckt bei: Christoph Beck, Ebermannstädter Heimatbuch, Ebermannstadt 1926, S. 70 f. Vgl. auch: Georg Kraus, Pretzfeld, Hagen-Haspe 1964, S. 108.

eigenen Gerstensaft zu brauen und auszuschenken. Die Bierbannmeile konnte unterschiedliche Ausmaße haben, wie uns die Stadtgründungsurkunden von Ebermannstadt und Waischenfeld aus der Zeit Kaiser Ludwigs des Bayern zeigen. Während es 1323 dem schlüsselbergischen Landesherrn gelungen war, eine ganze „*Meil umb Ebermannstatt herumb*" jeglichen „*feilen Kauff*", das heißt alle Handelsprivilegien den Stadtbürgern zu sichern, hatte sich Waischenfeld 1315 mit einer halben Meile begnügen müssen.[3] Wie selbstverständlich hielten beide Städte, nachdem sie Mitte des 14. Jahrhunderts in den Besitz des Hochstifts Bamberg übergegangen waren, an ihren diesbezüglichen Vorrechten unverändert fest. Ähnliche Privilegien besaßen auch die altbambergischen Kleinstädte und Amtsortschaften, wobei sich hier selbst Märkte ohne Stadtrecht das Brau-, Schank- und Bierverlagsmonopol zu sichern wussten. Als Beispiel mag der Ort Eggolsheim dienen, der zwar Markt- aber niemals Stadtrecht erlangte. Sich auf ein Bierprivilegium durch Fürstbischof Neidhardt von Thüngen stützend, beanspruchte Eggolsheim für den gesamten Senftenberg-Eggolsheimer Gerichtsbezirk erfolgreich sein Bierverlagsmonopol, was selbst den Wirt am Bamberger Tor in Forchheim einschloss.[4]

Indes war das angemaßte Biermonopol der Städte und Märkte keineswegs unumstritten. Da um die Wende vom Mittelalter zur Frühen Neuzeit nicht nur Klöster, sondern auch Niederadelige begonnen hatten, über den eigenen Hausgebrauch hinaus für umliegende Ortschaften Bier zu brauen, waren Konflikte vorprogrammiert. Zunächst auf einzelne Zwistigkeiten zwischen den Grund- und Landesherrschaften beschränkt, nahmen die Streitereien um das Biermonopol im Laufe des 17. Jahrhunderts immer mehr zu. Zurückzuführen war dies vor allem auf den klimabedingten Rückgang des Weinbaus im östlichen Franken um 1600, wodurch das Bierbrauen und der damit verbundene Wirtschaftsfaktor immer höheren Stellenwert erlangten. Der Anbau von Wein rentierte sich in den kühler gewordenen Breiten Oberfrankens nicht mehr, zudem glaubte man, die Arbeitskraft

---

3 Zitiert nach: Kraus, Pretzfeld (wie Anm. 2), S. 108. Vgl. auch: Reinhard Löwisch, Die drei Waischenfelder Stadtprivilegien und ihre Auswirkungen, in: Stadt Waischenfeld / Kurt Neuner (Hg.), Waischenfeld. 700 Jahre Stadtrecht 1315–2015, S. 20–29, hier insbes.: S. 28 f. Zur Stadtrechtspolitik Konrads II. von Schlüsselberg: vgl. Gustav Voit, Die Schlüsselberger, Geschichte eines fränkischen Adelsgeschlechtes, Nürnberg 1988, S. 68 ff.

4 Vgl. Benno Ochs, Der „Könnersdorfer" Bierstreit Anno 1755. Eine früher ernste, heute heitere Geschichte ums Bier, in: Heimatbote aus dem Reichen Ebrachgrund 10, 1997, S. 124–144, hier: S. 126. Neidhardt von Thüngen war Fürstbischof von Bamberg von 1591 bis 1598.

der im Dreißigjährigen Krieg dezimierten bäuerlichen Bevölkerung vordringlich für den rentableren Getreideanbau einsetzten zu müssen.[5] Mitbedingt durch die harte Feldarbeit der Bauern trank der „*Landmann*", wie wir noch Berichten aus dem 18. Jahrhundert entnehmen können, bereits „*zum Frühstück seinen Krug Bier*", wodurch er „*außerordentlich stark, arbeitsam und dauerhaft*" wurde.[6] So erklärt sich, weshalb einerseits der Bierkonsum stark zunahm, andererseits die damit einhergehenden fiskalischen Einnahmen eine immer größere Bedeutung erhielten. Die mit dem steigenden Konsum zu erwartenden Steuerflüsse wollten sich weder die Städte noch die im Gebiet der späteren Fränkischen Schweiz zahlreich anzutreffenden Reichsritterschaften entgehen lassen.

Auf Seiten der Städte waren es fast immer gemeinsame Interessen von Stadträten und Bierbrauern, die zu eisernen Allianzen gegen fremde Bierhersteller führten. Weder schreckten die Stadtgemeinden vor langwierigen juristischen noch bewaffneten Auseinandersetzungen zurück, wenn es darum ging, das reklamierte Bierhandelsmonopol durchzusetzen.[7] Dabei bestanden meist enge persönliche Verflechtungen zwischen Ratsmitgliedern und Brauern, die den Wunsch nach einem möglichst hohen Bierumsatz der ansässigen Braustätten zum öffentlichen Interesse werden ließen. Die mit dem Brauen und dem Vertrieb des Gerstensaftes verbundenen landesherrlichen Steuereinnahmen dienten den Städtern als erfolgreiches Argument, um die Unterstützung des Hochstifts, und hier insbesondere die des mächtigen Bamberger Fürstbischofs, zu erhalten. Stets zeigte sich die Bamberger Hofkanzlei bereit, auf Wunsch der Landstädte die kaiserlichen Privilegien amtlicherseits zu bestätigen, notfalls auch zum eigenen Vorteil zu interpretieren.[8] Schließlich waren es nicht zuletzt die von den städtischen Umgeldeinnehmern

---

5 Vgl. Rainer Hofmann / Bärbel Kerkhoff-Hader (Hg.), Bierkultur „Rund um's Bier in Franken", Tüchersfeld 2007, S. 11 ff.

6 Johann Carl German Faber, Historisch-topograhphisch-statistische Nachrichten vom ehemaligen Cisterzienser adelichen Nonnenkloster und derzeitigen Herzoglichen Sachsen-Hildburghäusischen Amte Sonnenfeld vom Jahr 1260 bis 1792, Hildburghausen 1793, S. 149, zitiert nach: Günter Dippold, Kraftspender und Renommiergetränk – Zur Geschichte des Bierkonsums vom ausgehenden Mittelalter bis zum 19. Jahrhundert, besonders in Franken, in: Wolfgang Wüst (Hg.), Regionale Konsumgeschichte. Vom Mittelalter bis zur Moderne, Stegaurach 2015, S. 47–64, hier: S. 47.

7 Vgl. Hofmann / Kerkhoff-Hader, Bierkultur (wie Anm. 5), S. 28.

8 So im Falle Ebermannstadts das Privileg der (Bier-)Bannmeile von 1323, mehrmals bestätigt in den Jahren 1510, 1653/54 und 1711, vgl. Anton Girsig, Ebermannstadt von der Gründung des Ortes bis ins 20. Jahrhundert, in: Georg Förtsch / Anton Girsig / Adolf Schön (Hg.), Ebermannstadt. Ein Heimatbuch, Bamberg/Ebermannstadt 1973, S. 56–97, hier: S. 71 f.

an Bamberg abgelieferten Biersteuern, die dem Hochstift einige Male aus tiefer Schuldennot heraushalfen.[9]

Abb. 2: Fränkischer „Biermesser" (um 1500) beim Abmessen der Biermenge für die korrekte Steuererhebung. Bildnachweis: Hausbuch der Mendelschen Zwölfbrüderstiftung 1, Nürnberg 1506, S. 125v (Stadtbibliothek Nürnberg), in: Matthias Trum, Historische Darstellungen, Zunftzeichen und Symbole des Brauer- und Mälzerhandwerks (Diplomarbeit an der TU München), Freising 2002, auch zu finden unter URL: http://www.schlenkerla.de/biergeschichte/brauerstern/html/brauerdarstellungen.html.

Freilich ging es nicht immer nur um wirtschaftliche Vorteile der Brauer, der Städte oder des bischöflichen Ärars. Nicht selten entwickelte sich die Durchsetzung der Ansprüche zu einer regelrechten politischen Machtdemonstration gegenüber kleineren Grund- und Territorialherren. Dies traf insbesondere die mindermächtigen Reichsritterschaften, deren wachsende (Macht-)Ansprüche im Laufe der Frühen

9 Vgl. Dominikus Kremer, Maineck. Geschichte eines hochfürstlich-bambergischen Dorfes, Bamberg/Münsterschwarzach 1983, S. 563.

Neuzeit mehr und mehr zugunsten der großen Territorialstaaten zurückgedrängt werden sollten. Waren es vor und während des Bauernkrieges vor allem „*Flecken und Dörfer*" gewesen, die „*mit dem bräuen und schenken neuigkeit gesucht vnnd furgenommen*" hatten, so setzten sich im Laufe des 16. Jahrhunderts immer öfter auch Klöster und kleinere Rittergüter über das von den großen Amtsortschaften beanspruchte Biermonopol hinweg.[10] Die Folge war das Entstehen zahlreicher neuer Braustätten und Schankstuben auf klösterlichem und ritterschaftlichem Grund. Als rechtliche Grundlage dienten hierzu meist alte Gewohnheitsrechte, die den bischöflichen Landesherren dazu nötigten, dem Adel und Klerus das Brauen für den eigenen Hausbedarf zuzugestehen. Für das Hochstift und dessen privilegierte Landstädte war es ärgerlich, dass die Äbte, Ritter und deren Gutshofpächter immer seltener die Beschränkung auf den Hausgebrauch ernst nahmen.[11] Besonders der durch die neuen Militärstrategien des Spätmittelalters bedingte wirtschaftliche Abstieg vieler Ritter ließ manch einen der Herren, wenn nicht gerade zum Raubritter, so doch zu einem „geschäftstüchtigen" Konkurrenten im Biergeschäft werden.[12]

Dass es überhaupt zu einer ernstzunehmenden Konkurrenz der kleineren Herrschaften kommen konnte, war zum einen auf deren gewitzte Fiskalpolitik zurückzuführen. Nicht selten betrug das von den Rittern erhobene Umgeld nur einen Bruchteil der von Bamberg festgesetzten Biersteuer. Zum anderen war der Erfolg kleiner Adels- und Klosterbraustätten auf steuer- und marktregulative Maßnahmen der Bamberger Regierung selbst zurückzuführen, die nicht selten zu Missbrauch und Missständen bei den städtischen Monopolisten führten. Da sich seit Mitte des 16. Jahrhunderts die amtliche Ermittlung des Umgeldes auf die Menge des versottenen Malzes stützte, führte die Absicht der städtischen Brauer, durch das Einsparen dieses Rohstoffs Steuer zu sparen, oftmals zu einer schlechteren Bierqualität.[13] Außerdem veranlasste die – an sich gut gemeinte – obrigkeitliche Deckelung des Bierpreises während temporaler oder stetiger Rohstoffteuerung

---

10 Zitiert nach: Georg Fehn, Chronik von Kronach, IV. Band, Kronach 1969, S. 228.

11 Vgl. Fehn, Chronik von Kronach (wie Anm. 10), S. 231; Günter Dippold, Kleinstädte im Barock. Studien am Beispiel bambergischer Amtsstädte, in: Dieter J. Weiß (Hg.), Barock in Franken, Dettelbach 2004, S. 197–215, hier: S. 205.

12 Zur wirtschaftlichen Situation der Ritter im betreffenden Raum: vgl. Ernst Seifert, Aufstieg und Niedergang eines oberfränkischen Rittergeschlechts im Mittelalter. Dargestellt am Beispiel der Ritter von Sparneck, Bayreuth 1990.

13 Bis dahin war die Höhe des Umgeldes mittels hoheitlicher Beamter noch genau nach der Menge des Gebräus mit Messgefäßen festgestellt worden, vgl. Hofmann / Kerkhoff-Hader, Bierkultur (wie Anm. 5), S. 39. Mit einer spezifischen Erläuterung der Biersteuerung anhand des Umgeldes: vgl. Kremer, Maineck (wie Anm. 9), S. 562 f.

manch privilegiertes Stadt-Brauhaus am für das Umland bestimmten Gerstensaft zu sparen oder diesen zu panschen.[14] All dies waren Gründe, weswegen seitens der Landbevölkerung immer öfter auf ritterschaftliche oder klösterliche Braustätten zurückgegriffen wurde.

Zank um das Bierverlagsrecht im Hochstift Bamberg

In der zweiten Hälfte des 16. Jahrhunderts nahm das aus Bamberger Sicht unerwünschte adelige Brau- und Schankwesen schließlich derart zu, dass sich Fürstbischof Ernst von Mengersdorf zum Eingreifen genötigt sah. Da sich, wie es in einem bischöflichen Befehl des Jahres 1585 heißt, die Umgeldeinnahmen merklich verringert hätten, wurden die Räte und 1588 auch die Kastner der bambergischen Amtsstädte angewiesen, alle *„neu eröffneten Schenkstätten des Adels“* umgehend *„anzuzeigen“*.[15] Unter Androhung von empfindlichen Geldstrafen kam es zwar zum Einlenken vieler der betroffenen Braustättenbesitzer, oftmals auch zu gütlichen Vergleichen zwischen den Städten respektive der bischöflichen Regierung und den Rittergütern.[16] In nicht wenigen Fällen mussten sich der Bischof und die städtischen Magistrate aber mit einer erstaunlich hartnäckigen Renitenz der gut florierenden Brauereibetriebe fremder Herrschaften auseinandersetzen.

Um dem „ungebührlichen“ Brauwesen und Bierhandel beizukommen, griffen die Städte manchmal zu drastischen Maßnahmen, die das widerspenstige Volk des Umlandes einschüchtern und damit zur Räson bringen sollten. So fahndeten nicht wenige städtische Magistrate mit Hilfe eines ausgedehnten Spitzelsystems nach vermeintlichen Bierfrevlern. Die Aussicht auf einen lukrativen Lohn ließ so manch ehrbaren Nachbarn zum Spion werden, wenn es darum ging, die heimliche Übertretung der städtischen Bier-Gerechtsame zu melden.[17]

---

14 Vgl. Birgit Speckle, Streit ums Bier in Bayern. Wertvorstellungen um Reinheit, Gemeinschaft und Tradition, Münster u.a. 2001, S. 179. Mit einer genauen Aufstellung der von Bamberg festgelegten Bierpreise zwischen 1520 und 1711: vgl. Kremer, Maineck (wie Anm. 9), S. 560 ff. Zur wirtschaftlichen Situation der Ritter im betreffenden Raum: vgl. Seifert, Aufstieg und Niedergang (wie Anm. 12).

15 Fehn, Chronik von Kronach (wie Anm. 10), S. 232.

16 So im Falle des Braurecht- und Bierverlagsstreits zwischen der bambergischen Stadt Scheßlitz und der Gemeinde Tiefenellern oder zwischen Scheßlitz, der Pflege Giech und der Gemeinde Peulendorf: Staatsarchiv Bamberg (künftig: StABa), Hochstift Bamberg, Kastenamt Scheßlitz Nr. 98.

17 Am Beispiel Ebermannstadts aufzeigend: vgl. Kraus, Pretzfeld (wie Anm. 2), S. 97.

Abb. 3: Fränkischer Schankwirt beim Anzapfen eines Fasses (Nürnberg um 1430). Bildnachweis: Hausbuch der Mendelschen Zwölfbrüderstiftung 1, Nürnberg 1425–1436, S. 21v (Stadtbibliothek Nürnberg), in: Matthias Trum, Historische Darstellungen, Zunftzeichen und Symbole des Brauer- und Mälzerhandwerks (Diplomarbeit an der TU München), Freising 2002, auch zu finden unter URL: http://www.schlenkerla.de/biergeschichte/brauerstern/html/brauerdarstellungen.html.

Wie im Anschluss noch dazustellen sein wird, kennen wir unzählige Beispiele für das Einschreiten der städtischen Behörden. Das dabei angewandte Verfahren lief fast überall nach gleichem Muster ab: Sofort nach Bekanntwerden der Verletzung des Bierverlagsmonopols rückte eine Abordnung von Bürgern unter Führung einer Amtsperson aus, um den Wirt oder privaten Käufer des fremden Bieres zur Rede zu stellen, die betreffenden Krüge und Fässer mit samt dem Inhalt zu pfänden und entweder an Ort und Stelle auszutrinken oder mitzunehmen. Nicht selten wurde den Beschuldigten eine empfindliche Strafzahlung aufgebürdet, die den entstandenen Schaden noch vergrößerte. Delikater Weise profitierten die Stadtoberen selbst am meisten von den Pfändungen, da sie nicht nur am

„Freibiertrinken" beteiligt waren, sondern oftmals auch kostengünstig in den Besitz der beschlagnahmten Zapfhähne und Bierbehältnisse kamen.[18]

Gleich ob bei Dorffesten, Richtfesten, Hochzeiten, Taufen oder Leichentrünken – überall rückten Ratsmitglieder, Viertelmeister und Amtsknechte aus, um das städtische Bierverlagsmonopol erbarmungslos durchzusetzen. Nur selten kam es vor, dass die Städter „Gnade vor Recht" ergehen ließen, wie im Falle des Hans Och in Unterleinleiter, dem die Ebermannstädter „Inquisitoren" zwar ein Fässchen fremden Bieres *„abgepfändet, das Bier aber seiner Tochter alß einer Kinds Betterin"* überlassen haben.[19]

In praktisch allen Amtsbezirken des Hochstifts Bamberg sind uns Streitigkeiten um das Recht Bier zu brauen, zu verkaufen und auszuschenken bekannt. Nicht selten ging es dabei hoch her. Im Weismainer Bezirk beispielsweise kam es im 17. Jahrhundert zu mehreren folgenschweren Konflikten im Kampf um den Gerstensaft. So fiel im August 1667 die gesamte Weismainer Bürgerschaft ins benachbarte Burkheim ein, um *„daß von Burckkunstatt auß* [unrechtmäßig] *dahin gebrachte Bier abzunehmen"*.[20] Wie uns die von Günter Dippold gefundenen Quellen berichten, brachten die Weismainer während der voll im Gange gewesenen Kirchweih das vorgefundene Bier gewaltsam an sich, um davon so viel es ging an Ort und Stelle auszutrinken. Was übrig blieb wurde teils *„weeglaufen lassen"*, teils *„nacher Weismain* [ge]*bracht undt auf dem Rathauß außgetrunckhen"*.[21]

Später hatte sich in Prügel – einem ebenfalls von der Stadt Weismain als ureigenem Bierverlagsort beanspruchten Weiler – der herrschaftliche Pächter eines giech'schen Gutshofes erlaubt, Bier zu brauen und auch an Fremde auszuschenken. Um dies zu unterbinden, marschierten im Jahre 1681 mehr als 50 bewaffnete Weismainer Bürger mit brennenden Lunten, unter den Schlägen eines Trommlers *„gleich einem offentlichen heerzueg"* in den Weiler ein.[22] Unter angeblichem Befehl des Fürstbischofs forderte der Weismainer Bürgermeister die Frau des Pächters auf, die Tore zu öffnen und die Braupfanne herauszugeben. Als sich

---

18 Vgl. u.a.: Georg Kraus, Die Häuser Nr. 1–122 von Ebermannstadt, Hagen-Haspe 1959, S. 6–14; vgl. auch die zahlreichen diesbezüglichen Akteneinträge in: Stadtarchiv (künftig: StadtA) Ebermannstadt, A 10/050–057, A 10/070 und A 10/100–111.

19 Actum Ebermannstadt den 30. Octobris 1764, in: Kraus, Die Häuser 1–122 (wie Anm. 18), S. 13 f.

20 Bericht des Weismainer Stadtschreibers, zitiert nach: Günter Dippold, Auch der Bischof trank Weismainer Bier, in: Aus der Fränkischen Heimat. Beilage der Bayerischen Rundschau 2, 2005, S. 1–3, hier: S. 1.

21 Ebd.

22 Zitiert nach: Dippold, Kleinstädte im Barock (wie Anm. 10), S. 205.

diese weigerte, brachen die Weismainer die Tore auf, eigneten sich das Braugerät samt Holzbottichen und Braupfanne an und führten das „Kriegsgut“ in einem Siegeszug und unter Gewehrfeuer nach Weismain ab. Allerdings währte in diesem Fall der städtische Siegestaumel nur kurz. In einem vom Geschädigten und dessen Grundherrn Christian Carl von Giech angestrebten Prozess vor dem Reichskammergericht gegen das Hochstift Bamberg und die Stadt Weismain musste sich letztere Landfriedensbruch vorwerfen lassen. Unter erfolgreicher Berufung des Herren von Giech auf sein *„seit unfürdenklichen Zeiten“* bestehendes Recht des Bierbrauens und -verkaufens wurden die Weismainer zur Wiedergutmachung des verursachten Schadens verurteilt.[23]

Auch in der Geschichte der Stadt Kronach gibt es zahlreiche Beispiele für das mit dem Bierverlag verbundene Streitpotenzial. Dort kam es im 17. Jahrhundert wie in anderen Gegenden des Hochstifts zu bewaffneten Übergriffen des Stadtbürgertums auf umliegende Ortschaften, sobald das Biermonopol in Gefahr schien. Für das Jahr 1658 wird berichtet, dass die Kronacher mit bewaffneter Hand in den Ort Pirnbaum eingefallen seien, Bier gepfändet und Geldstrafen verhängt hätten – und all dies ohne Wissen des zuständigen Bamberger Oberbeamten. Immerhin wurden die Verantwortlichen von Fürstbischof Philipp Valentin Voit von Rieneck ernstlich gerügt. Den Braukessel mussten sie ebenso wie die einkassierte Strafzahlung zurückgeben; eigenmächtige Aktionen dieser Art wurden ihnen von nun an strengstens untersagt.[24]

Anders verlief ein Streit zwischen der bambergischen Kleinstadt Staffelstein und dem Klosterstift Banz. Letzteres hatte sich seit Ende des 16. Jahrhunderts mit seiner zunehmenden Brautätigkeit zu einer unliebsamen Konkurrenz für die Staffelsteiner Brauhäuser entwickelt. Im Jahre 1723 riss den Staffelsteinern der Geduldsfaden, als der Banzer Abt Benedikt Lurz „in aller Stille“ einen neuen Braukessel hatte anfertigen lassen, um unweit des Klosters in Nedensdorf eine Brauerei zu errichten.[25] Die Staffelsteiner Bürgerschaft fürchtete nun, dass die

---

23 Kremer, Maineck (wie Anm. 9), S. 558.; vgl. auch: Dippold, Kleinstädte im Barock (wie Anm. 10), S. 205 f.

24 Vgl. Fehn, Chronik von Kronach (wie Anm. 10), S. 230; vgl. auch: Irina Badum, Brauwesen in Kronach, in: Bernd Wollner / Hermann Wich (Red.), Historisches Stadtlesebuch Kronach: 1000 Jahre Geschichte einer Stadt und ihrer Bewohner, Kronach 2003, S. 167–181, hier: S. 175–178.

25 StABa, L 47 Staffelstein, Nr. 29, Protokoll vom 26.1.1723, zitiert nach: Günter Dippold, Vom Staffelsteiner Kommunbrauwesen, in: Kultur-Initiative Bad Staffelstein e.V. (Hg.), Kunst und Kultur in Bad Staffelstein (Staffelsteiner Schriften 15), Bad Staffelstein 2011, S. 277–294, hier: S. 286.

benachbarte, direkt am Main gelegene Ortschaft nicht nur die Jahrmarktgäste und Pilger, sondern auch die Flößer mit günstigen Esswaren und Getränken versorgen würde. Die bisher auf die Einkehr im Bamberger Landstädtchen Staffelstein angewiesenen Konsumenten schienen hierdurch verloren zu gehen, was, so die eindringliche Klage der Stadtoberen, durch die fehlenden Umgeldeinnahmen auch dem bischöflichen respektive domkapitelischen Ärar erheblichen Schaden zuzufügen drohte. Nachdem weder der Banzer Abt noch die Nedensdorfer auf eine Abmahnung reagierten, gab der Bamberger Fürstbischof den Befehl, dass das „*Brewzeug zu* [...] *Nedensdorff gänzlich solle cassirt und ruiniret werden*".[26] Gemäß der bischöflichen Weisung marschierte der zuständige Oberamtmann Schrottenberg mit der gesamten, unter Waffen stehenden Lichtenfelser Bürgerschaft in Nedensdorf ein, um den Braukessel an sich zu bringen und die restliche Brauereieinrichtung „*offentlich zu Schanden*" zu „*hauen und völlig*" zu „*vernichten*", wodurch das Vorhaben des (militärisch) hilflosen Klosters für alle Zukunft vereitelt war.[27]

Dass die von den Staffelsteinern zu Hilfe gerufenen Lichtenfelser in dieser Hinsicht schon Erfahrung gesammelt hatten, beweist deren früheres Vorgehen gegen ihr eigenes Umland. So war bereits 1654 eine Hundertschaft Lichtenfelser Bürger ins benachbarte Michelau eingerückt, um dort das vorgefundene fremde Bier auszuschütten, 1716 war der Rat mit 30 Mann nach Reuth bei Trieb marschiert, um dort den widerrechtlich betriebenen Braukessel zu beschlagnahmen, die Anlage zu verwüsten und alles Malz zu verderben. Ähnlich war es auch den innerhalb der Lichtenfelser Bierbannmeile liegenden Hausenern, Heinachhofern, Mönchkröttendorfern, Schwürbitzern, Thelitzern, Unterwallenstädtern, Wolfsdorfern und Wolfslochern ergangen.[28]

---

26 Ebd.

27 Ebd.

28 Vgl. Dippold, Staffelsteiner Kommunbrauwesen (wie Anm. 25), S. 285.

Abb. 4: Prospect von Kloster Banz in Franken. Bildnachweis: Wikimedia, Stich der Lachmüllerschen Kunst- und Buchhandlung Bamberg.

Ein regelrechter „Krimi" ist uns aus den Städten Naila und Selbitz überliefert. Dort war es im April 1778 zu Auseinandersetzungen zwischen der Nailaer bürgerlichen Braugenossenschaft und den Stadtoberen von Selbitz gekommen. Zweimal versuchten der Selbitzer Bürgermeister Heinrich Beyer und der Gerichtsschöffe Georg Christoph Dittmar eine Bierlieferung aus Naila eigenmächtig zu verhindern beziehungsweise zu beschlagnahmen. Als die beiden deswegen von der Obrigkeit verhaftet wurden, gelang ihnen mit Hilfe der örtlichen Bevölkerung zwar die Flucht, am 6. Mai wurden sie aber erneut in Haft genommen und schließlich vom Hofer Gericht zu sechs Wochen Gefängnis verurteilt.[29]

Was den Bamberger Landstädten recht war, schien manchmal auch den Ritterherrschaften nur billig. So wissen wir von einem gewaltsamen Vorgehen des Rittergutsverwalters von Sassanfahrt gegen einen Schankwirt in Köttmannsdorf. Sich auf die Gemeindeherrschaft der in Sassanfahrt ansässigen von Schlammersdorf

29 Vgl. Der Selbitzer Bockpfeifer, Wiesenfestsondernummer/1959 v. 18.7.1959, S. 1–3 und Nr. 25 v. 12.12.1959, S. 1–4.

berufend, marschierte der schlammersdorf'sche Verwalter Conrad Römer im September 1755 in Köttmannsdorf ein, um dem dortigen Wirt den Ausschank bambergischen Bieres zu untersagen. In „*höchstwiderrechtlicher*" Art, so jedenfalls der betroffene Wirt Jacob Puff, seien die Schlammersdorfer mit sieben bewaffneten Musketieren und zwei Amtsknechten während der Kirchweih in seine Wirtschaft eingefallen, hätten unter allerlei „*Tätlichkeiten*" den Musikanten die Instrumente weggenommen, den Kirchweihgästen das Biertrinken verboten und ihm selbst fürderhin das Wasserholen beim Gemeindebrunnen untersagt. Infolge einer dabei entstandenen Schlägerei seien zahlreiche Bierkrüge zu Bruch gegangen, ohne dass jemand an das Zahlen seiner Zeche gedacht hätte. Den Schaden machte der Wirt beim Amt freilich erfolglos geltend.[30]

Auf der anderen Seite erfreute sich die Sassanfahrter Ritterschaft eines zunehmenden Bierumsatzes, da – bedingt durch die im Vergleich zu Bamberg weitaus niedrigere Biersteuer – die heimischen Wirtshäuser immer mehr Zulauf, auch und gerade aus der Bamberger Umgegend, erhielten. Die Antwort des bambergischen Zentamts Zentbechhofen an den adeligen Nachbarn blieb daher nicht aus. Schließlich war durch die Sassanfahrter Fiskalpolitik eine echte Konkurrenz entstanden, die den Bamberger Fiskus zu schädigen drohte. So marschierte im März 1764 eine 40 Mann starke Schar bewaffneter zentbechhofener Untertanen mitten durch das Rittergut Sassanfahrt, um die Bierlieferung aus dem nahe gelegenen Hirschaid nach Köttmannsdorf zu erzwingen. Vergeblich klagte der Reichsritter von Schlammersdorf gegen die Grenzverletzungen seines Territoriums und das aus seiner Sicht widerrechtliche Ausschenken fremden Bieres innerhalb seines Amtsbezirks. Da nutzte auch die Drohung nichts, dass er „*mit großer Überlegung* [nur] *dieses Mal* [noch] *davon Abstand genommen*" habe, „*sich gegen das turbulente Geschehen und die Grenzverletzungen des Territoriums und der Vorrechte seines Sassanfahrter Rittergutes zu widersetzen und den* [...] *Vorgängen mit Gewalt entgegenzutreten*".[31] Statt zu einer Racheaktion entschloss sich jedoch Wilhelm von Schlammersdorf im Jahre 1772 sein Rittergut an das Landgericht im Burggrafentum in Nürnberg zu verkaufen. Wohl auch dadurch konnte am Ende eine gewaltsame Auseinandersetzung vermieden werden.

Ganz anders sah dies im Falle eines Streites zwischen den Freiherrn Heußlein von Eisenheim und der bambergischen Stadt Hollfeld aus. Hier waren im Jahre 1699 über 70 bewaffnete Hollfelder Bürger unter der Führung des Bürgermeisters Johann Dippold nach Sachsendorf marschiert, um ihrem vermeintlichen

30 Ochs, „Köttweinsdorfer" Bierstreit (wie Anm. 4), S. 128 f.

31 Zitiert nach: ebd., S. 137.

Bierverlagsrecht Geltung zu verschaffen.[32] Der Sachsendorfer Ritter und Gutsbesitzer Johann Gottfried Heußlein von Eisenheim hatte sich „erdreistet", bei örtlichen Feierlichkeiten selbstgebrautes Bier zu verkaufen. Diesen Vorgang aber betrachteten die Hollfelder als Eingriff in ihre Rechte, da Sachsendorf innerhalb der städtischen Bierbannmeile lag. So bestanden die Hollfelder Ratsoberen darauf, dass auf einer Hochzeit, die in Sachsendorf von einem bambergischen Untertan gefeiert werden sollte, städtisches Bier ausgeschenkt würde.[33] Den hierfür notwendigen „Import" Hollfelder Bieres und die damit zusammenhängende Unterordnung unter das städtische Bierverlagsmonopol wollte wiederum der Rittersmann keinesfalls hinnehmen. Kampfbereit verschanzte sich der als streitlustig bekannte Eisenheim mit 16 seiner Untertanen, die mit 24 Gewehren gut bewaffnet waren, im örtlichen Wirtshaus und erwartete den militärischen Geleitzug aus dem Nachbarort. Tatsächlich kam es, da keine der Streitparteien nachgeben wollte, zu einem erbitterten Schusswechsel, bei dem es drei Tote und mehrere Verwundete gab. Der Ritter von Eisenheim wurde dabei selbst tödlich getroffen, ohne dass ihm, als er schwer verwundet im Sterben lag, seine wutentbrannten Feinde den Empfang der erbetenen Sterbesakramente gewährten. Mehr als 20 Jahre zogen sich die juristischen Auseinandersetzungen vor dem Wiener Reichshofrat um die sogenannte „Sachsendorfer Bluthochzeit" hin, ohne letztlich zu einem klaren Schuldspruch zu kommen.[34]

Die traurige Berühmtheit der Region durch den Ebermannstädter „Bierkrieg"

Wer nun glaubt, der Hollfeld-Eisenheim'sche Zwist wäre der Gipfel der Gewalttätigkeiten im Bierverlagsstreit gewesen, der täuscht sich. Von allen bambergischen Landstädten gebärdete sich nämlich Ebermannstadt als kompromissloseste militärische Kleinmacht, wenn es darum ging, die kaiserlichen (Bierverlags-)Privilegien auf Kosten der umliegenden Ortschaften durchzusetzen. Dies zeigt sich in einer fast unüberschaubaren Zahl von Übergriffen und Pfändungen in Dörfern und Ritterschaften, die im Ebermannstädter Amts- und Hochgerichtsbezirk lagen.

---

32 Vgl. Hans Kaiser, Blutiger Streit um das Bier, in: Oberfränkischer Heimatkalender 222, 2000, S. 80 f.

33 Vgl. Dippold, Kleinstädte im Barock (wie Anm. 10), S. 206.

34 Vgl. Kaiser, Blutiger Streit (wie Anm. 32), S. 81.

Abb. 5: Hochgerichtsbezirke am Ende des 18. Jahrhunderts im Bereich der heutigen Fränkischen Schweiz. Bildnachweis: StABa, A 240 Nr. T584, Geographische Vorstellung des Kaiserlichen Hochstifts und Fürstenthums Bamberg, Handzeichnung von Johannes Bapt. Roppelt, 1796.

So hatten die Ebermannstädter Zank mit den Freiherren von Wiesenthau um das Schankrecht in Hagenbach und mit den Herren von Seinsheim gewaltsame Auseinandersetzungen um den Bierverlag in Wannbach. Um den Bierausschank in Unterleinleiter stritt Ebermannstadt gleich mit mehreren Herrschaften, so mit den Herren von Egloffstein, den Herren von Streitberg, den Herren von Dienheim, den Herren von Lüchau und den Herren von Schlammersdorf. Selbst vor einem Streit mit den im Hochstift einflussreichen Geschlechtern der Schenk von Stauffenberg und der Voit von Rieneck schreckten die Ebermannstädter nicht zurück. So gab es Reibereien mit ersteren wegen des Bierhandels in Trainmeusel, Burggrub und Wohlmannsgesees, mit letzteren wegen des Ausschanks in Burg- und Windischgaillenreuth. Nicht selten arteten die Bierpfändungen in bewaffnete Überfälle der Ebermannstädter aus, so im Jahre 1685 auf das Wirtshaus in Unterleinleiter, 1747 in Morschreuth oder 1779 in Wannbach.[35]

Auch mit dem Markt Muggendorf, der innerhalb der städtischen Bierbannmeile, jedoch außerhalb des Bamberger Territoriums in der markgräflich-bayreuthischen Exklave Streitberg lag, war es im 17. und 18. Jahrhundert mehrmals zu Auseinandersetzungen gekommen. Leidtragende des Streits waren die Bamberger Dörfer Gößmannsberg, Wölm, Wohlmannsgesees und Trainmeusel, wo Bierfässer gewaltsam gepfändet wurden, die entgegen dem beanspruchten Monopol aus dem „fremdländischen" Muggendorf bezogen worden waren.[36]

Manchmal kam es sogar zu Rangeleien zwischen Ebermannstadt und anderen bambergischen Amtsstädten, so in den Jahren 1700 bis 1756, als es im Streit mit Waischenfeld und Gößweinstein um die Herausgabe von Bier für eine Hochzeitsfeier im „Grenzort" Windischgaillenreuth ging oder um ähnliche Ansprüche in Wichsenstein, Urspring und Morschreuth.[37] Selbst mit Untertanen des Reichsalmosenamtes der mächtigen Reichsstadt Nürnberg legten sich die Ebermannstädter im 18. Jahrhundert mehrmals an, indem sie es wagten, im außerhalb des bambergischen Hochgerichtsbezirks gelegenen Unterzaunsbach gewaltsame Bierpfändungen durchzuführen.[38]

Der wohl berühmteste „Bierkrieg", der nicht nur in die überregionale Literatur eingegangen ist, sondern auch im 20. Jahrhundert noch zu theaterkünstlerischer Belustigung animierte, fand zwischen Ebermannstadt und Pretzfeld

---

35 Gräfl. und Freiherrl. Egloffsteinsches Archiv Kunreuth, Alt-Sign. 662 und 649; Landesarchiv (künftig: LA) Baden-Württemberg, Abt. StA Sigmaringen, Gesamtarchiv Schenk von Stauffenberg: Akten Burggrub-Greifenstein, Dep. 38 T 5 Nr. 64/18 und Nr. 157; StadtA Ebermannstadt, A 10/050, A 10/052–053, A 10/070, A 10/100–101, A 10/104–105 und A 10/110.

36 Vgl. Kraus, Die Häuser Nr. 1–122 (wie Anm. 18), S. 6 und 8 f.; vgl. auch: Actum Burggrub 3.8.1755 und 9.9.1755, LA Baden-Württemberg, Abt. StA Sigmaringen, Gesamtarchiv Schenk von Stauffenberg: Akten Burggrub-Greifenstein, Dep. 38 T 5 Nr. 157. Zum in den Jahren 1680–1683 schwelenden Streit um das Verbot des Bierverlagsgeschäfts von Georg Trautner von Muggendorf in Gößmannsberg: vgl. LA Baden-Württemberg, Abt. StA Sigmaringen, Gesamtarchiv Schenk von Stauffenberg: Akten Burggrub-Greifenstein, Dep. 38 T 5 Nr. 64/18.

37 StadtA Ebermannstadt, A 10/105, A 10/107–110.

38 StadtA Ebermannstadt, A 10/106; Staatsarchiv Nürnberg (künftig: StAN), Rst. Nürnberg, Landalmosenamt, Akten I, Nr. 2892.

statt. Fast die gesamte Frühe Neuzeit über brodelte zwischen den beiden Nachbarorten ein teils erbitterter Kampf ums Bier.[39] Die erste tätliche Auseinandersetzung zwischen den beiden Streithähnen ist uns aus dem Jahre 1510 überliefert. Das reklamierte Biermonopol Ebermannstadts ignorierend, brauten und verkauften zu jener Zeit die Einwohner Pretzfelds, das eigentlich innerhalb der Ebermannstädter Bierbannmeile lag, ihren eigenen Gerstensaft. Der Pretzfelder Ortsvorsteher verteidigte das fortgesetzte Braugeschäft damit, dass die in Ebermannstadt längst bestellte und bezahlte Bierlieferung noch immer nicht eingetroffen sei. Außerdem müsse das Bier stärker eingebraut sein, das Ebermannstädter sei so schwach, *„dass an der Kirchweih nicht ein einziges Mal gerauft wurde“*.[40] Den Pretzfeldern kam entgegen, dass die gerichtliche Zugehörigkeit des Ortes umstritten war. Zwar behauptete der Bischof von Bamberg die Territorial-, Hochgerichts- sowie prinzipiell die Dorf- und Gemeindeherrschaft. Aufgrund des grundherrschaftlichen Gerangels zwischen den Rittern von Wiesenthau, den Stiebar von Buttenheim, der Reichsstadt Nürnberg, dem Markgrafentum Bayreuth und dem Hochstift Bamberg erlangte die Dorfgemeinde aber eine vergleichsweise starke Selbstverwaltungsbefugnis.[41] Dies erklärt, weshalb sich der direkte Einfluss des Bamberger Amtsvogts auf den als wirtschaftliche Konkurrenz auftretenden Nachbarort in engen Grenzen hielt.

39 Zu einem anlässlich der 650-Jahr-Feier der Stadt Ebermannstadt inszenierten Theaterschwank über den „Bierkrieg“: vgl. Erich Arneth, Der Bierkrieg zwischen Ebermannstadt und Pretzfeld, in: Stadt Ebermannstadt (Hg.), Ebermannstadt. Heimatkundliche Beiträge, Folge 1, Bayreuth 1981, S. 141–155.

40 Zitiert nach: Reinhard Löwisch, Von der „Bierseele“ Frankens, in: infranken.de vom 29.3.2016, zu finden unter URL: http://www.infranken.de/regional/forchheim/Von-der-Bierseele-Frankens;art216,1745269 (letzter Zugriff: 21.9.2016).

41 Vgl. Reinhold Glas, Pretzfeld [I] Häuser- und Familienchronik eines Marktortes in der Fränkischen Schweiz, Erlangen/Jena 1994, S. 30 ff.

Abb. 6: Kolorierter Holzschnitt des Stiebarschen Schlosses in Pretzfeld, gegen das ein Heer aufständischer Bauern mit Trommler und Fahnenträger zieht (um 1525). Bildnachweis: Reinhold Glas, Pretzfeld, Häuser und Familienchronik eines Marktortes in der Fränkischen Schweiz, Erlangen/Jena 1994, S. 133.

Nachdem weder die Drohungen des Ebermannstädter Magistrats noch die Beschwerden beim Bischof dazu führten, die Pretzfelder von ihren „*unbefugten Handirungen*“ beim Bierbrauen abzuhalten, eskalierte der Streit im Sommer 1510.[42] Im Morgengrauen des 16. August zog unter der Führung des Stadtvogtes und des Bürgermeisters eine ganze Heerschar von Ebermannstädtern bis an die Zähne bewaffnet nach Pretzfeld. Dort drang das aufgebrachte Bürgerheer in die noch schlafende Ortschaft ein, um alle Biervorräte zu vernichten, und zwar in der Weise, als man alles, was nicht sofort von der wütenden Menge ausgetrunken werden konnte, ausgoss, um schließlich die Fässer in Stücke zu schlagen. Selbst die Zuber in den Badestuben wurden zerstört, um den Pretzfeldern jegliche Möglichkeit

42 Vgl. Girsig, Ebermannstadt (wie Anm. 8), S. 70; Erich Arneth, Der Ebermannstädter Bierkrieg, in: Georg Förtsch / Anton Girsig / Adolf Schön (Hg.), Ebermannstadt. Ein Heimatbuch, Bamberg/Ebermannstadt 1973, S. 264–268, hier: S. 264 f.

zu nehmen, neu gebrautes Bier einzulagern. Die als Anstifter für den Bierfrevel geltenden Dorfmeister wurden gefangengesetzt und in Forchheim eingekerkert.[43] Selbstverständlich hatte der kriegerische Gewaltakt der Ebermannstädter ein Nachspiel, da sich die Pretzfelder nun ihrerseits beim Bamberger Fürstbischof als oberstem Herrn der Aggressoren beschwerten.

Abb. 7: Fürstbischof Georg III. Schenk von Limpurg. Bildnachweis: Wikipedia, Kupferstich von Johann Salver, Hofkupferstecher in Würzburg (1670, † 1738).*

Erwartungsgemäß kam das 1513 ergangene „*Compromiß-Urtheil*" des Fürstbischofs Georg III. Schenk von Limpurg den Ebermannstädtern sehr entgegen; jedenfalls beriefen sich diese später darauf, wenn sie behaupteten, dass die Pretzfelder aufgrund des Schiedsspruchs „*keineswegs befugt seien, zu mälzen und zu bräuen*", sondern das Bier von ihnen nehmen müssten.[44] Gleichwohl mochte sich

43 Vgl. ebd.

44 Zitiert nach: Kraus, Pretzfeld (wie Anm. 2), S. 98; vgl. auch: Glas, Pretzfeld (wie Anm. 41), S. 569, 968. Zum dem Schiedsspruch vorausgegangenen Schlichtungsvertrag: vgl. Hauptbrieff oder Vertrag deren von Ebermannstadt und Pretzfeldt vom Januar 1511, StadtA Ebermannstadt, A 10/020.

die Gemeinde Pretzfeld mit der bischöflichen Bevormundung nicht abfinden, weswegen der Konflikt weiterschwelte.[45] Bereits im Jahre 1569 ist uns eine erneute Klage überliefert, bei der sich der Ebermannstädter Rat wegen der „Hinderung“ Pretzfelder Bierbrauens rechtfertigen musste.[46]

Selbst inmitten des Dreißigjährigen Krieges setzte sich der Streit um das Bierverlagsrecht fort. Nun stritt Ebermannstadt mit der *„nach altem herkommen“* betriebenen ritterschaftlich Stiebar'schen Schlossbrauerei um die Herstellung Pretzfelder Gerstensaftes. Wiederum drangen die Ebermannstädter bei ihrem Nachbarn ein und pfändeten diesem zu Anfang der 1630er Jahre ein *„ganzes Gebräu“* Bier.[47] Der Stiebar'sche Vogt Conrad Galster hatte daraufhin erfolgreich auf Schadenersatz geklagt, weswegen ihm die Bürgerschaft Ebermannstadts *„für das* [...] *unbillig abgenommene Bier“* insgesamt 110 Gulden zu zahlen verpflichtet wurde.[48] Aufgrund der anhaltenden Kriegshandlungen wurde der Pretzfelder Schlossvogt jedoch immer wieder vom Ebermannstädter Bürgermeister und Rat vertröstet, ohne dass er je etwas von der Entschädigungssumme erhalten hätte. Umso mehr sah sich nun der Schlossverwalter im Recht, nicht nur weiter Bier zu brauen, sondern daraus auch monetären Nutzen zu ziehen, indem er es an ortsansässige Untertanen verkaufte. Schon 1661 versuchten daher die Ebermannstädter erneut, der Pretzfelder Schlossverwaltung das Bierbrauen und den Verkauf ihres Malzgebräus streitig zu machen. Mit Unterstützung des Bischofs, der auf die protestantischen Stiebar nicht gut zu sprechen war, wurde dem Pretzfelder Adeligen der weitere Verkauf seines Gebräus untersagt, lediglich für den eigenen Hausbedarf sollte es ihm gestattet sein, Bier herzustellen.[49] Die Pretzfelder

---

45 Vgl. Kraus, Pretzfeld (wie Anm. 2), S. 108.

46 Aufforderung an den Bürgermeister und Rat der Stadt Ebermannstadt durch den Forchheimer Schultheißen Georg Groß von Pfersfeld, zu der Pretzfelder Klage Stellung zu nehmen, StadtA Ebermannstadt, A 10/021.

47 Zur Geschichte Pretzfelds und Ebermannstadts während des Dreißigjährigen Krieges: vgl. Hans Haas, Geschichte des Pfarrdorfes und Marktes Pretzfeld, Erlangen 1969, S. 37–40.

48 Schreiben Conrad Galsterern an Ebermannstadt vom 4./14.10.1631, in: Kraus, Die Häuser Nr. 1–122 (wie Anm. 18), S. 98. Vgl. auch die wechselseitigen Amtsschreiben vom 14.10.1631 bis 23.6.1632, in: ebd., S. 99–102.

49 Zur Auseinandersetzung zwischen den Stiebar und der Bamberger Obrigkeit: vgl. Heinrich Joachim Jäck, Geschichte der Provinz Bamberg vom Jahre 1006 bis 1803, erster Teil, Bamberg 1809, S. 114 ff.; Haas, Geschichte Pretzfelds (wie Anm. 47), S. 37 ff.; Kraus, Pretzfeld (wie Anm. 2), S. 107 f. Vgl. auch das Dekret des Bamberger hochfürstlichen Rats vom 3.8.1661, StadtA Ebermannstadt, A 10/024; die Kopie eines Schreibens des Fürstbischofs Philipp Valentin an Stiebar vom 18.2.1662, StadtA Ebermannstadt,

aber, so das bischöfliche Urteil, hätten ihr Bier in Ebermannstadt abzuholen und zu versteuern. Georg Pankraz Stiebar verwahrte sich gegen das „*abergmahlig unbegrün*[de]*te einwenden*" der Ebermannstädter.[50] Schließlich, so seine Verteidigungsschrift an den Bamberger Bischof, würde ihm die Erhebung des Umgeldes für Wein ohne weiteres erlaubt.

Auch das Brauen für sein „*Haußwesen*" würde ihm zugemessen, weshalb solle ihm dann nicht auch das Bierverlegen auf seinen Wirtschaften gestattet sein?[51]

Abb. 8: Fürstbischof Philipp Valentin Voit von Rieneck (1612–1672). Bildnachweis: Wikipedia, Kupferstich von Johann Salver, Hofkupferstecher in Würzburg (1670, † 1738).*

A 10/024; den Extractus Protocolli uff der fürstlichen Rathstube vom 7./17.4.1663, in: Kraus, Die Häuser Nr. 1–122 (wie Anm. 18), S. 104.

50 Teil-Abschrift einer Antwortnote (Februar 1662) an den Bamberger Fürstbischof, StadtA Ebermannstadt, A 10/024.

51 Ebd.

Noch ehe er sein vermeintliches Recht beim Reichshofrat in Wien einklagen konnte, verstarb der Ritter.[52] Es dauerte nicht lange und der Bierstreit zwischen Ebermannstadt und Pretzfeld, oder vielmehr den dort ansässigen Rittern von Stiebar, ging in eine neue Runde. So fielen die Ebermannstädter im Mai 1681 mehrmals in die Stiebar'sche „*Erbschenkstatt*" zu Moggast „*gewaltthätig*" ein, um das dort vorgefundene Pretzfelder Bier zu pfänden.[53] Dem Wirt wurde dabei nach „*vielen verbal- und real-injurien*" unter Androhung von „*straff und fernern gewalts*" unmissverständlich klar gemacht, dass er sein Bier künftig „*nirgend anderswo, denn zu Ebermannstatt zukauffen und abzuholen*" habe. Nun schritt die Reichsritterschaft in Form des Kantons Gebirg ein, indem sie den Bischof unter Bezugnahme auf den „Ewigen Landfrieden" von 1495 und die Westfälischen Friedensverträge offiziell aufforderte, „*solch violentes, anbey aigenmächtiges beginnen und dieß orts unerhörte Neuerung*" künftig zu unterbinden.[54]

Im Dezember 1682 sah sich schließlich die Regierung des Hochstifts genötigt, einen allgemeinen Erlass „*wegen vorgefallener Gewalttätigkeiten*" herauszugeben.[55] Da „*Städte und Marktflecken wiederholt unternommen*" hätten, „*ihre Rechte, namentlich wegen des Bierverlags, durch eigenmächtige Ausfälle und Pfändungen zu handhaben, wobei sogar etliche mal Mord und Totschlag erfolgt*" sei, würde „*solches verboten und befohlen, das Recht am gehörigen Orte zu suchen*". Allerdings galt dies lediglich für Fälle innerhalb des Bamberger Territoriums und nicht etwa gegenüber den Ritterschaften. So blieben die Bürger weiterhin berechtigt, ja sogar verpflichtet, „*wenn andere Herrschaften und Adelsuntertanen dem hergebrachten Bierverkauf oder anderen Hantierungen Eintrag tun*", sich „*gleichwohl selbst bei ihren Rechten durch ‚gewehrlichen außfall und Pfandungen' unter Vermeidung von Exzessen* [zu] *schützen, wenn sie solches vorher ihren Beamten angezeigt*" hätten.[56]

Diese, den Ritterschaften gegenüber halbherzige Maßregelung der gewalttätigen Städter ging den Pretzfeldern nicht weit genug, weshalb sie nun beim Kaiser in Wien um Hilfe ansuchten. Tatsächlich erging im Juli 1690 ein kaiserliches „*Rescriptum*" wider die Stadt Ebermannstadt, Kraft dessen diese die „*Gemeind zu Pretzfeld* [...] *unter anderen auch in dem freyen Bierkauff weiter nicht beschwehren*"

52 Vgl. u.a.: Kraus, Pretzfeld (wie Anm. 2), S. 108.

53 StadtA Ebermannstadt, A 10/026.

54 Ebd.

55 Bamberger Verordnung vom 12.12.1682, zitiert nach: Fehn, Chronik von Kronach (wie Anm. 10), S. 239.

56 Ebd.

durfte.[57] Diese Demütigung wollten wiederum die stolzen Ebermannstädter nicht hinnehmen, weswegen die Bürgerschaft zum Äußersten griff, um ihr vermeintliches Bierverlagsrecht durchzusetzen. Ohne Genehmigung des bischöflichen Vogteiamtes marschierten am frühen Morgen des 6. September 1690 Bürgermeister und Magistrat, *„sambt der gantzen und völligen Burgerschafft zu Ebermannstatt"* – einem Heereshaufen von mehr als hundert schwer bewaffneter Männer – *„nebst etlichen Zimmerleuten mit ihren Hacken und Hebeisen* [...] *unter offen Drommelschlag gleichsamb als in einem rechten Krieg"* vor das Schloss zu Pretzfeld.[58] Dort angekommen, stürmten sie das Schloss und das Brauhaus. Alles Brauzeug schlugen sie *„boshaftiger weiß in kleine stück und trümmer"*.[59] Zwanzig Eimer des gerade erst frisch gebrauten Bieres, so wurde später dem Kaiser berichtet, habe das wütende Kriegsvolk *„in die Erden lauffen lassen"*. Zur Abkühlung des *„bösen Frevel Gemüths"* seien der Stiebar'sche Schlossverwalter Johann Friedrich Sander, der herrschaftliche Jäger und ein Bräugehilfe *„mit stossen und schlägen grausambtlich tractirt, und zu schand und spott gefänglich mit* [...] *nacher Ebermannstatt geschleppet"* worden, wo sie ihre Peiniger gleich den *„ärgsten Maleficanten* [...] *in ein böses schimpfliches Gefängnis geworffen"* hätten.[60] Dem Schlossvogt wurde unverhohlen angedroht, dass man *„bey wiederanstellendem Breuwerck bald wiederkommen und übel ärger machen"* würde.[61] Allein der Schaden für das zerstörte Brauinventar und das weggeflossene Bier wurde auf über 150 Reichstaler geschätzt.

Dieser „Kriegszug" und die Androhung weiterer Gewalt lösten eine Welle der Empörung aus, die – von den schriftlichen Klagen der Fränkischen Reichsritterschaft begleitet – bis nach Wien drang. Im Mai 1691 erließ Kaiser Leopold ein Mandat gegen die Ebermannstädter, in dem er ihr *„hochmüttiges unternehmen"*

57 Zu finden im Mandat Kaiser Leopolds vom 28.5.1691, zitiert nach: Kraus, Pretzfeld (wie Anm. 2), S. 111.

58 Brief des Adam Ernst Marschalk von Ebert in Wildenberg an den Consulenten und Advocaten der Reichsritterschaft aller Sechs Orth in Franken in Nürnberg, Johan Friedrich Schober, vom 6.9.1690; Mandat Kaiser Leopolds vom 28.5.1691, beides abgedruckt bei: Kraus, Pretzfeld (wie Anm. 2), S. 105 und 109.

59 Mandat Kaiser Leopolds vom 28.5.1691, abgedruckt bei: Kraus, Pretzfeld (wie Anm. 2), S. 109.

60 Ebd., S. 109 f. und Brief des Adam Ernst Marschalk von Ebert in Wildenberg [in seiner Eigenschaft als Stiebarscher Vormund] an den Consulenten und Advocaten der Reichsritterschaft aller Sechs Orth in Franken, Johann Friedrich Schober, vom 6.9.1690, abgedruckt bei: Kraus, Pretzfeld (wie Anm. 2), S. 105.

61 Mandat Kaiser Leopolds vom 28.5.1691, abgedruckt bei: Kraus, Pretzfeld (wie Anm. 2), S. 110.

als schweren Landfriedensbruch anprangerte.[62] Die Beklagten sollten sich gemäß kaiserlichem Befehl innerhalb von zwei Monaten vor dem Reichshofrat verantworten. Wer nun damit gerechnet hatte, diese schallende Ohrfeige des Reichsoberhauptes würde die Ebermannstädter „Kriegsherren" zur Vernunft bringen, der hatte sich getäuscht.

Abb. 9: Kaiser Leopold I. (1640–1705). Bildnachweis: Wikipedia (nach C. Stephani Nürnberg), 17. Jahrhundert.

Bereits zwei Wochen nach der Verkündung der kaiserlichen Rüge durch einen Notar begab sich der Ebermannstädter Bürgermeister Jörg Seeg mit 50 seiner Bürger erneut nach Pretzfeld. Als die Ebermannstädter versuchten, sich gewaltsam Zutritt zum Schloss zu verschaffen und dabei einen Stiebar'schen Untertanen niederschlugen, verriegelte der Schloßvogt kurzerhand die Türen. Nur mit Mühe konnte er die im Schloss lagernden Pretzfelder zurückhalten, sich den Ebermannstädtern mit Waffen entgegenzustellen. Unweigerlich, so berichteten Zeugen, wäre sonst *„ein großer tumult [...] und leicht Mord und Todtschlag"* entstanden, zumal nun unter großem Geschrei *„auch das ganze Ebermannstatt mit Knechten und Buben, alle bewehrt in Pretfeld eingestürmet"* seien, *„dabey mit Rohren viel Schuß gethan"*.[63]

62 Mandat Kaiser Leopolds vom 28.5.1691, in: ebd., S. 111 f.

63 Zeugenvernehmungen des Stadtrichters zu Nürnberg, Tobias Tucher von Simmelsdorff und Winterstein, vom 3.10.1691 und des markgräflich streitbergischen Amtmanns

Diesmal waren die Ebermannstädter zu weit gegangen. Zwar versuchte der Bamberger Bischof die Wogen nochmals zu glätten, indem er kurz darauf die Bürgerschaft zu Ebermannstadt eindringlich ermahnte, dass die „*allerhöchste Verordnung*" des Kaisers seiner Intention gemäß künftig „*würckhlich und allerdings nachgelebet werde*".[64] Aufgrund des erneuten Bruchs des Landfriedens und der Missachtung des kaiserlichen Mandats bekam die Stadt jedoch den Zorn Kaiser Leopolds zu spüren, der die Ortschaft kurzerhand von kaiserlichen Truppen besetzen ließ. Die Ratsoberen mussten lange Verhöre über sich ergehen lassen, Bürgermeister Seeg wurde wegen Majestätsbeleidigung angeklagt, den Bürgern hohe Bußzahlungen auferlegt.[65]

Der Überzeugung Ebermannstadts, sein Biermonopol zu Recht, notfalls auch mit obrigkeitlicher Gewalt, einfordern zu dürfen, scheint dies jedoch längerfristig keinen Abbruch getan zu haben. Jedenfalls setzten die städtischen Bierpfändungen und Strafen gegen umliegende Dorfbewohner nur wenige Jahre nach dem Pretzfelder Debakel wieder wie gewohnt ein.[66] Noch 1729 notiert der Stiebar'sche Steuereinnehmer in Pretzfeld, dass das „*Umgeld von denen dermahligen dreyen Wirthen* [...] *nicht in Ansatz gebracht werden* [könne], *weil dieselben gleich denen anderen, das benötigte Bier in Ebermannstadt zu nehmen gezwungen*" würden.[67]

Der Rechtsstreit und das Ende des städtischen Bierbanns

Wie bereits angedeutet, führten die gewaltsamen Übergriffe und Pfändungen der Bamberger Landstädte auf ihr Umland nicht selten zu längeren juristischen Auseinandersetzungen, die vor dem Bamberger Hofgericht, meist jedoch vor dem Reichskammergericht oder dem Reichshofrat ausgetragen wurden. So schwelte in den Jahren 1669 bis 1737 ein Streitverfahren zwischen der Stadt Waischenfeld respektive dem Hochstift Bamberg und den Rittern von Rabenstein wegen des Bierverlags in den Rabenstein'schen Orten Oberailsfeld und Kirchahorn. Der Bürgermeister

---

Christian Ratiborsky von Sechzebus vom 13.10.1691, StadtA Ebermannstadt, A 10/027; vgl. auch: Kraus, Pretzfeld (wie Anm. 2), S. 117 f. und S. 121–123.

64 Schreiben des Fürstbischofs Marquard Sebastian [Schenk von Stauffenberg] zu Bamberg an „*Unßeren lieben getreuen, Burgermeister und Rath, dan gesambter Burgerschafft zu Ebermanstadt*" vom 29.8.1691, gegengezeichnet in Ebermannstadt am 31.8.1691, StadtA Ebermannstadt, A 10/028.

65 Vgl. Arneth, Ebermannstädter Bierkrieg (wie Anm. 42), S. 268; Kraus, Pretzfeld (wie Anm. 2), S. 130.

66 Aktenkundig wieder nachweisbar ab ca. 1700, vgl. StadtA Ebermannstadt, A 10/100 und A 10/106–111.

67 Zitiert nach: Glas, Pretzfeld (wie Anm. 41), S. 569, Anm. 31; vgl. auch: ebd., S. 52.

und Rat zu Hollfeld prozessierte nicht nur mit den von Eisenheim, sondern auch mit den Herren von Aufseß wegen des Bierverlags in Wohnsdorf.[68] Die Bamberger Stadt Pottenstein stritt wiederum mit den Haubolden von Wolframsdorf wegen des Bierausschanks in Kleingesee sowie mit den Rittern Groß von Trockau wegen des Bierverlages und des Umgeldes in Kohlstein, Rackersberg und Trockau.[69]

Die Klagen vor dem bischöflichen Hofgericht, dem Reichshofrat oder dem Reichskammergericht brachten je nach Rechtsauffassung der zuständigen Richter Entscheidungen zugunsten oder zu ungunsten der Bamberger Landstädte. Der an reichlich fließendem Umgeld interessierte Fürstbischof und oberste Gerichtsherr Bambergs entschied bei unklarer Rechtslage freilich öfter als die (den Reichsrittern meist wohlgesonnenen) Reichsgerichte zugunsten seiner eigenen Landstädte. Da einzelne Adelige zu ohnmächtig erschienen, gegen das mächtige Bamberg etwas ausrichten zu können, entschloss sich schließlich die Reichsritterschaft des fränkischen Kantons Gebürg, gemeinsam juristisch gegen die hochstiftischen Munizipalstädte Ebermannstadt, Hollfeld, Kupferberg, Pottenstein, Waischenfeld, Weismain und Burgkunstadt vorzugehen.[70] Dies schien umso dringender, da sich im Jahre 1717 der Bamberger Fürstbischof Lothar Franz von Schönborn, der für seine teuren Schlösserbauten bekannt war, endgültig auf die Seite seiner (reiche Steuer garantierenden) Stadträte und Bürgermeister stellte.[71] So geschehen im Falle Ebermannstadts, wo er die klagende Adelskorporation hatte lapidar wissen

---

68 Zu Waischenfeld gegen Rabenstein (1669–1737): vgl. StABa, Hochstift Bamberg, Hofkammer, Akten und Bände Nr. 2247; zur Klagesache zwischen denen von Rabenstein und der Stadt Waischenfeld „*wegen der Gasthäuser und des Bierverlages zu Oberailsfeld*" (1729–1736): vgl. StABa, Hochstift Bamberg, Hofkammer, Akten und Bände Nr. 2364; zur Streitsache zwischen Hollfeld und Friedrich Hector von Aufseß (1688) wegen des Bierverlags zu Wohnsdorf: vgl. StABa, Archiv der Freiherren von und zu Aufseß, Sign. 2805.

69 Nachgewiesen u.a. für die Jahre 1666 und 1669: StABa, Hochstift Bamberg, Hofkammer, Akten und Bände Nr. 1440 [Groß von Trockau]; StadtA Ebermannstadt, Akten, A 10/030 (4a) [Haubolden von Wolffrahmsdorff].

70 Vgl. die Streitschriften in: StadtA Ebermannstadt, A 10/032; LA Baden-Württemberg, Abt. StA Sigmaringen, Gesamtarchiv Schenk von Stauffenberg: Akten Burggrub-Greifenstein, Dep. 38 T 5 Nr. 157.

71 Zur „Bauwut" des im absolutistischen Stil regierenden Fürstbischofs Lothar Franz vgl. u.a. den Sammelband von: Erich Schneider / Dieter J. Weiß (Hg.), 300 Jahre Schloss Weißenstein ob Pommersfelden, Wissenschaftliches Symposium der Gesellschaft für Fränkische Geschichte am 15. und 16. September 2011 (Veröffentlichungen der Gesellschaft für Fränkische Geschichte, Reihe 8, Quellen und Darstellungen zur fränkischen Kunstgeschichte 17), Würzburg 2014.

lassen, dass „*von dem Bischöflich Bambergischen Gericht, Hofrathspräsidenten, Kanzlern, Vicekanzlern und weltlichen Räthen zurecht erkannt* [worden sei], *daß eine Meilweegs Rings umb Ebermannstatt denen* [ritterschaftlichen] *Klägern das Recht des Bier-Verlags ab-denen Beklagten aber* [...] *hiermit zugesprochen*" würde.[72] Mit diesem und ähnlichen Urteilen fand sich die Korporation der Reichsritter freilich nicht ab, weswegen sie zunächst beim Kreisgericht, dann beim kaiserlichen Reichshofrat in Wien dagegen appellierte.[73]

Abb. 10: Ansicht der Stadt Waischenfeld. Bildnachweis: Lithografie nach Carl Kaeppel, aus: Theodor Rothbarth, Die Fränkische Schweiz. Cyclus der interessantesten Punkte aus der Umgegend von Muggendorf und Streitberg, Nürnberg 1840.

72 Brief vom Hochstift Bamberg an den Reichsfrey-Hochwohlgebohrnen Herrn Philipp Adam Sigmund Schenk Freyherrn Von Stauffenberg und Greifenstein [...] vom 28.7.1717, LA Baden-Württemberg, Abt. StA Sigmaringen, Gesamtarchiv Schenk von Stauffenberg: Akten Burggrub-Greifenstein, Dep. 38 T 5 Nr. 157.

73 Vgl. Actum Burggrub 3. Aug. 1755, LA Baden-Württemberg, Abt. StA Sigmaringen, Gesamtarchiv Schenk von Stauffenberg: Akten Burggrub-Greifenstein, Dep. 38 T 5 Nr. 157; vgl. auch: StadtA Ebermannstadt, A 10/030 und A 10/031.

Abb. 11: Fürstbischof Lothar Franz von Schönborn (1655–1729). Bildnachweis: Wikipedia (Bildnis von Christian Schilbach, 1715).

Die Unsummen an Prozesskosten verschlingenden Verhandlungen, die nicht nur das kleine Städtchen Ebermannstadt beinahe an den Rand des Ruins brachten, zogen sich oftmals bis ans Ende des Alten Reiches hin, ohne dass dabei eine grundsätzliche Entscheidung getroffen wurde.[74]

Gerade aufgrund der teils unsicheren rechtlichen Lage war es der mächtigen Territorialmacht Bamberg während der gesamten Frühen Neuzeit gelungen, die städtischen Biermonopole und damit auch die fiskalisch nicht zu unterschätzenden regelmäßigen Biersteuereinnahmen zu sichern. Ein auch nur ansatzweise freier Wettbewerb musste aufgrund dieser profunden fiskalpolitischen Interessen freilich auf der Strecke bleiben. Auf der Strecke blieben damit nicht nur die kleineren Territorialherren, sondern auch der Geldbeutel und die geschmacklichen

74 Vgl. die zahlreichen Akteneinträge aus den Jahren 1700 bis 1736 im Ebermannstädter Stadtarchiv: StadtA Ebermannstadt, A 10/030–032. Allein für die Jahre 1733–1735 betrugen die Kosten für den von Ebermannstadt bestellten Agenten am Wiener Reichshofrat 95 Gulden 34 Kreuzer, vgl. Aufstellung der Prozesskosten vom 16.7.1735, in: StadtA Ebermannstadt, A 10/030. Im Jahre 1700 waren für Ebermannstadt bereits 248 Gulden 4 Groschen Anwaltskosten fällig gewesen: vgl. Kraus, Pretzfeld (wie Anm. 2), S. 130 und Arneth, Ebermannstädter Bierkrieg (wie Anm. 42), S. 268. Allgemein vgl. auch: Hofmann / Kerkhoff-Hader, Bierkultur (wie Anm. 5), S. 28.

Wünsche der Konsumenten. Erst die Einverleibung des Hochstifts Bamberg nach Bayern brachte schließlich das Aus für die städtischen Bierverlags-Privilegien. Mit der Beseitigung des Bierbanns in der Provinz Bamberg im Jahre 1807 fielen die letzten Schranken für den Betrieb dörflichen beziehungsweise privaten Bierbrauens und -ausschanks.[75] Durch die Gesetzgebung des modernen Bayern begünstigt, entstanden nun zahlreiche neue Brauereien und Wirtshäuser vor allem auf dem Land, die sich zu keinem geringen Teil bis heute gehalten haben. So kam es, dass seit dieser Zeit jeder sein Bier dort kaufen kann, wo es ihm beliebt, ohne deswegen befürchten zu müssen, vom Stadtvolk „überfallen", „beraubt" und bestraft zu werden. Die Seele des von Spitzeln, Amtsvögten und regelrechten Bierkriegen heimgesuchten Konsumenten fand nun inmitten einer schier grenzenlos wirkenden Bierlandschaft ihre Ruhe, das karikaturhafte Bild vom bayerischen Bierdümpfel konnte seinen Siegeszug in die ganze Welt antreten, das oberfränkische Eldorado der Biersommeliers aber seiner endgültigen Entfaltung entgegensehen.

75 Vgl. Dippold, Kraftspender und Renommiergetränk (wie Anm. 6), S. 56.

Sabine Wüst

Zeidelwesen in fränkischen Landen aus umweltgeschichtlichem Blickwinkel

Confronted with rising ecological dangers in the world many bee-keepers dream of former times as "local bees were humming peacefully from flower to flower and culled precious nectar and pollens". Such romantic dreams however do not represent a realistic view of the burdens bee-keepers had in the middle and early modern times. Beekeeping was endangered in many centuries and regions, so towns and territories in Southern Germany had to create supporting programs for the "Zeidlers" (bee-keepers and honey merchants). One out of many interesting facts is the creation of a bee-court ("Zeidelgericht") in the marketplace of Feucht, close to the famous Free Imperial City of Nuremberg, where trading and the production of honey cakes had a long tradition. The roots of the named bee-court go back to the 14th century and its judges were sponsored by honey-money and court fees. At the end of her essay on bee-keeping Sabine Wüst presented an edition of the last court session in the year 1779/82.

Einleitung

Unter dem Titel „Das kann kein Meer mehr schlucken: Unsere Ozeane versinken im Plastikmüll“[1] veröffentlichte der WWF (= World Wide Fund for Nature) eine Studie zum Thema Umweltverschmutzung in den Weltmeeren. Tausende Plastikteilchen gelangen täglich durch Privathaushalte – und ihre Waschmaschinen – ins Abwasser. Daneben wurden leider viele Strände zur regelrechten Müllhalde und auch der Fischfang und die Schiffe sind nicht schuldlos am Plastik im Meer. Auch bei Honig fällt es immer wieder auf, dass zusehends Plastikverpackungen benutzt werden. Gerade am Frühstücksbuffet im Hotel ist dies zu beobachten, wenn kleine Portionen angeboten werden. Außerdem sind „[n]ebst den gelben Honigpollen“ „auch Plastikfasern sichtbar“.[2] Bienen sammeln das, was sie in der Umwelt finden.

---

1 URL: https://www.wwf.de/themen-projekte/meere-kuesten/plastik/unsere-ozeane-versinken-im-plastikmuell/ (letzter Zugriff: 23.7.2018).

2 URL: https://www.srf.ch/sendungen/kassensturz-espresso/themen/umwelt-und-verkehr/plastik-im-honig-test-zeigt-verschmutzung-im-naturprodukt (letzter Zugriff: 4.8.2018).

Heute findet man neben den Blütenpollen überall Plastikteilchen, in der Luft, im Wasser, im Zuckerfutter. Auf diese Weise gelangen in der Weiterverarbeitung die Teilchen eben auch in unseren Frühstückshonig. Dadurch ist Honig als Prototyp mit heilender Wirkung[3] bei verschiedenen Krankheiten belastet.

Sollte uns das nicht alle betroffen machen? Umweltgeschichte zeigt die historischen Beweggründe auf, die zum heutigen Zustand der Ökosysteme unter menschlichem Einfluss geführt haben. Dies wird ganz schnell offensichtlich, wenn man sich die Thematik „Klimawandel" vor Augen führt. Die Alpengletscher beispielsweise schrumpften in den vergangenen 150 Jahren etwa um ein Drittel ihrer Fläche, ihr Volumen ging zwischen 1901 und 2011 um fast die Hälfte zurück.[4] Um diese Erkenntnis zu gewinnen, ist es unabdingbar, Dokumente aus vergangenen Tagen mit aktuellen zu vergleichen. Rezeptions- und Rekonstruktionsforschung werden also innerhalb der Umweltgeschichte großgeschrieben.[5]

Mein Beitrag über das fränkische Zeidelwesen soll insbesondere die Wirtschafts-, Gesellschafts- und Kulturgeschichte verknüpfen, um am Beispiel der Bienen umweltgeschichtliche Zusammenhänge der Neuzeit zu erläutern. Dabei steht zweifelsohne der Umgang mit der Natur im Fokus.

Die Bienen – zoologisch als *Apiformes* oder *Anthophila* bezeichnet – sind eine Insektengruppe, in der mehrere Familien der Hautflügler (= Hymenoptera) zusammengefasst werden. Immer öfter liest man nun aktuell auch vom sogenannten Bienensterben. Mal sind es die eingesetzten Insektizide, mal die aus Asien eingeschleppten Varroamilben – Fakt ist, dass nicht nur die Honigbienen, sondern auch viele Wildbienenarten, die ebenfalls einen wichtigen Beitrag zur Pflanzenbestäubung leisten, gefährdet sind. Dies gibt den Anstoß, die Geschichte der Bienen, das Zeidelwesen und die Domestizierungspraktiken regional genauer zu betrachten.

Wachs und Honig sind nur schlecht zu entbehren, denkt man an die Kirche oder das wohl älteste Süßungsmittel. In einem Land, in dem „Milch und Honig

---

3 URL: https://www.zentrum-der-gesundheit.de/honig-ia.html oder https://www.welt.de/wissenschaft/article866597/Warum-Honig-bei-der-Heilung-hilft.html (jeweils letzter Zugriff: 15.8.2018). Ob gegen Karies, zur Wundheilung, bei Verstopfung, für die Schönheit oder bei Herpes, Honig zeigt in vielerlei Bereichen seine heilende Kraft.

4 Martin Beniston / Daniel Farinotti u.a., The European mountain cryosphere: a review of its current state, trends, and future challenges, in: The Cryosphere 12, 2018, S. 759–794, URL: https://doi.org/10.5194/tc-12-759-2018.

5 Bernd Herrmann, Umweltgeschichte. Eine Einführung in Grundbegriffe, Heidelberg 2013.

fließen"[6], dürfen Bienen keinesfalls fehlen. Ähnlich der Konsumgeschichte, die seit dem Einsetzen des Massenkonsums ihre Ära beginnen soll, beläuft sich in der Forschung der Periodisierungsbeginn für die Umweltgeschichte häufig strikt auf eine zeitgeschichtliche Epoche.[7] Kann das richtig sein? Sollte die Konsum- und Umweltgeschichte nicht schon viel früher ansetzen, nicht zuletzt um Auswirkungen auf unser heutiges Dasein noch stärker zu verdeutlichen? Mein Beitrag erweitert den zeitlichen Fokus.

Das Zeidelwesen von damals bis heute

Interessant ist an dieser Stelle die Untersuchung, ob die damals dem Wald entnommenen Produkte nicht mehr oder weniger wert waren, je nach ihrer Massenhaftigkeit. Holz galt oft zu den in Hülle und Fülle vorhandenen und damit eher weniger relevanten Erzeugnissen. Daneben galten die Jagd, die Waldweide, aber auch Harz- und Rindengewinnung als repräsentative und rohstoffgewinnende Tätigkeiten.

Mancherorts spezialisierte man sich jedoch auf die für das Mittelalter bedeutungsvollen Bienenprodukte. Wildbienenvölker konnten den zeitgemäßen hohen Bedarf an Wachs für die Kirchen und Klöster nicht mehr decken. Wachs war unabkömmlich zum Einlassen von Möbeln, um Kleidung aus Leinen wasserdicht zu machen oder um Urkunden zu besiegeln. Daneben benötigte man noch mehr von den Bienen – nicht nur Wachs, sondern auch Honig als kostengünstigeren Zuckerersatzstoff und zur Metherstellung. Durch die Vermarktung dieser Artikel boomte regelrecht der Welthandel.[8] Sollte hier nicht auch die Konsumgeschichte ansetzen?

Kurzum, durch den gesteigerten Wachsbedarf, sowie den enormen Honigverbrauch in der Küche und der Medizin reichte schlichtweg die Ausbeutung des bestehenden Bienenfundes nicht mehr, sondern man brauchte eine geregelte Bienenhaltung.

Die europäische Bienenzucht kennt eine lange Tradition. Das wird deutlich, wenn man in die Cuevas de la Araña (= Spinnenhöhlen) hineinschaut – eine Gruppe von Höhlen in der Gemeinde Bicorp der spanischen Provinz Valencia im Osten der Iberischen Halbinsel. Die nachweisbare, 1921 entdeckte, Felsenmalerei

---

6 Bibelzitat: Exodus 3,8.

7 URL: http://www.bpb.de/apuz/29840/umweltgeschichte-als-zeitgeschichte?p=all (letzter Zugriff: 24.7.2018).

8 Karl Dietrich Hüllmann, Deutsches Städtewesen im Mittelalter, Bd. 2, Bonn 1826, S. 110–113.

zeigt eine auf einen Baum gekletterte Person, die mit der einen Hand ein in einer Baumhöhle lebendes Bienenvolk ausbeutet und in der anderen Hand ein Sammelgefäß hält.

Abb. 12: Zeichnung der mesolithischen Höhlenmalerei eines Honigjägers oder einer -jägerin in den Cuevas de la Araña. Bildnachweis: URL: https://i0.wp.com/valenciabonita.es/wp-content/uploads/2015/11/cuevaara%C3%B1a_hidromiel.jpg (letzter Zugriff: 21.11.2018).

Dies ist eine der frühesten – das heißt aus der Jungsteinzeit – bekannten Darstellungen der Erbeutung von Bienenprodukten wie Honig und Wachs.[9]

Gesetzessammlungen, die bereits zwischen 400–700 n. Chr. entstanden, regelten die Eigentumsgesetze und machten gleichermaßen die Strafen für Bienendiebstahl bei Verstößen verständlich. „Auch die Gesetze der salischen und ripuarischen Franken bestrafen den Bienen-Diebstahl äußerst schwer: außer dem Wiederersatz mit 12–45 Solidi. Erschwerter Bienen-Diebstahl wird im sächsischen Recht (ca. 800 n. Chr.) und bei späteren Rechts-Autoritäten sogar mit dem Tode bedroht. Wir ersehen aus diesen Gesetzen, dass sowohl die Wald-Bienenzucht wie einfache Klotz-Beuten zu Beginn des Mittelalters weit bekannt waren."[10]

9 Eva Crane, The Rock Art of Honey Hunters. International Bee Research Association, Cardiff 2001, S. 19–22.

10 Friedrich Simon Bodenheimer, Materialien zur Geschichte der Entomologie bis Linné 1, Berlin 1928, S. 192.

Karl der Große (742–814 n. Chr.) sorgte sich bereits um die Bienen und förderte deren Haltung. Auf kaiserlichem Territorium mussten daher (ab etwa 800) Bienen gehalten werden.

Unter dem Zeidelwesen[11] versteht man das gewerbemäßige Sammeln des Honigs wilder oder halbwilder Bienenvölker. Neben der Hausbienenzucht etablierte sich die Waldbienenzucht. Das altdeutsche „*Zeideln*" meint so viel wie „*Honig schneiden*", wobei im Gegensatz zur heutigen Imkerei die gesamte Honigwabe entnommen wurde. Ob das nun dem jeweiligen Bienenvolk geschadet hat oder nicht, war weniger fokussiert. Die Produkte, der Honig und das Wachs, konnten zeitnah entnommen und weiterverarbeitet werden.

Hohlräume alter Bäume repräsentierten die späteren Bienenkästen. Erste Benennungen des, seit dem Frühmittelalter neu definierten, Berufs des Zeidlers finden wir in Ostfranken.[12] In einer Schenkung des Bayernherzogs Odilo (ca. 735–748) an das Kloster Mondsee tauchen vier Zeidler auf, die als „*cidlarii*" über dem Donauufer und an der Schwarzach tätig waren. Eine spätere Schenkung an das gleiche Kloster, während der Ära Herzog Tassilos (749–788), beinhaltet die Überschrift: „*De Zidlaron*". Darüber hinaus werden in den „*Traditiones Lunaelacenses*" (Mondsee, Mitte 8.–13. Jahrhundert) zwei Zeidler genannt: „*Unus est liber et alter est servus.*" Für die damalige Zeit waren sogenannte Beuten völlig normal. Das bedeutet also künstliche Baumhöhlen, deren Eingang ein Brett mit einem Flugloch hatte. Honig zu sammeln beschränkte sich nicht auf Bienenstöcke oder -körbe und somit auch nicht ausschließlich auf domestizierte Bienen. Waldbienenzucht sollte also das große Schlagwort sein!

Vor allem das Fichtelgebirge und auch die Lorenzer Reichswälder markierten wichtige Bienenorte. Nürnberg als Lebkuchenzentrum[13] benötigte regelrechte Honigmassen. Dies war vordergründig wegen der heilenden Wirkung nötig. In einem Kochbuch von 1547 schreibt der Autor in der Sektion „*Von Confect/ Conserven/*" von den damals vorhergesagten Wirkungen: „*RosenHonig stercket und*

---

11 Reinhold Reith, Umweltgeschichte der Frühen Neuzeit, München 2011, S. 37.

12 Frieda Maria Veh, Mittelalterliche Gewerbe im Zentralstock des Fichtelgebirges und die Entstehung und Geschichte der einschlägigen Orte. Die einstige Waldbienenwirtschaft in Oberfranken und des Klosters Waldsassen, Bayreuth 1971.

13 Sabine Wüst, Kostbarkeiten aus aller Welt auf einer Oblate – Nürnberger Lebkuchen, in: Dies. (Hg.), Schätze der Welt aus landeshistorischer Perspektive. Festschrift zum 65. Geburtstag von Wolfgang Wüst, St. Ottilien 2018, S. 321–335.

reinigt den magen/ von boeser feuchtigkeit/ reiniget und heilet alle geschwer/ feul und schaden des Munds/ Zanfleisch/ Hals und Gurgeln."[14]

Mit der Reformationszeit – sicher hatte sie in der damaligen Reichsstadt Nürnberg eine bedeutende Rolle gespielt – sank die Nachfrage nach Wachs und damit nach einem wesentlichen Produkt der Bienen. Pauschal lässt sich sagen, dass Mitte des 16. bis Ende des 18. Jahrhunderts das Zeidelwesen insgesamt an Ansehen verlor. 1538 kostete ein Bienenvolk drei Gulden und eine Kuh im Vergleich dazu fünf Gulden. Fünf Jahre später waren die Bienen nur noch zwei Gulden wert.[15] Mit der Expansion des Imports von Zuckerrohr musste auch der Honig an Attraktivität verlieren.

Die Frühe Neuzeit zeigt etwa am Beispiel des aus dem fränkischen Seinsheim stammenden Geschlechts der Grafen und Fürsten Schwarzenberg, wie wichtig die Zeidlerei war. Der liturgische Bedarf an Wachs war zu dieser Zeit immens.

Das Archiv des Fürstenhauses Schwarzenberg gibt für das Amt Schnodsenbach folgenden Ratschlag zur Bienenzucht:[16]

> *„Pro Memoria, was beÿ wartt- und pflegung derer Bienen am nothwendigsten zu observiren ist, als*
>
> *1. Seÿnd solche vor denen Raub-Bienen zu verwahren, und zu solchem Ende im Frühling die Löcher an denen Bienenstöcken klein zu machen, damit sie sich vor selben desto beßer wehren und ihr habendes Honig erhalten können; doch werden solche BienStöcke-Löcher beÿ Anfang des Maÿ und der Baumlichte hin wiederum erweitert.*
>
> *2. Ist wohl acht zu geben, wann im May 3. oder 4. Wochen lang schön und warm Wetter ist als dann laßen sich selbige gemeiniglich zum schwärmen schon an, und ist dieses eine besondere Marque davon wann die Bienen über Nacht auser dem Simmer oder BienKorb bleiben angesehen so dann der Korb von jung Bienen voll ist, welche nächsten Tag darauf zu schwärmen anfangen.*

---

14 Koch- vnnd Kellermeisterey von allen Speisen vnnd Getränncken, viel guter heimlicher Künste, Auch wie mann Latwergen, Salfen … machen soll (etc.), Frankfurt a.M. [Herman Gulfferichen] 1547, S. 116.

15 Mathias Orgeldinger, Wertvolles aus dem Wald ging nach ganz Europa. In Feucht widmet sich ein Museum der Jahrhunderte alten Zeidler-Tradition der Gemeinde, in: Nürnberger Zeitung vom 25.8.2018, Heimat Franken, S. 14.

16 StAN, Herrschaft Schwarzenberg, Amt Schnodsenbach, Nr. 40–3 (Rep. 321–20) (Anschaffung und Haltung von Bienen und Feldtauben), 1746.

3. […]

4. Wann gute Jahre seÿn und es viel Honig Thau gibt, so ist ein Schwarm im Stand in 5 Wochen wieder einen Schwarm zu machen, welch man einen Jungfern Schwarm nennt.

5. […]

6. Muß man um Michaelis zeiht genaue achtung geben, ob nicht einige Bienen seÿn, die Waisel loß [Waisellosigkeit] *sich befinden, denn ansonsten freßen selbige, die Waisel loß werden, das Honig aus, daß nichts zu Nutzen ist.*

7. […].“

Diese Ratschläge zur Haltung der Bienen sollten ein wertvoller Begleiter für die Zeidler sein. Solche Anweisungen zum Umgang mit den Bienen oder nützliche Tipps von erfahrenen Bienenzüchtern finden sich in den Quellen relativ häufig.[17]

Eine Zeidelordnung aus dem Jahr 1698 ist für die Herrschaft der Grafen von Promnitz[18] erhalten. In dieser Zeidelordnung heißt es: „*3) Die Zeidler=Zusammenkunft, oder der Rüge=Tag, sollte jedesmal vor Michaelis gehalten, dabei die Artikel vorgelesen, der herrschaftliche Zeidelzins erhoben, und die durch die Aeltesten erkannten Strafen beigetrieben werden. Von Letztern erhielt die Herrschaft zwei*

17 Caspar Höffler / Christoph Schrot, Rechte Bienen=Kunst, Aus Nicol. Jacobi Schlesiers/ weyland Anno 1568 publicirten Tractat, mit bewährter Erfahrung/ in drey Bücher zusammen geschrieben/ vermehret/ mit schönen Bienenmeisterischen Kunst-stücklein und Figuren gezieret/ und männiglichen zum besten Anno 1614 treulich an Tag gegeben. Daraus ein fleißiger Hausvater gründlich erlernen kan/ wie er eine Bienenzucht zulegen/ solcher in Person ersprießlichen warten und fruchtbarlich geniessen könne/ Anitzo aber in richtiger Ordnung verfasset/ von unnöthigen entlediget/ in vielen mercklichen vermehret und verbessert/ durch M. Christoph. Schrot, Grimma-Misn. Pfarrern zur Langen-Leube im Oberhain, Leipzig 1700, aus: Herzog-August-Bibliothek Wolfenbüttel, Xb 7457.

18 Promnitz ist der Name einer Familie des sächsischen Uradels mit Stammhaus in Promnitz an der Elbe. Als Stammvater wird im Jahre 1270 Adam Herman von Promnitz erstmals erwähnt. Wanderungsbewegungen führten die Familie in die Niederlausitz, nach Pirna und nach Schlesien. Siehe dazu z.B.: Marcin Maciejewski, Tytulatura rodu von Promnitz z linii żarskiej w XVI–XVIII wieku w świetle rękopisów i starodruków = The titulature of the von Promnitz family of the Żary lineage in 16–18th century in a light of the old prints and manuscripts, in: Studia Zachodnie 18, 2016, S. 27–41.

Theile, die gesammten Zeidler aber einen Theil.“[19] Privilegien und Bestimmungen der Zeidler werden in dieser Ordnung in insgesamt 23 Ausführungen dargelegt. Neben Zeidelordnungen, die die Bienenwirtschaft regelten, bekam die Bienenzucht seit dem 18. Jahrhundert wachsende staatliche Förderung.

So wurde in der Herrschaft Schwarzenberg ein Kanzleischreiben aus Bayreuth vom 5. März 1746 bekannt gemacht:[20]

> „*Nachdeme* [sich] *die Haltung der Bienen und Tauben beÿdes als was sehr nützliches resolviret, so ist auch nöthig selbe in starker Anzahl zu halten, denn sonsten kein Nutzen heraus kommet. Wann anfang derselbe, was die Bienen anreichet (wohl tut), wenn er beÿ Zeiten an den H. Cammer Commissarium Kästner zu M. Erlbach schreibet, und ihn ersuchet, für die Bezahlung zu Anfang des frühlings noch ein paar tüchtige Bienen zu verschaffen. Ratione der letzten aber findet, daß er noch auser denen so mein H. Schwager mir versprochen und geschicket, noch welche Feld-Tauben bekommet. Vorher aber muß freÿlich der Schlag vor Katzen und Wieselen besser verwahret und durch den BienenKorbmacher viel kleine ströherne Näpfgen zum Brüten darein gemachet werden. H. Freyh*[err] *von Güßberg*“

Für fleißige Bienenzüchter gab es ab jetzt Prämien, wie im Fürstentum Bayreuth, oder auch finanzielle Zuwendungen, wie etwa durch Karl August von Hardenberg.[21]

Erst zwischen dem 18. und 19. Jahrhundert schlossen sich erste Imkervereinigungen außerhalb des Zeidelwesens zusammen. So zum Beispiel die Fränkische Bienengesellschaft 1768. In den „*Abhandlungen und Erfahrungen der Fränkisch-physicalisch-ökonomischen Bienengesellschaft aus dem Jahr 1772*“ lässt sich Folgendes finden: „*Der Hauptzweck bey der Zusammentrettung vieler Personen aus verschiedenen Gegenden in eine Gesellschaft, wie zum Exempel in die Fraenkische und Oberlausizische Bienengesellschaft, beruhet unfehlbar auch darinnen, daß die weit entfernten Mitglieder einander mittheilen, was jedes Land in seinen Gebraeuchen besonderes hat, um aus den vielen Nachrichten und Beytraegen das beste auszulesen, und endlich aus dem vielen unvollkommenen einganzes herauszubringen.*“[22]

---

19 F. G. Rietsch, Forst= und Jagd=Neuigkeiten, Januar–Juni 1831, Bd. 12, Prag 1831, s. Beilage zu den Forst= und Jagd=Neuigkeiten Nr. 14., April 1831.

20 Ebd., Amt Schnodsenbach, 15.3.1746.

21 Max Döllner, Entwicklungsgeschichte der Stadt Neustadt an der Aisch bis 1933, Neustadt an der Aisch 1950; Neudruck ebd. 1978, S. 455, Abschnitt zur Bienenzucht.

22 Vgl. dazu genauer: Johann Eberhard Zeh, Abhandlungen und Erfahrungen der Fränkisch-physicalisch-ökonomischen Bienengesellschaft aus dem Jahr 1772 und 1773, Nürnberg 1774, S. 185.

Aufgrund einer eher dünnen Quellenlage für die Blütezeit der Zeidlerei ist es nun von Nöten sich der apistischen Literatur zu bedienen.

Im Jahre 1761 entdeckte Pfarrer Gottlob Adam Schirach (1724–1773) aus Kleinbauzen in Schlesien, dass die Bienen aus einem Stück Brutwabe eine neue Königin ziehen. Dadurch kann man mit einer Brutwabe einen Ableger (ein kleines Volk) bilden. Die Imker wollten ihm das damals nicht glauben und so ist dieses heute noch verwendete Verfahren als „Schirach'scher Betrug" in die Literatur eingegangen. Ebenso lesen wir bei Joseph Pösel Folgendes: „*Wider die Maeuse und Ratzen. 118. §. Die Maeuse schaffte man sich im Winter, wo sie den Stoecken am gefaehrlichsten sind, entweder durch Gift, daß man mit Mehl oder Schmalz vermischt, und an die Winkel und Loecher derselben stellt, oder durch Maußfallen vom Halse. Im Sommer gehen sie ohnehin nicht in den Stock, sie sind keine Narrn, sie fuerchten, die Bienen moechten sie mit ihrem Stachel zu todt kuetzeln, wie oben im I. Th. 99. §. Sollten sie sich dennoch in einen Stock eingeschlichen haben, so schneidet man gleich im Fruehjahre das angefressene Wachs heraus. Zu der Art der Maeuse gehoert auch das Wisel, und der Mader, diese sind den Strohkoerben, welche letzterer durchbeißt, sehr gefaehrlich. Man faengt sie mit Fallen, wofuer Herr J. G. Vogel in seinem Buche von des Schyrachs Waldbienenzucht verschiedene Keder*[23] *und Fallen selbe zu erhaschen vorschreibt. Der Balg wird jedem der Lohn seines Unternehmens seyn.*"[24] In dieser Art bekommt der Rezipient vielerlei hilfreiche Tipps zur Bienenzucht. Einige weitere Autoren hier in Auswahl: Johann Georg Krünitz[25], J[ohann] C. Knauff[26] und Jan Swammerdam[27].

Jan Swammerdam (1637–1680) war ein renommierter niederländischer Naturforscher und Begründer der Präformationslehre[28]. Er publizierte 1675 Abhandlungen zur Naturgeschichte der Insekten. Außerdem erkannte er, dass die Königin

---

23 Köder.

24 Joseph Pösel, Gründlich- und vollständiger Unterricht sowohl für die Wald- als Garten-Bienenzucht, in den Churpfalz-Bayerischen Ländern, München 1784, S. 273.

25 Johann Georg Krünitz, Das wesentlichste der bienen-geschichte und bienen-zucht für den naturliebhaber, landmann und gelehrten, Berlin 1774.

26 J[ohann] C. Knauff, Die Behandlung der Bienen, Jena 1819.

27 Jan Swammerdam, Bibel der Natur, worinnen die Insekten in gewissen Classen vertheilt, sorgfältig beschrieben, zergliedert, in saubern Kupferstichen vorgestellt [...], Leipzig 1752.

28 Präformationslehre: Dabei geht es um eine entwicklungsbiologische Theorie, bei der die Präformisten annahmen, dass der gesamte Organismus im Spermium (Animalkulisten) beziehungsweise im Ei (Ovisten oder Ovulisten) vorgebildet („präformiert") sei und sich nur noch entfalten und wachsen müsse. Dazu z.B.: Jane Maienschein, Epigenesis and Preformationism, in: Stanford Encyclopedia of Philosophy, Ausgabe

das einzige fortpflanzungsfähige Weibchen des Bienenvolkes ist und stellte gleichwohl fest, dass die Metamorphose der Insekten als Entfaltung und Wachstum bereits vorhandener Anlagen zu verstehen ist.

Die Naturwissenschaft hatte in der Bienenforschung eine neue Disziplin entdeckt. 1835 begründete Johann Dzierżon – den man auch den „*schlesischen Bienenvater*"[29] nannte – die eingeschlechtliche Fortpflanzung (= Parthenogenese) bei Bienen.

Sicherlich sind allen von uns schon mal die lustigen Pollenhöschen der Bienen aufgefallen. Lange Zeit hat man diese Pumphosen für Wachs gehalten, bis 1744 „[e]*in Hauptprediger in Hamburg, der vorher im Lueneburgischen auf dem Lande eine Pfarre gehabt, hat nunmehr vor 20 Jahren seine Entdeckung, wie das Wachs von den Bienen koemmt, in dem 2ten Bande der sogenannten hamburgischen Bibliothec p. 45 unter dem angenommenen Nahmen Melittophilus Theosebastus (Da er sonst eigentlich Hermann Christian Hornbostel* [1695–1757] *heißt, und Prediger zu Doervern in der Grafschaft Hoya gewesen ist), der gelehrten Welt mitgetheilet.*"[30] Wachs ist demnach also ein Drüsenprodukt der Bienen.

Erst in der ersten Hälfte des 20. Jahrhunderts konnte der langjährige Professor für Zoologie an der Universität München sowie anerkannte Verhaltensforscher Karl von Frisch (1886–1982) die Tanzsprache der Bienen deuten.[31] Für diese wichtige Erkenntnis erhielt er 1973 den Nobelpreis.

Das Highlight von 2006 schließt den Kreis vorläufig: „Das Genom der westlichen Honigbiene ist entziffert. Aus den 300 Millionen Buchstaben des Lebens

---

vom 11.10.2005, URL: https://plato.stanford.edu/entries/epigenesis/ (letzter Zugriff: 10.10.2018).

29 Peter Haarlander, Der Bienenfreund aus Oberbayern oder: Der untrügliche Wegweiser in der Bienenwelt: eine vollstaendige Unterweisung in der Behandlung der Bienen zu jeglicher Jahreszeit, so wie ueberhaupt zum vortheilhaftesten Betriebe der Bienenzucht nach der Methode des ruehmlichst bekannten schlesischen Bienenvaters Dzierzon, 1857, s[alva] v[enia]: „*Die von dem nun schon in ganz Europa ruehmlichst bekannten Bienenvater, dem Pfarrer Dzierzon zu Karlsmarkt in Schlesien dem Drucke uebergebene Schrift, betitelt: ‚Theorie und Praxis des neuen Bienenfreundes' fand ich als vortrefflich geschildert*".

30 Johann Adolph Overbeck, Glossarium melliturgicum oder Bienen-Woerterbuch, in welchem die bisher bey der Bienenpflege bekannt gewordene oder gebraeuchliche Kunstwoerter und Redensarten nach alphabetischer Ordnung erklaeret werden […], Bremen 1765, S. 89 f.

31 Karl von Frisch, Tanzsprache und Orientierung der Bienen, Berlin/Heidelberg/New York 1965.

haben Forscher bereits einiges herausgelesen – etwa welche Gene die komplexe Sozialstruktur oder den Geruchssinn der Bienen ermöglichen."[32]

Das Fundament für die moderne, gegenwärtige Imkerei wurde sicher durch die Schöpfung der ersten Honigschleuder gefestigt. Diese wurde vom österreichischen Major Franz Edler von Hruschka 1865 entwickelt.

Möglicherweise im 8. bis spätestens 10. Jahrhundert wurde vom damaligen Herzogs- beziehungsweise Königshof in Altdorf (beziehungsweise von Altdorf-Rasch) aus eine Tochterkapelle in Feucht gegründet. 1189[33] erfolgte die erste Nennung Feuchts, damals gehörte der Ort zu dem von Nürnberg aus verwalteten Reichsdominium und war Sitz eines Reichsdienstmannengeschlechts. Zu Feucht gehörte ab dem 11./12. Jahrhundert eine Zollstelle für den Brückenzoll über die Schwarzach bei Ochenbruck.[34] Lorenzer Reichswald heißt der Teil des Nürnberger Reichswaldes, welcher südlich der Pegnitz liegt. Nördlich schließt sich der Sebalder Reichswald an. Seit dem Mittelalter besteht dieser Wald heute noch aus 24.000 Hektar und weist viele Denkmäler auf.[35] Der Nürnberger Reichswald wird wie folgt beschrieben: *„Zu beiden Seiten des Pegnitzflusses erstreckt sich in weiter Ausdehnung ein großer Forst, welcher die an geschichtlichen Erinnerungen reiche, fast in der Mitte Deutschlands liegende altehrwürdige Stadt Nürnberg im Halbkreise umgibt."*[36] Der Markt Feucht liegt wiederum inmitten des Lorenzer Reichswaldes. Im 14. Jahrhundert wurde den Leuten erstmals bewusst, dass sie ihren Wald durch unvernünftiges Roden kaputt machen. Bereits im Jahre 1368 säte deshalb Peter Stromeir, Nürnberger Rats- und Handelsherr sowie Montanunternehmer, erstmals in Europa planmäßig und im großen Stil Nadelbäume aus. Die sogenannten *„Dannensäer"*[37] waren gehobene Angestellte der Nürnberger Forstverwaltung. Sie konnten sowohl lesen als auch schreiben; dafür bezahlte man sie fürstlich. Ihr Erscheinungsbild war gekennzeichnet durch feine Kleidung und sie speisten mit ihren Auftraggebern. Der Tannensäer bildete nun einen ganz

---

32 URL: http://www.spiegel.de/wissenschaft/natur/genforschung-die-entzifferte-honigbiene-a-444619.html (letzter Zugriff: 30.7.2018).

33 Martin Schieber, Ein Streifzug durch die Geschichte – Feucht, Feucht 2011, S. 8, 69.

34 W[ilhelm] Schwemmer, Alt-Feucht, Feucht 1977, S. 52.

35 URL: http://www.baysf.de/de/ueber-uns/standorte/forstbetriebe/nuernberg/denkmaeler-im-nuernberger-reichswald.html (letzter Zugriff: 31.7.2018).

36 O.A., Beschreibung des Reichswaldes bei Nürnberg in geschichtlicher und wirthschaftlicher Beziehung. Mit einer Uebersichtskarte, München 1853, Einleitung.

37 URL: https://wald.lauftext.de/vom-wald-zum-forst/geschichte-der-forstwirtschaft/die-dannensaer-aus-dem-nurnberger-reichswald.html (letzter Zugriff: 1.8.2018).

neuen Berufszweig.[38] Unter diesen gehobenen Angestellten der Nürnberger Forstverwaltung sind besonders Hans Schaller und Kunz Hülpühel hervorzuheben, die mit Gefolge durch ganz Mitteleuropa reisten. Kiefern-, Fichten- und Weißtannensaat wurde dadurch 1457 auf Befehl Kaiser Maximilians im Wienerwald gesät. Er verstand sich als Förderer des Waldes. „Unter Kaiser Maximilian I. wird 1501 eine ‚Gemaine Waldbeschau' für das Inn- und Wipptal angeordnet."[39] Bereits 1296 wurden auch die Zeidler urkundlich erwähnt. Gemeinden wie Feucht und Röthenbach bei Sankt Wolfgang waren Zeidlergemeinden. Hier bildeten in erster Linie Tannen, Fichten, Linden, Salweiden, und Heidekraut-, Heidel- und Preiselbeerflächen die Nahrungs- beziehungsweise Sammelgrundlage der Bienen. 1266 ist in einer Urkunde die Rede von *„des Kaisers und des Reiches Bienengarten"*[40], denn territorialrechtlich gehörte der Reichswald nicht der Stadt Nürnberg, sondern dem Kaiser. Wildbret und -bienen unterlagen also auch dessen Eigentum.

An dieser Stelle ist es nun unabdingbar auch auf die Rechtslage ein wenig einzugehen und deshalb einen kleinen Exkurs einzuschieben. Wie im Handwerk üblich, waren auch die Zeidler in Zünften organisiert. Außerdem übten sie sogar eine eigene niedere Gerichtsbarkeit – das sogenannte Zeidlergericht – aus. Eine reichsunmittelbare Privilegierung erfuhren die Zeidler in erster Linie durch Kaiser Karl IV. in seinem *„Zeidel Fryheit Brieff"* aus dem Jahre 1350.[41] Die Transkription dieser historischen Urkunde finden Sie ausführlich auf der Homepage des Bienenzuchtvereins Sulzbach-Rosenberg 1871.[42]

Wie man nun erfahren hat, bekamen die Zeidler ihre eigene Gerichtsbarkeit übertragen, die der Vorsteher durch die sogenannten Starosten, einen weißen Stab, repräsentierte. Auch die Zeidler selbst waren von da an charakteristisch auffällig gekleidet: eine grünfarbene Tracht mit langer Zipfelmütze und einer Armbrust in

---

38 Gerhard Stinglwagner / Ilse Haseder / Reinhold Erlbeck, Das Kosmos Wald- und Forstlexikon: Mit über 17.000 Stichwörtern, Stuttgart ^{5}2016.

39 URL: http://www.forstverein.it/16d769.html (letzter Zugriff: 1.8.2018).

40 Klaus Baake, Das Zeidelprivileg von 1350, München 1990.

41 Ebd. sowie URL: https://www.gda.bayern.de/findmitteldb/Archivalie/156017/ (letzter Zugriff: 30.7.2018). Original im Bayerischen Hauptstaatsarchiv (künftig: BayHStA) München unter der Signatur: Kurbayern Äußeres Archiv 115 3 (Urkunden der Kaiser Ludwig d. Bayer, Karl IV. und Karl V., ferner Verträge zwischen Österreich und Bayern).

42 Vgl. die Transkription, URL: http://www.bienenzuchtverein-sulzbach-rosenberg.de fileadmin/daten_40812/ Der_Zeidler_Freiheitsbrief_von_1350.pdf (letzter Zugriff: 1.8.2018).

der Hand. Wie auf der Abbildung zu sehen, trugen die Zeidler grüne Leinenjacken als Sinnbild für den Wald und eine gelbe Bundhose, metaphorisch für den Honig.

Abb. 13: Zeidler bei der Arbeit: Baumbeuten und Klotzbeuten. Bildnachweis: Michaela Vieser / Irmela Schautz, Von Kaffeeriechern, Abtrittanbietern und Fischbeinreissern – Berufe aus vergangenen Zeiten, München 2010.

Schutzkleidung zwecks der wilden Bienen im Wald hatten die Zeidler ebenfalls. Dabei handelte es sich um derbe Lederjacken, enganliegende Hosen aus Wollstoff, Hüte mit breitem Rand und einen Schleier aus handgeflochtenem Rosshaar.

Im Mittelalter waren die Strafen wegen Bienenfrevels hart. Honig war unvergleichlich wertvoll, weshalb das Strafmaß entsprechend hoch ausfiel. Anna M. wurde dementsprechend auf dem Scheiterhaufen in Nürnberg verbrannt – aber nicht als Hexe, sondern weil sie ein Bienenhaus geplündert hatte.[43]

Von Bienen bewohnte und demzufolge markierte Bäume zu fällen kostete die rechte Hand oder das ganze Vermögen. Dies wird auch in Punkt 12 des Freiheitsbriefs der Zeidler deutlich. Wurde jemand beim Honigraub auf einem Baum erwischt, hängte man ihn augenblicklich am Nachbarbaum. Eine Art von Frohndienst

43 URL: https://www.imkerverein-fuerth.de/biv/BIVN1307.pdf (letzter Zugriff: 1.8.2018).

leistete der so bezeichnete „*Tieglitzer*“ oder auch Meisenfänger. Er musste auf die Beutenbäume der Zeidler aufpassen und bienenfressende Meisen fangen.

Ein Relikt daraus findet sich noch heute im BGB mit seinen Bienenparagraphen (BGB § 961 Eigentumsverlust bei Bienenschwärmen, § 962 Verfolgungsrecht des Eigentümers, § 963 Vereinigung von Bienenschwärmen, § 964 Vermischung von Bienenschwärmen).

Anders als bei der heutigen Imkerei ging es also um die Waldbienenzucht, die für die Gegend von Grabenstätt – einen Landkreis im oberbayerischen Traunstein – für das Jahr 959 nachgewiesen ist.[44] Das Zeidlerschloss, auch Schloss im Kartäuserweiher genannt, ist neben dem Pfinzingschloss und dem Tucherschloss – dieses wird gerade zum Verkauf angeboten[45] – eines von drei erhaltenen Schlössern in der Marktgemeinde Feucht. So fühlt man sich heute in die damalige Zeit zurückversetzt, wenn man etwa einer Hochzeit im denkmalgeschützten Gebäude aus dem Jahr 1427 beiwohnt. Dabei rückt durch den Namen „Zeidlerschloss“ auch die historische Bedeutung in den Fokus.

Wie wichtig der Honig für Nürnberg war und ist, wird einem schnell bewusst, wenn jedes Jahr der Nürnberger Christkindlesmarkt eröffnet wird. Nürnberg die Lebkuchenstadt![46] Bereits in der „Goldenen Bulle“ von 1356 wurden die Zeidler des Nürnberger Reichswaldes den Waldbeamten zugerechnet. Sie legten also den Grundstein für den Ruf der Stadt Nürnberg als Honig- und Lebkuchenstadt.

Wie beeinflusste die Zeidlerei nun aber die jeweiligen Orte an denen sie besonders ausgiebig betrieben wurde? Das soll im kommenden Abschnitt am Beispiel des Marktes Feucht näher erläutert werden.

Zeidelwesen am Beispiel des Marktes Feucht[47]

Es entstanden zur Blütezeit des Zeidelwesens ganze Zeideldörfer. Eines davon war Feucht, das nicht nur mitten im Forst, sondern auch sehr verkehrsgünstig an der Fernstraße zwischen Nürnberg, Regensburg und Wien lag. Im 14. Jahrhundert etablierte sich sogar ein eigenes Zeidelgericht. In einer Urkunde ist demzufolge zu erfahren: „*Ich Rudiger vom Brant der Landrichter zu Nuremberg, tun kunt =*

44 URL: https://www.imkerverein-bocholt.de/imkerei/bienenhaltung/historie-die-zeidlerei (letzter Zugriff: 3.8.2018).

45 URL: http://www.nordbayern.de/region/feucht/exklusive-immobilie-tucherschloss-in-feucht-wird-verkauft-1.7833467 (letzter Zugriff: 3.8.2018).

46 Wüst, Kostbarkeiten (wie Anm. 13).

47 URL: http://www.zeidelmuseum.de/seite11.html (letzter Zugriff: 24.7.2018).

daz fuer mich kame in Gericht Hilteprand der Zeidelmeister von Feucht, und gert zervaren an einer Urteyl Im und den Zeidlern, swer hintz In icht zusprechen het, wo der das durch recht vordern solt: do ward umb gefragt und erteilt, swer hintz dem Zeidelmeister selb icht zu sprechen hett, der solt das vordern vor einem Butigler[48] *ze Nuremberg, swer aber hintz den Zeidler eine und die er durch recht versprechen sol icht zu clagen hett, der solt das vordern vor einen Zeidelmeister, und anders nyndert, verzug aber der Zeidelmeister nymant das recht, so solt er clagen wo er wolt, do Im die urteyl geviel.*"[49] Das Gebäude, in dem die letzten Gerichtsverhandlungen stattfanden, steht heute noch und dient gegenwärtig als Musikschule.

Abb. 14: Zeidelmännchen über dem Eingang des Zeidlerschlosses Markt Feucht. Bildnachweis: Foto: Autorin, 2016.

Feucht wuchs zum Zentrum des Zeidelwesens heran. Die Zeidler wurden geschätzt, waren frei von Abgaben, fungierten als Waldexekutive und konnten ihre Güter vererben.[50] Andererseits konnte der Kaiser zum Wehrdienst einberufen. Die

48 Butigler bedeutet Mundschenk, ein Hofamt, siehe dazu: URL: http://www.rzuser.uni-heidelberg.de/~cd2/drw/e/bu/tigl/butigler.htm (letzter Zugriff: 13.8.2018).

49 Friedrich Carl von Buri, Abhandelung von denen Bauer=Guetern in Teutschland sowohl ueberhaupt [...], Giessen 1769, S. 635 (Urkunde de A. 1296. bey Herr Schwartz cit. Diss[ertation] p[agina] 77. n. 10.).

50 Hierbei spielen auch unsere Policeyordnungen eine bedeutende Rolle: Wolfgang Wüst (Hg.), Die „gute" Policey im Reichskreis, Band IV: Die lokale Policey, Berlin 2008.

Basis des Feuchter Wappens bildet das Zeidelmännchen über dem Eingang des Zeidlerschlosses. Dieses ließ dort der Nürnberger Ratskonsulent Dr. Christoph Gugel 1560 anbringen.

So entwickelte sich die Marktgemeinde Feucht auf der Grundlage der Honiggewinnung, der Privilegierung der Zeidler sowie der Nähe zur Lebkuchenstadt Nürnberg zum absoluten Handelsmittelpunkt dieses Süßungsmittels. Bereits im 11. und 12. Jahrhundert besaßen die Zeidler ein gewisses Pfändungs- und Rügerecht. Sie wurden also in den Rang der niederen Waldbeamten erhoben. Als freie und unabhängige Lehensleute durften sie neben dem Forstmeister und den Patrizierfamilien Waldstromer[51] und Koler[52] Waldhonigwirtschaft betreiben.

Aus dem Real-Index der Stadt Nürnberg erfährt man, dass die Zeidler durchaus für den Zustand des Reichswaldes verantwortlich waren.[53] Neben der Marktgemeinde Feucht waren in der Nähe der Reichsstadt auch andere Orte für die Bienenzucht relevant.

Schwaig[54] zum Beispiel – eine Gemeinde im mittelfränkischen Landkreis Nürnberger Land – liegt am südlichen Rand des Pegnitztales gegenüber von Behringersdorf. Dieser Ort verdankt seine Genesis ebenfalls dem Zeidlerwesen. Althochdeutsch „*Sweiga*" meinte der Ort einen umhegten Weideplatz. Schwaig wurde 1360 erstmals urkundlich erwähnt. Der Graf von Nassau veräußerte die Ortschaft an den Burggrafen Albrecht von Nürnberg. 1427 kam die Stadt Nürnberg dann in den Besitz der Pfandschaft, wurde damit Lehensherr der Zeidler

---

Darin vor allem interessant die „*Dorffs- und gemeind-ordnung* […] *der dorffs-gemeinde zu Geilsheim*" (1757), bearb. v. Wolfgang Wüst, S. 473–524, hier: S. 501 f.; StAN, Rep. 165 A (Ansbacher Oberamtsakten) Nr. 884, S. 1–50, 67: „*Item das bienenhalten fleißig wartten und pflegen*". D. Georg Heinrich Zincken, Teutsches Real-Manufactur- und Handwerks-Lexicon, Leipzig 1745, v.a. S. 549.

51 Adalbert Scharr, Die Nürnberger Reichsforstmeisterfamilie Waldstromer bis 1400 und Beiträge zur älteren Genealogie der Familien Forstmeister und Stromer von Reichenbach, in: Mitteilungen des Vereins für Geschichte der Stadt Nürnberg 52, 1963/64, S. 1–41.

52 URL: https://www.nuernberg.de/imperia/md/stadtarchiv/dokumente/gedenktage_2018_.pdf (letzter Zugriff: 4.8.2018). 1243: Die Familie Forstmeister, eine Seitenlinie der Patrizierfamilie Koler von Neunhof, ist erstmals urkundlich nachweisbar. Die Mitglieder der Familie traten auch als „*Koler genannt die Forstmeister*" in Erscheinung, sie übten im 13. und 14. Jahrhundert das Forstmeisteramt im Lorenzer Reichswald aus.

53 Leonhard Christoph Lahner, Real-Index derer des Heil. Römischen Reichs freien Stadt Nürnberg bürgerlichen und Polizei-Gesetze, s[ine] l[oco] 1795, S. 364.

54 Weitere Informationen zum Ort: Geschichts- und Kulturkreis Schwaig-Behringersdorf e.V. (Hg.), Behringersdorf, Malmsbach, Schwaig – Bilder aus dem Leben einer Gemeinde im Nürnberger Land – einst und jetzt, Schwaig 2005.

und blieb dies bis zum Ende des alten Reiches im Jahr 1803. In Schwaig gab es ein sogenanntes „*Zeidelmuttergut*", das direkt dem Zeidelgericht in Feucht unterstand. Diesem waren die Zeideltochtergüter allerdings abgabenpflichtig. Aus dem Zeidelmuttergut entwickelte sich der Herrensitz Schwaig, das heutige Schloss.

An dieser Stelle ist es unabdingbar einen Exkurs zu den Zeidelgütern einzuschieben:[55]

> *„Die dergleichen Gueter besassen, stunden unter einem Richter, welcher der Zeidel=Meister, Magister Mellicidarum, genennet wurde, u*[nd] *zu F e u c h t seinen Sitz hatte.* [...] *Der beruehmte Altdorfische Professor, Christian Gottlieb Schwartz, hat eine gelehrte Dissertation de Butigulariis, præcipue iis, qui Norimbergæ olim floruerunt, geschrieben, worinne man alles findet, was man von dieser Materie zu wissen verlanget.* [...] *Es dauret dieses Z e i d e l= G e r i c h t e, noch heutiges Tages, ob sich schon der Nahme Butigler*[56] *und Zeidel=Meister lange verlohren, und wird jaehrlich den I May zu F e u c h t, einem 2 Meilen von Nuernberg gelegenen Flecken gehalten, welcher Ort deswegen das Haupt aller Zeidler und Zeidel=-Gueter des gantzen Nuernbergischen Territorii genennet wird* [...]."

Ein Zeidelgut, das heute noch erhalten ist, liegt in Nürnberg-Laufamholz.[57] Noch Mitte des 17. Jahrhunderts übte das Zeidelgut über das Waldamt des Lorenzer Reichswaldes die Grundherrschaft aus. Das lediglich mit einer bäuerlichen Hofstelle ausgestattete Gut wurde bis 1645 von der Familie Kißkalt verwaltet. Margaretha Kißkalt[58] verkaufte das Anwesen – aus Schuldengründen – für 210 Gulden an Hanns Hunger. 1651 übergab dieser das Gut seinem Sohn Michael Hunger und noch in der zweiten Hälfte des 17. Jahrhunderts ging das Zeidelgut an den Lederhändler und Genannten des Größeren Rates Cornelius Künzel.[59]

---

55 Johann Heinrich Zedler (Hg.), Grosses vollständiges Universal Lexicon aller Wissenschaften und Künste, welche bisshero durch menschlichen Verstand und Witz erfunden und verbessert worden 61, Leipzig/Halle 1749, S. 653–658.

56 Siehe Anm. 48.

57 Ansgar Wittek, Vom Zeidelgut zum Bürgerschlößchen, in: Ders., Der Nürnberger Vorort Laufamholz, Herrensitz – Bauerndorf – Stadtteil, Nürnberg 1984, S. 37 f.

58 Johannes Bischoff, Beiträge zur Verbreitung der Kißkalt im Landgebiet der ehemaligen Reichsstadt Nürnberg mit den Stammfolgen der Linien Eberhardshof und der Erbförster in Kraftshof, Kallmünz 1936, in: Fränkische Ahnen 1, 1933/37, S. 73–119.

59 Siehe dazu: Manfred H. Grieb, Nürnberger Künstlerlexikon: Bildende Künstler, Kunsthandwerker, Gelehrte, Sammler, Kulturschaffende und Mäzene vom 12. bis zur Mitte des 20. Jahrhunderts, München 2007, S. 745, Eintrag Daniel Kaldenhoffer (Caldenhoffer), dessen Schwiegertochter Susanna Margaretha die Tochter von Cornelius Künzel war.

1699 verkaufte er es weiter – für 2.500 Gulden – an Johann Jakob Imhoff (1627–1702).[60]

Des Weiteren findet man bei Zedler die genauen Güter verzeichnet[61]:

„Zu Feucht[62]*: 5 einschuechtige Zeidel=Gueter, 2 Mutter=Gueter und 9 Zeidel=Toechter*

Eybach[63]*: 2 Mutter=Gueter, 2 Zeidel=Toechter*

Diepersdorf[64]*: 3 Zeidel=Toechter*

Fischbach[65]*: I einschuechtiges Zeidel=Gut*

Kuetzenau[66]*: I Mutter=Gut*

Lauffenholtz[67]*: I einschuechtiges Zeidel=Gut*

Mayach[68]*: I Mutter=Gut, 4 Zeidel=Toechter*

---

60 Christoph von Imhoff (Hg.), Berühmte Nürnberger aus neun Jahrhunderten, Nürnberg 1984, ^{2}1989, Neuauflage 2000; Michael Diefenbacher, Artikel Imhoff, von, Patrizierfamilie, in: Ders. / Rudolf Endres (Hg.), Stadtlexikon Nürnberg, Nürnberg ^{2}2000.

61 Zedler (Hg.), Grosses vollständiges Universal Lexicon (wie Anm. 55), S. 653–658, v.a. S. 655 f. sowie Johann Paul Glück u.a. (Hg.), Deliciae Topo-Geographicae Noribergenses, Oder Geographische Beschreibung der Reichs-Stadt Nürnberg, Frankfurt/Leipzig 1774, S. 43 f.

62 Markt Feucht (Lkr. Nürnberger Land).

63 Nürnberg-Eibach.

64 Diepersdorf (Gmde. Leinburg, Lkr. Nürnberger Land).

65 Fischbach bei Nürnberg.

66 Festschrift zu 75 Jahre Spielvereinigung Diepersdorf 1937 e.V., darin: Friedrich Kohl, Aus der Geschichte von Diepersdorf, 75 Jahre 1937–2012, Diepersdorf 2012, S. 83–86, hier: S. 85: „Der zu Diepersdorf gehörende Weiler Scherau hieß ursprünglich Scharau, was entweder soviel bedeutet wie ‚Au an der Grenze', da man im Mittelalter die Gemeindegrenzen durch Umpflügen mit der Pflugschar kenntlich machte, oder ‚Die Au der Scharrer', die im nahen Reichswald das Herz ‚scharrten' (gewannen). Gelegentlich findet man in den Urkunden auch die Bezeichnung ‚*Kizenau*'. Noch heute führt von Diepersdorf aus die ‚Kitzengaß' zur Scherau.", URL: https://www.spvgg-diepersdorf.de/fileadmin/_migrated/content_uploads/2012-03-Festschrift_01.pdf (letzter Zugriff: 21.8.2018).

67 Nürnberg-Laufamholz.

68 Nürnberg-Maiach.

Moßbach[69]*: 3 einschuechtige Zeidel=Gueter, 2 Zeidel=Toechter*

Netzstall[70]*: I einschuechtiges Zeidel=Gut*

Pirnthon[71]*: I Mutter=Gut*

Roetenbach bey St. Wolffgang[72]*: I Mutter=Gut, 2 einschuechtige Zeidel=Gueter, I Zeidel=Tochter*

Rueblings=Hof[73]*: I einschuechtiges Zeidel=Gut*

Schwaig[74]*: I Mutter=Gut, 3 einschuechtige Gueter*

Ungelstetten[75]*: I Mutter=Gut, I Zeidel=Tochter*

Zabelshof[76]*: I einschuechtiges Gut*"

Seit dem Jahr 1427 waren die Gutsbesitzer verpflichtet eine bestimmte Menge Honig, später eine finanzielle Vergütung, sogenanntes Honiggeld[77], zu bezahlen.[78]

„*§ 20. Honiggeld kommt an die Burggrafen.*

Da vorher gemeldt und angefuehret worden, wasmassen der Kayser Carolus Herrn Arnolden von Seckendorf das Honiggeld fuer 200 Mark loetigen Silbers a[nno] *1350 verpfaendet; So ist nun allhier zu melden, daß gedachter Herr Arnold von Seckendorf dieses Honiggeld a*[nno] *1358 dem Herrn Burggrafen Alberto wieder um 200 Mark loetigen Goldes verpfaendet, und der Kayser solches auch confirmiret. a) Diese Pfandschaft ist hernach bey denen Herren*

69 Moosbach (Markt Feucht, Lkr. Nürnberger Land).
70 Nürnberg-Netzstall, Weiler im Reichswald.
71 Auch Birnthan, Nürnberg-Birnthon, Weiler im Reichswald.
72 Röthenbach bei Sankt Wolfgang (Markt Wendelstein, Lkr. Roth).
73 Rübleinshof (Gmde. Burgthann, Lkr. Nürnberger Land).
74 Schwaig bei Nürnberg (Lkr. Nürnberger Land).
75 Ungelstetten (Gmde. Winkelhaid, Lkr. Nürnberger Land).
76 Nürnberg-Zerzabelshof, genannt Zabo.
77 Dazu im deutschen Wörterbuch von Jacob und Wilhelm Grimm, Leipzig 1854–1961, Quellenverzeichnis Leipzig 1971. Online-Version: „*zins, abgabe vom honigbau: und soll auch jeder zeidler von seinem gut geben sein honiggeld uns und dem reich. weisth. 3,611*" (Nürnberg von 1350), URL: http://woerterbuchnetz.de/cgi-bin/WBNetz/genFOplus.tcl?sigle=DWB&lemid=GH12148 (letzter Zugriff: 14.8.2018).
78 Außerdem: Schwemmer, Alt-Feucht (wie Anm. 34), S. 25.

Burggrafen geblieben bis auf das Jahr 1427. Da sie vom Herren Burggrafen Friderico VI. nebst andern Stuecken an den Magistrat zu Nuernberg verkauft worden [...].“[79]

So lieferten Honiggelder, Zeidelgebühren und last but not least Gerichtskosten – zunächst für den Kaiser, ab 1350 für die Burggrafen und seit 1427 für die Stadt – hohe Erträge. Genaue Angaben dazu finden sich in den jeweiligen Honigbüchlein, wie etwa dem aus dem Jahre 1885.[80] Hierin ist der Wert und die Verwendung dokumentiert. Zu lesen ist hier von Honigchampagner, Honigkuchen, verschiedenen Honigsorten, Honigfälschungen sowie vom Hausmittel gegen etliche Wehwehchen.

Das vor dem Exkurs zu den Zeidelgütern beschriebene Zeidelgericht war von immenser Bedeutung. Zunächst hatte der Zeidelmeister, später der Waldamtmann den Vorsitz inne. Dabei geht man davon aus, dass in Feucht das Ortsgericht im Spätmittelalter durch dieses Zeidelgericht ersetzt wurde. Die Institution der kaiserlichen Rechtspflege setzte sich wie folgt zusammen: dem Ober- und Unterrichter, den Schöffen und den Ratsschöffen, den Vierern, den Waldherren und dem Waldamtmann.

Die letzte Sitzung des Zeidelgerichts von 1779 wird im Anhang transkribiert.[81] Die Tatsache, dass durch die vermehrte Zuckerproduktion das Zeidelwesen massive Einbußen erlitt[82], und auch die Übertretung der Zuständigkeitsbereiche von Forst-, Land- und Bauerngericht führte letztendlich zum Niedergang des Zeidelgerichts. Wie in der Quelle ersichtlich waren die Gerichtsverhandlungen nicht mehr zeitgemäß, weshalb 1796 das Zeidelgericht durch Preußen abgeschafft wurde.

---

79 Johann Heinrich Nonnens, Wahre und Grund haltende Beschreibung der heutiges Tages weltberuehmten des Heiligen Roemischen Reichs Freyen Stadt Nuernberg, in fuenf Buechern abgefasset [...], Erfurt 1750, S. 481.

80 URL: http://digital.slub-dresden.de/werkansicht/dlf/9181/3/ (letzter Zugriff: 14.8.2018).

81 Historischdiplomatisches Magazin fuer das Vaterland und angrenzende Gegenden. 2. Band, Nürnberg 1782, URL: https://books.google.de/books?id=4UEAAAAAcAAJ&pg=PA386-IA3&lpg=PA386-IA3&dq=zeidelgericht+1779&source=bl&ots=aOdMFyjPvJ&sig=jJVctNHcG8SLeEjXN3EvDa19KAw&hl=de&sa=X&ved=2ahUKEwjUp7eEku3cAhWNy6QKHcrMASUQ6AEwAHoECAEQAQ#v=onepage&q=zeidelgericht%201779&f (letzter Zugriff: 14.8.2018), hier: S. 377, XI. (Von dem Zeidelgericht zu Feucht).

82 Edmund O. von Lippmann, Geschichte des Zuckers seit den ältesten Zeiten bis zum Beginn der Rübenzucker=Fabrikation, Berlin/Heidelberg 1929/1970.

In der zweiten Hälfte des 14. Jahrhunderts setzte ein regelrechter „*Waldwandel*" ein. Nadelbäume wurden gesät und der Pollen von Heidekraut, Preiselbeere und anderen Waldfrüchten blieb aus.

Die Familie Stromer stand für einen gemischten Konzern aus Fernhandel, Berg- und Hüttenwesen. Darunter wurden Eisenhämmer an der Pegnitz, ebenso wie Bergbau und Hüttenwesen in der Oberpfalz und den Karpaten betrieben. Durch die Ressourcenknappheit in puncto Holz musste sich Peter Stromer um die Nadelholzsaat kümmern (s. Tannensäer weiter oben). Nichtsdestotrotz fehlten den Bienen die unterschiedlichen Pflanzen. Der Ertrag des Honigs ging zurück, in erster Linie auch durch den Anbau von Zuckerrüben gegen Ende des 17. Jahrhunderts.

Resümierend können für Feucht heute das Logo, der Zeidlerschütze mit Armbrust im Wappen, das Zeidelmuseum, das Zeidelgericht – heute Musikschule – sowie das Zeidlerschloss historische Überbleibsel darstellen.

Aus den Zeidlern wurden schließlich die Imker. Wie bereits erwähnt gab es seit 1865 die Honigschleuder[83] und bewegliche Holzrähmchen mit herausnehmbaren Waben, welche die Imkerei revolutionierten. Erfunden wurde der Gebrauchsgegenstand vom österreichischen Major Franz von Hruschka (1813–1888) in Dolo (Venetien), wo er nach seiner Militärzeit lebte. 1865 präsentierte er das Gerät bei einer Wanderversammlung der Imker in Brünn unter seinem Firmennamen Angelo Lettame.

Inzwischen versorgen in Deutschland annähernd 130.000 Imker rund 870.000 Bienenvölker, meist im Nebenerwerb.[84] Gegenwärtig gibt es noch ein paar Zeidler, wie etwa im Steigerwald. Waldimker sind jedoch sehr selten geworden.[85]

Nach dem fränkischen Exempel zur Entwicklung des Zeidelwesens folgt ein religiöser Ausblick.

---

83 Ausstellungsstücke findet man hier: URL: http://lebendiges-bienenmuseum.de/schleudr.htm (letzter Zugriff: 15.8.2018).

84 URL: https://deutscherimkerbund.de/160-Die_deutsche_Imkerei_auf_einen_Blick (letzter Zugriff: 15.8.2018).

85 URL: http://www.baysf.de/de/medienraum/pressemitteilungen/nachricht/detail/zeidlerkurs-im-steigerwald.html (letzter Zugriff: 15.8.2018). Zeidlerkurs im Steigerwald: Mit Unterstützung von Zeidlern aus Polen, wo diese alte Handwerkskunst mit Hilfe von noch lebendigen Techniken aus dem Ural wiederbelebt wurde, kehrt das Wissen, wie man das alte Handwerk ausübt, nun auch nach Franken zurück.

Bienen, Wachs, Honig und die Kirche

Die Biene komplettierte als kleine Helferin Gottes die Schöpfung der Welt.[86] Honig wurde den Göttern als Privileg von besonderem Genuss beziehungsweise als Opfergabe offeriert. Im Papyrus Berlin 3055 steht: „*O Amun-Re, Herr der Throne der Beiden Länder. Nimm Honig zu dir, das süße Horus-Auge, Wasser aus dem Auge des Re* […].“[87]

Auch Mönche stehen für die Opfergaben aus Wachs und Honig: Frater Vitalis Sittenauer, OSB in Kloster Ettal. Sein Name steht in Verbindung mit Kräutern, Gewürzen, Tee, Einreibung, Gin 1596 oder auch Honig. Als Klosterbruder ist er zugleich Klosterimker und „bewacht“ 32 Bienenvölker.[88]

Die Arbeiterinnen der Bienenvölker haben die Zellen mit reifem Honig durch einen Wachsdeckel verschlossen. Vor dem Schleudern müssen diese Deckel entfernt werden. Mit einer Entdeckelungsgabel löst Frater Vitalis das Wachs ab, das zum Kerzengießen benutzt wird. Die durch einen Holzrahmen umfassten Bienenwaben werden anschließend tangential in eine Schleudermaschine eingestellt. Nach kurzer Zeit fließt bereits Honig aus der Schleudermaschine. Das gewonnene Wachs wird zu Bienenkerzen weiterverarbeitet. Eine Altarkerze brennt eine Woche lang.

Fleiß und Gelehrsamkeit wird neben den Bienen auch dem Kirchenvater Ambrosius von Mailand (339–397)[89] nachgesagt, weshalb er mit dem Attribut des Bienenstocks versehen wurde und Schutzpatron der Imker ist.

Die Legende des Bienenwunders über der Wiege des Babys wird oft in Darstellungen festgehalten: Bienen ließen sich auf dem Säugling nieder ohne ihn zu stechen und träufelten Honig in seinen Mund. Gleichwohl hatten sie ihm die honigsüße Sprache seiner späteren Schriften und Hymnen, besonders des Ambrosianischen Lobgesangs, beigelegt.

---

86 Ralph Dutli, Das Lied vom Honig. Eine Kulturgeschichte der Biene, Göttingen 2012.

87 J[ohann] C. Hinrichs, Hieratische Papyrus aus den königlichen Museen zu Berlin 1: Rituale für den Kultus des Amon und für den Kultus der Mut, Leipzig 1901. Hier nicht ganz vollständig erhaltenes Papyrus Berlin 3055 mit der Aufzeichnung des Rituals für das Kultbild des Amun und das weniger gut erhaltene Papyrus Berlin 3014/3053 für das Kultbild der Mut.

88 URL: https://mk-online.de/meldung/artenschutz-mit-wachs-und-honig.html (letzter Zugriff: 20.8.2018).

89 URL: https://www.heiligenlexikon.de/BiographienA/Ambrosius_von_Mailand.htm (letzter Zugriff: 20.8.2018).

Abb. 15: Filippo Lippi, Das Bienenwunder des Heiligen Ambrosius um 1441/47. Bildnachweis: Kaiser Friedrich Museum Berlin, erworben 1905, Kat.-Nr. 95B, Foto: Jörg P. Anders.

Der Heilige Ambrosius verglich das Idealbild der Kirche mit einem Bienenstock. Die Zusammenarbeit der Bienen für das Honigprodukt auf der einen und die gläubigen Christen, welche das Reich Gottes bilden, auf der anderen Seite.

Als Sinnbild des Heiligen Geistes gilt die Biene, weil sie nur von Blüten lebt und alles Unreine scheut. Deshalb findet sich die Biene auch als Heiligensymbol, so etwa als Wappentier des Papstgeschlechtes Barberini – Papst Urban VIII. (1568–1644).

Zusammenfassend lässt sich festhalten, dass eine Biene für ein Kilogramm Honig sechs Mal um die Erde fliegen müsste.[90] Das resultiert daraus, da ein Bienenvolk für die Aufzucht der Brut im Jahr etwa 35 kg Pollen und 40 kg Honig verbraucht. Ein Pollenpäckchen, welches eine Sammelbiene an den Hinterfüßen als sogenannte Hose nach Hause trägt, wiegt gerade einmal 0,01 mg.

---

90 URL: https://www.jagd-bayern.de/fileadmin/_BJV/Jagd_In_Bayern/jib_2018_06/50-51_JiB_6_18_NJT_Honigbiene.pdf (letzter Zugriff: 20.8.2018).

Abb. 16: Wappen von Papst Urban VIII. mit drei Bienen, Rom, Petersdom. Bildnachweis: Foto: Autorin, 2016.

Wer nun auf den honigsüßen Geschmack gekommen ist und historische „Zeidlerluft“ schnuppern möchte, dem sei der jährlich stattfindende Zeidlermarkt[91] in Feucht empfohlen. Außerdem gründeten Feuchter Bürger 1976 den Zeidelwesen-Erhaltungsverein e.V. und eröffneten zehn Jahre später das Museum in einem alten Fachwerkhaus.[92] Das Gebäude, in dem sich das Zeidelmuseum befindet, gehörte – wie oben beschrieben – ursprünglich zum Besitz des benachbarten Pfinzingschlosses. Um 1922 kam das Anwesen in den Besitz der Familie Hutzler, deren Namen das Haus heute noch trägt.

Die letzte Sitzung des Zeidlergerichts in Feucht folgt nun in einer Edition.

91 URL: https://www.zeidlermarkt.de/ (letzter Zugriff: 3.9.2018).

92 URL: http://www.zeidelmuseum.de/geschichte.html (letzter Zugriff: 3.9.2018).

Anhang

Abb. 17: Titelseite des historisch-diplomatischen Magazins für das Vaterland und angrenzende Gegenden, Nürnberg 1782. Bildnachweis: Harvard University, Houghton Library, OCLC-Nummer: 80822157.

Historischdiplomatisches
Magazin
für
das Vaterland
und
angrenzende Gegenden.

Des zweyten Bandes erstes Stück.
Mit einem Kupfer.

Nürnberg,
in Verlag der Martin Jakob Bauerischen Buchhandlung,
1782.

Historisch-diplomatisches Magazin fuer das Vaterland und angrenzende Gegenden. Nürnberg, 1782.[93]

XI. Von dem Zeidelgericht zu Feucht.

Etwas ganz eigenes in den Nuernbergischen Waeldern war vor Alters die Bienenzucht, und haben die Kaiser diese Waelder ihre und des Reichs Bien=Garten, des Reichs Bien=Kreis, die Zeidelweid, die zu ihren und des Reichs Waeldern zu

93 Historisch-diplomatisches Magazin fuer das Vaterland und angrenzende Gegenden (wie Anm. 81), S. 377, XI. (Von dem Zeidelgericht zu Feucht). Für die Textedition wurden Ergänzungen und indizierte Fremdwörter recto gestellt.

Nuernberg gehoert, genennet und viel Nutzen davon gezogen. Zeideln aber ist ein Kunstwort, das so viel bedeutet, als Honig schneiden, (apes vel mel caedere,) *und von dem ungewiß ist, ob es von den Zeilen der Wachsweben, oder von anzielen, d*[as] *i*[st] *ansetzen, anlegen der Bienen herkommt. Was den Zeidelmeister betrift, so heist er auch und ist so viel, als Zeidelrichter,* Magister f. Praefectus mellicidarum, *hat zu Feucht seinen Sitz gehabt, und waren ihm die Zeidler und Zeidelguetrer mittelbar* [S. 378] *oder unmittelbar in Ansehung der niedern Gerichtsbarkeit unterworfen. Wie aber die Zeidler unter dem Zeidelmeister gestanden, doch so, daß, wenn dieser das Recht verzogen haette, man hat klagen dorfen, wo einem das Urtheil gefiel; so stund der Zeidelmeister unter dem Butigler*[94]*, doch auch einigermassen unter dem Oberforstmeister Waldstromer*[95]*.*

Der Zeidelmeister war vom Kaiser und Reich belehnt, hatte sein eignes Recht und Ordnung, und wenn er das Zeidelgericht nicht besetzen wollte, konnte er nach der Zeidler Rath und ihrem Willen einen andern an seine statt setzen.

Wann die Zeidelmeister abgegangen, findet sich nicht eigentlich. Vermuthlich haben die verschiedenen Pfandinnhaber der Nuernberg[er] *Zeidelweide das Zeidelmeister= und Richter=Amt zugleich mit ihrem Pfandrechte behaubtet. Es wurde aber das Honiggeld, oder die Zeidelweide, versetzt: A*[nno] *1350. an Arnold v*[on] *Seckendorf; 1358. an den Burggraf Albrecht; 1397. an Herdegen Falzner. Von diesem muessen es die Herren Burggrafen wieder ab= und an sich geloset haben, weil sie A*[nno] *1427. bei dem grossen Verkauf an die Stadt Nuernb*[erg] *auch ihre Rechte u*[nd] *Pfandschaft auf das Zeidelgericht, die Zeidler, Zeidelgueter u*[nd] *Honiggeld zu Feucht mit verkaufet haben.*

Nunmehr stellt der Nuernbergis[che] *Amtmann des Walds Laurentii*[96] *den Zeidelmeister vor, als der in dem zu Feucht zu haltenden Zeidelgericht Oberrichter ist, und ausser zween Raths=Consulenten 9. Beisitzer oder Schoepfen hat, deren 7. aus den Kanzellisten, Registratoren und Procuratoren von Nuernb*[erg] *und 2. von Feucht genommen werden. Ehehin wurde dieses Zeidelgericht jaehrlich einmal gehalten. Neu=* [S. 379] *erlich sind 24. Jahre verstrichen, bis es 1779. wieder gehalten wurde. Zu Feucht muß es gehalten werden, weil dieser Ort das Haubt aller Zeidler und Zeidelgueter des ganzen Nuernbergis*[chen] *Gebiets in den Urkunden heist. Wie und mit welchen Feierlichkeiten das Gericht gehalten und besetzt wird, kann aus folgender Relation ersehen werden.*

94 Siehe Anm. 48.

95 Die Waldstromer von Reichelsdorf waren eine der ältesten Patrizierfamilien der Reichsstadt Nürnberg.

96 Lorenzer Reichswald.

Relation ueber das den I. Sept[ember] *1779. zu Feucht gehaltene Kaiserlich befreite Zeidelgericht.*

Nachdem von Einem hochloebl[ichen] *Rath der = des heil*[igen] *Roem*[ischen] *Reichs Freyen Stadt Nuernberg hochgeneigtest decretiret worden, daß das Kaiserliche befreyte Zeidelgericht den bereits verwichnen Mittwoch, als den I. Sept*[ember] *dieses laufenden 1779sten Jahrs wiederum sollte zu Feucht, als dem Haubtsitz der Zeidelgueter, nach allen verliehenen Freyheiten geheget und gehalten werden; so wurde solches folgendermassen bewerkstelliget.*

Am erwaehnten vergangenen Mittwoch, als den I. Sept[ember] *verfuegten sich derer saemtl*[ichen] *Herren* Deputatorum *zu den beyden Reichswaeldern H*[ochwürdigen] *H*[erren] *nebst zweyen Herren* Consiliariis, *dann dem Waldamts= und Zeidelgerichtsschreiber, und neun Zeidelgerichtsschoepfen, gleich nach Oefnung der allhiesigen Stadtthore in fuenf herrschaftlichen mit vier Pferden bespannten Waegen, unter Vorreitung zweyer mit Ober= und Untergewehr versehenen Einspaennigere, des allhiesigen Wagenmeisters, und eines Forsters, nacher Feucht.*

Ohngefaehr eine halbe Stunde vor Feucht hielte der Feuchter Forster, nebst etlich und zwanzig Feuchter Burgern zu Pferd, ingleichen der Postmeister nebst seinem Sohn und vier blasenden Postillions; und ritten, nach respectmaesigem Empfang vor de= [S. 380] *nen fuenf Waegen vollends gar nacher Feucht. In Feucht selbst aber wurde inzwischen mit den Glocken gelaeutet.*

Als nun die saemtlich respective hohe Versammlung in dem dasigen Post= und Gerichtshaus abgestiegen, und von dem damals anwesenden Herrn Waldamtmann und Zeidel=Oberrichter von Volkamer empfangen waren, begab sich dieselbe in die Zimmer, und genoß einige Schalen Coffee[97]*.*

Hierauf wurde auf Verordnung des Herren Oberrichters in der Kirche wieder gelaeutet, und die saemtl[ichen] *resp*[ective] *hohen Glieder des Kaiserlichen befreyten Zeidelgerichts, in Gefolg saemtlicher Feuchter und anderer Zeidelgueter=Besitzer, begaben sich in einer ordentlichen Procession in die Kirche zu Feucht. Daselbst wurde mit Spielung der Orgel der Choral: Nun lob mein Seel den Herren* etc. *abgesungen, unter welchem sich der verordnete Herr Pfarrer zu Feucht auf die Kanzel verfuegte, und nach Endigung des Gesangs und einem kurzen Gebet, den 96. Psalm nebst der Litaney ablase. Nach diesem wurde das Lied: Verleih uns Frieden gnaediglich* etc. *angestimmt, und eine Collekte, mit dem Gesang: Gott gieb Fried in deinem Lande* etc. *und der Seegen endigte den Gottesdienst.*

97 Wolfgang Wüst (Hg.), Regionale Konsumgeschichte: Vom Mittelalter bis zur Moderne (Franconia 7. Beihefte zum Jahrbuch für fränkische Landesforschung), Erlangen 2015.

Worauf man sich in voriger Ordnung nach dem Post= und Gerichtshaus verfuegte. So bald nun derer saemtlichen Herren Walddeputirten H[ochwürdigen] *H*[erren] *nebst denen beyden Herren* Consiliariis, *und dem H*[err]*n Oberrichter an einer langen Tafel Pflatz genommen hatten: empfahl sich vordersamt ersagter Herr Oberrichter in einer kurzen Rede zu fernerer hochgeneigter Unterstuetzung und Gewogenheit.* [S. 381]

Des vordersten Herrn Walddeputati H[ochwürdigen] *H*[erren] *bestaetigten hiernach den Zeidelgerichtsschreiber aufs neue in seiner Function, wie zugleich den Unterrichter zu Feucht.*

Sodann wurden die saemtlichen Assessores *und Schoepfen, theils durch Anruehrung des Richterstabs, theils (was nemlich die Neuen anbelangte) durch ein foermliches Jurament mit Pflichten gefertiget, und in ihren Stationen wieder bestaettiget, wie auch die vier Feuchter Fuehrer, und der Gerichtsknecht, welcher zugleich auch als Getraidmesser Pflicht leistete.*

Nach diesem wurden saemmtlichen Burger, Innwohner, und Bestaendner zu Feucht vorgelassen, an sie von des voerdersten Herrn Walddeputati H[ochwürdigen] *H*[erren] *eine Anrede gehalten, und nach Verlesung ihrer Namen, Mann fuer Mann, zu Anruehrung des Stabs admittiret, wornach ihnen die Becken=Bierbraeuers= Wirths=Mezgers= und Gemeinordnung von dem Zeidelgerichtsschreiber vorgelesen worden.*

Nach deren Entlassung wurden auch die saemmtlichen uebrigen Zeidelgueterbesitzer zu Roetenbach bey St. Wolfgang, Moosbach, Fischbach, Nezstall, Eybach, Birnthon, Kizenau, Dieperndorf, Ungelstetten, Schwaig, Laufenholz, Zerzabelshof und Rueblingshof, hervorgerufen, und gleichermassen mit Pflichten gefertiget.[98] [S. 382]

Nachdem saemmtliche Verpflichtungen geendiget, befahl der Herr Oberrichter dem Zeidelgerichtsboten, das Gericht zu verpoenen, und dieienigen, so etwas bey diesem Kaiserl[ichen] *befreyten Zeidelgericht vor= und anzubringen haben wuerden, vorzulassen.*

Worauf denn der Stadtgerichtsprocurator, Wolf Senior, *auftrat, und einen schriftlichen Receß ablase, worinnen er im Namen der Haeußlein= und Heringischen Handlungs=*Raggion *als Mandatarien eines zu Tondern verstorbenen Dragoners Kinder, um Ertradition des von ihrem Grosvater, einem zu Schwaig verstorbenen Georg Diezen hinterlassenen Vermoegens bat, und zu dem Ende einige* Attestata *producirte.*

98 Zu den Orten siehe: Anm. 60–76.

Der gleichmaessige Stadtgerichtsprocurator Carl opponirte auf dieses Petitum, Exceptionem non sufficientis legitimationis, non fundatae intentionis, atque plane incompetentis actionis, *und bat, Imploranten mit ihrem Gesuch abzuweisen.*

Auf ferneres hin und wieder beschehenes Inhaeriren, und Beharren, wurde nach eingeholtem rechtlichem Gutachten, und saemmtlichen uebereinstimmigen Votis zum Bescheid ertheilt:

„Daß die Imploration zur Zeit nicht Statt haben, sondern implorantischer Anwald angewiesen seyn sollte, in Ansehung der Abstammung der Diezischen Kinder als Dragoner ver= [S. 383] *storbenen Vater von dem D*[i]*ez in Schwaig, naehere Beweise beyzubringen."*

Ingleichen kam die Elisabetha Burkhardin vor, und bat, ihrem ehemaligen Impraegnatori, *dem Schuhmacher Boellert, zur Abreichung einiger Alimentation fuer ihr Kind anzuhalten. Der Boellert schuetze zwar hierwider seine elenden Vermoegensumstaende vor: allein weil das Burkhardische* Petitum *durch die klaren Rechte unterstuezt war, so wurde dem Boellert eine monatliche Alimentation von 30 kr*[euzer] *auferlegt, und dem Unterrichter zur Eincassirung derselben der Auftrag gemacht.*

Endlich beschwerten sich noch die Feuchter Fuehrer[99] *ueber die Ruinierung der Raine, ueber die unordentliche Vorlegung der jedesmaligen Raitung, des Fleisches zur Schau, und der Bieraich. Zu dessen Abstellung und besserer Ordnung dem Unterrichter der Auftrag geschehe, und weil sonst nichts vorkam, das Zeidelgericht durch gewoehnliche Ablaeutung beschlossen wurde. Wo sodann nach einer hierauf genossenen Mahlzeit (unter welcher die Feuchter und Wendelsteiner=Schuetzen dreymal vor dem Posthaus feuerten und mit klingendem Spiel vorbey zogen,) dieser solenne Actus geendigt, und saemmtliche resp*[ective] *Hohe Anwesende bey erfolgter Retour nach Nuernberg wiederum bis auf eine halbe Stunde ueber Feucht von den Buergern und Postillions begleitet wurden.*

99 Marktbevollmächtigter.

Herbert May

Wärmedämmung und Wetterschutz – Befunde am historischen Haus[1]

Numerous historical insulation measures are known to protect traditional rural houses from frost and adverse weather conditions. In order to reduce heat loss, interior walls in living rooms – traditionally the only room in the house that was heated – were often insulated with panels made from a mix of clay and straw. Even more common were additional internal brick walls. It was common practice for weather-facing walls of houses, barns and stables to be built as thick solid stone walls, while the other three sides were built in timber-frame construction. External cladding in the form of weather-boarding (i.e. simple wooden boards), shingles, as well as sandstone or slate tiles were further ways to weather-proof west-facing walls in rural regions of Germany.

Wärme ist ein flüchtiger Gast – historische Dämmverfahren

Die Frage, wie man den Wärmeverlust im Haus möglichst reduzieren kann, beschäftigt die Menschen nicht erst in Zeiten von Klimaveränderung und abnehmenden Ölreserven. Vor einigen Jahren entdeckten Archäologen bei einer Grabung in der Nähe von Hanau Reste einer in die Zeit um 1400 v. Chr. zu datierenden Hauswand, die einen verblüffenden Befund offenbarte: Die mit Lehm verputzte Wand bestand aus zwei Lagen Flechtwerk und war dazwischen mit Gras gefüllt. Die Berechnung der Dämmwirkung ergab, dass die bronzezeitlichen Häuslebauer mit dem beschriebenen Wandaufbau die Vorgaben der bundesdeutschen Wärmeschutzverordnung von 1995 eingehalten hätten![2]

Immer wieder stoßen BauforscherInnen bei Untersuchungen historischer Gebäude auf Baubefunde, die einen ganz ähnlichen Hintergrund haben. In der Stube eines Bauernhauses in Uehlfeld (Landkreis Neustadt/Aisch-Bad Windsheim) hat

---

1 Der vorliegende Beitrag ist ein um jüngere Forschungsergebnisse und zusätzliche Abbildungen ergänzte Fassung des folgenden Aufsatzes: Herbert May, Warme Stube, trockene Wand. Historische Befunde zu Wärmedämmung und Wetterschutz am Haus, in: Birgit Angerer / Herbert May / Martin Ortmeier u.a. (Hg.), Gutes Wetter, schlechtes Wetter (Schriften Süddeutscher Freilichtmuseen 5), Finsterau 2013, S. 73–82.

2 Ralph Diekmann, Wärme mit Nebenwirkungen, in: Süddeutsche Zeitung, 4.1.2013.

man kürzlich einen Befund gemacht, der sich kaum von der Situation im bronzezeitlichen Hanauer Haus unterscheidet: Dem Bruchsteinmauerwerk wurde wohl im 19. Jahrhundert eine aus senkrechten Latten gebildete, mit Lehm-Stroh-Gemisch versehene Wand vorgeblendet; der Hohlraum zwischen den beiden Wandschalen war gefüllt mit Heu und Stroh.[3] Ein ähnlicher, auch ins 19. Jahrhundert weisender Wandaufbau zeigte sich in der Stube eines Bauernhauses in Erlangen-Bruck (Fürther Str. 59), wo man in einem Abstand von etwa 8 cm den Außenwänden aus Sandstein eine hölzerne Ständerkonstruktion vorgesetzt hat: In die genuteten Ständer sind in engem Abstand schmale, wiederum mit einem Lehm-Stroh-Gemisch versehene waagrechte Hölzer eingelassen worden, allerdings ohne Füllung des Hohlraums mit Stroh oder ähnlichem Material.[4]

Abb. 18: Nonnenmühle: Die Lehmvorsatzschale passt sich ganz dem Verlauf der bauzeitlichen Fachwerkwand an, das heißt sie nimmt den 8 cm tiefen Versatz im Bereich der Gefache auf. Bildnachweis: Zeichnung von Dieter Gottschalk, Fränkisches Freilandmuseum Bad Windsheim.

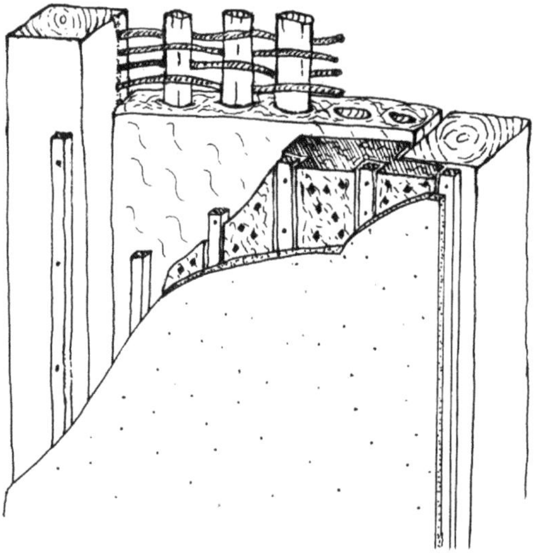

3 Freundlicher Hinweis von Thomas Wenderoth, Bayerisches Landesamt für Denkmalpflege.

4 Eigene Baubeobachtungen im August 2010. Da das Brucker Haus erst 1802/03 (d) erbaut wurde, kann diese Dämmung also auch erst frühestens im 19. Jahrhundert erfolgt sein. Das Gebäude ist im September 2010 abgebrochen worden.

Ausgesprochen durchdacht zeigt sich das einer Umbauphase im frühen 19. Jahrhundert (wohl 1819) zuzuordnende Dämmverfahren in der Stube der Nonnenmühle (Landkreis Neustadt/Aisch-Bad Windsheim).[5] Auf die bauzeitliche, 1685 (d) datierte Fachwerkwand zum Flur hat man stubenseitig im Abstand von 15 bis 20 cm senkrecht Dachlatten genagelt und die Zwischenräume mit einem Lehm-Stroh-Gemisch aufgefüllt. Danach wurde ein 1 cm starker Kalkputz aufgetragen, der durch kleine eingedrückte Löcher seinen Halt bekommt. Es gibt also keinen Hohlraum zwischen der Fachwerkwand und der „Lehmvorsatzschale", wie man die ganzflächige Dämmung von Innenwänden heute bezeichnet; Dämmschicht und Wand bilden einen direkten Verbund. Insgesamt erreicht der Wandaufbau (Fachwerkwand und Vorsatzschale) einen stattlichen Querschnitt von 22 cm, was zu der Vermutung Anlass gibt, dass der Dämmwert kein schlechter sein kann, ohne es bislang allerdings messtechnisch verifiziert zu haben. Die Effizienz der Dämmung in der Nonnenmühle scheint auch dadurch bewiesen, dass heutige Empfehlungen für eine ganzflächige Innendämmung auf ökologischer Basis erstaunliche Parallelen zum aufgezeigten Verfahren aufweisen – mit dem einzigen Unterschied, dass die moderne Lehmvorsatzschale statt der eingedrückten Löcher ein Schilfrohrgewebe als Putzuntergrund erhält.[6] Weitere Belege für eine historische „Lehmvorsatzschale" konnten in jüngerer Zeit an zwei weiteren historischen Gebäuden im Landkreis Neustadt/Aisch-Bad Windsheim ermittelt werden, die vermutlich in die zweite Hälfte des 19. Jahrhunderts zu datieren sind beziehungsweise waren (Markt Erlbach, Hauptstr. 52 und Morbach, Haus Nr. 1 [2015 abgebrochen]).[7] Im Morbacher Haus wurde innen an die Fachwerkwand der Stube ein Lattengerüst aufgenagelt und in dessen Zwischenräume ein Lehm-Stroh-Gemisch eingedrückt.

Weit häufiger als die beschriebenen historischen Lehmvorsatzschalen finden sich bei Fachwerk-, aber auch bei Sandsteinwänden innen vorgeblendete Aufmauerungen aus Ziegel – gewissermaßen Steinvorsatzschalen. Auch hier zeigt

---

5 Die folgenden Informationen zur Nonnenmühle stellte freundlicherweise Dieter Gottschalk (Restaurator am Fränkischen Freilandmuseum Bad Windsheim) zur Verfügung, der die Untersuchungen zum historischen Dämmverfahren in der Nonnenmühle geleitet hat.

6 Vgl. die Internetseite der „Fachagentur für nachwachsende Rohstoffe": www.lehmbau er.com (letzter Zugriff: 22.2.2013).

7 Freundlicher Hinweis von Robert Zöllner, Markt Erlbach. Vgl. ferner: Robert Zöllner, Eine Kulturgeschichte des Dorfes. Am Beispiel des mittleren Aurachtales in Franken, Bad Windsheim 2018, S. 476.

sich der Hohlraum zwischen Fachwerk- und Ziegelwand nach den bisherigen Befunden in der Regel ohne Füllung aus Stroh oder anderem organischen Material.

Bauphysikalisch ist ein derartiger Wandaufbau nicht unproblematisch, weil sich in dem Hohlraum zwischen den beiden Wandschalen im Falle einer kalten Außen- und einer warmen Innenwand schnell Kondenswasser bilden kann.

Abb. 19: Innenwanddämmung des 19. Jahrhunderts in einem Bauernhaus in Morbach (Landkreis Neustadt/Aisch-Bad Windsheim): Ein Lattengerüst wurde auf die Wand aufgenagelt und mit einer Lehmstrohmischung versehen. Bildnachweis: Foto von Robert Zöllner, Markt Erlbach.

Abb. 20: Innendämmung im alten Haus – Stube in einem Bauernhaus aus Unterlindelbach (Landkreis Forchheim, wiederaufgebaut im Fränkischen Freilandmuseum Bad Windsheim) mit der wohl im 19. Jahrhundert erfolgten Ziegelaufmauerung vor der bauzeitlichen Fachwerkwand. Bildnachweis: Foto von Konrad Bedal, Bad Windsheim.

Belegt ist eine Dämmung mit Ziegelvormauerung mittlerweile in einer ganzen Reihe von Bauernhäusern in Franken, so zum Beispiel in Unterlindelbach (Landkreis Forchheim, transloziert ins Fränkische Freilandmuseum Bad Windsheim), Nürnberg-Großgründlach (Volkacher Str. 22), Nürnberg-Schniegling (Schnieglinger Str. 233), Nürnberg-Großreuth hinter der Veste (Großreuther Str. 98) und Nürnberg-Schweinau (Hintere Marktstr. 48), wobei die Vormauerung meist die Stube betrifft.[8] Auch in der Stube eines Bauernhauses in Rüdisbronn (Landkreis

8 Eigene Baubeobachtungen an dem Gebäude in Unterlindelbach und in Nürnberg-Großreuth hinter der Veste. Zum Gebäude in Nürnberg-Großgründlach: vgl. Baudokumentation und verformungsgenaues Aufmaß durch M. Müssigbrodt / M. Goldhammer / A. Iberl / M. Maul / D. Sapper / I. Vieweg, Studienarbeit Bauaufnahme an der FH (Archiv des Fränkischen Freilandmuseums Bad Windsheim, Fach 96, Mappe 5), Nürnberg 1999. Zum Gebäude in Schniegling: vgl. Bauordnungsbehörde Nürnberg/Abteilung Denkmalschutz, Baudokumentation zum Gebäude Schnieglinger Str. 233 durch Fa. Conn und Giersch, Fürth Juli 2005. Zum Gebäude in Schweinau: vgl. Bauordnungsbehörde Nürnberg/Abteilung Denkmalschutz, Baudokumentation zum Gebäude Hintere Marktstr. 48 durch Arbeitsgemeinschaft Studtrucker und Giersch, Fürth 1989.

Neustadt/Aisch-Bad Windsheim, Waldstr. 4) ist ein derartiger Befund erhoben worden: Hier haben wir es mit hochkant gestellten, weich gebrannten Ziegeln zu tun, die folglich keine hohe Festigkeit aufweisen, doch da die Ziegel im Innenraum verbaut sind, ist frostbeständiges Baumaterial auch gar nicht notwendig.[9] Im Falle der Bauernhäuser in Rüdisbronn und Unterlindelbach wird zudem noch deutlich, wie die vorgemauerte Ziegelwand statisch gesichert wurde: Lange, hinten weit aufgebogene krampenartige Nägel sind in die Fugen des Ziegelmauerwerks eingeschlagen, halten somit die Wandschale und verbinden sie mit der Außenwand.

Doch können die Ziegelmauern der Fachwerkkonstruktion auch außen vorgeblendet sein, dafür gibt es mehrere Beispiele in Erlangen und vereinzelte Belege auch in Nürnberg.[10] Am zweigeschossigen Totengräberhaus in Nürnberg-Wöhrd ist beispielsweise ein Großteil des Obergeschosses (mit Stube und Stubenkammer) mit einer äußeren, vor die Holzkonstruktion gesetzten Mauerschale aus – in diesem Fall hart gebrannten, frostbeständigen – Ziegeln versehen, die auf dem vorspringenden Sandsteinmauerwerk des Erdgeschosses aufsitzt und ins 19. Jahrhundert (vermutlich 1874) zu datieren ist.[11] Eine außen aufgebrachte Vormauerung bot neben der Dämmwirkung, die wohl nicht der eigentliche Zweck der Baumaßnahme gewesen sein mag, auch den Vorteil eines effizienten Wetterschutzes und eines tragfähigen Putzuntergrundes vor der (inneren) Fachwerkkonstruktion, was in der barocken, von verputzten Fassaden dominierten Residenzstadt Erlangen von nicht unerheblicher Bedeutung gewesen ist. Hier sind die äußeren Vormauerungen häufig ins 18. Jahrhundert zu datieren, während die innen vorgeblendeten Ziegelmauern nach dem derzeitigen Kenntnisstand meist ins 19. Jahrhundert verweisen.

Die vorgenannten Beispiele sind Belege für eine nachträgliche Dämmung bestehender Wände. Doch hat man den Aspekt des Wärmeschutzes durchaus auch bereits beim Neuaufrichten von Wänden berücksichtigt, so beispielsweise bei einem Bauernhaus in Morbach (Landkreis Neustadt/Aisch-Bad Windsheim, Haus Nr. 1), wo 1907 die Außen-Fachwerkwände durch ein zweischaliges Ziegelmauerwerk ersetzt wurden, das folgendermaßen aufgebaut war: 11,5 cm

---

9 Freundlicher Hinweis von Dieter Gottschalk, Fränkisches Freilandmuseum Bad Windsheim.

10 Freundlicher Hinweis zu Erlangen von Thomas Wenderoth, Bayerisches Landesamt für Denkmalpflege.

11 Vgl. Herbert May, Das Totengräberhaus in Wöhrd. Ein altes Haus mit bewegter Geschichte, in: Nürnberger Altstadtberichte 35, 2010, S. 72–86, hier: S. 82 und Bauordnungsbehörde Nürnberg/Abteilung Denkmalschutz, Befundbericht zum Gebäude Bartholomäusstr. 44 durch Adalbert Wiech, Nürnberg 2009.

Außenschale, 8 cm Luftschicht, 11,5 cm Innenschale. Der Stabilisierung der Wand dienten sogenannte Durchschüsse, das sind Steine, die durch das Mauerwerk durchbinden und durch die Querstellung die beiden Wandschalen miteinander verbinden.[12]

Auch in den Dachgeschossen alter Häuser finden sich nicht selten Hinweise auf historische Dämmverfahren und damit Belege für durchaus schon recht frühe Wohnnutzungen unter dem Dach. Dabei wurde zwischen die Sparren – analog zu Lehmdecken – eine Füllung aus Stickscheiten mit Lehm-Stroh-Gemisch eingebracht, so geschehen beispielsweise im Dachgeschoss eines 1670 (d) erbauten Bauernhauses in Zirndorf (Landkreis Fürth, transloziert ins Fränkische Freilandmuseum Bad Windsheim), das offenbar schon bauzeitlich als eine kleine Austragswohnung mit Stube und Küche gedient hat.[13]

Ähnliche Befunde existieren in den Dächern von Bauernhäusern in Seubersdorf (1684 (d), Landkreis Ansbach, ebenfalls ins Fränkische Freilandmuseum Bad Windsheim transloziert) und Nürnberg-Neunhof (Soosweg 5, 1745/46 (d))[14], im Dachgeschoss eines Bürgerhauses in Markt Erlbach (1704 (d), Landkreis Neustadt/Aisch-Bad Windsheim, Hauptstr. 52)[15] sowie im Dachgeschoss eines kleinen, aus dem frühen 15. Jahrhundert stammenden Handwerkerhauses in Nürnberg (Kühnertsgasse 22), wo die Dämmung möglicherweise sogar noch aus der Bauzeit stammt.[16]

Ein bemerkenswerter, wohl aus einer Umbauphase 1778 (d) stammender Befund ist zu einem Bauernhaus in Unterlindelbach (Landkreis Forchheim, ins Fränkische Freilandmuseum Bad Windsheim transloziert) überliefert, wo die unterschiedliche Dachdeckung sehr augenfällig wirkt: Hier hat man zum einen im bewohnten ersten Dachgeschoss Bretter vor die Sparren genagelt und zum anderen eine Biberschwanz-Doppeldeckung als Dachhaut aufgelegt, während das zweite und dritte Dachgeschoss Lagerzwecken (Hopfen) diente und lediglich mit einer Einfachdeckung versehen ist.

---

12 Zöllner, Kulturgeschichte des Dorfes (wie Anm. 7), S. 476.

13 Freundlicher Hinweis von Konrad Bedal.

14 Vgl. zum Bauernhaus aus Neunhof: Bauordnungsbehörde Nürnberg/Abteilung Denkmalschutz, Baudokumentation zum Gebäude Soosweg 5 durch Holger Schatz, Fürth 2011.

15 Freundlicher Hinweis von Robert Zöllner, Markt Erlbach.

16 Bauordnungsbehörde Nürnberg/Abteilung Denkmalschutz, Befundbericht zum Gebäude Kühnertsgasse.

Abb. 21: Dämmung im Dach: An einem 1670 (d) erbauten Wohnhaus in Zirndorf (übertragen ins Fränkische Freilandmuseum Bad Windsheim) wurde – für eine kleine Dachwohnung, die offenbar als Austrag gedient hat – wohl schon bauzeitlich zwischen die Sparren eine Füllung aus Stickscheiten mit Lehm-Stroh-Gemisch eingebracht. Bildnachweis: Foto von Herbert May, Fränkisches Freilandmuseum Bad Windsheim.

„… den im Wetter stehenden Giebel von Steinen zu bauen"

Eine massive Bauweise hält der Witterung dauerhafter stand als eine Fachwerkkonstruktion, insofern sind die Westseiten historischer Gebäude vielfach „versteinert".

Ein höchst eindrucksvolles Beispiel für eine solche Wetterseitenarchitektur steht in Reuth am Wald (Landkreis Weißenburg-Gunzenhausen), wo der gewaltige, aus Kalkbruchsteinen gemauerte Westgiebel einer 1715 (d) ansonsten ganz in Fachwerk erbauten Scheune fast 300 Jahre dem rauen Klima auf der Jurahöhe trotzte. Scheunen wie Wohnhäuser wurden gleichermaßen mit steinernen Westgiebeln ausgestattet, wie zahlreiche Beispiele belegen, so auch der Kalksteingiebel an einem ins Fränkische Freilandmuseum versetzten Bauernhaus aus Seubersdorf (1684 (d), Landkreis Ansbach).

Abb. 22: Ein Gebirge aus Stein: Der massive Westgiebel einer Scheune in Reuth am Wald (Landkreis Weißenburg-Gunzenhausen), deren übrige, dem Wetter weniger ausgesetzten Außenwände in Fachwerk konstruiert sind. Bildnachweis: Foto von Jürgen Schlosser, Burgbernheim.

Im Raum Nürnberg spielt der steinerne Westgiebel eine herausgehobene Rolle: Der Rat der Stadt Nürnberg als Besitzer des die Stadt umgebenden Reichswaldes drängte schon seit dem 16. Jahrhundert auch in den Nürnberger Landgebieten auf die Massivbauweise, um einen zu starken Verbrauch des wertvollen Rohstoffs Holz zu verhindern. Die anlässlich einer Brandkatastrophe in Großgeschaidt (Landkreis Erlangen-Höchstadt) erhobene Forderung des Nürnberger Waldamtes Sebaldi aus dem Jahre 1739, dass bei den Neubauten der „*in das Wetter zu stehen kommende Giebel u.* [die dazugehörige] *Wand völlig von Steinen*“ aufzuführen sei, ist in den Nürnberger Waldamtsakten ab etwa den 1720er Jahren so oder so ähnlich zahlreich belegt.[17]

17 StAN, Rep. 76 I, Reichsstadt Nürnberg, Waldamt Sebaldi, Nr. 305, Fasz. 16 (Unterstützungsmaßnahmen für die Opfer des Brandes von 1739).

Abb. 23: Der Westgiebel des Bauernhauses (links) ist „versteinert“, ebenso der Nordwestgiebel des heute noch existierenden Gebäudes im Vordergrund (1662/63 (d)), das als „Bauhofstadel“ zum Hallerschloss gehört. Bildnachweis: Ausschnitt aus der Ansicht Großgründlachs (heute Ortsteil von Nürnberg) vom Kirchturm, Federzeichnung: Johann Andreas Graff, Hallerarchiv Großgründlach.

Die massive Bauweise kam den Interessen der Nürnberger Waldämter, die im Landgebiet Nürnbergs gewissermaßen die Funktion einer Baugenehmigungsbehörde innehatten, in doppelter Hinsicht entgegen: sie war einerseits holzsparend, andererseits langlebiger als der Fachwerkbau. Als Georg Wendler in Tauchersreuth (Landkreis Nürnberger Land) 1735 sein Wohnhaus neu bauen wollte, forderte das Waldamt Sebaldi ihn auf, *„den im Wetter stehenden Giebel mit Steinen ausführen zu lassen“*.[18] Als Michael Fuchs aus Laufamholz (Stadt Nürnberg) 1738 seinen Stadel neu bauen lassen wollte, hieß es in der Baugenehmigung gar, dass *„die zwey Wetter-Seiten von Steinen zu bauen“*[19], womit wohl die West- und die Nordseite des Gebäudes gemeint waren. Auch im erhaltenen Baubestand

18 StAN, Rep. 76 I, Reichsstadt Nürnberg, Waldamt Sebaldi, Nr. 366, ohne Fasz.-Nr. (Bauantrag Georg Wendler).

19 StAN, Rep. 75 I, Reichsstadt Nürnberg, Waldamt Laurenzi, Nr. 455, Fasz. 19 (Bauantrag Michael Fuchs).

in den ländlichen Ortsteilen Nürnbergs lässt sich die Baupolitik der Nürnberger Waldämter noch nachvollziehen. So wurde die West- wie auch die Nordseite des 1745/46 (d) erbauten Wohnstallhauses in Neunhof (Soosweg 5, Stadt Nürnberg) in Quadermauerwerk ausgeführt.[20]

Abb. 24: Einen ausgesprochen dekorativen Westgiebel erhielt 1802 dieses 1670 (d) erbaute Bauernhaus aus Zirndorf (Landkreis Fürth), das heute im Fränkischen Freilandmuseum steht. Der ursprüngliche Fachwerkgiebel verschwand und wurde durch diesen Giebel aus Sandsteinquadern ersetzt, der Ostgiebel ist bis heute als Fachwerkkonstruktion erhalten. Bildnachweis: Foto von Herbert May, Fränkisches Freilandmuseum Bad Windsheim.

Ein weiteres Hausbeispiel steht in Großgründlach (Hans-Fellner-Straße 7, Stadt Nürnberg): Das Gebäude ist 1738 in Fachwerk – aber mit vollständig gemauertem Westgiebel – errichtet worden.[21] Auch die nachträgliche „Versteinerung" des Westgiebels lässt sich am überkommenen Baubestand belegen, bisweilen findet man am ersten fassadenseitigen Dachgespärre noch die Zapfenlöcher der einstigen Fachwerkkonstruktion. Man hat also die überflüssig gewordenen

---

20 Bauordnungsbehörde Nürnberg/Abteilung Denkmalschutz, Baudokumentation zum Gebäude Soosweg 5 durch Holger Schatz, Fürth 2011.

21 Vgl. Helmut Gebhard / Konrad Bedal (Hg.), Bauernhäuser in Bayern 1: Mittelfranken, München 1994, S. 259 f.

Fachwerkhölzer – wohl in der Absicht, sie anderweitig wieder verwenden zu können – ausgebaut, um dann den steinernen Giebel zu errichten, so geschehen beispielsweise an einem Bauernhaus in Schoppershof (Stadt Nürnberg, Längenstr. 4): erbaut 1698/99 (d), der Austausch des westlichen Fachwerkgiebels durch einen steinernen Volutengiebel erfolgte 1754 (i).[22]

Wandverkleidungen als Wetterschutz

Es gab noch eine andere, weniger aufwändige Möglichkeit des Wetterschutzes als den kompletten Austausch des Giebels: die Verkleidung der Westseite mit Natursteinplatten, Ziegeln oder Holzschindeln.[23]

Schieferverkleidungen findet man vor allem im nördlichen Oberfranken und hier besonders im Frankenwald. Der meist aus den Brüchen in der nahegelegenen thüringischen Ortschaft Lehesten stammende Schiefer ist im nördlichen Oberfranken schon bemerkenswert früh zur Verschalung von (Blockbau-)Fassaden verwendet worden: So haben sich in Zeyern (Landkreis Kronach) und in Mistelfeld bei Lichtenfels Giebelverkleidungen erhalten, die 1673 beziehungsweise 1711 datiert sind.[24]

Eine äußerst dekorative Wirkung erhielten die schieferverkleideten Fassaden durch Stanniol- und Weißmalerei-Verzierungen: Aus Stanniol ausgeschnittene und aufgeklebte oder mit Bleiweiß oder Zinkweiß aufgemalte Säulen, Girlanden, Räder, Rosetten und Fensterschürzen, aber auch Blumenmuster oder Darstellungen von Heiligen und Tieren gliederten und schmückten vor allem im Landkreis Kronach die Schieferfassaden, die generell bis in den Bamberger und Forchheimer Raum verbreitet waren. Selbst in Fürth sind sie heute noch nachweisbar.[25]

---

22 Dendrochronologisches Gutachten der Universität Bamberg, Institut für Archäologie, Denkmalpflege & Bauforschung/Abteilung Dendrochronologie, 10.6.2008.

23 Grundlegend zum Thema: Anja Schmid-Engbrodt, Schutz und Zierde. Historische Außenwandbehänge im südlichen Niedersachsen, Hildesheim 2006, bes. S. 33–73.

24 Vgl. Bertram Popp, Bäuerlicher Hausbau in Oberfranken, in: Helmut Gebhard / Bertram Popp (Hg.), Bauernhäuser in Bayern 2 (Oberfranken), München 1995, S. 53–94, hier: S. 66.

25 Vgl. dazu auch: Margret Seuling, Schmuckformen am schieferverkleideten Haus, in: Kilian Kreilinger / Georg Waldemer (Hg.), Haus, Hof. Landschaft. Festschrift zum 80. Geburtstag von Karl Bedal, Hof 1994, S. 60–73.

Abb. 25: Schieferverkleidung in Neukenroth (Landkreis Kronach), bezeichnet „1828". Bildnachweis: Foto von Bertram Popp, Oberfränkisches Bauernhofmuseum Kleinlosnitz.

Ziegelverkleidungen kamen in Franken scheinbar relativ selten zur Anwendung – und wenn, dann hauptsächlich in den Mittelgebirgen (Spessart), was sicherlich an dem hohen Arbeitsaufwand liegt: Es musste erst einmal eine Unterkonstruktion geschaffen werden, um die Biberschwanzziegel dann einzeln aufzunageln. Durchgesetzt hat sich der Ziegel als Wandverkleidung im außerbayerischen Raum vor allem im Harz, wo neben den Biberschwanzziegeln auch Hohlpfannen und Krempziegel verwendet wurden.[26]

26 Anja Schmid-Engbrodt, Regionaltypische Baumaterialien und deren Verwendung als Wandbehang, in: Christiane Segers-Glocke (Hg.), System Denkmalpflege – Netzwerke für die Zukunft. Bürgerschaftliches Engagement in der Denkmalpflege, Hannover 2004, S. 226–228, hier: S. 226.

Abb. 26: Verkleidung mit „Sollinger Platten" an einem Bauernhaus aus Bruchhausen (Ortsteil von Höxter, Nordrhein-Westfalen), transloziert ins LWL-Freilichtmuseum Detmold. Bildnachweis: Foto: LWL-Freilichtmuseum Detmold.

Abb. 27: Ziegelverkleidung an der aus dem Spessart stammenden Flederichsmühle, wiederaufgebaut im Fränkischen Freilandmuseum Bad Windsheim. Bildnachweis: Foto von Herbert May, Fränkisches Freilandmuseum Bad Windsheim.

Im Weserraum im südlichen Niedersachsen hat man die Wetterseiten jahrhundertelang mit Sandsteinplatten verkleidet – abgebaut im „Solling", einem Mittelgebirge bei Höxter.

Diese „Sollingplatten" oder „Höxter-Platten", die auch als Dachdeckung Verwendung fanden, wurden an der Fassade auf eine Unterkonstruktion aus Holzlatten aufgenagelt.[27]

Als Schutzschicht für das Fachwerk konnte auch ein Überputzen der Außenwände dienlich sein, wobei Fachwerk in der Vergangenheit allerdings auch stark Modeströmungen und somit ästhetischen Bewertungen unterworfen war: Mal wollte man es sehen und dann wieder sollte es unter einer Putzschicht verschwinden, vor allem in der Barockzeit.

Abb. 28: Bei dem Gebäude in Quedlinburg (Wordgasse 3, 1346/47 (d)) erfolgte der Abbund der Fachwerkkonstruktion mit den Streben- und Riegelhölzern innen, sodass nur relativ wenig Holzoberflächen dem Wetter ausgesetzt sind. Bildnachweis: Foto von Herbert May, Fränkisches Freilandmuseum Bad Windsheim.

27 Freundliche Hinweise von Heinrich Stiewe, LWL-Freilichtmuseum Detmold.

Eine bemerkenswerte bauliche Lösung könnte ebenfalls mit dem Wetterschutz von Fachwerk in Verbindung stehen: Beim dem in der historischen Bauforschung weithin bekannten Gebäude Wordgasse 3 in Quedlinburg, 1346/47 erbaut, ist ein Teil der Fachwerkkonstruktion dadurch geschützt, dass er innen „abgebunden" und außen nicht sichtbar ist und sich stattdessen wandhohe Putzfelder zeigen.[28]

Abb. 29: „Wettbretter" an einem Bauernhaus mit Scheune aus der Rhön: Waldberg (Landkreis Rhön-Garbfeld), wiederaufgebaut im Fränkischen Freilandmuseum Fladungen. Bildnachweis: Foto von Herbert May, Fränkisches Freilandmuseum Bad Windsheim.

Holzschindeln als Wetterschutz sind im alpinen und voralpinen Raum verbreitet, aber auch in den Mittelgebirgen des Bayerischen Waldes und der Rhön, wo die langen „Wettbretter" den Wetterseiten der Häuser aufgenagelt wurden. Im oberbayerischen Landkreis Traunstein schützten die kürzeren Scharschindeln die Westseiten der großen Vierseithöfe, die mit geschweiftem, über die Dachflächen ragendem Umriss eine fast monumentale Wirkung erreichen konnten.[29]

---

28 Vgl. zu diesem Gebäude: Heinrich Stiewe, Fachwerkhäuser in Deutschland: Konstruktion, Gestalt und Nutzung vom Mittelalter bis heute, Darmstadt 2007, S. 53.

29 Georg Waldemer, Räumliche Grundlagen und zeitliche Entwicklung. Entwicklung des ländlichen Hausbaus [im südlichen Oberbayern], in: Helmut Gebhard / Helmut Keim (Hg.), Bauernhäuser in Bayern 6.2 (Südliches Oberbayern), München 1995, S. 19–62, hier: S. 55.

Abb. 30: Der auf die Fachwerkkonstruktion aufgenagelte Wandbehang aus gehobelten Dielen an der Villa Schachtrupp in Osterode am Harz (erbaut 1819–1828) täuscht einen Putzbau vor und schützt das freistehende Gebäude vor Wind und Wetter. Aufnahme von 1971. Bildnachweis: Foto: Niedersächsisches Landesamt für Denkmalpflege/Bildarchiv.

Ähnliche Befunde zum Holzbehang sind aus dem Sauer- und Siegerland bekannt, dort wurden an älteren Gebäuden sogar Bekleidungen mit „weichen“ Materialien wie Stroh, Ginster und Lehmschindeln beobachtet. Stroh und Schilf sind als

Wandverkleidungen und Wetterschutz von Archäologen auch an prähistorischen Häusern ermittelt worden[30], womit sich der Kreis schließt und wir wieder am Anfang dieses Beitrags und dem bestens gedämmten bronzezeitlichen Haus aus Hanau angekommen wären: Wärmedämmung und Wetterschutz bewegen die Hausbewohner nicht erst in heutiger Zeit – man denke an die Eternitverkleidungen von Hausfassaden der 1960er und 1970er Jahre –, sondern schon seit Jahrtausenden.

30 Ebd., S. 17.

Günter Dippold

Fischkonsum, Flussfischerei und Fischzucht im östlichen Franken vom Mittelalter bis ins 19. Jahrhundert

Fish served as Lenten food. For this purpose there wasn't enough native freshwater fish, so that preserved sea fish, predominantly from the north, was also consumed in Franconia. At the same time fish enriched the table as a delicacy. For this reason, fish consumption in Protestant regions continued even after the Reformation. Since natural lakes were rare in eastern Franconia, the rivers, especially the "Main", played a decisive role for fishing. "Main" fishermen are traceable since the early Middle Ages. From the 13th Century on, the installation of ponds can be verified, they probably reached their greatest expansion in the early 16th century. However, during the Age of Enlightenment the criticism of fish ponds grew, because they were considered uneconomical and also health-damaging with their "evaporations". From the last third of the 18th century on, many ponds were drained and used as farmland or grassland. Around this time fishing in rivers lost its importance, because the waters were overfished and the straightening of rivers resulted in harmful effects. State support for fishing since the end of the 19th century finally led to a recovery.

Fischkonsum

Fisch war zweierlei: Fastenspeise und luxuriöse Mahlzeit. Die römische Kirche gebot, vor dem Hochfest Ostern 40 Tage zu fasten. Auch am Freitag galt die Speisebeschränkung in Erinnerung an Leiden und Tod Christi, und üblich war ferner ein weiterer Fastentag in der Woche, Mittwoch oder Samstag. Dazu kamen seit der hochmittelalterlichen Kirchenreform die vier Quatember-Fastenwochen im Jahr. In dieser Zeit war der Genuss von Fleisch warmblütiger Tiere untersagt[1], wie die Benediktsregel es für die Mönche prinzipiell vorsah.[2] Nach der Reformation wurde die Einhaltung der kirchlichen Fastengebote in katholischen Fürstentümern als Merkmal des wahren Glaubens durch Mandate angeordnet[3]; in den evangelischen Herrschaften hingegen galt Fasten als unnütze Werkfrömmigkeit. In den stürmischen 1520er Jahren bildete der demonstrative Verzehr von Würsten etwa am Aschermittwoch oder inmitten der Fastenzeit ein Mittel des Protests gegen den alten Glauben.[4] Gleichwohl blieb der freitägliche Fischkonsum auch in protestantischen Regionen verbreitet.[5]

Im Mittelalter – in katholischen Gebieten auch in der frühen Neuzeit[6] – war Fisch also unentbehrlich, soweit man sich nicht auf Gemüse und Getreide beschränken wollte oder sich aus wirtschaftlichen Gründen damit bescheiden

---

1 Zum Fasten und zur umstrittenen Erlaubnis, Fisch zu verzehren: Hubertus Lutterbach, Die Fastenbuße im Mittelalter, in: Klaus Schreiner (Hg.), Frömmigkeit im Mittelalter. Politisch-soziale Kontexte, visuelle Praxis, körperliche Ausdrucksformen, München 2002, S. 399–437, hier bes.: S. 426 f.; auch: Angelika Lampen, Fischerei und Fischhandel im Mittelalter. Wirtschafts- und sozialgeschichtliche Untersuchungen nach urkundlichen und archäologischen Quellen des 6. bis 14. Jahrhunderts im Gebiet des Deutschen Reiches (Historische Studien 461), Husum 2000, S. 41 f.; neuerdings: Klaus Bergdolt, Wie kam der Fisch ins Spital?, in: Artur Dirmeier (Hg.), Essen und Trinken im Spital. Ernährungskultur zwischen Festtag und Fasttag (Studien zur Geschichte des Spital-, Wohlfahrts- und Gesundheitswesens 13), Regensburg 2018, S. 11–21.

2 Hierzu sowie zum Fischkonsum: Lampen, Fischerei (wie Anm. 1), S. 43–52.

3 Beispiele bei: Dieter J. Weiß, Das exemte Bistum Bamberg 3: Die Bischofsreihe von 1522 bis 1693 (Germania Sacra NF 38,1), Berlin/New York 2000, S. 288, 334.

4 Ein Beispiel von 1526 aus Wunsiedel im Markgraftum Ansbach-Kulmbach bei: Elisabeth Jäger, Wunsiedel 1163–1560. I. Band einer Geschichte der Burg und der Stadt Wunsiedel, Wunsiedel 1987, S. 317. Zu einer derartigen Aktion in Zürich 1522: Irene Dingel, Reformation. Zentren – Akteure – Ereignisse, Göttingen 2016, S. 90. Aus Augsburg ist ein solcher Bruch des Fastengebots 1525 bei der Hochzeit eines Priesters nachgewiesen: Stephen E. Buckwalter, Die Priesterehe in Flugschriften der frühen Reformation (Quellen und Forschungen zur Reformationsgeschichte 68), Gütersloh 1998, S. 247.

5 Wolfgang Kleinschmidt, Essen und Trinken in der frühneuzeitlichen Reichsstadt Speyer. Die Rechnungen des Spitals St. Georg (1514–1600) (Münsteraner Schriften zur Volkskunde / Europäischen Ethnologie 17), Münster u.a. 2012, S. 140.

6 Noch im späten 18. Jahrhundert sprach sich die Bamberger Hofkammer für die Bewahrung von Fischteichen aus, „*da in einem katholischen Lande die Fische eine große Nothwendigkeit sind*". Zit. nach: Josef Hofmann, Die Geschichte der Teichwirtschaft im Aischgrunde, o.O., o.J. [1935], S. 25.

musste. In einem Regensburger Spital stellte man im späten 16. Jahrhundert aufgrund gestiegener Fischpreise mehr und mehr auf Mehlspeisen um.[7]

Einheimische Süßwasserfische allein konnten den Bedarf wohl nicht decken und die vorösterliche Fastenzeit lag lange nach dem Abernten der Fischteiche im Herbst. Es war angezeigt, auf importierten Seefisch zurückzugreifen.

Die fürstbischöfliche Hofhaltung zu Bamberg gab ausweislich der Hofkammerzahlamtsrechnung von 1615/16 innerhalb eines Haushaltsjahrs fast 500 Gulden aus für „*stockhvisch, Premmer und Luneburger prickhen, brandthering, lax, störr, lapperdon und holendischen keeß*".[8] Stockfisch war ausgenommener, luftgetrockneter Fisch, meist Kabeljau, den man aus Hansestädten einführte.[9] Pricke oder Bricke ist eine Bezeichnung für das Neunauge[10] (kein Fisch, sondern ein Rundmäuler), das der Bamberger Fischhändler aus Bremen und Lüneburg bezog. Brandhering sind Fässer, vollgepackt mit Hering, bei denen ein Brandzeichen den Herkunftsort angibt.[11] Laperdon oder Laberdan – der Name ist wohl abgeleitet von der Landschaft Labourd bei Bayonne, also an der südfranzösischen Atlantikküste – war fassweise gehandelter, in Salzlake eingelegter Kabeljau.[12] Neunaugen,

---

7 Andreas Kühne, Kontinuität und Wandel in der süddeutschen Spitalkost (1650–1800) am Beispiel des Fischkonsums im Regensburger St. Katharinenspital, in: Passauer Jahrbuch. Beiträge zur Geschichte und Kultur Ostbaierns 48, 2006, S. 73–88, hier: S. 81; Ders., Regensburger Speisepläne im Wandel – Spitalkost zwischen Konfessionalisierung und Rationalisierung im 17. und 18. Jahrhundert, in: Dirmeier (Hg.), Essen (wie Anm. 1), S. 213–229, hier: S. 222 f. – In Münster ist um dieselbe Zeit eine Reduktion des Fischkonsums zu beobachten; hier ersetzte Käse den teurer gewordenen Fisch: Barbara Krug-Richter, Von Stockfisch, Hering und anderen Delikatessen – Anmerkungen zur Ernährung in nordwestdeutschen Hospitälern der Frühen Neuzeit, in: Artur Dirmeier (Hg.), Leben im Spital. Pfründner und ihr Alltag 1500–1800 (Studien zur Geschichte des Spital-, Wohlfahrts- und Gesundheitswesens 12), Regensburg 2018, S. 205–229, hier: S. 219.

8 StABa, A 231, Nr. 1840/I, fol. 112r.

9 Lampen, Fischerei (wie Anm. 1), S. 142–144, 179, 183 u.ö.

10 Zum Vorkommen und zur Zubereitung: Christian Friedrich Germershausen, Auszug aus der Hausmutter, Leipzig 1782, S. 133 f.

11 Johann Christoph Erich von Springer, Einleitung zu gründlicher Kenntniß der Kaufmannschaft und dahin einschlagender Geschäfte; wie auch der Art, sich bey allen Handelsgeschäften nach richtigen Begriffen und kunstmäßig auszudrucken, Frankfurt a.M./Leipzig 1771, S. 54.

12 URL: https://www.marum.de/Entdecken/Laberdan-Meerenge.html (letzter Zugriff: 31.3.2018).

Lachs und Stör konnte man bisweilen auch im Main und vereinzelt sogar in seinen Nebenflüssen erbeuten.[13]

Gut 150 Jahre später, 1767/68, gab der Banzer Cellerar, der mit der Führung der Wirtschaft betraute Mönch, ebenfalls beträchtliche Summen für Fastenspeisen aus: über 400 Gulden. Was er bezog, war neben etwas Käse und eingesalzenem Hecht vornehmlich Seefisch: Hering, Laperdon, Pricken, Stockfisch, Lachs, dazu Bückling (geräucherter Hering) und Halbfisch (so wurde wohl ein Plattfisch bezeichnet, gemeint waren wohl Schollen).[14] Hinzu kamen 21 Pfund Fischotter, denn diese Marderart galt lange als Wassertier und damit als zulässige Fastenspeise[15]; noch ein Coburger Kochbuch von 1803 führt ein Rezept für gebratenen Fischotter unter den Fischgerichten auf.[16] Das Kloster Banz kaufte seine Fische wenigstens teilweise von einem Kaufmann in Mellenbach im Schwarzatal[17], dessen Familie vornehmlich Glas aus Thüringer Hütten nach Norddeutschland vertrieb[18]; Fisch bildete wohl

13 Alfred Köberlin, Zur Geschichte der Fischerei in Franken, in: Alt-Bamberg 3, 1900, S. 384–396, hier: S. 390 f., 394 f.; Oskar Kuhn, Die bei Bamberg vorkommenden Fische, Amphibien, Reptilien und Säugetiere, in: Bericht der Naturforschenden Gesellschaft Bamberg 31, 1948, S. 106–112, hier: S. 106; Wolfgang Klausewitz, Die frühere Fischfauna des Untermains, in: Natur und Museum 104, 1974, S. 1–7, hier: S. 4 f.; Winfried Schenk, Die mainfränkische Landschaft unter dem Einfluss von Gewerbe, Handel, Verkehr und Landwirtschaft, in: Peter Kolb / Ernst-Günter Krenig (Hg.), Unterfränkische Geschichte, Bd. 3: Vom Beginn des konfessionellen Zeitalters bis zum Ende des Dreißigjährigen Krieges, Würzburg 1995, S. 519–588, hier: S. 571; Karl Heinz Mayer, Die Forst- und Jagdgeschichte des ehemals bambergischen Frankenwaldes und seines Lichtenfelser Vorlandes, Bamberg 2005, S. 310 f.

14 StABa, A 232, Nr. 38604, pag. 58.

15 Michael Kirchschlager, Ich will ein guter Koch sein. Küchengeheimnisse des Mittelalters und der Renaissance, Arnstadt 2004, S. 18; Manfred Seifert, Fastenbrezen, Ostereier, Wein. Überlegungen zum Einfluss des Christentums auf die mitteleuropäische Nahrungskultur, in: Bayerisches Jahrbuch für Volkskunde 2008, S. 21–33, hier: S. 27.

16 Neues Kochbuch für bürgerliche Haushaltungen, oder Anweisung zur Zubereitung einer gesunden Hausmannskost, zum Trenschieren und Vorlegen und zu allem dem, was beym Einschlachten, Ausbewahren, Einsalzen des Fleisches, des Wildpreds etc. so wie auch beym Einmachen aller Arten von Zugemüsen, Salaten, Obstarten; ingleichen beym Mästen des Federviehes, Behandlung der Federn, und Verfertigung eines guten Obstweins oder Ciders, zu beobachten ist, Coburg [2]1803, S. 146.

17 StABa, A 232, Nr. 38604, pag. 58: *„für verschiedene fastenspeisen* […] *dem Mathias Sommer von Melbenbach bezahlt"*.

18 Zur Familie Sommer: Johann Werner Krauß, Beyträge zur Erläuterung der Hochfürstl. Sachsen-Hildburghäusischen Kirchen-, Schul- und Landes-Historie. Dritter Theil von der Stadt und Dioeces Eißfeld, Hildburghausen 1753, S. 35.

eine willkommene Rückfracht. Ferner bezog das Kloster vielerlei einheimische Süßwasserfische, jedoch nicht unter dem Ausgabetitel „*Fastenspeisen*“ – sie bereicherten einfach den Tisch: Hechte, Karpfen, Aale, Barben, Barsche, Weißfische, Brachsen, dazu Krebse.[19]

Es bleibt festzuhalten, dass – wie zwei Rechnungen katholischer Institutionen beispielhaft zeigen – bei der Versorgung fränkischer Eliten mit Seefisch für die Fastenzeit offenbar eine Kontinuität herrschte.

In evangelischen Gebieten brach der Fischgenuss durch die Reformation nicht ab. (Es ist bezeichnend, dass Stockfisch heute vornehmlich im protestantischen Ostoberfranken auf Speisekarten anzutreffen ist, dagegen höchst selten in katholischen Landstrichen des Regierungsbezirks auf den Tisch kommt.[20])

Fisch war, wie eingangs gesagt, eine Delikatesse. Er wurde in kleineren Portionen konsumiert als Fleisch. Die Hofordnung der Plassenburg, der Residenzburg der Markgrafen von Brandenburg-Kulmbach, aus dem Jahr 1542[21] sieht für den 80-köpfigen Hofstaat 112 Pfund Fleisch pro Tag vor, an zwei Fischtagen pro Woche dagegen nur 42 Pfund Fisch, also gut ein Drittel. Übrigens hat auch für das Regensburger Katharinenspital des 17. und 18. Jahrhunderts Andreas Kühne gezeigt, dass die Fischportionen bescheidenen Umfang hatten.[22]

Auf der Plassenburg wurde 1542 sowohl frischer, einheimischer als auch konservierter, eingeführter Fisch aufgetischt: „*so es Summerzeit ist, daß man gronner Visch nit gehaben mag, sollen dur Visch mit gespeist werden.*“[23]

Als im Oktober 1652 die Tochter des wohlhabenden Apothekers Michael Walburger in Hof an der Saale heiratete, wurde den Gästen neben allen erdenklichen Fleischspeisen – Rind, Schwein, Hammel, allerlei Geflügel und Wildpret – auch Fisch vorgesetzt: Hechte, Karpfen, Gründlinge, Forellen.[24] Aus dem Hausbuch Walburgers, in dem der gestrenge Haushälter alle Ausgaben säuberlich festhielt, ist ersichtlich, dass Fisch kostspielig war: Verglichen mit Rind- und Kalbfleisch

---

19 StABa, A 232, Nr. 38604, pag. 61.

20 URL: http://genussregion.oberfranken.de/spezialitaeten/spezialitaeten_von_a_z/s/367/stockfisch/details_39.htm (letzter Zugriff: 31.3.2018).

21 Sabine Weigand-Karg, Die Plassenburg. Residenzfunktion und Hofleben, Weißenstadt [1998], S. 368.

22 Kühne, Kontinuität und Wandel (wie Anm. 7), S. 80.

23 Zit. nach: Weigand-Karg, Plassenburg (wie Anm. 21), S. 368.

24 Fred Händel / Axel Herrmann (Hg.), Das Hausbuch des Apothekers Michael Walburger 1652–1667. Quellenedition zur Kulturgeschichte eines bürgerlichen Hauswesens im 17. Jahrhundert in fünf Bänden, Bd. 1: 1652–1655 (33. Bericht des Nordoberfränkischen Vereins für Natur-, Geschichts- und Landeskunde e.V. in Hof), Hof 1988, S. 67.

kostete Süßwasserfisch gut und gern das Dreifache, am teuersten waren Aal und Hecht. Karpfen wies eine gehörige Preisspanne auf, doch selbst wenn er billig war, lag er noch beim Anderthalbfachen des Rindfleischs. Hering und Scholle wurden stückweise verkauft, sodass hier ein Vergleich schwerfällt. Sie dürften wohl deutlich über dem Preis für heimischen Frischfisch gelegen haben: Für einen Hering bekam man eineinhalb Pfund Kalbfleisch. Doch Seefisch verzehrte Walburger ohnehin nur selten.[25]

Ein drittes „evangelisches" Beispiel sei genannt: Das „*Neue Kochbuch für bürgerliche Haushaltungen*", erschienen 1803 in Coburg, enthält 49 Fischgerichte, von Aalraupen mit Erbsenbrühe bis zum Wels mit Milchsauce.[26] Selbst wenn man den Fischotter weglässt, bleiben 48. Das sind bemerkenswert viele – gegenüber stehen nur 17 Geflügelgerichte, sieben Gerichte für Wildpret und fünf für Schwein. Beim Fisch zeigt sich, wie im Hausbuch Walburgers, eine klare Verteilung: fünf Rezepte für Stockfisch, zwei für Laperdan und eines für frischen Kabeljau, dagegen 40 für solche Fische, die man in heimischen Gewässern fangen oder ernten konnte: Zahlenmäßig an erster Stelle steht Karpfen (acht Rezepte), gefolgt vom Gründling (sieben), dem Barsch (fünf), dem Hecht (vier), der Forelle und der Schleie (je drei).

Importierter, durch Trocknen, Pökeln oder Räuchern haltbar gemachter Seefisch war, so könnte man als These formulieren, in katholischen Regionen offenbar notwendig, um genug Fisch für die vorösterliche Fastenzeit zu haben. In evangelischen Gegenden Frankens scheint man ihn vornehmlich dann verzehrt zu haben, wenn einheimischer Frischfisch saisonal nicht zu bekommen war. Sein Marktanteil dürfte hier geringer gewesen sein. Dies freilich ist einstweilen, ohne eingehendere Forschung, kaum mehr als eine Vermutung.

Flussfischerei im oberen Main

Nachdem es in Franken nur wenige natürliche Seen gibt, war die ursprüngliche Form des Fischfangs die Flussfischerei. Um 800 werden in einer undatierten Quelle, einer Beschreibung eines Besitzkomplexes mit dem Mittelpunkt Banz,

---

25 Walter Wirth, Rotscheer, Elt und Pertschen. Fische und Fischrecht im Hausbuch des Michael Walburger, in: Fred Händel / Axel Herrmann (Hg.), Das Hausbuch des Apothekers Michael Walburger 1652–1667. Quellenedition zur Kulturgeschichte eines bürgerlichen Hauswesens im 17. Jahrhundert in fünf Bänden, Bd. 5: 1666–1667 (37. Bericht des Nordoberfränkischen Vereins für Natur-, Geschichts- und Landeskunde e.V. in Hof), Hof 1992, S. 38*–44*, hier: S. 41*. Zum Karpfenpreis im Spätmittelalter: Hofmann, Teichwirtschaft (wie Anm. 6), S. 7.

26 Neues Kochbuch für bürgerliche Haushaltungen (wie Anm. 16), S. 142–165.

erstmals Fischer am Obermain erwähnt, nämlich in Nedensdorf und in einer Vorgängersiedlung von Lichtenfels.[27] Der früheste zeitlich genau bestimmbare Beleg stammt von 1017: Der Würzburger Bischof übertrug dem Bamberger Oberhirten mehrere Eigenkirchen und Zehntrechte sowie vier Fischer in Kemmern.[28] Hier bildete der Fischfang eine gewerbliche Konstante. Denn noch um 1800 lesen wir über dieses Dorf im Bamberger Land: *„Der Mainfluß lauft dicht an dem Orte vorbey, deshalb ein großer Theil der Einwohner sich von dem Fischereygewerbe ernährt.* […] *Der Charakter der Einwohner ist der gewöhnliche der Fischer.*"[29] 1849 waren immerhin noch vier Fischer unter den Grundbesitzern des Dorfs; übrigens hießen alle vier Dorsch.[30]

Das Fischrecht in Flüssen war in der Regel wohl schon im Hochmittelalter in herrschaftlicher Hand. Am Obermain lag das Recht beim Landesherrn, dem Bamberger Fürstbischof. Der erste Beleg stammt aus dem Jahr 1279. Damals gab der Bischof das Recht auf einer Strecke preis: Er verlieh dem Kloster Langheim als Ausgleich für den Unterhalt einer Mainbrücke bei Hochstadt am Main das alleinige Fischrecht zu beiden Seiten der Brücke: flussaufwärts zwei Bogenschüsse weit, flussabwärts einen.[31] Das Kloster Langheim dehnte seine Befugnis aus: 1408 tauschte es vom Fürstbischof gegen Grundstücke eine weitere Strecke ein[32], und

27 Heinrich Meyer zu Ermgassen (Hg.), Der Codex Eberhardi des Klosters Fulda (Veröffentlichungen der Historischen Kommission für Hessen 58), Bd. 1, Marburg 1995, S. 314.

28 Günter Dippold, Die Ersterwähnung von Kemmern 1017, in: Rüdiger Gerst (Hg.), Kemmern. Leben am Main. Ein fränkisches Dorf und seine Menschen im Wandel, Petersberg 2017, S. 231–233.

29 Johann Kaspar Bundschuh, Geographisches Statistisch-Topographisches Lexikon von Franken, Bd. 3, Ulm 1801, Sp. 78.

30 StABa, K 232, Nr. 204/I (Hausnr. 1 und 15), III (Hausnr. 53), VI (Nr. 1/26).

31 StABa, Kloster Langheim, Urkunden, 1279 III 4; Ferdinand Geldner (Bearb.), Das älteste Urbar des Cistercienserklosters Langheim (um 1390) (Veröffentlichungen der Gesellschaft für fränkische Geschichte X,3), Würzburg 1952, S. 26; Johann Looshorn, Die Geschichte des Bisthums Bamberg nach den Quellen bearbeitet, Bd. 2, München 1888, S. 803. – Zur Wahrnehmung seines Fischrechts errichtete das Klosters im 15. Jahrhundert ein Haus nahe dem Fluss, die Einöde Gruben, wo ein klösterlicher Fischknecht saß. Hierzu: Heinrich Schrepfer, „Der ehrbare Johannes Rauch auf der Grube", in: Lichtenfelser Tagblatt vom 19.12.1959, S. 6; Dieter George, Lichtenfels. Der Altlandkreis (Historisches Ortsnamenbuch von Bayern, Oberfranken 6), München 2008, S. 42.

32 StABa, Kloster Langheim, Urkunden, 1408 XII 12.

1574 kaufte es das Fischrecht im letzten Stück der Rodach[33], die hier in den Main mündete.

Das Fischrecht weiter flussabwärts, zwischen Oberbrunn und Kemmern, stand der Stadt Scheßlitz zu, die knapp 10 km vom Fluss entfernt lag. Sie verpachtete es an Berufsfischer aus benachbarten Dörfern, namentlich aus Zapfendorf, die im Gegenzug verpflichtet waren, zu bestimmten Terminen Fisch in Scheßlitz feilzubieten. Im Abstand mehrerer Jahrzehnte demonstrierten die Scheßlitzer, dass in ihrer Hand das Fischrecht lag. Da zog, wie im 18. und frühen 19. Jahrhundert überliefert, die Bürgerschaft in einer wahren Prozession zum Main, begleitet von Musikkapellen, und fuhr in Schelchen auf dem Fluss.[34]

Wo die Fischereirechte zweier Herren zusammenstießen, kam es nicht selten zum Zank. Fischgrenzsteine des 17. und 18. Jahrhunderts zeugen von der gütlichen Beilegung solcher Konflikte.[35]

Der obere Main war ein wilder Fluss, der stark mäandrierte und sich an etlichen Stellen dann und wann ein neues Bett suchte.[36] Dann entstanden Altungen, und regelmäßig entspann sich Streit, wem solche Altwässer gehörten. Sie seien wie angeschwemmtes Land zu behandeln, das an die angrenzende Gemeinde fiel, meinte die eine Partei; sie seien Teil des Flusses und daher fürstbischöfliches Eigentum, postulierte die Gegenseite. Solange der Altarm in Verbindung mit dem Fluss stand, behauptete, auch unter politischem Druck, die letztgenannte Sichtweise die Oberhand. Im späten 18. Jahrhundert trug es sich beim Dorf Wiesen zu, dass die Gemeinde einen Damm baute, der die Altung vom Main abschnitt. Dies sei ein unrechtmäßiger Eingriff ins Fischrecht, erklärten die fürstbischöflichen Beamten. Neun Mainfischer schleppten vier Kähne über den Damm und befischten demonstrativ das Altwasser, was gehörigen Streit nach

---

33 StABa, Hochstift Bamberg, Forstamt Lichtenfels, Nr. 18, fol. 264r–265r.

34 Heinrich Göller, Scheßlitz. Streifzug durch seine Geschichte, o.O. 1988, Nr. 12; Karl Heinz Mayer, Die alte Geschichte von Scheßlitz. Von den Anfängen bis zur Säkularisation, Bamberg/Scheßlitz 2000, S. 62–68.

35 Steine aus dem Jahr 1618 schieden bei Mainroth und Rothwind das fürstbischöfliche und das dompropsteiliche Fischrecht, und auch bei Hochstadt wurden an der bambergisch-langheimischen Fischereigrenze um 1740 stattliche Marksteine aufgerichtet. Tilmann Breuer, Landkreis Lichtenfels (Bayerische Kunstdenkmale 16), München 1962, S. 60 f., 120.

36 Hierzu grundlegend: Renate Gerlach, Flußdynamik des Mains unter dem Einfluss des Menschen seit dem Spätmittelalter (Forschungen zur deutschen Landeskunde 234), Trier 1990, bes. S. 28–79.

sich zog. Endlich ließ der zuständige Beamte den Damm abtragen, beschirmt von Husaren.[37]

Da, wo der Bamberger Fürstbischof das Fischrecht innehatte, vergab er die Nutzung an Fischer.[38] So wie der Hintersass für ein Grundstück dem Grundherrn Abgaben zu leisten hatte, so schuldete der Fischer einen Zins, zu entrichten am Tag des hl. Andreas, dem Schutzpatron der Fischer.[39] Beaufsichtigt wurden die Zinsfischer, wie man sie deshalb nannte, in diesem Raum durch den Fischermeister in Lichtenfels, zuständig für eine – allerdings nicht durchgängige – Flussstrecke von über 30 km.[40] Das Amt versah in der Regel der Forstmeister in Personalunion. So wie er in dieser Funktion von Revierförstern, den Forstknechten, unterstützt wurde[41], so bediente er sich als Fischermeister der Unterstützung durch fünf auf wichtige Fischerdörfer verteilte Fischerknechte.[42]

Die Arbeitsmöglichkeiten der Zinsfischer regelte die fürstbischöfliche Fischordnung von 1565[43], die bis zum Ende des Hochstifts Bamberg galt. Ihr zufolge

37 Johann Vitzthum, Fischkrieg der Wiesener mit der Fürstbischöflichen Hofkammer in Bamberg, in: Geschichte am Obermain 4, 1966/67, S. 121–126.

38 Zum Folgenden: Heinrich Meyer, Blüte und Niedergang der Mainfischerei um Lichtenfels, in: Heimat-Blätter. Land am Obermain in Vergangenheit und Gegenwart 1956, Nr. 7.

39 Über den hl. Andreas als Patron der Fischer: vgl. Norbert Jung, „Sie waren nämlich Fischer …". Theologische Anmerkungen zum Wiesener Patron St. Andreas, in: 500 Jahre St. Andreas in Wiesen, Staffelstein/Wiesen 2000, S. 6–16, hier: S. 10.

40 Alfred Köberlin, Die Organisation des Fischereigewerbes am Obermain, in: Allgemeine Fischerei-Zeitung 28, 1903, S. 409–411. Die Zuständigkeit des Fischermeisters betonte der Amtsinhaber, als er sich über eine Eigenmächtigkeit des Burgkunstadter Bürgermeisters beschwerte: StABa, Hochstift Bamberg, Forstamt Lichtenfels, Nr. 15, fol. 182v: *„das solche sach fur einen vischermeister oder seinen knecht zu handlen gezimen, dan die vischerey, zolh unnd andere herlichkeit des wassers steen meinem g*[nädigen] *f*[ürsten] *und h*[errn] *unnd den daruber geordneten bevelchhabern zu, dieselben zu verwalten wie den ein yder vischer schweren muß, dieselben nydert den vor einem vischermeister auszutragen."* Zur Strecke heißt es 1562: *„ein ort Wassers, der sich bei Oberbrun unnd Ebennsfeldt anfing und hinauff bis nahen gein Schwartzach unter Culmbach erstreckt, uff demselben Wasser het auch ein regirender furst zu Bamberg weytter alle oberigkeit und gerichtparkeit, gepot unnd verpot, nichts ausgenomen."* Ebd., fol. 392r.

41 Mayer, Forst- und Jagdgeschichte (wie Anm. 13), S. 251.

42 StABa, Hochstift Bamberg, Forstamt Lichtenfels, Nr. 18, fol. 409v–415r.

43 Über sie: Wilhelm Koch, Zur Geschichte der Bamberger Fischerzunft, in: 100. Bericht des Historischen Vereins Bamberg, 1964, S. 277–298, hier: S. 281–285, 291. Text der Ordnung bei: Wilhelm Burkhard, Ein Ausflug in die Fischereirechte, deren rechtsgeschichtliche Begründung in Deutschland und besonderer Berücksichtigung

solle es nicht mehr als 100 „*bestanndtvischer*" geben, wobei unklar ist, ob diese Zahl für das gesamte Hochstift galt. Sei die Zahl höher, dann dürfe nach einem Todesfall die Stelle nicht mehr besetzt werden. Tatsächlich aber zählte man allein im Bezirk des Fischeramts Lichtenfels wenige Jahre später mehr als 150 Fischer.[44] Bestimmte Netze, besonders große und besonders dichte waren durch die Fischordnung untersagt, die übrigen Fanggeräte wurden zahlenmäßig begrenzt, Schonzeiten festgelegt, das Fischen im zugefrorenen Fluss geregelt, nächtliches Fischen verboten.

Die Berufsfischer, wie Handwerker amtweise in einer Zunft zusammengeschlossen, waren nicht auf Rosen gebettet. Auf ihre bescheidene wirtschaftliche Lage weist schon die erste Erwähnung einer Fischerzunft in Lichtenfels 1447. Damals entspann sich Streit unter den Zünften um die Reihenfolge bei der Fronleichnamsprozession: je näher am Allerheiligsten, desto vornehmer. Ein Schiedsgericht verfügte, dass Müller und Bäcker den ersten Platz haben sollten. Ganz am Ende rangierten die Fischer.[45]

„*Unnder den vischern ist warlich vil arms gesinds*", bemerkte der Fischermeister in Lichtenfels, als 1556 von Bamberg aus ihr Zins erhöht werden sollte; sie könnten, so der Beamte, nicht einmal die bis dahin üblichen Verpflichtungen erbringen.[46] Obendrein wohnten sie in Flussnähe, waren also bei Hochwasser zuerst betroffen.[47]

Im ausgehenden Mittelalter wurde das von der Obrigkeit verwaltete Fischereirecht zu einer ausschließlichen Befugnis. Selbst Dörfern wurde das Fischrecht in dem Bach entzogen, der sie durchfloss. Darüber klagten im Bauernkriegsjahr 1525 die Orte Horsdorf und Loffeld südlich des Staffelbergs. Einst habe jeder in der Lauter fischen dürfen, an der die beiden Dörfer liegen. Im späten 15. Jahrhundert aber habe ein Niederadliger, wohl ein Beamter, das Fischrecht an sich gezogen, schließlich das Domkapitel als Ortsherr. Ebenfalls 1525 beschwerten

der Entwickelung in Unterfranken, in: Sechster Bericht des Unterfränkischen Kreisfischereivereins Würzburg, Würzburg 1889, Beiband, S. 1–49, hier: S. 43–45. Bamberger Fischordnungen und Fischereimandate des 16. bis 18. Jahrhunderts in: StABa, B 26c, Nr. 66.

44 StABa, Hochstift Bamberg, Forstamt Lichtenfels, Nr. 18, fol. 409v–415r.

45 StadtA Lichtenfels, B 1, fol. 106v–107r.

46 StABa, Hochstift Bamberg, Forstamt Lichtenfels, Nr. 15, fol. 58r.

47 Heinrich Meyer, Ein Lichtenfelser Fischerhaus und seine Geschichte, in: Heimat-Blätter. Land am Obermain in Vergangenheit und Gegenwart 6, 1955; auch: Ders., Die städtebauliche Eigenart von Alt-Lichtenfels, in: Lichtenfelser Tagblatt vom 1.2.1958, S. 4.

sich die Einwohner von Michelau am Main, ihnen sei das freie Fischen im Fluss untersagt worden, was doch dem göttlichen Recht widerspreche, und die Bürger von Staffelstein klagten, einst habe jedermann für seinen Eigenbedarf im Main und in der unmittelbar an ihrer Stadt vorüberfließenden Lauter fischen dürfen; seit kurzem verwalte die Obrigkeit das Recht.[48]

Hierbei blieb es: 1556 wurde von den Kirchenkanzeln rund um Lichtenfels das fürstbischöfliche Verbot verkündet, im Main „*zu sturn, zu angeln, den zinsfischern zu schaden unnd uns an unser herlichkeit zu abgang*".[49]

Es gab Ausnahmen, genau beäugt von den Berufsfischern. Müllern war im unmittelbaren Umgriff ihrer Mühle ein Fischrecht im Mühlbach zugestanden. Doch 1550 beklagten sich Lichtenfelser Fischer heftig über den dortigen Mainmüller, der an verschiedenen Stellen im Mühlbach Reusen auslege und „*damit den vischeren das Brodt vor iren munderen abschneidt*".[50] Noch im frühen 20. Jahrhundert erstritt sich der Nachfolger dieses Müllers das Fischrecht im Mühlbach bei seiner Mühle auf 78 Meter Länge.[51]

Mehr noch fühlten sich die Zinsfischer am Obermain durch die Fährleute bedrängt, die in drei banzischen Dörfern saßen und verpflichtet waren, das Kloster mit Fischen zu beliefern. In den 60er und 70er Jahren des 16. Jahrhunderts pfändeten bambergische Beamte mehrmals das Fanggerät der „*Ferchen*", wie man die Fährleute nannte, weil diese sich nicht an die Bestimmungen der Ordnung von 1565 hielten, was Schonzeiten und Art der Netze anging.[52] Als Ende 1579 wieder einmal Reusen der Ferchen beschlagnahmt wurden und Bamberg nicht nachgab, brachten der Banzer Prälat und der Würzburger Fürstbischof (der die Herrschaft über Banz beanspruchte) die Sache 1580 vor das Reichskammergericht in Speyer.

Erst 1695 wurden in einem Grundlagenvertrag zwischen dem Hochstift Bamberg und dem Kloster Banz die Fischereirechte der Ferchen klar geregelt. Bis dahin hätten die Fährleute „*nach eigenen willen ohne unterschied der zeit und zeuchen*" (das heißt des Geräts) gefischt; nun solle das reguliert werden, um eine

48 Bernhard Dietz, Der Bauernkrieg im Obermaintal, Lichtenfels 1925/26, S. 14.

49 StABa, Hochstift Bamberg, Forstamt Lichtenfels, Nr. 15, fol. 59r.

50 StABa, Hochstift Bamberg, Forstamt Lichtenfels, Nr. 14, fol. 315r. Zum Fischfang im Mühlbach auch: Heinrich Meyer, Freud und Leid um Flößerloch und Mühlbachbrücke, in: Lichtenfelser Tagblatt vom 17.12.1964, S. 3.

51 StABa, K 3 - 1971, Nr. 12170.

52 Heinrich Meyer, In Freud und Leid mit Banz verbunden. Von den wechselseitigen Beziehungen zum Bergkloster, in: Geschichte am Obermain 6, 1970/71, S. 71–104, hier: S. 82–86 (auch zum Folgenden).

„*verösigung deß Maynfluß*" zu vermeiden.[53] Die drei Ferchen durften weiterhin auf einer festgelegten Strecke fischen, jedoch nur zweimal pro Woche mit der Segen, einem großen Netz mit einem Sack in der Mitte, in der Fastenzeit und im Advent dreimal. Ansonsten gelte für sie die Fischereiordnung von 1565. Streng untersagt war ihnen der Handel mit Fisch.

Teichwirtschaft im Hochstift Bamberg und im Markgraftum Kulmbach/Bayreuth

Die Nutzung des Mains und seiner Nebenflüsse erbrachte wohl nicht genügend Fisch. Spätestens seit dem Hochmittelalter wurden daher Fischteiche angelegt.[54] Ein Teich ist ein von Menschenhand geschaffenes Gewässer, bei dem Zu- und Abfluss zu regulieren sind.[55] Das bedeutet: Man kann das Wasser gezielt ablaufen lassen, bis der Teich trockenliegt. Allerdings können solche aufgestauten Gewässer auch anderen Zwecken als der Fischzucht dienen oder multifunktional sein; so gibt es Mühl- oder Hammerteiche[56], um eine Mahlmühle oder einen Eisenhammer an einem Fließgewässer mit ungenügender oder unregelmäßiger Wassermenge zu betreiben, oder Floßteiche, die Floßfahrt oder Blöchertrift auf Bächen ermöglichten.[57]

Ein früher Beleg für die Anlage eines Teiches stammt aus Banz. 1229 schenkte Herzog Otto von Andechs-Meranien, der Klostervogt der Abtei, Grundstücke beim Dorf Schönsreuth zur Anlage eines Fischteichs und gestattete den Bau einer Mühle unterhalb dieses Teichs. Er entstand offenbar bald, die Mühle erst 1704, jedoch unter Berufung auf die fast 500 Jahre alte Urkunde.[58]

---

53 StABa, A 85, L. 345, Nr. 1454.

54 Wolfgang Mück hält für das Aischgebiet eine erste Anlage durch karolingische Königshöfe für denkbar. Wolfgang Mück, Überlegungen zum Beginn der Teichwirtschaft im Aischgrund, in: Jahrbuch des Historischen Vereins für Mittelfranken 95, 1990/91, S. 13–18. Belege für die Entstehung von Teichen im Spätmittelalter liefert: Hofmann, Teichwirtschaft (wie Anm. 6), S. 4 f.

55 Handbuch der historischen Kulturlandschaftselemente in Bayern (Heimatpflege in Bayern 4), München 2013, S. 142–145.

56 Ebd., S. 120.

57 Ebd., S. 186.

58 Günter Dippold, Ein Mühlenbau und eine handgezeichnete Karte des frühen 18. Jahrhunderts, in: Altfränkische Bilder NF 11, 2016 (erschienen 2015), S. 32–35.

Rings um das Zisterzienserkloster Langheim, in einem Talkessel gelegen, lagen Fischteiche, die zugleich der Wasserregulierung dienten; sie dürften bereits auf die Frühzeit des 1132/33 gegründeten Klosters zurückgehen.[59]

Die fürstbischöflich-bambergischen Weiher bei Dechsendorf nahe Erlangen scheinen bereits im 14. Jahrhundert bestanden zu haben.[60]

Das ausgehende Mittelalter war von einem starken Zuwachs an Teichen geprägt. So baute das Bamberger Benediktinerkloster St. Michael seine Teichwirtschaft im 15. Jahrhundert aus. Allein bei Bösenbechhofen im Aischgrund – bis heute ist das Dorf von Teichen umgeben – legte die Abtei im letzten Drittel des 15. Jahrhunderts zwei neue Weiher an und erwarb drei bereits bestehende.[61] In derselben Zeit übertrug das Kloster der Gemeinde Rattelsdorf seinen Schafhof und erhielt im Tausch den Gemeindeanger, um ihn mit erheblichen Kosten (über 2.000 Gulden) in einen Teich umzuwandeln.[62]

Der Bamberger Fürstbischof ließ in einem ausgedehnten Waldgebiet, dem Lichtenfelser Forst, ganze Teichketten anlegen.[63] Der „neue See", entstanden um 1480, namensgebend für ein an seinem Ufer entstandenes Dorf, maß allein über 30 Hektar.[64]

---

59 Brigitte Nieße / Helga Zander, Die Wasserläufe, die Kanäle und Rückhaltebecken von Klosterlangheim, in: Klosterlangheim. Symposion veranstaltet von der Hanns-Seidel-Stiftung in Zusammenarbeit mit der Otto-Friedrich-Universität Bamberg und dem Bayerischen Landesamt für Denkmalpflege (Arbeitsheft 65 des Bayerischen Landesamts für Denkmalpflege), München 1994, S. 86–89; Wolfgang Thiem, Die Kulturlandschaftsinventarisation der Gemarkung Klosterlangheim, in: Schönere Heimat 93, 2004, S. 93–100, hier: S. 97–100.

60 Christa Schmitt, Die Dechsendorfer Weiher – Fischlieferanten der Fürstbischöfe zu Bamberg, in: Erlanger Bausteine zur fränkischen Heimatforschung 22, 1975, S. 99–144, hier: S. 122. Eine Kurzversion des Aufsatzes erschien unter demselben Titel in: Die Fränkische Alb. Zeitschrift für Wandern, Heimatpflege und Naturschutz 83, 2003, S. 10–23, 90–100.

61 Rainer Braun, Das Benediktinerkloster Michelsberg 1015–1525. Eine Untersuchung zur Gründung, Rechtsstellung und Wirtschaftsgeschichte (Die Plassenburg 39,I), Bd. 1, Kulmbach 1978, S. 142.

62 Ebd., S. 141.

63 Heinrich Meyer, Was uns die Teiche im Weihersbachtal erzählen, in: Heimat-Blätter. Land am Obermain in Vergangenheit und Gegenwart 1956, Nr. 5; auch: Ders., Der Kröttensee im Lichtenfelser Forst, in: Lichtenfelser Tagblatt vom 21.3.1962, S. 5.

64 Günter Dippold, Der Neuenseer Weiher, in: Robert Klupp / Robert Schäfer / Albert Schütze (Hg.), Fischkultur in Oberfranken. Kunst und Kultur mit Fisch & Co. Der Fisch in der bildenden Kunst Oberfrankens und Teiche, die als Kulturgut ausgezeichnet

Zum Rittergut Rohensaas (bei Uehlfeld) der Nürnberger Patrizierfamilie Haller zählten 1468 acht Teiche, 1517 bereits 25 – eine Verdreifachung in einem halben Jahrhundert.[65]

Der größte Teich im östlichen Franken war wohl der *„Brandenburger"* nahe Bayreuth, den der Markgraf von Brandenburg-Ansbach-Kulmbach wohl 1509 graben ließ. Um 1750 maß er 292½ Tagwerk. An ihm wurde im frühen 18. Jahrhundert die Planstadt St. Georgen angelegt. Der *„See"* war dann Ort von Seeschlachten und anderer Elemente höfischer Repräsentation.[66] Ähnliche Dimension erreichte der von der Eger gespeiste *„See"* bei Weißenstadt im Markgraftum. Wohl auf das 15. Jahrhundert zurückgehend, soll er rund 300 Tagwerk gemessen haben.[67]

Die Reihe ließe sich verlängern. Wenngleich die Entstehungszeit nur in Einzelfällen bekannt ist, scheint es doch so, dass die Teichwirtschaft im späten 15. und frühen 16. Jahrhundert am stärksten ausgebaut war.[68] Einzelbeispiele für eine gegenläufige Entwicklung[69], dass also beispielsweise ein vernachlässigter Teich verlandete, widersprechen der Grundtendenz nicht.

Besonders bedeutsame oder gefährdete Teiche wurden überwacht. Das Kloster Michelsberg setzte im frühen 16. Jahrhundert an der Aisch einen Fischknecht ein, *„das er des closters weyer und seenn bey tage und nacht mit vleyß getreulich wartten solle"*.[70] Bei drei Teichen im Lichtenfelser Forst baute der Forstmeister 1533 ein kleinbäuerliches Anwesen, dessen Inhaber die Teiche beaufsichtigen sollte.[71]

---

wurden, sowie andere Denkmäler der Fischerei in Oberfranken, Bayreuth 2016, S. 176–179.

65 Schmitt, Dechsendorfer Weiher (wie Anm. 60), S. 135.

66 Karl Müssel, Der Brandenburger oder St. Georgen am See. Ein Beitrag zur Entstehungs- und Namensgeschichte des Bayreuther Stadtteils, in: Archiv für Geschichte von Oberfranken 80, 2000, S. 203–252; zur Gründung der Stadt: Ders., Erbprinzenresidenz mit Planstadt St. Georgen am See. Ein Beitrag zum 300-jährigen Jubiläum des Bayreuther Stadtteils, in: Archiv für Geschichte von Oberfranken 81, 2001, S. 219–228.

67 Johann Gottfried Köppel, Briefe über die beiden fränkischen Fürstenthümer Bayreuth und Ansbach, Heft 4, Erlangen 1796, S. 89.

68 Über einen Rückgang der Teichwirtschaft im späten 16. Jahrhundert am Beispiel des Klosters Heilsbronn: Willy Cnopf, Die Entwicklung und wirtschaftliche Bedeutung der Teichwirtschaft in Mittelfranken, phil. Diss., Erlangen 1926, S. 52f.

69 Braun, Michelsberg (wie Anm. 61), S. 143 mit Anm. 86.

70 Ebd., S. 143.

71 Günter Dippold, Die Pfarrzugehörigkeit des Weilers Seehof – Ein Beispiel für die Verschränkung von geistlicher und weltlicher Herrschaftsausübung im 17. und 18. Jahrhundert, in: Fränkische Heimat am Obermain 19, 1982, S. 20–34, hier: S. 20.

Für die vielen fürstbischöflichen Teiche um die Hauptstadt – vor allem diejenigen bei Memmelsdorf, die namensgebend für Schloss Seehof waren – und im Aischgrund war ein eigener Seemeister verantwortlich, nachgewiesen ab 1403. Seine Rechnungen berichten von der Reparatur der Weiherdämme, vom Kauf neuer Brut, von der Düngung der Teiche mit Schafmist, von der Beseitigung von Bewuchs am Rand von Weihern und von der Bekämpfung der Fischotter durch einen „*Otterstecher*“, der auch in anderen Teilen des Hochstifts tätig wurde.[72] An manchen Orten gab es einen dem Seemeister unterstehenden Weiherwärter.[73]

In den Teichen wuchsen den Seemeisterrechnungen zufolge nicht nur Karpfen heran[74], sondern auch Orfen, Hechte, Grundeln, Kressen, Barben, Barsche, Brassen, Döbel, Elritzen, Rotaugen und Schleien.[75]

Die Mehrzahl der Teiche, zumal die größeren, wurde vom jeweiligen Grundherrn in Eigenregie betrieben. Verpachtungen oder gar die Abgabe als Erbzinslehen scheinen die Ausnahme gewesen zu sein. Erst im 18. Jahrhundert kam es öfter dazu.[76]

Auch Gewässer, die eigentlich einem anderen Zweck dienten, wurden fischereilich genutzt. Dies gilt namentlich über die Gräben, die Stadtmauern umgaben. In die Stadtgräben von Weismain wurde bisweilen Karpfenbrut eingesetzt, wie 1585 und 1615 nachzuweisen.[77] 1737 hatte der Stadtrat von Staffelstein den Stadtgraben mit dem darin befindlichen Fischbestand an einen Bäckermeister verpachtet.[78]

---

72 Schmitt, Dechsendorfer Weiher (wie Anm. 60), S. 116–119; zum Seemeister und seiner Zuständigkeit auch: Hofmann, Teichwirtschaft (wie Anm. 6), S. 9–18; über das Wirken der Otterstecher ebenso: Heinrich Meyer, Wie die Fischotter am Obermain ausgerottet wurde[n], in: Lichtenfelser Tagblatt vom 8.2.1961, S. 5.

73 Schmitt, Dechsendorfer Weiher (wie Anm. 60), S. 123.

74 Zum Ertrag: Josef Hofmann, Die Aischgründer Karpfenrasse. Eine Monographie, Landwirtsch. Diss., Weihenstephan 1937, S. 17 f.

75 Christa Schmitt, Über die Beifische in den Dechsendorfer Weihern zur Zeit der Seemeisterrechnungen (1507–1699), in: Erlanger Bausteine zur fränkischen Heimatforschung 38, 1990, S. 95–105; hierzu auch: Köberlin, Fischerei (wie Anm. 13), S. 388 f.

76 Christa Schmitt; „Ein überfudrich 30 Schuh langer Tannenbaumb …“. Schriftwechsel um Ausbesserungsarbeiten an einem Weiherdamm in Untermembach im Frühjahr 1748, in: Erlanger Bausteine zur fränkischen Heimatforschung 38, 1990, S. 107–110, hier: S. 108; Schmitt, Dechsendorfer Weiher (wie Anm. 60), S. 127, 130, 135 f.

77 StadtA Weismain, R 2, pag. 50 (aus Thurnau bezogen); R 17, fol. 30v (aus Redwitz).

78 StABa, L 47 Staffelstein, Nr. 31, fol. 194r–v.

Abb. 31: Frontispiz, aus: Johann Ludwig Heger (1698–1769), „Landwirthschäfftlicher Teich- und Weyher-Lust/ Oder Gründliche Information zur Edlen Fischerey, Wie bey dieser so wohl die Teich und Weyher auf das beste eingericht, als auch in solche die Fisch zum grösten Nutzen der hoch-löblichen Landwirthschafft eingesetzt und erzogen werden sollen [...]“, *Frankfurt a.M./Leipzig 1727. Der Verfasser war der Sohn eines Forst- und Fischermeisters in Lichtenfels.*

Der Rückgang der Teichwirtschaft seit dem späten 18. Jahrhundert

„Die Teiche nehmen vielen Platz weg, der oft viel besser, austräglicher und gewisser, durch Ackerbau, Gras- Futter- und Holzbau, genutzet werden könnte“[79], heißt es

79 Johann Heinrich Ludwig Bergius (Hg.), Polizey- und Cameral-Magazin in welchem nach alphabetischer Ordnung die vornehmsten und wichtigsten bey dem Polizey- und

1768 in einer Publikation von Johann Heinrich Ludwig Bergius (1718–1781), Kammerrat der Grafen Sayn. Diesen Satz übernahm zehn Jahre später der Berliner Arzt Johann Georg Krünitz (1728–1796) in seine verbreitete Enzyklopädie[80], die die vorherrschenden Anschauungen spiegelte und zugleich meinungsbildend wirkte. In der Aufklärungszeit geriet die Teichwirtschaft mehr und mehr in die Diskussion.

Noch eine Reisebeschreibung von 1770 schildert den Brandenburger Weiher bei St. Georgen. 246 Tagwerk groß, werde er alle zwei Jahre abgefischt, dann liefere er „*eine so grosse Menge Hechte und Karpfen, daß man iedesmal wohl auf hundert und funfzig Zentner Fische rechnet*".[81] Gleichwohl wurde er 1776 trockengelegt. Ein Mann aus dem Vogtland, der Bayreuth wenige Jahre später besuchte, berichtete erfreut, man habe „*das Weiherland mit Gräben durchzogen, die trockensten Plätze geackert und feuchten zu Wiesen eingerichtet*". Auf dem Gelände seien sogar Tabakplantagen, „*die den besten Ertrag versprechen*". Man beseitigte den Weiher, weil die Fläche bei anderer Nutzung mehr Ertrag versprach, aber auch, weil er als gefährlich galt durch die „*schädliche Ausdünstung einer so großen Masse stehenden und zum Theil sumpfichten Wassers, die die ganze Gegend umher ungesund gemacht haben soll*" – so der Gast.[82]

1781 schrieb ein markgräflich-bayreuthischer Beamter, es seien „*im Unter- wie im Oberlande viele Hundert Tagwerk Weyher zu Wiesen aptirt* [!] *worden, wo die Gemeinden ihr Vieh hinein hüthen dürffen*".[83] Das Vorhaben dreier Einwohner von Birkenfeld bei Neustadt an der Aisch, drei Teiche in Grünland umzuwandeln, stieß anfangs noch auf Skepsis bei der Hofkammer in Bayreuth, wurde aber 1782 genehmigt. Die Gemeinde hatte darauf verwiesen, dass auf diese Weise der

---

Cameralwesen vorkommende Materien [...] practisch abgehandelt [...] werden, Bd. 3, Frankfurt a.M 1768, S. 117.

80 Johann Georg Krünitz, Oeconomische Encyclopädie oder allgemeines System der Staats-, Stadt-, Haus- u. Landwirthschaft in alphabetischer Ordnung, Bd. 13, Berlin 1778, S. 724.

81 Andreas Meyer, Briefe eines iungen Reisenden durch Liefland, Kurland und Deutschland an seinen Freund Herrn Hofrath K. in Liefland, Teil 1, Erlangen 1777, S. 226.

82 Johann Bernoulli's Sammlung kurzer Reisebeschreibungen und anderer zur Erweiterung der Länder- und Menschenkenntniß dienender Nachrichten, Bd. 13, Berlin/ Leipzig 1784, S. 111 f.

83 Zit. nach: Wolfgang Mück, Zur Geschichte der Teichkassierungen im ehemaligen Zisterzienserinnenkloster Birkenfeld an der Aisch am Ende des 18. Jahrhunderts, in: Streiflichter aus der Heimatgeschichte 1988, S. 35–47, hier: S. 39.

Mangel an Weideland gemindert werde, während *„einer Gemeind mit Fischereien kein nutzen zu schaffen"* sei.[84]

Auch der Weißenstadter See, von dem 1813 der zuständige Landrichter schrieb, *„die Karpfenfischerey in selbem* [sei] *beträchtlich und berühmt"*[85], wurde um diese Zeit aus Staatshand an einen Privatmann verkauft und ausgetrocknet. (Der heutige See ist erst 1976 am alten Platz neu geschaffen worden.[86]) Die Trockenlegung werde, so erwartete 1813 der zitierte Landrichter, die *„Rauheit der Luft um Weisenstadt gewiß mindern und den nahrungslosen Einwohnern von Weisenstadt ein schönes Stück fruchtbaren Landes anbiethen"*.[87]

Schon zuvor, 1811, heißt es in einer Beschreibung des ehemaligen Fürstentums Bayreuth, es seien *„in der neuern Zeit viele* [Teiche] *urbar gemacht worden"*. Immerhin gab es noch 3.348 Morgen an stehendem Gewässer im Bayreuthischen, rund 850 Hektar.[88]

Im Würzburgischen erörterte die Hofkammer als oberste Finanzbehörde 1796, Teiche zugunsten des Feldbaus aufzulassen, und ließ durch die Außenbehörden eine Liste erstellen. Konsequenzen scheinen aber, zumindest in der Breite, ausgeblieben zu sein.[89]

Auch im Bambergischen blieben Teiche tendenziell länger erhalten als in den fränkischen Markgraftümern. Noch 1795 sollten Teiche im Amt Höchstadt aus Staatsbesitz an einen dortigen Bürger nur unter der Auflage verkauft werden, dass weder er noch spätere Eigentümer sie in Grünland umwandeln würden; allerdings wurde dieser Passus dann doch nicht in den Vertrag aufgenommen.[90] Andererseits berichtete 1835 in der Rückschau der Forchheimer Landgerichtsarzt Johann Georg Heinrich Zeder (1764–1837)[91], der ab 1795 in Forchheim praktizierte, über die Regierungszeit des Fürstbischofs Franz Ludwig von Erthal (reg. 1779–1795), dieser habe *„mehrere der Gesundheit der Menschen nachtheilige Weyer auf dem*

---

84 Zit. nach: ebd., S. 42.
85 StABa, K 3 H, Nr. 324, Kirchenlamitz.
86 URL: http://www.bayern-fichtelgebirge.de/gewaesserkunde/7.htm (letzter Zugriff: 30.3.2018).
87 StABa, K 3 H, Nr. 324, Kirchenlamitz.
88 StABa, K 3 H, Nr. 309a.
89 Cnopf, Teichwirtschaft (wie Anm. 68), S. 131–139.
90 Schmitt, Dechsendorfer Weiher (wie Anm. 60), S. 137.
91 Über ihn: Armin Geus, Johann Georg Heinrich Zeder (1764–1837), in: Medizinhistorisches Journal 9, 1974, S. 77–79.

Rath seines Leibarztes Hofraths Dr Marcus[92] *trocken zu legen befohlen, auch wirklich in festes und trocknes Land umgeschaffen*".[93]

Erst recht führte das Kurfürstentum Bayern nach dem Umbruch von 1802/03 die Politik der Trockenlegungen fort. Als das Kastenamt Lichtenfels 1804 einige staatliche Teiche versteigerte, blieb es „*der Willkühr des Käufers überlassen, diese Weyer* [...] *auszutrocknen und auf andere Art zu benützen*".[94] Wenig später standen Fischteiche des aufgehobenen Klosters Langheim, bei Trieb im Maintal gelegen, zur Verpachtung an, zusammen rund 14 Hektar. Sie wurden sogar unter der ausdrücklichen Verpflichtung abgegeben, sie „*zu Feld umzuschaffen*".[95] Auch die Fischzucht in den Stadtgräben hörte auf, als – wie 1812/13 in Weismain – die Gräben versteigert[96] und von den Käufern „*in schöne und nützliche Gärten umgeschaffen*" wurden.[97]

Für ein solches Tun sprachen neben medizinischen Aspekten vornehmlich wirtschaftliche Erwägungen: „*der geringe Preiß der Karpfen und der geringere Ertrag der Weyer wie auch der höhere Preiß des Futters und dadurch erhöhte Ertrag des Weyers als Wießen*", wie es 1835 der Forchheimer Arzt Dr. Zeder formulierte.[98]

Die Beispiele ließen sich mehren. 1898 bemerkte der Bamberger Gymnasiallehrer Alfred Köberlin (1861–1902) mit Blick aufs Hochstift Bamberg: „*Das Verschwinden so vieler kleiner und grösserer Wasserflächen in allen Teilen des Landes, hauptsächlich aber in der nächsten Umgebung der Hauptstadt und im Südwesten derselben bedeutet ja gewiss einen entschiedenen, freudig zu begrüssenden Fortschritt der Landeskultur, hat aber* [...] *der Abwechslung und Frische unseres Land-*

92 Adalbert Friedrich Marcus (1753–1816), seit 1781 Hofrat und fürstbischöflicher Leibarzt.

93 StABa, K 3 F III, Nr. 1481/VI, „*Medicinische Topographie des Koeniglichen Landgerichts Forchheim*", § 49.

94 Churfürstlich-Bamberger Intelligenzblatt 51, 1804, S. 53.

95 Ebd., S. 207 f.

96 StABa, K 14, Nr. 1156b.

97 Johann Baptist Först, Weißmain, das ehemalige Fürstbischöfliche Bamberg'sche Landstädtchen, geschichtlich dargestellt von dem derzeitigen Gemeindevorsteher daselbst. Als Versuch einer Lokal-Chronick (Manuskript von 1856 im StadtA Weismain), pag. 7. – Zur Trockenlegung und Kultivierung der Stadtgräben in Kronach: Klaus Rupprecht, Als Kronach bayerisch wurde ... Ablauf und Folgen der Säkularisation in Stadt und Amt Kronach 1802/03, in: Bernd Wollner / Hermann Wich (Hg.), Historisches Stadtlesebuch Kronach. 1000 Jahre Geschichte einer Stadt und ihrer Bewohner, Kronach 2003, S. 226–248, hier: S. 243–245.

98 StABa, K 3 F III, Nr. 1481/VI, „*Medicinische Topographie des Koeniglichen Landgerichts Forchheim*", § 50.

schaftsbildes hier und dort erheblichen Eintrag gethan. Die Zahl der trockengelegten Seen, Teiche, Weiher, kurz der ehemals bewirtschafteten stehenden Gewässer beläuft sich im ganzen Stiftsgebiet sicherlich und ohne jede Überschätzung auf mehrere Hundert. In der Umgebung der Hauptstadt allein wäre leicht ein gutes Viertelhundert nachzuweisen."[99]

1926 bilanzierte Willy Cnopf für Mittelfranken: „*Der Zusammenbruch der Teichwirtschaft war ein vollkommener zur Mitte des vorigen* [19.] *Jahrhunderts, die Bewirtschaftung der wenigen bespannten Weiher eine äußerst mangelhafte und unrationelle.*"[100] Freilich fiel der Rückgang nicht in jedem Landstrich gleich stark aus.[101]

Niedergang der Flussfischerei

Während die Teichwirtschaft auf dem Rückzug war, ging auch die Flussfischerei zurück. Im Fischrecht im Main sahen die Behörden primär einen Einnahmefaktor, wobei der althergebrachte Fischerzins nicht mehr genügte. 1807 beraumte das Rentamt Lichtenfels auf Geheiß der Landesdirektion Bamberg eine Versteigerung an: „*wird der Maynfluß von Ebensfeld an bis nach Maineck* [...] *entweder im Ganzen oder Distrikt weise auf 3 oder 6 Jahre von Andreas dieses Jahres anfangend, verpachtet.*"[102]

Kein Interessent kam. Die Zinsfischer baten inständig, man solle alles beim Alten lassen. Der Staat aber hielt am einmal gefassten Plan fest. Er verpachtete das Fischwasser, und zwar, weil sonst keiner wollte, an die Fischerzunft.[103] Erst 1879 wurde dann das Fischrecht auf der genannten Mainstrecke an einen Privatmann, einen Konditor, verkauft.[104]

Die Fischerei selbst war im Rückgang begriffen. Die Tendenz zeichnete sich wohl seit dem 17. Jahrhundert ab. Ein Beleg: Das Kloster Banz hatte in Reundorf,

---

99 Alfred Köberlin, Zur historischen Gestaltung des Landschaftsbildes um Bamberg, Bamberg 1893, S. 22 f.

100 Cnopf, Teichwirtschaft (wie Anm. 68), S. 147.

101 Hofmann, Teichwirtschaft (wie Anm. 6), S. 32 f.

102 Königlich-Bamberger Intelligenzblatt 54, 1807, S. 653.

103 StABa, K 224, Nr. 1185.

104 Lichtenfelser Tagblatt vom 14.6.1879; Herbert Perzel, 800 Jahre Michelau in Oberfranken. Vergangenheit und Gegenwart einer fränkischen Gemeinde (Schriften des Deutschen Korbmuseums Michelau 3), Michelau 1994, S. 250; Günter Dippold, Der Gaabsweiher bei Lichtenfels, in: Klupp / Schäfer / Schütze (Hg.), Fischkultur (wie Anm. 64), S. 158–161.

einem alten Fischerdorf direkt am Main[105], zwei Anwesen, deren Besitzer das Fischrecht besaßen, ohne einen Zins nach Lichtenfels zahlen zu müssen. Doch 1686 saßen darauf Bauern, *„so sich des Fischens ganz und gar enthalten"*.[106]

1820 gab es im Landgericht Lichtenfels 58 Fischer[107], wo einst, im 16. Jahrhundert, fast dreimal so viele gelebt hatten. 50 Jahre später waren es dann im selben Raum nur mehr 22.[108]

Warum der Rückgang? Eine wesentliche Rolle spielten im 19. Jahrhundert Begradigungen des Flusses, die der Flößerei nutzen sollten oder wegen des Bahnbaus in den 1840er Jahren erforderlich waren. Altwässer wurden beseitigt. Dies alles habe, wie 1848 die Fischerzunft dartat, den früheren Fischreichtum gemindert.[109]

Auch die Fischer selbst trugen wohl Mitschuld an der Misere, wie 1885 der Bayreuther Privatier Johann Schirmer (1825–1892) in einer Denkschrift anprangerte: *„Durch die erhöhte Nachfrage sind die Fische allen andern Lebensmitteln im Preise vorausgeeilt, in Folge dessen wurden die Gewässer durch blinde Habsucht und Unverstand höchst irrationell behandelt."* Umweltgifte richteten im 19. Jahrhundert immer öfter Schaden an. Hierzu nochmals Schirmer: *„Durch die Kanalisirung der Städte, sowie durch die sich mehrenden Fabriken, werden den Fischen nicht nur schädliche, sondern oft auch absolut tödtliche Stoffe zugeführt."* Die *„sich jährlich mehrende Entnahme von Eis"* durch Großbrauereien schädige ebenfalls die Fische und mehr noch die Brut.[110]

Nachdem der bayerische König 1852 ein Bewässerungsgesetz erlassen hatte, entstanden vielerorts Wiesenkulturgenossenschaften, die zu mehreren Terminen im Jahr die Wiesen eines Tals wässerten.[111] Dadurch würden *„die Fische in die*

---

105 Günter Dippold, Beiträge zur Ortsgeschichte von Reundorf, in: Ders. / Andreas Bornschlegel, Reundorf. Geschichte und Geschichten zwischen Vierzehnheiligen und Banz, Staffelstein 1999, S. 5–53, hier: S. 23, 25 f.

106 StABa, B 67/XI, Nr. 389, Schreiben vom 22.1.1686.

107 StABa, K 3 H, Nr. 374, Lichtenfels, Lit. G.

108 StABa, K 200/VII, Nr. 227/I, Verzeichnis vom 15.5.1870.

109 StABa, K 200/VII, Nr. 227/I, Schreiben vom 13.4.1848.

110 Johann Schirmer, Ein Mahnruf zur Theilnahme an der Hebung unserer Binnen-Fischerei an die Oberfränkischen Fischereiberechtigten und Freunde des Angelsports, Bayreuth 1885, S. 3.

111 Handbuch der historischen Kulturlandschaftselemente (wie Anm. 55), S. 163–167. Beispielhaft: Bernd Gigglberger, Eine Bewässerungsanlage aus dem 19. Jahrhundert: die Wiesenkulturgenossenschaft Baunach – Daschendorf – Ebing – Rattelsdorf, in: Frankenland 41, 1989, S. 106–112; Thomas Gunzelmann, Die Itzwiesenbewässerung von Baunach/Daschendorf, in: Günter Dippold / Renate Kühhorn / Wolfgang Rössler

Gräben hinausgeführt“; sie könnten nicht mehr „*in ihr natürliches Flußgebiet zurück*[...]*kehren*“ und müssten „*elend umkommen*“.[112]

Schädlinge täten ein Übriges, der Fischotter allen voran: „*Es gibt in Europa gewiß kein so schädliches Raubthier, beziehungsweise keines, welches den gleichen Schaden macht, als die Otter*“, schrieb Schirmer.[113]

Maßnahmen zur Förderung der Fischzucht im 19. Jahrhundert

Der Landwirtschaftliche Verein[114], eine bayernweite Organisation, 1810 gegründet, nahm sich ab der Mitte des 19. Jahrhunderts intensiv fischereilicher Fragen an. In München betrieb er eine „künstliche Fischzucht-Anstalt“ an der Zentraltierarzneischule, und der Agrarwissenschaftler Prof. Carl Fraas (1810–1875)[115], in Rattelsdorf am Obermain geboren, machte die Erkenntnisse durch eine Broschüre bekannt.[116] 1856 warb das oberfränkische Kreiskomitee des Landwirtschaftlichen Vereins für „*die Bildung von Vereinen zur Hebung der Fischzucht* [...] *und hiernach – wo nur immer thunlich – die Errichtung und Unterhaltung von Fischbrütungs-Anstalten*“.[117] Der Erfolg war freilich bescheiden.

Eine Wende brachten erst die Kreisfischereivereine, die zwischen 1877 und 1881 in den einzelnen bayerischen Kreisen (heute Regierungsbezirken) entstanden.[118] Ihre Entstehung fiel ungefähr zusammen mit der Gründung von Obstbau- und Bienenzuchtvereinen: Es galt, eine stark wachsende Bevölkerung in Deutschland zu ernähren, ohne dabei unnötig Lebensmittel zu importieren.

In der Tat stießen die Kreis- und, wo vorhanden, auch die Bezirksfischereivereine Maßnahmen an, um den Fischreichtum zu mehren. Das Erlegen von Fisch-

---

(Hg.), Der Vergangenheit auf der Spur. Eine Entdeckungsreise durch das Bamberger Land, Bamberg 2006, S. 142 f.

112 Schirmer, Mahnruf (wie Anm. 110), S. 3.

113 Ebd., S. 12.

114 Stefanie Harrecker, Der Landwirtschaftliche Verein in Bayern 1810–1870/71 (Schriftenreihe zur Bayerischen Landesgeschichte 148), München 2006.

115 Über ihn: Fritz Andreas Zehetmair, Carl Nikolaus Fraas (1810–1875). Ein bayerischer Agrarwissenschaftler und Reformer der intensiven Landwirtschaft (Miscellanea Bavarica Monacensia 151), München 1995.

116 Carl Fraas, Die künstliche Fischerzeugung nach den Erfahrungen der künstlichen Fischzuchtanstalt des General-Comité des landwirthschaftlichen Vereins von Bayern an der k. Central-Thierarzneischule zu München, München 1854.

117 Zeitschrift des landwirthschaftlichen Vereins in Bayern 46, 1856, S. 448.

118 125 Jahre Bezirksfischereiverband Oberfranken e.V., Die Verbandsgeschichte in Wort und Bild, Bayreuth 2006; auch: Wolfgang Blohm (Hg.), 150 Jahre Landesfischereiverband Bayern e.V., München 2005.

ottern wurde durch Prämien honoriert[119], und in der Tat war die oberfränkische Population nach mehreren Jahrzehnten weitgehend ausgerottet.[120] Fischzuchtanstalten wurden errichtet, allein acht in den Jahren 1881 und 1882.[121] Die Vereine beschafften Besatzmaterial für Flüsse und Bäche, bisweilen in blindem Aktionismus.[122] Um den Absatz zu verbessern, richteten die Vereine Verkaufsgenossenschaften und Vermittlungsstellen ein.[123] In der Teichwirtschaft begann um diese Zeit eine Trendwende: Die Zahl der Teiche, etwa im Aischgrund, stieg wieder.[124] Zusätzliche Impulse gab der Fischereiwirtschaft der Kreiswanderlehrer, eine Stelle, die in Oberfranken 1909 geschaffen wurde.[125]

Sportfischerei

Richteten sich die Fischereivereine vornehmlich an die gewerbsmäßigen Fischer und Teichwirte, so war mittlerweile der Fischfang zur Sportart und zum Freizeitvergnügen geworden. Als kulinarische Besonderheit der Fränkischen Schweiz wurden bereits im 18. Jahrhundert die Forellen gepriesen.[126] Joseph

---

119 Beispielsweise: Jahresbericht des Oberfränkischen Kreis-Fischereivereins und der Sektions-Vereine pro 1885/86, Bayreuth 1886, S. 2. Gemäß der Prämienstatistik wurden 1885 „*69 Stück getödtet, und zwar 32 erschossen, 13 in Fallen gefangen und 24 erstochen und erschlagen, 26 Stück weniger als im Vorjahre*".

120 Kuhn, Fische, Amphibien, Reptilien und Säugetiere (wie Anm. 13), S. 110: „sehr selten geworden" (Belege von 1908 und 1920).

121 Siehe Statistik in: Jahresbericht 1885/86 (wie Anm. 119), S. 31 f.

122 Der Schriftführer des oberfränkischen Kreisfischereivereins, Ökonomierat Paul Krocker, beklagte 1906: „*In den ersten 12 Jahren wurden Millionen von Brutfischen eingesetzt. Daß sich der Fischbestand trotzdem nicht in erwünschtem Maße hob, lag an dem unrationellen und planlosen Vorgehen vieler Fischzüchter.*" Oberfränkische Zeitung vom 6.4.1906.

123 Erwähnt etwa in einer Rede des Regierungspräsidenten: Oberfränkische Zeitung vom 6.4.1906.

124 Roland Hubert, Die Aischgründer Karpfenteichwirtschaft im Wandel. Eine wirtschafts- und sozialgeographische Untersuchung (Passauer Schriften zur Geographie 9), Passau 1991, S. 17. Der mittelfränkische Kreisfischereirat Josef Hofmann konstatierte 1935: „Wie die letzten 4–5 Jahrzehnte vor dem Kriege [i.e. Erster Weltkrieg] den großen Aufschwung in der Viehzucht Deutschlands mit sich gebracht haben, ebenso trifft dies auf die Karpfenzucht zu." In der Folge seien wieder Teiche angelegt worden. Hofmann, Teichwirtschaft (wie Anm. 6), S. 34.

125 Günter Dippold, Zur Geschichte der Fischereifachberatung des Bezirks Oberfranken, in: Archiv für Geschichte von Oberfranken 96, 2016, S. 307–317.

126 Toni Eckert, Die Fischerei in der Fränkischen Schweiz in einer historischen Betrachtung, in: Fischerei und Fischwasser in der Fränkischen Schweiz. Beiträge zum

Victor Scheffel, der 1859 die Fränkische Schweiz durchwanderte, reimte über die Wiesent:

> *„Strömst tiefgrün wie ein Alpensee,*
> *Durchsichtig bis zum Grunde;*
> *Forellen schnalzen in die Höh' –*
> *Gern prüft ich sie im Munde."*[127]

Der Forellenreichtum lockte nicht nur Genießer, sondern auch Sportfischer. In einem Reiseführer heißt es 1843, viele Briten kämen offenbar in die Fränkische Schweiz *„nur um in der Wiesent oder Aufseeß Forellen angeln zu können"*.[128] In der Tat ermunterte ein 1850 in London erschienener Führer geradezu zum Fliegenfischen in der Wiesent. Kostenlos könne man da fischen, so lange man wolle; *„the only condition is that a boy accompanies you with a ‚fässchen', to carry home from time to time the fish you cash"*[129] – eine mehrfach belegte Praxis.[130]

Resümee

Mehrere Themen sind anhand ostfränkischer Beispiele angesprochen:

- der Fischkonsum, der in der frühen Neuzeit neben einheimischen Fischen eingeführte, haltbar gemachte Seefische einschloss, mit geringen konfessionellen Unterschieden,
- die Flussfischerei, die ihren Höhepunkt, zumindest was die Zahl der Fischer anging, im 16. Jahrhundert erlebte, danach jedoch einen schleichenden, im 19. Jahrhundert einen rasanten Niedergang,

---

Jubiläum 100 Jahre Fischereiverband Fränkische Schweiz, o.O. 1995, S. 23–34, hier: S. 26 f.

127 Aus *„Exodus cantorum. Bambergischer Domchorknaben Sängerfahrt"*. Scheffels Werke. Herausgegeben von Friedrich Panzer, Bd. 2, Leipzig/Wien [ca. 1917], S. 89.

128 Gottlieb Zimmermann, Das Juragebirg in Franken und Oberpfalz vornehmlich Muggendorf und seine Umgebungen, Erlangen 1843, S. 137.

129 Henry John Whitley, Pictures of Nuremberg and Rambles in the Hills and Valleys of Franconia, London 1850, S. 192.

130 Max von dem Borne, Wegweiser für Angler durch Deutschland, Oesterreich und die Schweiz, Berlin 1877, S. 102: *„Die Berechtigung zum Fischen haben meist die Bauern, welche gegen eine kleine Entschädigung die Erlaubniss zum Angeln ertheilen. Dasselbe thun die dazu berechtigten Hôtelbesitzer ihren Gästen gegenüber. Man muss die gefangenen Fische abliefern, und nimmt einen Fischer mit, der ein Fass trägt, die besten Stellen nachweist, und dafür 2 Mark pr. Tag erhält."*

- die Teichwirtschaft, die im ausgehenden Mittelalter und in der frühen Neuzeit ungeheuer ausgedehnt wurde und, weil als unwirtschaftlich und ungesund verschrien, im frühen 19. Jahrhundert stark zurückging.

Flussfischerei und Teichwirtschaft erlebten erst seit dem späten 19. Jahrhundert unter dem Einfluss einer auf Ertragsmaximierung bedachten agrarwissenschaftlichen Forschung und eines Trends hin zur Nutzung aller einheimischen Nahrungsressourcen einen gewissen Aufschwung. Die Bedeutung des 16. Jahrhunderts erlangten sie freilich nicht mehr, bis heute nicht.

Sektion II: Schwaben und Pfalz-Neuburg

Gisela Drossbach

Herrenspeise – Armenspeise: Essen und Trinken im mittelalterlichen und frühneuzeitlichen Spital

The paper focuses on hospitals in the later middle ages and the early modern period. This article aims to classify and analyse the usual food and drink given to the "ill people"/residents. In this paper I will first discuss why the pre-modern hospital is not a modern "Krankenhaus"/"Polyklinik". So I will analyse the internal organization of medieval Bavarian hospitals: its hierarchical structure and members, as well as its guiding spiritual ideas and norms. In this context, the daily life of the hospital and its residents will be examined in detail. Than I'm moving on to the food and drink of the residents. Under consideration are four different types of Bavarian hospital: The two big hospitals "Kreuzherrenspital" in Memmingen and the Saint Kathrin's Hospital in Regensburg with more than 200 residents, the very poor Hospital of the Holy Ghost in Neuburg/Danuvia and the Hospital of the Holy Ghost in Gundelfingen/Swabia with 43 residents. About the last hospital I have published an edition of one part about the "Pfreündt=ordnung", the order of the daily food.

Einleitung

„Essen und Trinken gehören zu den alltäglichen Grundbedürfnissen des Menschen. Ausreichend essen zu können, war jedoch in früheren Jahrhunderten keine Selbstverständlichkeit, denn bis zu 30 Prozent der städtischen Bevölkerung lebten in Armut und in Zeiten von Ernteausfällen und Teuerung herrschte Not und Mangel. Die Nachfrage nach Hospitalpfründen war in der Vormoderne sehr groß und konnte bei weitem nicht gedeckt werden. Was in den Hospitälern Tag für Tag auf den Tisch kam, war nicht nur von den materiellen Voraussetzungen, den regionalen und saisonalen Besonderheiten geprägt, sondern ebenso von religiösen Vorschriften und diätetischen Überlegungen. Verpflegung und Unterkunft liefern wichtige Indikatoren für die Leistungsfähigkeit der Hospitäler und damit für die Lebensqualität in der Vormoderne." So lautete die Aufschrift auf dem Flyer zu einer Tagung im Regensburger Katharinenspital am 22. und 23. April 2016 zum

Thema „Essen und Trinken im Spital".[1] Im Folgenden soll eingegangen werden auf: 1. Das Spital in der Vormoderne, das kein Krankenhaus im modernen Sinne ist; 2. Herrenspeise – Armenspeise: Kategorien der Ernährung; 3. Beobachtungen zu einzelnen Speisen und Getränken; 4. Beispiele von größeren Spitälern wie Memmingen und kleineren Spitälern wie Gundelfingen.

Das Spital in der Vormoderne

Hospitäler sind wohl die repräsentativste institutionalisierte Form von Stiftungen. Päpste und Kaiser, geistliche wie weltliche Fürsten, Kleriker und Laien stifteten diese karitativen Einrichtungen zum eigenen Seelenheil, das heißt in der Hoffnung auf ein besseres Leben nach dem Tod. Nach mittelalterlichem Kirchenrecht waren Spitäler *loca religiosa*, kirchliche Einrichtungen, mussten eine Kapelle oder Kirche haben, das heißt ein Patrozinium sowie einen Friedhof. Doch von ihrer Funktionalität her waren sie keinesfalls nur auf karitative Aufnahme und Versorgung der Kranken angelegt, sondern dienten auch „als Altersheim, als Schule wie in Nürnberg, als Geldinstitut oder geselliger Treffpunkt, wie es bei dem Würzburger Bürgerspital mit seinen Wein- und Bierkellern nachgewiesen wurde".[2] Somit sind Hospitäler völlig heteromorphe Einrichtungen, die zwar im Allgemeinen für die Ewigkeit, und damit meine ich mit religiöser Zielsetzung und aufgrund spiritueller Leitziele, geschaffen wurden, denen jedoch auch weltliche Funktionen zukamen, insbesondere mit ihrer zunehmenden Spezialisierung im Spätmittelalter.

Zunächst zu den religiösen Aspekten des mittelalterlichen Spitals, wobei schon hier Essen und Trinken eine besondere Rolle spielen. Der klassische Typ einer solchen Stiftung war der Stifterwille einer singulären Stifterpersönlichkeit. So legt der Nürnberger Patrizier Konrad Groß in seiner Stiftungsurkunde von 1339 fest, dass sechs Priester und zwölf Kleriker oder zwölf arme Scholaren im Hospital unterkommen und dort auch täglich mit Speise und Getränk versorgt werden sollen.[3] Deren Dienst in der Spitalkapelle in Form von Messfeiern und weiteren

---

1 Dieser Beitrag geht zurück auf einen Vortrag der Autorin im Rahmen eines Seminars der Hanns-Seidel-Stiftung zum Thema „Essen und Trinken in Bayern vom Mittelalter bis heute" am 26. November 2016 auf Schloss Sinning (Lkr. Neuburg a.d. Donau/ Schrobenhausen). Der Vortragstext wurde lediglich ergänzt, der Fußnotenapparat auf die wichtigsten Belege beschränkt.

2 Vergleiche hierzu: Gisela Drossbach, Hospitäler im Mittelalter – Stiftungen für die Ewigkeit?, in: Rottenburger Jahrbuch für Kirchengeschichte 29, 2010/2012, S. 155–167.

3 Laut einer fehlerhaften Edition der Stiftungsurkunde für das Nürnberger Heilig-Geist-Spital durch: Christoph Gottlieb von Murr (Ed.), Charta fundationis novi hospitalis ad Spiritum sanctum Norimbergae (13. Januarii 1339) cum confirmatione senatus Norib.

liturgischen Diensten zugunsten des Seelenheils von Konrad selbst sowie seiner Eltern wird exakt festgelegt. Außerdem gehört zu deren künftiger Aufgabe, dem Stifter auf dem Spitalfriedhof eine feierliche Beerdigung zu zelebrieren. Entsprechend der Bibel und dem Geist der *imitatio Christi* war der Stifter moralisch verpflichtet, nicht nur Almosen zu geben, sondern auch ganz aktiv den Armen zu dienen. In diesem Kontext sind die *opere della misericordia* (die evangelischen Werke der Barmherzigkeit) zu sehen, die vom 12. Jahrhundert bis in das Zeitalter des Barock sowohl in Texten wie auch in der Bildenden Kunst häufig als Zyklus dargestellt auftraten. Hier seien als ein Beispiel die Miniaturen aus dem Leitbuch des Nürnberger Heilig-Geist-Spitals angeführt. Die Werke der Barmherzigkeit zählen zu den guten Taten, die nach kirchlicher Vorstellung und Lehre bei einem Toten die während des Lebens begangenen Sünden überwiegen müssen, damit seine Aufnahme in das Paradies erfolgen kann. Zu den sechs Werken der Barmherzigkeit nach Matthäus 25, 35–46 zählen: An erster Stelle natürlich - Hungrige speisen, Dürstende laben, dann Nackte bekleiden, Obdachlose beherbergen, Kranke pflegen und Gefangene besuchen. So sind im Leitbuch des Nürnberger Heilig-Geist-Spitals, das noch von seinem Stifter, dem oben bereits genannten Konrad Groß, in den Anfängen angelegt und dann von den Spitalmeistern fortgesetzt wurde, die Miniaturen weit weg vom Alltagsleben zu sehen, machen jedoch deutlich, dass im Zentrum der Barmherzigkeit die Ernährung steht, wie in den folgenden drei Szenen[4]:

(5. Februarii 1341) et corroboratione imperatoris Ludovici IV Bavari (24 Februarii 1341), 1801, S. 4: „*Volens et ordinans, ac stabiliter institutens in capella hospitalis predicti ad divini cultus augmentum et ad consolationem Christi pauperum ibidem convenientium, quod sex presbiteri et duodecim clerici seu scolares pauperes, ali et nutriri et esse in dicto hospitali et eius capella debeant, qui perpetuis temporibus missas solempnes et privatas ac septem horas canonicas tam de die quam de nocte pro anima ipsius Chunradi, parentum ac benefactorum suorum et predicit et aliorum in cimiterio ipsius hospitals sepultorum et sepeliendorum solempniter celebrent et cum cantu.*“ Cf. Gisela Drossbach, Hospitalstatuten im Spiegel von Norm und Wirklichkeit, in: Dies. (Hg.), Hospitäler in Mittelalter und Früher Neuzeit. Frankreich, Deutschland und Italien. Eine vergleichende Geschichte - Hôpitaux au Moyen âge et au Temps modernes. France, Allemagne et Italie. Une histoire comparée (= Pariser Historische Studien 75), München 2007, S. 41–55, hier: S. 50 (Zitat Anm. 27).

4 Im Folgenden nach: Gisela Drossbach, Die Bildprogramme im römischen Liber Regulae und im Nürnberger Leitbuch, in: Artur Dirmeier (Hg.), Organisierte Barmherzigkeit. Armenfürsorge und Hospitalwesen in Mittelalter und Früher Neuzeit (Studien zur Geschichte des Spital-, Wohlfahrts- und Gesundheitswesens 10; Schriftenreihe des Archivs des St. Katharinenspitals Regensburg), Regensburg 2010, S. 189–226.

Abb. 32: „Mich durstet. Ir gabt mir zu trincken", *Leitbuch des Nürnberger Heilig-Geist-Spitals, Mitte des 14. Jahrhunderts. Bildnachweis: StadtA Nürnberg, D.2.II.4, aus: Drossbach, Bildprogramme (wie Anm. 4), S. 196.*

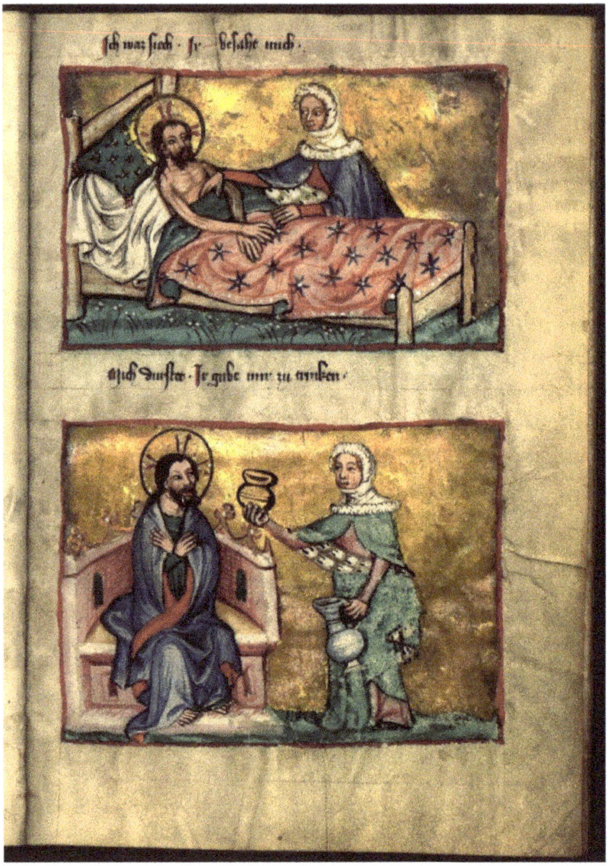

„*Mich durstet. Ir gabt mir zu trincken.*" Christus sitzt auf einem Thron. Die vornehme Frau reicht ihm mit der Rechten einen Krug und hält in der Linken eine Kanne. Die Darstellungsweise ist insofern interessant, als kein Kranker auf einem Thron sitzt. Das bedeutet, der Arme ist Christus und Christus muss als solcher gekennzeichnet werden, deshalb der Thron. Das Trinkgefäß kann er nur sitzend empfangen, deshalb die Geste der Übergabe.

Abb. 33: „Ich waz hungerig. Ir gabt mir zu eßen." *Leitbuch des Nürnberger Heilig-Geist-Spitals, Mitte des 14. Jahrhunderts. Bildnachweis: StadtA Nürnberg, D.2.II.4, aus: Drossbach, Bildprogramme (wie Anm. 4), S. 196.*

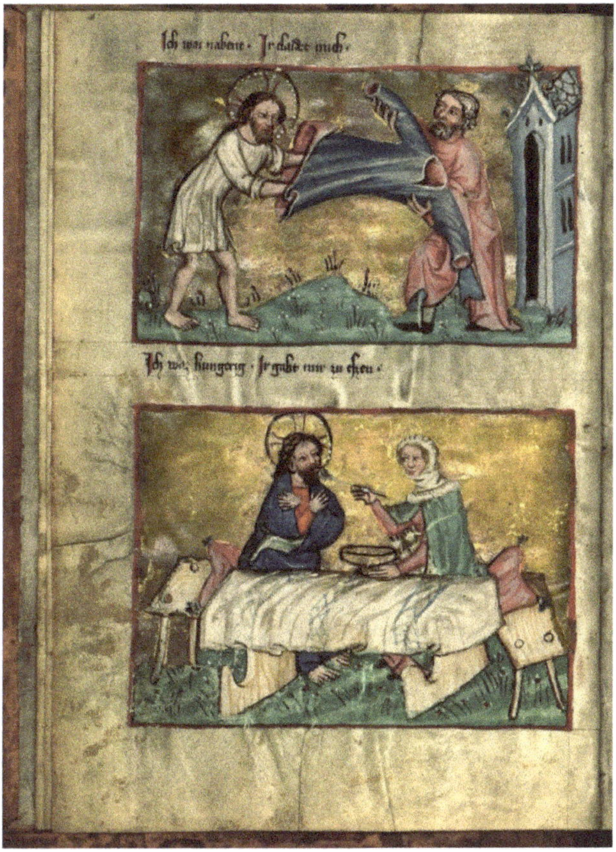

„*Ich waz hungerig. Ir gabt mir zu eßen.*" Christus wird gespeist. Er sitzt mit gekreuzten Armen an einem Tisch mit weißem Tischtuch. Eine Frau füttert ihn aus einer Schüssel.

Abb. 34: Hl. Elisabeth mit Bedürftigen. Leitbuch des Nürnberger Heilig-Geist-Spitals, Mitte des 14. Jahrhunderts. Bildnachweis: StadtA Nürnberg, D.2.II.4, aus: Drossbach, Bildprogramme (wie Anm. 4), S. 197.

„*Sant Elzpet waz eynz kunigs Tochter von Vngern. Vnd het eyn Lantgrafen von Hezzen. Vnd die volbracht die sehs werck der parmherczikayt.*“ Diese Miniatur, die als einzige die ganze Seite einnimmt, zeigt die heilige Elisabeth von Thüringen, die zwei auf Krücken gestützten verkrüppelten Armen Brote reicht.

Ein weiteres Beispiel eines solchen Textes zu den Werken der Barmherzigkeit sind jene Zeilen in dem 1294 für das Bamberger St. Katharinenspital ausgefertigten bischöflichen Ablassbrief, die zugleich die bis dahin erfolgte

Ausweitung und Spezifizierung des Spitaldienstes widerspiegeln. Denn die eben zitierten Worte des Matthäus werden wie folgt umgedeutet[5]: „*Kranke werden besucht, Waisenkinder aufgenommen, Arme erquickt, Frauen in der Zeit der Wehen bis zur Genesung gepflegt, Findelkinder ernährt, Nackte nach Möglichkeit gekleidet, Flüchtlinge und Pilger über Nacht beherbergt.*" Das heißt, die Zeitgenossen des Spätmittelalters, vor allem die Laien und städtischen Bürger, trieb die Bewältigung von Armut und die Speisung der Armen durchaus auch als weltliches Problemfeld um, ohne ihre primäre geistige Zielsetzung, die *Imitatio Christi*, aus den Augen zu verlieren. Im Spätmittelalter werden im Zuge der Spezialisierung die im Spital zu Versorgenden noch konkreter genannt als in dem bischöflichen Ablassbrief für das Bamberger Katharinenspital: Pfründner, kranke Jungfrauen und *debiles*, das sind geistig und/oder körperlich Behinderte. Damit hat sich in der Bezeichnung der Spitalinsassen ein Wandel vollzogen, der auch in der gewandelten Bedeutung im Verständnis gegenüber den Spitalinsassen hervortritt. Das bedeutet: Mit der fortschreitenden Spezialisierung des Personenkreises des Spitalwesens am Ende des Mittelalters, machte sich sodann eine neue Armutsauffassung breit, wie sie auch bei dem in Memmingen geborenen Augsburger Patrizier Burkhard Zingg erkennbar ist. In seiner in den 1450er und 60er Jahren entstandenen Chronik wird Reichtum „*als soziale Verantwortung gegenüber der Gemeinde und Armut unter* [den] *sozioökonomischen Kategorien* [*genueg* und *erberklich*] *im Sinne von bürgerlichem Lebensstandard und ehrbarer, schamvoller Lebensführung als ‚Hausarmut'* [...]" bezeichnet.[6] Das bedeutet: Der Augsburger Chronist nimmt „Armut unter den Vorzeichen der bürgerlichen Hausarmut und in der Administrierung der Not" wahr – wie Gerhard Fouquet formuliert. Somit ist für Burkhard Zingg und seine Zeitgenossen nicht mehr das während des 12. Jahrhunderts formalisierte Verständnis der *vita religiosa activa* und der *Imitatio Christi* aktiv, vielmehr stehen Seelenheil und soziales Gewissen uneingeschränkt nebeneinander. Erst das Zeitalter der Konfessionalisierung setzte auf Entindividualisierung des caritativen Gedankens und auf Sozialdisziplinierung wie es neue Forschungsansätze zur vormodernen Armut darlegen. Als markantestes Beispiel wird hierfür in der Regel die Augsburger Fuggerei angeführt, die einzigartige vom Reformwillen

5 Nikolaus Haas, Geschichte der Pfarrei St. Martin zu Bamberg und sämtlicher milden Stiftungen der Stadt, [Franz Züberlein] Bamberg 1845, S. 655.

6 Gerhard Fouquet, Zwölf-Brüder-Häuser und die Vorstellung vom verdienten Ruhestand im Spätmittelalter, in: Neithard Bulst / Karl-Heinz Spieß (Hg.), Sozialgeschichte mittelalterlicher Hospitäler (Vorträge und Forschungen 65), Ostfildern 2007, S. 37–75, hier: S. 38 (Zitat).

geprägte Initiative und Stiftung des Jakob Fugger (1521), die einen hohen Grad der Sozialdisziplinierung aufgrund rationaler Einstellung zur sozialen Umwelt ausweist.[7] Jakob Fugger wollte keine Almosenempfänger/Bettler in seiner Stiftung versorgen, sondern ehrlichen Leuten, die in Not geraten waren, ihr bürgerliches Selbstbewusstsein erhalten.

Schwieriger ist es die essenstechnische und medizinische Versorgung im mittelalterlichen Hospital einzuschätzen, denn uns fehlen heute Speisepläne und Rechnungsbücher und Ärzte zählen nördlich der Alpen erst seit dem 15. Jahrhundert zum festen Personal. Das heißt, für frühere Zeiten fehlen uns weitgehend konkrete Quellenaussagen. Ein Beispiel hierfür ist das Thema der Ernährung und Versorgung der armen Kranken, aber auch des Personals, das die Pariser Mediävistin Christine Jehanno für das Pariser Hôtel-Dieu auf der Basis der Spitalstatuten aus dem Jahre 1535 untersuchte.[8] Dabei stellte Jehanno fest, dass die Ernährung nicht auf die spezifische Krankheit der Patienten abgestimmt und damit integraler Teil der Krankenpflege war. Vielmehr orientierte sich der Speiseplan an der Hierarchie des Hospitalpersonals: Oben rangierten der Meister und der Prior, gefolgt von den Brüdern und Schwestern, dann erst die bediensteten Laien und Kranken. Das heißt, die Hospitalstatuten gaben für die Kranken im Spital die Ernährungspraktiken der einfachen Pariser Bevölkerungsschichten wieder. Dabei muss letztlich offenbleiben, ob die Patienten nicht wirklich krank, sondern eher schwach waren und ihnen eine einfache Kost genügte, oder ob der in den Spitalstatuten beschriebene Speiseplan nur Theorie war und mit der realen Versorgung der Kranken und Armen nichts zu tun hatte.

---

7 Benjamin Scheller, Memoria an der Zeitenwende. Die Stiftungen Jakob Fuggers des Reichen vor und während der Reformation (ca. 1505–1555) (Stiftungsgeschichten 3), Berlin 2004; vgl. auch: Ders., Memoria, Caritas und das Problem der Dauer. Wahlverwandtschaften zwischen den Stiftungen und der Kirche im Mittelalter, in: Ansgar Hense / Martin Schulte (Hg.), Kirchliches Stiftungswesen und Stiftungsrecht im Wandel (Staatskirchenrechtliche Abhandlungen 47), Berlin 2009, S. 25–37.

8 Christine Jehanno, Sustenter les « povres malades ». Alimentation et approvisionnement à la fin du Moyen Âge: l'exemple de l'Hôtel-Dieu de Paris, in: Hospitäler in Mittelalter und Früher Neuzeit (wie Anm. 2), S. 107–130.

Herrenspeise – Armenspeise: Kategorien der Ernährung am Beispiel des Memminger Kreuzherrenspitals

Abb. 35: Ehemalige Dürftigenstube des Memminger Kreuzherrenspitals, heute zum Café ausgebaut. Bildnachweis: Foto der Autorin.

Erst für die Frühe Neuzeit hat sich eine dichte Überlieferung der Quellen erhalten: Speisepläne, Küchenbücher und Rechnungsunterlagen geben der Geschichts- und Kulturwissenschaft Einblick in die regionale Küche. Gleichzeitig lassen sich die Veränderungen der Ernährungsgewohnheiten über längere Zeiträume verfolgen. Ablesen lassen sich an diesen Unterlagen die Auswirkungen des Klimawandels ebenso wie die Mangeljahre von Kriegs- und Krisenzeiten. Allerdings gilt das nur für größere Institutionen, wo aufgezeichnet wurde und Dokumentationspflicht herrschte wie für das Regensburger Katharienenspital: Dort lassen sich Aufzeichnungen in dem noch erhaltenen Archiv weit zurückverfolgen. So wurde der dortige Archivleiter Dr. Artur Dirmeier unlängst gefragt, was es denn eigentlich am 22. April 1666 im St. Katharinenspital zum Mittagessen gab. Dirmeier schnappte sich seine weißen Archiv-Handschuhe und zog sie an, während er die Stufen zum Archiv emporstieg. Er ließ seine Hände über die Meter der Buchrücken in einem Regal gleiten und griff nach einem Band, schlug diesen auf und antwortete: „Der Tag war ein Gründonnerstag, mittags gab es für die Pfründner Eiersuppe, Bier und eingelegten Hering aus Südschweden.“[9]

Auch für das Memminger Kreuzherrenspital können Dokumente zum Themenkreis erst für die Frühe Neuzeit eruiert werden. Erfreulicherweise sind unterschiedliche Speiseordnungen für die sogenannten armen Dürftigen, die bettlägerigen Kranken, die Pfründner und die Findel- und Waisenkinder erhalten. Nach der Hospitalordnung von 1590 erhielten die *„Armen Dürftigen in der Siechenstuben“* vier Mal in der Woche Fleisch und zwei Mal Wein.[10] Hinzu kamen besondere Zuwendungen: *„Deßgleichen gibt man jedem krankhen Menschen, so betligendz wirdt, zu obgemelter Pfrindt zu ainer Besserung alle tag ain halbe Maß wein, ain hallerwerdt weißbroth, bis er stirbt oder sein Sach besser wirdt.“*[11] Das heißt, an vielen Tagen im Jahr, besonders an den Feiertagen, griffen die Seelgerätstiftungen und Anniversarien, die mit einer Mahlaufbesserung für die Spitalinsassen verbunden waren, obwohl die Verpflegung mit wöchentlich vier Mal Fleisch eigentlich schon ganz ordentlich war. Im Biberacher Spital war die Situation im Vergleich viel schlechter. Dort wurden die Dürftigen mit dem Schimpfwort *„Lappentischler“* diskriminiert, denn damit sollten sie von den etwas besser gestellten Armenpfründnern unterschieden werden.[12] Als Erklärung für die Bezeichnung *„Lappentischler“* wird angenommen, dass *„lappen“* im Sinne von schlürfen-bei-Tisch gemeint ist, da ihr Essen vielfach aus dem einfachen Erbsenbrei bestand.

Besser als den armen Dürftigen erging es den Pfründnern im Memminger Kreuzherrenspital, die bereits ab der ersten Hälfte des 14. Jahrhunderts bis zum 18. Jahrhundert gleichbleibend nachweisbar sind. Mit einer bestimmten Summe Geldes konnte man sich die „tägliche Pfründe“ am Hofmeister- oder Pfründnertisch erkaufen. Nach Aufpreis erhielt man täglich den Wein gereicht, ansonsten nur an den Tagen, an denen auch die armen Dürftigen ihren Wein bekamen.[13] Ein Beispiel: Im Jahre 1479 erwarb Margaretha Clasin um 100 Pfund Heller *„die*

---

9 URL: https://www.mittelbayerische.de/region/regensburg-stadt-nachrichten/so-tischte-das-katharinenspital-auf-21179-art1368600.html (letzter Zugriff: 17.7.2018).

10 Hannes Lambacher, Das Spital der Reichsstadt Memmingen. Geschichte einer Fürsorgeanstalt, eines Herrschaftsträgers und wirtschaftlichen Großbetriebs und dessen Beitrag zur Entwicklung von Stadt und Umland (Memminger Forschungen 1), Kempten 1991, S. 113.

11 Ebd.

12 Beate Falk, Lebensraum, Verpflegung, Alltagskonflikte, in: Andreas Schmauder (Hg.), Macht der Barmherzigkeit (Historische Stadt Ravensburg 1), Konstanz 2000, S. 72–94, hier: S. 82.

13 Lambacher, Spital der Reichsstadt Memmingen (wie Anm. 10), S. 127.

täglich Pfründ am Pfründnertisch", jedoch ohne Wein- und Weißbrotzukost.[14] Sie erwarb sich mit der Einlage von weiteren 100 Pfund Heller und der vertraglichen Zusicherung, dass sie ihr sonstiges Hab und Gut zwar zeitlebens noch nutzen dürfe, aber niemand anderem als dem Spital vermachen könne, folgende Leistungen: Ihr Weil und Lebtag durfte sie in der „Pfründenstube" bei den anderen Pfründnern wohnen; zusätzlich bekam sie eine eigene Kammer zum Schlafen. Im Krankheitsfall war ihr die Speise an ihren Wohnplatz zu bringen; sollte sie bettlägerig werden, so hatte ihr das Spital eine Magd zu dingen, die vom Spital verköstigt wurde, während sie selbst die Magd entlohnen musste.

Anders erging es dem noch relativ jungen Hans Boxler aus dem zum Spital gehörenden Hitzenhofen, der für die stattliche Summe von 120 Gulden ins Spital genommen wurde.[15] Er durfte jedoch nicht an den Pfründnertisch gehen, sondern nur am Knechttisch seine tägliche Speise einnehmen und musste sich zu allen ihm befohlenen Arbeiten gebrauchen lassen. Möglicherweise war er noch relativ jung für einen Pfründner, denn er brachte ja durchaus eine stattliche Geldsumme ein und erlangte dennoch nicht die „gewöhnliche Pfründe".[16] Eine Ordnung aus der Mitte des 16. Jahrhunderts trägt den Titel „*Hoffmaister-, Pfronden- und Amptleuth-Tisch*".[17] Danach wurden die Pfründer an allen Tagen, an denen man Fleisch essen durfte, zweimal mit Fleisch gespeist, also mittags und abends, dazu gab es eine Suppe und „*sonst ein Gericht*" (Kraut oder anderes Gemüse). Am Freitag, Samstag und an allen Festtagen gab es Stockfisch, Käse, Musspeisen oder Erbsengerichte, in der Fastenzeit dreimal in der Woche Hering. Morgens gab es Mus- und Gerstengerichte und Käse. Den Wein bekam jeder so gereicht, „*wie er den kauft hat*" – also wie es im Pfründner-Vertrag festgelegt worden war. Zu verschiedenen Anlässen gab es zahlreiche Zulagen an Backwerk, Eiern, Weißbrot und Geflügelfleisch und auch – Wein! An der hervorragenden Verköstigung der Pfründner am Hofmeister- oder Pfründnertisch änderte sich im 17. Jahrhundert nichts Wesentliches. Nach der Verpflegungsordnung von 1622 gab es jeden Mittag Fleisch, abends aber Braten, mit Ausnahme von Montag und Mittwochabend.[18] Am Freitag aber wurde das Fleisch durch Fisch ersetzt. Sehr anschaulich verdeutlicht noch einmal den Kontrast zwischen der „leeren oder rauhen Kost" der armen Dürftigen im Spital und der Speise der Pfründner die

14 Ebd., S. 126.
15 Ebd., S. 128.
16 Ebd.
17 Ebd., S. 129 f.
18 Ebd., S. 130.

sogenannte „*Ordnung wegen Speisen im Unterhospital*“ von 1737/46.[19] Demnach gab es am Hofmeister- oder Pfründnertisch am Sonntag zu Mittag ein Pfund Rindfleisch – pro Person! –, eine Suppe und Gemüse nach Jahreszeit, zur Nacht eineinhalb Pfund Rindfleisch und Spätzle oder Kräutelwerk, zum Abendessen eine Suppe und Leber- oder Brätknöpfle; am Dienstag kamen auf den Mittagstisch Suppe, ein Pfund Rindfleisch, Sauerkraut oder Rüben und Gemüse nach Jahreszeit, abends wurde Suppe und geschnittene Nudeln gereicht; mittwochs gab es zum Mittagessen Suppe, ein Pfund Rindfleisch und Semmelgriesmus, zum Abendessen Suppe, Dampfnudeln oder „Gogelhopf“ (= Backwerk); am Donnerstag wurde mittags Suppe, ein Pfund Rindfleisch, Kraut, Rüben und Gemüse nach Jahreszeit aufgetragen, abends Suppe, eineinhalb Pfund gebratenes Fleisch und Salat; freitags gab es zu Mittag Suppe, ein Pfund Rindfleisch und Spätzle, zur Nacht Suppe und Würste; am Samstag schließlich wurde mittags ein Erbsengericht, ein Pfund Rindfleisch, Kraut, Rüben und Gemüse nach Jahreszeit aufgetischt, abends gab es Suppe, Dampfnudeln oder „Küchle“ (= Backwerk). Die Sonderzulagen an Schmalz, Fleisch, Speck und Wurst, Brot und Bier (nicht mehr Wein) an zahlreichen Tagen im Jahr – die allerdings auch den armen Dürftigen im Spital gegeben wurden – scheinen gegenüber früheren Zeiten eher zugenommen zu haben, sind jedenfalls genauer spezifiziert worden. Die Verköstigung der Pfründner im Unterhospital war ohne Zweifel ausgezeichnet!

Bürgerliche und fremde Wöchnerinnen wurden mit Speis und Trank vier Wochen im Spital in gleicher Weise wie die armen Dürftigen gehalten; zusätzlich erhielten sie jedoch zwei Pfund Schmalz und 40 Eier über die vier Wochen sowie einen Laib Brot pro Woche.[20] Einen Unterschied zwischen bürgerlichen und fremden Kindbetterinnen machte man bei der Weinzuteilung: während die Bürgerinnen täglich eine halbe Maß Wein erhielten, gab es für fremde Frauen nur eine viertel Maß. Wenn Neugeborene ohne Mutter waren – in den meisten Fällen durch Tod der Mutter im Kindbett – musste eine Amme zum Stillen gesucht werden.[21] Das Unterhospital bezahlte zum Beispiel im frühen 16. Jahrhundert Frauen der Stadt und in seinen zugehörigen Dorfschaften, die „*Sugkinder*“ annahmen, mit fünf Schilling pro Woche, bis die Kleinkinder abgestillt werden konnten – und das betraf die ersten drei Lebensjahre des Kindes. Vielfach starben allerdings die Säuglinge nach wenigen Wochen. Aus den Verköstigungsanweisungen von 1590 ist zu erfahren, dass „*die Kinder mit der Täglichen gewonlichen Speiß auß*

19 Ebd.
20 Ebd., S. 118.
21 Ebd., S. 120 f.

dem dürfftig hauß gespeyßet, außer etlichen besunderen Gutthaten, die inen im Khündtshauß laut der Stüfftungen gekochet werden." Das heißt, das Kindshaus war einerseits an die Verpflegung des Hauptspitals angegliedert, musste aber in einer eigenen Küche die Sonderleistungen, die den Kindern aus Stiftungsmitteln bereitet werden mussten – hauptsächlich war das Backwerk –, selber fertigen. Bei oftmals über 100 Kindermäulern, die im Kindshaus zu sättigen waren, nahm das beachtliche Ausmaße an. Nach der Spitalordung für die Jahre von 1737 bis 1746 erhielten die Kinder folgende Verköstigung: Am Sonntag zu Mittag jedes ein halbes Pfund Fleisch und eine Suppe, abends eine „*versottene Suppe*" und süße Milch, montags zum Mittagsmahl Mus/Brei und Kraut, abends eine Gerstenspeise und Milch; am Dienstag Mittag Spatzen und eine Suppe, zum Abendessen Spatzen, eine Suppe und Milch; mittwochs Brenntmus und Kraut zu Mittag, abends ein Gerstengericht und Milch; donnerstags zum Mittagessen Spatzen und Suppe, auf die Nacht Spatzen, Suppe und Milch; freitags Erbsen und Kraut zu mittag, abends eine Gerstenspeise und Milch; samstags Brenntmus und Kraut zu Mittag, Spatzen, Suppe und Milch am Abend. Auch die gewöhnliche und nicht sehr abwechslungsreiche Kost der Kinder erfuhr eine mengenmäßige und vor allem wohl auch geschmackliche Aufbesserung durch zahlreiche Stiftungen. Diese große Anzahl von Kindern war sicherlich ein nicht unbedeutender Kostenfaktor im Gesamtbetrieb des Unterhospitals. Unter betriebswirtschaftlichen aber auch unter aufklärerischen Gesichtspunkten im Hinblick auf eine angeblich bessere Erziehung der Kinder entschloss sich der Magistrat der Reichsstadt Memmingen im Jahre 1782 das Waisenhaus aufzulösen und die Waisenkinder Pflegeeltern zu übergeben, die natürlich eine Aufwandsentschädigung bekommen mussten, ein sogenanntes Kostgeld.[22] Die Ausquartierung der Kinder hatte auch noch einen anderen Grund: Es bestand die Tendenz der Ausdehnung des Pfründenbereichs auf Kosten der Kinder im Waisenhaus.

In Memmingen war um 1570 die „*verstrikte Julia*", das heißt der in Ketten gelegten Julia, ebenfalls in der Dürftigenstube untergebracht; eine sogenannte Narrenstube wurde erst etwa 50 Jahre später eingerichtet. Die im Narrenhaus verpflegten Geisteskranken wurden lediglich verwahrt und keineswegs therapeutisch versorgt. Sie wurden in der Verpflegung gehalten wie die armen Dürftigen in der Dürftigenstube. Nach der Spitalordnung von 1622 erhielten die Insassen alle Quatember ein „*Zuberbad*", zu dem sie auch besondere Zuteilungen an Wein, Brot und Schmalz gereicht bekamen.[23] Nach dem wohl ziemlich aufwendigen Badevorgang

22 Ebd., S. 121 f.
23 Ebd., S. 122.

setzten sich die Dürftigmutter, die Kellerin, die Narrenmutter und die Mägde in der Dürftigmutter-Stüblin zusammen, um ihr vollbrachtes Werk mit einer Sonderzuteilung an Wein und Backwerk gebührend zu feiern. Einmal gab es einen Narren namens Joseph Stötter, der offenbar gewalttätig war, denn es mussten zu dessen Bad vier Stadtknechte anrücken und helfen. Zum Lohn erhielten sie ein Mahl im Spital gereicht und eine halbe Maß Wein. Das Memminger Kreuzherrenspital stand nicht allein mit seiner Differenzierung der Personenkreise und der damit verbundenen Auswirkung auf den Essensplan. Beispielsweise zeigt eine Tabelle, die zum Essensplan von 1470 des Konstanzer Heilig-Geist-Spitals erstellt wurde, dass neben einer (auch käuflichen) Priesterpfründe beim Essen in vier weitere Kategorien mit voneinander abweichenden Speisen unterschieden wurde:[24] Die „Herren"-Speise bestand aus 639 g Fleisch an fünf Tagen/Woche und 1,5 Maß Wein (1 Maß = 1,19 l); die mittleren Pfründner erhielten an drei Tagen/Woche 564 g Fleisch und ebenfalls 1,5 Maß Wein; die unteren Pfründner mussten auf Fleisch weitgehend verzichten, das heißt sie bekamen pro Woche 28 Schilling zum Ankauf von Fleisch ausgezahlt; die Weinmenge wird nicht erwähnt. Da Siechen aufgepäppelt werden mussten, erhielten diese an drei Tagen 376 g Fleisch und ein Maß Wein.

Es sei nicht verschwiegen, dass offensichtlich viele der armen Dürftigen wie auch einige Pfründner ihre Weinration nicht selbst tranken, sondern außerhalb des Spitals verkauften. Diesem Missbrauch wurde im Memminger Unterhospital durch eine Ordnung von 1590 Einhalt geboten. Sie schreibt nämlich fest, dass jeder Spitalinsasse, der die ihm zugestandene Weinration nicht trinken wolle, dafür 15 Pfennige pro Maß erhalten könne.[25]

Beobachtungen zu einzelnen Speisen und Getränken im Regensburger Katharinenspital

Am Beispiel des gut belegten Regensburger St. Katharinenspitals soll ein Einblick in einzelne Speisen und Getränke gegeben werden.[26] Dabei sind auch die Fast- und Feiertage interessant, da sie neben den Hohen Festen oder den Heiligenfesten

24 Rüdiger Braun, Die älteste Rechnung des Bürgerspitals von 1495 (Schriften des Stadtarchivs Würzburg 15), Würzburg 2005, S. 85.

25 Lambacher, Spital der Reichsstadt Memmingen (wie Anm. 10), S. 122.

26 Hier und im Folgenden in Auszügen und zusammengefasst nach: Andreas Kühne, Essen und Trinken in Süddeutschland. Das Regensburger St. Katharinenspital in der Frühen Neuzeit (Studien zur Geschichte des Spital-, Wohlfahrts- und Gesundheitswesens 8), Regensburg 2006, S. 153–288.

lange Zeit dafür sorgten, dass sich kein Küchenmeister des Spitals überlegen musste, was er zu essen kochte. Diese Köche mussten sich schlichtweg an die religiösen Vorschriften halten. Fleisch gab es während der Fasten- und Abstinenztage nicht. Fleischfrei gefastet wurde im Spital überhaupt etwa ein Drittel des Jahres. An Stelle des Fleisches wurden an den Sonntagen Karpfen oder Stockfisch gespeist, an den Dienstagen und Donnerstagen gab es Hering. Eine weitere typische Fastenspeise war die Erbsensuppe. An Freitagen und Samstagen wurden vor allem die festen Mehlspeisen, das heißt Dampfnudeln und geschnittene Nudeln, gegessen. Dafür gab es aber auch 48 Festtage im Jahr, davon sind die hohen Feiertage Weihnachten, Neujahr, Epiphanias, Ostern und Pfingsten. Hier wurde nicht nur quantitativ mehr gegessen, sondern auch Fleisch in anderen Zubereitungsformen verspeist: So gab es beispielsweise an Ostern nach einem „Voressen", das aus Innereien bestand, einen Kälber- oder Schweinebraten aus dem Ofen mit frischem Gemüse wie zum Beispiel Spinat. Typisch war außerdem der zusätzliche Verzehr von Blut-, Leber- und Bratwürsten, wenn gerade frisch geschlachtet worden war. Dennoch konnte der Küchenmeister kulinarisch nur im Rahmen seiner Möglichkeiten auftischen, denn neben den religiösen Vorschriften stutzten auch die finanziellen Möglichkeiten und die daraus resultierende Produktpalette ordentlich zusammen.

Suppen beziehungsweise Brei und Brot: Für die Masse der Bevölkerung bildeten Brot und Mus/Brei die Hauptbestandteile der Nahrung. Brot galt umso feiner, je heller es war und Weißbrot wurde in den Hospitälern nur an Festtagen gereicht. Alle Pfründner bekamen im Katharinenspital wöchentlich acht Laibel Roggenbrot, wobei ein Laibel ausgebacken etwa 500 g wog, zur eigenen Aufbewahrung und durfte jederzeit verzehrt werden. Es wurde in der eigenen Pfisterei hergestellt. Wichtigstes Grundnahrungsmittel blieb der Brei bis 1712! Bei den Breien dominierten diejenigen auf Getreidebasis, also beispielsweise Hirse-, Grieß- und Gerstenbrei. Letzterer wurde vor allem als Abendspeise verzehrt. Auch Suppe war „Grundnahrungsmittel". Gereicht wurden Erbsensuppe, Milchrahmsuppe und Biersuppe, aber auch Fleischbrühe. Besonders gerne wurde von den Dienstboten der „Bettelmann", eine Art Brotauflauf mit Obst, gegessen. Neben den verschiedenen Arten von Breien entwickelte sich über die Jahrhunderte hinweg ein absoluter Dauerbrenner im St. Katharinenspital: Dampfnudeln und Mehlspeisen. Das Jahr 1712 war ein glückliches Jahr für die Pfründner im St. Katharinenspital. Denn in diesem Jahr führte der damalige Küchenmeister den Dampfnudeltag ein. Fortan bekamen die Spitalinsassen jeden Samstag einen goldenen Knödel aus gebratenem und gedämpftem Hefeteig zu essen und mussten nicht den Getreidebrei hinunterwürgen. Eine weitere Mehlspeise war ab Mitte des 17. Jahrhunderts der

Semmelknödel. Ab 1712 kam eine neue Mehlspeise hinzu, die vorher schon erwähnten geschnittenen Nudeln.

Milch wurde mit wenigen Ausnahmen nicht frisch getrunken, sondern sofort weiterverarbeitet, da man sie ohne Kühlmöglichkeit schlecht konservieren konnte. Sie wurde entweder für die Zubereitung der zahlreichen Milchsuppen verwendet oder aber zu Butter verarbeitet, die jedoch – im Gegensatz zu Norddeutschland – als Brotaufstrich noch keine Verwendung fand, da sie nicht lange haltbar war. Meist wurde sie rasch zu Butterschmalz ausgelassen, das wichtigste Fett in der Spitalküche. Besonders in der Fastenzeit wurden darin die zahlreichen Mehlspeisen ausgebacken. Käse wurde dagegen offensichtlich kaum verzehrt.

Fisch war für die Verpflegung im Spital ein großes Thema. Allerdings waren die Fische nicht so lecker gegrillt wie die auf dem Rost der Anna Maria Huffnäglin auf dem Blatt eines unbekannten Künstlers aus dem Jahr 1663, sondern in der Regel in Salz eingelegt oder getrocknet. Die Karpfen konnte sich das Spital laut Dirmeier selbst organisieren. Es bestanden aber auch Handelsbeziehungen mit der Hanse, die getrockneten Stockfisch und eingelegten Hering aus dem südschwedischen Schonen lieferte. Als der Hering aber zu teuer wurde – die Fischer hatten die Bestände in Küstennähe leergefischt und mussten auf die hohe See hinaus – strichen ihn die Spitalverantwortlichen wieder von der Speisekarte. Stattdessen zahlten sie das Geld dafür aus. Der Stockfisch, das ist getrockneter und eingesalzener Kabeljau, musste vor dem Verzehr lange gewässert und weichgeklopft werden – eine Arbeit, die von den Pfründnern erledigt wurde.

Bei Gemüse dominierte eindeutig der selbst angebaute Kohl, der in seiner sauer eingelegten Form als Sauer-, Zettel- oder Kumpeskraut bezeichnet wurde. Es wurde nahezu täglich gegessen, während es den Krautsalat nur gelegentlich gab. Es gab aber auch Spinat beziehungsweise Grünkraut. Grüner Salat war eine Festtagsspeise zu Johanni und spielte sonst keine Rolle. Beim Obst weisen die Akten in erster Linie auf Äpfel, Birnen und Zwetschgen aus eigenem Anbau hin, denn diese ließen sich gut dörren und nach dem Einweichen in Wasser im Winter essen.

Exklusiv: In der Zeit zwischen 1650 und 1972 gab es nahezu täglich gekochtes Rindfleisch, das zuvor getrocknet beziehungsweise gedörrt worden war, mit Sauerkraut. An den hohen Feiertagen wie Weihnachten legten die Küchenmeister noch einen drauf: Dann gab es Schweine- oder Kalbsbraten.

Trinken: vom Wein zum Bier

Wie steht es um die Produktion und den Genuss von Bier und Wein? Generell gilt: Bier und Wein kamen in zahlreichen Sorten und unterschiedlichsten Qualitäten zum Ausschank und waren Ersatz für das häufig ungenießbare Wasser.

Bekannterweise gründete der Würzburger Bischof Julius Echter von Mespelbrunn (reg. 1573–1617) (1576/79 Grundsteinlegung/Stiftungsbrief) das nach ihm benannte Juliusspital. Wichtige Weinberge, wie etwa Weingärten am Stein nördlich der Domstadt, gehörten zur Gründungsausstattung des Spitals. 1605 verfügte es in der Gemarkung Würzburg über 143 gute und 42 beste Morgen Weingarten.[27] Noch immer ist der Weinanbau eine wichtige Einnahmequelle der Stiftung Juliusspital Würzburg. Anders verhält es sich im Regensburger Katharinen-Spital, das bis 1400 für seinen Weinanbau bekannt war, sich dann aber bis heute einen Namen mit seinem Bier macht/e. Da es klimatisch bedingt immer schwieriger wurde, die Trauben für den Wein anzubauen, wurde im Katharinen-Spital ab etwa 1300 der preiswertere Hafer zu Bier vergoren. Das war die Geburtsstunde für das Spitalbier: Noch heute stehen jedem der Altenheimbewohner im St. Katharinenspital ein „*Köpfl*" als Nachttrunk zu, das sind nach heutigem Maß 0,83 Liter.[28] Vergleicht man beispielsweise das Bierdeputat von etwa 0,83 Litern, das seit 1238 den armen Kranken (ab ca. 1500 den Pfründnern) des Regensburger Spitals pro Tag zustand, mit dem statistisch erhobenen Maximalkonsum von 119 Litern pro Jahr und Kopf im Deutschen Reich des Jahres 1909, so wird bei aller statistischer Unschärfe augenfällig, dass durchschnittliche SpitalbewohnerInnen im Lauf der Jahrhunderte offenbar dreimal so viel Bier konsumierten wie die Menschen im Kaiserreich. Befördert wurde die Brauaktivität des Spitals lange durch seine umfangreiche Grundherrschaft. Die Untertanen waren verpflichtet, Getreideabgaben in die Vorratskästen in Regensburg sowie in Ingolstadt, Amberg und Straubing abzuliefern. Zusätzlich baute man auf spitaleigenen Gütern in Aschach und Faulwiesen eigene Gerste und Hopfen an. So war für die nötigen Rohstoffe in gewisser Unabhängigkeit von den (über-)regionalen Getreidemärkten gesorgt. Langfristig betrachtet musste nur in verhältnismäßig geringem Umfang Getreide zugekauft werden. Die Bierproduktion und damit der alltägliche

---

27 Markus Frankl, Artikel Weinbau in Franken, publiziert am 13.5.2016, in: Historisches Lexikon Bayerns, URL: http://www.historisches-lexikon-bayerns.de/Lexikon/Weinbau_in_Franken (letzter Zugriff: 15.11.2016). Siehe jetzt auch: Ders., Zur Bedeutung von Wein und Weinbau für das Bürgerspital und das Juliusspital in Würzburg, in: Artur Dirmeier (Hg.), Essen und Trinken im Spital. Ernährungskultur zwischen Festtag und Fasttag (Schriftenreihe des Archivs des St. Katharinenspitals Regensburg 13), Regensburg 2018, S. 259–272.

28 Hier und im Folgenden nach: Kühne, Essen und Trinken (wie Anm. 26), S. 255–268. Siehe jetzt auch: Gunther Hirschfelder, Die Regensburger Spitalbrauerei – Spiegel der europäischen Bierlandschaft, in: Dirmeier (Hg.), Ernährungskultur zwischen Festtag und Fasttag (wie Anm. 27), S. 97–109.

Konsum im Hospital blieben sogar während Missernten und Getreidesperren vergleichsmäßig konstant. Es gibt unterschiedliche Biere: Wochentags wurde den BewohnerInnen zum Beispiel *„ordinari bier“* serviert; an Fest- und Feiertagen schenkte man *„feyertags bier“* oder hin und wieder *„extra ordinary bier“* aus, und bei besonderen Anlässen freute man sich gar über *„doppelt bier“*. Unter all diesen Bezeichnungen können sich BierkennerInnen ein dunkelbraunes, untergärig gebrautes Getränk vorstellen, dem im heutigen Sortiment am ehesten die Sorte „Dunkel“ entspricht. Erst seit Beginn des 20. Jahrhunderts wird im Spital helles Bier hergestellt. Grundsätzlich lag der Alkoholgehalt des historischen Spitalbiers unter heutigen Standardwerten. Besonders das sogenannte Winterbier, das von September bis März gebraut wurde, war tendenziell schwächer. Aus Gründen der Haltbarmachung mussten in der Frühzeit Brauzeiten eingehalten werden. Das Sommerbier wurde von November bis Dezember gebraut und sollte dementsprechend lange vorhalten, was seinen höheren Gehalt an Hopfen und Alkohol erklärt. Zum täglichen Ausschank wurde um 10 Uhr morgens eine Glocke geläutet, woraufhin Personal das Bier nach Vorlage blecherner Biermarken in handlichen Fässern aus dem Vorratsraum holte, den die Pfründner nicht betreten durften. Dann wurde es im Speiseraum den wartenden Berechtigten in zinnerne Krüge abgefüllt. Sogenannte *„wirkliche Pfründner“*, das heißt diejenigen, die dauerhaft im Spital lebten und arbeiteten, erhielten wie gesagt täglich ein *„Köpfl“*, also 0,83 Liter, sowie alle Amtleute und weiteres Personal zusätzlich zu den im Arbeitsvertrag fixierten Leistungen.

In Regensburg ist der Ausschank auch im evangelischen Bruder- und Waisenhaus belegt – hingegen trank man im katholischen Waisenhaus offiziell ausschließlich Wasser – ein Befund, der mehr für Bier als Genussmittel denn als „Heilmittel“ spricht. In der Tat verband man durchaus gesundheitliche Bedenken mit dem braunen Bier: Qualitätsmängel werden in den Quellen häufig thematisiert wie *„das merzen bier ist nicht nur bisweilen, sondern ziemlich oft schlecht gewesen“* oder 1683 wird moniert: *„so schlechtes Bier, welches ganz dickh und sauer ist“*; 1755 gar sei das Winterbier *„von lautter fetten nicht einmal mehr trinkbar gewesen“*. Das klingt natürlich nicht nach Heilmittel. Doch darüber scheiden sich in der Forschung die Geister, erst im 20. Jahrhundert erfolgte die Durchsetzung des Reinheitsgebotes und der untergärigen Brauweise.[29]

---

29 Siehe hierzu aktuell: Hans-Georg Hermann, Das Reinheitsgebot von 1516. Vorläufer, Konflikte, Bedeutung und Auswirkungen, in: Haus der Bayerischen Geschichte (Hg.), Bier in Bayern. Ausstellungskatalog zur Jahresausstellung 2016, S. 1–12.

Im Memminger Spital hingegen gab es noch im ganzen 16. Jahrhundert keinen Bierverbrauch und schon gar keine Bierproduktion. Das gebräuchliche Getränk für die Amt- und Dienstleute, Pfründner und Kranken war der Wein.[30] Viele Seelgerät- und Jahrtagsstiftungen des Spätmittelalters waren verbunden mit einer besonderen Weinzugabe für die Spitalinsassen. Die jährlichen Ausgaben des Spitals „*um Wein*" waren nicht unerheblich. 1515/16 waren es immerhin 56,3 lib h, das waren knapp 14 % der gesamten Jahresausgaben. Das ganze 16. Jahrhundert hindurch beanspruchten die Ausgaben für den Weinverbrauch zwischen 10 % und 18 % der Gesamtausgaben. Da wurden schon mal 3.700 lib (1578) oder gar 4.230 lib h (1593) allein für Wein ausgegeben.

In den Jahren 1636 bis 1642 hörte jedoch der Weinverbrauch im Memminger Spital ziemlich abrupt auf. In dieser Zeit des Dreißigjährigen Krieges waren seine schlimmsten Auswirkungen spürbar und der Weinbezug des Spitals war nicht mehr zu bewerkstelligen, denn dieser kam aus Südtirol, dem Neckargebiet und vom Bodensee her. Man stellte also aus der Not heraus auf Bier um. Es bot sich an, das Bier selbst zu brauen; möglicherweise gab es in der Reichsstadt auch keinen potentiellen Bierlieferanten. Zum Bierbrauen bedurfte es aber der Gerste, ebenso des Hopfens, was aber im Umland kaum angebaut wurde. In der Jahresrechnung von 1642/43 gibt es dann zum ersten Male die Ausgabeposten dafür, was auch mit der Schorer-Chronik übereinstimmt, die schreibt, dass 1642 das erste Mal in Memmingen Bier gebraut wurde. Die Rechnung belegt auch ein „Bier-Ungeld"; offensichtlich hatte man die Bierherstellung so intensiv betrieben, dass man über den Eigenbedarf hinaus auch Bier verkaufen konnte. Eine Nachfrage war sicher vorhanden, denn das Versiegen der Weinquelle legte ja nicht nur das Spital trocken, sondern auch die Bürger. Jedoch musste die Gerste eingekauft werden, die Kornrechnungen vor 1642 zeigen, dass Gerste als Futter- und Nahrungsmittel noch kaum Eingang in den spitalischen Haushalt gefunden hatten. Roggen und Haber kamen genug herein, Gerste musste man erst anbauen, die aber nie ausreichte und weiterhin mit ansehnlichen Summen Geldes eingekauft werden musste. Später baute man auch Hopfen an. Von 1641 bis 1671 ist Ludwig Philipert Pfeiffer als Kornmeister nachgewiesen; bis zum Ende seiner Amtszeit führte er neben der Kornrechnung auch die Bierrechnung. Der Wein erzielte nie mehr eine Bedeutung als tägliches Getränk. Im Jahre 1750 zum Beispiel gab der Spitalschreiber gerade noch 85 Gulden für Weinkauf aus, 1751 nur noch 25 Gulden. Die zwangsweise Umstellung von Wein auf Bier während des Dreißigjährigen Krieges hatte sich somit für das Memminger Unterhospital äußerst positiv ausgewirkt.

30 Im Folgenden nach: Lambacher, Spital der Reichsstadt Memmingen (wie Anm. 10).

Einfachere Hospitäler – Heilig-Geist-Spital in Neuburg an der Donau

Pfalzgraf Ottheinrich erließ noch im selben Jahr der Spitalsübernahme im Jahre 1543 eine Spitalordnung, worin ein exakter Speiseplan festgelegt war.[31] Meiner Durchsicht nach umfasste dieser nur ein Existenzminimum, nämlich Suppe, Kraut oder Fleisch, Gemüse und Milch beziehungsweise wenn diese nicht bekommt oder vorhanden ist, dann Bier. Deshalb musste der Speiseplan durch Spenden vermögender Leute bereichert werden. Hierzu ist zu lesen:

> *„Hans Pruder hat gestift für jeden Pfründtner auf Johann Bapt. und Joh. Evang. ein halb V. Wein und ein pfenningwerths Brod.*
>
> *Wolfgang Aigner, Dechant allhier hat gestiftet für jeden Pfründtner auf Johann Evang. ein Stuck Fleisch und ein Semmel. Die so im gem. Almos. Hauß sind, sollen an einen oder 2 Tisch gesetzt werden, auch dabei gehalten werden, auf daß Keiner mer, vor den Häusern sammle, wie den ein Sollchs ain sonder Artikel in unser Ordnung ausweist."*

Konfliktpunkt ist also das Betteln in der Stadt, wenn das Almosenhaus die Armen nicht oder nicht richtig verpflegen kann. Mit der neuen, fürstlichen Hospitalleitung, einer neuen Hospitalordnung sowie Speiseplan und Essensstiftungen sollte dem begegnet werden. Brot wurde nicht erwähnt, war aber wohl reichlich vorhanden, denn dies bekamen die nicht zahlenden Armen sowie alles, was die Pfründner übrig ließen bei der gemeinsamen Einnahme der Mahlzeiten. Es ist nicht davon auszugehen, dass es deshalb zu einem Konflikt zwischen „Armen" und „Reichen" kam, vielmehr durfte man sich glücklich schätzen, überhaupt im Spital aufgenommen worden zu sein.

31 Nach wie vor findet sich ein erster Überblick bei: Roland Thiele, Die Geschichte des Hl.-Geist-Bürgerspitals in Neuburg a.d.D., in: Neuburger Kollektaneenblatt 127, 1974, Anhang S. 5–72. Hier nach der von Ottheinrich erlassenen Spitalordnung: BayHStA, Pfalz-Neuburg a 3883.

Abb. 36: Heilig-Geist-Spital Neuburg an der Donau. Ausschnitt aus einem Stich aus der Zeit der Maria Amalie von Sachsen (1757–1831), Herzogin von Pfalz-Zweibrücken. Bildnachweis: Privatbesitz. Foto: Autorin.

Die Pfründner im Heilig-Geist-Spital in Gundelfingen

Das Einnahmen- und Ausgaben-Register des Spitals zu Gundelfingen von 1625 ist ein gebundenes Werk von 225 Folia im Staatsarchiv Augsburg, das neben der exakten Rechnungsführung die ökonomische Situation des Spitals in dieser Zeit demonstriert – der Dreißigjährige Krieg hatte diese Region noch nicht erreicht.[32] Gleich zu Beginn des weitgehend von einer Hand geschriebenen, bisher von der Forschung nicht wahrgenommenen Werkes findet sich eine „*Pfrüendt Ordnung*", die sich nach genauerer Betrachtung im ersten Teil als ein Speiseplan entpuppt.[33]

32 StaatsAA, Fürstentum Pfalz-Neuburg, Literalien Nr. 297b. Herzlich danke ich Herrn Archivamtmann Günter Steiner für das Auffinden der Akte.

33 Ebd., fol. [1r]–8v.

Darauf folgt als zweiter Teil die namentliche Aufzählung der Pfründner und Pfründnerinnen mit Altersangabe und der Nennung der Anzahl der Jahre, die die Personen bereits im Spital verbracht haben. Am längsten im Spital war Maria Orthliebin, 69 Jahre alt, die sich dort im 24. Jahr aufhielt. Insgesamt 36 Pfründner und Pfründnerinnen konnten auf diese Weise für das Jahr 1625 gezählt werden. Weitere Personen werden im „*Spitalhaushalt außer der Pfründner unterhalten*", darunter die „*Anna Stehlerin*", die offensichtlich geklaut hat, und „*Hinderlaßenen Knaben umb 26 Jahr*" sowie das Spitalgesinde: Spitalmeister, Spitalmeisterin Anna Kröllin und wohl der Ehemann Martin Kroll sowie Melchior Vischer. Das macht „*Summa aller Personen 45*", wovon aber drei Personen bereits verstorben sind, sodass der „Rest" 42 Personen ausmacht.

Abb. 37: Ansicht und Grundriss des alten Hauses des Spitals Gundelfingen. Bildnachweis: Zeichner: Eustach Holl, Stadtmaurermeister, 1787, aus: StaatsAA, Karten- und Plansammlung A 68.

Der unten wiedergegebene erste Teil der „Pfrüendt Ordnung" des Gundelfinger Spitals, nämlich der Speiseplan, zeigt, dass die Speiseordnung an die Wochentage und vor allem an verschiedene Festzeiten wie Fasnacht, Kirchweih, katholische Heilige etc. gebunden waren. Dabei macht sogleich das erste Kapitel deutlich, dass die wichtigste Speise das Sakrament der heiligen Messe ist. Mit dem großzügigen Speiseplan des Regensburger St. Katharinenspitals oder des Memminger Kreuzherrenspitals kann die Gundelfinger Speiseordnung nicht annähernd mithalten. Die Basis ist die morgendliche und abendliche Suppe – eine mittägliche Suppe wird Sonntag, Montag und Dienstag offensichtlich nicht gereicht. Die Suppe kann morgens mit Fleisch angereichert sein oder sogar mit Fleisch und Kraut oder (wahlweise?) mit Speck gereicht werden, bleibt jedoch an vier Tagen fleischlos: Montag, Mittwoch, Freitag und Samstag. „Gebratenes" (Fleisch) gibt es nur an Fasnacht. Wenige Male wird die Wassersuppe durch Mus oder Erbsenbrei ersetzt. Einmal im Jahr gibt es nur Eier, dann aber gleich zehn Stück, zu Ostern oder schon zuvor in der Karwoche. Wein wird nur an bestimmten kirchlichen Festtagen ausgeschenkt und Bier wird gar nicht erwähnt.

Des Spithals zue Gundelfingen Pfreündt=ordnung

1. *Erstlichen sollen sich alle und jede Pfrüender, Mann und Weibspersonen vleißig am Sonntag, Feyr- und all anderen Tagen in der Woche herumb, in wölchen das Opfer der heyligen Meß verrichtet würdt, auch zu der Behör deß Göttlichen Wortts und dem Gebrauch der h. hochwürdigen Sacramenten halten.*
2. *Zum Andern ist geordnet, daß man alle Sonntag einen jeden Pfründer, es sey Mann oder Weibsperson, zue morgens ein Fleischsuppen, auch Kraut und Fleisch, oder Speck darin, und zue nachts ein Waßersuppen ordenlicher Weiß raichen oder geben soll.*
3. *Zum Dritten solle alle Montag zue morgens ein Waßersuppen, ein Gerst in einer Milch, zue nachts aber ein Erbes gegeben werden.*
4. *Zum Vierten, am Afftermontag zue morgens soll allwegen ein Waßersuppen, Kraut, und Fleisch, oder Rüeben, und Fleisch, oder Speck und des nachts ein Fleischsuppen gereicht werden.*
5. *Zum Fünften, am Mittwoch des morgens ein Waßersuppen, des mittags wider ein Waßersuppen, ein Schönmueß (?), und des nachts ein Erbes.*
6. *Zum Sechsten, alle Donnerstag des morgens ein Waßersuppen, des mittags wider ein Waßersuppen, Kraut, und Fleisch, oder Rüeben, und Fleisch oder Speck, und des nachtens ein Fleischsuppen.*

7. *Zum Siebenden, am freytag des morgens ein Waßersuppen, zue mittag ein gewesert Habermues, ein Gerst im Waßer, und des nachts ein Erbes geraicht werden sollen.*
8. *Zum Achten, auf jeden Samstag des morgens ein Waßersuppen, mittags wider ein Waßersuppen, ein Habermues in einer Milch, und des nachts ebenmeßig ein Waßersuppen gegeben werden soll.*
9. *Beim Neundten, gibt man den undern Pfründern am Tag S. Mariae Verkündigung, am heiligen Pfingsttag, zum Tag Mariae Himmelfart, am Tag Mathiae, am Tag Martini, am heiligen Christag, am Tag Mariae Reinigung, jeden ein ½ Maß Wein, oder 15 d.* (?) *und i. fr. Brott.*
10. *Dan am Tag Martini würdt allen Pfrüendern, dan dem Spithalmeister, und seinem Weib jedem ½ Maß Wein, oder 15 d. und i. fr. Brott, und dan mit Pfeffer, und Gebrattenes gespeist.*
11. *Item an der Faßnacht sollen ihnen Würstsuppen und Fleisch, Kraut, und Fleisch, oder Speck, und zur nacht wider Suppen und Fleisch gespeist werden.*
12. *Item an Faßnacht Montag soll ihnen den Pfrüendern ein Sultz, und Gebratenes, desgleichen Kraut, und Fleisch, und des nachts Suppen und Fleisch gegeben werden.*
13. *Item am Afftermontag echter Faßnacht gibt man ihnen Suppen und Fleisch, und was man ihnen am anderen Afftermontag gibt soll ihnen des tags auch gereicht werden.*
14. *Und an der Kürchweyhen im Spithal, wölche am Sontag vor oder nach Johannis gehalten, soll ihnen Suppen und Fleisch, und nichts destoweniger was ihnen sonsten uf den Sontag gepürt gereicht werden.*
15. *Item ob sich in der Schlacht zuetrüge, daß nicht Milch vorhanden were, so soll ihnen von Kopff, oder Knoden Fleisch ein Suppen, mittags oder nachts darfür gegeben werden.*
16. *Item am Weissen Sontag, zu eingang der Fasten, soll jedem Pfrüender des morgens ein Waßersuppen, und ein Hürsch in einer Milch, des nachts aber ein Waßersuppen, die Milch soll ihnen in der Fasten am Montag gegeben werden, als soll der Hürsch in der Milch die ganze Fasten über, an allen Sonntagen, dan im Jahr an allen Feyrtagen so es kein Fleischtag erreicht, gespeist werden.*
17. *Item am Montag, nach dem Weisen Sontag, des morgens ein Waßersuppen, des mittags ein erbesbrüe, ein Kraut im Schmaltz gemacht, und zue nachts ein Waßersuppen.*
18. *Desgleichen am Afftermontag ze morgens ein Waßersuppen, ein Gerst in einer Milch und des nachts ein Waßersuppen.*
19. *Am Mittwoch wie am Montag.*

20. *Am Donnerstag des morgens ein Waßersuppen, des mittag ein Waßersuppen, ein Schönmües in der Milch.*
21. *Am Freytag wie am Montag.*
22. *Am Sambstag des morgens ein Waßersuppen, des mittags ein Habermüeß in der Milch, und des nachts ein Waßersuppen.*
23. *Item so würdt jährlich jedem Pfrüender am Ostertag, oder in der Wochen zuevor zehen Eyer gereicht.*
24. *Item so würdt in der Fasten jeden Pfrüender für sier* (?) *10 d. wie auch umb Schönbrodt 10 d. gegeben.*

[25.–33.: Allgemeine Bestimmungen wie zur Aufhebung der Pfründe, Schlafenszeiten etc.]

34. *Soll wochendtlich ieden Pfrüender, wan die Milch vorhanden 1 Maß oder 2 d. für 1 Maß gereicht werden.*
35. *Wen sich zwen Pfrüender zusamen verheirathen, soll jeder dem Spithal ein Saltzscheiben schuldig sein zuebefohlen.*
36. *Und weyln vor disem an der Knöpfels= und Fasnacht* [...] *daß man fürohin alle Jahr ihnen an der Knöpfelsnacht, für die Knöpfen ieden 1 Metzlin Meel, jedem ½ Pfund schmalz, dan für 1 Pfund Fleisch, was es damahlen gültig.*
    Item an der Faßnacht wie an der Knöpffelsnacht, 1 Metzlin Meel, ½ Pfund Schmalz, und 1 Pfund Fleisch.
    Item am Schmalzigen Samstag jedem Pfrüender 1 Metzlin Meel, und ½ Pfund Schmalz.
37. *Es mögen auch die Pfrüender, ihre gekaufte Speis selbsten nießen oder verkaufen.*
38. *Es würdt jedem Pfrüender sein Los und anders was ihm gepüert nit vorbehalten, es sey einer daheim oder nit.*
39. *Itam am h. Ostertag würdt jedem Pfrüender 2 Metzlin Meel für die Fladen gereicht.*

Michaela Hermann

Aus Latrinen und Müllhalden. Die Augsburger „Warenwelt“ im Spätmittelalter und in der Renaissance aus Sicht der Archäologie

For one thing, archaeological excavations render important information about the strategies of waste disposal in Late Medieval and Early Modern cities. Apart from that, the objects discarded as waste themselves are an important source for the examination of the material culture. Based on three excavations in Augsburg, firstly it can be documented how in Late Medieval times latrines found in the proximity of residential houses within town were used for the private garbage disposal. Secondly, a waste dump located outside of the city walls documents the collaborative efforts for waste disposal in the beginning of the 16th century. Finally, a large pit nearby the monastery of St. Ulrich and Afra, filled with waste from domestic and commercial sources around the middle of the 16th century, represents a rather special case. Once these finds have been exploited, processed and evaluated they can render insights into various aspects of life, not least to issues and historic questions related to consumption patterns, to the change of consumption habits or their location.

Einleitung

„Abfälle sind das Paralleluniversum zur Warenwelt, ein dunkles und verborgenes häufig übelriechendes anderes, [...].“[1] Dieses einem kürzlich erschienenen Artikel des Nachrichtenmagazins Spiegel entnommene Zitat bezeichnet das Begriffspaar, um das es in diesem Beitrag gehen soll und das heute noch oder sogar mehr denn je aktuell ist. Anders als im einleitend zitierten Artikel geht es in diesem Beitrag nicht um einen Bereich der weltweit verflochtenen Wirtschaft in der Gegenwart, in der Abfall als wertvoller Stoff um den Globus fließt, sondern – auf lokaler Ebene – um die Strategien privater Haushalte zur Müllbeseitigung beziehungsweise um den Umgang mit Abfällen in Augsburg im Spätmittelalter

1 Ein Sack in China, in: Der Spiegel Nr. 11, 10.3.2018, S. 59–62, bes. S. 59.

und im beginnenden 16. Jahrhundert. Gibt es dazu und zu den Folgen für die Menschen und ihre Umwelt allgemeingültige Antworten?[2]

Abfälle waren zum Beispiel in Latrinen, Gruben, Gewässern und an anderen Orten nach Gebrauch weggeworfene Objekte. Ein Teil dieser Dinge kommt, meistens erst nach einigen hundert Jahren, bei archäologischen Ausgrabungen wieder ans Licht. Für die vorliegende Studie wurden beispielhaft drei in jüngerer Zeit in Augsburg durchgeführte Ausgrabungen und ihr Fundmaterial ausgewählt. Einleitend geht es um eine innerstädtische Parzelle mit einer bis dahin noch nicht dokumentierten Dichte von spätmittelalterlichen Latrinen, in denen sich erstmals für Augsburg organische Funde in großen Mengen erhalten hatten. Ferner werden zwei Massenfunde betrachtet: Bei einer außerhalb der Stadtmauern gelegenen Fundstelle handelt es sich mit großer Wahrscheinlichkeit um eine mehrere Jahrzehnte lang bis um 1525 genutzte allgemeine Mülldeponie, während der Massenfund aus einer großen Grube im ehemaligen Obstgarten des Klosters St. Ulrich und Afra einen absoluten Sonderfall darstellt. Dort hatte man um die Mitte des 16. Jahrhunderts aus bisher unbekannten Gründen und innerhalb sehr kurzer Zeit Abfälle aus der ganzen Stadt vergraben.

Im zweiten Teil des Beitrags geht es um die Objekte selbst. Inwieweit können Funde, die von der Archäologie vorwiegend unter dem Aspekt der Typologie, der Chronologie, der Funktion, der Produktion, der Frage nach Herstellungsorten oder Handelswegen untersucht werden, einen Beitrag zur Erschließung der „Warenwelt“ leisten? Bisher wurden in der Archäologie Funde kaum als Konsumgüter betrachtet und die Anwendung von Methoden und Theorien der Konsumforschung, speziell in der Historischen Archäologie und der Mittelalterarchäologie, steht noch am Anfang.[3] Die im Folgenden vorzustellenden Funde sind

2 Vgl. dazu den grundlegenden Diskussionsbeitrag anhand des Fallbeispiels Konstanz: Ralph Röber, Die Belastung von Wasser und Boden in der mittelalterlichen Stadt – Einzelfall oder Paradigma?, in: Mitteilungen der Deutschen Gesellschaft für Archäologie des Mittelalters und der Neuzeit 29, 2016, S. 21–36.

3 Vgl. Ute Scholz, Konsum und Archäologie. Zur Anwendung von Theorien der Konsumforschung in der Historischen Archäologie, in: Historische Archäologie 1, 2012, S. 1–18, URL: http://www.histarch.uni-kiel.de/2012_scholz_high.pdf (letzter Zugriff: 12.5.2018). Auch hatte man Konsumgeschichte bisher kaum mit dem ausgehenden Mittelalter in Verbindung gebracht, da Konsum als eine Erscheinung der Industriegesellschaften galt. Erst jüngst weitete Frank Trentmann die Geschichte des Konsums zeitlich bis ins 15. Jahrhundert aus und benannte als Beispiele für präindustrielle Konsumgesellschaften das Italien der Renaissance und die Ming-Dynastie in China: Frank Trentmann, Herrschaft der Dinge. Die Geschichte des Konsums vom 15. Jahrhundert bis heute, München 2017.

größtenteils gereinigt, haben erste Schritte der Inventarisierung durchlaufen und wurden nach bestimmten Merkmalen sortiert. Wo es konservatorisch notwendig war, wurden sie restauriert. Ungeachtet der teilweise starken Fragmentierung, die eine genaue Ansprache vieler Funde nicht immer sofort und bei manchen überhaupt nicht möglich macht, ist ihre richtige Bestimmung die Voraussetzung für die Vorlage als Quellenmaterial und weitere Auswertungen.

Bei der Beurteilung der Zusammensetzung der Fundkomplexe ist zu berücksichtigen, dass archäologische Funde verschiedenen Auswahlprozessen unterworfen sein können. Eine wichtige Rolle spielt das Recycling, das ebenfalls als Erklärung für charakteristische Fundlücken dient.[4] Ob die Recyclingquote mit steigendem Wohlstand sank und folglich die Abfallberge anwuchsen, wie Ernst Schubert annimmt[5], oder ob sich im Umgang mit Ressourcen schon so wie heute andere „Mentalitäten, ökonomische und repräsentative Zwänge"[6] widerspiegelten, sei in unserem Zusammenhang dahingestellt. Wahrscheinlich spielten noch andere Aspekte eine Rolle. Naheliegend ist die weitgehende Wiederverwertung von Metall und Glas, während man sich andererseits fragen kann, weshalb etwa Gegenstände aus Holz nicht wenigstens verbrannt wurden. Gefäße aus Keramik waren, wenn sie zerbrachen, kaum mehr verwendbar. Da das Material Keramik jedoch im Boden so gut wie nicht zerfällt, macht es neben den Tierknochen in den meisten Fundkontexten den größten Teil des Fundmaterials aus. So sind auch bei den hier behandelten Beispielen, vor allem bei den Massenfundkomplexen, die Keramikfunde überrepräsentiert. Ergänzend zu den Funden aus den drei geschlossenen Fundkomplexen werden im Einzelfall Funde von anderen Augsburger Ausgrabungen herangezogen. Einen besonderen Einblick in den Nahrungskonsum der frühneuzeitlichen Oberschicht erlaubt dabei der Fund tausender Austernschalen.

---

4 Vgl. Matthias Untermann, Vom Schicksal der Dinge – aus archäologischer Sicht, in: Mitteilungen der Gesellschaft für Archäologie des Mittelalters und der Neuzeit 26, 2014, S. 9–16, bes. S. 12. Untermann fasst den Begriff des Recyclings weiter als im heutigen Sinne und wendet ihn nicht nur für die Wiederverwertung als Rohstoff, sondern auch auf eine „Wiederverwendung von Objekten ohne ihre frühere Objektqualität" an.

5 Ernst Schubert, Alltag im Mittelalter. Natürliches Lebensumfeld und menschliches Miteinander, Darmstadt 2002, S. 100.

6 Matthias Untermann, Zur Bauform und Nutzung der Abortgrube des Augustinereremiten-Klosters in Freiburg im Breisgau – Klösterliche vs. bürgerliche Abfallentsorgung in Freiburg, in: Ders. u.a., Die Latrine des Augustinereremiten-Klosters in Freiburg im Breisgau (Materialhefte zur Archäologie in Baden-Württemberg 31), Stuttgart 1995, S. 341–354, bes. S. 354.

Die Fundorte

Maximilianstraße 23: private Abfallentsorgung inmitten der Stadt

Noch fast 60 Jahre nach dem Ende des Zweiten Weltkrieges stand in prominenter Innenstadtlage an der Maximilianstraße 23 ein unschöner, eingeschossiger Behelfsbau. Als schließlich 2013 ein Investor ein Konzept für die Neubebauung des Grundstücks vorlegte, waren unter anderem Auflagen der Bodendenkmalpflege zu berücksichtigen.[7] Nicht zuletzt aufgrund der Nähe zum Kollegiatstift St. Moritz, das auf das Jahr 1019 zurückgeht, sowie zum unmittelbar nördlich des Rathauses gelegenen Stift St. Peter am Perlach, das wohl 1067 von Bischof Embriko (Bischof von 1064–1077) gegründet wurde, waren für die hoch- und spätmittelalterliche Stadtentwicklung maßgebliche Befunde zu erwarten. Ab der Mitte des 14. Jahrhunderts lassen sich über die Steuerbücher erstmals auf dem Anwesen ansässige Bewohner namentlich fassen. Die insgesamt 840 m^2 große Parzelle reicht von der auf der Augsburger Hochterrasse gelegenen oberen Stadt hinunter ins Lechviertel. Auf 55 m Länge beträgt der Höhenunterschied fast 8 m. Unter dem ehemaligen zur Maximilianstraße hin orientierten Gebäude hatte ein im 14. Jahrhundert erbauter Keller, der nun seinerseits dem Neubau weichen musste, alle älteren Befunde beseitigt.[8] Von den Befunden, die im Hangbereich und hangabwärts bis zum Hunoldsgraben erhalten waren, sind in unserem Zusammenhang lediglich die Latrinen von Belang. Insgesamt wurden 15 Kloaken entdeckt, von denen sieben eine Holzkastenkonstruktion aufwiesen. Die Gruben wurden nicht alle gleichzeitig genutzt, Überschneidungen lassen eine relative zeitliche Abfolge erkennen. Mit einer Ausnahme konnten die Latrinen nur bis zur Baugrubensohle ausgegraben werden. Da auch die aufgehenden Teile nicht mehr rekonstruiert werden konnten, ließen sich zur Tiefe und zum Fassungsvermögen der Gruben keine ausreichenden Informationen gewinnen.

Ein im Hangbereich angelegtes geologisches Schichtprofil erbrachte den Nachweis, dass ein zwischen Römerzeit und Hochmittelalter zeitlich nicht näher einzugrenzender Hangrutsch eine dauerhafte Staunässe verursachte, die zur

7 Die Ausgrabung wurde von der Fa. PLANAteam, Augsburg, durchgeführt. Sie dauerte inkl. bauseitiger Unterbrechungen, die sich auf mehr als 14 Monate summierten, von März 2014 bis November 2016.

8 Diese und die folgenden Angaben sind dem kurzen Vorbericht zur Ausgrabung entnommen: Alexandra Gram-Koch, Siedlungsbefunde des Spätmittelalters an Augsburgs „Kaisermeile". Maximilianstraße 23 in Augsburg, in: Denkmalpflege Informationen 165, 2017, S. 15–19. Der Grabungsleiterin Alexandra Gram-Koch, M.A., danke ich für die darüberhinausgehende Diskussion der Grabungsbefunde.

außergewöhnlich guten Erhaltung des organischen Materials, nicht zuletzt der hölzernen Latrinenverschalungen, geführt hatte. Da dafür nicht selten ältere Bretter und Balken wiederverwendet wurden, müssen für eine möglichst exakte Datierung mithilfe der Dendrochronologie alle Hölzer beprobt werden. Die bisher ermittelten Fälldaten der noch nicht vollständig abgeschlossenen Untersuchung liegen zwischen dem ausgehenden 12. und dem Ende des 13. Jahrhunderts. Die Holzverschalungen dienten im Übrigen der Stabilität und hatten nicht die Aufgabe, die Gruben zu den Seiten hin abzudichten. Daher war auch der Boden der einzig vollständig ausgegrabenen Latrine nicht befestigt, sodass der flüssige Teil des Inhalts leichter versickern konnte (Abb. 38). Es handelt sich dabei um eine weit verbreitete Bauweise.[9]

Abb. 38: Augsburg, Maximilianstraße 23. Blick in die bei der Ausgrabung bis zum Boden ausgeräumte Latrine mit Holzverschalung. Bildnachweis: Foto: Fa. PLANAteam, Augsburg.

9 Im archäologischen Befund sehr oft, jedoch nicht regelhaft nachgewiesen z.B. aus Konstanz und Freiburg: vgl. Karin Sczech, Archäologische Befunde zur Entsorgung der mittelalterlichen Stadt (Beispiele aus Konstanz und Freiburg im Breisgau), Diss., Freiburg 1993, URL: www.freidok.uni-freiburg.de/volltexte/110 (letzter Zugriff: 12.5.2018); Basel: Pia Kamber / Christine Keller, Latrinen und Abfallbeseitigung, in: Historisches Museum Basel (Hg.), Fundgruben – Stille Örtchen ausgeschöpft (Ausstellungskatalog Historisches Museum Basel 1.6.–30.9.1996), Basel 1996, S. 10–23, bes. S. 10; aber auch aus der archivalischen Überlieferung, z.B. für Nürnberg: Walter Lehnert, Entsorgungsprobleme der Reichsstadt Nürnberg, in: Jürgen Sydow (Hg.), Städtische Versorgung und Entsorgung im Wandel der Geschichte (Stadt in der Geschichte. Veröffentlichungen des Südwestdeutschen Arbeitskreises für Stadtgeschichtsforschung 8), Sigmaringen 1981, S. 151–163, bes. S. 153.

Hauptzweck von Latrinen war die Entsorgung menschlicher Fäkalien. Doch es gelangten viele andere Dinge hinein, manche sicher unabsichtlich, in vielen Fällen dürften die Kloaken aber eine praktische Entsorgungsmöglichkeit für Abfälle gewesen sein, die in Haus und Küche anfielen, etwa den täglichen Kehricht, der mit Essensresten wie etwa kleinen Tierknochen oder Obstkernen durchmischt war. Wenn eine Latrine voll war, musste sie, wollte man sie weiter nutzen, geräumt werden. In Augsburg war nach dem Stadtrecht von 1276 für das Reinigen der „*Sprachuser*" der Henker verantwortlich.[10] Der Inhalt der Gruben durfte lediglich an zwei festgelegten Stellen in den Lechkanälen entsorgt werden. Nachdem die Bevölkerung in der Stadt gewachsen war, erlaubten es die „Ratgeben" – die entsprechenden Nachträge wurden schon vor 1370 hinzugefügt –, den Latrineninhalt an die jeweils nächste Stelle im Lech zu tragen, jedoch nur „*bi der naht und an chainem tage*".[11] Zuwiderhandlungen wurden mit einem Bußgeld belegt. Später kamen weitere Einschränkungen hinzu, so war ab dem 16. Jahrhundert die Leerung von „Sinkgruben" nur im Winterhalbjahr erlaubt.[12] Diese Regelungen sowie die Festlegung, dass Fäkalien nur in fließendes Wasser geschüttet werden dürfen, waren in vielen Städten sehr ähnlich.[13] Darüber hinaus gibt es sowohl archäologische Belege als auch archivalische Hinweise, dass neben dem Mist der Haustiere auch Latrineninhalte als Dünger ausgebracht wurden.[14]

---

10 Christian Meyer (Hg.), Das Stadtbuch von Augsburg, insbesondere das Stadtrecht vom Jahre 1276, nach der Originalhandschrift zum ersten Male herausgegeben und erläutert, Augsburg 1872, S. 71 f.

11 Ebd., S. 71; zur Datierung der Nachträge: vgl. ebd., S. XXIV.

12 In Augsburg war die Leerung der Gruben zwischen St. Michael (29.9.) und St. Georg (23.4.) erlaubt, vgl. zuletzt: Barbara Rajkay, Die Kunst des Machbaren. Die reichsstädtische Wasserwirtschaft, in: Christoph Emmendörffer / Christof Trepesch (Hg.), Wasser Kunst Augsburg. Die Reichsstadt in ihrem Element (Ausstellungskatalog, Augsburg 15.6.–30.9.2018), Regensburg 2018, S. 68–87, bes. S. 74.

13 Eine Zusammenstellung von Beispielen aus verschiedenen Städten bei: Ulf Dirlmeier, Die kommunalpolitischen Zuständigkeiten und Leistungen süddeutscher Städte im Mittelalter (vor allem auf dem Gebiet der Ver- und Entsorgung), in: Sydow, Städtische Versorgung (wie Anm. 9), S. 113–150, bes. S. 122–127. Zu Nürnberg vgl. zuletzt: Daniel Burger, „Daran erkenn' ich meine Pappenheimer!" – Das Handwerk der Nachtkärrner oder Abtritt-Räumer in der Reichsstadt Nürnberg, in: Olaf Wagener (Hg.), Aborte im Mittelalter und in der Frühen Neuzeit. Bauforschung – Archäologie – Kulturgeschichte (Studien zur internationalen Architektur- und Kunstgeschichte 117), Petersberg 2014, S. 197–205, bes. S. 199.

14 In Konstanz hat sich vom Düngeraustrag bis heute ein „Scherbenschleier" in unbebaut gebliebenen Flächen erhalten, vgl. Judith Oexle, Versorgung und Entsorgung nach dem archäologischen Befund, in: Landesdenkmalamt Baden-Württemberg / Stadt Zürich

In der Praxis hat es sicher Abweichungen von diesen Vorschriften oder individuell angepasste Lösungen gegeben, denn Latrinenleerungen waren immer mit erheblichen Belästigungen verbunden. Sehr häufig musste der stinkende Latrineninhalt in Eimern durch die Häuser hinausgetragen werden. Obendrein war die Leerung teuer. 1508 waren in Nürnberg einmal 600 Pfennige zu bezahlen; für das Jahr 1510 sind Kosten von 2.843 Pfennigen belegt, was etwa 40 % des Jahresverdiensts eines städtischen Bauhandwerksgesellen entspricht.[15] Und es war gefährlich: Die Nürnberger Städtechronik des Heinrich Deichsler von 1469 schildert die dramatische Leerung einer Latrine, bei der mehrere Menschen erstickten, aus Köln ist ebenfalls ein Todesfall aktenkundig geworden.[16] Zudem ist der zeitliche Aufwand für die Räumung, vor allem von Gemeinschaftslatrinen, nicht zu unterschätzen, so waren etwa in einem Fall, der aus Konstanz berichtet wurde, der Totengräber und der Nachtrichter mit seinen Knechten mehrere Nächte beschäftigt.[17] Daher war man vielerorts sicher bestrebt, die Leerungsintervalle von Latrinen so weit wie möglich auszudehnen. Je nach Fassungsvermögen werden in der Literatur für verschiedene Städte Zeiträume von bis zu mehreren Jahrzehnten genannt.[18] Grundlegende Berechnungen stellte Sven Schütte an, der

(Hg.), Stadtluft, Hirsebrei und Bettelmönch. Die Stadt um 1300, Zürich/Stuttgart 1992, S. 364–374, bes. S. 365; vgl. auch: Sczech, Archäologische Befunde (wie Anm. 9), S. 90. Für Zürich vermutet es: Martin Illi, Von der Schîssgruob zur modernen Stadtentwässerung, Zürich 1987, S. 37; Edgar Höfler / Martin Illi, Versorgung und Entsorgung im Spiegel der Schriftquellen, in: Landesdenkmalamt, Stadtluft (wie Anm. 14), S. 351–364, bes. S. 363.

15 Vgl. Dirlmeier, Zuständigkeiten (wie Anm. 13), S. 141 f.; zu Köln: vgl. Marianne Gechter, Wasserversorgung und Entsorgung in Köln vom Mittelalter bis zur Frühen Neuzeit, in: Kölner Jahrbuch für Vor- und Frühgeschichte 20, 1987, S. 219–270, bes. S. 247.

16 Chroniken der Deutschen Städte 10, Nürnberg 4, S. 313; vgl. auch: Kamber / Keller, Latrinen (wie Anm. 9), S. 15, und Burger, Pappenheimer (wie Anm. 13), S. 200. Zu Köln: vgl. Gechter, Wasserversorgung und Entsorgung (wie Anm. 15), S. 248.

17 Vgl. Sczech, Archäologische Befunde (wie Anm. 9), S. 133. In Basel dauerte im Jahr 1765 die Leerung einer 37 Jahre nicht geleerten Grube „6 Nächte“, vgl. Kamber / Keller, Latrinen (wie Anm. 9), S. 16.

18 Beispiele bei: Dirlmeier, Zuständigkeiten (wie Anm. 13), S. 142, für Nürnberg: 7–30 Jahre (bei Fassungsvermögen von 21 bis 28 m^3) und Ulm: „mehrere Jahrzehnte“; vgl. auch: Gechter, Wasserversorgung und Entsorgung (wie Anm. 15), S. 249 f. In Zürich wurden die Latrinen hingegen sehr häufig geleert, vgl. Illi, Schîssgruob (wie Anm. 14), S. 37. Prinzipiell ist das Volumen der eingetragenen Fäkalien nur schwer zu quantifizieren, vgl. dazu: Röber, Belastung (wie Anm. 2), S. 21 f. Die Gesamtzahl von 7.000 bis 8.000 Tonnen für das 15.000 Einwohner zählende spätmittelalterliche Braunschweig steuert Schubert, Alltag im Mittelalter (wie Anm. 5), S. 102, bei.

für eine 25 m^3 große Grube bei einer Haushaltsgröße von 4,5 bis 6,5 Personen einen Auffüllungszeitraum von 50–70 Jahren ermittelte.[19]

Möglicherweise haben die Bewohner an der Maximilianstraße daher die Strategie verfolgt, die Latrinen möglichst selten leeren zu müssen und deswegen darauf geachtet, in die Gruben nicht allzu viele platzraubende Gegenstände hineinzuwerfen, vor allem nicht-organische, feste Abfälle, die nicht verrotteten. Es ist sogar denkbar, dass diese Latrinen überhaupt nicht geleert wurden.[20] Das könnte ihre große Zahl auf einer Parzelle erklären. Statt einer aufwendigen Leerung zog man die Anlage einer neuen Grube an anderer Stelle vor und nahm dabei in Kauf, dass dabei eine ältere, vielleicht schon vergessene Latrine angeschnitten wurde. Diese Vermutung wäre eventuell zu bestätigen, wenn man über die dendrochronologische Auswertung aller Bauhölzer sowie der Holzfunde genaue Daten zur Errichtung, Nutzungsdauer und Aufgabe der einzelnen Gruben ermitteln kann. Im Übrigen überdauerten gefüllte Latrinen nicht selten bis zur Anlage der Kanalisation im 19. Jahrhundert.[21]

Prinzstraße 49: eine kommunale Müllhalde?

Etwa 700 m östlich der Stadtmauer entdeckte man im Frühjahr 2010 bei einem Bodenaustausch auf dem Gelände der ehemaligen Augsburger Kammgarnspinnerei, etwa 30 cm bis 1 m unter der heutigen Oberfläche, eine ausgedehnte, jedoch nur maximal 50 cm mächtige Schicht, die zeitlich relativ homogenes Fundmaterial aus der zweiten Hälfte des 15. und dem beginnenden 16. Jahrhundert enthielt. Vieles spricht dafür, dass an diesem Platz, in einem hochwassergefährdeten Gebiet

---

19 Sven Schütte, Brunnen und Kloaken auf innerstädtischen Grundstücken im ausgehenden Hoch- und Spätmittelalter, in: Heiko Steuer (Hg.), Zur Lebensweise in der Stadt um 1200. Ergebnisse der Mittelalterarchäologie (Zeitschrift für Archäologie des Mittelalters, Beiheft 4), Köln 1986, S. 237–255, bes. S. 241.

20 Ein Beispiel unter vielen ist Konstanz, wo man ebenfalls einige Latrinen überhaupt nicht geräumt und in vollem Zustand aufgegeben hat, vgl. z.B.: Oexle, Versorgung und Entsorgung (wie Anm. 14), S. 368. – Beim Abgraben der Latrinen an der Augsburger Maximilianstraße wurden mehrere isolierende und geruchsbindende Kalkschichten angetroffen, was diese Vermutung stützen könnte, freundlicher Hinweis von Alexandra Gram-Koch; ähnliche Befunde auch in Freiburg und Konstanz, vgl. Sczech, Archäologische Befunde (wie Anm. 9), passim.

21 Z.B. in Nürnberg: vgl. Lehnert, Entsorgungsprobleme (wie Anm. 9), S. 153, oder in Ulm: vgl. Dirlmeier, Zuständigkeiten (wie Anm. 13), S. 142. In Freiburg wurden die Latrinen noch bis zum Bau der Schwemmkanalisation genutzt: vgl. Untermann, Bauform und Nutzung (wie Anm. 6), S. 341–346; vgl. Sczech, Archäologische Befunde (wie Anm. 9), S. 127, 149, passim.

im Lechtal, einige Jahrzehnte lang Müll aus der Stadt abgeladen wurde.[22] Beim Fundmaterial, das sowohl aus dem städtischen Verbrauchermilieu als auch aus Handwerksbetrieben stammt, handelt es sich ausschließlich um Abfälle aus anorganischem Material. Organisches Material hätte sich im gut durchlüfteten Kiesboden allerdings nicht erhalten. 70 % des Volumens machten die Tierknochen aus, die bis auf eine statistisch relevante Menge sowie auf die Abfälle einer gewerbsmäßig organisierten Herstellung von Knochenperlen und -ringen nicht aufbewahrt wurde.[23] Der Rest der Funde besteht im Wesentlichen aus Keramikfragmenten, während Glas- und Metallfunde nur einen relativ geringen Anteil am Fundvolumen haben.

Im Gegensatz zur privaten Müllentsorgung in Latrinen oder in Gruben auf eigenen Grundstücken scheint es sich hier um eine gemeinschaftliche Lösung eines Abfallproblems zu handeln. Allerdings stellt sich die Frage, ob wir bereits von einer planvollen kommunalen Abfallbeseitigung sprechen können, oder ob es noch eine „wilde" Deponie ist, von denen auch in anderen Städten hin und wieder die Rede ist.[24] Aus späteren Jahrhunderten kennen wir aus Augsburg ein geordnetes System von zahlreichen innerhalb der Stadtmauern angelegten „Schüttenen", auf denen der Müll zunächst gesammelt und zwischengelagert wurde.[25] Diese Abfälle wurden dann an Bauern verpachtet, die sie aus der Stadt hinaus fahren mussten, wo eventuell – vergleichbar mit Berichten aus anderen Städten – Plätze markiert waren, auf denen der von den Bauern aussortierte, nicht mehr verwertbare „Restmüll" abgeladen wurde.[26] Wie weit man dieses „Schüttenen-System" in den Quellen

---

22 Vgl. Michaela Hermann, Alles nur Müll? Archäologische Nachweise kommunaler Abfallentsorgung im frühneuzeitlichen Augsburg, in: Denkmalpflege Informationen 148, 2011, S. 19–22; erneut abgedruckt in: Das Archäologische Jahr in Bayern 2010, Stuttgart 2011, S. 166–171.

23 Beratung durch: Dr. Henriette Obermaier, Staatssammlung für Anthropologie und Paläoanatomie, München. Wie sich später herausstellte, enthielt die Stichprobe überproportional viele Knochen von alten Pferden (mündl. Mitteilung Prof. Dr. Joris Peters, München), was auf eine in der Nähe gelegene Abdeckerei hinweisen und gleichzeitig den sehr hohen Anteil von Knochen erklären könnte.

24 Schubert, Alltag im Mittelalter (wie Anm. 5), S. 98, belegt Beispiele für Köln sowie Nürnberg und Goslar: ebd., Anm. 406.

25 Dieses System der Abfallentsorgung wurde erstmals thematisiert von: Susanne F. Kohl, Geschichte der Stadtentwässerung Augsburg 1910–2010, Augsburg 2010, S. 46. Für das Jahr 1659 nennt sie die Zahl von 29 Schüttenen innerhalb der Stadt.

26 Dirlmeier, Zuständigkeiten (wie Anm. 13), S. 124, führt Belege für Straßburg, Frankfurt und Nürnberg an; zu Freiburg: vgl. Sczech, Archäologische Befunde (wie Anm. 9), S. 135; in Ulm gab es möglicherweise öffentliche, für jeden zugängliche Deponien: vgl.

zurückverfolgen kann, ist nicht untersucht.[27] Einen sehr frühen Hinweis auf ein ähnliches Vorgehen, das zuerst wohl nur in Ausnahmefällen angewendet wurde, findet man für das Jahr 1416 in der Chronik des Burkhardt Zink.[28] Es wäre eine Überlegung wert, ob es die seit dem Ende des 15. Jahrhunderts stark angestiegene Bevölkerungszahl später notwendig machte, dass sich aus gelegentlich durchgeführten Sonderaktionen regelhafte Maßnahmen entwickeln sollten.

Anders als bei den Latrinen besteht bei der Müllhalde außerhalb der Stadtmauern keinerlei Verbindung der Objekte mehr zum Ort ihres Gebrauchs. Dies trifft genauso bei der nächsten Fundstelle zu, selbst wenn es verlockend erscheinen mag, einen Zusammenhang zwischen den Funden und dem Fundort, nämlich zum ehemaligen Kloster St. Ulrich und Afra, herzustellen.

Kitzenmarkt 11: die große Grube im Klostergarten

Ende der 1990er Jahre sollte die 10.000 m^2 große Fläche, auf der sich bis zur Säkularisierung der Große Obstgarten des Klosters St. Ulrich und Afra befand, neu bebaut werden. Von den Befunden der zuvor durchgeführten Ausgrabung (1998–2000), darunter zahlreiche Gräber eines spätantiken und frühmittelalterlichen Friedhofs, ist in unserem Zusammenhang nur eine große Grube mitten im ehemaligen Obstgarten des Klosters wichtig.[29] Die sorgfältig ausgehobene Grube hatte einen ungewöhnlichen T-förmigen Grundriss, ihre Fläche betrug circa 1.100 m^2 und ihre Mindesttiefe 3 m. Kurz nachdem man sie ausgehoben hatte – möglicherweise war sie noch nicht einmal fertiggestellt –, hat man sie innerhalb sehr kurzer Zeit wieder zugefüllt. Dafür verwendete man Bauschutt sowie Haus- und Gewerbeabfälle aus der ganzen Stadt. Objekte aus dem Kloster spielten dabei kaum eine Rolle. Etwa 300 Fundmünzen datieren diesen Vorgang in die

---

Höfler / Illi, Versorgung und Entsorgung (wie Anm. 14), S. 363. Ein Sonderfall ist Konstanz, wo der feste Müll zur Baulandgewinnung am Bodenseeufer deponiert wurde, vgl. Oexle, Versorgung und Entsorgung (wie Anm. 14), S. 372 f.; Sczech, Archäologische Befunde (wie Anm. 9), S. 79–82.

27 Kohl, Stadtentwässerung (wie Anm. 25), S. 46, erwähnt den Zusammenbruch des Schüttenen-Systems im Jahr 1635, was sein Bestehen für eine unbestimmt lange Zeit vorher voraussetzt; den Nachweis dafür bleibt sie aber schuldig.

28 Chroniken der deutschen Städte 5, Augsburg 2, Leipzig 1866, S. 146, Anm. 3.

29 In den Vorberichten zur Ausgrabung wird die Grube nicht erwähnt, vgl. zuletzt: Günther Fleps / Lothar Bakker, Spätrömische und frühmittelalterliche Gräber am Kitzenmarkt in Augsburg, in: Das archäologische Jahr in Bayern 2001 (Stuttgart 2002), S. 96–100.

Mitte des 16. Jahrhunderts. Wir wissen weder, welchem Zweck die Grube dienen sollte, noch wissen wir, warum man sie so schnell wieder zugefüllt hat. Vielleicht mussten hier unverzüglich Planänderungen umgesetzt werden, die mit der Rolle des Klosters in der Augsburger Reformationsgeschichte zusammenhängen.

Bei diesem Vorgang stand nicht die Abfallentsorgung im Vordergrund, sondern das Zufüllen der Grube selbst. Umso spannender ist die Frage, wer überhaupt in der Lage war, diese Aktion innerhalb kürzester Zeit zu organisieren und die riesige Menge von etwa 2.500 bis 3.000 m^3 Füllmaterial zu beschaffen. Letztendlich verdanken wir dieser außerplanmäßigen Maßnahme den größten Massenfund aus Augsburg, der eine einzigartige Quelle für die Erforschung der renaissancezeitlichen Sachkultur in Augsburg darstellt.

Spätmittelalterliche Latrinen als Fundgruben

Da bisher weder die Funde aus den Latrinen noch aus den Massenfunden ausführlich bearbeitet sind, ist bei der folgenden Vorstellung der ausgewählten Objekte, die mit den Funden aus der Maximilianstraße beginnt, eine Ordnung nach ihrer Materialeigenschaft sinnvoll. Einzelne Fundgruppen können vorab ohne weiteres typologisch bestimmt werden, während eine darüberhinausgehende materialübergreifende Ansprache der Objekte, zum Beispiel nach ihrer Funktion, ohne vorhergehende Auswertung kaum zu leisten ist.

Wenn die Anwohner, wie oben angenommenen, verhindern wollten, dass sich die Latrinen zu schnell füllten, warfen sie vermutlich nur einen Teil des anfallenden Mülls hinein, von denen sich ein weiterer Teil aufgrund von Zerfallsprozessen im Boden nicht erhalten hat. Aus diesem Grund ist das Spektrum der aus den Gruben geborgenen Funde zwar nicht repräsentativ für die Gesamtheit der Objekte eines spätmittelalterlichen Haushalts, dennoch enthalten sie eine Reihe wichtiger Informationen zu verschiedenen Lebensbereichen und taugen unter Umständen als Indikator für soziale Differenzierung. Das gilt in gewissem Maße auch für die in den Latrinen entsorgten Essensabfälle, wie Tierknochen, Obstkerne, Nussschalen und andere botanische Makroreste, die bei entsprechender Auswertung wichtige Aussagen zur Zusammensetzung des Speisezettels, zum Nahrungsmittelkonsum oder sogar Lebensmittelimport machen können.

Keramik

Die aus den Latrinen geborgenen reduzierend gebrannten Keramikfragmente, die sich kaum zu ganzen Gefäßen zusammensetzen lassen, repräsentieren gewissermaßen das mittelalterliche Formenspektrum der vorwiegend hohen Vorrats- und

Kochtöpfe, von denen einer ausnahmsweise fast unversehrt geblieben ist. An einigen, vor allem kleineren Gefäßen ist bereits erkennbar, dass sich der keramische Formenschatz ab dem 13. Jahrhundert allmählich erweitert; vermehrt tauchen Gefäße mit spezieller Funktion auf, wie etwa eine kleine Sparbüchse, die die „stetig zunehmende Bedeutung des Geldes [...] im Laufe des 13. Jahrhunderts" widerspiegelt.[30] Münzfunde fehlen in den Latrinen allerdings völlig.

Holz- und Lederfunde

Während die Keramikfunde aus der Latrine in etwa denen anderer Grabungen im Stadtgebiet entsprechen, ist die große Anzahl von teilweise noch vollständigen Daubenschalen ein seltener Fund für Augsburg, da die notwendigen Erhaltungsbedingungen für organisches Material im Stadtgebiet fast nie gegeben sind. Dennoch dürfen wir annehmen, dass diese aus Nadelholz hergestellten Becher, Schalen und Eimer eine Massenware des Mittelalters waren (Abb. 39). Die Augsburger Gefäße variieren stark bezüglich der Größe und beim Verhältnis von Höhe und Weite, was vermutlich durch unterschiedliche Verwendungen bedingt war. Neben den geböttcherten Kleingefäßen fanden sich gedrechselte Gefäße, meist offene Formen, darunter eine 35 cm weite Schüssel aus Eschenholz und Fragmente von Tellern. Ebenfalls aus Holz gefertigt, oft gesägt oder geschnitzt, hat man zahlreiche kleinere Gegenstände des persönlichen Gebrauchs, wie etwa Kämme oder Griffe von Messern gefunden.[31] Ob es gelingt, alle Holzobjekte in ihrer Funktion zu bestimmen, darf aufgrund der starken Fragmentierung bezweifelt werden. Zudem scheinen sich viele Abfälle aus der Holzverarbeitung unter den Funden zu befinden.

Ähnliches trifft auf die Lederfunde zu, die sich neben dem Holz als weitere Materialgruppe aus organischem Material erhalten haben. Den überwiegenden

---

30 Uwe Gross, Zum Wandel des Formenschatzes von Keramik und Glas „um 1200" nach städtischen Funden aus Südwestdeutschland, in: Karsten Igel / Michaela Jansen / Ralph Röber / Jonathan Scheschkewitz (Hg.), Wandel der Stadt um 1200. Die bauliche und gesellschaftliche Transformation der Stadt im Hochmittelalter. Archäologisch-historischer Workshop Esslingen am Neckar, 29. und 30.6.2011 (Materialhefte zur Archäologie in Baden-Württemberg 96), Stuttgart 2013, S. 409–418, bes. S. 411 f. mit Abb. 8.

31 Zu Möglichkeiten und Problemen der Auswertung spätmittelalterlicher, vorwiegend im Feuchtbodenmilieu erhaltenen Kleinfunde aus Holz vgl. exemplarisch: Ulrich Müller, Holzfunde aus Freiburg/Augustinereremitenkloster und Konstanz. Herstellung und Funktion einer Materialgruppe aus dem späten Mittelalter (Forschungen und Berichte der Archäologie des Mittelalters in Baden-Württemberg 21), Stuttgart 1996.

Teil des kleinteiligen Fundmaterials wird man der Kleidung und der persönlichen Ausstattung im weitesten Sinne zuordnen können. Daneben fanden sich besonders in einer Latrine große Mengen von unspektakulärem Lederabfall, etwa abgetrennte Randstreifen, die vielleicht in Zusammenhang mit einem Schuster oder Flickschuster stehen. Wie beim Holz wird bei einer Vielzahl der Lederstücke aufgrund der Fragmentierung oder der Eigenschaft als Werkstattabfall eine Angabe zur Funktion überhaupt nicht möglich sein.[32] Reste von Schuhen und Stiefeln sind dagegen in der Regel leichter zu identifizieren. Als Teil von umfangreichen archäologischen Fundkomplexen vorwiegend mit Feuchtbodenerhaltung waren sie sowie andere Lederfunde bereits in den 1990er Jahren der Grundstock für die Erarbeitung einer Typologie und die chronologische Einordnung von Objekten dieser Materialgruppe.[33] Mit Ausnahme von wenigen Stofffetzen fehlen Textilien in den Latrinen, was am ehesten mit einer weiteren Verwendung als umgearbeitete Kleidung oder mit Recycling, beispielsweise für die Papierherstellung, zu erklären ist.

32 Vgl. z.B.: Ilse Fingerlin, Lederfunde, in: Untermann, Latrine des Augustinereremiten-Klosters (wie Anm. 6), S. 129–265; vgl. außerdem: Christiane Schnack, Mittelalterliche Lederfunde aus Konstanz (Grabung Fischmarkt) (Materialhefte zur Archäologie in Baden-Württemberg 26), Stuttgart 1994. Auch Funde aus Gebäudehohlräumen werden mit Blick auf ihren Entdeckungskontext zu den archäologischen Quellen gerechnet und entsprechend bearbeitet: vgl. Rainer Atzbach, Leder und Pelz am Ende des Mittelalters und zu Beginn der Neuzeit. Die Funde aus den Gebäudehohlräumen des Mühlberg-Ensembles in Kempten (Allgäu) (Bamberger Schriften zur Archäologie des Mittelalters und der Neuzeit 2), Bonn 2005, S. 4.

33 Für den süddeutschen Raum: vgl. Fingerlin, Lederfunde (wie Anm. 32), S. 151–166. Zum Überblick über die europäische Forschung zu Schuh- und Lederfunden: vgl. Atzbach, Leder und Pelz (wie Anm. 32), S. 16–22.

Abb. 39: Augsburg, Maximilianstraße 23. Daubengefäße aus Nadelholz. Höhe des Eimers hinten rechts: 17 cm. Bildnachweis: Foto: Stadtarchäologie Augsburg.

Glas und besondere Kleinfunde

Bis in die Mitte des 13. Jahrhunderts ist Glas in archäologischen Fundkomplexen in größeren Mengen nicht vorhanden.[34] Trinkgläser waren meist seltene und eher kostspielige Gefäße, deren Zahl erst im Laufe der zweiten Hälfte des 13. Jahrhunderts allmählich zunimmt. Demzufolge ist die Menge der aus den Latrinen geborgenen Glasfunde eher gering. Die Gefäßformen entsprechen dem bekannten spätmittelalterlichen Spektrum: Neben den für diese Zeit üblichen dünnwandigen Bechern mit kleinen Nuppen gibt es Gefäße aus farblosem Glas, darunter Flaschen und Rippenbecher mit aufgelegten blauen Glasfäden, die man regelhaft in städtischen Fundkontexten in Süddeutschland, und auch in Augsburg, findet. Sie datieren in die zweite Hälfte des 13. und an den Anfang des 14. Jahrhunderts.[35] Nachweisen lassen sich außerdem einige emailbemalte Gläser (Abb. 40), die vom

34 Gross, Wandel (wie Anm. 30), S. 412.

35 Grundlegend zu mittelalterlichen Hohlgläsern noch immer: Erwin Baumgartner / Ingeborg Krueger, Phönix aus Sand und Asche. Glas des Mittelalters (Ausstellungskatalog, Bonn und Basel 1988), München 1988.

letzten Viertel des 13. bis zur Mitte des 14. Jahrhunderts in Venedig und vielleicht auch in anderen Glashütten hergestellt wurden. Während diese in Europa weit verbreiteten Becher, deren Herkunft man zuerst im Nahen Osten vermutete, früher als absolute Rarität angesehen wurden, haben die zahlreichen Neufunde der letzten Jahrzehnte dazu geführt, dass sie vom Status eines Luxusartikels zu dem einer gehobenen Massenware quasi abgewertet wurden.[36]

Abb. 40: Augsburg, Maximilianstraße 23. Fragment eines emailbemalten Glasbechers mit der Darstellung eines Verkündigungsengels. Höhe: noch 4,9 cm. Bildnachweis: Bayerisches Landesamt für Denkmalpflege, München, Foto: Michael Forstner.

Als besondere Einzelstücke im Fundmaterial können die kupferne Fassung eines Handspiegels mit eingeritztem geometrischen Dekor[37], sowie ein metallener

36 Vgl. Baumgartner / Krueger, Phönix (wie Anm. 35), S. 126–160; Ingeborg Krueger, Heilige, Höfisches und Bestiarium, in: Archäologisches Landesmuseum Baden-Württemberg (Hg.), GlasKlar. Archäologie eines kostbaren Werkstoffes in Südwestdeutschland (Ausstellungskatalog, Konstanz 2015), Friedberg 2015, S. 98–103; zuletzt mit der Vorlage der Augsburger Funde: Dies., Die europäischen emailbemalten Becher des 13./14. Jahrhunderts: Eine Zusammenfassung zum Forschungsstand, in: Journal of Glass Studies 60, 2018, S. 129–162.

37 Vgl. Gram-Koch, Siedlungsbefunde (wie Anm. 8), S. 19, Abb. oben links.

Fingerring gelten, die wohl beide aus Versehen in die Grube gefallen waren und nicht mehr geborgen werden konnten.

Massenfunde – Fundmassen

So verschieden wie der Charakter der Fundstellen ist, so sehr unterscheidet sich die Zusammensetzung der Funde von der Mülldeponie und aus der großen Grube von den privat entsorgten Latrinenfunden. Es handelt sich um Haus- und Gewerbemüll aus der ganzen oder zumindest aus einem großen Teil der Stadt, der vorher schon mindestens einmal umgelagert wurde und mit keinem bestimmten Ort oder sogar Haushalt in Verbindung gebracht werden kann. Gemeinsam ist beiden Fundkomplexen neben dem großen Umfang die zeitliche Geschlossenheit.

Dieser Umfang ist vorerst nur annähernd zu quantifizieren.[38] Grob geschätzt umfasst das Fundmaterial von beiden Grabungen zusammen ein Volumen von circa 80 m^3 und ein Gewicht von circa 30 Tonnen, wobei der Hauptanteil auf die Geschirrkeramik sowie die Tierknochen fällt.[39] Dennoch ist es bereits jetzt möglich, aus der Fülle des Materials Fundgruppen auszuwählen, die einen Einblick in das Verbrauchermilieu und das Konsumverhalten hinsichtlich bestimmter Objektkategorien erlauben. So zeigt das Vorhandensein von teuren Luxuswaren, dass es eine, wenngleich nur kleine Zahl von Einwohnern gab, die sich exquisite Güter leisten konnten und wollten. Andererseits bargen die Fundmassen von vielen bisher als selten angesehenen Objekten eine relativ große Anzahl, was – zusammen mit Neufunden anderer Fundorte – die Neubewertung einiger Fundgruppen notwendig macht.

---

38 Aufgrund der provisorischen Depotsituation waren die Funde auf verschiedene Standorte verteilt und konnten erst vor kurzem im neuen Archäologischen Zentraldepot Augsburg zusammengeführt werden, sodass nun erstmals die Voraussetzungen für grundlegende Ordnungsarbeiten vorhanden sind.

39 Von beiden Fundplätzen war der Anteil der Tierknochen (inkl. Produktionsabfällen) sehr hoch; er betrug ca. 70 % (Prinzstraße) bzw. knapp 50 % (Kitzenmarkt) des Volumens. Während von der Grabung an der Prinzstraße von vorneherein nur eine statistisch relevante Menge aufgehoben wurde (vgl. dazu oben Anm. 23), hat man die Knochenfunde vom Kitzenmarkt zunächst separiert. Über ihre dauerhafte Aufbewahrung wird man in der Diskussion um die Auswertung der Fundkomplexe entscheiden müssen. Dieselbe Frage wird man sich irgendwann hinsichtlich der großen Mengen der immer gleichen Typen und Warenarten der Geschirrkeramik stellen müssen.

Regional und lokal produzierte Keramik

Spätestens ab der zweiten Hälfte des 15. Jahrhunderts wandelt sich das einheitliche Typenspektrum der mittelalterlichen Geschirrkeramik grundlegend. Die nun zunehmend oxidierend gebrannte Ware wird immer öfter glasiert und die Vielfalt der Formen nahezu unüberschaubar. Neben den vorher dominierenden hohen Töpfen gibt es nun zahlreiche offene Formen, was möglicherweise als Hinweis auf geänderte Gewohnheiten bei der Zubereitung des Essens gedeutet werden kann. Darüber hinaus treten nun immer häufiger keramische Sonderformen auf.[40] Auf die Entwicklung der Ofenkeramik, die in den beiden Fundkomplexen ebenfalls vorhanden ist, kann nur hingewiesen werden. Hergestellt wurde diese Keramik in lokalen und regionalen Werkstätten, die den größten Teil des Bedarfs an Geschirr decken konnten. Innerhalb dieser Produktion tauchte in den 1530er Jahren als kleine Sondergruppe die polychrom glasierte und zusätzlich oft reliefverzierte Ware auf, die sich vorwiegend auf besondere Gefäßformen, zum Beispiel kleine dünnwandige Becher, sogenannte Krausen, beschränkte.

Keramikimporte

Auch die Importe nehmen zu, wobei sich von Augsburg aus der Blick immer zuerst nach Italien richtet. Sicher nur als Mitbringsel gelangten einzelne Gefäße der nördlich der Alpen nur selten gefundenen Sgraffitokeramik, die seit dem 15. Jahrhundert in Werkstätten im Friaul und in Venetien produziert wird, in die Stadt. Etwas jünger datieren die Fragmente der ebenfalls in oberitalienischen Töpferzentren, wie Venedig, Faenza, Siena oder Deruta, hergestellten Fayence-Geschirre. Lohnenswert wäre es allerdings, die Funde nach älteren Produkten des 15. Jahrhunderts zu durchforsten. Selbst im stark fragmentierten Zustand ist die bisweilen hervorragende Qualität der Teller, Schalen und anderer Gefäße offensichtlich. Der überwiegende Teil der kostspieligen Geschirre oder sogar vielteiligen Service dürfte von den Interessenten direkt oder über persönliche Vermittlung bei den Produzenten bestellt worden sein.

Keramikgefäße wurden auch aus anderen Gegenden eingeführt, wie schon im 15. Jahrhundert Trinkbecher aus Steinzeug in hoher Stückzahl. Am häufigsten ist

40 Vgl. Michaela Hermann, Keramik aus zwei renaissancezeitlichen Massenfunden aus Augsburg – ein erster Überblick, in: Silvia Glaser (Hg.), Keramik im Spannungsfeld zwischen Handwerk und Kunst. Beiträge des 44. Internationalen Symposiums Keramikforschung 2011 im Germanischen Nationalmuseum Nürnberg, 19.–23. September 2011 (Wissenschaftliche Beibände zum Anzeiger des Germanischen Nationalmuseums 40), Nürnberg 2015, S. 84–96.

der für das Rheinland typische Trichterhalsbecher, aber zunehmend erkennen wir Gefäße aus Sachsen im Fundmaterial. Bisher mit einer einzelnen Scherbe von der Ausgrabung Judenberg 11 nachgewiesen, ist ein Steinzeuggefäß der sogenannten „Falke-Gruppe", einer Luxusware des ausgehenden 14. und der ersten Hälfte des 15. Jahrhunderts, die im östlichen Sachsen hergestellt wurde. Über große Entfernungen wurden nur wenige Gefäße verhandelt.[41] Auch der Fund einer kleinen Scherbe einer Schale aus metallisch glänzender Lüsterware, die um 1450 in Sevilla hergestellt wurde, ist bis jetzt in Augsburg singulär.[42] Funde dieser Keramik kennt man vor allem aus den Hafenstädten an der Nordsee. Auch hier kann man annehmen, dass die Schale als Souvenir oder Geschenk nach Augsburg gelangt ist.

Keramische Sonderformen: Vogeltränken und Beleuchtungsgerät

Wendet man sich erneut den Produkten der lokalen Hafner zu, stellt man fest, dass sie neben dem normalen Geschirr allerhand Sonderformen fertigten. Während viele dieser Dinge in normalen Siedlungsbefunden nur vereinzelt vorkommen, vermitteln die beiden Massenfunde nun eine Vorstellung davon, dass von diesen sogenannten Sonderformen größere Stückzahlen auf den Markt gekommen sein müssen. Relativ häufig kamen zum Beispiel langrechteckige Gefäße mit quer eingesetztem Steg vor, die in der Literatur als Vogeltränken bezeichnet werden und als solche sicher auch benutzt wurden. Darüber werden sie für viele andere Zwecke Verwendung gefunden haben.

Nicht weniger selten tauchten in den Massenfunden verschiedene Beleuchtungsgeräte auf. Aus heutiger Sicht erscheint die Beleuchtung der dunklen Innenräume mittelalterlicher Häuser unbefriedigend und wenig komfortabel. Seit der zunehmenden Verbreitung des Kachelofens im Laufe des 13. Jahrhunderts, der das offene Herdfeuer ablöste, benötigt man dazu eine separate Lichtquelle.[43] Die häufigste Form eines Lämpchens waren einfache, flache Schälchen, in denen die meist stark rußenden Brennstoffe verbrannt wurden, etwas seltener war die

41 Vgl. Hans-Georg Stephan / David Gaimster, Die „Falke-Gruppe". Das reich verzierte Lausitzer Steinzeug der Gotik und sein archäologisch-historisches Umfeld, in: Zeitschrift für Archäologie des Mittelalters 30, 2002, S. 107–163.

42 Gefunden 2013 bei der Sanierung der Stadtmauer an der Riedlerstraße in den mit Schutt verfüllten Zwickeln des 1488 hergestellten Wehrgangs (Datierung über Putzinschrift und Dendrochronologie). Für die Bestimmung der Lüsterkeramik danke ich Dr. Michiel H. Bartels, Hoorn (Niederlande).

43 Fabian Brenker, Hochmittelalterliche Beleuchtungsformen im deutschen Südwesten. Ein interdisziplinärer Blick auf die profane Sachkultur des 12. und 13. Jahrhunderts, in: Zeitschrift für Archäologie des Mittelalters 42, 2014, S. 159–202, bes. S. 160.

Variante auf einem hohen, massiven Fuß. Im Laufe der Jahrhunderte änderte sich diese Grundform kaum. Neben den einfachen runden Schälchen, die später meist mit einem kleinen Griff sowie einer Schnauze für den Docht versehen wurden, fanden sich in den Massenfunden zweistöckige Lampen, in deren unteren hohlen Teil man vielleicht noch eine Kerze stellen konnte.

Von der Müllhalde an der Prinzstraße stammen mehr als 50 Exemplare einer bisher völlig unbekannten Keramikform. Es sind ringförmige, wuchtige, sich nach oben verjüngende Objekte, die mit umlaufenden plastischen Wellenbändern, Kerbleisten, Wellenlinien oder sogar mit runden Türmchen verziert sind und an denen seitlich immer ein Näpfchen angarniert ist. Einzelne Stücke tragen figürlichen Schmuck. Am wahrscheinlichsten wird es sich um Kerzenständer gehandelt haben (Abb. 41). Anhand der vollständigen und rekonstruierbaren Exemplare lassen sich mittlerweile stark fragmentierte Stücke von anderen Augsburger Fundplätzen identifizieren.

Abb. 41: Augsburg, Prinzstraße 49 c. Kerzenleuchter aus Keramik. Höhe des Objekts hinten rechts: 11,6 cm. Bildnachweis: Foto: Stadtarchäologie Augsburg.

Serielle Kleinplastik aus Keramik – ein neues Massenprodukt für alle?

Regelmäßig tauchen in Siedlungsfunden des 15. Jahrhunderts und der ersten Hälfte des 16. Jahrhunderts seriell hergestellte, in zweischaligen Modeln ausgeformte vollplastische Figürchen auf. Die Sujets sind sehr vielfältig, am beliebtesten waren kleine Jesusknabenfigürchen. Darüber hinaus gab es Figürchen von Heiligen, eine Vielzahl profaner Darstellungen, überwiegend von Frauen, aber auch Tiere.

Inklusive der Altbestände des Augsburger Maximilianmuseums summiert sich die Zahl der gotischen Figürchen, die seit dem 19. Jahrhundert in der nördlich des Doms gelegenen Frauenvorstadt entdeckt wurden, auf mehr als 300 Exemplare. Fehlbrände, wie ein Klumpen aus etwa 25 zusammengebackenen, modelgleichen Frauenfigürchen, weisen in diesem Stadtviertel eine Werkstatt nach, die man jedoch nicht genauer lokalisieren kann.[44] Ebenfalls um die 300 Figürchen, vorwiegend Heiligendarstellungen, wurden an der Prinzstraße gefunden. Die ältesten datieren ins späte 15. Jahrhundert, die jüngsten in die 1520er Jahre; und vom Kitzenmarkt stammen bis jetzt mehr als 1.700 Individuen, deren Datierung bis in die 1540er Jahre reicht (Abb. 42).[45]

Abb. 42: Augsburg, Kitzenmarkt 11. Serielle Kleinplastik aus Keramik. Frauenfigürchen in renaissancezeitlicher Kleidung. Höhe der Figur hinten links: 12,4 cm. Bildnachweis: Stadtarchäologie Augsburg, Foto: Graeme Nicholson.

44 Vgl. Michaela Hermann, Augsburger Bilderbäcker. Tonfigürchen des späten Mittelalters und der Renaissance (Augsburger Museumsschriften 6), Augsburg 1996, zum Fehlbrand-Klumpen: bes. Kat. 91.

45 Vgl. Dies., Neues von den Augsburger „Bilderbäckern", in: Knasterkopf 17, 2004, S. 27–40. Einen guten Überblick zum Thema bietet: Gerald Volker Grimm (Hg.), Kleine Meisterwerke des Bilddrucks. Ungeliebte Kinder der Kunstgeschichte, Büchenbach 2011.

Das jüngere Fundmaterial liefert ebenfalls indirekte Hinweise auf eine lokale Herstellung. Es gibt einerseits Model, die allerdings zu keinem der vorhandenen Figürchen passen, und es gibt von vielen Figürchen sehr hohe Stückzahlen, was den Schluss nahelegt, dass sie aus dem Umkreis der Hersteller oder Händler stammen. Zudem weisen die Figürchen kaum Abnutzungsspuren durch Gebrauch auf. Die Vielfalt der Darstellungen der Augsburger Figürchen ist nicht zuletzt im Vergleich mit anderen Fundorten bemerkenswert groß und bedürfte einer eigenen Untersuchung. Neben den schon im Spätmittelalter verbreiteten Sujets kommen nun verschiedene Typen von Männerfigürchen, Landsknechten, Paaren, Musikern, Tieren und vieles mehr vor.

Mit diesen kleinen Figürchen kommen ab dem 15. Jahrhundert Bildwerke aus einem preiswerten Material auf den Markt, die bald für viele Menschen erschwinglich waren. Sie konnten einen unmittelbaren Kontakt zu den Bildern, zum Beispiel zu den Heiligen, herstellen.[46] Das könnte ähnlich für die profanen Motive gelten. Auch wenn zeitgenössische Zeugnisse für die Frage nach der Verwendung weitgehend fehlen, trifft eine Ansprache dieser Figürchen als Andenken oder Spielzeug wohl am ehesten zu.

Keramische Aquamanilien

Vorwiegend von der Prinzstraße stammen mehrere Köpfe von tiergestaltigen, keramischen Aquamanilien. Weitere weniger signifikante Fragmente solcher Gefäße befinden sich vermutlich noch unerkannt im Fundmaterial. Somit vergrößert sich die Zahl der Augsburger Aquamanilien, von denen vier ältere Stücke aus dem Maximilianmuseum in der Literatur schon länger bekannt sind, erheblich.[47] Dazu kommt eine unbekannte Anzahl unerkannter oder unbeachteter Fragmente in den Magazinen. Die wachsende Zahl der keramischen Gießgefäße von vielen verschiedenen Fundorten hatte seit Langem eine Neubewertung dieser Objektgruppe notwendig gemacht.[48]

---

46 Vgl. dazu: Grimm, Kleine Meisterwerke (wie Anm. 45), S. 16.

47 Zu den Altfunden: vgl. Eberhard Kasten, Tönerne figürliche Gießgefäße des Mittelalters in Mitteleuropa, in: Arbeits- und Forschungsberichte zur sächsischen Bodendenkmalpflege 21/22, 1976, S. 387–558, bes. S. 447–450, Nr. 6–9.

48 Zuletzt ausführlich (und mit der älteren Literatur) zu diesen Gießgefäßen: vgl. Hans-Georg Stephan, Aquamanilien – Figürliche Gießgefäße aus Keramik. Typologie, Chronologie, Gedanken zu Funktion, Verbreitung und Materialität eines mittelalterlichen Tafelgeräts und Statussymbols, in: Rainer Atzbach / Patrick Cassiti / Hauke Kenzler / Luitgard Löw (Hg.), Archäologie – Mittelalter – Neuzeit – Zukunft. Festschrift für

Ihre Vorbilder sind kostbare metallene Handwaschgefäße, die man seit dem 12. Jahrhundert einerseits im liturgischen Gebrauch, andererseits im höfischen Zeremoniell kennt, wo sie der ritterlichen Selbstdarstellung dienten. Die Mehrzahl der Keramik-Aquamanilien datiert ins 13. Jahrhundert und vor allem in Norddeutschland nimmt ihre Zahl bereits im 14. Jahrhundert wieder ab, während in Süddeutschland die Beliebtheit später sogar einen neuen Höhepunkt erreichte.[49] Ab dem späten Mittelalter tauchen sie dort zunehmend in Städten auf und verschwinden um die Mitte des 16. Jahrhundert fast völlig.[50] Der Kopf eines Hirschaquamaniles aus polychrom glasierter Irdenware aus der Grube am Kitzenmarkt dürfte zu den jüngsten Exemplaren dieser Fundgattung gehören. Im Vergleich zu den metallenen Gießgefäßen sind ihre keramischen Verwandten sehr schlicht gestaltet, sodass die zoologische Bestimmung der dargestellten Tiere nicht immer zweifelsfrei möglich ist; vielleicht war dies für den Benutzer aber nicht wichtig. Keramische Gießgefäße besaßen sicher nicht die Exklusivität der vielfach wertvolleren Gefäße aus Edelmetall. Aufgrund ihres geringen Volumens wird man aber auch für sie, die nun von Angehörigen einer städtischen Oberschicht benutzt werden, weiterhin eher eine rituelle Verwendung bei der Tafel annehmen dürfen, als dass diese Gefäße der wirklichen Reinigung der Hände dienten.

Trinkgläser – Fensterglas

Die nicht-keramischen Fundgruppen, besonders Glas, Metall und Knochen, sollen nachfolgend lediglich in einem kompakten Überblick behandelt werden. Sowohl das Hohl- als auch das Flachglas vom Kitzenmarkt war zumeist in sehr kleine Fragmente zerbrochen. Fast hat es den Anschein, als wären es für eine Weiterverwertung vorgesehen gewesen, möglicherweise ist der Erhaltungszustand aber auf mehrfache Umlagerungen zurückzuführen. Auch ohne weitere Untersuchung erkennt man in der Masse der Hohlglasfunde die für das Spätmittelalter und das beginnende 16. Jahrhundert typischen Becher- und Flaschenformen, vorwiegend aus grünlichem Glas.[51] Dieses sogenannte Waldglas wurde in Glashütten produziert, die aufgrund der im Laufe des Spätmittelalters stark gestiegenen Nachfrage in den an Brennholz reichen Gegenden vieler Mittelgebirge in

Ingolf Ericsson (Bamberger Schriften zur Archäologie des Mittelalters und der Neuzeit 6), Bonn 2017, S. 521–568.

49 Vgl. ebd., S. 533.

50 Vgl. Kasten, Gießgefäße (wie Anm. 47), S. 427–429, 440.

51 Zur Typologie: vgl. Baumgartner / Krueger, Phönix (wie Anm. 35).

großer Zahl entstanden waren.[52] Darüber hinaus fanden sich Hohlgläser aus fast farblosem Glas, importierte Gläser und Fragmente von verzierten Gefäßen aus opakem Glas, für die Vergleiche noch fehlen. Das gleiche gilt für die zahlreichen Sonderformen, unter denen man unter anderem Bruchstücke von Alembiken und anderen Destilliergefäßen ausmachen kann.

Ausdrücklich erwähnt seien die Überreste von mindestens sieben kleinen Stiefelchen aus grünlichem Glas, die wohl als Scherzgefäße für Trinkspiele dienten (Abb. 43). Sie stammen mehrheitlich von der Prinzstraße und der Befundkontext Müllhalde zeigt nun erstmals, dass solche Gefäße wohl weiter verbreitet waren, als es die bisher wenigen Einzelfunde, vorwiegend aus Siedlungskontexten, annehmen ließen. Darüber hinaus kann man nun sicher sagen, dass diese Stiefelchen schon im ersten Viertel des 16. Jahrhunderts vorkommen und nicht erst ab dessen zweiter Hälfte, wie bisher angenommen.[53]

Beim Fensterglas, insbesondere bei den im Zylinderblasverfahren hergestellten und dann in verschiedene Formen zugeschnittene Glastafeln, überwog wie bei den Hohlgläsern das grüne Waldglas. Darüber hinaus gab es Fragmente von runden Butzenscheiben aus fast farblosem Glas, die viel mehr Licht ins Innere der Häuser durchließen, sowie dreieckig zugeschnittene Glasstücke für die Zwickel und sogar einige Reste von Bleifassungen. Die wenigen Fragmente farbiger Glasscheiben, gelegentlich mit Ornamenten oder Buchstabenresten, lassen noch keine weitergehenden Aussagen zu.

---

52 Zusammenfassend und mit der wichtigsten Literatur: Rita Hannig, Glaschronologie Nordostbayerns vom 14. bis zum frühen 17. Jahrhundert (Monographien der Archäologischen Staatssammlung München 3), Remshalden 2009, S. 39–42.

53 Zwei vermutlich tatsächlich jüngere Exemplare aus farblosem Glas wurden bereits 1982 an der Kirchgasse gefunden:, vgl. Corinna Ulbert, Ein frühneuzeitlicher Depotfund aus dem Kloster St. Ulrich und Afra, Augsburg, in: Werner Endres / Wolfgang Czysz / Gabriele Sorge (Hg.), Forschungen zur Geschichte der Keramik in Schwaben (Arbeitsheft des Bayerischen Landesamts für Denkmalpflege 58), München 1993, S. 167–178, bes. S. 175 mit Abb. 14, S. 177, Kat.-Nr. 19. – In Ausstellungs- und Auktionskatalogen tauchen hin und wieder gläserne Stiefelgefäße auf, die nie vor der zweiten Hälfte des 16. Jahrhunderts datiert werden. Dass diese Scherzgefäße dann doch nicht so alltäglich sind, zeigt ihr Fehlen in der Arbeit von Hannig, Glaschronologie (wie Anm. 52), die Fundkomplexe aus Amberg und Regensburg ausgewertet hat.

Abb. 43: Augsburg, Kirchgasse (1982) und Prinzstr. 49 c. Glasstiefelchen. Höhe des linken Gefäßes: noch 5,5 cm. Bildnachweis: Foto: Stadtarchäologie Augsburg.

Kleinfunde aus Buntmetall

Funde aus Buntmetall machen immer nur einen kleinen Teil des archäologischen Fundmaterials aus, da dieser Wertstoff in der Regel einem Recyclingprozess zugeführt wurde. Unter diesem Aspekt betrachtet, kommen Objekte aus Buntmetall in den beiden Augsburger Massenfunden aus dem 16. Jahrhundert in großen Mengen vor.[54] Die Gründe dafür wären noch zu hinterfragen. Die kleinen Fundstücke aus Buntmetall waren etwa als Beschläge Teile von größeren oft aus organischem Material bestehenden Gegenständen, wie Textilien, Holz oder Leder, was es nicht leichter macht, die Fragmente immer richtig zu bestimmen. In den Müllhalden fand sich des Weiteren eine breite Palette an Gegenständen des persönlichen Gebrauchs, der Körperpflege sowie der häuslichen Handarbeit, darunter Toilettebestecke, Pinzetten und Fingerhüte. Der Kleidung zuzuordnen sind Schließen von unterschiedlich breiten Riemen von Gürteln, Taschen oder Schuhen, aber auch

54 Noch im 12./13. Jahrhundert fehlen Metall-Kleinfunde in archäologischen Fundkontexten fast völlig, erst im 14. Jahrhundert werden sie allmählich fassbar. Aber auch in Fundkomplexen jüngerer Epochen haben Buntmetallfunde nur einen geringen Anteil am Fundspektrum. Bei der Datierung ist die relativ lange Benutzungszeit zu berücksichtigen. Vgl. dazu ausführlich: Stefan Krabath, Die hoch- und spätmittelalterlichen Buntmetallfunde nördlich der Alpen. Eine archäologisch-kunsthistorische Untersuchung zu ihrer Herstellungstechnik, funktionalen und zeitlichen Bestimmung, 2 Bde. (Internationale Archäologie 63), Rahden/Westfalen 2001, S. 8–14.

Kleiderhaften und Nestelhülsen. Zum Hausrat gehören beispielsweise Zapfhähne für kleine Fässer oder Lavabos, und zum Bereich des Handels Waagschalen und Napfgewichte. Als ausgefallene Einzelstücke können zwei bronzene, emailverzierte Nadelbehälter gelten (Abb. 44), in denen kleine Nadeln, die etwa zum Feststecken von Hauben und Schleiern dienten, bequem mitgeführt und bei Verlust sofort ersetzt werden konnten.

Abb. 44: Augsburg, Prinzstraße 49 c. Bronzene Nadelbehälter mit Emailverzierung. Höhe: 4,8 und 5,3 cm. Bildnachweis: Foto: Stadtarchäologie Augsburg.

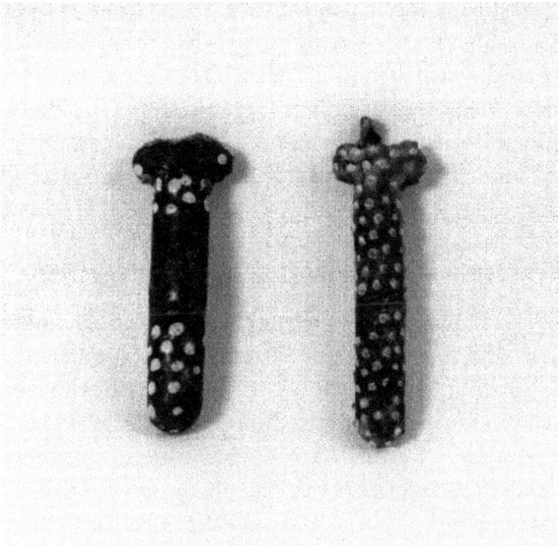

Knochen als Rohstoff für Massenware

Knochen ist als Werkstoff des Mittelalters und der frühen Neuzeit nicht zu überschätzen. Er stand als Abfall von Schlachttieren jederzeit zur Verfügung und war Ausgangsmaterial für die Herstellung von verschiedenen Gebrauchsgegenständen, zum Beispiel Kämmen, Nadeln, Spielsteinen, verzierten Beschlägen für Kästchen oder Gerätegriffen aller Art. Eine Massenware aus Knochen waren Ringe und Perlen für Gebetsschnüre. Bei stadtarchäologischen Ausgrabungen findet man jedoch nicht die Produkte, sondern große Mengen der Produktionsabfälle der Paternostermacher, die in Augsburg als Beinringler bezeichnet werden: durchbohrte Knochenleisten, in der Mehrzahl aus den Mittelhand- und Mittelfußknochen von Rindern. Das war auch in beiden Massenfundkomplexen nicht anders.

Allgemein datieren die frühesten Produktionsabfälle ins 13. Jahrhundert, im 15. und 16. Jahrhundert erreicht die Produktion einen Höhepunkt. Holz- und Knochenperlen sind billige Materialien, die auch denjenigen den Besitz einer Gebetsschnur ermöglichten, denen die Ausführungen mit Perlen aus Edelmetall, Koralle oder Bernstein zu teuer waren. Trotz der Massenproduktion war die Knochenperlenherstellung ein eher unbedeutender Wirtschaftszweig, der in den schriftlichen Quellen kaum zu fassen ist. Zusammen mit den Herstellern von Pilgerzeichen und Heiligenfigürchen stellte er erschwingliche Devotionalien zum persönlichen Gebrauch für „jeden Geldbeutel" bereit. Eine umfangreiche Untersuchung zum bisher größten bekannten Massenfund von Knochenabfällen hat nun Thomas A. Spitzers für Konstanz vorgelegt.[55] Er behandelt dabei grundlegende Fragen zu der sich stets weiterentwickelnden Herstellungstechnik und stellt unter anderem Überlegungen zur Organisation der Handwerker und zur „sozialwirtschaftsgeschichtlichen Bedeutung" des Konstanzer Funds an. Inwieweit sich die Ergebnisse zu Konstanz auf andere Fundorte übertragen lassen, wäre im Einzelfall zu prüfen.

Taschensonnenuhren – die Individualisierung der Zeit

Knochen oder sogar Elfenbein war auch der Werkstoff für kleine Taschensonnenuhren, von denen drei Exemplare am Kitzenmarkt gefunden wurden. Die ortsunabhängige Sonnenuhr ist eine technische Innovation des 15. Jahrhunderts und ermöglichte die individuelle Zeitbestimmung unabhängig von ortsfesten Uhren. Ab dem 16. Jahrhundert werden Klappsonnenuhren in größerer Anzahl hergestellt. Das Herstellungszentrum war Nürnberg, wo die Kompassmacher seit 1535 zunftähnlich organisiert waren und das Wissen zur Fertigung dieser astronomischen Instrumente vorhanden war.[56] Auch deren Bedienung verlangte einige

---

55 Thomas. A. Spitzers, Die Konstanzer Paternosterleisten – Analyse zur Technik und Wirtschaft im spätmittelalterlichen Handwerk der Knochenperlenbohrer, in: Fundberichte aus Baden-Württemberg 33, 2013, S. 661–940. Diese Arbeit ersetzte endlich den vielzitierten kurzen Vorbericht von: Ders., Late Medieval Bone-Bead Production: Socio-economic Aspects on the Basis of Material from Constance, Germany, in: Guy de Boe / Frans Verhaege (Hg.), Material Culture in Medieval Europe (Papers of the "Medieval Europe Brugge 1997" Conference 7), Zellik 1997, S. 147–154.

56 Mareike Wöhler, Das Einüben neuen Orientierungswissens im 16. Jahrhundert. Mit Straßenkarte, Zirkel, Faden und Sonnenkompass gen Süden durch Europa, in: Susanne Knorr / Ulrike Pennewitz / Kai Uwe Schierz (Hg.), Rom sehen und sterben. Perspektiven auf die Ewige Stadt. Um 1500–2011 (Ausstellungskatalog Erfurt 8.5. bis 17.7.2011), Bielefeld/Leipzig/Berlin 2011, S. 39–46, zu Klappsonnenuhren: bes.

astronomische Grundkenntnisse und ein bisschen Geschick. Klappte man die Uhr auf, spannte sich der Polfaden, der seinen Schatten auf das Zifferblatt warf. Für eine korrekte Zeitanzeige musste er parallel zur Erdachse ausgerichtet sein, das heißt, dass der Winkel zwischen Polfaden und Grundplatte der geografischen Breite des Ortes entsprechen musste, an dem die Zeit gemessen wurde. Gleichzeitig musste die aufgeklappte Uhr waagrecht stehen und mithilfe des Kompasses nach Norden ausgerichtet sein.

In den letzten Jahren ist die Zahl der Sonnenuhrenfunde aus archäologischen Ausgrabungen deutlich angestiegen, dennoch sind sie noch lange kein alltäglicher Fund. Daher unterstreichen gleich drei solcher Kompasse aus dem Massenfund am Kitzenmarkt ein weiteres Mal dessen herausragende kulturgeschichtliche Bedeutung. Von der größten Uhr ist nur noch die 31 x 34 mm große Deckplatte erhalten, in die das Zifferblatt und darunter die Jahreszahl 1527 eingeritzt sind.[57] Zwei kleinere, fast vollständige Uhren wurden erst während der laufenden Reinigungsarbeiten entdeckt. Für eine dieser Uhren rekonstruierte der Restaurator eine Polhöhe von 45°, was ziemlich genau dem Breitengrad von Venedig entspricht.[58] Das mag man als Hinweis auf die Mobilität eines Augsburger Bürgers werten, der wie andere seiner Zeitgenossen Verbindungen zu Italien pflegte und für den diese Uhr ein unentbehrliches Hilfsmittel auf Reisen war.

Austernkonsum – exklusives Vergnügen der Oberschicht?

Bei Ausgrabungen hinter den Häusern an der südlichen Maximilianstraße in der sogenannten Oberen Stadt fand man 2005 bei archäologischen Sondagen, die im Vorfeld der geplanten Neubebauung des innerstädtischen Quartiers durchgeführt wurden, circa 2.500 bis 3.000 Schalen der sogenannten „Essbaren Auster" oder „Europäischen Auster", Ostrea edulis, Linnaeus, 1758. Auf einigen Schalen waren andere Arten festgewachsen, die fast ausschließlich im Mittelmeer vorkommen,

S. 41–44, zu Nürnberg als Herstellungszentrum: S. 44 f.; siehe dazu auch: Dies., Klappsonnenuhr (Katalogeintrag), in: ebd., S. 116.

57 Michaela Hermann, Mobile Zeitmessung im Jahr 1527. Eine Klappsonnenuhr, gefunden in Augsburg, in: Denkmalpflege Informationen 161, 2015, S. 20–23.

58 Thomas Stöckl, Bayerisches Landesamt für Denkmalpflege, Restaurierungsbericht ID-Nr. 47420 (20.11.2016). Die dritte und kleinste Uhr befindet sich noch in der Restaurierung.

was ihre Herkunft von dort nahezu sicher macht.[59] Über die Begleitfunde lassen sich die Schalen in die Zeit um 1600 datieren.[60]

Da Austern frisch und lebend beim Verbraucher ankommen sollten, ist ihr Transport ins Binnenland mit erheblichem Aufwand und Kosten verbunden. So überrascht es nicht, dass man diese Speiseabfälle in einer eher vornehmeren Wohngegend gefunden hat. Der ehemals in einem Hof oder Garten gelegene Fundort kann keinem der benachbarten Anwesen sicher zugeordnet werden. Außerdem wechselten die Bewohner der anliegenden Häuser in jeweils kurzer Zeit, sodass auch die Verknüpfung des Fundes mit bestimmten Personen nicht möglich ist. Allerdings lag nicht weit westlich des Fundortes das berühmte, sich fast bis zur Stadtmauer erstreckende Gartengut Raymund Fuggers (1489–1535), dessen Nachkommen und andere Angehörige der Familie zeitweise eine Reihe daran angrenzender und in der Nähe liegender Grundstücke besaßen.[61]

Der Austernfund kann einer schriftlichen Überlieferung gegenübergestellt werden, die die Exklusivität dieser Schalentiere im ausgehenden 16. Jahrhundert aufzeigt. So geht aus der Korrespondenz von Hans Fugger II. (1531–1598) hervor, dass er sich von seinem Agenten in Venedig regelmäßig Austern besorgen ließ. Er versorgte damit unter anderem seine Verwandtschaft und gelegentlich Ernst von Bayern (1554–1612), seit 1566 Bischof von Freising.[62] Die Briefe machen außerdem deutlich, dass ein gut funktionierendes Handelsnetz unbedingte Voraussetzung war, um solche erlesenen Meeresfrüchte überhaupt beschaffen zu können. Auch wenn der Genuss von Austern eine Modeerscheinung der Zeit oder spezielle Vorliebe vermögender Familien gewesen sein mag, dem neben den

---

59 Für die Bestimmung und weitere Auskünfte danke ich Dr. Simon Schneider, München (E-Mail vom 4.1.2011).

60 Ausgrabungsprojekt Armenhausgasse 11: Auffallend ist unter anderem die hochwertige und aufwendig, u.a. mit Maskarons, verzierte Gartenkeramik.

61 Auch der Rekonstruktionsversuch zum Fuggerschen Besitz an der Kleesattlergasse (früherer Name der Armenhausgasse) von Norbert Lieb, Die Fugger und die Kunst im Zeitalter der hohen Renaissance (Studien zur Fuggergeschichte 14), München 1958, S. 34–39 und 343–346, blieb lückenhaft.

62 Christl Karnehm, Die Korrespondenz Hans Fuggers von 1566 bis 1594. Regesten der Kopierbücher aus dem Fuggerarchiv, 3 Bde. (Quellen zur neueren Geschichte Bayerns 3), München 2003, z.B. für Jörg von Montfort: Bd. 3, S. 1238, Nr. 2714; Bd. 3, S. 1326, Nr. 2901; Bd. 3, S. 1331, Nr. 2911 (1585 und 1586); für Ernst von Bayern: Bd. 2, S. 1008, Nr. 1009 (6.12.1576).

Fuggern gewiss auch Angehörige der anderen großen Handelshäuser frönten[63], illustriert die große Menge dieser Austernschalen besonders treffend den demonstrativen Nahrungskonsum eines Personenkreises, der sich dieses ausgewählte Vergnügen leisten konnte und wollte.

Resümee

Zur Entsorgung von Müll und Fäkalien in mittelalterlichen und frühneuzeitlichen Städten gibt es sowohl von archäologischer als auch historischer Seite eine Reihe von Einzeldarstellungen. Dennoch entsteht kein schlüssiges Bild, das für die mittelalterliche Stadt schlechthin zutreffen würde. Das mag daran liegen, dass die wenigen Quellen, das heißt Einzelbelege aus verschiedenen Städten und aus verschiedenen Zeiten, immer etwas anders zusammengestellt und interpretiert werden.[64] So sind auch die in diesem Beitrag dargestellten archäologischen Befunde aus Augsburg zunächst nur ein weiterer Mosaikstein in diesem Themenfeld. Wegweisend zum Thema Umwelt aus historischer Sicht war die Villinger Tagung von 1979 zur *Städtischen Versorgung und Entsorgung im Wandel der Geschichte*. Der im 1981 erschienenen Tagungsband enthaltene Beitrag von Ulf Dirlmeier zu den *kommunalpolitischen Zuständigkeiten und Leistungen süddeutscher Städte im Mittelalter*[65] ist bis heute beachtenswert. Dirlmeier bemühte sich darin um ein ausgewogenes Bild und unterstellte den mittelalterlichen Städten zumindest den Willen zur Sauberkeit, wenngleich ihre Mittel unzureichend gewesen sein mögen. Seitdem fehlt das Thema Entsorgung, das fast immer mit der (Wasser-) Versorgung verknüpft ist – wohl auch, weil sich beide Aufgaben aufgrund wechselseitiger Beeinflussung nicht trennen lassen – in kaum einem Überblickswerk zur Alltagsgeschichte des Mittelalters. Dabei zeichnen diese jüngeren Abhandlungen ein entschieden negativeres Bild.[66] Wie immer man die mittelalterlichen Verhältnisse bewerten will, sollte man nicht vergessen, dass erst die Einführung der Schwemmkanalisation seit dem späten 19. Jahrhundert zu aus heutiger Sicht annehmbaren hygienischen Zuständen in Großstädten führte und die

---

63 Freundlicher Hinweis von Dr. Christl Karnehm, München (E-Mail vom 24.4.2017). – Einzelne bzw. eine jeweils geringe Anzahl von Austernschalen kommen in frühneuzeitlichen Fundkomplexen hin und wieder vor.

64 Diese Gedanken stellte Röber, Belastung (wie Anm. 2), S. 21, seiner Fallstudie zu Konstanz voran.

65 Vgl. Dirlmeier, Zuständigkeiten (wie Anm. 13).

66 Z.B. Schubert, Alltag (wie Anm. 5), S. 95–107; Harry Kühnel, Alltag im Spätmittelalter, Graz/Wien/Köln ^{3}1986, S. 58–62.

Müllentsorgung bis heute nicht gelöst ist, sondern – vor allem aus der globalen Perspektive – allenfalls verlagert wird.

Die Archäologie hat zur Abfall- und Fäkalienentsorgung spätmittelalterlicher Städte ebenfalls einzelne Untersuchungen zur Verfügung gestellt und trotz der vielen Einzelbefunde, die seit den 1990er Jahren ausgegraben wurden, fehlt hier gleichfalls noch eine zusammenhängende Behandlung des Themas.[67] Weiterhin ist zu berücksichtigen, dass die speziellen Bedingungen vor Ort, wie die hydrologischen Verhältnisse, Grundwasserströme, Fließgewässer, überdies die Bodenbeschaffenheit und vieles mehr, zu unterschiedlichen Lösungen bei der Entsorgung führten, was die Vergleichbarkeit der Befunde zwischen den Städten stark einschränkt; Verallgemeinerungen sollten jedenfalls vermieden werden.[68] Um aus archäologischer Sicht für Augsburg ein belastbareres Bild der spätmittelalterlichen Entsorgungsbemühungen zu erhalten, wären auch hier Überblicksarbeiten notwendig. Die auf dem aktuellen Stand der Grabungstechnik ausgegrabenen dichten Befunde an der Maximilianstraße 23 böten einen geeigneten Ansatzpunkt für die Einbeziehung und gegebenenfalls notwendige neue Beurteilung von Befunden älterer Ausgrabungen.

Mit der Aufdeckung einer spätmittelalterlich-frühneuzeitlichen Mülldeponie vor den Toren der Stadt ist ein seltener archäologischer Nachweis für die kollektive Entsorgung von Abfällen gelungen. Im Gegensatz zur Konstanzer Abfallhalde, die gleichzeitig der Landgewinnung diente, war in Augsburg damit kein weiterer Nutzen verbunden. Es bleibt jedoch zunächst unklar, ob es sich um eine „wilde" Deponie oder bereits um eine geordnete, vielleicht von der Kommune gelenkte Abfallbeseitigung handelte. Die um 1550 mit Abfällen zugefüllte Grube im Obstgarten des Klosters St. Ulrich und Afra ist hinsichtlich des Themas Müllentsorgung ein absoluter Sonderfall, bescherte der archäologischen Forschung jedoch einen der größten bekannten renaissancezeitlichen Massenfunde.

Die Dinge, die schließlich als Abfall in Gruben, Latrinen oder auf Müllhalden gelangten, sind als archäologische Funde eine wichtige Quelle zur Erforschung der Sachkultur, an die zahlreiche Fragestellungen geknüpft werden können. Dass die Bewältigung solch großer Fundmengen, wie sie in den vergangenen Jahrzehnten auch andernorts ausgegraben worden sind, hinsichtlich der Inventarisation, Lagerung und wissenschaftlichen Bearbeitung eine Herausforderung ist, soll

67 Das trifft letztendlich auch für einen Sammelband zu, der die informativen und hochinteressanten Einzelbeiträge einer interdisziplinär ausgerichteten Tagung vereint: Wagener, Aborte (wie Anm. 12).

68 Vgl. Röber, Belastung (wie Anm. 2), S. 33.

allerdings nicht verschwiegen werden. Matthias Untermann wies bereits früh auf die „Last" dieser Materialfülle für die ausgrabenden Institutionen hin, für deren Aufbewahrung, Publikation und Interpretation überzeugende Konzepte lange fehlten.[69] Gleichwohl ist in den letzten Jahren, nicht zuletzt beschleunigt durch die allgemeine Steigerung der Fundmengen, eine Debatte um die Erkenntnismöglichkeiten von Massenfunden in Gang gekommen, die leidenschaftlich und kontrovers geführt wird.[70]

Gemeinhin macht man bei Siedlungsgrabungen die Beobachtung, dass in den meisten Städten die Fundmenge ab der Mitte des 12. Jahrhunderts zunimmt. Zunächst scheinen die Funde auf die Dinge des notwendigen Bedarfs beschränkt zu sein. Ab der Mitte des 13. Jahrhundert werden sowohl Fundmenge als auch Formenschatz allmählich größer. Deutliche Veränderungen in den Materialgruppen Keramik und Glas ab der Mitte des 14. Jahrhunderts sind Teil eines Wandlungsprozesses der materiellen Kultur. Zudem werden die Unterschiede zwischen Stadt und Land nun greifbar.[71] Die spätmittelalterlichen Funde aus den Augsburger Latrinen und von anderen innerstädtischen Ausgrabungen fügen sich problemlos in dieses Gesamtbild ein. Außergewöhnlich für Augsburg war die gute Erhaltung von organischem Material, was erstmals eine größere Anzahl von Objekten aus Holz und Leder fassbar machte. Nicht diskutiert werden konnten Gründe für das Fehlen von Fundgruppen beziehungsweise die Auswahlkriterien für die in den Latrinen entsorgten Funde. Zunächst ist lediglich zu konstatieren, dass die Unterschiede zwischen verschiedenen Städten erheblich sein können.[72] Generell bleibt festzuhalten, dass ohne die Funde aus Latrinen, die zwar für die

69 Vgl. Untermann, Bauform und Nutzung (wie Anm. 6), S. 341; Ders., Archäologie in der Stadt. Zum Dialog der Mittelalterarchäologie mit der südwestdeutschen Stadtgeschichtsforschung, in: Bernhard Kirchgässner / Hans-Peter Becht (Hg.), Stadt und Archäologie (Stadt in der Geschichte 26), Stuttgart 2000, S. 9–44, bes. S. 39 f.

70 Vgl. dazu exemplarisch die Beiträge in: Nikolaus Hofer (Hg.), Fachgespräch „Massenfunde – Fundmassen. Strategien und Perspektiven im Umgang mit Massenfundkomplexen" 21.8.2014, Mauerbach (NÖ) (Fundberichte aus Österreich, Tagungsband 2), Wien 2015.

71 Zusammenfassend: Gross, Wandel (wie Anm. 30), S. 414.

72 Z.B. zwischen Freiburg und Konstanz: vgl. Untermann, Bauform und Nutzung (wie Anm. 6), S. 347–349; Vergleiche sind allerdings nur bei Latrinen mit ungefähr gleichen Leerungsintervallen sinnvoll. Darüber hinaus unterscheiden sich die Befunde auch bezüglich der Datierung.

Ausstattung der Haushalte kaum repräsentativ sein dürften, unsere Kenntnis zur mittelalterlichen Sachkultur wesentlich lückenhafter wäre.[73]

Die beiden Massenfunde der Renaissance zeigen, dass die Keramikprodukte bunter und vielgestaltiger geworden sind. Das Fehlen von Funden aus organischem Material ist wahrscheinlich auf die ungünstigen Erhaltungsbedingungen zurückzuführen; andere Selektionsvorgänge wären allerdings ebenfalls nicht mehr nachweisbar. Neben der riesigen Fundmenge, die beste Voraussetzungen für statistische Auswertungen bietet, macht vor allem die zeitliche Geschlossenheit dieser Fundkomplexe ihren hohen Quellenwert aus. Daneben scheint das Fundmaterial repräsentativ zu sein für eine Reihe von Gütern, die von den Einwohnern der Stadt verbraucht wurden. Sowohl die für fast jedermann verfügbare Massenware als auch die vermutlich nur für einen kleinen Teil der Bevölkerung erschwinglichen außergewöhnlichen Dinge werden im Fund abgebildet. Auch die urbane Spitzenstellung der Stadt Augsburg in der ersten Hälfte des 16. Jahrhunderts wird in den Massenfunden greifbar. Aus der Masse der Keramik heben sich neben regionalen Besonderheiten vor allem Importe heraus. Während der Warenzufluss aus dem Rheinland und aus Italien zum Teil wohl bereits auf einem geregelten Handel oder zumindest auf direkten Bestellungen beruhte, belegen Einzelstücke aus anderen Gegenden vermutlich eher persönliche Fernkontakte einiger Augsburger. Sollten freilich die Neufunde zukünftig stark zunehmen, muss diese Einschätzung erneut überdacht werden. Die ungewöhnlich große Zahl der Buntmetall- und der hier nicht berücksichtigten Eisenfunde könnte Basis für die Erarbeitung eines Referenzwerks zu dieser Materialgruppe sein.

Beginnt im Laufe des 15. Jahrhunderts außerdem die Zeit von neuen Massenprodukten? Die serielle Herstellung von Tonfigürchen legt das ebenso nahe wie die massenhafte Anfertigung von Perlen aus Knochen. Schließlich ist anhand der Massenfunde zu beobachten, dass in der Vergangenheit als selten angesehene Objekte, wie etwa die kleinen Glasstiefelchen, recht häufig vorkommen. Einige neue Formen, wie die wuchtigen Kerzenleuchter, kommen gleich in großer Anzahl vor. Dazu gesellen sich viele stark fragmentierte Funde von unbekannten Sonderformen, die sich einer Bestimmung noch entziehen. Eine Antwort darauf ist womöglich in den Massenfundkomplexen selbst zu finden. Früher als Raritäten oder als vermeintlich kostbar angesehene Objekte

73 Vgl. z.B. für Lübeck: Doris Mührenberg, Die Lübecker Kloakeninhalte und ihre Aussagen zum Leben in einer mittelalterlichen Stadt, in: Wagener (Hg.), Aborte (wie Anm. 13), S. 171–177.

müssen mittlerweile aufgrund der Verdichtung von Nachweisen anders bewertet werden. Dazu zählen die emailbemalten Gläser und Aquamanilien, vielleicht auch die Taschensonnenuhren. Diese Dinge waren möglicherweise einem größeren Kreis als nur einer privilegierten Oberschicht zugänglich, aber waren sie deswegen schon Massenware?

Der auf archäologischen Ausgrabungen geborgene Augsburger Müll vergangener Epochen beleuchtet nicht nur die Mühen, die seine Entsorgung verursachte, auch die Funde selbst sind prädestiniert für die Formulierung konsumhistorischer Fragestellungen, etwa zum Konsumwandel oder zum Konsumverhalten bezüglich verschiedener Objektkategorien, die hier nur angedeutet werden konnten.

Gerhard Fritz

Der Kampf mit den Naturgewalten: Mühlen im Spannungsfeld von Eis, Überschwemmungen, Dürre und Energieknappheit

The essay explains the effects of the forces of nature on mills. On closer inspection it is shown that distructive forces of nature often were combined with human impact on rivers and streams. Too much water during inundations or lack of water because of freezing during winter time or dryness during summer time badly hampered milling or even destroyed the mills or the channels, through which the water fled to the mills. Aggradation and floating refuse permanently jammed the channels, and channeling away the water by peasants for watering their meadows reduced the water quantity available for milling. It is explained who was responsible for the maintenance of mills, milling channels and dams in the pre-industrial period during times of peace, war, and catastrophes, and it is shown how gauging marks reglemented the water consumption ever since the middle ages. There were innumerable conflicts between millers using the same river or stream. Nowadays drinking water supply diminishes the water quantity for mills or smaller hydro stations. The climate change with extremely fluctuating water quantities is a further problem. Prescriptions introduced by the European Community to remove milling dams cause more damage than benefit.

Einleitung

Der Schwerpunkt meines Untersuchungsgebiets ist nicht Bayern, sondern ungefähr das heutige Baden-Württemberg, allerdings mit Nachbargebieten bis nach Hessen, ins Elsass, die Pfalz, die Schweiz, Vorarlberg, Tirol sowie das bayerische Schwaben und Franken. Etliche der nachfolgenden Beispiele finden sich auch in meiner umfassenden Studie über Wasserkraftnutzung in Südwestdeutschland im Mittelalter, die nächstens erscheinen wird. Ich werde im Folgenden aber über die dort genannten Fälle hinausgehen.[1]

---

1 Gerhard Fritz, Wasserkraftnutzung in Südwestdeutschland und den angrenzenden Gebieten im Mittelalter, erscheint 2019 in den Veröffentlichungen der Kommission für geschichtliche Landeskunde in Baden-Württemberg (künftig: VKgLk), Reihe B.

Schwierig ist die Frage, inwieweit die „Naturgewalten“ tatsächlich immer reine „Natur“-Gewalten waren. Denn es zeigt sich in vielen Fällen, dass die Gewalten, die da wirkten, erst durch anthropogene Veränderungen der Natur ihre volle Schadenswirkung entfalten konnten. Man wird, wie zu zeigen sein wird, also in vielen Fällen von Naturgewalten sprechen müssen, die durch menschliches Tun verstärkt wurden. Die Gewalt, die bei Mühlen gezähmt werden musste, um Energie zu gewinnen, war das Wasser. Energie aber war schon im Hochmittelalter (und in allen folgenden Epochen sowieso) ein knappes Gut.

Mühlen liegen bekanntlich grundsätzlich an Wasserläufen (sieht man einmal von Windmühlen ab, die jedoch in Südwestdeutschland nur eine marginale Rolle spielten). Aber die meisten Mühlen lagen nicht an natürlichen Wasserläufen. Vielmehr musste von diesen der mit minimalstem Gefälle fließende Mühlkanal abgezweigt werden, um das nötige Gefälle am Wasserrad herzustellen. Unterhalb des Wasserrades konnte dann durch den Unterkanal das Wasser wieder in den natürlichen Wasserlauf zurückgeleitet werden. Wasser war von entscheidender Bedeutung, aber es war ein launischer Energielieferant. Das Müller-Sprichwort: *„Hab ich Wasser, hab ich kein Korn. Hab ich Korn, hab ich kein Wasser“*, drückt bereits einen Teil des Dilemmas aus: Wassermangel, ausgelöst durch Trockenheit oder Eis, konnte den Mühlbetrieb erheblich behindern. Noch schlimmer war zu viel Wasser. Ab einer gewissen Wassermenge gab es Schwierigkeiten mit den Wasserrädern. Die drehten sich erst nicht mehr ordnungsgemäß, irgendwann gar nicht mehr. Und wenn das Wasser gar zu viel wurde, wurden Schäden angerichtet – nicht selten bis hin zur völligen Zerstörung der Mühle und ihrer Wasserzufuhr, das heißt des Mühlkanals und des Wehrs.

Aber die Naturgewalten darf man sich keineswegs immer als dramatische Dürren oder alles fortspülende Flutwellen vorstellen. Auch im Normalbetrieb wirkten schleichende, Arbeit und Ärger verursachende Naturgewalten. Sogar wenn die Wassermenge durchschnittlich war, hatten die Müller ständig gegen die Verlandung ihrer Mühlkanäle und gegen Treibgut zu kämpfen. Es war keineswegs nur Holz, das Schäden anrichten konnte, sondern auch Laub, Sand und Geröll. Das verstopfte die Wasserzufuhr und den Wasserabfluss. Sowohl elementare als auch menschliche Ursachen hatte schließlich das Floßholz, das zumindest in den halbwegs großen Flüssen und Bächen bergab geflößt wurde und bei nicht fachmännischer Flößertätigkeit schwere Schäden an der Mühle anrichten konnte. Ein ähnlich gemischt anthropogen-elementarer Störfaktor war der Kampf ums Wasser: Müller hatten in vielen Fällen einen massiven Interessenkonflikt mit den Bauern, die das Wasser zur Wiesenwässerung benötigten. Auch die Müller untereinander führten einen ständigen Kampf ums Wasser. Und heute stört die

Trinkwasserversorgung die Energiegewinnung aus Wasser. Auf diese Störfaktoren, die den Müllern das Leben sauer machten, soll im Folgenden eingegangen werden.

Wer zahlt bei Elementarschäden?

Zwar hatten die Lehensinhaber, also die Betreiber einer Familie, die Müller, die Pflicht, ihre Mühle *„in Bau und Ehren“* zu halten, wie es in vielen Belehnungsurkunden heißt. Aber das galt nur für den Normalbetrieb. Bei den jederzeit zu erwartenden Elementarschäden, die rasch weit über normale Instandhaltungsmaßnahmen hinausgehen konnten, galten häufig andere Regeln. Die Lehensherren – also meist Adlige oder Klöster – übernahmen bei Schäden durch Krieg, Brand, Eisgang oder Hochwasser zumindest einen Teil der anfallenden Reparaturkosten. Bei den Mühlkanälen war nicht selten die Bevölkerung, das heißt die Nutzer einer Mühle, zur Reinigung und Instandhaltung verpflichtet. Allerdings gab es keine einheitlichen Regeln. Die Gebräuche variierten nicht nur von Territorium zu Territorium, sondern oft von Mühle zu Mühle.

In Speyer teilten sich zum Beispiel 1264 die Stuhlbrüder als Lehensherr und der Müller die Kosten der Bauunterhaltung im Falle von Baufälligkeit und Brand.[2] Ähnlich waren 1347 die Verhältnisse bei der damals von den Grafen von Wertheim an die Kartause Grünau verkauften Mühle in Dertingen, allerdings nur für den Brandfall.[3] Keine Beteiligung der Lehensherren war 1336 bei der *„frowen Ellen múl“* an der Pleichach in Würzburg vorgesehen. Der Inhaber musste bei *„Brand-, Alters-, Eis- oder sonstigen Schäden“*, das heißt auch bei Elementarschäden, alle Reparaturen an der Mühle tragen.[4] In Bremgarten im Aargau wurde 1345 sogar festgelegt, dass der Inhaber, wenn er seine Mühle nach Zerstörung durch Brand oder Hochwasser nicht wieder aufbaute, sein Lehen verlor und an den Lehensherrn zurückgeben musste.[5] Der Müller der Feudenheimer Mühle (heute zu Mannheim gehörig) musste 1369 von seinem jährlichen Zins von 110 Malter Korn eine Instandhaltungsrücklage von 10 Malter bilden, deren Ertrag

---

2 Franz Xaver Remling (Hg.), Urkundenbuch zur Geschichte der Bischöfe zu Speyer, 2 Bde., Mainz 1852/53, Neudruck Aalen 1970, hier: Bd. 1, Nr. 334, S. 299 f.

3 StaatsA Wertheim, G-Rep. 18, Lade XV, Nr. 18a; vgl. auch: G-Rep. 5, Lade IX, D 2 (3).

4 Wilhelm Engel (Bearb.), Urkundenregesten zur Geschichte der Stadt Würzburg (1201–1401) (Quellen und Forschungen zur Geschichte des Bistums und Hochstifts Würzburg 5), Würzburg 1952, Nr. 154, S. 135 f.

5 Walther Merz, Die Urkunden des Stadtarchivs Bremgarten bis 1500 (Aargauer Urkunden 8), Aarau 1938, Nr. 24, S. 7 f.

ständig an der Mühle zu verbauen sei.[6] Ähnliche Regelungen sind in vielerlei Variationen bis ins 16. Jahrhundert überliefert.

Erhalt des Mühlkanals und der Wehre

Von den vielen Quellennachweisen zum Erhalt des Mühlkanals und der Wehre seien nur einige besonders markante erwähnt: Im elsässischen Schlettstadt konnte 1363 der städtische „*bachmeister*", wenn „*der bach bresthaft wurde und rumens bedurfte*", den Müllern befehlen, einen Karren zur Reparatur des Mühlbachs zu schicken.[7] In Straßburg waren im 15. Jahrhundert Mühlmeister und Wassermeister für die Sauberhaltung der Zuflüsse zu den Wasserrädern zuständig. Der Mühlmeister hatte darauf zu achten, dass „*alle abelosz, tich und wur, wä die sint uf der Brusch, und ouch die köpfe, grunt oder grien an spital müle und das ingewachsen mosse oder rore, das in unser statgraben niedewendig der acht redern wahsset*", kontrolliert und falls nötig beseitigt würde.[8]

Die Stadt Grötzingen und die Gemeinden Tailfingen und Wolfschlugen, die in der Grötzinger Mühle mahlen lassen mussten, waren 1460 verpflichtet, einmal im Jahr einen Tag lang „*sechs gesellen*" zu stellen, die dem Müller helfen sollten, den Mühlgraben zu säubern.[9] In Gerstheim/Saar durfte 1508 der Müller, wenn die Mühle baufällig wäre, auf die Fronarbeit der Nachbarn zurückgreifen, allerdings gegen Bezahlung. Wenn akuter Schaden durch Eis auftrat, mussten die Nachbarn umgehend zur Arbeit antreten. Allerdings musste der Müller dann in der Mühle Kuchen bereitlegen, dass den Arbeitern „*der schweiss ussgehe*".[10] Eine ähnliche sofortige Arbeitspflicht für den Notfall gab es 1492 auch in Lörrach. „*Wenn der tich abbricht*", konnte der Müller auf die „*huber*" zurückgreifen.[11]

---

6 Karl Kollnig (Bearb.), Die Weistümer der Zent Kirchheim (Badische Weistümer und Dorfordnungen 3 = VKgLk A/29), Stuttgart 1979, Nr. 106, S. 140 f.

7 Oberrheinische Stadtrechte. Veröff. v. der Kommission zur Herausgabe elsässischer Geschichtsquellen, 3. Abteilung: 1. Elsässische Stadtrechte: Schlettstadter Stadtrechte, bearb. von Joseph Gény, Heidelberg 1902, S. 786.

8 Johann Brucker, Straßburger Zunft- und Polizeiverordnungen des 14. und 15. Jahrhunderts, Straßburg 1889, S. 381 (undatierte Mühlmeister-Ordnung aus dem 15. Jahrhundert).

9 Hauptstaatsarchiv (künftig: HStA) Stuttgart, A 602, WR 11447; dieselbe Regelung auch noch 1476: ebd., WR 11453.

10 Weisthümer, gesammelt von Jakob Grimm, 7 Theile, Göttingen 1840–1878, Nachdruck Darmstadt 1957, hier: 2. Theil, S. 42–44.

11 Grimm, Weisthümer (wie Anm. 10), 1. Theil, S. 325–329, hier: S. 327.

Im schweizerischen Luzern musste die Pflege der Kanäle offenbar grundsätzlich von denen geleistet werden, die das Wasser des Kanals nutzten – sei es die Wasserkraft durch den Müller, sei es das Wasser zur Wässerung durch den Bauern.[12] Eine Verunreinigung ganz besonderer Art dürfte dem Müller der Würzburger Spitalmühle 1362 wenig Freude bereitet haben. Er war verpflichtet, den Kanal zu reinigen, in den eine Anzahl Aborte ihren Inhalt abführten[13], während 1409 bei der Würzburger Tuberzellerin-Mühle die Kanalpflege zu gleichen Teilen den beiden Besitzern oblag, nicht dem Müller.[14] In Birkenfeld in der Grafschaft Wertheim sollte 1448 der Müller „*den bache fegen, und sol mitten im bache sten und sol solichs* [d. i. alles, was sich im Kanal angesammelt hat] *on geverde zu beiden siten auszwerfen*".[15] In Feuchtwangen mussten 1536 die Müller und die Anlieger die Mühlkanäle gemeinsam „*fegen*".[16] Die Kosten zur Erhaltung der Wasserzuführung konnten so hoch sein, dass manche Mühleninhaber sie nicht mehr bewältigen konnten. 1418 mussten die Töchter der Esslinger Bürgerin Agnes ihr Rad an der dortigen Vogelsangmühle an die Stadt abtreten, weil sie das Geld zur Ausbesserung der Strömungs- und Eisschäden am Wehr nicht aufbringen konnten.[17]

Kriegs- und Katastrophenschäden

Die Esslinger Spitalmühle sollte 1391 vom Lehensherrn, dem Spital, dann wiederhergestellt werden, wenn die Schäden durch Hochwasser, Krieg oder Feuer ohne Verschulden der in der Mühle tätigen Gerber entstanden waren. Für Schäden, die sie selbst verursacht hatten, waren die Gerber zuständig.[18] Auch die Calwer Mittelmühle sollte 1463 mit Unterstützung des Lehensherrn, des Grafen von Württemberg, wiederhergestellt werden, wenn „*mercklicher schad von gussen, brunst oder anderm deßglich*" Ursache dafür sei, dass die Mühle „*ganz buwfellig*

---

12 Anne Marie Dubler, Müller und Mühlen im alten Staate Luzern, München 1978, S. 48.

13 Ekhard Schöffler (Bearb.), Urkundenbuch des Bürgerspitals Würzburg 1300–1499 (Fontes Herbipolenses 7), Würzburg 1994, Nr. 78, S. 72 f. Vgl. auch: Katharina Simon-Muscheid, Abfälle, Abwässer und Kloaken – das Problem der Entsorgung, in: Uta Lindgren (Hg.), Europäische Technik im Mittelalter. 800 bis 1400, Berlin 1996, S. 117–120.

14 Schöffler, Urkundenbuch Würzburg (wie Anm. 13), Nr. 193, S. 170 f.

15 Grimm, Weisthümer (wie Anm. 10), 6. Theil, 1869, S. 45–48.

16 Willi Hörber (Bearb.), Die Urkunden der Stadt Feuchtwangen 1284–1700(–1772), Dinkelsbühl 1979, Nr. U 207, S. 115.

17 Adolf Diehl (Bearb.), Urkundenbuch der Stadt Esslingen 2 (Württembergische Geschichtsquellen 7), Stuttgart 1905, Nr. 1974, S. 502 f.

18 Ebd., Nr. 1687, S. 321.

oder weerbrüchig" würde.[19] Ähnliche Regelungen finden sich häufig. Es handelte sich keineswegs nur um einen württembergischen Brauch. 1485 sprang der Graf von Fürstenberg in der Mühle in Haslach ein, wenn es um Schäden ging, die „*durch wetter, ißgang, gewaltige wasser oder ander not*" verursacht wurden.[20] Aus Speyer ist 1519 folgender Fall nachgewiesen: Nach einem Brand in der Mühle am Mühltörlein stellte das Domkapitel zwar fest, dass ein Brand „*durch Säumnis des Knechts*" ausgebrochen sei. Aber da es sich um einen Brand handelte – ein Elementarereignis – war das Domkapitel bereit, sich am Wiederaufbau finanziell zu beteiligen.[21] In Hassloch war 1492 der Müller mit seinem Gesinde verpflichtet, dem Hochwasser zu „*weren*". Bei Bedarf durfte er die Einwohner der drei in seine Mühle gebannten Orte zu Hilfe zu holen.[22] Eine entsprechende Regelung gab es auch 1516 in Beizkofen (Gem. Hohentengen, Lkr. Sigmaringen).[23] Bauholz und Mühlsteine bekamen die Mühlen im gesamten Untersuchungsgebiet – egal ob es sich um katastrophenbedingte Schäden oder um normale Reparaturmaßnahmen handelte – außer in wenigen Sonderfällen immer vom jeweiligen Herrn. Nur den Transport mussten manchmal die Müller übernehmen, manchmal unterstützt durch die jeweiligen Dorf- oder Stadtbewohner. Es spielte auch keine Rolle, wer der Lehensherr war. Württembergische, badische, pfälzische, wertheimische, fürstenbergische Lehensmühlen etc. hatten offenbar dieselben rechtlichen Verhältnisse hinsichtlich des Holzes und der Mühlsteine wie reichsstädtische oder klösterliche, und auch einige in Streuüberlieferung zufällig herangezogene Mühlen außerhalb des südwestdeutschen Raumes und seiner Nachbargebiete weisen dieselben Zustände auf.[24]

Erhaltungs- und Reparaturmaßnahmen[25]

Konkrete Nachrichten über Schäden, die durch zu viel Wasser oder durch Eisgang angerichtet wurden, finden sich auch außerhalb des deutschen Südwestens immer

19 HStA Stuttgart, A 602, WR 7754.

20 Fürstenbergisches Urkundenbuch. Bearb. v. Sigmund Riezler u.a., 4. Bd., Tübingen 1879, Nr. 50, S. 42.

21 Manfred Krebs, Die Protokolle des Speyrer Domkapitels, I. Bd.: 1500–1517 (VKgLk A/17), Stuttgart 1968, Nr. 5283 und 5286, S. 28.

22 Grimm, Weisthümer (wie Anm. 10), 5. Theil, S. 577–583, hier: S. 579 f.

23 Robert Kretzschmar, Müller und Bauern im Konflikt – eine herrschaftliche Mühlenordnung für die Mühle zu Beizkofen aus dem Jahre 1516, in: Hohenzollerische Heimat 36, 1986, S. 2–30, 38–41.

24 Fritz, Wasserkraftnutzung (wie Anm. 1).

25 Ebd., Kapitel 6.1 „Baulast".

wieder.[26] Es wird zudem für die Zukunft von der Historischen Katastrophenforschung noch manches weitere Beispiel zu erwarten sein. In Südwestdeutschland und den angrenzenden Gebieten sind solche Katastrophen zum Beispiel 1270 für die Mühle in Uffheim im Oberelsass[27], 1295 in Rheinfelden[28], 1374 für Straßburg[29] und 1396/97 und 1426/27 in Rottenburg überliefert.[30] Die am Rhein als „Jahrtausendflut" von 1342 bekannte Katastrophe taucht dagegen in den südwestdeutschen Quellen nicht als Ursache für Schäden an Mühlen auf.[31] Hochwässer konnten die auch im Normalbetrieb stets gefährdeten Mühlkanäle beschleunigt verstopfen, wie das in Rottenburg für das Jahr 1392/93 belegt ist.[32]

Eis konnte die Mühle stilllegen, beschädigen oder in Form von Eisgang zerstören. Man versuchte die Mühlen mit Rechen oder „Eisbäumen" – also wohl quer in die Zuflüsse montierte Balken – zu schützen. Wenn das nicht ausreichte, musste die Mühle Tag und Nacht mit Personal besetzt werden, das mit Stangen oder sonstigen Geräten das Eis von der Mühle fernhalten musste, wie etwa 1442/43 in Rottenburg drei Knechte, *„die in der obern müllin warent über naht, als daz ys kam"*.[33] Manchmal half auch das nichts: Im Winter 1395/96 war die Rottenburger

26 So 1316, 1432 und 1433 für die in Grimma gelegenen Mühlen des Klosters Alt-Zelle anlässlich von Elbhochwassern (Annales Veterocellenses, in: Monumenta Germaniae Historica (künftig: MGH) SS 16, S. 45 und 47). 1316 folgte auf die Zerstörung der Mühlen eine mehrere Monate dauernde Hungersnot, die zumindest teilweise mit dem Ausfall der Mühlen und der nicht mehr vorhandenen Mahlkapazität zusammenhängen könnte.

27 Annales Basilienses, in: MGH SS 17, S. 193–202, hier: S. 193 f.; bei dem Unglück wurde eine Frau mit ihrem Jungen von den Wassermassen mitgerissen und offenbar getötet.

28 Annales Colmarienses maiores, in: MGH SS 17, S. 202–232, hier: S. 221.

29 Die Chronik des Jakob Twinger von Königshofen, in: Die Chroniken der oberrheinischen Städte: Strassburg: 1 (Die Chroniken der deutschen Städte vom 14. bis ins 16. Jahrhundert 8 und 9), Leipzig 1870/71, Reprint Göttingen 1961, S. 230–920, hier: S. 867; dazu: Anton Herzog, Die Lebensmittelpolitik der Stadt Strassburg im Mittelalter (Abhandlungen zur mittleren und neueren Geschichte 12), Berlin/Leipzig 1909, zugl.: Diss., Freiburg 1909, S. 21.

30 Karl Otto Müller (Bearb.), Quellen zur Verwaltungs- und Wirtschaftsgeschichte der Grafschaft Hohenberg. Vom Übergang an Österreich bis zum Ende der reichsstädtischen Pfandschaft (1454) (VKgLk A/4), 2. Tl., Stuttgart 1959, S. 33, 210.

31 Markus Dotterweich / Hans-Rudolf Bork, Jahrtausendflut 1342, in: Archäologie in Deutschland 4, 2007, S. 38–40.

32 Karl Otto Müller (Bearb.), Quellen zur Verwaltungs- und Wirtschaftsgeschichte der Grafschaft Hohenberg (Württembergische Geschichtsquellen 24), 1. Tl., Stuttgart 1953, S. 164: *„von dem graben bi der obren müli ze rumend, do in die gróss güss verflotzt"*.

33 Müller, Hohenberg 2 (wie Anm. 30), S. 174.

Obermühle innerhalb weniger Monate gleich zweimal nacheinander „*von ys und von wasser*" verwüstet worden. Die Hohenberger Jahresrechnung beschreibt den Vorfall mit bemerkenswerten Details:

> „*Dez ersten uff an zinstag nach Lucie* [= 14. Dez. 1395] *brach die ober müli, daz man daz mülwerk als sant* [= samt?] *machen muste und stund bis uff an gútentag Anthonii* [= 17. Jan. 1396], *daz waren 5 wocha, alz man die müli buwte, da gab man nützit davon, wonn man überal nützit gemalen moht.*
>
> [...] *Item uff die pfaffenwahsnaht* [= 13. Feb.] *so brach aber dü ober müli von ys und von wasser und brachen die welbom in den lóchern ab und zerbrach daz wár überal und stund bis uff an zinstag nach mittwasten* [= 14. März], *das waren 4 wocha, da múl man aber nützit, wonn man das wár und die brück nit gemachen vor wasser moht und gab nützit davon* [...]."[34]

Dieselben Rottenburger Rechnungen des späten 14. und des 15. Jahrhunderts zeigen darüber hinaus detailliert, wie auch in Jahren ohne Eisgang oder Hochwasser ständig Maßnahmen gegen banalen Verschleiß und kleinere naturbedingte Schäden erforderlich waren. Das in diesen Rechnungen vermittelte Bild ist weit über Südwestdeutschland hinaus repräsentativ, wie das zum Beispiel in Frankreich bei den Mühlen in der Gegend von Sens ebenfalls für das 15. Jahrhundert nachzuweisen ist.[35]

Auch ohne katastrophalen Eisgang konnte der Frost doch den Mühlbetrieb stilllegen. In Speyer beauftragte das Domkapitel im Dezember 1500 den Niclaus Swab damit, den Wasserzufluss vom Eis zu befreien.[36] Man hatte offenbar einschlägige Erfahrungen, denn 1501 wurde in Speyer geklagt, dass „*das wasser zu Ewsheim usbrech und der mulen schaden tue*". Der zuständige Abt von Maulbronn wurde aufgefordert, diese Zustände zu beenden.[37] Auch später sind in Speyer immer wieder Reparaturmaßnahmen an den kapiteleigenen Mühlen nachgewiesen.[38] Entsprechendes findet sich im 15. und 16. Jahrhundert auch in Schwäbisch

---

34 Müller, Hohenberg 1 (wie Anm. 32), S. 195 f.

35 Joséphine Rouillard, Moulins hydrauliques du Moyen Age. L'apport des comptes des chanoines de Sens, XVe siècle, Paris 1996; vgl. auch: Dietrich Lohrmann, Fünf Mühlenstudien zum späten Mittelalter und eine unbekannte Ingenieurhandschrift, in: Francia 26/1, 1999, S. 201–206, hier: S. 202 f.

36 Krebs (wie Anm. 21), Nr. 52, S. 8.

37 Ebd., Nr. 257, S. 28 f.

38 1525 muss Meister Bartel eine kapitlische Mühle für 20 fl. reparieren, und auch das Stift zu Allerheiligen soll seine Mühle reparieren: Manfred Krebs, Die Protokolle des Speyrer Domkapitels 2 (VKgLk, A/21), Stuttgart 1969, Nr. 6559, S. 153; 1531 ist es

Hall, wo die regelmäßigen Ausgaben für Reparatur nicht selten die Einnahmen überstiegen.[39] Solche regelmäßig auftretenden Reparaturkosten finden sich, wenig beachtet, in großer Zahl in vielen Rechnungsbänden. Erwähnt sei stellvertretend eine ganz durchschnittliche Reparatur in der Klostermühle des Klosters Bebenhausen bei Tübingen im Rechnungsjahr 1612/13. Dort heißt es: „*Allß in der closter mühlin daß vnderst waßerrad verfault gewesen, hat Barthlin Müller, zimmerman zu Waltenbuoch, selbiges wider von neuwem gefüdert, die alte vier reder geschüfflet vnd etliche neuwe schaufflen gemacht, damit, biß auch das holtz außgeschütt vnd geschnitten, er 34 tag zuebracht, deß tags zusambt emfangner lüfferung, vermög zedels 5 ß bezahlt, thut 8 lb 10 ß.*“[40] Die Reparaturarbeiten des Barthlin Müller waren mit 34 Tagen von erheblichem zeitlichem Aufwand. In dieser Zeit konnte die Mühle selbstverständlich nicht arbeiten. Es wäre angesichts der in der Frühen Neuzeit dichter werdenden Überlieferung der Rechnungen einmal anhand eines konkreten Beispiels zu überprüfen, wie häufig solche Routine-Reparaturen erforderlich waren. Mit etwas Glück ließen sich auch die Einnahmen der Mühlen ermitteln, sodass sich eine regelrechte Wirtschaftsbilanz einer Mühle erstellen ließe.

Wenn die Mühlen infolge Eisgangs oder Hochwassers stillstanden oder gar zerstört wurden, konnte rasch Mehl- und Brotmangel eintreten, so etwa 1316 in Grimma in Sachsen und 1374 in Straßburg im Elsass, wo die Mühlen durch Hochwasser zerstört waren.[41] Deshalb legte man normalerweise großen Wert darauf, die Mühlen wiederherzustellen. Dass alle Erhaltungs- und Reparaturmaßnahmen manchmal nichts halfen, zeigt die große Zahl wüstliegender Mühlen, die seit dem 12. Jahrhundert überliefert ist.[42] Allerdings konnten die Gründe für das Wüstliegen vielfältig sein: Zerstörung durch Krieg, Hochwasser und Eisgang, Aussterben oder Abwanderung der Müller infolge Seuchen oder schlicht Abgang der Mühle durch Vernachlässigung und Misswirtschaft.

---

sogar „*dringend erforderlich*“, dass die diversen speyrischen Stifte ihre Mühlen „*neu bauen lassen*“: ebd., Nr. 9037, S. 393.

39 Dieter Kreil, Der Stadthaushalt von Schwäbisch Hall im 15./16. Jahrhundert (Forschungen aus Württembergisch Franken 1), Schwäbisch Hall 1967, zugl.: Diss., Erlangen 1967, S. 87.

40 HStA Stuttgart, A 303, Bd. 1325, ohne Seitenzählung.

41 Zu Grimma: Annales Veterocellenses, in: MGH SS 16, S. 47; zu Straßburg: Königshofen (wie Anm. 29), S. 876, kurz: Herzog, Lebensmittelpolitik (wie Anm. 29), S. 21.

42 Fritz, Wasserkraftnutzung (wie Anm. 1).

Wasserzuführung, Eichzeichen

Nicht nur katastrophen- oder alltagsbedingte Schäden sorgten für Konflikte. Eine zentrale Wurzel für Streitigkeiten war durchaus naturgegeben: das angesichts der zunehmenden Anforderungen fast überall unzureichende Energieangebot, das heißt die unzureichende Wassermenge und Gefällhöhe. Zu kleine Wassermengen und zu kleine Gefälle führten zu einer unüberschaubaren Menge von Streitigkeiten. Wenn der Müller höher staute, um mehr Wasser und ein größeres Gefälle zu gewinnen, drehten sich die Wasserräder des Oberliegers im Rückstau des Unterliegers nicht mehr richtig. Aber auch wenn kein Oberlieger gestört wurde, kam es zu Konflikten. Oft wurde das Wasser aus Flüssen, Bächen und – über einer bestimmten Höhe – aus Mühlgräben zur Wässerung der Wiesen genutzt. Staute nun ein Müller zu hoch, stand unterhalb seiner Mühle zeitweilig keine ausreichende Wassermenge mehr für die Wiesenwässerung zur Verfügung. Mit Eichzeichen versuchte man die maximale Stauhöhe überprüfbar vorzuschreiben.[43] 1320 wird zum Beispiel festgelegt, dass bei den Mühlen des Deutschordens in Mergentheim „*ein swelle*" gelegt werden soll, damit die Fachleute „*darin dann ire stöck setzen*". Die Stöcke sind Eichzeichen.[44] In Ulm werden 1424 erstmals Eichpfähle genannt, mit denen man die Höhe des Wasserstandes überprüfen konnte.[45] Überhaupt häufen sich im 15. Jahrhundert entsprechende Nachrichten auch andernorts. In Feuchtwangen gab es 1488 Differenzen um die dortige Eich.[46] Der Konflikt flammte 1531 und 1536 anlässlich des Baus eines neuen Mühlgrabens wieder auf. Damals musste ein neuer Eichpfahl gesetzt werden.[47] Spät und in geringer Anzahl finden sich Eichpfähle in München, wo es bis 1567 offenbar nur deren zwei gab. Erst im 19.(!) Jahrhundert sei deren Zahl erhöht worden.[48]

---

43 Vgl. die Beispiele: ebd.

44 StA Ludwigsburg, JL 425, Bd. 1, fol. 258–260, Weistum vom 26.5.1320.

45 Gustav Veesenmeyer / Hugo Bazing (Hg.), Ulmisches Urkundenbuch, 2. Bd., 2. Tl., Ulm 1900, Nr. 385, S. 199 f.

46 Hörber, Urkunden (wie Anm. 16), Nr. U 460, S. 298–300.

47 Ebd., Nr. U 183 f., S. 104 f. und U 207, S. 115.

48 Werner Kohl, Recht und Geschichte der alten Münchner Mühlen (Miscellanea Bavarica Monacensia 15 = Neue Schriftenreihe des Stadtarchivs München 32), München 1970, zugl.: Diss., München 1969, S. 132; zu Augsburg: Claus-Peter Clasen, Die Augsburger Getreidemühlen 1500–1800 (Veröffentlichungen der Schwäbischen Forschungsgemeinschaft, Reihe 1: Studien zur Geschichte des bayerischen Schwaben 27), Augsburg 2000, S. 149–157.

Wassermangel

Wenn es am nötigen Wasser fehlte, vermengen sich natürliche und anthropogene Ursachen zu einem unentwirrbaren Durcheinander. Ausschließlich naturbedingter Wassermangel kam immer wieder vor. 1304 wird aus dem Elsass über große Hitze und Trockenheit berichtet. Die Konsequenz war dieselbe wie bei Überschwemmung und Eisgang: Die Mühlen konnten kaum noch betrieben werden und die ausbleibende Mahlkapazität sorgte für eine Verknappung des Brotes. Der Brotpreis stieg stark an.[49] Manchmal wurde der Wassermangel auch künstlich herbeigeführt, etwa wenn man im Krieg Flüsse oder Bäche gezielt umleitete, um in einer belagerten Stadt die Mühlen zum Stillstand zu bringen und die Stadt so auszuhungern. Beispiele sind zu Beginn des 13. Jahrhunderts aus der Gegend von Lüttich und 1293 in Colmar im Elsass bekannt. Mit Hand- oder Rossmühlen, die es da und dort gab, konnte man nicht genügend Getreide vermahlen.[50] Aber es musste gar keine Dürre und auch kein Krieg sein, die für stillstehende Mühlen sorgten. Oft war es schlicht und einfach die energetische und wasserbauliche Überbeanspruchung der vorhandenen Bäche, deren Gefälle und Wassermenge in manchen Gegenden schon früh nicht ausreichte, alle gewünschten Wasserräder zu treiben. Aus dieser Art Wassermangel resultierende Differenzen sind schon 1241 für die Gegend von Speyer überliefert und kennzeichnenderweise schleppten sich die damals entstandenen Spannungen – da mangels natürlicher Energie nicht wirklich lösbar – bis in die Regierungszeit König Albrechts 1301 fort.[51] Auch die im Spätmittelalter und in der frühen Neuzeit zahlreichen Verbote, zusätzliche Mühlen zu bauen, hatten meist den strukturellen Wasser- beziehungsweise Energiemangel als Ursache.

Wie alltäglich Wassermangel als Ursache für stillstehende Mühlen war, wird auch aus verschiedenen Urkunden und Weistümern deutlich, in denen für den Fall einer aus Wassermangel (oder aus anderen Gründen) nicht arbeitenden Mühle den in eine Mühle gebannten Mahlkunden ausdrücklich erlaubt wurde, dann eine andere Mühle zu benutzen. Für das Kloster Ellwangen ist ein solcher Fall schon 1337 überliefert.[52] Ein ähnlicher Fall in Affalterbach (Lkr. Ludwigsburg)

---

49 Annales Colmarienses maiores, in: MGH SS 17, S. 202–232, hier: S. 231.

50 Zu Lüttich: Theo Kölzer, Unwetter und die Folgen. Lüttich 1194–1198, in: Historische Zeitschrift 287, 2008, S. 599–627, hier: S. 617; zu Colmar: Chronicon Colmariense, in: MGH SS 17, S. 240–270, hier: S. 258 f.

51 Remling, Urkundenbuch Speyer 1 (wie Anm. 2), Nr. 225, S. 221 und Nr. 463, S. 435 f.

52 J. A. Giesel, Gült- und Rechtbuch der Abtei Ellwangen vom Jahr 1339, in: Württembergische Vierteljahrshefte für Landesgeschichte NF 4, 1895, S. 98–103, hier: S. 102;

nennt 1489 als Ursachen für den Ausfall der Mühle sowohl Eisgang als auch sommerliche Dürre.[53]

Nutzung des Mühlkanals

Wassermangel beziehungsweise Störungen des Wasserzulaufs konnten auch andere Ursachen haben. Mühlkanäle wurden nicht nur von Müllern genutzt. Fischer legten Reusen ins Wasser der Kanäle, aber auch Hanf und Flachs wurden in die Kanäle eingelegt, um durch Wässerung leichter die Fasern herauslösen zu können. Diese Mehrfachnutzung der Kanäle war für deren Erhalt nicht eben förderlich, sodass sich dauernd Konflikte entwickelten.[54] Teils zweigten Hanf- und Flachsbearbeiter sogar ihrerseits Kanäle vom Mühlkanal ab, sodass dort Wassermangel eintrat. Das Kloster Kirchbach beklagte sich beispielsweise 1463, dass wegen des Hanf- und Flachs-Wässerns der Gemeinde Häfnerhaslach im Mühlkanal „*das wasser gehindert wúrde, das sie nit gemalen kúnden*".[55] Auch die Gerber und die Bleicher wässerten ihre Häute und Tücher gerne in den Mühlkanälen. Offenbar gab es einfach nicht genügend natürliche Wasserläufe, wo man entsprechend wässern konnte. Manchmal war die Zahl der Mitnutzer der Mühlkanäle kaum überschaubar. In Basel durften 1460 nicht weniger als etwa 180 Nutzungsberechtigte Wasser entnehmen – teils weil sie selbst die Wasserkraft nutzen wollten, teils waren es Bader, die Wasser für ihre Badstuben brauchten, oder Leute, die das Wasser für Reinigungszwecke brauchten, teils Handwerke für die verschiedensten Zwecke. Es verwundert nicht, dass dies zu endlosen Streitigkeiten führte.[56]

Mühlen und Wiesenwässerung

Ebenfalls in unzureichenden Ressourcen gründeten die Konflikte um die Wässerung von Wiesen, das heißt die gezielte Zuführung von Wasser auf Wiesen zur

---

neuerdings: Hubert Häfele (Bearb.), Das älteste Urbar der Abtei des gotzhuses zu Ellwangen von 1337 (VKgLk A/52), Stuttgart 2008, Nr. 205, S. 18 f.

53 HStA Stuttgart, A 602, WR 10694. Zur Wolfsöldener Mühle auch: Thomas Schulz, Die Mühlen im Landkreis Ludwigsburg (Mühlenatlas Baden-Württemberg 3), Remshalden 1999, S. 253–255.

54 Vgl. Fritz, Wasserkraftnutzung (wie Anm. 1).

55 Joseph Dambacher, Urkundenarchiv des Klosters Marienthal in Frauenzimmern und Kirchbach, in: Zeitschrift für die Geschichte des Oberrheins (künftig: ZGO) 4, 1853, S. 172–207, 311–337, hier: S. 323 f.

56 Katharina Simon-Muscheid, Basler Handwerkszünfte im Spätmittelalter. Zunftinterne Strukturen und innerstädtische Konflikte, Diss., Basel 1988, S. 78–84, 92–97.

Förderung des Graswachstums. Dies war in einer Gesellschaft, deren Vieh auf eine ausreichende Futtermenge angewiesen war, von erheblicher wirtschaftlicher Bedeutung. Aus natürlichen Wasserläufen war Wasser zur Wiesenwässerung bei geringem Gesamtgefälle kaum einmal abzuzweigen: Natürliche Wasserläufe befinden sich immer am tiefsten Punkt ihrer Umgebung, deshalb kann man aus ihnen kein Wasser herausfließen lassen. Mühlkanäle befinden sich dagegen immer oberhalb ihres Vorfluters, das heißt, man kann aus ihnen Wasser ohne Probleme herausfließen lassen.[57] Wasser für die Wiesen wurde gerade dann benötigt, wenn es nicht genügend geregnet hatte, also insbesondere im Sommer. Gerade dann brauchten aber auch die Mühlen das wenige vorhandene Wasser zum Betrieb ihrer Wasserräder.[58] Nachrichten über Konflikte zwischen Müllern und Wiesenwässerern lassen sich in den südwestdeutschen Quellen vom 13. bis ins 20. Jahrhundert in unüberschaubarer Zahl nachweisen. Die Zahl der Fälle unterstreicht, welche Bedeutung dieser Kampf um die knappe Ressource Wasser hatte.[59] Einige Beispiele mögen das verdeutlichen: Nachdem in Weißenburg 1417 noch Spannungen über eine Wiesenwässerung gütlich vertragen werden konnten, kam es schon 1420 zu neuen Meinungsverschiedenheiten. Diesmal klagte in Weißenburg Ulrich Müller von der Galgenmühle, dass Hans Ottinger zur Bewässerung einer Wiese den Mühlgraben widerrechtlich genutzt und durch liegengelassene Bretter und Pflöcke beschädigt hatte. Schließlich kam man überein, dass aus dem Mühlgraben nur an bestimmten Abenden nach 5 Uhr Wasser entnommen werden durfte. Pflöcke und Bretter, mit denen man das Wasser angestaut hatte, mussten

---

57 Vgl. auch: Eduard Schulte, Das Gewerberecht der deutschen Weistümer, in: Deutschrechtliche Beiträge III, Heidelberg 1909, S. 342–491; Jürgen Hagel, Mensch und Wasser in der Geschichte. Dokumente zu Umwelt, Technik und Alltag vom 16. bis zum 19. Jahrhundert, Stuttgart 1989, S. 64–76, der allerdings annimmt, dass die Wiesenwässerung erst seit dem 16. Jahrhundert wichtig geworden sei. Konrad Kupfer, Die fränkischen Wasserschöpfräder, Erlangen 1931, hat der Wiesenwässerung ein eigenes Kapitel gewidmet (S. 65–70). Zur Wiesenwässserung im Alpenraum: Otto Lanser, Bäuerliche Wasserkraftnutzung in den Alpenländern, in: Zeitschrift des Deutschen Alpenvereins 72, 1941, S. 86–95.

58 Dubler, Müller und Mühlen (wie Anm. 12), S. 49 f., geht für den Luzerner Raum davon aus, dass die Wiesenwässerung erst seit der zweiten Hälfte des 16. Jahrhunderts größere Bedeutung gewonnen habe. Unsere Belege zeigen dagegen deutlich, dass Wiesenwässerung schon in früheren Jahrhunderten ein Dauerproblem war; über den in der vorliegenden Studie untersuchten Zeitraum hinaus sind zahlreiche weitere Wässerungskonflikte dokumentiert.

59 Fritz, Wasserkraftnutzung (wie Anm. 1).

wieder entfernt werden.[60] Eine ähnliche Tageszeitregelung zur Entnahme von Wasser für die Wiesen fand sich 1426 auch in Niederrieden (Lkr. Unterallgäu). Erst wenn die Mühle mit Mahlen aufgehört hatte und vormittags, bevor sie mit dem Mahlen begann, durften die Wiesen gewässert werden.[61] Auf dem Spitalanger bei Mürzisried nahe Kaufbeuren regelte man 1447 die Wasserentnahme aus dem Mühlkanal monatsweise. Im Frühjahr und in der „Gromat" (das ist die Ernte des zweiten Grasschnittes, auch als „Grummet" oder „Oehmd" bezeichnet) durfte je einen Monat lang Wasser entnommen werden.[62] In Walldorf, Nussloch, Leimen, St. Ilgen, Schönau und Oftersheim bevorzugte man dagegen 1492 eine Wasserentnahme nach bestimmten Wochentagen, wobei aber ein Drittel des Wassers in den Bächen für den Betrieb der Mühlen verbleiben musste.[63] Trotz dieser und vieler anderer, manchmal sehr ins Detail gehender Regeln blieb die Wiesenwässerung aus Mühlkanälen ein Dauerthema im Rahmen der Streitigkeiten rund um die Mühlen. Je komplizierter die Vorschriften waren, desto krisen- und interpretationsanfälliger waren sie und zogen endlosen weiteren Streit nach sich. Je dichter eine Gegend besiedelt war, desto heftiger konnten die Streitigkeiten um das Wasser ausgetragen werden: Typisch ist, dass es im Altsiedelland rund um Worms zu besonders lang andauernden und heftigen Konflikten kam. Hier kam es 1443 sogar zu Gewalttätigkeiten, als die Dörfer oberhalb Worms dem pfälzischen Heppenheim das Wasser an der Wies nicht gönnten und kurzerhand die Wasserableitungen zerstörten. Nachdem die Handgreiflichkeiten abgeflaut waren, zog das Ganze lange Rechtsstreitigkeiten nach sich.[64]

---

60 1417: Ute Jäger (Bearb.), Die Regesten der Reichsstadt Weißenburg (Veröffentlichungen der Gesellschaft für fränkische Geschichte, III.9), Neustadt/Aisch 2002, Nr. 256, S. 130 f.; 1420: ebd., Nr. 274, S. 139.

61 Hermann Hoffmann / Aegidius Kolb, Die Urkunden des Reichsstifts Ottobeuren 764–1460 (Schwäbische Forschungsgemeinschaft bei der Kommission für bayerische Landesgeschichte 2a, 13), Augsburg 1991, Nr. 245, S. 125 f.

62 Richard Dertsch (Bearb.), Die Urkunden der Stadt Kaufbeuren (Stadt, Spital, Pfarrei, Kloster) 1240–1500 (Schwäbische Forschungsgemeinschaft bei der Kommission für bayerische Landesgeschichte 2a, 3), Augsburg 1955, Nr. 821, S. 248 f.

63 Ludwig H. Hildebrandt (Bearb.), Mittelalterliche Urkunden über Wiesloch und Walldorf, Ubstadt-Weiher 2001, Nr. WA 133, S. 93.

64 Heinrich Boos, Geschichte der rheinischen Städtekultur von ihren Anfängen bis zur Gegenwart mit besonderer Berücksichtigung der Stadt Worms, Berlin 1899, S. 79 f.

Streit zwischen Oberlieger und Unterlieger

Die häufigste Ursache für Streit ums knappe Wasser war indessen nicht der Streit mit mühlenfremden Konkurrenten um das Wasser beziehungsweise um den Mühlkanal. Der häufigste Konflikt war der, den die Müller untereinander hatten.[65] Es ging im Prinzip immer um dasselbe: Entweder der Unterlieger staute das Wasser zu hoch. Dann führte der Rückstau zu einem zu hohen Wasserstand unter den Rädern des Oberliegers, der dann nur mit verminderter Leistung arbeiten konnte, im schlimmsten Fall sogar gar nicht mehr. Oder der Oberlieger belästigte den Unterlieger: Wenn der Oberlieger arbeitete, kam der von ihm genutzte Wasserschwall unter Umständen zu ungünstigen Zeiten beim Unterlieger an, der dann oft mitten in der Nacht seinen Schlaf unterbrechen musste, um das vom Oberlieger ankommende Wasser zu nutzen.[66] Die Zahl einschlägiger Konflikte ist unüberschaubar. Insbesondere der rückstauende Unterlieger dürfte allein in Südwestdeutschland bis in die zweite Hälfte des 20. Jahrhunderts als geradezu klassischer Müllerstreit tausende von Malen vorkommen. Gelegentlich gibt es über solche Mühlenstreitigkeiten eigene Untersuchungen.[67] Wenn es an einem Wasserlauf nur wenige Mühlen gab und wenn die Abstände zwischen diesen groß waren, kam es kaum zu solchen Konflikten. Je häufiger die Wasserkraft genutzt wurde und je mehr Mühlen an einem Fluss oder Bach entstanden, desto komplexer und empfindlicher und gegenseitig voneinander abhängig wurde das System der Wasserkraftnutzer. Man versuchte dem mit den beschriebenen Mitteln gegenzusteuern: Setzen von Eichpfählen und Eichzeichen, die die Stauhöhe regelten. Die daraus entstehenden Konflikte sind also ein Indikator für die Übernutzung eines Wasserlaufs. Eine solche Übernutzung gab es an vielen Wasserläufen und

---

65 Einschlägige Konflikte in Augsburg seit dem späten 16. Jahrhundert bei: Clasen, Augsburger Getreidemühlen (wie Anm. 48), S. 158–172.

66 Vgl. etwa 1406 den Streit zwischen den Müllern in Steinenstatt 1495: Joseph Bader, Urkunden und Regesten über die ehemalige hochstift-basel'sche Landvogtei Schliengen, in: ZGO 18, 1865, S. 218–225, hier: S. 220.

67 Beispiele aus dem Luzerner Gebiet bei: Dubler, Müller und Mühlen (wie Anm. 12), S. 48 f; vgl. auch: Joachim Peterke, Der Waiblinger Mühlenstreit, in: Waiblingen in Vergangenheit und Gegenwart 17, 2009, S. 113–119.

insbesondere in städtischen Zentren schon im 12. Jahrhundert.[68] Sie kommt in zahlreichen europäischen Regionalstudien als Dauerthema vor.[69]

„Segnungen" der modernen Wasserwirtschaft

Aus Stuttgart ist ein Sonderfall sicherer Wasserversorgung dokumentiert: Hier gibt es in den heutigen Stadtbezirken Cannstatt und Berg (bis ins 19. Jahrhundert unabhängige Kommunen) Mineralquellen, die häufig warmes oder gar heißes Wasser führen. Dieses wird (und wurde seit Jahrhunderten) für Bade- und Heilzwecke verwendet. Insbesondere im 19. Jahrhundert kamen aber immer mehr Betreiber von Mühlen und anderen Wasserkraftanlagen auf die kluge Idee, dass mit dem warmen Wasser die Wasserräder und Turbinen frostsicher betrieben werden konnten. Da nach der bis weit ins 19. Jahrhundert geltenden Rechtslage ohne Weiteres nach warmen Quellen gebohrt werden konnte, begann man die entsprechenden Gegenden wie einen Schweizerkäse zu durchlöchern. Alle möglichen Leute wollten ihr warmes Betriebswasser. Das allgemeine Bohren führte dazu, dass man sich im wahrsten Sinne gegenseitig das Wasser abgrub. Die Schüttung mancher Quelle ließ dramatisch nach, weil der Nachbar plötzlich auch sein Bohrloch hatte. Dem Treiben konnte schließlich nur mit neuen rechtlichen Regelungen und mit dem Verstopfen verschiedener Bohrlöcher beigekommen werden.[70]

Und noch ein weiterer, geradezu dramatischer Aspekt ist zu nennen: Für den mittleren Neckarraum und den Nordosten Baden-Württembergs mit seinen über drei Millionen Einwohnern genügen die regionalen Quellen zur Trinkwasserversorgung längst nicht mehr. Trinkwasser wird via Bodensee-Wasserversorgung und Nord-Ost-Wasserversorgung in die Verbrauchsgebiete geleitet. Das Wasser kommt zu einem erheblichen Teil aus dem Bodensee und aus dem Donauried. Dadurch steigt die Wassermenge im mittleren Neckarland teilweise dermaßen, dass die kleineren Flüsse dort viel mehr Wasser führen als früher. Etliche kleinere

---

68 Dietrich Lohrmann, Energieprobleme im Mittelalter. Zur Verknappung von Wasserkraft und Holz bis zum Ende des 12. Jahrhunderts, in: Vierteljahrschrift für Sozial- und Wirtschaftsgeschichte 66, 1979, S. 297–316.

69 Für Piemont konstatiert Mirella Montanari Pesando, Carenza idrica e attività molitore nella Chieri medievale (secoli XII–XV), in: Rinaldo Comba (Ed.), Mulini da grano nel Piemonte medievale. Secoli XII–XV, Cuneo 1993, S. 11–46, hier: S. 22–24, bereits im 12./13. Jahrhundert eine *„guerra dell'acqua"*.

70 Achim Bonenschäfer, Die Mühlen im Stadtkreis Stuttgart, 2 Tle. (Mühlenatlas Baden-Württemberg 6), Remshalden 2014, hier: Tl. 2, S. 22.

Wasserkraftanlagen haben damit ihre Schwierigkeiten. Das Problem ist nicht nur ein baden-württembergisches. Es müsste auch in Bayern untersucht werden. Schließlich und endlich richtet seit mehreren Jahren die Umsetzung einer EU-Richtlinie, die die Beseitigung alter Wehre fordert, nicht wieder gutzumachende Schäden an: Wehre und Staustufen sind Kulturdenkmäler, die viele hundert Jahre alt sind, nicht selten über 1.000 Jahre. All das hat weder die EU bedacht, noch die deutschen Umweltminister, wie etwa der baden-württembergische Umweltminister Untersteller, der sich 2016 voller Stolz mit den vom Bagger abgegrabenen Trümmern eines über 650 Jahre alten Mühlenwehrs fotografieren ließ. Und es geht nicht nur um die Zerstörung von Kulturdenkmälern: In dem durch Unterstellers Baggereinsatz trockengefallenen Mühlkanal verendeten binnen weniger Tage Hunderte von Fischen, das heißt die angeblich ökologische Renaturierung richtet gravierende ökologische Schäden an.[71]

Weitere Naturgewalten: Seuchen – Ungeziefer – Klimawandel

Die bisher beschriebenen Naturgewalten waren primär klimatischer Art oder sie resultierten aus der Knappheit der Ressource Wasser. Es sei aber noch auf andere Naturgewalten hingewiesen: Die Seuchen und das Ungeziefer. Schon seit langem liest man, dass bei Leinewebern, aber auch bei lebensmittelverarbeitenden Berufen die Sterblichkeit bei Pest (oder pestartigen Seuchen – die genaue medizinische Identifikation des umlaufenden Sterbens ist ja im Nachhinein schwierig) erheblich erhöht gewesen sei[72], und für die Schweiz konnte dies bei der Pest von 1629 ausdrücklich auch für Bäcker und Müller nachgewiesen werden.[73] Man erklärt dies mit den Korn- beziehungsweise Mehlvorräten, die für Ratten, Mäuse und anderes Ungeziefer geradezu ideale Brutstätten geboten haben. Andererseits meint man herausgefunden zu haben, dass die Nager und das Ungeziefer laute und übelriechende Handwerke gemieden hätten, sie seien zum Beispiel vor dem Lärm von Schmieden und dem Gestank von Gerbereien geflohen.[74] Nun gibt es

71 Julian Aicher, Sterben die Wassermühlen? Jahrhunderte alte Kulturbauten sind bedroht, in: Schwäbische Heimat 3, 2017, S. 294–301.

72 Erich Woehlkens, Pest und Ruhr im 16. und 17. Jahrhundert. Grundlagen einer statistisch-topographischen Beschreibung der großen Seuchen, insbesondere in der Stadt Uelzen, Hannover 1954, S. 70–75.

73 Markus Mattmüller, Bevölkerungsgeschichte der Schweiz, Teil 1: die Frühe Neuzeit 1500–1700, 2 Bde. (Basler Beiträge zur Geschichtswissenschaft 154), Basel/Frankfurt 1987, S. 229.

74 Manfred Vasold, Pest, Not und schwere Plagen. Seuchen und Epidemien vom Mittelalter bis heute, München 1992, S. 58.

aber klare Hinweise, dass zumindest Ratten und Mäuse – und mit ihnen deren Flöhe, die Pest übertragen konnten – an Orten, an denen Getreide und Mehl gelagert wurden – also Mühlen – durchaus vorhanden waren. Das Geklapper der Mühlen schreckte das Getier offenbar nicht ab. Die Müller versuchten mit allerlei Tricks, sich die ungeliebten Mitbewohner vom Halse zu halten, angefangen von Katzen, die zumindest gegenüber den Mäusen wirksame Jäger waren, bis hin zu Fallen jeder Art gegenüber den Ratten. Dieser Sachverhalt ist bekannt.[75] Inwieweit Müller und anderes Mühlenpersonal gehäuft Opfer der Pest und anderer Seuchen wurden, ist dagegen überhaupt nicht systematisch untersucht und verdient künftig erhöhte Aufmerksamkeit.

Den Naturgewalten der Vergangenheit ist noch eine hinzuzufügen, die die Gegenwart betrifft. Es konnte gezeigt werden, dass sowohl zu viel als auch zu wenig Wasser den Betrieb einer Mühle störte oder gar zerstörte. Heutzutage spielen zwar wassergetriebene Mühlen als Orte, in denen gemahlen oder gesägt wird, praktisch keine Rolle mehr, als Kleinkraftwerke sind sie jedoch vielerorts immer noch (zum Teil auch: wieder) in Betrieb und sorgen für ökologisch erwünschte regenerative Energie. Menschliche Eingriffe in die Natur und klimabedingte Veränderungen sorgen jedoch auch in der Gegenwart für massive Probleme: Betreiber von Wasser-Kleinkraftwerken klagen einerseits über lange, früher in diesen extremen Formen nicht gekannte Trockenphasen, in denen mangels Wasser kaum genügend Energie erzeugt werden kann. Andererseits wird geklagt: Wenn der Regen dann komme, komme er oft als Wolkenbruch, und infolge der Versiegelung der Landschaft schieße Wasser in so hoher Geschwindigkeit und so großer Menge in die Flüsse und Bäche, dass der Betrieb dann auch gestört werde. Die Wasserführung vieler Flüsse und Bäche ist gegenüber dem 19. Jahrhundert vielerorts sowieso verändert: Die Fassung zahlreicher Quellen zur Trinkwassergewinnung hat viele Bäche, die früher eine Mühle getrieben haben, so schrumpfen lassen, dass sich dort nichts mehr betreiben lässt.

75 Dazu: Fritz, Wasserkraftnutzung (wie Anm. 1), das Kapitel „Sauberkeit und Hygiene".

Barbara Rajkay

Eimerweise Luxus. Die Wasseranschlüsse privater Haushalte in Augsburg 1558–1806

In the early 15th century, the Imperial City of Augsburg began sourcing water from the plains of the river Lech, channeling it into the city and using water pumps to run streaming fountains. To deal with the costs of the elaborate water supply system, which had to scale up to serve a rapidly growing number of inhabitants, the city council decided around the middle of the 16th century to declare water to be a tradeable commodity, delivered precisely into the residences of the wealthy customers. Over time, the reach of the distribution grew – aside from the economical and political elites an increasing number of solvent craftsmen made use of the offer. With the growing diversity of its users, also the applications of the supplied water became more sophisticated. Water was not only supplied to wells, fountains and washhouses, but also into the soaking throughs of the brewers. Because of the behavioral patterns of the estate-based society, the narrow territorial boundaries and the impact of the "Little Ice Age", the supply of water always had to be subsidized. The Imperial City afforded this luxury, as it so could earn the reputation of being a Master of Water Arts.

Einleitung

Wasser ist nach der Lehre des Aristoteles eines der vier Elemente. In der christlichen Theologie wird es als göttliche Gabe betrachtet und aus der Sicht der modernen Chemie stellt es eine Verbindung aus Wasserstoff und Sauerstoff dar.[1] Wasser ist eine Notwendigkeit, man könnte es schlicht als Überlebensmittel bezeichnen. Der direkte Bezug zu Genussmitteln wie Tabak und Kaffee oder Luxusartikeln wie Porzellan und Uhren drängt sich nicht gerade auf. Dennoch hat Wasser auch als

1 Jens Soentgen, Metachemie des Wassers, in: Christoph Emmendörffer / Christof Trepesch (Hg.), Wasser Kunst Augsburg. Die Reichsstadt in ihrem Element (Ausstellungskatalog zur gleichnamigen Ausstellung im Maximilian Museum vom 15. Juni bis 30. September 2018), Regensburg 2018, S. 22–33; Susan Richter, Wasser als göttliche Gabe und menschliches Naturrecht. Brunnen- und Wasserversorgung in der Frühen Neuzeit, in: Irene Dingel / Armin Kohnle (Hg.), Gute Ordnung. Ordnungsmodelle und Ordnungsvorstellungen in der Reformationszeit (Leucorea-Studien zur Geschichte der Reformation und der Lutherischen Orthodoxie 25), Leipzig 2014, S. 125–140.

Konsumartikel eine lange Tradition. Bereits im Spätmittelalter war es Handelsgut und einige italienische Städte nutzten es als Einnahmequelle.[2] In der jüngeren Forschung hat sich nur Günter Bayerl mit dem Thema beschäftigt und „den ‚versteckten Gebrauch' des ‚verborgenen Werkstoffes' Wasser" seit dem 19. Jahrhundert am Beispiel Berlins untersucht. Das mangelnde Interesse der Konsumgeschichte am Wasser erklärt Bayerl mit dessen Zuordnung zur Umwelt- und Hygienegeschichte.[3] Dieser Zusammenhang liegt auf der Hand und auch Bayerl widmet sich im letzten Abschnitt seines Aufsatzes der Umweltproblematik.[4]

In der Kunst der Frühen Neuzeit spielte Wasser eine herausragende Rolle, angefangen bei Tischbrunnen bis hin zu den Monumentalbrunnen.[5] Die konkurrierenden Fürstenhöfe setzten die Maßstäbe, ihr demonstrativer Konsum hatte Vorbildcharakter und strukturierte die Ständegesellschaft. Im Umgang mit Wasser wollten die Herrscher ihre Macht und ihre Fähigkeit, selbst die Natur zu beherrschen, unter Beweis stellen. Es entstanden ausgedehnte Parks mit Kanälen, Brunnen, Kaskaden und Fontänen.[6] Der Schlosspark von Nymphenburg oder der seit 2013 zum Weltkulturerbe zählende Bergpark Wilhelmshöhe in Kassel zeugen noch heute vom schönen Schein des Überflusses.[7]

---

2 Duccio Balestracci, Die Entwicklung der städtischen Wasserversorgung in Italien vom 12. bis ins 15. Jahrhundert, in: Albrecht Hoffmann (Hg.), Die Wasserversorgung in der Renaissancezeit (Geschichte der Wasserversorgung 5), Mainz 2000, S. 63–98, hier: S. 84–86.

3 Günter Bayerl, Konsum, Komfort und Netzwerke. Die Versorgung mit Wasser, in: Reinhold Reith / Torsten Meyer (Hg.), Luxus und Konsum. Eine historische Annäherung (Cottbuser Studien zur Geschichte der Technik, Arbeit und Umwelt 21), Münster u.a. 2003, S. 129–158, hier: S. 129 (Zitat) und 137.

4 Ebd., S. 158. In den anderen beiden Sammelbänden, die in der jüngeren Forschung zur Konsumgeschichte erschienen sind, wurde das Wasser nicht thematisiert, vgl. Michael Prinz (Hg.), Der lange Weg in den Überfluss. Anfänge und Entwicklung der Konsumgesellschaft seit der Vormoderne, Paderborn 2003; Wolfgang Wüst (Hg.), Regionale Konsumgeschichte. Vom Mittelalter bis zur Moderne (Franconia 7. Beihefte zum Jahrbuch für fränkische Landesforschung), Erlangen 2015.

5 Hildegard Wiewelhove, Tischbrunnen. Forschungen zur europäischen Tafelkultur, Berlin 2002; Stefan Morét, Art. Brunnen – Gestalterische und künstlerische Aspekte, in: Friedrich Jäger (Hg.), Enzyklopädie der Neuzeit 2, Stuttgart/Weimar 2005, Sp. 469–473.

6 Stefan Schweizer, Die Erfindung der Gartenkunst. Gattungsautonomie – Diskursgeschichte – Kunstwerkanspruch (Kunstwissenschaftliche Studien 172), Berlin/München 2013, S. 134 f., 141, 248.

7 Utta Bach, Die Gartenkultur am Münchner Hof unter Kurfürst Max Emanuel 1679–1726. Realisierung – Administration – Botanik (Geschichtswissenschaften 19),

Am Beispiel Augsburgs kann man nicht nur drei reichsstädtische Varianten von Monumentalbrunnen studieren.[8] Im Laufe des 16. Jahrhunderts entwickelte sich hier außerdem Quellwasser zum teuren und begehrten Konsumartikel. Die von Michael Prinz formulierten zentralen Kriterien des Konsumbegriffs treffen voll und ganz zu: Der Verbrauch ging über den Subsistenzbedarf hinaus und die Konsumenten schufen einen persönlichen Bezug zu ihrem gekauften Anschluss.[9] Verbindungen zur Klima- und Umweltgeschichte ergeben sich auch bei dieser Studie sozusagen als Beifang.

Die Quellenlage ist hervorragend, die „Kundschaft" lässt sich über knapp 250 Jahre namentlich erfassen. Bisher hat sich nur der Heimatforscher Max Strobel († 1992) dieser Quellen angenommen und ein Verzeichnis der Wasserrechtsbesitzer von 1600 bis 1812 erstellt. Strobels Beschäftigung mit den Wasserempfängern, in den Quellen meist als „*Possessores*" bezeichnet, war Teil eines größeren Projekts: Er wollte eine umfassende Dokumentation der Häuser und ihrer Besitzer erstellen. Noch vor einer Veröffentlichung verstarb Max Strobel 1992, seine gesammelten Aufzeichnungen werden heute in der Staats- und Stadtbibliothek Augsburg aufbewahrt. Allerdings hat Strobel seine noch mit der Schreibmaschine erstellte „Datenbank" nie ausgewertet und die Zeit vor 1600 ganz ausgeklammert, weil die Wasserzinsregister zunächst nach den Vornamen sortiert waren. Übersehen hat Strobel außerdem die früheste Zusammenstellung, die den Zeitraum von 1558 bis 1569 abdeckt. Hier wurden in chronologischer Reihenfolge die Inhaber der ersten 123 Anschlüsse festgehalten.[10]

München 2007, S. 64–67; Hortus ex Machina. Der Bergpark Wilhelmshöhe im Dreiklang von Kunst, Natur und Technik. Internationales Symposium des Deutschen Nationalkomitees von ICOMOS, der Museumslandschaft Hessen Kassel und des Landesamtes für Denkmalpflege Hessen (Arbeitshefte des Landesamtes für Denkmalpflege Hessen 16), Stuttgart 2010; Christian Wieland, Das Wasser der Techniker. Frühneuzeitliche Wasserdiskurse zwischen Architektur, Ingenieurskunst und Gartenbau, in: Sitta von Reden / Christian Wieland (Hg.), Wasser. Alltagsbedarf, Ingenieurskunst und Repräsentation zwischen Antike und Neuzeit (Umwelt und Gesellschaft 14), Göttingen 2015, S. 95–130, hier: S. 107–122.

8 Dorothea Diemer, Augsburger Monumentalbrunnen. Augustusbrunnen, Merkurbrunnen und Herkulesbrunnen: Stadterneuerung nach italienischem Vorbild – und ein Programm des bürgerlichen und christlichen Ethos, in: Stadt Augsburg (Hg.), Augsburg und die Wasserwirtschaft. Studien zur Nominierung für das UNESCO-Welterbe im internationalen Vergleich, Augsburg 2017, S. 86–103.

9 Michael Prinz, Art. Konsum, in: Friedrich Jäger (Hg.), Enzyklopädie der Neuzeit 6, Stuttgart/Weimar 2007, Sp. 1129–1135.

10 Stadtarchiv Augsburg (künftig: StadtAA), Bauamt VIII, Nr. 212.

Von September 1741 bis Oktober 1767 war Caspar Walter (1701–1769) in seiner Eigenschaft als Stadtbrunnenmeister der Herr über alle neun Augsburger Wassertürme. Seine Aufzeichnungen und Publikationen bilden nicht nur die Empfänger ab, sondern gewähren Einblicke in das ganze komplexe System der Wasserwirtschaft, angefangen bei der Bereitstellung des benötigten Quellwassers bis hin zu Fragen der Materialbeschaffung und Finanzierung.

Auf der Basis der beschriebenen Vorarbeiten und Quellen sollen im Folgenden drei Themenbereiche behandelt werden: 1. Der lange Weg zum Wasser und der lange Weg des Wassers, 2. Die Seite der Nutzer: Röhrkästen (Laufbrunnen), Waschküchen und Weichtröge, 3. Die natürlichen und anthropologischen Grenzen des Systems.

Der lange Weg zum Wasser und der lange Weg des Wassers

Augsburg liegt im Mündungsbereich der Alpenflüsse Lech und Wertach.[11] Charakteristisch ist ein Höhenzug, der auf etwa 490 m Meereshöhe in Süd-Nord-Richtung die Stadt durchzieht.[12] Der Siedlungsbereich auf der Hochterrasse hat zwar den Vorteil völlig frei von Hochwasserproblemen zu sein, allerdings verbunden mit einem gravierenden Nachteil: Das Grundwasser findet sich erst in Tiefen von 10–14 m und damit war die Anlage von Schöpfbrunnen ein beschwerliches Unterfangen.[13] Dafür entspringen direkt vor den Toren der Stadt in den Lechauen zahlreiche Quellbäche, Gießer genannt, die reines Grundwasser führen.

Beim Aufbau einer bequemeren zentralen Wasserversorgungsanlage erschloss man im frühen 15. Jahrhundert zuerst die nächstgelegenen Grundwasserquellen der Lechauen und pumpte sie mit Hilfe von Wasserrädern, die von Lechwasser getrieben wurden, in Türme. Von dort wurde das Quellwasser über unterirdische Leitungen auf die städtischen Laufbrunnen verteilt. In den zeitgenössischen Quellen hießen diese Laufbrunnen von Anfang an Röhrkästen oder Röhrbrunnen. Als gesichert kann gelten, dass es Ende des 15. Jahrhunderts mindestens sieben solcher öffentlichen Brunnen an den zentralen Plätzen der Oberstadt gegeben

---

11 Hans Frei, Topographie – Geologie – Gewässer – Geographische Lage – Klima – Raumnutzung, in: Günther Grünsteudel / Günter Hägele / Rudolf Frankenberger (Hg.), Augsburger Stadtlexikon, Augsburg [2]1998, S. 22–28, hier: S. 23–26.

12 Klaus Fehn, Probleme der frühen Augsburger Stadtentwicklung, in: Mitteilungen der Geographischen Gesellschaft in München 53, 1968, S. 361–375.

13 Walter Groos, Beiträge zur Topographie von Alt-Augsburg (21. Bericht der Naturforschenden Gesellschaft Augsburg), Augsburg 1967, S. 1–127, hier: S. 17.

hat. Sie wurden alle von einem Werk, das in einem Wasserturm am Roten Tor installiert war, gespeist.[14]

Die weitere Entwicklung im 16. Jahrhundert lässt sich auf Grund der Quellenlage nur grob skizzieren. Laut Paul von Stetten d.Ä. gab es noch einen Röhrkasten in der Schmiedgasse, der 1504 abgebrochen wurde, weil er zu viel Platz auf der Reichsstraße beansprucht hatte.[15] Doch abgesehen davon setzte der Rat auf einen flächendeckenden Ausbau: Um auch den nördlichen Teil der Oberstadt, das Domviertel und die Frauenvorstadt zu versorgen, errichtete man noch 1538 den Unteren Brunnenturm und dabei kamen zwei weitere große Röhrkästen beim Frauentor sowie bei St. Stephan hinzu.[16] Im Zusammenhang mit der Modernisierung der Stadtbefestigung 1609 wurde zuletzt die Jakober Vorstadt an das Leitungsnetz angeschlossen.[17]

Die Laufbrunnen hatten von Beginn an einen Sonderstatus unter den öffentlichen Brunnen. Bereits 1415, also sehr zeitnah zum Bau des ersten Brunnenwerks, verfügte der Rat, dass an diesen Brunnen nichts gewaschen werden dürfe.[18] Das Gesetz liefert keine Begründung, aber es liegt nahe, dass man sich an den Nutzungsmodalitäten der Klöster orientierte, wo klar zwischen Ziehbrunnen für den Alltagsgebrauch und Laufbrunnen für rituelle Handlungen unterschieden wurde. Fließendes Wasser galt als lebendiges und daher besonders wertvolles Wasser, ein Begriff, den auch noch der Brunnenmeister Caspar Walter im 18. Jahrhundert verwendete.[19] Im frühen 16. Jahrhundert erfuhren die Röhrkästen dann auch eine optische Aufwertung. In den Rechnungsbüchern der Baumeister finden sich

---

14 Friedrich Frensdorff (Hg.), Die Chroniken der schwäbischen Städte, Augsburg 2 (= Die Chroniken der deutschen Städte 5), Leipzig 1866, S. 144 f.

15 Paul von Stetten d.Ä., Geschichte Der Heil. Röm. Reichs Freyen Stadt Augspurg aus Bewährten Jahr-Büchern und Tüchtigen Urkunden gezogen, Bd. 1, Frankfurt a.M./ Leipzig 1743, S. 259.

16 Wilhelm Ruckdeschel, Das Untere Brunnenwerk zu Augsburg, in: Zeitschrift des Historischen Vereins für Schwaben 75, 1981, S. 86–113, hier: S. 88–96.

17 Martin Kluger, Augsburgs historische Wasserwirtschaft. Der Weg zum UNESCO-Welterbe. Wasserbau und Wasserkraft, Trinkwasser und Brunnenkunst in Augsburg (um 1400–1921), Augsburg 2015, S. 249–257.

18 StadtAA, Ratsbücher Nr. 3, fol. 30 v.

19 Marion Jaklin Latk, Brunnen in Kirchen und Klosteranlagen, in: Dorothee Rippmann / Wolfgang Schmid / Katharina Simon-Muscheid (Hg.), »... zum allgemeinen statt nutzen«. Brunnen in der europäischen Stadtgeschichte, Trier 2008, S. 117–132, hier: S. 118; Kunstsammlungen und Museen Augsburg, Grafische Sammlung, Inv.-Nr. 459, Caspar Walter, „Beschreibung Aller Possessores [...]“, 1760.

Posten für Marmorbecken und Figuren.[20] Heute ist im Maximilianmuseum aus dieser Bauphase noch der sogenannte Wappner zu besichtigen, der ursprünglich auf dem Platz vor dem Weberhaus seinen Standort hatte. Wappnerbrunnen zierten Städte im gesamten süddeutschen Raum und auch die Installierung von Laufbrunnen ist weder zeitlich noch quantitativ ein Alleinstellungsmerkmal Augsburgs.[21]

Nach der Wende zum 16. Jahrhundert entdeckten die Ratsherren die Wasserkunst als Mittel der Diplomatie: 1502 bekam der Bischof sein Wasser ins Haus geliefert, im darauffolgenden Jahr auch Abt und Konvent zu St. Ulrich und Afra.[22] Auch der innere Machtzirkel Kaiser Maximilians wurde einbezogen. Nach einem Vermerk in den Baumeisterbüchern hatte wohl 1516 der kaiserliche Schatzmeister Jakob Villinger einen Röhrkasten bekommen. Im Jahr 1517 durfte sich auch der Geheimsekretär und Vertraute Kaiser Maximilians, Matthäus Lang, über einen unentgeltlichen Laufbrunnen in seiner Dompropstei freuen.[23] Der illustre Kreis wurde 1545 nochmals erweitert: „*Denen drey Herren Fuggern, nemlich Anton, Hanß Jacob und Georgen, verehrete der Rath in dem Monat Junio wegen ihrer der Stadt erwiesenen vielfältigen Dienste und Gutthaten jedem ins besondere ein freyes Röhr=Wasser aus dem Wasser=Thurm. Dergleichen bekam auch Hanß Baumgartner.*“[24] Letztgenannter Hans Baumgartner (1487–1549) war mit Regina Fugger,

20 Staats- und Stadtbibliothek Augsburg, 4° Cod S 84, Paul von Stetten d.J., Excerpta der Baumeisterbücher, Jahre 1508, 1512, 1515, 1517 und 1518.

21 Eine sehr ähnliche Entwicklung im 15. und 16. Jahrhundert weist z.B. Bern auf: Armand Baeriswyl, Sodbrunnen – Stadtbach – Gewerbekanal. Wasserversorgung und -entsorgung in der Stadt des Mittelalters und der Frühen Neuzeit am Beispiel von Bern, in: Rippmann u.a. (Hg.), Brunnen in der europäischen Stadtgeschichte (wie Anm. 19), S. 55–68; zu den Wappnerbrunnen: vgl. Susanne Kress, „Der Mann uff dem Brunnen“: Die Wappnerbrunnen in Südwestdeutschland als städtische Identitäts- und Erinnerungssymbole im 16. Jahrhundert, in: Blätter für deutsche Landesgeschichte 136, 2000, S. 51–99.

22 Von Stetten, Geschichte (wie Anm. 15), S. 256.

23 Staats- und Stadtbibliothek Augsburg, 4° Cod S 84, Paul von Stetten d.J., Excerpta der Baumeisterbücher 1516; Christoph Böhm, Die Reichsstadt Augsburg und Kaiser Maximilian I. Untersuchungen zum Beziehungsgeflecht zwischen Reichsstadt und Herrscher an der Wende zur Neuzeit (Abhandlungen zur Geschichte der Stadt Augsburg 36), Sigmaringen 1988, S. 346.

24 Von Stetten, Geschichte (wie Anm. 15), S. 385; Katarina Sieh-Burens, Oligarchie, Konfession und Politik im 16. Jahrhundert. Zur sozialen Verflechtung der Augsburger Bürgermeister und Stadtpfleger 1518–1618 (Schriften der Philosophischen Fakultäten der Universität Augsburg 29), München 1986, S. 168.

einer Tochter des Georg Fugger und der Regina Imhof verheiratet und zählte zu den wirtschaftlichen Schwergewichten innerhalb der katholischen Augsburger Kaufmannschaft.[25]

In den bisher nicht verzeichneten Beständen des Baumeisteramts im Augsburger Stadtarchiv findet sich eine Liste des Brunnenmeisters Jörg Loscher von 1545 mit zehn Haushalten beziehungsweise Institutionen, die mehr Wasser bezogen, als ihnen eigentlich zustand, darunter die Klöster St. Ulrich und St. Katharina, der Jurist Dr. Konrad Heel sowie der Haushalt der Patrizierfamilie Bimmel am Frauen Graben.[26] Daraus muss geschlossen werden, dass zu diesem Zeitpunkt auch schon einige Wasseranschlüsse von der Stadt verkauft worden waren.

Unabhängig von der Frage, wie viele zahlende Verbraucher insgesamt 1545 bereits existierten, forcierte das enorme Bevölkerungswachstum des 16. Jahrhunderts den weiteren Ausbau der Wasserversorgung. Nach groben Schätzungen stieg die Bevölkerung im 15. Jahrhundert von circa 12.000 auf 19.000, in den 1530er Jahren kann man schon von etwa 35.000 Einwohnern ausgehen, bis zum Ausbruch des Dreißigjährigen Krieges kamen weitere 10.000 hinzu.[27] Doch das zusätzliche Quellwasser, das man erschließen musste, um weitere Brunnen zu speisen, hatte einen doppelten Preis. Zum einen stiegen mit wachsender Entfernung von der Stadt die Kosten für die Zusammenführung, Herleitung und Wartung. Zum anderen lag der Ursprung der Quellen außerhalb des städtischen Gebiets. Im Gegensatz zu Nürnberg oder Ulm war es Augsburg nie gelungen, ein eigenes Territorium aufzubauen. Nach zähen Verhandlungen, bei denen ausgerechnet der „Wassermann" Hans Jakob Fugger (1516–1575) als Vermittler aufgetreten war, einigte man sich schließlich mit Bayern über zahlreiche Streitpunkte, zum Beispiel

25 Wolfgang Reinhard (Hg.), Augsburger Eliten des 16. Jahrhunderts. Prosopographie wirtschaftlicher und politischer Führungsgruppen 1500–1620, Berlin 1996, S. 24–27; Mark Häberlein, Brüder, Freunde und Betrüger. Soziale Beziehungen, Normen und Konflikte in der Augsburger Kaufmannschaft um die Mitte des 16. Jahrhunderts (Colloquia Augustana 9), S. 230–234.

26 StadtAA, Bauamt unverzeichnet, Karton 19, Wasserbau 16. Jahrhundert.

27 Joachim Jahn, Die Augsburger Sozialstruktur im 15. Jahrhundert, in: Gunther Gottlieb / Wolfram Baer / Josef Becker u.a. (Hg.), Geschichte der Stadt Augsburg von der Römerzeit bis zur Gegenwart, Stuttgart 1984, S. 187–193, hier: S. 188; Joachim Jahn, Augsburgs Einwohnerzahl im 16. Jahrhundert – Ein statistischer Versuch, in: Zeitschrift für bayerische Landesgeschichte (künftig: ZBLG) 39, 1976, S. 379–396; Bernd Roeck, Eine Stadt in Krieg und Frieden. Studien zur Geschichte der Reichsstadt Augsburg zwischen Kalenderstreit und Parität (Schriftenreihe der Historischen Kommission bei der Bayerischen Akademie der Wissenschaften 37), Teil 1, Göttingen 1989, S. 301–308.

die Nutzung des Lechs und die Klärung des Grenzverlaufs.[28] Herzog Albrecht gab letztendlich seine Zustimmung, dass die eigenmächtig von Augsburg bereits angelegten Brunnenbäche auf seinem Gebiet in der Meringer Au (heute Siebenbrunn) nun endlich legal in die Stadt geleitet werden durften. Die Unterzeichnung des Vertrags geschah am 12. Juli 1558 in Friedberg und bescherte der herzoglichen Kasse 50.000 Gulden.[29] Drei Tage später startete bereits das zweite Kapitel der Wasserkunst in Augsburg, die großflächige Verlegung privater Anschlüsse.

Ein Projekt von dieser Dimension setzt eine längere Vorbereitungsphase voraus. Anders formuliert: Wann hat der Rat den Ausbau beschlossen? In den Ratsprotokollen vom 13. Februar 1546 vermerkte der Schreiber etwas kryptisch: „*Und nachdem der Bauvogt Pilgram und der von Ulm Brunnenmeister vermeynen daß mit leydentl. Kosten noch einst so viel brunnen Wasser als vor in diese Stadt gebracht werden möge, so ist erkandt, daß die Herren Baumeister mit Zurichtung eines solchen Werks fürderlich fürfahren sollen.*“[30] Zu dieser Zeit, zwischen Mai 1545 und Oktober 1546, entstand die Bastei am Roten Tor. Dabei musste der Brunnenbach überwölbt werden, was erhebliche Probleme bereitete.[31] Es ist zu vermuten, dass im Zusammenhang mit der grundlegenden Neugestaltung der Befestigungsanlage auch die Weichenstellung der zukünftigen Wasserversorgung stattgefunden hat. Dafür spricht jedenfalls eine personalpolitische Entscheidung, die mit großer Diskretion behandelt wurde.

Jener Bauvogt Pilgram, von dem im zitierten Ratsprotokoll die Rede ist, heißt mit ganzem Namen Pilgram Marpeck und zählt in der jüngeren Täuferforschung zu den großen Persönlichkeiten des 16. Jahrhunderts.[32] Er stammte aus

---

28 Helmut Zäh, Hans Jakob Fugger, der „Wassermann“ in der Korrespondenz Hans Fuggers, in: Johannes Burkhardt (Hg.), Die Welt des Hans Fugger (1531–1598) (Materialien zur Geschichte der Fugger 1), Augsburg 2007, S. 61–70.

29 Michael Cramer-Fürtig, Der Lech als Grenze zwischen der Reichsstadt Augsburg und dem Herzogtum Bayern, in: Die Lechgrenzkarte des Augsburger Stadtwerkschreibers Michel Müller aus dem Jahr 1571 (Schriften des Heimatvereins Friedberg 5), Friedberg 2011, S. 6–12.

30 Staats- und Stadtbibliothek Augsburg, 2° Cod S 115, Paul von Stetten d.J., Extractus aus den Raths Decreten Büchern von 1392. biß ad a 1548, Volumen XVIII, 1545, fol. 182r.

31 Staats- und Stadtbibliothek Augsburg, 2° Cod S 115, Stetten, Extractus aus den Raths Decreten Büchern von 1392. biß ad a 1548, Volumen XVIII, 1545, fol. 171v und StadtAA, Militaria Nr. 145, Bittschreiben des Maurermeisters Quirin Knoll, in dem er auch über die Schwierigkeiten bei der Überwölbung berichtet.

32 Werner O. Packull, Die Hutterer in Tirol. Frühes Täufertum in der Schweiz, Tirol und Mähren (Schlern-Schriften 312), Innsbruck 2000, sowie: Walter Klaasen / William Klassen, Marpeck. A Life of Dissent and Conformita, Scottdale, Pennsylvania 2008.

Rattenberg in Tirol und arbeitete dort zunächst als Bergrichter und Verwalter des Kupferbergwerks in Rattenberg. Wahrscheinlich schloss er sich 1527 den Täufern an. Um einer Verhaftung beziehungsweise Hinrichtung zuvorzukommen, gab er im Januar 1528 seine Ämter auf und emigrierte, sein Besitz wurde konfisziert. Nach Aufenthalten in Augsburg und Ulm ließ er sich in Straßburg nieder, wo er das Bürgerrecht erwarb und als Wasserbauingenieur arbeitete. Im Vordergrund stand dabei offenbar die Holzversorgung. Marpeck hatte großen Erfolg, denn noch 1609 wurde in den Straßburger Quellen Floßholz als Pilgramholz bezeichnet.[33] Doch da er sich auch weiterhin zum Täufertum bekannte, musste er im Januar 1532 die Stadt wieder verlassen. In den folgenden Jahren hielt sich Marpeck überwiegend in der Nähe von St. Gallen auf, wo er Kanäle und öffentliche Brunnen baute. Im Februar 1544 arbeitete er wohl für den Augsburger Patrizier Hans Baumgartner den Jüngeren (1487–1549), der für seine Verdienste um die Reichsstadt zusammen mit den Fuggern 1545 in die Gunst eines freien Wasseranschlusses kam.[34] Am 12. Mai 1545 erhielten die Baumeister vom Rat den Auftrag, mit Marpeck über eine Bestallung auf etliche Jahre zu verhandeln. So steht es in den Ratsprotokollen. Am 18. Juli trat er zunächst ohne feste Besoldung für ein Jahr in städtische Dienste. Die Vermutung liegt nahe, dass er auch in Augsburg für die Holzversorgung dringend gebraucht wurde. Die Festanstellung als Stadtwerkmeister folgte 1546.[35]

Obwohl Marpeck weiterhin in der Täuferbewegung aktiv blieb und der Rat darüber durchaus Bescheid wusste, beließ man es bei einigen Ermahnungen.[36] Der technische Sachverstand Marpecks war für die Stadt wohl viel wichtiger als seine religiösen Umtriebe störten. Man war offenbar sehr zufrieden mit seiner Leistung, die große Wertschätzung zeigt sich auch in einer Verehrung von 300 Gulden, die ihm der Rat 1551/52 gewährte. Dies war das Doppelte seiner jährlichen Besoldung und stand wohl mit der Fertigstellung der Brunnenwerke am

33 Stephen Boyd, Pilgram Marpeck, in: André Séguenny (Hg.), Bibliotheca Dissitentium. Répertoire des non-conformistes religieux des seizième et dix-septième siècles, Tom. XVII, Baden-Baden/Bouxwiller 1995, S. 33–73, hier: S. 43.

34 Gerhard Leidel, Der Lech bei Füssen 1553, in: Altbayerische Flußlandschaften an Donau, Lech, Isar und Inn (Ausstellungskatalog der Staatlichen Archive Bayerns 37), S. 138–145, hier: S. 144; Boyd, Pilgram Marpeck (wie Anm. 33), S. 36.

35 Friedrich Roth, Augsburgs Reformationsgeschichte, 3. Bd., München 1907, S. 248, 278 f.

36 Klaasen / Klassen, Marpeck (wie Anm. 32), S. 237–339.

Roten Tor in Verbindung.[37] Nach einem Vermerk in den Baumeisterrechnungen verstarb er Anfang November 1556.

In den Ratsprotokollen gibt es leider keine Hinweise, wozu die Stadt zehn Jahre einen hochbezahlten Werkmeister beschäftigte, obwohl sie schon einen Lechmeister und einen Brunnenmeister in ihren Diensten hatte. Dafür finden sich in den Beständen des Bauamts im Stadtarchiv zwei Schriftstücke, die auf Marpecks entscheidende Leistung verweisen. Wenige Monate vor seinem Tod verfasste er am 24. Juni 1556 eine 16-seitige Abhandlung für den Rat mit dem Titel: „*Bericht der Brunwerck wie sy gericht, geordnet und gehalten sollen werden, wie hernach volgt*".[38] Für diese ausführliche Darlegung wie zukünftig mit der gesamten Anlage umzugehen sei, nennt er als Grund: „*Deß halben vor allem von nöten, weil sollich neue gemacht prunwerck gantz auf andern sin, ja gar ain neu erfindung, werck und kunst ist* [...]". Einige Zeilen weiter bezeichnet er sich als „*des Werks fundator arbaiter und erfarnen*". In seinen weiteren Ausführungen äußerte er sich leider nicht zur Technik, sondern beschrieb in neun Artikeln, wie nach seinem Ausscheiden die Wartung und der Wissenstransfer langfristig sichergestellt werden sollten. Der Rat folgte in vielen Punkten Marpecks Vorschlägen. Auch der Forderung nach einer sorgfältigen Dokumentation kam man im Bauamt nach. Unter dem Datum des 15. Juli 1558 wurde damit begonnen, die „*Recipienten*", also die Empfänger des Wassers aus den Brunnenwerken zu verzeichnen.[39] Die Aufzählung beginnt mit dem Stadtpfleger Christoph Peutinger (1511–1576), der für sein Haus in der Steingasse ein Rohr, also zwei Eimer Wasser die Stunde, gekauft hatte. Alle Einträge folgen einem groben Schema, am Anfang werden Name und meist auch der Ort des Rezipienten genannt, immer die Wassermenge sowie der entsprechende Wasserturm. Der Stadtpfleger Christoph Peutinger war offenbar mit dem bequemen Wasserzugang sehr zufrieden, denn als 118. Rezipient taucht er nochmals auf. Am 17. Mai 1568 erhielt sein Haus am Stephansplatz ein Rohr aus dem Unteren Brunnenturm.

In den folgenden Jahren bis 1569 wurden 123 Haushalte angeschlossen. Allein im Zeitraum Juli 1558–5. Dezember 1558 waren es 48, im darauffolgenden Jahr neun, 1560 weitere 15, ebenso 1561; 1562–1569 blieben die Neuanschlüsse im

37 Staats- und Stadtbibliothek Augsburg, 4° Cod S 84, Paul von Stetten d.J., Excerpta der Baumeisterbücher; Hermann Kellenbenz, Die Finanzen der Stadt Augsburg 1547, in: Helmut Jäger / Franz Petri / Heinz Quirin (Hg.), Civitatum Communitas. Studien zum Europäischen Städtewesen. Festschrift Heinz Stoob zum 65. Geburtstag, Teil 2, Köln/Wien 1984, S. 517–542, hier: S. 530.

38 StadtAA, Bauamt VII, Nr. 28 d.

39 StadtAA, Bauamt VIII, Nr. 212.

einstelligen Bereich. Unter den zahlungskräftigen Kunden finden sich die bekannten Namen aus den Kreisen des Patriziats und der Kaufmannschaft, unter anderem Welser, Fugger, Imhof, Rehlinger, Herwart, Manlich, Schorer, Sulzer, Weiss, Schwarz, Jenisch, Haintzel, Hopfer, Ilsung, Langenmantel, Stenglin, Meiting. Daneben kauften aber auch schon Vertreter der Funktionseliten wie der Arzt Timotheus Jung oder der Apotheker Kaspar Fischer lebendiges Wasser, ebenso einige städtische Bedienstete wie der Münzmeister und der Stadtschreiber in der Kanzlei. Seit dem 21. Juli 1565 gab es auch in der Herrenstube, dem exklusiven Treffpunkt des Patriziats, Röhrwasser. Mitten in die Ausbauphase fiel die Einberufung eines Reichstags nach Augsburg durch Kaiser Ferdinand I. am 1. September 1558. Der Reichstag selbst dauerte vom 3. März bis 19. August 1559. Einige der Gastgeber von hochrangigen Tagungsgästen bekamen zunächst kostenlose Anschlüsse, so zum Beispiel Ambrosius Gumpenberger, der den Markgrafen von Baden mit seinem Hofgesinde bei sich aufgenommen hatte. Der Pfalzgraf vom Rhein wohnte bei den Herwarts am Weinmarkt (B13, heute Hotel Drei Mohren), auch hier wurde entsprechend verfahren. Trotz der schwierigen konjunkturellen Situation im ausgehenden 16. Jahrhundert ließ das Kaufinteresse nicht nach. In einem Schreiben vom 15. November 1598 teilten die Baumeister dem Geheimen Rat und den Stadtpflegern mit, dass die Nachfrage der Bürgerschaft nach Röhrkästen nicht mehr gedeckt werden könne und regten deshalb den Bau eines weiteren Brunnenturms an.[40]

Den allermeisten Rezipienten reichte die Menge von zwei Eimern pro Stunde, das entspricht in etwa 120 Litern, also zwölf der bei uns gängigen Haushaltseimer. Größeren Bedarf hatte offenbar Sixt Eiselin, der in der Pfaffengasse (heute Zeuggasse) wohnte, und schon wenige Wochen nach dem Anschluss die Menge verdoppeln ließ. Einige Empfänger misstrauten offenbar dem neuen System und ließen nachmessen. Auch diese Arbeiten wurden verzeichnet. „*Messung des Wassers von Marx Welser vor dem Frauentor in seinem Garten, hat sich gerecht erfunden, 11. Juni 1561.*“ Nach einer Messung bei Caspar Rembold heißt es: „*im Teichelhahnen das Löchlein weiter machen müssen, 2 Eimer in einer Stunde, 4. Juli 1561.*“[41]

Knapp 50 Anschlüsse in weniger als sechs Monaten: Das zweite Kapitel der Augsburger Wasserwirtschaft entpuppt sich als ein gigantischer Kraftakt, sowohl was die technische Seite als auch was die Organisation und die Bereitstellung des Baumaterials betrifft. Diese Leistung ist umso höher zu bewerten, wenn man

40 StadtAA, Bauamt VIII, Nr. 188.
41 StadtAA, Bauamt VIII, Nr. 212.

bedenkt, dass während Marpecks Dienstjahren in Augsburg die politischen Verhältnisse dramatische Veränderungen erfuhren: Der radikale Umbau der reichsstädtischen Verfassung im Sommer 1548 durch Kaiser Karl V. und die zeitweise Rückkehr zur alten Zunftverfassung von April bis August 1552. Von der Organisation der Reichstage und schikanösen Besatzungstruppen während des langen geharnischten Reichstags 1548 ganz zu schweigen.

In der Kurzfassung lässt sich der lange Weg zum Wasser zusammengefasst wie folgt beschreiben: Die speziellen geologischen Gegebenheiten zwangen die Reichsstadt Augsburg zu einer technisch aufwendigen und im wahrsten Sinne des Wortes weitläufigen Erschließung von Grundwasserquellen für die Trinkwasserversorgung. Das enorme Bevölkerungswachstum des 16. Jahrhunderts wirkte beim weiteren Ausbau als Katalysator. Im Zuge der völligen Neugestaltung der Stadtbefestigung (Schmalkaldischer Krieg) entschied man sich zur Flucht nach vorne. Durch den Verkauf von Anschlüssen sollten die enormen Baukosten wieder in die Stadtkasse zurückfließen. Die ersten Käufer waren bis auf ganz wenige Ausnahmen Mitglieder aus dem Patriziat und der Kaufmannschaft. Die Verwendung der Röhrkästen als Mittel der Diplomatie seitens des Rats im frühen 16. Jahrhundert dürfte das Feld bereitet haben um, modern gesprochen, Leitungswasser als „Highend-Produkt" einer zahlungskräftigen Kundschaft schmackhaft zu machen.

Die Seite der Nutzer: Röhrkästen, Waschküchen und Weichtröge

Die Käufer erhielten mit dem Erwerb eine kalligraphisch sehr aufwendig gestaltete Urkunde aus Pergament, den sogenannten Wasserbrief. Darin erklären Stadtpfleger, Bürgermeister und Räte, dass sie aus den städtischen Brunnenwerken, die mit „*beschwerlichen Costen*" errichtet worden seien, dem Käufer Wasser überließen, um so wieder einen Teil der Unkosten zurück zu bekommen. Der Vertrag hatte keine zeitliche Befristung, auch die Nachkommen beziehungsweise andere zukünftige Inhaber wurden mit eingeschlossen. Da es noch keine Nummerierung der Häuser gab, beschrieb man (wie in den Steuerbüchern) die Lage des Anwesens durch die Aufzählung der angrenzenden Anwesen beziehungsweise deren Besitzer. Der Kaufpreis taucht in den Wasserbriefen nicht auf, im 16. Jahrhundert war entweder eine einmalige Zahlung von 200 Goldgulden fällig oder jährlich eine Gebühr von zehn Goldgulden. Im 18. Jahrhundert kostete ein

Rohr im Jahr 13 Gulden und 18 Kreuzer.[42] Nach dem grundlegenden Umbau der Wasserwerke durch Caspar Walter 1744–46 wurden ab 1754 sogar drei Eimer pro Stunde ausgeteilt.

Die Inhaber der Wasseranschlüsse scheuten keine Kosten und Mühen, um ihren fließenden Luxus auch zu demonstrieren. Noch heute finden sich, meist versteckt in Innenhöfen, die Wasserbecken der ehemaligen Laufbrunnen.[43] Wenn sich, wie im Hof der Maximilianstraße 59, die stolzen Besitzer den Wandbrunnenkasten mit ihrem Allianzwappen schmückten, dann stellten sie damit einen persönlichen Bezug her, nicht anders als bei Silbergeschirr oder Blumentöpfen.[44]

Aus den Aufzeichnungen über Hausschätzungen der geschworenen Werkmeister 1566–1598 lässt sich schließen, dass die Installation eines Röhrkastens bereits bestehende Pumpbrunnen ergänzte und nicht ersetzte. Hier wurde also kein Grundbedarf gestillt, sondern zusätzlich Komfort geschaffen. Das Anwesen der Patrizierfamilie Neidhart an der Pfaffengasse gegenüber dem Zeughaus hatte zum Beispiel einen Pumpbrunnen, der halb in die Gasse ragte, sowie Richtung Bleigässchen einen Garten mit einem Röhrkasten, dessen Becken aus Kupfer gefertigt war.[45] Die sanitären Einrichtungen wirkten sich prinzipiell auf den Marktwert des Hauses aus, wie aus einer Schätzung aus dem Jahr 1620 klar hervorgeht. Entsprechend ausführlich widmete sich Elias Holl 1634 in der Beschreibung eines großen Anwesens am Kesselmarkt (Lit. D 75/76), das dem Kaufmann Lucas Schmid gehörte, auch diesem Aspekt. Demnach gab es im vorderen Hof einen Röhrkasten aus Eichenholz, der mit Kupfer beschlagen war. Über ein Bleirohr wurde dieses Wasser bei Bedarf zur Waschküche in den hinteren Hof geführt. Dort war außerdem eine Wasserpumpe installiert; sie konnte zugleich für den daran anschließenden Garten genutzt werden. Dessen Mittelpunkt zierte wiederum ein sechseckiger Röhrkasten.[46] An diesen Beispielen wird deutlich, dass

---

42 Caspar Walter, Hydraulica Augustana, Augsburg 1754, S. 7.

43 Martin Kluger, Vergessene Relikte privater Wasserversorgung, in: Stadt Augsburg (Hg.), Augsburg und die Wasserwirtschaft (wie Anm. 8), S. 142–149.

44 Julia A. Schmidt-Funke, Städtische Wohnkulturen in der Frühen Neuzeit, in: Joachim Eibach / Inken Schmidt-Voges (Hg.), Das Haus in der Geschichte Europas. Ein Handbuch, Berlin/Boston 2015, S. 215–231, hier: S. 229; Michaela Hermann, Pflanzkübel des Andreas Scheler, in: Emmendörffer / Trepesch (Hg.), Wasser Kunst Augsburg (wie Anm. 1), S. 212; Kluger, Vergessene Relikte (wie Anm. 43), S. 144.

45 StadtAA, Bauamt unverzeichnet, Karton Nr. 18, „*Die beschatzung der heiser*“, Heft I, fol. 24r.

46 Eva Haberstock, Der Augsburger Stadtwerkmeister Elias Holl (1573–1646). Werkverzeichnis (Beiträge zur Geschichte der Stadt Augsburg 7), Petersberg 2016, S. 93 (verminderter Wert wegen fehlender Sanitäranlagen) und S. 95–97.

die Wasserversorgung auf zwei Systemen beruhte. Zum einen die komfortable und teure Quellwasservariante der Röhrkästen, zum anderen die Pumpbrunnen, (Gumberwerke in der Sprache der Zeit). Im öffentlichen Raum waren 1761 insgesamt 90 davon aufgestellt, zusammen mit den vielen privaten Gumberwerken errechnete Caspar Walter eine Summe von 1.825 für die ganze Stadt.[47]

Während in Bern das nicht genutzte Wasser der ausschließlich öffentlichen Laufbrunnen (dort Stockbrunnen genannt) in den Stadtbach abgeleitet wurde, lief es in Augsburg einfach auf die Straße.[48] Auf diese Weise verriet die Wasserspur den Passanten auch bei geschlossenen Hoftoren, wer sich teures lebendiges Wasser leisten konnte. Im Gegensatz zu den ständisch gestaffelten Aufwandsgesetzen bei Kleidung, Schmuck und Festen wie Taufen oder Hochzeiten, konnte mit einer diskreten Wasserspur jeder wohlhabende Einwohner seinen Platz in der ökonomischen Rangordnung der Stadt geltend machen.[49] Die damit verbundene Problematik von Glatteisbildung war den Baumeistern schon früh bewusst, im Entwurf eines Wasserbriefs 1560 sollte sich Georg Ilsung verpflichten, das Überwasser im Winter nicht auf die Reichsstraße, sondern in seine Schwindgrube zu leiten. Doch erst 1745 publizierte der Rat ein allgemeines Dekret, um „*die Gefahr des Fallens für Menschen und Pferde*" zu reduzieren.[50]

Im Jahr 1748 waren an das städtische Leitungsnetz 69 Röhrkästen zu jedermanns Gebrauch angeschlossen, inklusive der Springbrunnen und der drei Prachtbrunnen. Öffentliche und kirchliche Einrichtungen wie die Armenhäuser, das Hl. Geist Spital, das Kloster St. Katharina oder das Servatiusstift profitierten vom Netz ebenso wie zum Beispiel das Pfandleihhaus, die Wohnung des Scharfrichters, das städtische Gießhaus und das Schlachthaus. Aus Gründen der Parität glich man im Laufe des 18. Jahrhunderts noch bestehende Ungleichheiten aus, so durfte das Kirchenhaus im St. Anna Hof seit 1743 ein kostenloses Wasserrohr genießen, und zwar als Kompensation für ein den Franziskanern gegebenes Freiwasser.[51] Am 5. November 1748 schöpfte der Rat im wahrsten Sinne des Wortes aus dem Vollen. Er beschloss, dass künftig die beiden Stadtpfleger je drei Rohr kostenlos erhalten sollten, die fünf Mitglieder des Geheimen Rats sowie die drei

---

47 Caspar Walter, „Beschreibung Aller […] Gumber-Werck, Wie viel derer in Löbl. Reichs-Stadt Augspurg vorhanden", Augsburg 1761, S. 18.

48 Baeriswyl, Sodbrunnen (wie Anm. 21), S. 58.

49 Schmidt-Funke, Wohnkulturen (wie Anm. 44), S. 220.

50 StadtAA, Bauamt unverzeichnet, Karton Nr. 19; Anschläge und Dekrete, Teil IV, Nr. 557, offener Anschlag vom 23.9.1745 das Röhrwasser und dessen Auslauf Winterszeit in die Schwindgruben und nicht auf die Reichsstraße betreffend.

51 StadtAA, Bauamt VIII, Nr. 225, Großes Wasserzinsbuch I, fol. 33.

Baumeister je zwei Rohr.[52] Im Todesfall musste das aus Amtsgründen gewährte Wasser wieder eingezogen werden. Weitere 74 Anschlüsse waren sogenannte private Freiwasser, die beim Erwerb bereits pauschal mit 200 Goldgulden abgegolten worden waren.[53] Es blieben somit nur noch 458 Bezieher, die jährlich am Michaelstag zur Kasse gebeten werden konnten.

Vor allem die vielen Verzeichnisse, die während der 26-jährigen Amtszeit Caspar Walters erstellt wurden, geben auch Einblicke in die unterschiedlichen Verwendungsformen und -zwecke. Da ist einmal das Prinzip der sparsamen Verschwendung. Wasser, das nicht gebraucht wurde (in den Quellen als „Überwasser" bezeichnet), leitete man weiter. Das gilt auch für die Prachtbrunnen. Am 17. April 1594 wurde der Augustusbrunnen in Betrieb genommen. Acht Tage später erwarb laut Wasserbrief der Kaufmann Peter Füll für sein Haus am Perlachberg ein Rohr Überwasser vom Augustusbrunnen. Diese Zweitnutzung der öffentlichen Röhrkästen lässt sich zum Beispiel auch in Ulm und Regensburg nachweisen.[54] Während der Wintermonate waren die Prachtbrunnen stillgelegt und dann erhielten die Kunden statt des Überwassers das sogenannte lebendige Wasser. Der Herkulesbrunnen versorgte auch einige Haushalte am Predigerberg, das Wasser des Merkurbrunnens floss weiter zum Judenberg. Bei Institutionen, die größere Wassermengen bezogen wie zum Beispiel die Dominikaner, entstanden passgenaue Lösungen: Das Kloster hatte ursprünglich nur ein Überwasser in Form eines Freiwassers vom Herkulesbrunnen. 1748 kam es zu einer Erweiterung, in der Küche und in der Kellerei gab es dann konstant Wasser. Von diesen beiden Stellen erhielt wiederum das Waschhaus Wasser, möglich war alternativ auch eine Weiterleitung in den Garten. Zusätzlich hatten die Dominikaner während des Sommers noch ein eigenes Brunnenwerk für Küche und Garten.[55]

Bei Privathaushalten war es in vielen Fällen möglich, das Wasser bei Bedarf in die Waschküche weiterzuleiten. Der Apotheker Christoph Biermann hatte im

52 Kunstsammlungen und Museen Augsburg, Grafische Sammlung, Inv.-Nr. 459, Caspar Walter, „Beschreibung Aller Possessores […]", 1760, Nr. 109.

53 StadtAA, Bauamt VIII, Nr. 226, Großes Wasserzinsbuch II, fol. 238–240.

54 StadtAA, Ordner 104, Nr. 2; Uwe Schmidt, Reichstadt Ulm bis 1802, in: Albert Haug / Uwe Schmidt (Hg.), Teichel, Pumpen, Brunnen. Ulmer Trinkwasser im Spiegel von sechs Jahrhunderten, Ulm 1998, S. 8–73, hier: S. 16–18; Helmut-Eberhard Paulus, Wasser im Dienste reichsstädtischer Repräsentation, in: Verhandlungen des Historischen Vereins für Oberpfalz und Regensburg 136, 1996, S. 33–49, hier: S. 35.

55 Kunstsammlungen und Museen Augsburg, Grafische Sammlung, Inv.-Nr. 459, Caspar Walter, „Beschreibung Aller Possessores […]", 1760, Abschnitt Kleiner Brunnenturm, Nr. 41.

Hof kontinuierlich, im Waschhaus und Laboratorium nach Bedarf Wasser. Beim Kaufmann Johannes Fehr floss das Wasser im Hof beständig, in der Waschküche und im Bad nur bei Bedarf, das Überwasser aus seinem Röhrkasten versorgte noch das Hinterhaus.[56]

Zahlreiche Beispiele finden sich auch für Wasserteilungen zwischen den Nachbarn. Der berühmte Landkartenstecher Matthäus Seuter teilte sich ein Rohr mit dem Mangmeister Christoph Kremser. Diese Möglichkeit wurde auch bei Gärten genutzt. Der Ratsherr Daniel Wolff und der Handelsherr Johann Gottlieb Klaucke, einer der reichsten Augsburger im ausgehenden 18. Jahrhundert, hatten während der Sommermonate für ihre Gärten beim Schwibbogentor zusammen ein Rohr Wasser, „*Laufet in der Fontainen und in ein Kästlein*“. Dafür bezahlten sie jährlich nur vier Gulden.[57]

Innerhalb der Handwerke nutzten vor allem die Brauer im 18. Jahrhundert die Möglichkeiten des Leitungswassers. Viele verfügten über direkte Anschlüsse an den Quellbottichen, in Augsburg Weichtröge genannt. Sie waren in die Keller der Brauereien eingebaut. Darin ließ man die Gerste quellen und konnte bequem immer wieder frisches Wasser nachfüllen.[58] „*Johann Berkensteiner Bierpreuer, hat einen goldenen Engel am Schild, hat ein Waßer im Röhr=Kasten im Höfle oben beständig und unten im Preu=Hauß, wann es nöthig, so auch beÿ dem Waich=-Kasten*“.[59] Die Karmeliter, berühmt für ihr Bier, nutzten diesen Komfort ausgiebig: 2 ½ Rohr (also etwa 300 Liter in der Stunde) gab es für den Braubetrieb, ein weiteres Rohr für das Branntweinhaus.[60] Laut Paul von Stetten d.J. lag ihre Jahresproduktion 1789 bei 2.136 Eimern Bier.[61] Insgesamt 69 Brauereibetriebe mit Wasseranschluss lassen sich 1760 nachweisen, mit den Klosterbrauereien 82,

56 Ebd., Nr. 52 und 68.

57 Kunstsammlungen und Museen Augsburg, Grafische Sammlung, Inv.-Nr. 459, Caspar Walter, „Beschreibung Aller Possessores […]“, 1760, Abschnitt Großer Wasserturm, Nr. 88 und Abschnitt Kastenturm, Nr. 3.

58 Michael Voit, Über das Bräuwesen in Augsburg […], in: Dinglers polytechnisches Journal 3, 1820, S. 129–163, hier: S. 135.

59 Kunstsammlungen und Museen Augsburg, Grafische Sammlung, Inv.-Nr. 459, Caspar Walter, „Beschreibung Aller Possessores […]“, 1760, Abschnitt Kleiner Brunnenturm, Nr. 96.

60 Kunstsammlungen und Museen Augsburg, Grafische Sammlung, Inv.-Nr. 459, Caspar Walter, „Beschreibung Aller Possessores […]“, 1760, Abschnitt Unterer Wasserturm, Nr. 15.

61 Helmut Gier (Hg.), Paul von Stetten der Jüngere: Selbstbiographie – Die Lebensbeschreibung des Patriziers und Stadtpflegers der Reichsstadt Augsburg (1731–1808), Band 1: Die Aufzeichnungen zu den Jahren 1731–1792, bearbeitet von Barbara Rajkay

die allermeisten davon hatten eine Leitung direkt zum Quellbottich. Augsburger Bier entwickelte sich vielleicht deshalb zu einem Exportschlager und galt trotz seines höheren Preises im Umland noch im frühen 19. Jahrhundert als „*Luxus-Product*".[62] Für die wichtige Rolle der Wasserqualität bei der Bierherstellung finden sich auch Belege in Norddeutschland. In Braunschweig beschritten die Brauer aber den umgekehrten Weg. Sie waren bereits im 16. Jahrhundert in Piepenbruderschaften zusammengeschlossen und ihre Organisation kümmerte sich um die Quellwasserleitungen und die Pumpwerke der ganzen Stadt. Der lokale Rat hatte dabei nur eine Kontrollfunktion.[63]

Viele Augsburger Brauer wohnten in der Jakober Vorstadt. Dieser Stadtteil wurde erst mit dem Bau der beiden Brunnentürme durch Elias Holl und den entsprechenden Wasserwerken von Matthäus Schaller 1609 in das Leitungsnetz einbezogen. Im Mittelalter galt dieser Stadtteil bereits als das Arme-Leute-Viertel.[64] Zwischen großen Gartenanlagen und landwirtschaftlichen Märkten drängten sich im 16. Jahrhundert mittellose Mieter in kleinen Anwesen. Nur vier öffentliche Röhrkästen (inklusive jenem in der Fuggerei) standen der Allgemeinheit zur Verfügung. Bei den privaten Anschlüssen finden sich überwiegend Vertreter des Lebensmittelgewerbes, zwölf Brauer, ein Weinwirt und drei Rindmetzger. Das Textilgewerbe fehlt dagegen vollständig in den Listen der Anschlussbesitzer. Weitere Kunden konnte das Bauamt nur bei den Kunsthandwerkern gewinnen, darunter drei Goldschmiede, zwei Kupferstecher und zwei Kunstverleger.[65]

---

und Ruth von Stetten (Reiseberichte und Selbstzeugnisse aus Bayerisch-Schwaben 5.1), Augsburg 2009, S. 383.

62 Zitiert nach: Rosemarie Dietrich, Die Integration Augsburgs in den bayerischen Staat (1806–1821) (Abhandlungen zur Geschichte der Stadt Augsburg 34), Sigmaringen 1993, S. 64.

63 Olaf Grohmann, Vom Umgang mit einer begrenzten Ressource. Wasser und Abwasser in nordwestdeutschen Städten des 17. und 18. Jahrhunderts, in: Niedersächsisches Jahrbuch für Landesgeschichte 80, 2008, S. 183–213, hier: S. 185.

64 Ernst Piper, Der Stadtplan als Grundriss der Gesellschaft. Topographie und Sozialstruktur in Augsburg und Florenz um 1500, Frankfurt a.M./New York 1982, S. 76; Rolf Kießling, Die Jakober Vorstadt und ihre Kirchen. Ein Augsburger Stadtteil in Mittelalter und Früher Neuzeit, in: Melanie Thierbach (Hg.), Barfuß vor St. Max. Von der Klosterkirche der Franziskaner zur Pfarrkirche St. Maximilian, Augsburg 2013, S. 38–49.

65 Kunstsammlungen und Museen Augsburg, Grafische Sammlung, Inv.-Nr. 459, Caspar Walter, „Beschreibung Aller Possessores […]", 1760, Abschnitte Oberer und Unterer Jakober Wasserturm.

Die kostspieligen Röhrkästen müssen als eine bequeme Ergänzung zur bestehenden Wasserversorgung auf der Basis von Pumpbrunnen gesehen werden. Mit teuren Materialien wie zum Beispiel Kupfer und durch eine aufwendige individuelle Gestaltung der Wasserbecken in den Innenhöfen demonstrierten die Besitzer ihren Wasserluxus. Die starke Nachfrage seitens privater Haushalte und die zahlreichen Anschlüsse öffentlicher Gebäude und kirchlicher Institutionen minderten nicht deren Wert, sondern verweisen auf die große wirtschaftliche und soziale Bedeutung der Quellwasserversorgung für die reichsstädtische Gesellschaft.

Die natürlichen und anthropologischen Grenzen des Systems

Anders als heute floss der Lech nur wenig unter dem Niveau seiner Umgebung. Dadurch kam es bei Hochwasser immer wieder zu teilweise erheblichen Verlagerungen des Flussbetts. Häufig brach der Lech dabei auch in die Quellbäche ein. Nach Abfluss des Hochwassers mussten erst einmal wieder die Schäden an den Bachläufen behoben werden. Die Inhaber der privaten Anschlüsse zahlten jedoch nur, wenn auch das Wasser tatsächlich floss – auf den Kosten der Hochwasserschäden blieb das Bauamt sitzen. Nur ein einziges Mal hatte eine *„unerdenkliche Wasser=Flut"* im Juli 1762 an den Wasserbauten so massive Schäden verursacht, dass die Stadt 1763 von jedem Einwohner eine einmalige Sondersteuer erhob um die Kosten für die Instandsetzung zu bewältigen.[66]

Exakte Angaben zum Leitungsnetz können aus den Aufzeichnungen Caspar Walters gezogen werden. Die Leitungen waren meist aus Föhrenholz, an einigen besonders belasteten Stellen, zum Beispiel beim Roten Tor, aus Blei. Eine Teichel hatte eine Länge von circa 3 ½ Metern. 1766 umfasste das Netz etwas mehr als 10 km.[67] Das Holz für die Teicheln wuchs sozusagen vor den Stadttoren auf den kargen Kiesböden des Lechtals.[68] Die Versorgung mit Stämmen schien daher dauerhaft gesichert. Doch schon Ende der 1750er Jahre zeigten sich Engpässe. Die fünf- (12,3 cm) und sechszölligen Forren (Föhren) seien sehr teuer geworden, die sechszölligen (14,8 cm) kaum mehr zu bekommen, berichteten die Baumeister. Daher sollten langfristig alle Holzleitungen durch Bleirohre ersetzt werden. Der

66 StadtAA, Anschläge und Dekrete, Dubletten, Karton 65, Nr. 214. Je nach Vermögenslage mussten 15 xr., 30 xr. oder 1 fl. entrichtet werden.

67 Kluger, Augsburgs Historische Wasserwirtschaft (wie Anm. 17), S. 279–284.

68 Eberhard Pfeuffer, Natur in Augsburg, Augsburg 2012, S. 102–106; Nicola Liebig, Unsere Kiefernwälder im Stadtwald Augsburg, hrsg. vom Landschaftspflegeverband Augsburg e.V., Augsburg 2012.

Rat stimmte dem Vorschlag zu, allein die konstant hohen Bleipreise verhinderten einen flächendeckenden Austausch der Leitungen. Erst 1841 begann man, die hölzernen Hauptröhren durch Leitungen aus Gusseisen zu ersetzen.[69]

Caspar Walter war ganz besonders stolz darauf, dass während seiner Amtszeit endlich eine wasserwirtschaftliche Todsünde unterbunden wurde. Das Erfolgsmodell Geld gegen Trinkwasser war offenbar schon bald an seine politischen Grenzen gestoßen, denn die Erschließung zusätzlicher Quellbäche setzte die stets teure Einwilligung Bayerns voraus. Obwohl Augsburg im Dreißigjährigen Krieg mehr als die Hälfte seiner Bevölkerung verloren hatte, ging die Nachfrage in der zweiten Hälfte des 17. Jahrhunderts nicht zurück. Die hochverschuldete Stadt begann dem Brunnenwasser Lechwasser beizumischen, um die benötigte Wassermenge ohne zusätzliche Kosten zu erhalten. Dazu machte man am Lech einen weiteren Anstich, ein Ablass mit einer kleinen Falle, Geheimer Gang genannt. Dieses Wasser führte man weiter über den Siebenbrunnenbach zu den Brunnentürmen im Roten Tor, wo es aus Sicht Caspar Walters nur Schaden anrichtete. Im Winter führe der Lechstrom bei großer Kälte Grundeis, im Sommer sei das Wasser trüb und im Frühling und Herbst angefüllt mit Sand.[70] Dieser Sand verursachte Schäden an den Pumpwerken und zog teure Reparaturen nach sich. Walter sorgte dafür, dass der Geheime Gang 1744 eingefüllt wurde. Doch in den Bestallungsurkunden seiner Nachfolger Johann Georg Demp und Georg Wahl ließ der Rat den Brunnenmeistern ein Hintertürchen offen und verbot nur trübes und unlauteres Lechwasser in die Werke der Brunnentürme einzulassen.[71] Walters vernichtende Meinung über die Eigenschaften des Lechwassers im Winter war jedenfalls nicht aus der Luft gegriffen. So bezifferten die Baumeister 1729 allein den Austausch der geplatzten Wasserleitungen wegen des extra langen und kalten Winters auf 720 fl.[72] Zudem dauerte es offenbar sehr lange, bis das Eis wieder geschmolzen war und das Wasser durchströmen konnte. Mit reinem Grundwasser in den Leitungen wäre das nicht passiert, es kommt aus tieferen Erdschichten, ist somit wärmer und nicht anfällig für Grundeisbildung.

---

69 Bericht im Tagblatt Nr. 170 vom 23.6.1841 (freundlicher Hinweis von Frau Renate Pfeuffer).

70 StadtAA, Reichsstadt Akten I, Nr. 1068, Brunnenmeister 1548–1806, Schreiben von Caspar Walter vom 26.11.1751.

71 StadtAA, Bauamt VIII, Nr. 188, Collectio verschiedener Bestallungsbriefe.

72 StadtAA, Reichsstadt Akten I, Nr. 1057, Schreiben der Baumeister und Proviantmeister, den 21. Mai 1729 im Rat vorgelegt. Mit „Teichel" (auch Teuchel) wurden die Wasserleitungen im Boden bezeichnet: Hermann Fischer, Schwäbisches Wörterbuch 2, Tübingen 1904–1936, Sp. 165 f.

Getrickst wurde auch auf Seiten der Empfänger. Wenn Verbraucher, die am Ende der jeweiligen Leitungen wohnten, über Wassermangel klagten, und daher die Bezahlung ihres Wasserzinses verweigerten, schrillten bei den Baumeistern die Alarmglocken. Denn dies war ein sicheres Indiz für Manipulationen an den Wasserhähnen durch die Besitzer jener Anschlüsse, die näher an den Brunnenwerken lagen.[73] Nur durch eine sorgfältige Überprüfung sämtlicher Anschlüsse, die sogenannte Wassereicht, konnte dem Missbrauch begegnet werden. Dieses zeitaufwendige Unterfangen musste der Brunnenmeister zusammen mit den Baumeistern durchführen. Schon 1566 und 1588 hatten offenbar Kontrollen der gesamten Anschlüsse stattgefunden.[74] Zeit, Geduld, Ausdauer und Diplomatie waren nötig, um die normierte Wassermenge eines jeden Hahns zu kontrollieren. Gerade die Vertreter der oberen Stände zeigten wenig Verständnis dafür, ihren Anschluss einer Messung unterziehen zu lassen, beziehungsweise hatten kein Interesse, sich gar beim Missbrauch ertappen zu lassen. Zu den größten Sündern zählten bei einer Kontrolle 1742 das Hl.-Geist-Spital und einige Klöster, namentlich St. Ulrich, St. Katharina und die Kapuziner. Sie alle leiteten ein Vielfaches des Volumens ab, das ihnen eigentlich laut Wasserzinsbuch zustand.[75] Das Frauenkloster St. Katharina bezog offiziell nur ein Freiwasser, bei der Eicht 1742 ergab sich jedoch ein Verbrauch von 8 ½ Rohr Wasser an vier Orten, nämlich in der Klausur, im Maierhof, in der Waschküche und im Fischkasten. Laut Protokoll vom 24. September 1749 verpflichtete sich die Priorin, nun immerhin zwei ganze Rohr Wasser zu bezahlen.[76]

Das Röhrwasser floss zwar ohne Rücksicht auf den gesellschaftlichen Stand zum Endverbraucher, bei den Wasserzinsen sah die Sache allerdings etwas anders aus. Überspitzt gesagt: Brauer zeigten sich deutlich flüssiger als Patrizier. Zahlungsunwillig oder-unfähig waren einige Mitglieder des Domkapitels ebenso wie etwa der Stadtpfleger Johann Jacob Holzapfel.[77] Graf Joseph Maria Fugger zu

73 Barbara Rajkay, Die trockene Seite der Augsburger Wasserwirtschaft. Organisationsstrukturen und Aufgaben der reichsstädtischen Bauverwaltung bei der Trinkwasserversorgung und beim Wasserbau, in: Stadt Augsburg (Hg.), Augsburg und die Wasserwirtschaft (wie Anm. 8), S. 68–85, hier: S. 76 f.

74 Wolfgang E. J. Weber (Hg.), Georg Kölderer: „Beschreibunng vnnd Kurtze Vertzaichnus Fürnemer Lob vnnd gedenckhwürdiger Historien" – Eine Chronik der Stadt Augsburg der Jahre 1576 bis 1607, bearbeitet von Silvia Strodel, Band 2 (Reiseberichte und Selbstzeugnisse aus Bayerisch-Schwaben 6), Augsburg 2013, S. 1085.

75 Rajkay, Die trockene Seite (wie Anm. 73), S. 68–85, hier: S. 77.

76 StadtAA, Bauamt VIII, Nr. 225, Wasserzinsbuch, fol. 9.

77 StadtAA, Bauamt VIII, Nr. 221, Wasserzinse.

Wellenburg bekam für sein Haus am Weinmarkt drei ganze Rohr und ein weiteres für das Kanzleihaus auf dem Zeugplatz. Nachdem sich bis 1746 Schulden in Höhe von 275 fl. angesammelt hatten, schritt das Bauamt schließlich zur Sperrung. Erst 1752 floss wieder Geld und Wasser.[78]

Während der Rat einerseits den Baumeistern gerne eine verschwenderische Grundhaltung unterstellte, war er selbst beim Umgang mit den Wasserschuldnern gnädig beziehungsweise offen für sehr spezielle Lösungen. Laut einem Eintrag im Baumeisterbuch 1688/89 übergab der Goldschmied Hans Jacob Miller als Kompensation für seine geschuldeten Wasserzinsen einen goldenen Neptun. Der Rat akzeptierte das Tauschobjekt und ließ es in der Bibliothek bei St. Anna aufstellen.[79] Auch die Fugger von Babenhausen und Boos boten 1785 ein Tauschgeschäft an: Für ihre Steuer- und Wasserzinsschulden in Höhe von knapp 3.600 fl. lieferten sie Eichenholz im Wert von 2.600 fl. Der Rat stimmte dieser Lösung großzügig zu und nahm gleichzeitig die Baumeister in die Pflicht: „*Dabey aber kann man nicht umhin, den verordneten Herren Baumeistern den schwachen Zustand des aerarii zu Gemüthe zu führen und von ihnen zu erwarten, daß sie aus Liebe zu ihrem Vaterland der möglichsten Sparsamkeit sich zu befleißigen, nur das nothwendigste und das nach und nach zu bauen* [...].“[80] Die Baumeister wiederum argumentierten 1787 mit dem Image der Stadt als Hochburg hydraulischer Technik: „*Wenn aber Sach=Verständige diese kostbare Kunstwercke nach den Gründen der Hydrotechnik und Hydraulik betrachten, so werden sie gewißlich eingestehen, daß die alhiesige Anlage und Unterhaltung wenig ihres gleichen hat, und der Stadt Augsburg bey den Ausländern viele Ehre macht, aber auch erkennen, was für ungemein große Kosten hiezu erforderlich seyen, die dem gemeinen Aerarium darunter zur Last fallen.*“[81]

Caspar Walter hatte nicht nur ein sorgsames Auge auf die Brunnenwerke, sondern auch ein wachsames Auge auf die tatsächlichen Kosten der gesamten Augsburger Trinkwasserwirtschaft. Auf den letzten Seiten seines Possessoresbuchs zeigen sich seine analytischen Fähigkeiten in Fragen der Ökonomie: Bei einer Gegenüberstellung der jährlichen Einnahmen aus allen Wasserzinsen (5.428 fl. und 30 xr.) und den Ausgaben für den Unterhalt, inklusive Materialkosten und allen Arbeitslöhnen (7.016 fl. und 53 xr.), legt er ohne weiteren Kommentar offen, dass die Stadt bei der Wasserversorgung in den 1750er Jahren ganz erheblich

78 StadtAA, Bauamt VIII, Nr. 225, Wasserzinsbuch, fol. 150.

79 StadtAA, Baumeisterbücher 1688/89, S. 58, Eintrag vom 30.7.1689.

80 StadtAA, Bauamt IV, Nr. 136, Abschrift eines Senatsdekrets vom 24.5.1785.

81 StadtAA, Bauamt VIII, Nr. 188, Wasserbauten, Schreiben der Baumeister an den Geheimen Rat vom 23.1.1787.

draufzahlen musste.[82] Die von Walter ausgewählten Jahre 1753/54 und 1757/58 hatten keine zusätzlichen außergewöhnlichen Belastungen durch Wetterextreme beziehungsweise Umbaumaßnahmen aufzuweisen. Mit anderen Worten: Die Einnahmen aus den Wasserzinsen deckten wohl zu keinem Zeitpunkt die Ausgaben für Instandhaltung und Erneuerung. Betrügereien seitens der Bezieher und der laxe Umgang des Rats mit Schuldnern verstärkten zusätzlich das ohnehin defizitäre System.[83]

Zusammenfassung

In politisch, gesellschaftlich und finanziell höchst angespannten Zeiten suchte der Augsburger Rat einen Weg, um die Kosten für die aufwendige Trinkwasserversorgung der rasant wachsenden Einwohnerschaft zu stemmen. Dabei machte er aus Trinkwasser ein Handelsgut, das passgenau zahlungskräftigen Kunden ins Haus geliefert wurde. Mit Hilfe des privaten Nutzens sollte der allgemeine finanziert werden. Die starke Nachfrage nach privaten Anschlüssen schien dieser Strategie Recht zu geben. Langfristig verbreitete sich der Kreis der Abnehmer – neben den wirtschaftlichen und politischen Funktionseliten nutzten auch immer mehr wohlhabende Handwerker das Angebot. Dabei handelte es sich weniger um eine Diffusion von den oberen in die unteren Gesellschaftsschichten, wie es mit dem Begriff des „Trickle-Down" umschrieben wird.[84] Kein Haushalt eines Webers oder Kattundruckers konnte sich je den Luxus leisten, allein für Trinkwasser über 13 fl. im Jahr auszugeben. Mit dem wachsenden Abnehmerkreis differenzierten sich nur die Anwendungsvarianten, eimerweise Luxus floss zuletzt nicht nur in Röhrkästen, Springbrunnen und Waschküchen, sondern vermehrt in Weichtröge. Die Handlungsmuster der herrschenden Kreise der Ständegesellschaft, die engen territorialen Grenzen und die

82 Kunstsammlungen und Museen Augsburg, Grafische Sammlung, Inv.-Nr. 459, Caspar Walter, „Beschreibung Aller Possessores […]", 1760.

83 Der laxe Umgang mit säumigen Schuldnern zeigte sich auch bei den Steuerforderungen: vgl. Barbara Rajkay, Einleitung, in: Helmut Gier (Hg.), Paul von Stetten der Jüngere: Selbstbiographie – Die Lebensbeschreibung des Patriziers und Stadtpflegers der Reichsstadt Augsburg (1731–1808), Band 2: Die kalendarischen Amtsaufzeichnungen 1791 bis 1804, bearbeitet von Barbara Rajkay und Angela Schlenkrich (Reiseberichte und Selbstzeugnisse aus Bayerisch-Schwaben 5.2), Augsburg 2015, S. XXXII–XXXIV.

84 Schmidt-Funke, Städtische Wohnkulturen (wie Anm. 44), S. 216.

Auswirkungen der Kleinen Eiszeit sorgten dafür, dass die Wasserwirtschaft stets ein Zuschussbetrieb blieb. Die Reichsstadt leistete sich diesen Luxus. Der Ruf, in der Wasserkunst Herausragendes zu bieten, war es offenbar aus Sicht des Rates wert.[85]

---

85 Zu den Wasserwerken als Sehenswürdigkeit der Reisenden: vgl. Marcus Popplow, Reisen bildet. Die „Hydraulica Augustana“ von Caspar Walter (1754), in: Stadt Augsburg (Hg.), Augsburg und die Wasserwirtschaft (wie Anm. 8), S. 104–125.

Renate Pfeuffer

Medizin in Henkelkrügen. Zu Vertrieb und Konsum von Sauerbrunnen in Augsburg 1750–1850

The lecture informs about the local conditions of mineral water trade and domestic mineral water cures in Augsburg between 1750 and 1850. Sources evaluated were the advertisements of "Augsburgischer Intelligenz-Zettel" and "Augsburgische Ordinari Postzeitung" as well as special treatises on mineral water cures published in Augsburg between the 18th and 19th centuries and, last but not least, archival records from the Stadtarchiv Augsburg. Mineral water trade in Augsburg was a small but well integrated part of local trade offering the whole range of common mineral springs. Consumers of domestic mineral water cures were members of the urban bourgeoisie, the evaluated sources stemming exclusively from the protestant milieu. Taking the waters was a topic of social discussion in the Free Imperial City as well as in Bavarian Augsburg. According to the customs of the time, emptied mineral water jugs were kept and sold as useful containers for different further use.

Einführung

Im Juni 1661 wurde dem Frankfurter Bürger und Zinngießer Hieronymus Heßler *„bei einem zur Schlägerei ausgearteten Streit ein noch verschlossener Sauerbrunnenkrug so heftig über den Kopf geschlagen, dass der Krug zersprang und Heßler schwer am Kopf verletzte"*.[1] Die Tatwaffe, die Heßlers Kontrahent benutzte, der zunächst intakte und dann zerbrochene Krug, war ein noch relativ junges Handelsgut aus dem nahen Westerwald, Erzeugnis früher Massenfertigung, das seinen Produzenten, den Krug- oder Kannenbäckern, überregionales Ansehen verschaffen sollte. Der Kruginhalt, der dem Hieronymus Heßler über Kopf und Kragen lief, war ein sogenannter Sauerbrunnen, vielleicht aus dem ebenfalls nahe gelegenen Taunus; mit Mineralstoffen, Kohlensäuregasen, Salzen oder Schwefel angereichertes Grund- oder Quellwasser, das auf der Zunge, wo es eigentlich hingehörte,

1 Konrad Schneider, „stets in frischer Füllung". Zur Mineralwasserabfüllung vom 16. Jahrhundert bis in die Zeit des industriellen Füllbetriebs, in: Jahrbuch für westdeutsche Landesgeschichte 31, 2005, 203–255, hier: S. 203.

nach Auskunft von Zeitgenossen „*bützelte*" und „*kützelte*"[2] – was wiederum als Gradmesser seiner heilenden Wirkung galt.

Über zweckmäßigeren Konsum von Mineralwasser berichtet eine ältere Quelle aus Augsburg, die Korrespondenz des Freiherrn Hans Fugger, Herr zu Kirchheim (1531–1598). Fugger machte in den 1580er und 1590er Jahren zur Milderung seiner Altersgebrechen wiederholt häusliche Trinkkuren[3], vielleicht mit dem Göppinger Sauerbrunnen, den ein Fugger sich leicht durch eigene Boten beschaffen konnte. Funktionierende Versandsysteme gab es in jener Anfangszeit der häuslichen Trinkkur noch nicht; man fürchtete, dass bei Transporten „*ueber Felde*" die „*Spiritualischen Subtiliteten*" der Kohlensäure und damit die „*krafft und wirckung*" des Sauerbrunnens verloren gingen. Eine der ältesten deutschsprachigen Brunnenschriften, der „*New Wasserschatz*" des Arztes Jacob Theodor aus Bergzabern (um 1522–1590) von 1581, schildert umständlich die Schwierigkeiten des adäquaten Sauerbrunnentransports in jener Zeit.[4]

Erst im Jahrhundert nach Hans Fuggers Tod begann im Westerwald die Herstellung jener robusten, gas- und wasserdichten Steinzeugkrüge, die einen Brunnenversand in großem Umfang und über große Distanzen ermöglichten. In Abhängigkeit voneinander entwickelten sich nun zwei Gewerbezweige mit Merkmalen von „Industrialisierung vor der Industrialisierung"[5]: Sowohl die Krugproduktion als auch Verfüllung und Versand der Sauerbrunnenwasser erfolgten im Manufakturbetrieb in mechanisierten und standardisierten Produktionsschritten, die zum großen Teil von Frauen und Kindern ausgeführt wurden. Die landesherrlichen, gemeindlichen und privaten Brunnenbetreiber bauten überregionale Vertriebsnetze mit festen Transportrouten, Niederlassungen und Mineralwasserdepots auf, trafen Verordnungen zum Schutz ihrer Marken und zur Sicherung ihrer Produktqualität und betrieben Werbung. Seit etwa 1700 nahmen Ausbau und Konsum von Mineralbrunnen kontinuierlich zu; das 18. Jahrhundert brachte

2 Vgl. Jakob Theodor Tabernaemontanus, New Wasserschatz, Frankfurt 1593, S. 13.

3 Vgl. Christl Karnehm (Bearb.), Die Korrespondenz Hans Fuggers von 1566 bis 1594. Regesten der Kopierbücher aus dem Fuggerarchiv (Quellen zur Neueren Geschichte Bayerns; III Privatkorrespondenzen), 3 Bde., München 2003, Bd. II/2, S. 1049, 1067, 1533.

4 Tabernaemontanus, New Wasserschatz (wie Anm. 2), S. 176–182, Zitate: S. 176 f. – Zu Brunnenschriften: s. S. 265–270 in diesem Beitrag.

5 Christian Kleinschmidt, Konsumgesellschaft, Göttingen 2008, S. 59. Vgl. auch: Wolfgang Wüst (Hg.), Regionale Konsumgeschichte. Vom Mittelalter bis zur Moderne. Referate der Tagung vom 26. bis 28. Februar 2014 im Bildungszentrum Kloster Banz (Franconia 7. Beihefte zum Jahrbuch für fränkische Landesforschung), Erlangen 2015.

die Verbesserung des Verkehrswesens und das Heraufkommen eines städtischen Bürgertums als neuer Konsumentenschicht; im ersten Drittel des 19. Jahrhunderts fielen allmählich die inneren Zollschranken. Zwischen 1750 und 1850 erlebte die häusliche Trinkkur ihre Blütezeit. Der beliebteste deutsche Brunnen, Niederselters, vertrieb Ende des 18. Jahrhunderts mehr als 1 Million Krüge pro Jahr.[6]

Häusliche Trinkkuren in Augsburg 1750–1850

Krugbäckerei und Sauerbrunnenversand sowie der Kurbetrieb der Brunnenorte sind vielfach erforscht, kaum jedoch der lokale Sauerbrunnenhandel, der die häuslichen Trinkkuren erst ermöglichte. Dies möchte der vorliegende Beitrag erstmals für Augsburg versuchen.

Die häusliche Trinkkur ersparte ihren Anwendern den logistischen und finanziellen Aufwand der Reise ins Bad ebenso wie die lange Abwesenheit aus dem gewohnten Lebens- und Arbeitsumfeld. Die Versorgung mit den gängigen Brunnenmarken und die notwendige ärztliche Betreuung waren in Städten wie Augsburg in der Regel gewährleistet. Auch in der Reichsstadt erlebte die häusliche Trinkkur den Zenit ihrer Beliebtheit wohl in der Sattelzeit zwischen 1750 und 1850, denn die meisten Krugfunde der Augsburger Stadtarchäologie datieren aus dieser Periode. Damit ist der Untersuchungszeitraum dieses Vortrags vorgegeben. Als Hauptquellen wurden die Anzeigenrubriken des Augsburgischen Intelligenz-Zettels und der Augsburgischen Ordinari Postzeitung ausgewertet, die in ununterbrochener Folge ebenfalls erst seit der Mitte des 18. Jahrhunderts zugänglich sind.[7]

---

6 Vgl. Konrad Schneider, Der Mineralwasserversand und seine Gefäßproduktion im rheinisch-hessischen Raum vom 17. bis zum Ende des 19. Jahrhunderts, Koblenz 2000, Angabe zu Niederselters: S. 45.

7 Zur Recherche im Augsburgischen Intelligenz-Zettel (künftig: AIZ) wurden die im StadtAA und der Staats- und Stadtbibliothek Augsburg vorhandenen Exemplare benutzt, für die Recherche in der Augsburgischen Ordinari Postzeitung (künftig: AOP) die digitalisierte Ausgabe der Universitätsbibliothek Augsburg, URL: http://digital.bib-bvb.de/R?func=collections&collection_id=2677&local_base=UBA (letzter Zugriff: 16.4.2018), sowie verschiedene Einzelnummern bei Google Books: https://books.google.de/ (letzter Zugriff: 16.4.2018). – Zur Augsburger Zeitungsgeschichte siehe: Josef Mančal, Zu Augsburger Zeitungen vom Ende des 17. bis zur Mitte des 19. Jahrhunderts: Abendzeitung, Postzeitung und Intelligenzzettel, in: Helmut Gier / Johannes Janota (Hg.), Augsburger Buchdruck und Verlagswesen. Von den Anfängen bis zur Gegenwart, Wiesbaden 1997, S. 683–733. Zur Pressegattung der Intelligenzblätter des 18. Jahrhunderts: vgl. Sabine Doering-Manteuffel / Josef Mančal / Wolfgang Wüst,

Soweit es möglich war, wurden Quellen aus dem Augsburger Stadtarchiv mit herangezogen, wobei eine systematische Untersuchung des Quellenbestandes im Stadtarchiv noch aussteht. Hilfreich ist außerdem der gelegentliche Blick auf den Sauerbrunnenhandel in der Reichsstadt Frankfurt, gestützt auf die entsprechende Untersuchung von Konrad Schneider aus dem Jahre 2011, in welcher das eingangs zitierte Beispiel der Frankfurter Schlägerei ebenfalls erwähnt ist.[8]

Annoncen der Augsburger Sauerbrunnenhändler erschienen in der Regel in den Monaten April, Mai und Juni, wenn nach den Niederschlägen des Winters aus den Mineralquellen wieder klares Wasser austrat und die Transportwege wieder gangbar waren. Die Zeitungsanzeigen dienten dazu, die eigene Angebotspalette zu präsentieren und die Ankunft der geführten Sauerbrunnenmarken in Augsburg mitzuteilen oder in Aussicht zu stellen. Weitere Konstanten waren die formelhafte Beteuerung der Frische und Qualität sowie des zuverlässigen Transports der Mineralwässer.[9] So annoncierte der Händler Böck im Augsburgischen Intelligenz-Zettel vom 20. September 1764: „*Es wird hiemit jedermänniglich nach Standesgebühr kund und zu wissen gemacht, wie daß die Sauerwässer, als 1) das Bitterwasser, 2) der Eggerische Saurbrunnen, 3) das Schwalbacher Wasser, 4) das Selzer Wasser, neuerdings angekommen, und ganz frisch und gerecht zu haben seyen* […].“[10] Im Intelligenz-Zettel vom 20. Mai 1751 war zu erfahren: „*Ein geehrtes Publicum wird hiemit benachrichtiget, daß das so berühmte Selzer Gesundwasser, bei klarem hellem Wetter gefast, mithin frisch und gerecht dermalen zu haben ist bei Johannes Frikhöfer, Burger und Kistler, an dem untern Hundsgraben wohnhaft* […].“[11] Eine Anzeige in der Augsburgischen Ordinari Postzeitung vom 9. Mai 1768 lautet: „*Einem geehrten Publico diene hiemit, daß bei mir Carl Peter unter der goldenen Trauben auf dem Weinmarkt, das Sedlitzer Bitterwasser gerecht und frisch angekommen, den Eger Saurbronnen erwarte ich auf den 16. oder 17. dieses, gleichwie die Herren Liebhabere dieser Wasser vor einem Jahr von mir zu dero Contento bedienet worden, als können sie auch vor diesmahl versichert seyn, daß sie jederzeit frische Waar, nebst denen darzu gehörigen Saltzen empfangen werden.*“[12]

Einleitung, in: Dies. (Hg.), Pressewesen der Aufklärung. Periodische Schriften im Alten Reich, Berlin 2001, S. 11–40.

8 Konrad Schneider, Das Geschäft mit dem Heil- und Tafelwasser. Zum Mineralwasserhandel in Frankfurt a.M. bis zur Einführung der Gewerbefreiheit (1864), in: Nassauische Annalen 122, 2011, S. 157–181, hier: S. 161.

9 Zum Transport: s. S. 259–261 in diesem Beitrag.

10 AIZ, Nr. 38 vom 20.9.1764.

11 AIZ, Nr. 20 vom 20.5.1751.

12 AOP, Nr. 110 vom 9.5.1768.

Besonders im 18. Jahrhundert finden sich regelrecht erzählende Annoncen, aus denen sich Details des lokalen Sauerbrunnenhandels erfahren lassen, wie die Anzeige des Händlers Wagenseil in der Augsburgischen Ordinari Postzeitung vom 5. Mai 1759: „*Nach gestern erhaltenen sicheren Brieffen werden mir Andreas Thomas Wagenseil Handelsmann allhier, und von sehr vielen Jahren Verleger derer mineralische Gesund-Wasser, in wenig Tagen nach sorgfältig beschehener Bestellung eingehen und abgeladen werden. Die veritable Selzer-Schwalbacher, Spa- und Pirmonter Wasser, das Settlizer Bitter-Wasser ist theils schon im Keller, den Egerischen Saurbronnen aber gewärtige in 8. oder 10. Tagen so hiemit nach Gewohnheit public machen wollen.*“[13]

Nach 1800 wurden die Texte in den Anzeigen der Mineralwasserhändler deutlich stereotyper. Unverändert erhalten blieb der Hinweis auf die Frische als einer wesenstypischen Eigenschaft guten Mineralwassers. Mit dem sich wandelnden Layout der Periodika änderte sich auch die graphische Präsentation der Sauerbrunnenannoncen. Seit 1840 waren sie sowohl im Intelligenz-Blatt als auch in der Augsburger Postzeitung, wie die aktuellen Titel jetzt lauteten[14], an kleinen stilisierten Sauerbrunnenkrügen zu erkennen.

13 AOP, Nr. 107 vom 5.5.1759.

14 Intelligenz-Blatt und wöchentlicher Anzeiger der königlich baierischen Stadt Augsburg (künftig weiterhin: AIZ); Augsburger Postzeitung (künftig weiterhin: AOP).

Abb. 45: Annonce von Franz Anton Böck, „Dom-Capitl. Glaser, u. Saurbrunnen-Factor an dem Schwalben-Eck". Bildnachweis: AIZ, Nr. 38 vom 20.9.1764, Reproduktion: Stadtarchiv Augsburg.

Den 20. Sept. 1764. Num. 38.

Augsburgischer Intelligenz-Zettel,

in welchem auf Hochobrigkeitliche gnädige Erlaubnis, Nachrichtlich pflegt angezeigt zu werden:

1) Obrigkeitl. Verordnungen, Decreta &c.
2) Sachen, so täglich in Augspurg zu verkauffe.
3) Was ausserhalb zu verkauf angetragen wird.
4) Sachen, so plus offerenti zu verkauffen rc.
5) Was vermiethet und ausgeliehen wird.
6) Was zu kauffen verlangt und gesucht wird.
7) Was zum Anlehen u. Miethe verlangt wird.
8) Information, und Bedienungen.
9) Was gestohlen, verlohre, oder gefunden wird
10) Allerhand Avertissemens.
11) Merkwürdigkeiten, in- u. ausser der Stadt
12) Frucht- Mehl- Brod- und Fleischtax.
13) Gelehrte Sachen u. Verkauf der Büchern
14) Nota der ankomenden Passagiers

Verfast und verlegt von Johañ Andreas Erdmann Maschenbauer.

(Die 1ste Classe ist vacirend.

2) Wird in hiesiger Stadt verkauft:

1) Es wird hiemit jedermänniglich nach Standesgebühr kund und zu wissen gemacht, wie daß die Sauerwässer, als 1) das Bitterwasser, 2) der Eggerische Saurbrunnen, 3) das Schwalbacher Wasser, 4) das Selzer Wasser, neuerdings angekommen, und ganz frisch und gerecht zu haben seyen, bei Franz Antoni Böck, Dom-Capitl. Glaser, u. Saurbrunnen-Factor an dem Schwalben-Eck.

2) Bey mir Joseph Neumayr, Käufler auf dem hohen Weg, ist zu haben, ein completer groser noch fast neuer Lerchen-Zeug, samt Seiler und Haspel, wie auch Hünersteck-Gahren, so dem Liebhaber um billigen Preiß erlassen wird.

1) Ein Garten nächst der Sackpfeiffe in der Dompfarr allhier, in der Länge 152. in der Breite gegen Aufgang 64. gegen Niedergang 72. Werkschuhe haltend.

2) Eine gute Partie schönen Bux.

3) Ein wohlgebautes Haus, von 3. Hauptstokwerk nächst dem Gögginger Thor, darinn nebst vielen Stuben und Kammern auch 3 geraume Keller und 2. Höfe befindlich, dessen unterste Etage aber zur bequemlichkeit und Gebrauch eines Kaufmanns füglich zuzurichten. Das Mehrere davon aber ist sich im Zeitungs-Contoir zu erkundigen.

4) 1. Feld-Bettstatt mit Umhängen, noch ganz neu.

D 9 5)

„immediate von der Quelle": Lieferorte und Transportwege

Die im vorausgegangenen Abschnitt zitierten Annoncen zeigen das Augsburger Mineralwasserangebot, wie es für die gesamte zweite Hälfte des 18. Jahrhunderts fast unverändert bestehen blieb: die beiden ältesten Versandbrunnen, Spa im Hochstift Lüttich und das niedersächsisch-westfälische Pyrmont der Grafen von Waldeck, weiter die Taunusbäder Langenschwalbach und Niederselters, die der Niedergrafschaft Katzenelnbogen beziehungsweise Kurtrier gehörten. Aus Nordböhmen kamen der Egerer Stadtbrunnen sowie die sedlitzer und seidschützer Bitterwässer aus der Umgebung von Brüx. Erst 1792 wurde auch der nassau-oranische Fachinger Brunnen aus dem Lahntal angeboten.

Nach 1800 vergrößerte sich das Sortiment der Augsburger Händler um weitere Brunnen des Lahntals wie Ems und Geilnau sowie um Driburg im Oberen Weserbergland. Nach 1806 finden sich in den Annoncen auch „vaterländische" Brunnen wie die oberpfälzer von Kontrau, Harteck und Wiesau[15] und seit 1820 das fränkische Bad Kissingen. Zu den kleinen nordböhmischen Bitterwässern kamen seit 1824 die berühmten Marken aus Karlsbad, Franzensbad und Marienbad sowie 1826, mit einem vergleichsweise spektakulären Auftritt in der Augsburger Presselandschaft, der neu erschlossene Brunnen von Püllna.

In den vierziger Jahren des 19. Jahrhunderts hatten die Augsburger Sauerbrunnenkonsumenten mehr als ein Dutzend Marken zur Auswahl, wobei aber die Klassiker der Anfangszeit nie verschwanden. Im Gegenteil: Die Funde der Augsburger Stadtarchäologen deuten darauf hin, dass Niederselters zwischen 1750 und 1850 auch in Augsburg die weitaus beliebteste Brunnenmarke war und blieb. Sie gehörte von 1768 bis 1802 zur Herrschaft des Kurfürsten von Trier und Fürstbischofs von Augsburg Clemens Wenzeslaus (1739–1812). Sauerbrunnen war ein teurer Konsumartikel, und zwar wegen der hohen Transport- und Verpackungskosten. Fast alle Mineralwässer, die in der Reichsstadt angeboten wurden, kamen von weit her; die Entfernungen nach Spa und Pyrmont, zu den böhmischen Brunnen oder nach Niederselters betragen selbst unter heutigen Bedingungen immer noch zwischen 330 und 600 Kilometern. Augsburg war zwar verkehrsmäßig bevorzugt durch seine jahrhundertealte Anbindung an das kontinentale Fernwegenetz. Aber auf den langen Wegen durch das politisch zersplitterte Alte Reich summierten sich Zölle und Maut, Weggeld und Vorspannkosten. Die Straßen des 18. Jahrhunderts waren bis auf die wenigen Chausseen miserabel[16], weshalb die

15 AOP, Nr. 96 vom 21.4.1828.

16 Vgl. Holger Thomas Gräf / Ralf Pröve, Wege ins Ungewisse. Eine Kulturgeschichte des Reisens 1500–1800, Frankfurt 1997.

Brunnenbetreiber gerne den Wasserweg nutzten. Frankfurt wurde bevorzugt auf dem Main beliefert.[17] Der Augsburger Mineralwasserhandel war auf den teuren Landweg und Pferdefuhrwerke angewiesen. Das Frachtgut wiederum war schwer und bruchgefährdet, die Tonkrüge aus dem Rheinischen Schiefergebirge ebenso wie die Glasflaschen aus Spa und Pyrmont. Sie mussten am Füllort sorgfältig mit Korkstopfen, Schweinsblase, Bindfaden und Pech oder Wachs verschlossen und dann ebenso sorgfältig verpackt und verladen werden; meist band man sie in größeren Einheiten zusammen und bettete diese dann noch in strohgepolsterte Körbe.

Über die Transportroute, auf der etwa das bereits erwähnte Püllnaer Bitterwasser aus Böhmen anno 1828 nach Süddeutschland gelangte, zu einer Zeit also, da die Zollschranken nach und nach zu fallen begannen, berichtet Johann Evangelist Wetzler (1774–1853), Medizinalrat in Augsburg: *„Nach der Schweiz und dem südlichen Deutschland – Bayern, Würtemberg, Baden, Hessen-Darmstadt, Frankfurt – wird das Wasser meist durch Fuhrleute aus Finsterroth im würtembergischen Oberamte Weinsberg* […] *überbracht. Sie führen selterser, fachinger und geilnauer Wasser nach Augsburg, München, Regensburg, Nürnberg, Bamberg, Leipzig, Dresden, Prag etc. und hohlen dann in Brüx püllnaer Wasser.* […] *Unter den Fuhrleuten aus Finsterroth sind mir drei Brüder, Namens Adam,* […] *bekannt welche solche Aufträge gerne zu übernehmen und pünctlich zu vollziehen pflegen.*“[18] Seriöse Fuhrleute wie die Brüder Adam waren wichtige Glieder in der Absatzkette der Sauerbrunnen. Zum einen unterstützten sie die Brunnenbetreiber beim Aufbau ihrer überregionalen Vertriebsnetze, weil sie in allen wichtigen Städten Geschäftspartner und Informanten besaßen. Zum anderen garantierten sie die unveränderte Qualität der Sauerbrunnen auf dem langen Weg von den Füllhäusern zu den lokalen Händlern. Diese bekräftigten in ihren Annoncen den vertrauenswürdigen Transport ihrer Brunnenmarken vor allem im 18. Jahrhundert mit Formeln wie *„recht frische und von der ersten Hand von Eger aus und kein verlegne Waar*“[19], *„frisch pflichtmäßig bey denen Hauptquellen gefüllt, und durch sichere Fuhrleute an mich überführt*“[20], *„von der Quelle, auf einer Achse ohne Abstoß*“.[21] Es kam nämlich gar nicht so selten vor, dass die Krüge mit den Stempeln anerkannter Brunnenmarken im Laufe ihres Transports zu Mogelpackungen wurden; Johann

17 Schneider, Das Geschäft (wie Anm. 8), S. 164, 174.

18 Johann Evangelist Wetzler, Ueber den Nutzen und Gebrauch des Püllnaer Bitterwassers, Augsburg ³1828, S. 49.

19 AOP, Nr. 117 vom 17.5.1759.

20 AOP, Nr. 109 vom 7.5.1768.

21 AOP, Nr. 114 vom 13.5.1777.

Evangelist Wetzler berichtet von einem solchen Produkt: „*Es war von Fuhrleuten, welche selterser, fachinger und geilnauer Wasser verführen, gebracht worden. [...] Sie laden z.B. zu Selters einige hundert Krüge und lassen sich von der Brunnenverwaltung einen Schein darüber ausstellen. Sie verkaufen das Wasser in Darmstadt, Mannheim, Heidelberg, Heilbronn, Stuttgart, kaufen leere Krüge mit dem selterser Brunnenzeichen, füllen sie mit kanstatter oder auch mit göppinger Wasser und verkaufen es in der Schweiz oder in Baiern als Selterswasser. Der in Selters empfangene Schein dient ihnen als Mittel zum Betruge.*“[22]

„Sauerbrunnen-Factor zu Augspurg“: Die Augsburger Händler

Aus den Mineralwasserannoncen in Intelligenz-Zettel und Ordinari Postzeitung entsteht das Bild zweier Händlergruppen in Augsburg: zum einen die „*Sauerbrunnen-Factoren*“[23], die regelmäßig warben und über das komplette Sortiment der gängigen Brunnenmarken verfügten, zum anderen jene Händler, die nur sporadisch annoncierten und häufig auch nur eine einzige Brunnenmarke anboten. Beide Gruppen waren auf dem Augsburger Anzeigenmarkt seit 1748 in der Regel mit zwei bis drei, in den 1820er und 1830er Jahren dann sogar mit fünf bis neun Händlern vertreten. In der wesentlich größeren Reichsstadt Frankfurt mit ihrer günstigen Lage am Main und ihrer Nähe zu den Taunusbädern waren schon im Jahre 1778 fünfzehn Sauerbrunnenhändler bekannt, darunter viele Handwerker, die den Wasserhandel als Nebenerwerb betrieben. Generell konnte auch in Augsburg wohl kein Händler, inklusive der Faktoren, ausschließlich vom Sauerbrunnenhandel leben, schon deshalb nicht, weil die häuslichen Trinkkuren saisonal gebraucht wurden.

Der Augsburger Markt wurde seit den 1760er Jahren, möglicherweise auch schon zwanzig Jahre früher[24], langfristig von zwei bis drei stabilen Unternehmen versorgt, die den Sauerbrunnenhandel auch bei Besitzerwechsel beibehielten. Eines war der domkapitel'sche Glaser Franz Anton Böck, wohnhaft am Schwalbeneck. Nach seinem Tod übernahmen zunächst die Witwe und später deren zweiter

22 Johann Evangelist Wetzler, Ueber den Nutzen und Gebrauch des Püllnaer Bitterwassers, Augsburg 1826, S. 15.

23 Die Bezeichnungen „*Factor*“ bzw. „*Verleger*“ werden bis Ende der 1770er Jahre benutzt, später findet sich die Bezeichnung „*Niederlage*“. Ob und in welcher Form hier Verträge mit Brunnenbetreibern existierten und welche Verbindlichkeit sie besaßen, bedürfte detaillierter Recherchen; siehe auch die Ausführungen zur Geschäftsbeziehung Ulbrich: Biermann, s. S. 264 f.

24 Vgl. Annoncen in digitalisierten Einzelnummern der AOP von 1723 und 1740.

Mann Johann Conrad Reißer das Geschäft, das insgesamt fünf Jahrzehnte lang Mineralwasser anbot. Ebenfalls am Schwalbeneck saß der evangelische Handelsmann Andreas Thomas Wagenseil (1689–1768)[25], dessen Witwe letztmals 1785 für Sauerbrunnen annoncierte. Unseren gesamten Untersuchungszeitraum überdauerte die Handlung von Carl Peter respektive Simon Carl Peter in den Fuggerhäusern am Weinmarkt, die 1796 Franz Joseph Häckl und seit 1808 der katholische Johann Nepomuk Glogger übernahmen. 1816 bezog Glogger eigene Räume in der unteren Maximilianstraße, seit 1828 führte sein Sohn Johann Nepomuk Glogger junior (geb. 1807) das Geschäft seines Vaters weiter.[26] Die Annoncen dieser drei Unternehmen erscheinen von der Mitte des 18. bis ins 19. Jahrhundert hinein mit bemerkenswerter Regelmäßigkeit, die bei Reißer und Peter beziehungsweise Häckl weder in den Hungerjahren 1770 bis 1772 noch während der Besatzungen der Koalitionskriege 1796 und 1799 eine Unterbrechung erfuhr.

Die konstante Wettbewerbssituation änderte sich langsam um 1810. Drei der sechs Augsburger Apotheken schalteten nun nach und nach Sauerbrunnenannoncen, die Leipold'sche Apotheke in der Ludwigstraße sowie die Sternapotheke und die Marienapotheke, beide in der Maximilianstraße.[27] Weitere neue Sauerbrunnenanbieter bezeichneten sich in ihren Anzeigen als Materialisten oder Spezereiwarenhändler; Hauptakteure dieser Händlergruppe waren Johann Christian Redlinger in der unteren Maximilianstraße, Johann Kießling in der Steingasse, Carl Gustav Hagen in der Karolinenstraße oder Joseph Quante in der Kleinen Gottenau. Auch einige Gastwirte boten Mineralwasser an wie Gottlieb Friedrich Koch, Weinwirt im Ratskeller am Eisenberg.[28]

Alle genannten Augsburger Mineralwasserhändler mit Ausnahme der beiden Glaser Böck und Reiser am Schwalbeneck sowie der Gastwirte gehörten zur Krämerzunft. Für Wagenseil und Glogger ist die Mitgliedschaft in der Kaufleutestube

---

25 Albert Haemmerle, Evangelisches Totenregister zur Kunst- und Handwerksgeschichte Augsburgs, Augsburg 1928, S. 106.

26 Vgl. StadtAA, Polizeidirektion, Personalregistratur, G415 Glogger Johann Nepomuk, Magistratsprotokoll vom 16.5.1828.

27 Joseph Georg Franz von Paula Ahorner von Ahornrain, Chronologisches Verzeichniß aller Mitglieder des ehemaligen hiesigen Collegii medici von seiner gesetzlichen Errichtung 1582 bis zu seiner Auflösung 1806 so wie der hiesigen Apotheker bis auf unsere Zeit mit 34. gedruckten Beilagen welche einige nähere Notizen aus dem Leben verstorbener Mitglieder des Collegiums enthalten, [Augsburg] 1837, Staats- und Stadtbibliothek Augsburg, LS Aug 124.

28 Vgl. StadtAA, Handwerkerakten, Kramer und Ordnungen 48, Verzeichniß sämtlicher Kaufleute und Krämer in Augsburg. 1806.; vgl. Adreßkalender der Stadt Augsburg der Jahre 1792 bis 1839, Staats- und Stadtbibliothek Augsburg, S 12 bzw. Aug 12.

quellenmäßig belegt.[29] Nach der sowohl für die „*Handelschafft*" als auch für die „*Kramerey*" geltenden Kramerordnung von 1735 sollten „*nur allein die gelernte Kramer*" sowie eine bestimmte Anzahl ausdrücklich benannter „*Profeßionen, Handthierungen, u. Handwercker*" eine Kramergerechtigkeit erhalten.[30] Der entsprechend ausgefertigte gebührenpflichtige Gerechtigkeitsschein[31] wiederum sollte nur zum Vertrieb bestimmter Warengruppen befähigen: „*Auch die gelernete Kramer sollen ieder bei einer Kramerey Waar allein verbleiben, u. zweierley neben einander zu treiben, keineswegs befugd seyn, inmaßen eine doppelte Nahrung Gewerb, oder Kramerey, gänzlich verbotten.*"[32] Inwieweit der nebenerwerbliche Verkauf von Sauerbrunnen mit diesen Vorschriften vereinbar war, ließ sich anhand der vorhandenen Quellen bisher nicht klären. Spezifische Regelungen für den Wasserhandel sind weder in der Kramerordnung noch etwa der Apothekerordnung von 1761 beziehungsweise ihrer Nachfolgerin, der Medizinalordnung von 1801, zu finden. In Frankfurt ist der Erwerb von Konzessionen zum Mineralwasservertrieb durch Handwerker für das 18. Jahrhundert belegt.[33]

Ein quellengestütztes Augsburger Beispiel ist allenfalls der Sauerbrunnenhändler Johann Nepomuk Glogger junior der anno 1828, also nach Einführung des neuen bayerischen Gewerbegesetzes von 1825, beim Magistrat um eine Handlungskonzession zur Fortführung der Ellenwarenhandlung seines verstorbenen Vaters nachsuchte.[34] Das von Glogger senior seit 1808 ebenfalls betriebene Sauerbrunnengeschäft ist im Gesuch des Sohnes und dem zugehörigen Verwaltungsschriftverkehr an keiner Stelle erwähnt. Im April 1829 annoncierte Glogger junior als neuer Geschäftsinhaber in der Augsburger Ordinari Postzeitung und bot neben verschiedensten Tuchwaren auch „*die bey mir gesuchten Mineralwasser*" an, die er „*in bedeutendem Quantum stets unausgesetzt*" bereithalte.[35] Diese

29 Albert Haemmerle (Hg.), Die Hochzeitsbuecher der Augsburger Buergerstube und Kaufleutestube bis zum Ende der Reichsfreiheit, München 1936, S. 287; StadtAA (wie Anm. 26), Oblatorium J. N. Glogger vom 30.7.1828.

30 StadtAA, Handwerkerakten, Kramer und Ordnungen 48, Verbeßerte Kramer-Ordnung. Der Stadt Augsburg. Anno 1735., fol. 1r, 20r, 54r.

31 Vgl. Roland Bettger, Das Handwerk in Augsburg beim Übergang der Stadt an das Königreich Bayern. Städtisches Gewerbe unter dem Einfluss politischer Veränderungen (Abhandlungen zur Geschichte der Stadt Augsburg 25), Augsburg 1979, S. 45.

32 StadtAA, Kramer-Ordnung (wie Anm. 30), fol. 26v.

33 Vgl. Schneider, Das Geschäft (wie Anm. 8), S. 163.

34 StadtAA (wie Anm. 26).

35 AOP, Nr. 98 vom 24.4.1829.

Formulierungen implizieren nicht nur einen etablierten Sauerbrunnenhandel, sondern auch eine differenzierte Sortimentspolitik.

Die im Vergleich mit Frankfurt anhaltend niedrige Zahl von Augsburger Sauerbrunnenhändlern – drei am Ende des 18. Jahrhunderts, sieben im Jahre 1840 (siehe die folgenden Ausführungen) – lässt auf einen relativ begrenzten Kreis reichsstädtischer Sauerbrunnenkonsumenten schließen; beweisende Ein- und Verkaufszahlen von Mineralwasserhändlern existieren aber wohl kaum. Tatsächlich beantragte Johann Nepomuk Glogger junior gemeinsam mit seinen Kollegen Johann Kießling und Carl Gustav Hagen im September 1840 beim Magistrat eine obrigkeitliche Reduzierung der Augsburger Sauerbrunnenhändler von aktuell sieben auf maximal drei. Bei einer größeren Zahl von Händlern nämlich verteile sich der Absatz zu stark, sodass der notwendige Abverkauf nicht mehr gewährleistet sei und die Kunden in der folgenden Saison statt frischen Wassers die alten Restbestände angeboten bekämen.[36] Mit dem gleichen Argument hatten schon im Jahre 1642 zwei Frankfurt Wasserhändler vergeblich versucht, ein Monopol zu erreichen.[37] Die Augsburger Annoncen der späten Dreißigerjahre und speziell des in Rede stehenden Jahres 1840 lassen bei Glogger, Kießling und Hagen ähnliche Bestrebungen vermuten. Glogger war nämlich in diesem gesamten Zeitraum der dominierende Inserent für Mineralwasser, er hatte das bei weitem größte Angebot an Brunnenmarken und schaltete die meisten und aufwändigsten Annoncen. Natürlich bekam das Gesuch an den Augsburger Magistrat einen gemeinnützigen Anstrich; die drei Bittsteller erklärten einleitend, *„im Intereße eines ziemlichen Theiles der leidenden Einwohnerschaft unserer Stadt“* zu handeln. Das Gesuch wurde vom königlichen Stadtgerichtsarzt Dr. Wieder begutachtet, der die Notwendigkeit einer pünktlichen und ausreichenden Versorgung der trinkkurenden Augsburger mit frischem Sauerbrunnen aus medizinischer Sicht bestätigte. Die Mineralwasserhändler sollten daher, so Dr. Wieder, ihre Bedarfsplanung mit dem Stadtphysikat und den lokalen Ärzten abstimmen. Der Magistrat lehnte jedoch eine Genehmigung des Antrags ab.[38]

Der Konkurrenzdruck innerhalb des überschaubaren Kreises der Augsburger Sauerbrunnenhändler wird erkennbar an dem erwähnten spektakulären Auftritt des Püllnaer Brunnens von 1826. Dessen Pächter, der Brüxer Kaufmann Adalbert Ulbrich, bestätigte in der Augsburgischen Ordinari Postzeitung vom 20. April 1826 ausdrücklich, dass in Augsburg allein der Apotheker Biermann

36 Vgl. StadtAA, Stadtrat Akten 17, 1329 Handel mit natürlichem Mineralwaßer, Gesuch vom 12.9.1840.

37 Vgl. Schneider, Das Geschäft (wie Anm. 8), S. 161.

38 Vgl. StadtAA (wie Anm. 36), Stellungnahme Stadtgerichtsarzt vom 24.9.1840.

eine Niederlage seines Produkts habe.[39] Bevor zehn Tage vergangen waren, boten drei weitere Augsburger Händler in insgesamt acht Annoncen „*das jetzt so beliebte Püllnaer-Bitterwasser*“ an, einer offerierte es sogar zum glasweisen Genuss in seinen Verkaufsräumen.[40]

Konsumartikel Medizin – Augsburger Beiträge zum Sauerbrunnendiskurs

Mineralwässer wurden bis weit ins 19. Jahrhundert hinein fast ausschließlich als Arzneimittel getrunken, zur Linderung chronischer Beschwerden oder zur Prävention, und zwar für alle denkbaren menschlichen Gebrechen von den Erkrankungen der inneren Organe über orthopädische Leiden bis zu hormonellen, neurologischen oder psychischen Störungen. Daher fielen Bade- und Trinkkuren, zumal die häuslichen Trinkkuren, in den Zuständigkeitsbereich der Ärzte und generierten seit dem 16. Jahrhundert eine neue Textgattung, die sogenannten Brunnenschriften, die Propaganda für die Brunnenmarken und Gebrauchsanweisung für die Kundschaft zugleich waren. Sie informierten einerseits über bestimmte Bäder und deren Einrichtungen für einen Kuraufenthalt sowie über die Quellwasser und ihre chemische Zusammensetzung. Zum anderen beschrieben sie Indikation, Anwendung und Wirkung der Sauerbrunnen sowie Fallbeispiele aus der ärztlichen Erfahrungspraxis. Neben diesen Brunnenschriften in Buchform gab es auch sogenannte Gebrauchszettel in Kurzform, die der Konsument kostenlos bei seinem Händler erhielt. Vor allem in den Sauerbrunnenannoncen des 18. Jahrhunderts wird immer wieder auf solche Gebrauchs- oder Sauerbrunnenzettel hingewiesen.[41]

Für die Durchführung der zwei- bis dreiwöchigen Trinkkuren hatte sich im 18. Jahrhundert ein fester Regelkanon ausgebildet, der bei Brunnenschriftautoren wie Friedrich Hoffmann (1660–1742), Johann Adam Göritz (1681–1734) oder Johann Friedrich Zückert (1737–1778) weitgehend übereinstimmt. Das Frühjahr galt generell als der geeignete Zeitpunkt, um „*den Leib von denen im Winter gesammelten Unreinigkeiten* [zu] *entledigen*“.[42] Die Reinigung des Körpers von

39 AOP, Nr. 94 vom 20.4.1826.

40 AIZ, Nr. 31 vom 22.4.1826 (Zitat); vgl. auch: AIZ, Nr. 33 vom 29.4.1826; AOP, Nr. 95 vom 21.4.1826, Nr. 97 vom 24.4.1826, Nr. 100 vom 27.4.1826, Nr. 102 vom 29.4.1826.

41 Vgl. AIZ, Nr. 25 vom 21.6.1764; AOP, Nr. 90 vom 22.5.1723, Nr. 96 vom 22.4.1760, Nr. 110 vom 8.5.1782.

42 Friedrich Hoffmann, Gründlicher Bericht von der herrlichen Würckung, vortrefflichen Nutzen und rechten Gebrauch des zu Sedlitz in Böhmen neuentdeckten bittern purgierenden Brunnens, Halle 1725, S. 45.

schädlichen Säften war nach den Prinzipien der Humoralpathologie bis ins 19. Jahrhundert hinein das A und O jeglicher Therapie. Die Aufmerksamkeit, die vor allem der Magen-Darm-Trakt dabei erfuhr, legt die Vermutung nahe, dass entsprechende Beschwerden sehr verbreitet waren. Dies lag einmal an den Gewohnheiten von zu vielem und zu fettem Essen, aber auch an den eingeschränkten Konservierungsmöglichkeiten für Lebensmittel und nicht zuletzt an den gebräuchlichen Kochgeschirren aus Eisen, Kupfer und Zinn. Darmparasiten dürften selbst beim bürgerlichen Publikum eine Rolle gespielt haben. Zu Beginn einer Kur musste also zur Ader gelassen und purgiert werden, wobei man häufig Pflanzengifte benutzte, die selbst von manchen zeitgenössischen Ärzten als *„Mordmittel“* abgelehnt wurden.[43] Für den Genuss des ebenfalls purgierenden Sauerbrunnens, also die eigentliche Trinkkur, waren feste Tageszeiten und Quantitäten vorgeschrieben. Das Sedlitzer Bitterwasser besaß nach Friedrich Hoffmann den großen Vorzug, dass *„bey zarten und empfindlichen Personen fünff bis sechs Coffee-Tassen, bey stärckern etwa ein halbes, und wenn es am höchsten kommt, ein gantzes Maaß“* täglich ausreichten.[44] Üblich waren aber gerade im 18. Jahrhundert weit größere Trinkmengen, mit den entsprechenden Folgen, die Johann Adam Göritz 1727 ziemlich ungerührt beschrieb: *„Viele klagen daß ihnen die Posteriora in der Cur gantz wund würden, daß sie kaum sitzen können; es hat aber nichts zu bedeuten, denn nach geendigter Cur heilt sich alles selbst aus.“*[45] Genau festgelegt waren auch gewisse flankierende Maßnahmen. Gutes Essen und Trinken während der Trinkkur wurde durchaus empfohlen, doch sollte auf leicht verdauliche Speisen geachtet und jeglicher Exzess vermieden werden. Ebenso wichtig war aber auch *„Leibesbewegung in freyer Luft“*[46] und vor allem eine ausgeglichene Gemütsverfassung: *„Man entschlage sich solcher Zeit aller Sorge, Traurigkeit, Kummer, Betrübnuß und Forcht, behalte ein freyes Gemüth, und festes Vertrauen, daß ihme die Cur wohl anschlagen werde* […]“[47]; ein besonders strenger Brunnenschriftautor verbot sogar das Lesen von Zeitungen.[48]

---

43 Ebd., S. 47.

44 Ebd., S. 30.

45 Johann Adam Göritz, Nachrichten von dem Böhmischen Bitter-Wasser, Regensburg 1727, S. 30 f.

46 Johann Friedrich Zückert, Systematische Beschreibung aller Gesundbrunnen und Bäder Deutschlands, Berlin/Leipzig 1768, S. 60.

47 Göritz, Nachrichten (wie Anm. 45), S. 27.

48 Gebhard Mehring, Badenfahrt, Württembergische Mineralbäder und Sauerbrunnen vom Mittelalter bis zum Beginn des 19. Jahrhunderts (Darstellungen aus der Württembergischen Geschichte 13), Stuttgart 1914, S. 62.

Hundert Jahre nach den Publikationen von Hoffmann und Göritz erschien in Augsburg die Brunnenschrift „*Ueber den Nutzen und Gebrauch des Püllnaer Bitterwassers*".[49] Ihr Verfasser war der niederbayerische Mediziner Johann Evangelist Wetzler, der 1808 von der aufgelösten Ulmer Landesdirektion nach Augsburg als Hauptstadt des neuen Lechkreises kam. Wetzler hatte vom Beginn seiner ärztlichen Tätigkeit an für zeitgemäße Heilmethoden und für eine Reform des Medizinalsystems gekämpft. Als Kreismedizinalrat in Augsburg entfaltete er eine fruchtbare Tätigkeit auf dem Gebiet der Balneotherapie, die von Helmut A. Seidl 2016 eingehend beschrieben wurde.[50] Wetzler regte 1812 die Errichtung eines Volksbades, der Breyvogel'schen Badeanstalt vor dem Jakobertor, an.[51] Für häusliche Trinkkuren brachte er Anfang der 1820er Jahre den Kissinger Rakoczy-Brunnen an den Lech: „*In Augsburg vermochte ich den Hrn. Apotheker Biermann, sich Rakoczy zum Verkaufe beizulegen. Ich verfaßte eine kurze Anweisung über dessen Nutzen und Gebrauch, die Biermann drucken und vertheilen ließ. Ich schickte dieselbe an mir befreundete Aerzte zu München;* [...] *und bald ließ man Rakoczy von Augsburg nach München kommen. So wurde der Rakoczy durch mich zuerst in Augsburg und München bekannt, und im Jahre 1820 kamen schon mehrere Kurgäste von beiden Städten nach Kissingen.*"[52] 1822 wurde der Rakoczy-Brunnen im Intelligenzblatt und in der Augsburgischen Ordinari Postzeitung nicht nur von dem Apotheker Biermann, sondern auch von dem Wirt der goldenen Traube und natürlich von Johann Nepomuk Glogger angeboten[53]; er blieb fortan dauerhaft im Angebot aller Augsburger Händler.

---

49 Wetzler, Ueber den Nutzen und Gebrauch 1826 (wie Anm. 22).

50 Helmut A. Seidl, Aus der Najaden Umarmung gingen sie verjüngt hervor! Der bayerisch-schwäbische Mediziner J. E. Wetzler (1774–1853), in: Markus Würmseher / René Brugger (Hg.), Grenzüberschreitungen zwischen Altbayern und Schwaben. Geschichte, Politik und Kunst zu beiden Seiten des Lechs. Festschrift für Wilhelm Liebhart, Regensburg 2016, S. 261–294.

51 Seidl, Aus der Najaden Umarmung (wie Anm. 50), S. 280.

52 Johann Evangelist Wetzler, Kissingen, seine Heilquellen und Anstalten mit besonderer Rücksicht auf die Kurgäste, Erste Abtheilung, Würzburg 1845, S. 5.

53 AIZ, Nr. 28 vom 10.4.1822, Nr. 37 vom 11.5.1822, Nr. 46 vom 12.6.1822, Nr. 51 vom 29.6.1822; AOP, Nr. 111 vom 9.5.1822, Nr. 123 vom 23.5.1822, Nr. 140 vom 12.6.1822, Nr. 154 vom 28.6.1822.

Abb. 46: Johann Evangelist Wetzler, Ueber den Nutzen und Gebrauch des Püllnaer Bitterwassers, Augsburg 1828. Bildnachweis: Staats- und Stadtbibliothek Augsburg, Med 4846, Titelblatt.

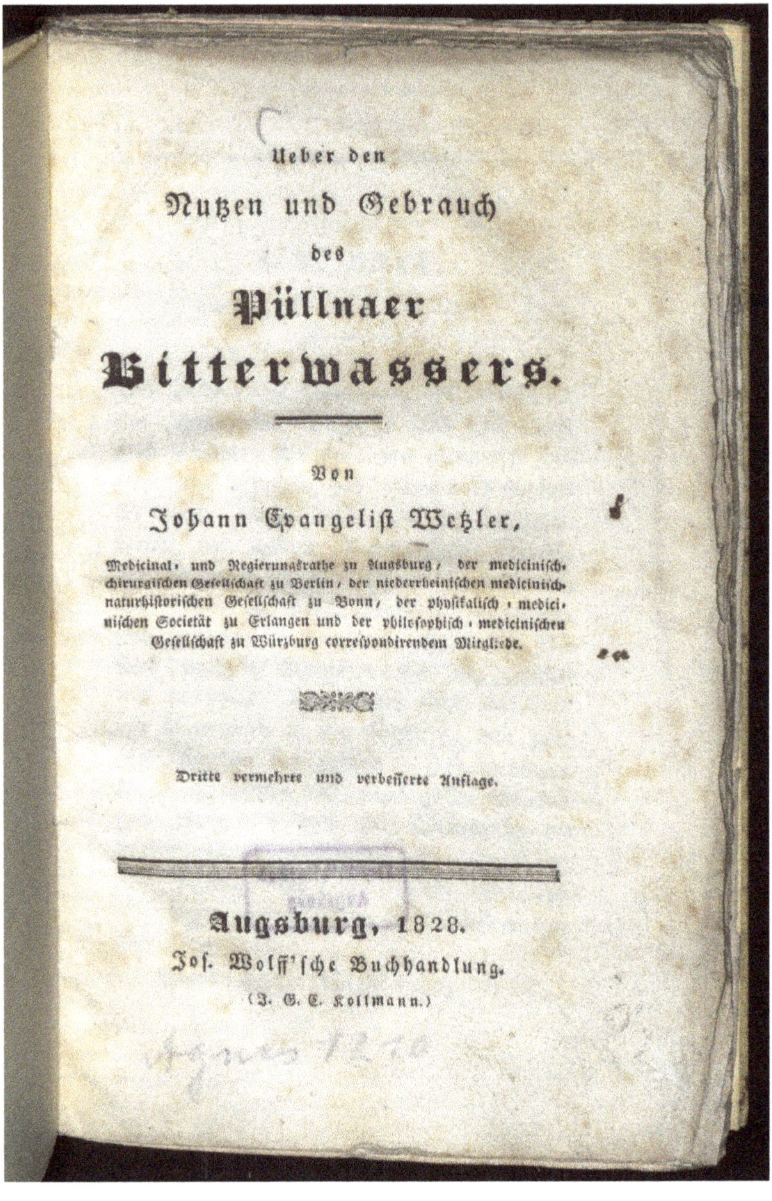

Ueber den
Nutzen und Gebrauch
des
Püllnaer
Bitterwassers.

Von
Johann Evangelist Wetzler,

Medicinal- und Regierungsrathe zu Augsburg, der medicinisch-chirurgischen Gesellschaft zu Berlin, der niederrheinischen medicinisch-naturhistorischen Gesellschaft zu Bonn, der physikalisch-medicinischen Societät zu Erlangen und der philosophisch-medicinischen Gesellschaft zu Würzburg correspondirendem Mitgliede.

Dritte vermehrte und verbesserte Auflage.

Augsburg, 1828.
Jos. Wolff'sche Buchhandlung.
(J. G. C. Kollmann.)

Wetzlers Brunnenschrift über das Püllnaer Wasser löste dann 1826 den bereits erwähnten Hype auf dem Augsburger Sauerbrunnenmarkt aus. Im Vorwort zur fünften Auflage von 1836 rühmte Wetzler sich denn auch als Entdecker des Püllnaer Wassers: „*Ich aber war der erste, welcher eine eigene Schrift über dasselbe herausgab, die (seit 10 Jahren) in wiederholten Auflagen wohl das Meiste dazu beitrug, daß es allgemeiner bekannt und gebraucht wurde* [...]“.[54]

Abb. 47: Fragment eines Kruges für Püllnaer Bitterwasser mit Stempel des Brunnenpächters Adalbert Ulbrich. Bildnachweis: Foto: Stadtarchäologie Augsburg, Augsburg 2018.

54 Johann Evangelist Wetzler, Ueber den Nutzen und Gebrauch des Püllnaer Bitterwassers, Augsburg ^{5}1836, S. VII.

Seit etwa 1800 waren chemische Analysen der Mineralwässer möglich und durften in keiner Brunnenschrift fehlen. Auch Wetzler listete in seiner Püllnaer Publikation verschiedene Analysen berühmter Chemiker auf. Besonders werbewirksam war es aber wohl, dass er auch von eigenen Untersuchungen berichtete, die von seinem Bruder August Wetzler, Apotheker in Günzburg, ebenso wie von dem jungen Augsburger Chemiker Emil Maximilian Dingler (1806–1874), dem Sohn Johann Gottfried Dinglers (1778–1855), also von Lokalgrößen, überprüft worden waren.[55] Wichtigstes Kriterium zur Beurteilung eines Mineralwassers blieb für Wetzler jedoch die *„ärztliche Beobachtung und Erfahrung"*, also die Empirie.[56] Er dürfte der erste gewesen sein, der die therapeutische Anwendung von Püllnaer Wasser anhand von Fallbeispielen beschrieben hat.

Die Brunnenschriften mit ihren ehernen Gesetzen waren aber auch Gegenstand der aufgeklärten Kritik. Der Augsburger Verleger Johann Andreas Erdmann Maschenbauer (1719–1773) publizierte in der Rubrik *„Gelehrte Sachen"* seines Intelligenz-Zettels vom 29. Juni 1764 einen *„Unmasgebliche*[r]*n Vorschlag, die mineralische Wasser oder Gesundbrunnen auf eine vernünftige Weise zu trinken. Wie"*, fuhr Maschenbauer provokant fort, *„trinkt man denn Brunnen auf keine vernünftige Weise? Wenn man mir es nicht über* [sic!] *nehmen will, so muß ich mit Nein antworten, und frey heraus sagen, daß man ihn nicht trinkt, sondern säuft; und sollte dies nicht thöricht seyn?"* Maschenbauer riet seinen Lesern, die Vorschriften der Brunnenärzte nicht *„einem Mosaischen Geseze gleich zu achten, auf dessen Uebertretung eine gewisse Strafe oder ein gewisser Nachtheil erfolgen müsse"*.[57] Sauerbrunnen wirke auch, wenn er ganz ohne Zeremoniell und in normalen Mengen getrunken werde: *„Der Gesundbrunnen, als das reinste mineralische Wasser, gehöret vielmehr unter die gelindeste Mittel, die wir haben. Er ist dem* [sic!] *mehresten Bestandtheilen nach, Wasser; von dieser Seite also kann es niemand schaden, der nur Wasser vertragen kann."*[58]

Sowohl der Verleger Maschenbauer mit seinem Intelligenzblatt als auch der Arzt Wetzler mit seinen balneologischen Schriften betätigten sich als Volksaufklärer, die den Sauerbrunnendiskurs ebenso wie das konkrete Kauf- und Konsumverhalten nachhaltig beeinflussen konnten, und zwar nicht nur in Augsburg, sondern auch in München.

---

55 Wetzler, Ueber den Nutzen und Gebrauch 1828 (wie Anm. 18), S. 16.

56 Ebd., S. 18.

57 AIZ, Nr. 26 vom 29.6.1764.

58 *„Rest der vor 8tägigen Abhandlung des unmasgeblichen Vorschlags, die mineralische Wasser oder Gesundbrunnen auf eine vernünftige Weise zu trinken"*, AIZ, Nr. 27 vom 4.7.1764.

„Einem geehrten Publico“: Die Augsburger Konsumenten

Die Augsburger Sauerbrunnenkonsumenten werden in den Mineralwasserannoncen lediglich als *„geehrtes Publikum“* oder *„verehrliche Abnehmer“* greifbar und auch dies nur bis zum Ende des Alten Reichs. Danach verschwinden derartige Floskeln, die Anzeigentexte werden insgesamt sachlicher. Dennoch verraten sie einiges über jenes kaufkräftige, bürgerliche Publikum, das Josef Mančal 1997 als Leserschicht des Augsburgischen Intelligenz-Zettels ausmachte[59], und zu dem auch die Sauerbrunnenkonsumenten gezählt haben dürften. So verkaufte der Spezerei-, Farbwaren- und Tabakhändler Joseph Quante anno 1832 neben Mineralwasser auch Delikatessen wie westfälischen Schinken, Parmesan und Stracchino aus Oberitalien, französische Trüffeln und Delfter Butter oder Güter des gehobenen Bedarfs wie Geigensaiten, Fischbeine, Tafel-, Wagen- und Nachtlichter aus Walrat, chinesische Tusche, feines Niederländer Postpapier und französische Spielkarten.[60]

Noch aussagekräftiger sind die Objektverzeichnisse der Hausratseröffnungen und Mobilienauktionen, die zum festen Bestand der Anzeigenrubriken des Intelligenz-Zettels und der Augsburgischen Ordinari Postzeitung gehörten. Unter den offerierten Gerätschaften aus Küche und Keller befinden sich häufig gebrauchte Sauerbrunnenkrüge, die umgangssprachlich als *„Selzerkrüge“* oder *„Selterskrüge“* bezeichnet wurden. Gebrauchte Steinzeugkrüge wurden wegen ihrer Bruchfestigkeit nicht nur von den Brunnenbetreibern wiederbefüllt, sondern als Vorratsbehälter im gewerblichen und privaten Bereich generell geschätzt. In Augsburg verwendete Gottlieb Friedrich Koch, Weinwirt im Rathskeller am Eisenberg, gebrauchte Selzerkrüge bei seiner Senfproduktion und bot im Augsburger Tagblatt vom 20. April 1841 den ½-Maß-Krug mit Senf zu 15 kr. an. Für eine Wiederbefüllung von Steinzeugkrügen mit frischem Sauerbrunnen bei den örtlichen Mineralwasserhändlern gibt es in den Annoncen des gesamten Untersuchungszeitraums keinen zutreffenden Hinweis.

In den erwähnten Verzeichnissen der Augsburger Hausratseröffnungen und Mobilienauktionen kommen gebrauchte Selzerkrüge ausnahmslos in jener Kategorie von Haushalten vor, die von Wohlstand und Luxus, vereint mit Bildung, gekennzeichnet sind. Häufig findet sich die Wendung *„Selzerkrüge und Bouteillen“*; letztere waren die gängigen Gefäße für die Brunnen von Spa und Pyrmont, aber auch für Wein oder Champagner. Prominente ehemalige Besitzer solcher gehobenen Haushalte wurden in den Auktionsanzeigen gerne namentlich genannt,

---

59 Vgl. Mančal, Zu Augsburger Zeitungen (wie Anm. 7), S. 713.

60 AOP, Nr. 152 vom 2.6.1832; AIZ, Nr. 68 vom 9.6.1832.

so im März 1811 der *„Finanzrath und Banquier, Baron von Liebert hochselig"* (1731–1810), oder im Juni 1817 der verstorbene sehr beliebte Diakon bei St. Anna, Gerhard Adam Neuhofer (1773–1816).[61]

Diese beiden Namen stecken zum einen die soziale Reichweite des Sauerbrunnenkonsums von der gehobenen Mittelschicht bis hinauf zu den städtischen Eliten ab, sie verweisen zum anderen aber auch auf wesentliche Unterschiede innerhalb dieser Konsumentengruppe. Denn der Diakon Neuhofer als Angehöriger des evangelischen Ministeriums dürfte den Sauerbrunnen als eine Art Sozialleistung seines Arbeitgebers genossen haben. In den Jahrrechnungen der evangelischen Zechpflege zu St. Jakob findet sich im Zeitraum zwischen 1771 und 1807 als konstante Ausgabe an *„jährlichen Verehrungen"* ein Posten von 12 fl., welchen die *„beeden Herren Geistlichen an dieser Kirche, für die gewohnliche Bronnenchur"* erhielten. Eine Abstufung nach Rang, Alter oder Dienstjahren gab es dabei nicht, sowohl dem Pfarrer als auch dem Diakon wurde jeweils die gleiche Summe von 6 fl. ausbezahlt.[62] Nach Preisangaben von 1784 war diese Zuwendung in etwa für eine Kiste mit 20 halben Krügen des böhmischen Biliner Bitterwassers ausreichend und damit für die empfohlene Kurdauer von 20 bis 30 Tagen.[63]

Diese soziale Fürsorge der Reichsstadt für ihre Bediensteten, die schon im frühen 17. Jahrhundert auch für die Lechmeister nachweisbar ist[64], fand sogar Aufnahme in den Sprachgebrauch. Gottlieb Tobias Wilhelm, seit August 1796 Diakon in St. Jakob, erhielt jeweils einen Jahresurlaub von drei Wochen, der im Jahre 1797 in den Zeitraum vom 4. bis 6. Sonntag nach Trinitatis fiel. In Wilhelms penibel geführtem Predigtverzeichnis ist dieses Intervall mit dem pauschalen Eintrag *„Sauerbrunnen"* gekennzeichnet. Dies legt den Schluss nahe, dass der Jahresurlaub – gelegentlich oder in der Regel – zur Durchführung häuslicher Trinkkuren genutzt wurde. Der Begriff des Sauerbrunnens stand somit als Synonym für die Urlaubszeit, in welcher sich die Empfehlungen der Brunnenschriften zu körperlicher Bewegung und psychischer Entspannung besonders leicht realisieren ließen. So berichtet der Diakon von Heilig Kreuz Otto Friedrich Hörner (1746–1781) in einem Brief vom August 1772 über seinen Spezialkollegen

---

61 AOP, Nr. 52 vom 1.3.1811, Nr. 137 vom 9.6.1817.

62 StadtAA, Evangelisches Wesensarchiv, 899 tom IV, Rechnung Ueber Einnahm, und Ausgab, bei der Evangel. St. Jakobs-Pfarrzechpflege in Augsburg vom 1.ten Jan: biß den 31.ten Dec: 1805. – Zwischen 1771 und 1792 lautete die Bezeichnung *„Saurbronnen-Chur"*, in den Folgejahren meist *„Bronnenchur"*.

63 AOP, Nr. 107 vom 4.5.1784.

64 StadtAA, Reichsstadt Akten I, 1061 Lechmeister 16. Jh.–1806, Bewerbung vom 11.10.1614 (Hinweis von Barbara Rajkay).

Johann August Urlsperger (1728–1806), „[...] *dessen Umgang und Liebe ich täglich in unseren zusammenstoßenden Gärten, zumal in seinem jetzigen Sauerbrunnen genieße* [...]".[65] Noch deutlicher ist die Formulierung in einem Brief des Ephorus Friedrich Ernst Harwen (1735–1814), der die Administration des Anna-Kollegs bei seinem Amtsantritt im Juni 1778 um Beibehaltung der bisherigen Urlaubsregelung bat, nämlich um die gleiche jährliche „*Ausruhung, die mein Antecessor unter dem Namen des Sauerbrunnentrinkens genossen*".[66]

Resümee und Ausblick

Vertrieb und Konsum von Sauerbrunnen in Augsburg stellen ein Segment der reichsstädtischen und bayerischen Handelsgeschichte dar, welches – ebenso wie der Augsburger Detailhandel insgesamt – weiteren eingehenden Quellenstudiums bedarf. Zum jetzigen Zeitpunkt zeichnen sich dennoch einige Konstanten ab. Der Mineralwassermarkt der schwäbischen Reichsstadt mit ihren etablierten großräumigen Handelsbeziehungen bot seinem Kundenkreis seit der Mitte des 18. Jahrhunderts eine beachtliche Palette von Brunnenmarken, welche auch von jener in Frankfurt nicht erheblich übertroffen wurde. Wesentlich kleiner als in der Reichsstadt am Main war sicherlich die Gruppe der Händler und wohl auch jene der Konsumenten. Potentester Augsburger Sauerbrunnenhändler im Untersuchungszeitraum dürfte die Firma Johann Nepomuk Glogger gewesen sein, die sich in zwei Generationen mit intensiver Werbung und standespolitischer Aktivität behauptete. Auch der Ellenwarenhändler Glogger betrieb den Brunnenverkauf, wie alle seine Kollegen im Wasserhandel, als Nebengeschäft. Der Nebenerwerbshandel war nicht nur in dieser Handelssparte eine übliche Geschäftsform; Jörg Rode konnte ihn in seiner Auswertung der Montgelas-Statistik als verbreitetes Phänomen des Handels in Bayern feststellen.[67] Möglicherweise existierten in Augsburg wegen dieses, noch dazu saisonalen, Zubrot-Merkmals keine präzisen gewerberechtlichen Vorgaben für den Sauerbrunnenhandel – eine Annahme, die allerdings zu verifizieren wäre.

---

65 Paul Schattenmann, Georg Adam Michel, Generalsuperintendent in Oettingen, und sein gelehrter Briefwechsel. Ein Beitrag zur Kirchengeschichte des 18. Jahrhunderts (Einzelarbeiten aus der Kirchengeschichte Bayerns XXXVII), Nürnberg 1962, S. 87.

66 Evangelisch-Lutherisches Kirchenarchiv Augsburg, Kollegiatsarchiv 14, Lectiones Collegii Methodus docendi 1750–1778, Begleitbrief zum Lehrplan vom 2.6.1778.

67 Jörg Rode, Der Handel im Königreich Bayern um 1810 (Studien zur Gewerbe- und Handelsgeschichte der vorindustriellen Zeit 23), Stuttgart 2001, S. 47.

Aus den Annoncen von Intelligenz-Zettel und Postzeitung ergibt sich als weitere Konstante das kontinuierliche Angebot an gebrauchten Selzerkrügen, das selbstverständlich noch nicht durch ein entsprechendes Umweltbewusstsein zu begründen ist, sondern durch die Gepflogenheiten einer Epoche, in der Wiederverwendung von Materialien und Gütern selbstverständlich war. Bei den Annoncen der entsprechenden Mobilienauktionen könnte man ansetzen, um weitere Augsburger Sauerbrunnenkonsumenten zu identifizieren und auch Konsumentenkreise abseits der evangelischen Geistlichkeit zu erschließen. Sie dürften unter anderem bei den Mitgliedern des bischöflichen Hofes und des Domkapitels zu suchen sein.[68] Die relative Häufung von Sauerbrunnenhändlern am Schwalbeneck im 18. Jahrhundert – außer dem domkapitel'schen Glaser Böck und dem, allerdings evangelischen, Handelsmann Wagenseil saß hier am Beginn des Untersuchungszeitraums auch der Hofsattler Johann Georg Diebler – weist in diese Richtung.

Die Auswirkungen des Industriezeitalters auf den Konsumartikel Sauerbrunnen setzten erst gegen Ende des 19. Jahrhunderts ein, dann aber in voller Stärke. Um 1900 waren die Krüge aus glasiertem Steinzeug mit ihrem optisch und geschmacklich naturbelassenen Inhalt buchstäblich vom Tisch. Stationen dieser rasanten Entwicklung hießen Erfindung der Krugpresse und Niedergang des Krugbäckerhandwerks, Patentierung des Kronkorkens und Umstellung auf Glasflaschen, sie hießen Herstellung von künstlichem Mineralwasser oder Veränderung des natürlichen Mineralwassers durch Enteisenung und Anreicherung mit Kohlensäure. Sie hießen nicht zuletzt auch Entstehung der wissenschaftlichen Pharmakologie und Entwicklung synthetischer Arzneimittel zur gezielten Bekämpfung von Krankheiten. Heute gibt es verschiedene Arten von Wässern auf dem Markt: das industriell hergestellte Tafelwasser, das kein Naturprodukt ist; das sogenannte natürliche Mineralwasser, das zwar aus unterirdischen und vor Verunreinigungen geschützten Wasservorkommen stammt und direkt am Quellort abgefüllt wurde, aber hinsichtlich seiner Bestandteile verändert ist; und das sogenannte Heilwasser, das hinsichtlich seiner Herkunft die gleichen Kriterien erfüllen muss wie natürliches Mineralwasser, das aber einen bestimmten Gehalt an Mineralstoffen und Spurenelementen besitzen, und dessen vorbeugende, lindernde und heilende Wirkung wissenschaftlich nachgewiesen sein muss.[69]

68 Zum Sauerbrunnenkonsum in Frauenstiften: vgl. Dietmar Schiersner, Räume und Identitäten. Stiftsdamen und Damenstifte in Augsburg und Edelstetten im 18. Jahrhundert (Studien zur Germania Sacra N.F. 4), Berlin/Boston 2014, S. 173.

69 https://www.mineralwasser.com/themen/naturprodukt-mineralwasser/naturprodukt/article/wasser-ist-nicht-gleich-wasser.html (letzter Zugriff: 10.4.2018).

Heilwasser unterliegt nicht, wie die Tafelwässer und natürlichen Mineralwässer, dem Lebensmittelgesetz, sondern dem Arzneimittelgesetz und wird auch heute noch zur häuslichen Trinkkur empfohlen. Es ist der legitime Nachfolger des Sauerbrunnens und wird fast ausschließlich in Glasflaschen verpackt. Diese tragen gemäß dem Wortlaut der sogenannten Verpackungsverordnung „durch die Möglichkeit der Wiederverwendung zur Schonung natürlicher Ressourcen und zur Abfallreduzierung bei“ und „entsprechen damit in beispielhafter Weise dem vorrangigen abfallwirtschaftlichen Ziel der Abfallvermeidung“.[70]

70 Verordnung über die Vermeidung und Verwertung von Verpackungsabfällen (VerpackV) des Bundesministeriums für Umwelt, Naturschutz und nukleare Sicherheit, Kurzlink: www.bmu.de/P613/ (letzter Zugriff: 10.4.2018).

Felix Guffler

Die Entstehung eines urbanen Naturerlebens in Augsburg 1880–1920: Eine ikonographische Analyse von Darstellungen des Unteren St.-Jakobs-Wasserturms

After a thorough analysis of representations of the Unterer St.-Jakobs-Wasserturm, of the Oblatterwall, and of the city moat, one can observe the development on a new experience of nature among the city's population in Augsburg since the 1880s. Various aspects, such as the romanticisation of early modern buildings, the expansion of streets as well as moat banks and parks, a specific and individual flora and fauna, the development of a new kind of leisure pursuit called "Kahnfahrt", the active communication of an idyllic atmosphere towards the outside, and the failure of large industry and traffic projects depict the coherent image of a quarter, that got an increasing recreational value. The street near the Oblatterwall and the Unterer St.-Jakobs-Wasserturm became hence a close-to-nature refuge for townsmen eager to escape the big city.

Einleitung

Als im Jahr 1867 die ersten Steine beim Abriss der nutzlos gewordenen Augsburger Stadtmauer in der Jakobervorstadt fielen, begann eine umfangreiche Transformation der urbanen Gestalt dieses Stadtviertels.[1] War der Oblatterwall zuvor die markante Grenze der ehemaligen Reichsstadt gewesen, so öffnete sich mit der Wegnahme der Umwallung ein neuer Raum für die städtische Bevölkerung. Dort konnten sich in den folgenden Jahren Voraussetzungen für ein neues urbanes Naturerleben entwickeln.

Im selben Zeitraum änderte sich außerdem die Bedeutung des Stadtgrabens, da ab dem Jahr 1876 eine neue Konzeption der Augsburger Wasserversorgung realisiert wurde, bei der dieses Gewässer keine Rolle mehr spielte.[2] Mit

---

1 Vgl. Hermann Kießling / Ulrich Lohrmann, Türme – Tore – Bastionen, Augsburg 1987, S. 41–46; Felix Guffler, Versorger Zeitzeuge Bewahrer. Der Untere St.-Jakobs-Wasserturm in Augsburg, Augsburg 2018, S. 41–44, 97–131.

2 Vgl. Franz Häußler, Augsburgs historisches Wasserwerk. Ein einzigartiges Technikmuseum, Augsburg 2010; Martin Kluger, Augsburgs historische Wasserwirtschaft. Der Weg zum UNESCO-Welterbe, Augsburg 2015, S. 300–317.

der Eröffnung des neugebauten Wasserwerks am Hochablass im Jahr 1879 war auch der Untere St.-Jakobs-Wasserturm, der bis dahin mit seinem Zwilling, dem Oberen St.-Jakobs-Wasserturm, die Jakobervorstadt mit Trinkwasser versorgt hatte, obsolet geworden.[3] Ein neuer und geeigneter Nutzen für dieses Bauwerk des Elias Holl war seit seinem Betriebsende bis zum Jahr 1998 nicht gefunden worden.[4] Und dennoch wurde er nicht etwa abgerissen, im Gegenteil: genau wie die Oblatterbastei erhielt der Turm gemeinsam mit dem Stadtgraben eine gänzlich neue Wertigkeit für die Stadtbevölkerung.

Im Zuge der Industrialisierung waren bereits zuvor außerhalb der ehemaligen Stadtgrenzen neue Stadtviertel entstanden.[5] Die Gegend um den Unteren St.-Jakobs-Wasserturm war demnach kein Außenviertel mehr, sondern bereits weitgehend Teil der inneren Stadtbezirke. Und dieses Gebiet wurde von der Augsburger Industriegesellschaft als Erholungsort neu entdeckt. Nachfolgend sollen Aspekte dieser Entwicklung aufgezeigt werden und anhand der Darstellungen und Inszenierungen der Gegend die Bedeutung für die städtische Gesellschaft untersucht werden. Methodisch wird es dabei immer wieder zu inhaltlichen Überschneidungen bei den einzelnen Faktoren und Quellen kommen, was jedoch die Analyse nicht abschwächen wird. Im Gegenteil, durch den mehrkanaligen Zugang entsteht ein ganzheitliches Porträt der Entwicklung eines urbanen Naturerlebnisses am Oblatterwall und am Unteren St.-Jakobs-Wasserturm. Dabei werden Ansätze der Humanökologie und der Kommunikationstheorie miteinbezogen, die die hier vorgestellten Thesen strukturieren und fundieren.[6]

---

3 Sämtliche Informationen zu den St.-Jakobs-Wassertürmen stammen aus: Guffler, Unterer St.-Jakobs-Wasserturm (wie Anm. 1).

4 Obwohl der Untere St.-Jakobs-Wasserturm 1978 „mustergültig saniert“ wurde (vgl. Kießling / Lohrmann, Türme – Tore – Bastionen (wie Anm. 1), S. 96), befand sich das Turminnere 1998 nach Aussage der neuen Pächter und Fotoaufnahmen in einem desaströsen Zustand.

5 Vgl. Karin Thieme, Art. Stadtentwicklung, publiziert 1998 (2. Auflage, Druckausgabe) in: Stadtlexikon Augsburg, URL: https://www.wissner.com/stadtlexikon-augsburg/artikel/stadtlexikon/stadtentwicklung/5519 (letzter Zugriff: 17.9.18); Kießling / Lohrmann, Türme – Tore – Bastionen (wie Anm. 1), S. 43.

6 Grundlegend zur Humanökologie in diesem Zusammenhang: Heike Jöns, Mensch-Umwelt-Beziehungen aus einer erweiterten Akteursnetzwerkperspektive, in: Peter Meusburger / Thomas Schwan (Hg.), Humanökologie. Ansätze zur Überwindung der Natur-Kultur-Dichotomie (Erdkundliches Wissen 135), Stuttgart 2003, S. 101–138; Helmut Klüter, Raum als Umgebung, in: ebd., S. 217–238. Für die Kommunikationstheorie siehe unten die Ausführungen zu Postkarten als Quelle.

Als Quellenbasis wurden Darstellungen des Unteren St.-Jakobs-Wasserturms gewählt, die zum Großteil auf Postkarten veröffentlicht wurden. In dieser besonderen Quellenart mit ihren speziellen Darstellungsinterpretationen und Deutungszusammenhängen liegt eine besondere Chance: Postkarten zeigen eine Szenerie oder ein Bauwerk immer aus einer eigenen Perspektive.[7] Darüber hinaus haben sie eine Aussageintention, die viele Gelegenheiten zur Analyse bietet. Bei der Erfassung derselben Szenerie oder desselben Bildausschnitts auf mehreren Postkarten sind es die Unterschiede, die markant hervortreten. Durch Abgrenzung und Differenz lassen sich sowohl die einzelnen Motive und Schwerpunkte der Darstellung bestimmen, als auch die zu kommunizierende hypertextuelle Aussage. Dabei ist stets Vorsicht geboten; eine Interpretation, die für sich alleine steht, kann niemals Anspruch auf eine umfassende Wirklichkeitsdarstellung erheben. Wenn jedoch die einzelnen Aspekte auch nur mit reduzierter Aussagekraft als gegeben akzeptiert werden können, so ergibt sich wiederum ein stimmiges Bild, das dann in sich geschlossen als repräsentativ angenommen werden darf.[8] Es folgen nun die Aspekte, die auf die Entstehung eines urbanen Naturerlebens mitten in der Stadt hinweisen.

Die Romantisierung des Unteren St.-Jakobs-Wasserturms

Nach seinem Betriebsende im Jahr 1879 blieb der Untere St.-Jakobs-Wasserturm ohne Funktion. Die nächsten 120 Jahre sollte er nur sporadisch genutzt werden, ansonsten stand das Bauwerk leer. Und obwohl kein neues Nutzungskonzept erarbeitet werden konnte, blieb der langsam zur Ruine verfallende Turm erhalten und wurde nicht abgerissen.[9] Im Gegenteil, zunächst entwickelte die Stadt das

---

7 Zu Postkarten als Quelle: vgl. Christine Brocks, Bildquellen der Neuzeit, Paderborn 2012, S. 69–83; Eva Tropper, Illustrierte Postkarten – ein Format entsteht und verändert sich, in: Dies. (Hg.), Format Postkarte. Illustrierte Korrespondenzen, 1900 bis 1936 (Photoinstitut Bonartes, Wien 22. Oktober 2014–13. Februar 2015 und GrazMuseum, 12. März–15. Juni 2015), Wien 2014, S. 10–42. Zur Geschichte der Postkarten im untersuchten Zeitraum: vgl. Otto May, Zur Geschichte der Propaganda-Postkarte (Geschichte im Postkartenbild 1), Hildesheim 2012, S. 11–37.

8 Vgl. methodisch: Christine Brocks, Die bunte Welt des Krieges. Bildpostkarten aus dem Ersten Weltkrieg 1914–1918, Essen 2008; in Analogie anwendbar: Cord Pagenstecher, Reisekataloge und Urlaubsalben. Zur Visual History des touristischen Blicks, in: Gerhard Paul (Hg.), Visual History. Ein Studienbuch, Göttingen 2006, S. 169–187.

9 Wie der baugleiche Obere St.-Jakobs-Wasserturm nach jahrzehntelanger Vernachlässigung aussah, ist auf einer Fotografie festgehalten: vgl. Guffler, Unterer St.-Jakobs-Wasserturm (wie Anm. 1), S. 128 f.

Gebäude sogar weiter.[10] Stand es nach dem Abriss der Stadtmauer während der letzten Betriebsjahre noch mit Mauer- und Wehrgangsresten als Industriebau am Oblatterwall[11], so wurden in den 1890er Jahren Umbauten vorgenommen, die den Charakter des Gebäudes stärken konnten: Einerseits wurde die Grundfläche im Erdgeschoss halbiert und somit eine Südansicht geschaffen, die sich durch eine einheitliche Breite auszeichnet. Darüber hinaus wurden für die neue Westfassade ehemals stützende Wandelemente aus der Gebäudemitte verbunden und außen im Stil der Ost-, Süd- und Nordfassade vereinheitlicht. Die Gelegenheit, Elias Holls gestalterische Merkmale auf den Turmunterbau der Westfassade, deren Architektur bislang militärstrategischen Planungen untergeordnet war, anzuwenden, wurde von der Stadt wahrgenommen und das Quadermuster rund um den Turmunterbau herumgezogen. Ohne die Mauer- und Wehrgangsreste war der Untere St.-Jakobs-Wasserturm nun ein individuell freistehendes, architektonisch wertvolleres Gebäude.[12]

Gemeinsam mit der erhaltenen Oblatterbastei erhielt der Turm in der Zeit nach dem Mauerabriss darüber hinaus eine Neubewertung. Eindrucksvoll hat dies zunächst der Holzstich eines unbekannten Künstlers im Jahr 1886 eingefangen.[13] Darauf ist in der Bildmitte ein Kahn dargestellt, auf dem ein Mann eine Frau zur Mitte des Stadtgrabens rudert. Um sie herum erkennt man eine ländlich anmutende Idylle, die die Stadt zwar im Hintergrund darstellt, aber bei der die Stadt selbst zu verschwinden scheint. Eingerahmt wird die Ruderpartie durch die Oblatterbastei, den Unteren St.-Jakobs-Wasserturm und das ehemalige Wehr. Neben dem Boot schwimmen Schwäne und die Szenerie mutet verlassen und einsam an; lediglich im Hintergrund können noch andere Personen erahnt werden. Die Darstellung wurde im damals größten und diversifiziertesten Druckbetrieb der Schweiz, Orell Füssli, gedruckt.[14] Sie ist ganz im Stil der Neoromantik gehalten. Trotz der eigentlich vorherrschenden Helligkeit dominieren die dunklen Bereiche

---

10 Diesen Prozess kann man auch in Zusammenhang mit der Debatte über den Erhalt des Jakobertors sehen. Dieses wurde 1876 auf Druck der Bevölkerung auf den Magistrat nicht abgerissen, ein zuvor getroffener Abrissbeschluss wurde ausgesetzt. 1881/82 wurde das Tor dann restauriert.

11 Vgl. Guffler, Unterer St.-Jakobs-Wasserturm (wie Anm. 1), S. 90–99.

12 Vgl. ebd., S. 101 oben und 107 oben.

13 Vgl. ebd., S. 98 f. Ein anderer Druck derselben Folge, bei dem zwei Kähne im Stadtbach weiter südlich treiben, findet sich in: Kluger, UNESCO-Welterbe (wie Anm. 2), S. 255.

14 Vgl. Elena Folini, s.v. Art. Orell Füssli, publiziert am 26.10.2009, in: Historisches Lexikon der Schweiz, URL: http://www.hls-dhs-dss.ch/textes/d/D41660.php (letzter Zugriff: 14.9.18).

das Bild. Auch der Himmel ist trüb. Darüber hinaus erinnern Rankengewächse an der bröckelnden Oblatterbastei und die Mauerreste am Unteren St.-Jakobs-Wasserturm an ein fantasievolles Mittelalter. Die Kirche St. Max im Hintergrund unterstreicht diesen Eindruck mit ihrer verblassenden Silhouette. Der Untere St.-Jakobs-Wasserturm wurde somit in die damals vorherrschende Vorstellung einer romantischen Ästhetik miteinbezogen; die Szenerie erfüllt die Möglichkeit zu einer Abwendung vom gegenwärtigen Geschehen, welche sich in einer Weltflucht, Flucht ins Private und Hinwendung zur Vergangenheit äußert.

Andere Darstellungen griffen diese Neubewertung auf und erweiterten das Wirkungsspektrum. Auf einer Postkarte von 1910 ist die Szenerie aus derselben Perspektive ohne das Ruderboot dargestellt.[15] Ein Rillenmuster um den ovalen Bildausschnitt imitiert ein Passepartout, das von einer Zierleiste umfasst wird, die ein Rahmenmuster abbildet. Die aufwändig produzierte Postkarte war demnach dazu gedacht, dass der Empfänger sie nach Erhalt als Dekoration nutzen konnte. So konnten Unterer St.-Jakobs-Wasserturm und Oblatterbastei auch in fremden Wohnzimmern ihre romantische Wirkung entfalten. Weitere Postkarten griffen dieselbe Entwicklung auf, indem sie den Aufnahmen eine neue farbliche Interpretation beifügten. Besonders die Karten mit der größten Farbtiefe sind hierfür charakteristisch. Auf ihnen wurde die Szenerie bei Sonnenauf- und -untergang dargestellt und teilweise impressionistisch überhöht; ein städtisches Leben findet darauf nicht statt.[16] Kurioserweise findet sich der Turm auch auf dem Augsburger Hafenplan des Architekten Karl Albert Gollwitzer (siehe unten). Wilfried Burgner interpretiert auch hier die Erhaltung des Turms trotz der gigantischen Umbaumaßnahmen aufgrund der romantischen Vorstellung, die dieser auch in dem Industrieprojekt implizierte.[17]

Die Gegend um den Unteren St.-Jakobs-Wasserturm wurde durch bauliche Maßnahmen und durch szenische Darstellungen zu einem Sehnsuchtsort stilisiert. Der Topos der absoluten Abgeschiedenheit traf zwar auf die Gegend in situ nicht zu, für die Wahrnehmung und Auffassung hingegen war dies jedoch nicht von großem Belang. Der Kontrast zwischen der urbanen Enge der industrialisierten Stadt und der abgebildeten und empfundenen Weite am Oblatterwall scheint so

---

15 Vgl. Guffler, Unterer St.-Jakobs-Wasserturm (wie Anm. 1), S. 109 unten.

16 Ebd., S. 114–117. Eine weitere Postkarte fällt unter diesem Aspekt ebenfalls auf, die jedoch deutlich jünger ist: gänzlich frei von Farbe ist der Oblatterwall aus derselben Perspektive aufgenommen, das Weiß überwiegt. Es ist ein Winterbild, was besonders bei Postkarten mit Stadtmotiven eine Seltenheit darstellt: vgl. ebd., S. 125 unten.

17 Vgl. Wilfried Burgner, Karl Albert Gollwitzer. 1839–1917. Ein Augsburger Baumeister, Architekt und Visionär, Augsburg 2004, S. 136.

markant gewesen zu sein, dass dies ausreichte, um die Gegend romantisch zu deuten, und das, obwohl nur etwa 300 Meter weiter südlich in der Union-Zündholzfabrik Millionen von Streichholzschachteln produziert und über die Lokalbahn abtransportiert wurden.[18]

Die Anlage von Alleen, Parks und Flaniermeilen am Stadtgraben

Während der Stadtgraben andernorts weitgehend überbaut wurde, blieb er am Oblatterwall erhalten[19]; die städtebaulichen Initiativen des Stadtbaumeisters Ludwig Leybolds zur Umfassung der gesamten Innenstadt mit großen Chausseen wurde dort nicht wie im Westen der Stadt umgesetzt. Leybold selbst befürwortete wohl einen Abriss sämtlicher Wehranlagen und eine Verschüttung des Stadtgrabens am Oblatterwall. Eine Zeichnung von 1867 aus seiner Feder stellt sämtliche Verteidigungs- und Wasserwerke am Jakober- und Oblatterwall dar, kurz bevor diese weitestgehend abgerissen wurden. Die Zeichnung ist dem Mauerverlauf nachempfunden und stellt eine Dokumentationsaufnahme eines zum damaligen Zeitpunkt als künftig historisch anzusehenden Zustands dar.[20] Leybold konnte sich jedoch nicht durchsetzen und so mussten am Oblatterwall lediglich ein Großteil der Mauer und kleinere, architektonisch wertlose Verteidigungstürme der Stadtentwicklung weichen. Die eindrucksvollen Gebäude Jakobertor, Oberer St.-Jakobs-Wasserturm, Fünfgratturm, Unterer St.-Jakobs-Wasserturm und Oblatterbastei blieben erhalten. Auch der ehemalige, nun funktionslose Stadtgraben wurde nicht zugeschüttet.

In den folgenden Jahren wurde das Gebiet kontinuierlich weiterentwickelt. Die Straße entlang der abgerissenen Stadtmauer wurde für die Städter zu einem leicht zugänglichen Spazierweg am Wasser. Das Wehr war bereits in den Jahren zuvor über ein zusätzliches Tor in der Stadtmauer begehbar, auch dieser Weg

---

18 Vgl. Hans Frei, s.v. Art. Union-Zündholzfabrik, publiziert 1998 (2. Auflage, Druckausgabe), in: Stadtlexikon Augsburg, URL: https://www.wissner.com/stadtlexikon-augsburg/artikel/stadtlexikon/union-zuendholzfabrik/5725 (letzter Zugriff: 17.9.18). Siehe auch: Guffler, Unterer St.-Jakobs-Wasserturm (wie Anm. 1), S. 112.

19 Vgl. Peter Stoll, s.v. Art. Stadtgraben, publiziert 1998 (2. Auflage, Druckausgabe), in: Stadtlexikon Augsburg, URL: https://www.wissner.com/stadtlexikon-augsburg/artikel/stadtlexikon/stadtgraben/5524 (letzter Zugriff: 17.9.18).

20 Vgl. StadtAA, KPS R 00016, Festungswerke Augsburg recto Blatt No. 3 (Handgezeichneter Plan von Ludwig Leybold vom 6.2.1867), beschrieben in: Guffler, Unterer St.-Jakobs-Wasserturm (wie Anm. 1), S. 88 f.

wurde ausgebaut.[21] Schon bald ersetzte man einen Holzzaun am Wasser durch neue Eisengeländer und entlang der Straße wurden neue Bäume und Büsche angepflanzt.[22] Ein Konzept für die Spazierwege wurde ausgearbeitet und Ziersträucher entlang derselben eingesetzt.[23] Neue Faschinen sicherten das Ufer und sorgten für weniger Erosion an den nun planvoll angelegten und gepflegten Böschungen.[24] Daraus kann auf eine langfristig angedachte Nutzung des Oblatterwalls als Parkanlage geschlossen werden, die sich durch ihre weitläufigen Wasserflächen auszeichnete und stark von anderen städtischen Grünanlagen unterschied.

Auf den Postkarten sind es die Alltagsszenen, die vermitteln, wie die Stadtbevölkerung die neuen Anlagen interpretierte. Ein Postkartenpaar zeigt, welche Transformation der Zeichner in der Gegend wahrnahm und wie er dies dem Betrachter vermittelte.[25] Das Originalbild lief als Postkarte am 24. Juni 1900. Es handelt sich um eine winterliche Aufnahme, die aus dem Dachgeschoss der St.-Max-Schule geschossen wurde. Der beginnende Frühling am Oblatterwall ermöglicht einen klaren Blick auf das Ensemble am Stadtgraben. Sämtliche Bäume sind noch blattlos und nur ein einzelner Mensch steht am Geländer und blickt zu vier Schwänen auf das Wasser. Dieses Motiv wurde schließlich vom Verleger Julius Brack, der vermutlich auch der Fotograf war, kategorial umgedeutet, sodass eine gänzlich andere Interpretation impliziert wird.[26]

Die neugestaltete Postkarte, gelaufen am 24. Mai 1901, inszeniert die Gegend um den Unteren St.-Jakobs-Wasserturm als wichtiges Augsburger Naherholungsgebiet.[27] Auf der Straßenszene flanieren nun ganze zwölf Personen entlang des Stadtgrabens unter den hochgewachsenen Bäumen und genießen das Wasser. Eine Frau im weißen Kleid mit weißem Sonnenschirm ist dabei ein besonderer Blickfang. Der St.-Jakobs-Wasserturm ist der zentrale Fluchtpunkt des Bildes, auf den die Personen zustreben. Links davon und hinter ihm befindet sich die Oblatterbastei. Ganz im

---

21 Vgl. StadtAA, KPS R 00016; Kießling / Lohrmann, Türme – Tore – Bastionen (wie Anm. 1), S. 69.

22 Guffler, Unterer St.-Jakobs-Wasserturm (wie Anm. 1), S. 100 f.

23 Ebd., S. 113 unten und 118–121.

24 Ebd., S. 113 unten und 123 unten.

25 Vgl. Abb. 48.

26 Zu Brack: vgl. Stadtmagistrat Augsburg, Adreß-Buch der Stadt Augsburg für das Jahr 1912, Augsburg 1912, S. 151: „J. J. Brack, Firma, Inh. Julius Brack, kgl. Bayer. Hoflief., Gal.-Waren-, Papier- u. Schreibmaterialien-Hdlg., Mittlere Maximilianstr. A 14/0. u. I." Vgl. auch: Franz Häußler, Fotografie in Augsburg 1839–1900. Mit einem Bildteil aus den Fotoschätzen des Stadtarchivs Augsburg, Augsburg 2004, S. 63.

27 Vgl. Abb. 49.

Hintergrund sind Häuser aus den ehemaligen Augsburger Vororten jenseits der alten Stadtgrenze sichtbar. Die Farbgestaltung teilt das Bild strikt in zwei Hälften: links befindet sich die Stadt mit ihren Häusern und Türmen, rechts die Natur mit Stadtgraben und Pflanzenbewuchs. Der Frühling ist längst eingekehrt, die Bäume stehen voller Blätter und die Sonne scheint auf die Erholung Suchenden.

Bracks Postkarte vermittelt dem Betrachter eine Großstadtatmosphäre in natürlicher Umgebung, die so jedoch vermutlich einmalig ist. Sämtliche anderen durchgesehenen Fotos aus dieser Perspektive sind nahezu menschenleer. Der Mangel an Personenaufnahmen erklärt sich jedoch auch aus den Aufnahmezeitpunkten: Aufgrund der besseren Lichtverhältnisse wurde die überwiegende Zahl an Fotos für Postkarten in den Morgenstunden geschossen, zu einer Zeit also, als wenig Menschen spazieren gingen. Damit ist Bracks Zeichnung als repräsentativ einzustufen: als einer der wichtigsten Kartenhändler Augsburgs stellte er eine Szene dar, die von seiner Kundschaft, den Augsburgern, für realistisch gehalten wurde. Die Spazierwege am Oblatterwall waren demnach planvoll angelegt und unterhalten, da sie von der Stadtbevölkerung genutzt und geschätzt wurden. Dies hängt mit hoher Sicherheit nicht nur mit den gepflegten Wegen und den architektonisch-romantischen Bauwerken zusammen, die Städter machten in dieser Gegend einzigartige Naturerfahrungen in der Stadt.

Abb. 48: Postkarte „Augsburg. Partie beim Oblatter Wall mit Wasserturm". Bildnachweis: Sammlung Felix Guffler P 12 V, Augsburg, 1900.

Abb. 49: Postkarte „Augsburg. Partie beim Oblatter Wall mit Wasserturm". Bildnachweis: Sammlung Felix Guffler P 3 V, Augsburg, 1901.

Naturerfahrungen mit Schwänen, Fischen und Kastanien

Die Anwesenheit von Wasservögeln am Oblatterwall ist ein weiterer Aspekt des Naturerlebnisses. Enten und Schwäne zogen ihre Bahnen im Wasser – für die Städter eine Besonderheit! Dies manifestiert sich durch unterschiedliche Vorgänge. Die Montage von Schwänen in Aufnahmen, die dann für Postkarten genutzt wurden, ist ein besonders häufiges Phänomen. Mehrere Kartenserien zeigen, dass diese Tiere nachträglich in die Originalbilder einmontiert wurden.[28] Dabei sind die Wasservögel ein sehr seltenes Motiv auf Aufnahmen.[29] Nur gelegentlich konnten sie abgelichtet werden und wenn, dann nur ohne eine Störung durch Ruderboote. Offensichtlich waren die Schwäne charakteristisch für die Gegend und die Naturerfahrung der Menschen vor Ort, sodass sie zum beinahe unverzichtbaren Bestandteil der Darstellung des Oblatterwalls wurden. Ein anderer Teil der Fauna wurde ebenfalls rezipiert und diente der Entspannung. Augsburger

28 Vgl. die Postkartenpaare S. 115 oben und 102 unten sowie S. 91 oben und 109 oben in: Guffler, Unterer St.-Jakobs-Wasserturm (wie Anm. 1).

29 Vgl. ebd., S. 101 unten und 113 unten.

Angler nutzten den Stadtgraben als Zeitvertreib.[30] Diese waren auf Postkarten jedoch nicht so präsent wie die Schwäne, die durch ihre Eleganz und Seltenheit zu einem wichtigen Fotomotiv wurden; so wichtig, dass sie in dutzende Postkarten nachträglich hineinmontiert wurden.

Auch das Vorhandensein von Bäumen, die man so in der Stadt nicht antraf, bewirkte eine neue Naturerfahrung für die Augsburger. Die Kastanienalleen entlang des Wassers sind auf vielen Aufnahmen nicht nur Beiwerk, sondern ein elementarer Bestandteil oder zumindest ein wichtiges Teilmotiv der Postkarten. Legten die anfänglichen Aufnahmen den Fokus noch stark auf die romantische ruinenhafte Architektur am Oblatterwall, so lässt sich ab dem Beginn des 20. Jahrhunderts eine Tendenz zu einer größeren Gewichtung des natürlichen Elements feststellen. Der Untere St.-Jakobs-Wasserturm wird von den Bäumen und der Natur umrahmt, die dort mittlerweile angepflanzt wurde. Meist nur noch im Hintergrund, am Rande der Wasserfläche, befindet sich das Bauwerk mitten in einer gepflegten und kultivierten Parkanlage.[31]

Beschrieben hat diese Situation kein anderer als Bertolt Brecht in seinem Essay *„Bei Durchsicht meiner frühen Stücke“*: *„Vorbei an meinem väterlichen Haus führte eine Kastanienallee entlang dem alten Stadtgraben; auf der anderen Seite lief der Wall mit Resten der einstigen Stadtmauer. Schwäne schwammen in dem teichartigen Wasser.“*[32]

Mit diesem kurzen Zitat fängt Brecht alle Topoi ein, die Flora, Fauna und Habitat der Stadtbevölkerung am Oblatterwall bieten. Gekonnt bringt er die Hauptfaktoren Kastanienbäume, Wasser, Ruinen und Schwäne zusammen und damit das Naturerlebnis auf den Punkt.

---

30 Vgl. ebd., S. 101 unten.

31 Vgl. die Postkarten S. 101 oben, 113, 117 und 123 in: Guffler, Unterer St.-Jakobs-Wasserturm (wie Anm. 1) und Abb. 50.

32 Jürgen Hillesheim, Augsburger Brecht-Lexikon: Personen, Institutionen, Schauplätze, Würzburg 2000, S. 45 f. Neue Forschungsperspektiven eröffnet sicherlich auch eine akustische Untersuchung von Texten zum St.-Jakobs-Wasserturm, vgl. hierzu beispielhaft: Richard Pickhardt, „In der Nacht noch spät / sangen die Telegraphendräht“. Lärmen, Schreien, Töne: Akustische Zeitzeugen des Frontsterbens in Brechts früher Lyrik, in: Jürgen Hillesheim (Hg.), Brecht – zwischen Tradition und Moderne, Würzburg 2018, S. 27–50.

Abb. 50: Postkarte ohne Titel. Bildnachweis: Sammlung Häußler, Augsburg, gelaufen 1929.

Die Entwicklung der Kahnfahrt und die Entstehung eines eigenen Lebensgefühls

Wann genau sich die Kahnfahrt am Oblatterwall entwickelte, ist unbekannt. Die Ursprünge liegen vermutlich in der Bewirtschaftung und Befischung des Stadtgrabens mit kleinen Booten. Die erste romantisierte Darstellung eines Ruderbootes auf der Wasserfläche ist der oben beschriebene Stich aus dem Verlag Orell Füssli von 1886. Dort rudert ein Mann eine Frau zur Mitte des Wassers. Doch schon wenige Jahre später tauchen weitere Darstellungen von Ruderern auf. Der Grund hierfür liegt in einem Bootsverleih, der sich immer weiter institutionalisieren sollte und schließlich auch zum Gattungsnamen werden würde: 1876 begann Paul Kurz mit der Vermietung von drei Ruderbooten auf dem Stadtgraben an Interessierte.[33] Auf den Abbildungen werden

33 Vgl. Restaurant zur Kahnfahrt, Über uns, URL: http://www.restaurant-zur-kahnfahrt.de/index.php/ueber-uns (letzter Zugriff: 17.9.18). Erstmals fassen lässt sich ein kommerzielles Unternehmen im Geschäftsjahr 1900/01, vgl. Georg Feuerer, Partie an der Augsburger Kahnfahrt undatiert (Anfang 20. Jh.), in: Kerstin Lengger (Hg.), Augsburgs Wasser. Quellen aus dem Stadtarchiv. Jahresplaner 2019, Augsburg 2018.

meist dieselben Bootstypen gezeigt: Es handelt sich um etwa 4–5 Meter lange Kähne, die gestreift angemalt sind. Über viele Jahre hinweg finden sich immer wieder Postkarten mit diesen Booten, die gleichermaßen die Annahme der Kahnfahrt durch die Augsburger Stadtbevölkerung und die Kontinuität dieses Unternehmens verdeutlichen.[34]

Dass die Kahnfahrt als Unternehmen nicht konkurrenzlos war, zeigen andere Entwicklungen, die sich letztendlich jedoch nicht durchsetzen konnten. Aufnahmen zeigen, dass sich einige Stadtbewohner selbst Boote zulegten, mit denen sie dann den Stadtgraben befuhren.[35] Im Jahr 1921 wurden gleich 14 Gefährte von unterschiedlicher Größe und Besatzung festgehalten, die auf dem Wasser des Stadtgrabens trieben.[36] Es gab demnach ein Bedürfnis bei der Bevölkerung, selbst für das Rudervergnügen ausgestattet zu sein. Da die Boote meistens mit mehreren Personen (selten weniger als fünf) belegt waren, handelte es sich bei den Ruderpartien wohl auch um ein soziales Erlebnis, bei dem der Besitzer ein gewisses Ansehen erlangen konnte. Dies wird auch dadurch untermauert, dass die Bootsfahrer stehts fein angezogen waren beziehungsweise dargestellt sind, wenn sie sich auf die Kähne begaben. Das gesellschaftliche Element stand bei dieser Freizeitbeschäftigung im Vordergrund und die Kahnfahrt am Oblatterwall war ein öffentlich genutzter Raum geworden.[37]

34 Ein schwarz-gelb gestreiftes Boot findet sich gleich dreimal, bei: Guffler, Unterer St.-Jakobs-Wasserturm (wie Anm. 1), S. 103 unten und 107 unten sowie in: StadtAA, FS FA A 11349. Ein weiteres schwarz-weiß-rot gestreiftes Boot findet sich bei: Guffler, Unterer St.-Jakobs-Wasserturm (wie Anm. 1), S. 103 oben und StadtAA, FS FA A 11349 (Hintergrund). Die anderen Bootsdarstellungen zeigen ähnliche Gefährte in anderer Farbgebung: vgl. Guffler, Unterer St.-Jakobs-Wasserturm (wie Anm. 1), S. 103 oben und 113 oben.

35 Vgl. Abb. 51.

36 Vgl. Guffler, Unterer St.-Jakobs-Wasserturm (wie Anm. 1), S. 125 oben.

37 Eventuell lässt sich eine soziale Differenzierung in Bezug auf den Zugang zur Kahnfahrt feststellen. Bei denjenigen Aufnahmen, die auf gutes Wetter schließen lassen, finden sich immer auch Zuschauer am Rande des Wassers, die dem Treiben interessiert zusehen.

Abb. 51: Postkarte „Augsburg. Kahnfahrt beim Oblatter Wall". Bildnachweis: Sammlung Häußler, Augsburg, 1910.

Die Wasserfläche des Stadtgrabens war jedoch nicht nur Ziel wochenendlicher Ausflüge. Das Gewässer als sozialer Treffpunkt war auch Spielwiese und Präsentierzimmer für Handwerker und Erfinder. Neben Booten und Kähnen wurden dort ausgefeilte technische Wasserfahrzeuge einem großen potentiellen Käuferkreis vorgestellt. An zwei Beispielen soll dies aufgezeigt werden: Im Jahr 1913 bewarben sich mit Wilhelm Artinger und Otto Jaser zwei Augsburger Erfinder bei der Stadtverwaltung um die Genehmigung, ein Wasserfahrzeug am Oblatterwall vorstellen zu dürfen. Artinger, ursprünglich Schreiner, konstruierte ein kleines Wasserfahrrad, das angeblich Platz für bis zu drei Personen bot.[38] Ein Foto, mit dem er Werbung für seine Erfindung machen wollte, zeigt ihn, wie er den Oblatterwall in nördlicher Richtung fährt. Demgegenüber war das Wasserfahrrad Otto Jasers aus dem Jahr 1912 wesentlich umfangreicher ausgestattet. Ein Foto zeigt, wie der Konstrukteur und acht Mitfahrer auf der Wasserfläche entlanggleiten.[39]

38 Vgl. Thomas Schreiner, Vorführung eines Wasserrads undatiert [1913], in: Kerstin Lengger (Hg.), Augsburgs Wasser. Quellen aus dem Stadtarchiv. Jahresplaner 2019, Augsburg 2018. Foto: StadtAA, HAV, Verschiedene Aktengebiete – Bestand 50, Akt Nr. 2142.

39 Vgl. ebd. und Guffler, Unterer St.-Jakobs-Wasserturm (wie Anm. 1), S. 114 f.

Auch wenn sich beide Erfindungen nicht durchsetzten – Jasers Boot wurde aufgrund des Versorgungsmangels im Ersten Weltkrieg verheizt – so zeigt sich, dass die Konstrukteure an der Kahnfahrt am Oblatterwall einerseits geschäftliche Absatzmöglichkeiten witterten und andererseits auch ein interessiertes Publikum für die Präsentation ihrer Gefährte vorfanden.

Das Befahren des Gewässers mit Booten und anderen Wasserfahrzeugen entwickelte sich über die Jahre zu einem sozialen Erlebnis, an dem unterschiedliche Bevölkerungsgruppen mit unterschiedlichen Absichten beteiligt waren. Gleich ist ihnen, dass das Naturerlebnis am Oblatterwall ein Gemeinsamkeit stiftendes Element wurde und eine Gelegenheit zu einem pseudo-natürlichen Leben in einem Refugium innerhalb der Urbanität ermöglichte. Das Wasser als Treffpunkt war der Mittelpunkt einer Umwelt, die sich vom Alltag einer erholungssuchenden Stadtgesellschaft kategorisch abgrenzen ließ.

Die Außendarstellung der Stadt auf Postkarten

Dieses Lebensgefühl vermittelten die Augsburger auch nach außen. Bei Postkarten als Medium müssen immer zwei Blickrichtungen beachtet werden: die des Senders und die des Empfängers.[40] Und beide bedingen sich gegenseitig. Der Sender wählt aus, welches Motiv er seinem Korrespondenten schickt und der Empfänger interpretiert daraus wiederum eine Aussageabsicht. Aus diesen Voraussetzungen lassen sich auch Rückschlüsse für die Wahrnehmung der Augsburger und die Kommunikation derselben nach außen ziehen.

Die Stadt Augsburg hat enorm viele Sehenswürdigkeiten, von denen sie den größten Teil bereits im behandelten Zeitraum hatte. Rathaus und Goldener Saal, Perlachturm, Dom, St. Ulrich und Afra, das Rote Tor, St. Anna, Fuggerei, die Prachtbrunnen … die Liste an architektonisch wertvollen Gebäuden und Orten, die sich für Postkarten eigneten, ist lang. Selbstredend gab und gibt es von all diesen „Kuriositäten“ Postkarten. Es gibt sie jedoch auch vom Unteren St.-Jakobs-Wasserturm und vom Oblatterwall.[41] Die beiden Gebäude sind im Vergleich zu den anderen Denkmälern weder spektakulär noch architektonisch gleichermaßen herausragend. Dass Aufnahmen von ihnen dennoch auf Postkarten abgebildet wurden, muss in anderen Gründen gesehen werden. Einerseits gab es sicherlich einen lokalen Absatz in der Jakobervorstadt. Andererseits hatte die Gegend doch

40 Vgl. Brocks, Bildquellen der Neuzeit (wie Anm. 7), S. 81.

41 Für einen Eindruck über die – noch wesentlich umfangreichere – Auswahl an Postkarten: vgl. Guffler, Unterer St.-Jakobs-Wasserturm (wie Anm. 1).

offensichtlich Eigenschaften, die sie für Postkarten und damit für die Selbstdarstellung der Stadt nach außen relevant sein ließ.

Eine Erklärung findet sich in der Analyse der Bildteile, die die Bauwerke auf den Postkarten einnehmen. Selten findet sich eine Einzelansicht[42], der überwiegende Teil der Abbildungen zeigt ein Ensemble, bei dem die einzelnen Bestandteile als harmonische Einheit gruppiert werden. Die Kombination aus unterschiedlichen und teilweise widersprüchlichen Bildelementen macht die Darstellung des Oblatterwalls für den Kartenempfänger erst interessant. Hier schickt der Sender keine erwartbare Darstellung der wichtigsten Sehenswürdigkeiten, sondern eine naturnahe Idylle, die eine andere Facette der Stadt Augsburg wiedergibt. Er wählt bewusst eine Aufnahme, die sich von den klassischen Postkartenmotiven abgrenzt, eben aufgrund ihrer Alterität und zeigt dem Empfänger einen bislang unbekannten Teil Augsburgs.

Die Rezipienten der Karten wiederum erfahren auf diese Weise, dass in Augsburg ein Stadtteil mit ursprünglicher, romantischer und explizit fühlbarer Natur existiert, der wesentlich für das Lebensgefühl der Bewohner ist. Die Wortwahl einiger Kartentexte unterstreicht dies noch: Indem das Wort „Partie" bei der Beschreibung der Szenerie abgedruckt wird, vermittelt dies dem Leser, dass er nur einen kleinen Ausschnitt aus einem größeren Ganzen erfassen kann.[43] Vieles bleibt ihm unbekannt und die romantische Natur geht wesentlich weiter, als die Karte dem Rezipienten darstellen kann.

Im Ersten Weltkrieg wurde dies fortgeführt. Sowohl für den Sender als auch für den Empfänger als Interessenten für die Übermittlung von Naturdarstellungen am Oblatterwall gibt es Überlieferungen in Feldpostkarten.[44] Die Außendarstellung des Aufenthaltsortes und die pittoreske Kommunikation einer heilen Welt beim Absender zeigen gleichermaßen, dass die Abbildung der natürlich anmutenden Szenerie um den St.-Jakobs-Wasserturm den oben genannten Intentionen und Wahrnehmungen entsprach. In der Notzeit des Krieges zeugt umso mehr von der Bedeutung der Gegend als naturnahes Refugium, das auch dann an Verwandte übermittelt wurde, dass der Soldat mit hoher Wahrscheinlichkeit niemals vor Ort gewesen war, da sich das Lazarett in Augsburg in der Schillerschule und damit weit entfernt vom Oblatterwall befand.

---

42 Für den Unteren St.-Jakobs-Wasserturm könnte so eine Einzelansicht in ebd., S. 111 oben, gesehen werden.

43 Vgl. s.v. Partie, in: Duden, URL: https://www.duden.de/rechtschreibung/Partie (letzter Zugriff: 14.9.18). Vgl. auch: Guffler, Unterer St.-Jakobs-Wasserturm (wie Anm. 1), S. 103 unten, 111 unten, 113 oben, 115 oben, 117 unten, 119, 123 unten und 125 unten.

44 Vgl. auch: Guffler, Unterer St.-Jakobs-Wasserturm (wie Anm. 1), S. 118–121.

Es lässt sich also festhalten, dass die Szenerie als Gesamtimpression für die Außendarstellung und Repräsentation der Stadt eine wichtige Rolle spielte. Dabei war dies ein Bedürfnis, das nicht von der Stadtregierung implementiert oder gefördert worden war, die Träger dieser Entwicklung waren die Bürger, die dem Oblatterwall die entsprechende Bedeutung zugeschrieben hatten. Für sie war das Erlebnis um den St.-Jakobs-Wasserturm ein Gesamtkonstrukt von Natur und Romantik, das sich in gleicher Weise nach außen tragen ließ, wie andere bedeutende Sehenswürdigkeiten. Von diesen grenzen sich die hier diskutierten Karten umso mehr ab, als dass sie eben nicht eine Besonderheit der Stadt an sich darstellen, sondern eine umfassende und einzigartige Szenerie, die in ihrer Komposition so in der Stadtmitte nicht anzutreffen war.

Die Nicht-Umsetzung von Gollwitzers Hafenplan am Oblatterwall

Trotz der bisher aufgezählten Aspekte, die alle in dieselbe Richtung deuten, gab es Ende des 19. Jahrhunderts auch Initiativen, die dazu grundsätzlich gegenläufig waren. Unter der Regie des Architekten Karl Albert Gollwitzer sollte Augsburg an das internationale Schifffahrtsnetz über einen Kanal zur Donau angeschlossen werden.[45] Der Oblatterwall wäre laut dieser Pläne zum Binnenhafen umgebaut worden, mit großen Verladestationen und Verkehrsanschlüssen an Eisen- und Localbahn. Mit dem Aufbau eines stadtinternen Kanalsystems wären auch die Fabriken mit dem neuen zentralen Warenumschlagplatz im Augsburger Osten verbunden worden; die Betreiber hätten auf diese Weise Transportkosten und -wege sparen können.

Die gesamte städtische Infrastruktur hätte sich durch die Umsetzung dieser Pläne grundlegend gewandelt. Am Unteren St.-Jakobs-Wasserturm wäre plötzlich ein pulsierendes Industriezentrum entstanden und obwohl Gollwitzer die markanten Gebäude wie diesen, den Fünfgratturm und die Oblatterbastei als romantische Zierde im Stile Amsterdams, Hamburgs oder Venedigs belassen hätte, wäre der Charakter des Viertels für die Stadtbevölkerung unwiederbringlich verloren gewesen. Die Einrichtung des Hafens war vorwiegend auf wirtschaftliche Interessen zugeschnitten[46]; Schiffs- und Eisenbahnverkehr hätten die Romantik

45 Alle Angaben zu Gollwitzer und seinem Hafenstadtprojekt entnommen aus: Burgner, Gollwitzer (wie Anm. 17), S. 120–144.

46 Vgl. Wolfgang Bublies / Edgar Mathe, Mit der Augsburger Localbahn durch die Industriegeschichte, Augsburg 1996, S. 38.

und den Erholungsraum, den diese Gegend für die Stadtbevölkerung bedeutete, grundlegend geändert.

Dazu kam es jedoch nicht. „Im September 1902 wurde von der Industrie- und Handelskammer ein Beschluss gefasst, der die romantische Hafenvorstellung Gollwitzers zunichtemachte. Mit 13 zu 8 Stimmen wurde zugunsten der Bebauung der Klauckewiesen entschieden und somit ein Kanalzugang zum Oblatterwall unmöglich gemacht.“[47] Dies war zwar nicht das Ende für Überlegungen einer Hafenstadt Augsburg, wohl aber die Rettung für den naturnahen Lebensraum und das soziale Leben am Unteren St.-Jakobs-Wasserturm. Indem das davorliegende Grundstück bebaut wurde, konnte der Oblatterwall als in sich geschlossene systemische Einheit erhalten bleiben. Inwiefern die Erfahrungen aus den oben beschriebenen Entwicklungen bei diesen Entscheidungen eine Rolle spielten, konnte bislang nicht geklärt werden. Die Gegend um den unteren St.-Jakobswasserturm hatte dadurch jedoch den nötigen Raum und die nötige Abgeschiedenheit, um sich ganz zum Naherholungsgebiet weiterzuentwickeln.[48] Ein Naherholungsgebiet, aus dem moderne Industrie und Verkehrsmittel ausgeschlossen blieben.

Synthese

Nach einer eingehenden Analyse von Darstellungen des Unteren St.-Jakobs-Wasserturms, des Oblatterwalls und des Stadtgrabens lässt sich feststellen, dass sich dort, wo ehedem die Augsburger Stadtmauer verlief, seit deren Abriss ein neues Naturerleben der Stadtbevölkerung entwickelte. Verschiedene Aspekte wie die Romantisierung der frühneuzeitlichen Bauwerke, der Ausbau von Straßenzügen sowie Ufer- und Grünanlagen, eine spezifische und individuelle Flora und Fauna, die Entwicklung des neuartigen Freizeitvergnügens *Kahnfahrt*, die aktive Kommunikation einer idyllischen Atmosphäre nach außen, sowie das Scheitern von großen Industrie- und Verkehrsprojekten zeichnen das stimmige Bild einer Gegend, die einen immer höheren Freizeit- und Erholungswert bekam. Indem an dieser Stelle dem urbanen Wachstum der Industriegesellschaft durch die Stadtbevölkerung aktiv Einhalt geboten wurde, blieb die Gegend weiteren Entwicklungen verschlossen. Es gab lediglich Anpassungen an Wünsche und Empfindungen der Besucher dieser Gegend. Hier verspürten die Augsburger eine ländliche Idylle,

---

47 Burgner, Gollwitzer (wie Anm. 17), S. 136.

48 Zu den Bebauungsplänen für die Klauckewiesen: vgl. StaatsAA, Regierung von Schwaben, Nr. 14251 (Baulinienpläne der Stadt Augsburg, Augsburg: Klauckeviertel, Klauckewiesen, Biermannstraße, Stadtbachstraße Heraufziehen der Donauschifffahrt nach Augsburg bei der Spinnerei und Weberei am Stadtbach und am Proviantbach).

die ein besonderes Natuererleben ermöglichte. Aus dem städtischen Grenzgebiet war eine parkähnliche Anlage von hohem Freizeitwert entstanden, die von vielen Seiten aktiv gefördert und genutzt wurde. Der Straßenzug am Oblatterwall und am Unteren St.-Jakobs-Wasserturm war somit ein naturnahes Refugium für Städter, die der Großstadt und der Urbanität entfliehen wollten.

Nadja Hendriks

Lokale Interpretationen eines globalen Handlungsauftrages: Deutungen „nachhaltiger Entwicklung“ in bayerischen Kommunen – Eine Fallstudie[1]

Since the UN-Conference on Environment and Development of 1992, that took place in Rio de Janeiro, "sustainable development" became a controversially discussed guiding principle for the international community as well as for local city councils across the world. According to the UN, cities and local authorities should play a key role in implementing measures to enforce "sustainable development". Due to the vague definition of "sustainable development" in many UN-documents, local authorities and citizens could interpret the guiding principle of "sustainable development" in many different ways. These varieties of interpreting the global mandate for action are examined focusing on the example of the Bavarian community of Buttenwiesen and the communal umbrella organization "Bayerischer Gemeindetag" that represents the local authorities in Bavaria. When interpreting "sustainable development", the communal umbrella organization and local authorities in Buttenwiesen emphasized continuities of action by referring to previous commitment in the field of environmental protection. For Buttenwiesen the guiding principle was increasingly detached from the global mandate of action voiced by the UN and transferred to solving structural difficulties of the community under a decidedly local focus.

---

1 Dieser Tagungsbeitrag fußt auf einem Promotionsvorhaben, welches Teil des von der Leibniz-Gemeinschaft geförderten Projektes „Geschichte der Nachhaltigkeit(en). Diskurse und Praktiken seit den 1970er Jahren“ ist. Dieser Teil des Kooperationsprojekts des Instituts für Zeitgeschichte München-Berlin mit der Universität Augsburg und dem Herder-Institut Marburg ist am Lehrstuhl für Europäische Regionalgeschichte sowie Bayerische und Schwäbische Landesgeschichte der Universität Augsburg angesiedelt. Der Beitrag stellt eine erste Fallstudie vor, welche die Diskussionen um das Leitbild der „nachhaltigen Entwicklung“ in einen breiteren zeitgeschichtlichen Rahmen einordnet und erarbeitet, in welchen Kontext und in welche Tradition Diskussionen um „nachhaltige Entwicklung“ auf der lokalen Ebene eingeordnet werden können.

„Nachhaltige Entwicklung" wird kommunal

> „Vor dem Hintergrund einer schleichenden globalen Umweltbedrohung geht es letztendlich darum, was wir in welcher Form sinnvollerweise unter Einbindung engagierter Bürger auf kommunaler Ebene tun und wie wir Ideen und Vorschläge umsetzen können. [...] Neu, fremd oder gar revolutionär sind diese Elemente in der Kommunalpolitik keineswegs. Nachhaltig handelt jede Gemeinde, die eine vorrausschauende Politik, etwa Bodenpolitik, betreibt oder ihren Wald so bewirtschaftet, daß er auch kommenden Generationen zur Verfügung steht."[2]

„Nachhaltiges Handeln sei im Zuge wachsender globaler Umweltprobleme auch für Städte und Gemeinden zwingend notwendig." – Zu dieser Einschätzung kam der Präsident des Bayerischen Gemeindetages Heribert Thallmair 1997 in einer Rede, die sich mit dem Thema „Nachhaltigkeit in Kommunen" befasste.[3] Konkret sollte die Umsetzung einer „nachhaltigen Entwicklung" nach Ansicht Heribert Thallmairs, dem obersten Vertreter des Bayerischen Gemeindetages, durch die Verabschiedung einer „kommunalen Agenda 21" geschehen.[4] Thallmair bezog sich hierbei auf die Handlungsaufforderung, die im Juni 1992 von den Vereinten Nationen im Rahmen der Konferenz für Umwelt und Entwicklung in Rio de Janeiro an alle Kommunen weltweit erteilt wurde.[5] „Nachhaltige Entwicklung", so hieß es in dem Aufruf, sollte sowohl für die Ebene der internationalen Politik als auch für die jeweils unter einem lokalen Fokus agierende Kommunalpolitik zum handlungsleitenden Motiv werden.[6] In der „Agenda 21", einem der Abschlussdokumente des Gipfels, stellte die internationale Staatengemeinschaft unter anderem fest, dass die Kommunen, als Politik- und Verwaltungsebene, die den Bürgern am nächsten ist, eine „entscheidende Rolle" dabei spiele, die „Öffentlichkeit [...] im Hinblick auf die Förderung einer ‚nachhaltigen Entwicklung' zu leiten".[7]

---

2 Heribert Thallmair, Umsetzung der Agenda 21 in den bayerischen Gemeinden, in: Bayerische Gemeindetagszeitung (künftig: BayGTzeitung) 6, 1997, S. 145–147, hier: S. 145.

3 Die Rede Thallmairs wurde in leicht abgewandelter Form in der Bayerischen Gemeindetagszeitung im Juni 1997 abgedruckt. Thallmair, Umsetzung der Agenda 21 (wie Anm. 2), S. 145–147.

4 Ebd., S. 145.

5 Antonietta Di Giulio, Die Idee der Nachhaltigkeit im Verständnis der Vereinten Nationen. Anspruch, Bedeutung und Schwierigkeiten, Münster 2004, S. 102.

6 Siehe hierzu beispielsweise: Armin Grunwald / Jürgen Kopfmüller, Nachhaltigkeit. Eine Einführung, Frankfurt a.M. 2012, S. 25–27.

7 Das Kapitel 28 der insgesamt 40 Kapitel umfassenden „Agenda 21" beschäftigte sich eingehend mit den Kommunen als Akteure einer „nachhaltigen Entwicklung"; Agenda

Den Handlungsauftrag, sich für eine „nachhaltige Entwicklung“ einzusetzen, gab die Staatengemeinschaft somit nach „unten“ weiter.[8] Zivilgesellschaft und Politik sollten unter diesem Leitbild neu zusammenfinden und gemeinsam Lösungen für globale und lokale Umweltprobleme erarbeiten. Besonders in den zehn Jahren nach der UN-Konferenz in Rio de Janeiro reagierten viele Kommunen auf diese Aufforderung und beschlossen in der Folge zahlreiche „lokale“ beziehungsweise „kommunale Agenden“.[9] Die „Agenda 21“ war kein völkerrechtlich bindendes Dokument.[10] Aufgrund dieser fehlenden rechtlichen Verbindlichkeit kam es weltweit in den Kommunen zu sehr unterschiedlichen Entwürfen in der Deutung was „nachhaltige Entwicklung“ im jeweiligen Fall heißen könne.[11] Auch in Bayern beschäftigte sich im Nachgang der UN-Konferenz nicht nur der Bayerische Gemeindetag als kommunales Spitzengremium mit der Handlungsaufforderung der Vereinten Nationen, sondern auch die Kommunen selbst. Besonders für ländliche Kommunen stufte man das Leitbild der „nachhaltigen Entwicklung“ und die damit verbundene Verabschiedung einer „Lokalen Agenda 21“ als Chance ein, trotz schlechter Finanzlage im Bürgerdialog „mutige Impulse [...] für eine lebenswerte

21, Konferenz der Vereinten Nationen für Umwelt und Entwicklung, Rio de Janeiro, Juni 1992, S. 291.

8 So stellt Frank Uekötter für den Begriff der „Nachhaltigkeit“ fest, dass dieser in Deutschland „von oben“ nach „unten“ eingeführt wurde; siehe hierzu: Frank Uekötter, Ein Haus auf schwankendem Boden: Überlegungen zur Begriffsgeschichte der Nachhaltigkeit, in: Aus Politik und Zeitgeschichte 31–32, 2014, S. 9–15, hier: S. 13.

9 Die Bezeichnungen der lokalen Initiativen, die in diesem Kontext initiiert wurden, variierten dabei zum Teil sehr stark. So findet sich sowohl die Bezeichnung „Lokale Agenda (21)“ als auch „kommunale Agenda (21)“ oder wie beispielsweise im Buttenwiesener Fall auch Variationen wie „Agenda 21 Buttenwiesen“; Gemeindearchiv Buttenwiesen, 2206 Lokale Agenda 21, Sitzungen, Niederschrift über die Sitzung des Agenda Beirates vom 4.3.1998, Logo Agenda 21 Buttenwiesen, S. 3. Zu den genauen Zahlen bezüglich der Lokalen Agenda 21 Beschlüsse siehe die Studie des International Council for Local Environmental Initiatives (künftig: ICLEI) aus dem Jahr 2001, die einen formalen Beschluss in 6.416 Kommunen aus 113 Ländern feststellte, siehe: ICLEI, Local Agenda 21, Local Governments' Response to Agenda 21. Summary Report of Local Agenda 21 Survey With Regional Focus, Toronto 2002, S. 4.

10 Di Giulio, Die Idee der Nachhaltigkeit im Verständnis der Vereinten Nationen (wie Anm. 5), S. 102.

11 Karl Werner Brand / Eva Christ / Angelika Heimerl u.a., Bedingungen institutioneller Stabilisierung Lokaler Agenda 21-Prozesse. Modellhafte Stabilisierungspfade, München/Bremen 2001, S. 12.

Zukunft" zu erarbeiten.[12] Heribert Thallmair betonte im Verlauf seiner Ausführungen über die Umsetzung des Leitbildes der „nachhaltigen Entwicklung", dass es zum Teil schwierig sei, den „Bogen [von der ‚Agenda 21'][...] zu den Aufgaben einer kleinen bayerischen Gemeinde mit 2.000 Einwohnern zu spannen", dennoch lohne sich dieser Spagat, um neue Lösungsansätze für Probleme des ländlichen Raumes zu entwickeln.[13] Strukturelle Veränderungen, wie etwa der massive Rückgang landwirtschaftlicher Betriebe und die Abwanderung von Arbeitskräften in der zweiten Hälfte des 20. Jahrhunderts waren dabei eines der Hauptprobleme des ländlichen Raumes in der Bundesrepublik Deutschland und auch in weiten Teilen Europas.[14] Die „Agenda 21" mit ihrem Leitbild der „nachhaltigen Entwicklung" wurde vom Bayerischen Gemeindetag und vielen Kommunen als Chance gewertet, Lösungen für diese strukturellen Probleme zu erarbeiten.[15] Gerade aufgrund der knappen finanziellen Mittel der Kommunen erschien die Einbindung breiter Teile der Bevölkerung, wie sie in der „Agenda 21" gefordert wurde, lukrativ, um neue Problemlösungsstrategien zu entwickeln.

Aufgrund der Interpretationsspielräume, die sich in Bezug auf das Leitbild der „nachhaltigen Entwicklung" boten, lohnt sich ein genauerer Blick auf die kommunale Ebene um zu erörtern, wie das Leitbild der „nachhaltigen Entwicklung" auf der untersten kommunalen Ebene jeweils definiert wurde. Wie vollzogen die kommunalen Akteure den Spagat von der „Agenda 21" mit dem Leitbild der „nachhaltigen Entwicklung" hin zu den Problemen einer kleinen ländlichen Gemeinde in Bayern? Welche Akteure beanspruchten dabei die Deutungshoheit

---

12 Zit. nach: Leonhard Rill (StMin für Ernährung, Landwirtschaft und Forsten), Auftrag und Umsetzung der Agenda 21 im ländlichen Raum, in: BayGTzeitung 3, 1998, S. 70–71, hier: S. 70.

13 Thallmair, Umsetzung der Agenda 21 (wie Anm. 2), S. 145.

14 Siehe hierzu: Gunther Mai, Die Agrarische Transition. Agrarische Gesellschaften in Europa und die Herausforderungen der industriellen Moderne im 19. und 20. Jahrhundert, in: Geschichte und Gesellschaft 33, 2007, S. 471–514, hier: S. 508; sowie Frank Uekötter in seinem Kapitel zur Intensivlandschaft am Ende des 20. Jahrhunderts: Frank Uekötter, Die Wahrheit ist auf dem Feld. Eine Wissensgeschichte der deutschen Landwirtschaft, Göttingen 2010, S. 391; Alois Seidl spricht für die Landwirtschaft in Bayern von einem Anpassungsprozess der zwei Merkmale aufweise, die „Technisierung" und den „Strukturwandel". Auch er spricht von einer Erhöhung des Kapitals der einzelnen Betriebe und eines generellen Rückgangs landwirtschaftlicher Gewerbe, siehe: Alois Seidl, Artikel Landwirtschaft (19./20. Jahrhundert), publiziert am 10.7.2012, in: Historisches Lexikon Bayerns, URL: https://www.historisches-lexikon-bayerns.de/Lexikon/Landwirtschaft_(19./20._Jahrhundert) (letzter Zugriff: 5.6.2018).

15 Thallmair, Umsetzung der Agenda 21 (wie Anm. 2), S. 145.

über das Leitbild für sich und welche thematischen Schwerpunkte lassen sich bei der Einordnung von „nachhaltiger Entwicklung“ erkennen? Diese Ausdeutungen auf der kommunalen Ebene möchte ich zunächst mit Hilfe des kommunalen Spitzenverbandes des Bayerischen Gemeindetags aufzeigen. Daran anschließend untersuche ich anhand des Fallbeispiels der schwäbischen Gemeinde Buttenwiesen die dortigen Aushandlungen des Leitbildes der „nachhaltigen Entwicklung“ durch kommunale Akteure.

Um zu verstehen, warum das Engagement für ein Leitbild der „nachhaltigen Entwicklung“ in einer „Lokalen Agenda 21“ für kommunale Akteure in Buttenwiesen attraktiv war, beziehe ich auch Entwicklungen in meine Betrachtung ein, die Teil des zeitgeschichtlichen Kontextes sind, in dem dieses Engagement für eine „nachhaltige Entwicklung“ stand. Damit geht der vorliegende Beitrag über bereits bestehende Lokalstudien hinaus, welche die „Lokalen Agenda 21“-Initiativen meist in einem kürzeren zeitlichen Rahmen, auf ihre „Erfolgschancen“ hin untersuchten, um hier Lösungsansätze und Verbesserungsvorschläge für Akteure bereitzustellen, die sich in einer solchen Initiative engagierten.[16] Mein Anliegen ist es, über eine reine Effizienzprüfung einer „Lokalen Agenda 21“-Initiative hinaus, aus einer geschichtswissenschaftlichen Perspektive eine Kontextualisierung der Deutungen des Leitbildes der „nachhaltigen Entwicklung“ zu leisten, um auf diese Weise die Interpretationsräume des von den Vereinten Nationen proklamierten Leitbildes lokal sichtbar zu machen.

Kommunale Kontextualisierungen von „Nachhaltiger Entwicklung“ durch den Bayerischen Gemeindetag

Bevor im Detail auf die Fallstudie Buttenwiesen eingegangen wird, zunächst zurück zur Rede des Präsidenten des Bayerischen Gemeindetages: Heribert Thallmair hatte in seiner Rede aus dem Jahr 1997 zum Ziel, das Leitbild der „nachhaltigen Entwicklung“ für Kommunen attraktiv zu machen. Wie wurde dabei „nachhaltige Entwicklung“ seitens des kommunalen Spitzenverbandes eingeordnet? Rund fünf Jahre nach der UN-Konferenz in Rio betonte der Präsident des Bayerischen Gemeindetages, „nachhaltiges Handeln“ sei bereits seit langem

16 Siehe hierzu beispielhaft: Internationaler Rat für Kommunale Umweltinitiativen (Hg.), Lokale Agenda 21 Deutschland. Kommunale Strategien für eine zukunftsbeständige Entwicklung, Berlin 1998; sowie: Henrike Wolf, Partizipation und Lokale Agenda 21. Ein interkommunaler Vergleich aus organisationssoziologischer Perspektive, Marburg 2005.

auf der kommunalen Ebene angekommen.[17] Man sei, so Thallmair, auf kommunaler Ebene keineswegs auf den Handlungsauftrag der Vereinten Nationen angewiesen, sondern könne das Engagement für eine „nachhaltige Entwicklung“ in bereits bestehende Handlungsfelder integrieren.[18] Heribert Thallmair führte die kommunalpolitischen Aufgabenbereiche der Bodenpolitik und der Waldbewirtschaftung als mögliche Felder an, in denen sich „nachhaltiges Handeln“ besonders gut zeige.[19] Mit dieser Einordnung interpretierte der Präsident des Bayerischen Gemeindetages „nachhaltiges Handeln“ als vorrausschauendes, langfristiges Handeln.[20] Seine Formulierungen zeigen dabei auch einen gewissen Unmut des kommunalen Spitzenverbandes, den Handlungsauftrag der UN als etwas „Neues“ einzuordnen. So führte er im weiteren Verlauf seiner Rede an, dass „nachhaltige Entwicklung“ dem „traditionellen bäuerlichen Denken“ entspreche und die von der UN geforderte Beteiligung von Bürgern „von jeher ein Element kommunalen Handelns“ sei.[21] Bei der Einordnung des Leitbildes der „nachhaltigen Entwicklung“ war also seitens des kommunalen Spitzenverbandes des Bayerischen Gemeindetages zentral, dieses an bereits bestehende Handlungspraktiken kommunaler Akteure anzuknüpfen, in denen sich „nachhaltiges Handeln“ und Bürgerbeteiligung seit langem zeige.

Dennoch stellte Thallmair gleichzeitig auch den Handlungsauftrag „nachhaltige Entwicklung“ kommunal umzusetzen durch die UN-Konferenz als zentral heraus. „Ohne die Gemeinden und Landkreise [wäre] [eine Umsetzung] nicht denkbar“, so Thallmair.[22] Der Verweis auf den Auftrag durch die internationale Staatengemeinschaft, die zur Lösung der „globalen Umweltbedrohung“ auf

17 Thallmair, Umsetzung der Agenda 21 (wie Anm. 2), S. 145. Zu einer ähnlichen Schlussfolgerung kam auch der damalige Staatsminister für Landesentwicklung und Umweltfragen, Dr. Thomas Goppel, der 1997 in einem Artikel der Bayerischen Staatszeitung die „Agenda 21“ als „längst in den Kommunen angekommen“ einordnete, siehe: Gemeindearchiv Buttenwiesen, 2148, Lokale Agenda 21, Presse, GR-Beschlüsse, Zuschussantrag, Zeitungsartikel Bayerische Staatszeitung vom 6.6.1997: „Längst ein Thema in den Kommunen: Agenda 21“.

18 Thallmair, Umsetzung der Agenda 21 (wie Anm. 2), S. 145.

19 Ebd.

20 Michael Rödel macht hier drei sprachliche Bedeutungsdimensionen des Nachhaltigkeitsbegriffes aus. Die erste bezieht sich auf die hier zutreffende Bedeutung im Sinne von „dauerhaft anhalten“, siehe: Michael Rödel, Die Invasion der ‚Nachhaltigkeit‘. Eine linguistische Analyse eines politischen und ökonomischen Modeworts, in: Deutsche Sprache 41, 2013, S. 115–141, hier: S. 121.

21 Thallmair, Umsetzung der Agenda 21 (wie Anm. 2), S. 145.

22 Ebd., S. 147.

die kommunale Ebene angewiesen sei, diente Thallmair auch als Appell an die bayerische Staatsregierung, entsprechende finanzielle Mittel für die Kommunen bereitzustellen. So formulierte er: „Nach Auffassung des Bayerischen Gemeindetags sollten für die Aufstellung kommunaler Agenden auch Mittel aus de[n] Umweltfonds bereitgestellt werden. Herr Staatsminister Dr. Goppel hat sich für sein Haus bereits sehr positiv geäußert. Wir hoffen, daß diese Notwendigkeit auch bei den Damen und Herren Abgeordneten, die über die Haushaltsmittel entscheiden, so gesehen wird.“[23]

Für die Position des Bayerischen Gemeindetages, dem Heribert Thallmair als Präsident vorstand, kann bei der Einordnung des Leitbildes der „nachhaltigen Entwicklung“ im Jahr 1997 also festgestellt werden, dass dieser einerseits die Eigenständigkeit der bayerischen Kommunen stark machte, die „nachhaltige Entwicklung“ in bereits bestehende Handlungstraditionen einordnen könne. Andererseits wurde die Verabschiedung einer „kommunale Agenda 21“ auch dezidiert als Handlungsauftrag der UN eingestuft, um von Seiten der bayerischen Staatsregierung zusätzliche Mittel zur Verwirklichung von „nachhaltiger Entwicklung“ zu erhalten.

Kommunale Kontextualisierungen von „nachhaltiger Entwicklung“ in der Gemeinde Buttenwiesen

In der Gemeinde Buttenwiesen beschäftigte man sich seitens der Kommunalpolitik und der Bevölkerung ebenfalls ab 1997 näher mit dem von der UN proklamierten Leitbild der „nachhaltigen Entwicklung“ und begann Ende des Jahres mit den Vorbereitungen einer „Lokalen Agenda 21“-Initative.[24] Aufgrund ihrer strukturellen Beschaffenheit eignet sich die Gemeinde sehr gut für eine Fallstudie. Stark vom landwirtschaftlichen Strukturwandel betroffen, hatte sie wie andere kleine Gemeinden im ländlichen Raum mit Problemen, wie etwa der Aufgabe zahlreicher landwirtschaftlicher Betriebe in der Region und der häufig wirtschaftlich motivierten Abwanderung der jüngeren Bevölkerungsgruppen, umzugehen.[25]

---

23 Ebd.

24 Gemeindearchiv Buttenwiesen, 2206. Lokale Agenda 21, Auszug aus dem Beschlußbuch der Gemeinde Buttenwiesen vom 27.10.1997.

25 Siehe hierzu die statistische Erhebung der Bevölkerungsentwicklung in Buttenwiesen von 1840 bis 2011 und der Altersstruktur der Bevölkerung, in: Bayerisches Landesamt für Statistik (Hg.), Statistik kommunal 2017 Gemeinde Buttenwiesen 09 773 112. Eine Auswahl wichtiger statistischer Daten, Fürth 2017, S. 6. Zur wirtschaftlichen Gesamtentwicklung und dem Rückgang des landwirtschaftlichen Sektors

Der Start der „Agenda 21 Buttenwiesen“ im Jahr 1997 war eine der Initiativen, die helfen sollten, den strukturellen Problemen der Gemeinde entgegenzuwirken.[26]

Die Gemeinde liegt im Landkreis Dillingen an der Donau im Nordwesten der Stadt Augsburg und besteht aus sieben ehemals eigenständigen Ortsteilen, die nach der bayerischen Gemeindegebietsreform von 1978 in eine Einheitsgemeinde zusammengeführt wurden.[27] Im Hauptfokus der Untersuchung stehen die 1990er Jahre, hier hatte Buttenwiesen um die 5.500 Einwohner.[28]

Aufgrund der großen Freiflächen und der dünnen Besiedelung in der Region des „Donaurieds“ waren seit den 1960er Jahren mehrere Großprojekte im Gemeindegebiet vorgesehen. Neben einem NATO-Bombenabwurfplatz für Kampfflugzeuge sollte in den 1970er Jahren eine Teststrecke für eine Magnetschwebebahn gebaut werden. Aufgrund von Protesten seitens der Bevölkerung wurde diese letztendlich im Emsland gebaut.[29] Ein Großprojekt gegen das sich besonders massiver zivilgesellschaftlicher Widerstand regte, war ein in den 1980er Jahren angestrebter Bau eines Atomkraftwerkes im Ortsteil Pfaffenhofen an der Zusam.[30] Die Proteste gegen

---

in Bayerisch-Schwaben siehe: Marita Krauss, Aufbruch einer Region. Die IHK in Bayerisch-Schwaben seit den 1960er Jahren, München 2018, S. 21 f. Zum ländlichen Strukturwandel in der Bundesrepublik aufgezeigt anhand des Wettbewerbes „Unser Dorf soll schöner werden“, siehe: Sebastian Strube, Euer Dorf soll schöner werden. Ländlicher Wandel, staatliche Planung und Demokratisierung in der Bundesrepublik Deutschland, Göttingen 2013.

26 In einem im Kontext der „Lokalen Agenda 21“ erarbeiteten „Umweltaktionsprogramm der Gemeinde Buttenwiesen“ stellte man in Bezug auf den landwirtschaftlichen Strukturwandel fest: „Während vor dreißig Jahren unsere Orte von der Landwirtschaft geprägt waren, gibt es heute [– Ende der 1990er Jahre –] nur noch wenige Vollerwerbslandwirte; immer mehr Höfe werden ganz aufgegeben“, siehe: Gemeindearchiv Buttenwiesen, 2148, Lokale Agenda 21, Umweltaktionsprogramm der Gemeinde Buttenwiesen, Vorwort, S. 1.

27 Siehe hierzu: Johannes Mordstein, Auf (fast) 3000 Jahre Geschichte können Buttenwiesen und seine Ortsteile zurückblicken. Alle historischen Epochen haben Spuren im Gemeindegebiet hinterlassen, in: URL: http://www.buttenwiesen.de/de/gemeinde-buttenwiesen/geschichte/kurzueberblick/ (letzter Zugriff: 11.6.2018); sowie: Gemeindearchiv Buttenwiesen, 2148, Umweltaktionsprogramm (wie Anm. 26), S. 1.

28 Siehe hierzu: Gemeindearchiv Buttenwiesen, 2148, Umweltaktionsprogramm (wie Anm. 26), S. 1.

29 Siehe hierzu: Johannes Mordstein, Bombenabwurfplatz, Magnetschwebebahn, Atomkraftwerk – geplante Großprojekte im Donauried, URL: http://www.buttenwiesen.de/de/gemeinde-buttenwiesen/geschichte/bombenabwurfplatz-magnetschwebebahn-atomkraftwerk-geplante-grossprojekte-im-donauried/ (letzter Zugriff: 11.6.2018).

30 Ebd.

das geplante Atomkraftwerk prägten dabei auch das Zusammenspiel zwischen Bevölkerung und Kommunalpolitik und die Verhinderung des AKW-Baus war in den 1980er und Anfang der 1990er Jahre ein präsentes Thema in der Gemeinde.[31] Die endgültige Streichung des Standortes Pfaffenhofen an der Zusam erfolgte erst im Jahr 1998.[32] Die Proteste formten in besonderem Maße das Bewusstsein um Energieversorgung und Umweltschutz, das sich als ein thematischer Schwerpunkt auch in der „Lokalen Agenda 21"-Gruppe in den 1990er und 2000er Jahren wiederfindet. Die Proteste werden als Teil des zeitgeschichtlichen Kontextes begriffen, in dem die Diskussionen um das Leitbild der „nachhaltigen Entwicklung" standen.

Die Akteure, die sich im Kontext einer „Lokalen Agenda 21"-Initiative mit dem Leitbild der „nachhaltigen Entwicklung" befassten, legitimierten ihr Engagement – ähnlich wie der Präsident des Bayerischen Gemeindetags – zunächst durch Verweis auf den Handlungsauftrag der Vereinten Nationen von 1992.[33] So bezog sich der Vorsitzende der Gruppe bei der konstituierenden Sitzung der Arbeitskreise der „Agenda 21 Buttenwiesen" im Januar 1998 direkt auf die UN-Konferenz von 1992 und die „Agenda 21", die „diejenigen Maßnahmen und Programme [enthalte], die auf der politischen Prioritätenliste ganz oben stehen müssen, damit wir für die ökologischen und sozialen Herausforderungen des 21. Jahrhunderts gerüstet sind".[34] „Nachhaltige Entwicklung" als Leitbild wurde mit „zukunftsfähiger Entwicklung" gleichgesetzt und als „sozial verträglich, ökonomisch tragfähig

31 In diesem Zusammenhang wurde die Pressechronik der Gemeinde von 1978 bis 2007 ausgewertet. Im Zeitraum der 1980er und beginnenden 1990er finden sich zahlreiche Zeitungsartikel, die zeigen wie präsent das Thema in der Gemeinde war. Beispielhaft werden hierfür herangeführt: Gemeindearchiv Buttenwiesen, Presse 1980, Wertinger Zeitung Nr. 135 vom 13.6.1980, „Kernenergie-Nutzung spaltet die Meinungen"; Gemeindearchiv Buttenwiesen, Presse 1982, Wertinger Zeitung Nr. 159 vom 15.7.1980, „Die Rebellion in ländlicher Idylle. Geplantes Kernkraftwerk im Donauried bringt die Bürger gegeneinander auf"; Gemeindearchiv Buttenwiesen, Presse 1986/87, Wertinger Zeitung Nr. 31 vom 7.2.1986, „AKW-Standort im Flächennutzungsplan. Bürgermeister Georg Kaltner: ‚Wir haben keinen Einfluß darauf'"; Gemeindearchiv Buttenwiesen, Presse 1993, Wertinger Zeitung Nr. 270 vom 23.11.1993, „Schrell bat, das AKW nicht herbeizureden".

32 Siehe hierzu: Gemeindearchiv Buttenwiesen, Presse 1998, Donau-Zeitung Nr. 162 vom 17.7.1998, „Erleichterung nach dem Aus. Kreis-Politiker begrüßen Streichung des Atomkraftwerk-Standortes Pfaffenhofen".

33 Gemeindearchiv Buttenwiesen, 2148, Umweltaktionsprogramm (wie Anm. 26), S. 1.

34 Gemeindearchiv Buttenwiesen, 2206 Lokale Agenda 21, Sonstiges, Sitzungen, Sitzungsprotokoll der konstituierenden Sitzung vom 15.1.1998.

und ökologisch verantwortlich" definiert.[35] In dieser Einordnung des Leitbildes der „nachhaltigen Entwicklung" lassen sich die „drei Säulen der Nachhaltigkeit" erkennen. Die Säulen Ökologie, Ökonomie und Soziales, die das Dach der Nachhaltigkeit tragen, ist die mit am häufigsten angewandte Definition, um das Leitbild einzuordnen.[36] Auch wenn dieses Modell häufig kritisiert wurde und wird, hatte es sich besonders im politischen System der Bundesrepublik Deutschland etabliert.[37] Zwar wurde das Leitbild der „nachhaltigen Entwicklung" in der „Agenda 21" nicht explizit als „Drei-Säulen-Modell" definiert, dennoch bilden diese drei Themenbereiche die Basis für das integrative Behandeln von Umwelt- und Entwicklungsfragen innerhalb des Dokuments der „Agenda 21".[38] Die an der Ausarbeitung der „Agenda 21 Buttenwiesen" beteiligten Akteure schienen sich in ihren Deutungen des Leitbildes der „nachhaltigen Entwicklung" also zunächst an den thematischen Schwerpunkten der „Agenda 21" orientiert zu haben.

Ähnlich wie der Präsident des Bayerischen Gemeindetages, der beim Engagement für eine „nachhaltige Entwicklung" in bayerischen Kommunen deutlich hervorhob, diese würden nicht aus einem Defizit heraus handeln, ging es auch in Buttenwiesen darum zu betonen, man würde nicht aufgrund vorheriger Nachlässigkeit agieren. So resümierte der Bürgermeister der Gemeinde Leo Schrell im Jahr 2000: „Auf eine Tatsache möchte ich an dieser Stelle sehr bewusst hinweisen: Wir haben in unserer Gemeinde die Lokale Agenda 21 nicht auf den Weg gebracht, weil wir der Meinung gewesen wären, auf dem Gebiet des Umweltschutzes vorher nachlässig gewesen zu sein."[39] Die Aussage Schrells zeigt

---

35 Gemeindearchiv Buttenwiesen, 2206, Sitzungsprotokoll (wie Anm. 34).

36 Iris Pufé, Was ist Nachhaltigkeit? Dimensionen und Chancen, in: Aus Politik und Zeitgeschichte 31–32, 2014, S. 15–21, hier: S. 17.

37 Dies stellt Konrad Ott in seinem Handbuchartikel „Starke Nachhaltigkeit" kritisch heraus, siehe: Konrad Ott, Starke Nachhaltigkeit, in: Ders. / Jan Dierks / Lieske Voget-Kleschin (Hg.), Handbuch Umweltethik, Stuttgart 2016, S. 190–195, hier: S. 190.

38 So findet sich in der „Agenda 21" beispielsweise unter dem Programmpunkt der Integration von Umwelt- und Entwicklungsgesichtspunkten auf der Politik-, Planung-, und Managementebene die Maßnahme der Überprüfung der Planungs- und Managementsysteme von Regierungen hin auf eine integrierte Behandlung von sozialen, wirtschaftlichen und umweltbezogenen Fragestelllungen, siehe: Agenda 21, Konferenz der Vereinten Nationen (wie Anm. 7), S. 67 f. Zur fehlenden direkten Definition des Leitbildes der „nachhaltigen Entwicklung" siehe: Di Giulio, Die Idee der Nachhaltigkeit im Verständnis der Vereinten Nationen (wie Anm. 5), S. 106.

39 Gemeindearchiv Buttenwiesen, 2206, Bürgermeister Leo Schrell, Redemanuskript, Rede anlässlich der Tage des Wassers beim Wasserwirtschaftsamt Krumbach am 22.3.2000.

dabei zwei Dinge: Zum einen ist hier erkennbar, dass die kommunalpolitischen Akteure ihre Aktionen im Kontext der „Lokalen Agenda 21“ nicht als bloße reaktive Handlungen eingestuft wissen wollten. Hierbei war es notwendig auf Handlungsfelder zu verweisen, in denen man bereits vor der Rio-Konferenz von 1992 aktiv war. So führte der Bürgermeister daran anschließend an, die Gemeinde habe bereits „vorher“ beispielsweise im Bereich der Energieeinsparung und Renaturierung von Flussabschnitten Maßnahmen ergriffen.[40] Unabhängig von der Wirkung dieser Maßnahmen verdeutlicht dies das Bestreben der gemeindepolitischen Akteure zu betonen, man sei nicht auf internationale Handlungsaufforderungen angewiesen, sondern könne diese in bereits bestehende Handlungspraktiken integrieren.

Zum anderen zeigt die Aussage Schrells auch, welchem Themenfeld das Engagement für eine „nachhaltige Entwicklung“ im Rahmen einer „Lokalen Agenda 21“ seitens der Kommunalpolitik zunächst zugeordnet wurde. Der Bürgermeister stellte die Maßnahmen für eine „nachhaltige Entwicklung“ in die Tradition des Umweltschutzes. Auch im Rathausbrief der Gemeinde sprach Schrell 1997 im Kontext der Initiierung des Prozesses einer „Lokalen Agenda 21“ davon, dass er „als wesentlichen Ansatz“ des Engagements im Rahmen einer „nachhaltigen Entwicklung“ die „Integration von Umweltaspekten in alle anderen Politikbereiche“ sehe.[41] „Umweltschutz“ sollte dabei kein „Instrument“ sein, um „Stillstand“ zu provozieren, sondern auch in Zukunft „eine Entwicklung“ ermöglichen, „die Ökologie, Ökonomie und soziale Gerechtigkeit miteinander in Einklang bringt“.[42] Die „Drei Säulen der Nachhaltigkeit“ wurden hier direkt mit dem Ressort des Umweltschutzes verbunden. Auch im „Umweltaktionsprogramm der Gemeinde Buttenwiesen“, das Ende der 1990er von der Agenda-Gruppe in Abstimmung mit dem Bürgermeister erarbeitetet wurde, nahm der Umweltschutz eine zentrale Rolle ein. Ein Mitarbeiter der Verwaltung sollte gleichzeitig Mitglied des Agenda-Beirates sein, um „alle Mitglieder der Verwaltung zur Zusammenarbeit bei der ressortübergreifenden Verwirklichung des Umweltschutzes zu gewinnen“.[43] Da „Umweltschutz“ zu den Kernaufgaben einer Gemeinde gerechnet wurde, konnte man auf diese Weise eine inhaltliche Mitgestaltung beim Engagement für eine „nachhaltige

40 Gemeindearchiv Buttenwiesen, 2148, Lokale Agenda 21, Presse, GR-Beschlüsse, Zuschussantrag, Förderungsantrag Anlage Auszug aus dem Beschlußbuch der Gemeinde Buttenwiesen vom 27.10.1997; sowie: Gemeindearchiv Buttenwiesen, 2206, Schrell, Redemanuskript Tage des Wassers am 22.3.2000 (wie Anm. 39).

41 Gemeindearchiv Buttenwiesen, 669, Agenda aktuell I, Rathausbrief Nr. 85, 11.1997.

42 Gemeindearchiv Buttenwiesen, 669, Rathausbrief Nr. 85 (wie Anm. 41).

43 Gemeindearchiv Buttenwiesen, 2148, Umweltaktionsprogramm (wie Anm. 26), S. 1.

Entwicklung“ seitens der Kommunalpolitik zusätzlich legitimieren.[44] Diese Einordnung war dabei kein Einzelfall. So finden sich auch in anderen bayerischen und bundesdeutschen Kommunen Schwerpunktsetzungen der „Lokalen Agenda 21“ beim Themenbereich des Umweltschutzes.[45] Auch auf der Ebene der bayerischen Staatsregierung kam man zu dem Schluss, dass die „Lokale Agenda 21“ einen wichtigen Beitrag zum politischen Ziel des „kooperativen Umweltschutzes“ leiste.[46]

„Nachhaltige Entwicklung“ in kommunalen Aushandlungsprozessen

Im praktischen Zuschnitt verschob sich der Fokus in Buttenwiesen vom Umweltschutz hin zu den Bereichen Ökonomie und Ökologie. So beschrieb der Vorsitzende des Agenda-Beirates Dieter Proksch die Arbeit der „Agenda 21 Buttenwiesen“ als „ständige[n] Spagat zwischen Ökologie und Ökonomie“ und als „ein ständiges Abwägen von Aspekten und Prioritäten“.[47] Eine Verhandlung zwischen den beiden Polen der wirtschaftlichen und ökologischen Interessen stand für den Vorsitzenden also besonders im Zentrum des Maßnahmenpaketes, das für eine „nachhaltige Entwicklung“ der Gemeinde verabschiedet werden sollte. Dies erfordere Fingerspitzengefühl und es bliebe kein Platz für „persönliche Profilierung“ oder eine „grüne oder sonst wie geartete Revolution“.[48] Engagement

---

44 Siehe hierzu den Kommentar zum Bayerischen Naturschutzgesetz von Christian Tausch. 1984 wurde der Umweltschutz in Bayern zum Staatsziel erklärt, in diesem Zusammenhang wurden auch Gemeinden diesem Staatsziel verpflichtet. Christian Tausch, Bayerisches Naturschutzgesetz. Kommentar, Stuttgart 2007, S. 3.

45 In einer Bilanz im Kontext des 10-jährigen Bestehens der Agenda 21 zeigte sich, dass fast die Hälfte der Kommunen, die einen Agenda-Prozess initiierten, einen Schwerpunkt auf den Umweltschutz gelegt hatten, siehe hierzu: Kirsten Jörgensen, Länder und Kommunen als Motoren des Umweltschutzes, in: Informationen zur Politischen Bildung 287 „Umweltpolitik“, 6.5.2008, online unter: URL: http://www.bpb.de/izpb/9022/laender-und-kommunen-als-motoren-des-umweltschutzes (letzter Zugriff: 21.6.2018).

46 So ordnete es der zu dieser Zeit amtierende bayerische Staatsminister für Landesentwicklung und Umweltfragen Dr. Thomas Goppel in einem Interview im Jahr 1997 zum Thema der „Agenda 21“ in den Kommunen ein, siehe: Gemeindearchiv Buttenwiesen, 2148, Lokale Agenda 21, Presse, GR-Beschlüsse, Zuschussantrag, Zeitungsartikel Bayerische Staatszeitung vom 6.6.1997: „Längst ein Thema in den Kommunen: Agenda 21“.

47 Gemeindearchiv Buttenwiesen, 669, Agenda aktuell I, Reden, Redemanuskript, Agenda 21 Buttenwiesen stellt sich vor, Ökumenischer Abend am 29.11.2000.

48 Ebd.; sowie in ähnlicher Formulierung bei der konstituierenden Sitzung des Agendabeirates: Gemeindearchiv Buttenwiesen, 2206, Sitzungsprotokoll der konstituierenden Sitzung vom 15.1.1998 (wie Anm. 34).

für eine „nachhaltige Entwicklung" ging aus Sicht des Vorsitzenden der „Agenda 21"-Initiative folglich einher mit einem pragmatischen Abwägen zwischen den Themenbereichen „Umwelt" und „Wirtschaft". Die Aushandlungen darüber, welche thematischen Schwerpunkte bezüglich des Engagements für eine „nachhaltige Entwicklung" gesetzt werden sollten, geschahen vorrangig zwischen dem Bürgermeister und den Mitgliedern der Agenda-Gruppe.[49] Neben Vertretern der politischen Parteien, der Kirchenverbände, des Bauernverbandes und des Bund Naturschutz waren auch zahlreiche Gemeinderatsmitglieder im Arbeitskreis der Agenda-Gruppe aktiv.[50]

Ein Schwerpunkt bezüglich der Maßnahmen für eine „nachhaltige Entwicklung" lässt sich in Buttenwiesen dabei in den Bereichen der Energiepolitik und der Regionalentwicklung ausmachen.[51] Unter diesem Fokus rief die Initiative zum Energie- und Wassersparen auf und empfahl dem Gemeinderat Flächen, die ihrer Ansicht nach zur Windkraftnutzung geeignet schienen.[52] Des Weiteren setzte sie sich für die Vermittlung von jugendlichen Schulabsolventen in Ausbildungsbetriebe vor Ort ein, indem eine Lehrstellenbörse ins Leben gerufen wurde.[53] Mit Initiativen zur Direktvermarktung von lokal produzierten Produkten wollte man dem Rückgang der Erwerbsmöglichkeiten der Landwirte entgegensteuern.[54]

Die Maßnahmen der Initiative hatten dabei einen dezidiert lokal begrenzten Fokus. „Wir müssen entscheiden, nicht was für Lateinamerika, sondern was für uns dringlich und machbar ist", so der Vorsitzende der Agenda-Gruppe.[55] Das

---

49 Gemeindearchiv Buttenwiesen, Presse 1986/87, Wertinger Zeitung vom 30.10.1987, „Buttenwiesen hofft auf Mittel aus dem Dorferneuerungsprogramm".

50 Gemeindearchiv Buttenwiesen, 2206, Sitzungsprotokoll der konstituierenden Sitzung vom 15.01.1998 (wie Anm. 34).

51 Die im Rahmen der Lokalen Agenda gegründeten Arbeitskreise „Energie und Klimaschutz", „Siedlungsökologie" und „Soziales" spiegeln dies bereits zum Teil in ihren Namensgebungen wider, siehe: Gemeindearchiv Buttenwiesen, 2206, Sitzungsprotokoll der konstituierenden Sitzung vom 15.1.1998 (wie Anm. 34).

52 Zur Windenergienutzung siehe: Gemeindearchiv Buttenwiesen, 2206, Lokale Agenda 21, Sonstiges, Sitzungen, Sitzungsprotokoll Agendabeirat vom 20.4.1998. Zum Energie- und Wassersparen siehe: Gemeindearchiv Buttenwiesen, 2035, Agenda 21, Informationsblatt mit Beitrittserklärung o.D.

53 Gemeindearchiv Buttenwiesen, 2035, Informationsblatt mit Beitrittserklärung o.D. (wie Anm. 52).

54 Siehe: Gemeindearchiv Buttenwiesen, 2148, Umweltaktionsprogramm (wie Anm. 26), S. 7.

55 Gemeindearchiv Buttenwiesen, 669, Redemanuskript Ökumenischer Abend am 29.11.2000 (wie Anm. 47).

Leitbild der „nachhaltigen Entwicklung“ sollte ein Träger für Maßnahmen zur Verbesserung der gemeindlichen Infrastruktur sein. Der Wirkungskreis der Agenda-Initiative war dabei lokal begrenzt und die Akteure erhoben keinen Anspruch darauf, Lösungen für globale Problemlagen bereitzustellen.

Auch die „Dorferneuerung“ sah man in Buttenwiesen als Chance, um lokale Problemlagen zu lösen und begriff die „Lokale Agenda 21“ mitunter als eine Form der „Dorferneuerung“.[56] Diese war als staatlich gefördertes Programm in Bayern bereits seit den 1950er Jahren eine Möglichkeit zur „Verbesserung verschiedenster Aspekte des Gemeinwesens“.[57] Ähnlich wie beim Modell der „Lokalen-Agenda 21“-Initiative sollten im Kontext des Programms Maßnahmen zur Beseitigung von Defiziten in der dörflichen Lebensqualität und Möglichkeiten zur Auflösung „agrartechnologischer Rückstände“ erarbeitet werden.[58] Für Buttenwiesen zeigt sich, dass die beiden Programme von Seiten der Kommunalpolitik und der Bevölkerung nicht scharf voneinander abgegrenzt wurden.[59] Bereits in den 1980er Jahren diskutierte man in der Gemeinde Möglichkeiten der „Dorferneuerung“.[60] In der zweiten Hälfte der 1990er Jahre begann man mit der „Lokalen-Agenda 21“-Initiative, die einen identischen Fokus hatte und erarbeitete im Rahmen eines Dorferneuerungsprogrammes ab 2005 ein neues Leitbild für die sieben Gemeindeteile, an dem sich die Agenda-Initiative zumindest anfänglich beteiligte. Der „Agenda 21“-Arbeitskreis habe für die Einleitung des Leitbildprozesses bereits eine „gute Vorarbeit“ geleistet, so Norbert Beutmüller, Leo Schrells Nachfolger im Amt des Bürgermeisters.[61] Die Entwicklung des Leitbildes bezeichnete

56 Die Dorferneuerung habe „[…] mit der Leitbildarbeit und Bürgermitwirkung reizvolle und positive Anhaltspunkte geschaffen“, so der Bürgermeister Schrell; Gemeindearchiv Buttenwiesen, 2206, Schrell, Redemanuskript Tage des Wassers am 22.3.2000 (wie Anm. 39).

57 Siehe hierzu: Holger Magel, Artikel Dorferneuerung, publiziert am 3.12.2012, in: Historisches Lexikon Bayerns, URL: http://www.historisches-lexikon-bayerns.de/Lexikon/Dorferneuerung (letzter Zugriff: 2.7.2018).

58 Siehe hierzu: Ebd.

59 Siehe hierzu beispielsweise die Aussage Schrells, die „Dorferneuerung“ sei ein „leuchtendes Vorbild für eine nötige Verantwortungsgemeinschaft von Bürger und Staat“ in einem Zeitungsartikel der Wertinger Zeitung: Gemeindearchiv Buttenwiesen, Presse 2004, Wertinger Zeitung 129 vom 7.6.2004, „Dorferneuerung ein Vorbild“.

60 Siehe: Gemeindearchiv Buttenwiesen, Presse 1986/87, Wertinger Zeitung vom 30.10.1987, „Buttenwiesen hofft auf Mittel aus dem Dorferneuerungsprogramm“.

61 Gemeindearchiv Buttenwiesen, Presse 2005 Jan.–Juni, Wertinger Zeitung 62 vom 16.3.2005, „Leitbildentwicklung wurde ins Auge gefasst. Der Gemeinderat Buttenwiesen verabschiedet den Haushalt für das Jahr 2005 – Dorferneuerung wird angestrebt“.

man als „Dorferneuerung", die eine „nachhaltige Fort- und Weiterentwicklung der Gesamtgemeinde" garantiere.[62] Sowohl die „Lokale Agenda 21" als auch die „Dorferneuerung" begriff man dabei als Motor, um strukturelle Veränderungen der Infrastruktur und des Zusammenlebens in der Gemeinde voranzutreiben. „Nachhaltige Entwicklung" war dabei nicht zwangsläufig an die „Lokale Agenda 21" gekoppelt. Auch im Kontext des Dorferneuerungsprogrammes taucht das Leitbild erneut auf, hier allerdings nicht mehr als Begriffspaar „nachhaltige Entwicklung", sondern als Ergänzung für die Bereiche Verkehrsplanung und Energieversorgung.[63]

Die Agenda nach der Agenda

Im Zuge der Entwicklung eines Leitbildes für die Gesamtgemeinde löste sich die Agenda-Gruppe in der zweiten Hälfte der 2000er Jahre allmählich auf. Ein offizielles Datum für die Einstellung der Arbeit gab es dabei jedoch nicht. Vielmehr handelte es sich nach Aussage des auf Dieter Proksch gefolgten Vorsitzenden der Agenda-Initiative Buttenwiesen Hans Kaltner, um einen schleichenden Prozess.[64] Die 2005 initiierte Leitbildentwicklung wies ähnliche Strukturen auf wie die „Lokale Agenda 21"-Initiative zuvor. Auch hier wurden Arbeitskreise gebildet und die Bevölkerung durch Bürgerbefragungen mit in den Prozess integriert.[65] Daher liegt der Schluss nahe, dass sich das Engagement für eine „nachhaltige Entwicklung" der Agenda-Initiative in den neu gebildeten Gruppen des Dorferneuerungsprogrammes löste.

Die Fokussierung auf den Energiesektor, der bereits in der Arbeit der Agenda-Initiative erkennbar war, blieb sowohl in der Gemeindepolitik als auch in der Bevölkerung weiterhin zentral. Aus der Agenda-Gruppe heraus bildete sich auch eine Vereinigung für Bürgersolardächer, in der die Einwohner Buttenwiesens Anteile einer Solaranlage erwerben konnten.[66] In den 2000er Jahren gab es weitere

---

62 Ebd.

63 Siehe hierzu: Gemeinde Buttenwiesen (Hg.), Leitbildbroschüre „Miteinander Zukunft gestalten. Leitbild der Gemeinde Buttenwiesen", Gundelfingen o.D. [2007], Grußwort Norbert Beutmüller, S. 12 f.

64 Nach Aussage von Hans Kaltner, der seit 2016 amtierender Bürgermeister der Gemeinde ist, in einem am 7.6.2018 geführten Interview.

65 Siehe hierzu: Gemeinde Buttenwiesen (Hg.), Leitbildbroschüre (wie Anm. 63), S. 6 f.

66 So besagt ein Artikel vom 31.5.2005 aus der Wertinger Zeitung, dass sich Anfang Juni 2005 die „Bürgersolardach Buttenwiesen GbR" gründete, die aus der Gruppe der Agenda 21 hervorgegangen sei; Gemeindearchiv Buttenwiesen, Presse Jan.–Juli 2005, Wertinger Zeitung 122 vom 31.5.2005, „Gesellschaft für Bürgersolardach. Am 2. Juni

Projekte, die zum Ziel hatten, den Anteil regenerativer Energien im Gemeindegebiet zu erhöhen.[67] Als politisches Ziel setzte man sich dabei im Kontext der Leitbilderarbeitung kein geringeres als die „Energieautarkie".[68] So formulierte der Bürgermeister Norbert Beutmüller 2007, dass die Vision von einer „energieautarken Gemeinde und einem ‚Regenerativen Energiezentrum Buttenwiesen' konkrete Formen an[nehme]".[69] Im Werben um einen weiteren Ausbau erneuerbarer Energien im Gemeindegebiet rekurrierte der Bürgermeister dabei auch auf die Vorreiterrolle, die Buttenwiesen in den 1970er und 1980er Jahren im Kontext des Anti-AKW-Protestes eingenommen habe. Hier habe man „fast schon prophetisch de[n] Ausbau regenerativer Energieressourcen vorgeschlagen.[70] Diesen Impuls gelte es nun aufzunehmen, um ihn zur Bewältigung der heutigen Herausforderungen positiv umzusetzen", so Beutmüller.[71] Die eingangs kurz geschilderten Proteste gegen das geplante AKW im Ortsteil Pfaffenhofen an der Zusam beeinflussten also auch noch Jahrzehnte nach ihrem Ende die Energiepolitik der Gemeinde. Das Engagement für eine „nachhaltige Entwicklung" wurde nach dem schleichenden Ende der Agenda-Arbeit in Buttenwiesen vor allem von Seiten der Kommunalpolitik eng mit dem Energiesektor verbunden. Im Gemeindeleitbild von 2007 hieß es, man wolle eine „nachhaltige Energieversorgung entwickeln und sicherstellen".[72] Auch privatwirtschaftliche Akteure, die selbst im Anti-AKW-Protest aktiv waren, setzten als „Energielandwirte" auf den Ausbau erneuerbarer Energien.[73] Die Ausdeutung des Leitbildes der

---

wird in Buttenwiesen eine GbR gegründet – Anteile können noch erworben werden". Zur Aufnahme in die Leitbildbroschüre siehe: Gemeinde Buttenwiesen (Hg.), Leitbildbroschüre (wie Anm. 63), S. 13.

67 Siehe hierzu beispielhaft: Gemeindearchiv Buttenwiesen, Presse 2005 Jan.–Juni, Wertinger Zeitung 65 vom 19.3.2005, „Mekka für alternative Energien. Buttenwiesen: Vor 20 Jahren noch geplantes Atomdorf, heute Zentrum für sanfte Energien".

68 Gemeindearchiv Buttenwiesen, 2195, Leitbild Buttenwiesen, Projekt Leibildbroschüre, Zusammenfassung der Dorfabende.

69 Gemeindearchiv Buttenwiesen, Presse 2007 Juli–Dez., Wertinger Zeitung 153 vom 6.7.2007, „Regeneratives Energiezentrum. Zukunftsvision im unteren Zusamtal nimmt Gestalt an".

70 Gemeindearchiv Buttenwiesen, Presse 2007 Juli–Dez., Wertinger Zeitung 156 vom 10.7.2007, „‚Renergiewerke Buttenwiesen' als Ziel der nahen Zukunft. Gemeinderat spricht über regenerative Energiequellen".

71 Ebd.

72 Gemeinde Buttenwiesen (Hg.), Leitbildbroschüre (wie Anm. 63), S. 13.

73 So begann beispielsweise der ehemalige Protest-Akteur Heinrich Gärtner sen. 2004 mit dem Bau eines Solarparks: Gemeindearchiv Buttenwiesen, Presse 2004, Wertinger

„nachhaltigen Entwicklung“ erfuhr also in den 2000er Jahren eine weitere Akzentverschiebung in Richtung Energiesektor. Die aushandelnden Kräfte wurden um privatwirtschaftliche Akteure erweitert, die nun mit dem Leitbild für regenerative Energiesysteme warben und werben.

Fazit

Zusammenfassend kann anhand der Fallstudie Buttenwiesen in Bezug auf die Deutungen des Leitbildes der „nachhaltigen Entwicklung“ und die damit verbundenen thematischen Verknüpfungen gezeigt werden, dass man sich seitens der Agenda-Gruppe und auch von Seiten der Gemeindepolitik zu Beginn direkt auf den Handlungsauftrag der Vereinten Nationen aus dem Jahr 1992 und auf das Dokument der „Agenda 21“ berief. Dabei war vor allem der damalige Bürgermeister darauf bedacht, zu betonen, man sei jedoch nicht auf diese Handlungsaufforderung angewiesen. In diesem Kontext wurde das Engagement für „nachhaltige Entwicklung“ in die Tradition des „Umweltschutzes“ gestellt, den man bereits vor 1992 als wichtiges Ziel verfolgt habe. In der Beschreibung der Arbeit der Agenda-Gruppe waren vor allem die Pole Ökonomie und Ökologie ein zentraler Fokus. Hier galt es aus Sicht des Vorsitzenden einen ständigen Spagat zwischen diesen beiden Säulen der Nachhaltigkeit zu vollbringen und dabei unter einem dezidiert lokal wirksamen Fokus zu agieren. Dass auch der zeitgeschichtliche Kontext der Anti-AKW-Proteste in den 1980er Jahren die Arbeit der Agenda-Initiative und ihre thematische Schwerpunktsetzung beeinflusste, konnte in Bezug auf die Förderung erneuerbarer Energien gezeigt werden. Dabei setzte sich dieser thematische Fokus auch im Folgeprozess eines „Dorferneuerungsprogrammes“ fort, in dem unter anderem auch das Ziel der „Energieautarkie“ formuliert wurde. Hier stellte man seitens der Gemeinde die „Vorreiterrolle Buttenwiesens“ bei der bereits in den 1970er und 1980er Jahren von den damaligen Protestakteuren formulierte Forderung heraus, erneuerbare Energien zu fördern und nutzte dies

---

Zeitung 154 vom 7.7.2004, „Der Strom kommt künftig vom Feld“. Sein Sohn Heinrich Gärtner jun. führte dieses Vorhaben fort; Gemeindearchiv Buttenwiesen, Presse 2007 Juli–Dez., Wertinger Stadtzeitung vom 8.8.2007, „Das Zauberwort heißt ‚erneuerbar‘. Zukunft/Regenerative Energiequellen sind für die Gemeinde Buttenwiesen keine Zukunftsmusik“. Mittlerweile ist Heinrich Gärtner jun. Geschäftsführer des Kraftwerkprojektierers GP Joule. Das Unternehmen entwickelt Konzepte zur Nutzung erneuerbarer Energiesysteme. Auch hier wird in Bezug auf die Firmenphilosophie mit „nachhaltigem Handeln […] geprägt von Weitsicht“ geworben, siehe: GP-Joule, URL: https://www.gp-joule.de/de/unternehmen/philosophie/ (letzter Zugriff: 4.7.2018).

argumentativ. Die „Lokale Agenda 21“ mit ihrem Leitbild der „nachhaltigen Entwicklung“ und die „Dorferneuerung“, in der sich die Agenda-Gruppe auflöste, waren dabei keine scharf voneinander abgegrenzten Modelle, sondern fungierten gleichberechtigt als Träger für Maßnahmen zur strukturellen Erneuerung der Gemeinde. In diesem Zuge übernahm man auch in der „Dorferneuerung“ Abwandlungen des Leitbildes der „nachhaltigen Entwicklung“ in dem man vor allem in Bezug auf den Energiesektor für ein „nachhaltiges Handeln“ warb.[74] Das Leitbild der „nachhaltigen Entwicklung“ löste sich in Buttenwiesen im Verlauf der 1990er und 2000er Jahre von der anfänglichen Kopplung an den globalen Handlungsauftrag der Vereinten Nationen. Aufgrund der ohnehin großen Interpretationsräume, die das Leitbild bot, wurden zunehmend lokale Schwerpunkte gesetzt. Wie anhand des Beispiels der „Energielandwirte“ gezeigt werden konnte, wurde dadurch auch der Kreis der Akteure, die das Leitbild der „nachhaltigen Entwicklung“ deuteten und gestalteten, stetig erweitert.

---

74 Im weiteren Verlauf des Promotionsvorhabens gilt es, die Deutungen und thematischen Schwerpunktsetzungen, die vor allem kommunalpolitische Akteure beim Leitbild der „nachhaltigen Entwicklung“ vornahmen, mit der Aushandlung in anderen Untersuchungsgemeinden zu korrelieren. Auf diese Weise soll eine breitere Kontextualisierung des Leitbildes auf kommunaler Ebene ermöglicht werden.

Sektion III:
Bayern

Wolfgang Wüst

Das Prinzip der Nachhaltigkeit – Holz-, Forst- und Waldordnungen als Quellen für ökologisches Wirtschaften

The author reports on the "principle of sustainability" with the involvement of the Bavarian "wood and forest orders as sources of ecological management". He raises the still unresolved question of how the concept of sustainability can be applied to historical sources. From an analysis of hunting and forestry regulations, it can be seen that as early as 1598 one of the first forest ordinances was issued in print for Bavaria. For the 17th century, he presents, inter alia, a Eichstätt-wood-order and forest arrangements from the Brandenburg-Ansbach and Bayreuth territories. These sources are located in the context of "gute policey", and treat in addition to the stately forest use, forest management, cooperative wood rights and crime forms, such as forbidden hunting or wood burglary. The orders, according to Wolfgang Wüst, already show a desire to promote sustainability in the use of forests as a resource for energy. In a fire law from Salzburg in 1713, in this respect cutting down and burning in forests is banned and in another source from Passau the wood waste is denounced. Ultimately, the principle of sustainability has been evident from ordinances since the 15th century.

Einleitung

In der heutigen Umweltpolitik hat sich das Prinzip der Nachhaltigkeit als wichtige Leitlinie für die Schonung immer knapper werdender Energieressourcen, für die Entwicklung alternativer Techniken im Dienste ökologischer Zukunftssicherung und zur Dämpfung einer dramatischen Klimaerwärmung längst etabliert. Nachhaltigkeit wurde zum Schlagwort umweltorientierter Berichterstattung in Presse, Rundfunk und Fernsehen. Eine Fundprobe im Internet über die Suchmaschine Google ergab am 12. Juni 2018 nicht weniger als 20.500.000 Treffer zum Stichwort Nachhaltigkeit, das damit schon heute auch den Cyberspace nachhaltig infiltriert, und die einhergehende Beschäftigung mit Umweltfragen hat längst eine internationale wie interdisziplinäre Dimension angenommen, die erst in jüngerer Zeit auch die Geschichtswissenschaft im Allgemeinen und die Landesgeschichte im

Besonderen erreicht hat.[1] Auch auf europäischer Ebene wurde erst 1999 beispielsweise die „European Society for Environmental History" (ESEH)[2] gegründet, die sich als Förderer und Dachverband für umwelthistorisches Forschen versteht. Doch trotz der noch nicht vollkommen etablierten Fachperspektive des – keineswegs neuen – Themas Umweltgeschichte liegen schon erste wissenschaftshistorische Resümees vor.[3]

Es mag an der noch fehlenden Fachtradition Umweltgeschichte liegen, dass sich mit der Frage, wie alt denn der Begriff der Nachhaltigkeit wirklich ist, noch kaum jemand beschäftigt hat. Konsultiert man einschlägige Lexika, stößt man bei der historischen Recherche stets auf den Namen des angesehenen Kameralisten, Forst- und Bergbauingenieurs Hannß Carl von Carlowitz (1645–1714)[4], der am 3. März 1714 in der sächsischen Montan- und Residenzstadt Freiberg verstarb. Für die Forstwirtschaft war der junge von Carlowitz geradezu prädestiniert, diente doch bereits sein Vater Georg Carl als Oberforstmeister in der kursächsischen Verwaltung. Auch für Hannß Carl, der 1711 in Freiberg zum Oberberghauptmann ernannt wurde, stellte sich bereits früh die Frage der „Ressource" Wald, hing doch jeder Bergwerks- und Salinenstandort entscheidend von ausreichenden Holzlieferungen für die Erzverhüttung, den Salzsiedevorgang oder die Verbauung der notwendigen Stollen, Transportwege und Schächte ab. Zugleich war von Carlowitz auch wissenschaftlich tätig.

---

1 Jüngere Beispiele: Wolfram Siemann / Nils Freytag / Wolfgang Piereth (Hg.), Städtische Holzversorgung. Machtpolitik, Armenfürsorge und Umweltkonflikte in Bayern und Österreich 1750–1850 (Zeitschrift für bayerische Landesgeschichte, Reihe B, Beiheft 22), München 2002; Wolfram Siemann / Nils Freytag (Hg.), Umweltgeschichte. Themen und Perspektiven (Beck'sche Reihe 1519), München 2003, vgl. hier vor allem die Einleitung der Herausgeber („Umwelt – eine geschichtswissenschaftliche Grundkategorie"), S. 7–20.

2 Internetadresse: www.eseh.org (letzter Zugriff: 27.11.2018).

3 Franz-Josef Brüggemeier, Umweltgeschichte: Erfahrungen, Ergebnisse, Erwartungen, in: Archiv für Sozialgeschichte 43, 2003, S. 1–18; Ders. / Jens Ivo Engels, Den Kinderschuhen entwachsen: Einleitende Worte zur Umweltgeschichte der zweiten Hälfte des 20. Jahrhunderts, in: Franz-Josef Brüggemeier (Hg.), Natur- und Umweltschutz nach 1945: Konzepte, Konflikte, Kompetenzen, Frankfurt/Main u.a. 2005, S. 10–19; Fiona Watson / Jens Ivo Engels, Einleitung, in: Franz Bosbach (Hg.), Umwelt und Geschichte in Deutschland und Großbritannien = Environment and history in Britain and Germany, München 2006, S. 23–35.

4 Vgl. die Einträge von: Richard Heß und Albert Richter zu Hans Carl v. Carlowitz, in: Allgemeine Deutsche Biographie 3, Leipzig 1876, S. 791 f., bzw. in: Neue Deutsche Biographie (künftig: NDB) 3, Berlin 1957, ND 1971, S. 147 f.

Das am Ende seiner beruflichen Karriere verfasste und in Leipzig veröffentlichte Hauptwerk mit dem Titel „*Sylvicultura oeconomica, oder haußwirthliche Nachricht und Naturmäßige Anweisung zur wilden Baum-Zucht*“ aus dem Jahr 1713 gilt bis heute als wichtiges forstwirtschaftliches Lehrbuch, das den Begriff der Nachhaltigkeit prägte.[5]

Abb. 52: Hannß Carl von Carlowitz (1645–1714), Gedenktafel von Bertrand Freiesleben im sächsischen Freiberg. Bildnachweis: Foto: Autor, Freiberg, Obermarkt.

5 Hannß Carl von Carlowitz, Sylvicultura oeconomica, oder haußwirthliche Nachricht und Naturmäßige Anweisung zur wilden Baum-Zucht, Leipzig 1713, ND Freiberg 2000, bearb. v. Klaus Irmer / Angela Kießling; Peter Mathé, Die Geburt der „Nachhaltigkeit“ des Hans Carl von Carlowitz – heute eine Forderung der globalen Ökonomie, in: Forst und Holz 56/7, 2001, S. 246–248.

Abb. 53: „Sylvicultura oeconomica, oder haußwirthliche Nachricht und Naturmäßige Anweisung zur wilden Baum-Zucht“, *Leipzig (Johann Friedrich Braun) 1713. Bildnachweis: Deutsche Nationalbibliothek, Frankfurt a.M., 2913 B 16887.*

Mit GOtt!
SYLVICVLTVRA OECONOMICA,
Oder
Haußwirthliche Nachricht und Naturmäßige
Anweisung
zur
Wilden Baum-Zucht/
Nebst
Gründlicher Darstellung/
Wie zuförderst durch Göttliches Benedeyen dem allenthalben und insgemein einreissenden
Grossen Holtz-Mangel/
Vermittelst Säe- Pflantz- und Versetzung vielerhand Bäume zu prospiciren/
[illegible]
Alles zu nothdürfftiger Versorgung des Hauß- Bau- Brau- Berg- und Schmeltz-Wesens/
[illegible]
Worbey zugleich eine gründliche Nachricht von den in Churf. Sächß. Landen
Gefundenen Turff
Dessen Natürliche Beschaffenheit/ grossen Nutzen/ Gebrauch und nützlichen Verkohlung.
Aus Liebe zu Beförderung des algemeinen Besens beschrieben
Von
Hanns Carl von Carlowitz/
Königl. Pohl. und Churf. Sächß. Cammer-Rath/ und Ober-Berg-Hauptmann.
Mit Königl. Pohl. und Churfürstl. Sächß. allergnädigsten PRIVILEGIO.
LEIPZIG/
verlegts Johann Friedrich Braun 1713.

Das vorgegebene Stichwort der Nachhaltigkeit wurde im Carlowitz’schen Werk schon im Untertitel unmissverständlich manifest. Der Bergmann sah sein Lehrbuch eben auch als eine „*Gründliche Darstellung/ wie zuförderst durch Göttliches Benedeyen dem allenthalben und insgemein einreissenden Grossen Holtz-Mangel/ vermittelst Säe-Pflantz- und Versetzung vielerhand Bäume zu prospicieren/ auch also durch Anflug und Wiederwachs des so wohl guten und schleunig anwachsend= als anderen gewüchsig= und nützlichen Holtzes, ganz öde und abgetriebene Holtz-Ländereyen, Plätze und Orte widerum Holzreich, nütz und brauchbar zu machen* [...]“.[6] Doch kam mit dem sächsischen Forst- und Bergwerksspezialisten Carlowitz wirklich auch die Geburtsstunde der Nachhaltigkeit? Zieht man von Freiberg aus Vergleiche zu anderen mitteleuropäischen Forstverwaltungen, so steht die Sorge um die Energieressourcen und die Nachhaltigkeit in der Waldwirtschaft im

6 Von Carlowitz, Sylvicultura oeconomica (wie Anm. 5), Titelseite. Zur Editionsfrage: Literarische Quellen wurden nicht gemäß den Handreichungen zur Herausgabe mittelalterlicher und frühmoderner Quellen normalisiert.

Zentrum vieler Herrschaftsanalysen. So erstellte bis 1783 beispielsweise der Ingenieur Johann Nepomuk Schymannschek für die gefürstete Herrschaft Schwarzenberg in Franken eine *„geometrische Tabelle und Beschreibung“* sämtlicher Forst- und Waldgebiete mit detaillierten Angaben zur Holz- und Bodenqualität, zur Nadel- und Laubwalddurchmischung, zum Klima, zum Waldgewerbe und zu den systematisch angelegten Schonungen. Der Gewährsmann für die Richtigkeit seiner Angaben blieb der fürstliche Revierförster: *„Um solchen befehle nachzukommen, hab ich alles was mir der Revier-Jäger auf derleÿ fragen geandworthen, beschrieben. Sollte sich nun in solcher beschreibung* [...] *etwas anderß befinden; So bitte das solcher Verstoß nicht mir, sondern dem Revier Jäger zugemeßen werde.“*[7]

Abb. 54: „Zu den Brouillons gehörige geometrische Tabelle und Beschreibung“ *von Johann Nepomuk Schymannschek, 1783. Bildnachweis: StAN, Herrschaft Schwarzenberg, Forstamt Schwarzenberg, Nr. II 1.1, 2/1.1.*

7 StAN, Rep. 321-8 (Herrschaft Schwarzenberg, Forstamt Schwarzenberg) Nr. II 1.1, 2/1.1.

Die Analyse der aus fürstlichen Kanzleien zahlreich überlieferten Wald-, Forst- und Jagdordnungen – die Beispiele stammen überwiegend aus Süddeutschland – belehrt uns eines Besseren. Sie bilden die zentrale Quellengrundlage für die folgenden Überlegungen. Zu ergänzen sind sie mit einem sich inhaltlich fast nahtlos anschließenden, aber von der überregionalen Forschung kaum quantifizierten Fundus an Dorf- und Gemeindeordnungen. Diese wichen mitunter gerade in Fragen der Waldnutzung von konservierenden Vorstellungen der jeweiligen Jagd- und Landesherren deutlich ab. Dennoch steht auch dort die Sorge um eine nachhaltige Bestandssicherung im Vordergrund. Die Frage, inwieweit die jeweilige Ortsherrschaft hier mit der Ordnung bestimmend eingriff, ist im Einzelfall zu prüfen. In Geilsheim, einer kleinen Hohenzollerngemeinde unweit der Stadt Wassertrüdingen, bezog man im Jahr 1757, jedenfalls von der markgräflichen Herrschaft diktiert, auch für andere Orte nicht untypisch, Position: „*Solle die gemeindt das ihr zuständige gehülz wohl in acht nehmen und alß ein nothwendiges kleinod verwahren. Deßwegen sollen sie inskünfftige alle gefährliche verderb und veröẞigung ihrer in unßern fürstlichen wildtbahn gelegenen waldung beÿ straff vermieden und deßwegen nachdrücklich gewarnet seÿn, damit nicht unßer verpflichteter wildtmeister, in deßen wildtfuhr sothane waldung gehöret, sich bewogen und vermüßiget sehen möge, unßerer fürstl. obristjäger- und obristförstmeistereÿ eine beschwehrende anzeige zu thun.*“[8]

Ähnliches lässt sich für das altfränkische und seit 1806 württembergische Dünsbach feststellen, in dem die Freiherren von Crailsheim die Ortsherrschaft innehatten, und man in Dorfordnungen eine nachhaltige Holzbewirtschaftung postulierte. 1686 hieß es deutlich: „[…] *vnd weilen man augenscheinlich befunden, daß der gemeindt hölzer ganz leicht, vnd mit der zeit abgehen möchte, allß sollen sie jährlichen ein morgen vornehmen vnd in denselben jeder gemeinsman ein junges aichenstämlein einsezen, welcher morgen holz nachgehendts allsobalden mit dornen oder wie mans am füglichsten kan verwahren, vnd dergestalt solang gehägt werden solle, biß daß vieh keinen schaden mehr, daran thun kan, dieß sollen sie von jahren zu jahren vnd solang forttreiben, biß das ganze gemeinholz gehörter maßen wider besezt* […].“[9] Noch deutlicher als die Freiherren von Crailsheim forderte

8 StAN, Rep. 165 A (Ansbacher Oberamtsakten) Nr. 884, fol. 1–50, hier: §. Handschriftliches Konzept, das als identische bzw. nur geringfügig veränderte Druckvariante ohne den Vorspann an verschiedene Ämter und Dorfschaften im Unterland der fränkischen Hohenzollern verschickt wurde.

9 StAN, Archive der Familienstiftung von Crailsheim/Familienkonsulentie und Herrschaft/Rügland/Altes Archiv, Nr. 145. Vgl. die Edition von Claudia Löffler zu dieser Ordnung von 1686, in: Wolfgang Wüst (Hg.), Die lokale Policey: Normensetzung und

1788 die Regierungskanzlei des Fürstenhauses Schwarzenberg ihre landsässigen Gemeinden auf, für Nachhaltigkeit bei den Obstplantagen zu sorgen. Es sei nicht nur dafür zu sorgen, „*in dießem Jahre noch die Anzahl der verdorbenen Obstbäume durch Nachpflantzung anderer zu ergäntzen, sondern es seÿ auch insbesondere noch der Gemeinde kund zu machen, daß jeder, welcher als Burger in einer Gemeinde aufgenommen werden wollen, sich vorher ausweißen müsse, dreÿ Obstbäume in eben der Gemeinde gepfanzt zu haben, ausser dem ihm das Burgerrecht so lange versagt bleiben soll, biß er diesem Gebote das vollständige Genügen geleistet haben werde. Wie denn noch ein jeder verbunden seÿn soll, seine gepflanzte dreÿ Obstbaüme zu unterhalten und so bald einer davon abstehet, einen andern nachzusetzen*“.[10]

Die hier vorzustellenden Ordnungen sind vor dem Hintergrund des interdisziplinären Arbeitsfeldes Umweltgeschichte als fester Bestandteil frühmoderner Normensetzung zu interpretieren. Der unter dem zeitgenössischen Begriff „guter“ Policey[11] laufende, quantitativ wie qualitativ fassbare und mittlerweile auch gut untersuchte Prozess fortschreitender allgemeiner Verrechtlichung sollte meines Erachtens auch die erlebbare Umwelt mit einschließen.[12] Forstpraxis, Holz- und Jagdfrevel, Waldgewerbe und Waldnutzung werden dann auch als ein wichtiges gesellschaftliches Politik- und Konfliktfeld anschlussfähig an interdisziplinäre Fragestellungen, die „von außen her“ (zum Beispiel Medizin, Biologie, Theologie, Rechts-, Politik- und Wirtschaftswissenschaften, Geographie, Volkskunde) an

---

Ordnungspolitik auf dem Lande. Ein Quellenwerk (Die „gute“ Policey im Reichskreis IV), Berlin 2008, S. 361–381.

10 StAN, Rep. 321-5: Herrschaft Schwarzenberg, Registratur, Nr. 1088-5: „*Emporbringung der schon bestehenden und Eröffnung von neuen Nahrungsmitteln, als Obstbau, Bienenzucht, Seidenbau und Veredelung der Schafzucht*“, Wien 21.4.1788. Vgl. zur Herrschaft Schwarzenberg: Wolfgang Wüst, Die Schwarzenberg in Franken und Böhmen. Freiherren – Grafen – Fürsten, in: Jahrbuch für fränkische Landesforschung 74/2014, 2015, S. 113–130; Ders., Die Akte Seinsheim-Schwarzenberg: eine fränkische Adelsherrschaft vor dem Reichskammergericht, in: Jahrbuch für fränkische Landesforschung 62, 2002, S. 203–230.

11 Zu den süddeutschen Ordnungen: vgl. Wolfgang Wüst, Die „gute“ Policey im Reichskreis. Zur frühmodernen Normensetzung in den Kernregionen des Alten Reiches, Bd. 1: Der Schwäbische Reichskreis, unter besonderer Berücksichtigung Bayerisch-Schwabens, Berlin 2001; Bd. 2: Der Fränkische Reichskreis, Berlin 2003; Bd. 3: Der Bayerische Reichskreis und die Oberpfalz, Berlin 2004.

12 Christoph Ernst, Den Wald entwickeln. Ein Politik- und Konfliktfeld in Hunsrück und Eifel im 18. Jahrhundert (Ancien Régime, Aufklärung und Revolution 32), München 2000; Ders. / Norbert Franz, Waldreformen im 18. Jahrhundert: Die Anfänge der nachhaltigen Forstwirtschaft im ‚Baumbusch‘ und im ‚Kondelwald‘ im überregionalen Vergleich, in: Aufklärung 9/1, 1996, S. 47–73.

unsere Quellen gestellt werden. Ein klassisches Beispiel für die Verbindung von Umwelt und Policey wären die ungezählten Feuerordnungen.[13] In einer Salzburger Waldordnung von 1713 lesen wir dementsprechend: „*Demnach zuweilen durch die gaiß-hirten und vichhalter mit feuerbrennen in den wäldern große gefahr entstanden, also solle ein jeder bauer und hauß-vatter bey seinen ehehalten, hirten und haltern ernstlich darob seyn, daß sie kein feur in die wälder tragen noch darinnen feur anzünden und brennen.*“[14]

Abb. 55: Eichstätter Holz- und Forstordnung, 1666. Bildnachweis: Bayerische Staatsbibliothek (künftig: BayStaBi) München, Abtl. Handschriften, Franconica 44.

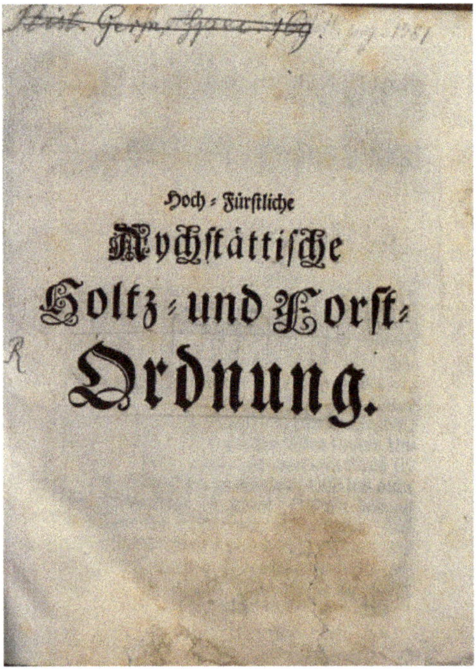

13 Bisher wurden sie insbesondere in der Stadtgeschichte berücksichtigt. Vgl. beispielsweise: Mathias Ueblacker, Die fürstbischöflichen Feuerordnungen für Passau: Brandschutzauflagen ändern die Stadtansicht, in: Susanne Böning-Weis (Hg.), Monumental: Festschrift für Michael Petzet. Zum 65. Geburtstag am 12. April 1998, München 1998, S. 495–505.

14 „Wald-Ordnung deß Hochlöblichen Ertz-Stiffts Saltzburg […] auff des Hochwürdigisten Fürsten und Herrn, Herrn Francisci Antonii Ertzbischoffen zu Saltzburg […] Befehl […] in Druck gegeben“, Salzburg 1713, S. 21.

Die Umweltgeschichte im Generellen und die Forst- und Waldgeschichte im Besonderen generierten dann zwar empirisch noch auszulotende, jedoch fachübergreifende Untersuchungsfelder, die schon in Spätmittelalter und Frühmoderne nachhaltige Wirkung erzielen konnten. Das lag einmal an ihrer Publikations- und Verbreitungsart. In Eichstätt ließ die Regierung 1666 auch ihre Forst-, Jagd- und Waldordnungen im Beisein aller Fürstendiener *„vor den versamblungen deß volcks"* regelmäßig verkünden und verlesen.[15] Zusätzlich verlegte man die Ordnungen in ausreichender Stückzahl, um die Ämter, die Landstände, Städte und Märkte mit Originalexemplaren bedienen zu können. Diese Veröffentlichungsformen reichten in der Frühmoderne vollkommen, um den Grundsatz „Unwissenheit schützt vor Strafe nicht" gerichtlich geltend zu machen. Und für die Verkündung eines 1702 in Ansbach ausgesprochenen Verbots von Waldbauern vorgenommenen massiven Holzschlages und Rodung – gegen *„neugereuth"* und *„waldverösigungen"* – trug die Regierung des hohenzollerischen Unterlandes noch stärker Sorge. Es sollte sein, dass es *„nicht allein von öffentlicher canzel aller orten abgelesen, sondern an kirch-thüren, rath-häuser, schenck- und schmidstätte, oder wie es jedes orts herkommen und es sich thun lassen will affigiret"* werde.[16] Des Weiteren hatte die Bürokratie bis in die regionalen Verästelungen aller Wald- und Forstbediensteten für die Umsetzung und Beachtung erlassener Ordnungen zu sorgen. Für die schwäbische Benediktinerabtei Ottobeuren[17] rief 1787 Abt Honoratus Göhl (1767–1802) in einer Jagd- und Holzordnung die Bürokratie auch namentlich auf. Mit der Umsetzung der damals „verbesserten" Forst- und Holzordnungen waren im überschaubaren Klosterterritorium betraut: *„Unseres gottshauses und herrschaft ammännern, führern, richtern, hauptleuten, waldmeistern, holzwarthen, jägern, forst- und amtknechten, burgern, bauern, bey- und innsassen, zu- und angehörigen, wie die namen haben und wer sie seyn mögen."*[18] Der Gesetzesarm des Reichsklosters wurde hier sogar verlängert bis in die örtlichen Bürgerverbände

---

15 „Hoch-Fürstliche Aychstättische Holtz- und Forst-Ordnung", Eichstätt 1666, S. 42 f.

16 Georg Friedrich [Markgraf von Brandenburg-Ansbach, 1678–1703], Neugereuth und Waldverösigungen verbotten, Einblattdruck, Onolzbach 1702.

17 Ulrich Faust, Zur Reichsunmittelbarkeit Ottobeurens und Buxheims, und Wolfgang Wüst, Die „impetrantischen" Hausklöster zwischen bischöflicher Suprematie und stiftischer Reichsstandschaft, in: Wilhelm Liebhart / Ders. (Hg.), Suevia Sacra: Zur Geschichte der ostschwäbischen Reichsstifte im Spätmittelalter und in der Frühen Neuzeit. Pankraz Fried zum 70. Geburtstag (Augsburger Beiträge zur Landesgeschichte Bayerisch-Schwabens 8), Stuttgart 2001, S. 143–153 und 155–169.

18 „ReichsGottshaus Ottobeurische Jagd-, Forst und Holz-Ordnung", Ottobeuren 1787, S. 3.

und die bäuerlich-ländlichen Genossenschaften. Im Erzstift Salzburg schließlich nahm der Landesherr den erhofften Rechtsvollzug bereits in eine seiner zahlreichen Waldordnungen selbst mit auf: *„Erstlichen wollen wir zu nothdürfftigen aufseh- und hayung der hoch- und schwartz-wäld in jedem gericht dises gantzen ertz-stiffts, oder wie es die nothdurfft erfordert, qualificirte persohnen zu unterwaldmeistern bestellen. Die sollen mit allem fleiß und ernst, nach außweisung dieser refomirten wald-ordnung, und von unser obrist-waldmeisteres absonderlich habender instructionen, ihrem ambt vorstehen*" und die Normenkontrolle *„getreulich*" vollziehen.[19] Zum Dritten wurden frühmoderne Gesetzesvorgaben und Verordnungen seit der Reformationszeit zur gedruckten Massenware.[20] Damit waren sie über kurz oder lang auch im kollektiven Gedächtnis präsent. Jedenfalls ist uns auch in überschaubaren Regionen eine solche Fülle an einschlägigen Ordnungen überliefert, dass schon der Verfasser des Artikels „*Wald-Ordnung oder Wald- und Forst-Ordnung*" in Johann Heinrich Zedlers berühmtem „*Universal-Lexikon*", das in 68 Folgen zwischen 1732 und 1754 erschien, arbeitsökonomisch konstatieren musste: *„Es ist aber auch kein Zweifel, daß wenn man selbige* [die Ordnungen] *sammt und sonders zusammen suchen und abdrucken lassen wollte, daraus ein ziemlich großes und weitläuffiges Buch erwachsen würde. Wir erachten also nicht undienlich zu seyn, daß wir gleichwohl wegen des allgemeinen Nutzens der Sache unsern Lesern wenigstens die hieher* [nach Leipzig] *gehörigen Chur- und Fürstlichen Sächsischen Verordnungen mittheilen.*"[21]

---

19 „Wald-Ordnung deß Hochlöblichen Ertz-Stiffts Saltzburg" (wie Anm. 14), S. 5.

20 Als Fallstudie: vgl. Hans-Jörg Künast, „Getruckt zu Augspurg". Buchdruck und Buchhandel in Augsburg zwischen 1468 und 1555 (Studia Augustana 8), Tübingen 1997.

21 Johann Heinrich Zedler, Großes vollständiges Universal-Lexikon aller Wissenschaften und Künste, Leipzig/Halle 1732–1754, hier: Bd. 52, 1747, Sp. 1389.

Abb. 56: „Königlich preußische renovirte und verbesserte Holtz-, Mast- und Jagd-Ordnung", *1720, Druck bei Christian Albrecht Gäbert, königlich preußischer Hofdrucker, Berlin 1720.*

Unsere
Von GOttes Gnaden
Friderich Wilhelms
Königs in Preussen, rc. rc.
Renovirte und verbesserte
Holtz-Mast-
Und
Jagd-Ordnung,
Wie es hinfüro in der
Mittel, Alte, Neue, und
Ucker-Marck auch im Wen-
dischen
Und zugehörigen Creysen
Mit dem Holtz-Verkauff und sonst in denen
Heyden und Gehegen gehalten werden solle.
BERLJN,
Gedruckt bey Christian Albrecht Gäbert, Königl. Preuß. Hof-Buchdrucker.

Die Anlässe zum Druck dieser Ordnungen konnten ganz unterschiedlicher Natur sein. Hier interessieren sie uns insbesondere als nachhaltige Initiativen im Wald- und Forstbereich. Die Motive für die Schonung der Ressource Wald waren allerdings sicher nur selten ökologischer oder gar umweltpolitischer Art, wenn allen voran weltliche wie geistliche Fürsten gleichermaßen als passionierte Jagdherren[22] andere Formen der Waldnutzung als Störfall für das Jagdvergnügen missbilligten. So sah es auch König Friedrich Wilhelm I. in Preußen, als er mit einer „*Holtz-, Mast- und Jagdordnung*" für Heide und Forst im Jahr 1720 klarstellen ließ: „*Es soll niemanden er sey frembd oder einheimisch zugelassen seyn, auf unsern heyden und wäldern, vielweniger in unsern wildfuhren und geheegen*

22 Werner Rösener, Die Geschichte der Jagd. Kultur, Gesellschaft und Jagdwesen im Wandel der Zeit, Düsseldorf u.a. 2004; Albrecht Graf von und zu Egloffstein, Barocke Jagdkultur der Fürstbischöfe von Bamberg, München 1984.

sich einer gerechtigkeit mit jagen, schießen, hetzen, hütungen, trifften, fischereyen, bienen setzen, gräserey, abhau- und wegführung auch ausrahdung des holtzes oder wie es sonst nahmen haben mag, anmaßen, und haben unsere heyde-bediente jedes orts und so weit sich eines jeden revier erstrecket, gebührend achtung zu geben.“[23] Jagdfieber und Waldesstille konnten also beizeiten durchaus zusammengehen. Und es verwundert deshalb auch nicht, dass die Forstverwaltungen in der Ämterhierarchie der Territorien meist den Oberjägermeister-Ämtern nach- und zugeordnet blieben. Im Hochstift Passau waren die Forst- und Waldmeister aus allen Revieren diesem Hofstab rechenschaftspflichtig.[24] Im Hochstift Augsburg kontrollierten die Oberjägermeister, die selbst im kleinen Regierungsgremium des Geheimen Rats[25] saßen, neben Jägern und Büchsenspannern auch die Forstmeister im Lande.[26] Auch in Bamberg folgte man diesem Schema. Ende des 18. Jahrhunderts erteilte der Landesherr über seinen Oberjägermeister und Oberamtmann zu Scheßlitz, Freiherrn Friedrich Karl von Schaumberg, Weisungen an die Forstmeister, Waldmeister, Waldbereiter, Forstknechte und die Jäger in den Forstämtern Bamberg und Scheßlitz, Baunach, Bechhofen, Burgebrach, Ebermannstadt, Forchheim, Höchstadt, Hollfeld, Kronach, Lichtenfels, Nordhalben, Oberscheinfeld, Schlüsselau, Stadtsteinach, Veldenstein, Vilseck, Wachenroth, Wartenfels, Waischenfeld, Weismain, Wolfsberg und Zeil am Main.[27]

---

23 Friderich Wilhelms Königs in Preußen etc. Holtz- Mast- und Jagd-Ordnung, Faksimileausgabe von 1720 mit Geleitwort von Joachim Graf Schönburg und Anmerkungen von Herbert Kraft, Moers 1980/81, S. 41.

24 Bernhard Löffler, Waldnutzung, Holzversorgung und Parkbau im Passau des 18. Jahrhunderts, in: Siemann / Freytag / Piereth (Hg.), Städtische Holzversorgung (wie Anm. 1), S. 9–38, hier: S. 13.

25 Zur politischen Einflussnahme des Geheimen Rats in Bayern: vgl. Maximilian Lanzinner, IUD Wilhelm Jocher 1565–1636: Geheimer Rat und „Kronjurist“ Kurfürst Maximilians I. von Bayern, in: Michael Kaiser / Andreas Pečar (Hg.), Der zweite Mann im Staat: Oberste Amtsträger und Favoriten im Umkreis der Reichsfürsten in der Frühen Neuzeit (Zeitschrift für Historische Forschung, Beiheft 32), Berlin 2003, S. 177–196.

26 Augsburger Hof- und Staatskalender von 1750, S. 7; Wolfgang Wüst, Geistlicher Staat und Altes Reich: Frühneuzeitliche Herrschaftsformen, Administration und Hofhaltung im Augsburger Fürstbistum (Studien zur Bayerischen Verfassungs- und Sozialgeschichte XIX/1 und XIX/2), München 2001, Bd. 2, S. 780–909.

27 Bamberger Hof-, Staats- und Standskalender von 1796, S. 70–75; Wolfgang Wüst, Bamberg als Hochstift. Zur Typologie geistlicher Staaten in der Frühmoderne, in: Luitgar Göller / Wolfgang F. Reddig / Regina Hanemann / Werner Taegert (Hg.), 1000 Jahre Bistum Bamberg 1007–2007 – Unterm Sternenmantel. Ausstellungskatalog, Petersberg 2007, S. 236–246.

Abb. 57: „Hochfürstl*[ich]* Brandenburg-Onolzbach und Bayreuthische Jagd- und Wildbahns-Ordnung", *1769. Bildnachweis: BayStaBi München, Franconica 10# Beibd. 16.*

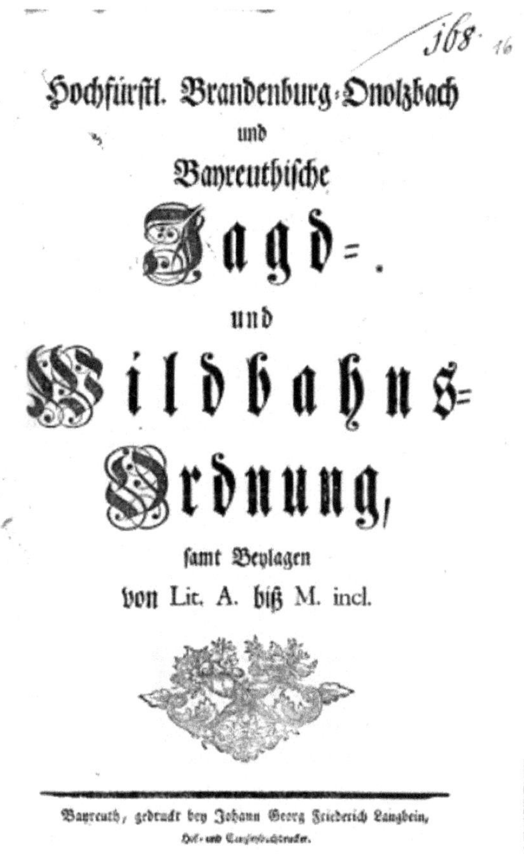

168 · 16

Hochfürstl. Brandenburg-Onolzbach
und
Bayreuthische
Jagd-
und
Wildbahns-
Ordnung,
samt Beylagen
von Lit. A. biß M. incl.

Bayreuth, gedruckt bey Johann Georg Friederich Langbein,
Hof- und [illegible]

In allen Fällen war dabei im 18. Jahrhundert eine Hierarchisierung der Jagd- und Forstdienste erkennbar, die den Interessen des Fürsten und damit auch dem Nachhaltigkeitsprinzip zugutekam. Dezentrale Gemeinde- und Bauerninteressen traten zurück, wenn über die Jagd- und Wildbannordnung für Ansbach und Bayreuth 1769 die „*schuldige parition*" der Nachgeordneten eingefordert sowie sozial unverträgliche Vorteilsnahme und Fraternisierung im Amt unter Strafe gestellt wurden. Jeder leitende Jagd- oder Forstmeister verpflichtete sich, „*unter keinen absichten, geld-gewinnst oder privat-passionen, seinem subordinato etwas zu nahe gehen, sondern solchen als einen gleichmäßig herrschaftl. diener ansehen und zu begegnen wissen*".[28] Doch wie stand es abseits der Jagdinteressen nun konkret um die Nachhaltigkeit in älteren Ordnungen?

Eine Waldordnung[29] aus dem oberfränkischen hohenzollerischen Oberamt Münchberg-Stockenroth[30], die 1697 aufgezeichnet und 1701 ergänzt wurde, bemühte sich gleich zu Beginn um Aufklärung und umweltbewusste Einsicht. In Münchberg vertrat die Bayreuther Landesregierung über ihre 1664 neugeschaffene Zentralbehörde Oberforst- und Oberjägermeister-Amt[31] aber eine ganz andere Position als das nachgeordnete Außenamt. Ökologisch gesehen trat das Bayreuther Zentralamt für eine nachhaltige Waldnutzung ein, während die Bürger und Bauern aus der Region sich einseitig am Holzschlag und Viehtrieb interessiert zeigten. „*Demnach ungeachtet bißhero verschiedene unordnungen und schaden, ja den ruin erregende sachen, im Münchberger walt abgestellet worden. Jedennoch die hohe nothdürfft erfordert erwehnten waldt /: welcher vom großen starkhen hiebigen baubarenn und plöcher holtz, zeit gewehrten processus da die stadt deposessionirt gewesen und mann nur noch selbstig gefallen darinnen geschaldet und gewaltet, entblöset durch schädliche anweisungen und von den forstknechten beschehenen holtzverparthierungen, den wind zu starken etzl*[ichen] *hundert cläffterigen brüchen anlaß gegeben und lufft gemacht. Der junge holtz-wachß aber, da mann mit gehörnten rind-, schaaff- und geißviehe den ganzen walt, worinnen noch dazu kein ordentlicher schlag gemachet, ohne einigen ortes schonung durchhütet und verderbet, gefolglich das große holtz consumirt, das der holtzstämme aber abgefrätzet und verderbet worden :/ mit beßerer conservation, falß derselbe nicht wie umb das jahr 1570 beschehen, hinwieder in den total ruin verfallen und ganz abgetrieben werden solle, unter arm zu greiffen.*"[32] Ähnliche Gedanken brachte 1738 ein berufserfahrener Revierförster[33] für den in der Fränkischen

28 „Hochfürstl. Brandenburg-Onolzbach und Bayreuthische Jagd- und Wildbahns-Ordnung, samt Beylagen", Bayreuth (Johann Georg Friederich Langbein) 1769, S. 3.

29 StadtA Münchberg, Waldordnung nach „Errichtung des Receßes" von 1697.

30 Münchberg wurde 1373 zum Amtssitz. In den 1680er Jahren führte Markgraf Christian Ernst eine Verwaltungsreform durch, in deren Folge auch das Oberamt Münchberg-Stockenroth entstand. Freundliche Mitteilung von Frau Annett Haberlah-Pohl, M.A., Roth.

31 Richard Winkler, Bayreuth. Stadt- und Altlandkreis (Historischer Atlas von Bayern, Teil Franken I/30), München 1999, S. 209.

32 StadtA Münchberg, Waldordnung von 1697 (wie Anm. 29), fol 1.

33 Der ungenannte Verfasser sammelte seine Erfahrungen in den Jahrzehnten von 1708 bis 1738. Vgl. Gräflich und freiherrlich v. Egloffsteinsches Schlossarchiv (künftig: SchlossA) Kunreuth, Tit. 17a, Nr. 6401, Forst- und Waldordnungen 1738, 1742, hier: 1738, S. 2.

Schweiz liegenden Besitz der Grafen und Freiherren von Egloffstein zu Papier. Er führte den dortigen Holzmangel der späten 1730er Jahre auf eine offenbar nicht professionell betriebene Forstwirtschaft zurück. „*Vor etlich und 20., 30. auch mehrern jahren war noch ein so großer überfluß an holz, daß man aus windbrüchen abgestandenen und liegenden, die nothdurfft zum brennholz fast durchaus bestreiten konnte, und nicht nöthig hatte, dießer wegen viel frisch holz anzugreiffen. Also nicht ordentlich oder schläg weiß gehauet hat, wodurch dann die hözer mehr und mehr licht worden. Dießer alten gewohnheit wird noch immer gefolget, und das nöthige, so brenn- als bauholz hier und da ausgezogen, da dann das andere, so stehen bleibet, dem wind und andern unterworffen wird. Welchem übel, wenn nicht in zeiten gesteuert oder beßere ordnung gehalten wird, so werden den die wälder so licht und dünn werden, daß am ende solche ehr graß-, stangen- oder huthweiden als einer waldung gleich sehen müßen.*“[34] 1776 lesen wir in einer der zentralen Forstordnungen für das Hochstift Passau unter der bezeichnenden Kapitelchiffre von der „*Ersparung des Holzes*“ mit fast agrarphilosophischer Tragweite: „*Es ist fast kein Ding zur menschlichen Bedürfnisse, welches bis nun in unserem Fürstenthum verschwendterischer behandelt wird, als das Holz, ohngedenkt, wie werth geschätzt es in den benachbarten Ländern gehalten wird, und was für Summen Geld es in ein Land bringen kann, wenn über die eigene Bedürfniß noch zumal etwas entübriget werden könne.*“[35]

34 SchlossA Kunreuth, Tit. 17a, Nr. 6401, „Wald-Ordnung“ von 1738, S. 11.

35 „Hochfürstlich-paßauische Forstordnung vom 18. Juny 1776sten Jahrs“, Passau 1776, S. 19 f.

Abb. 58: Kunreuther Waldordnung von 1738. Bildnachweis: SchlossA Kunreuth, Tit. 17a, Nr. 6401.

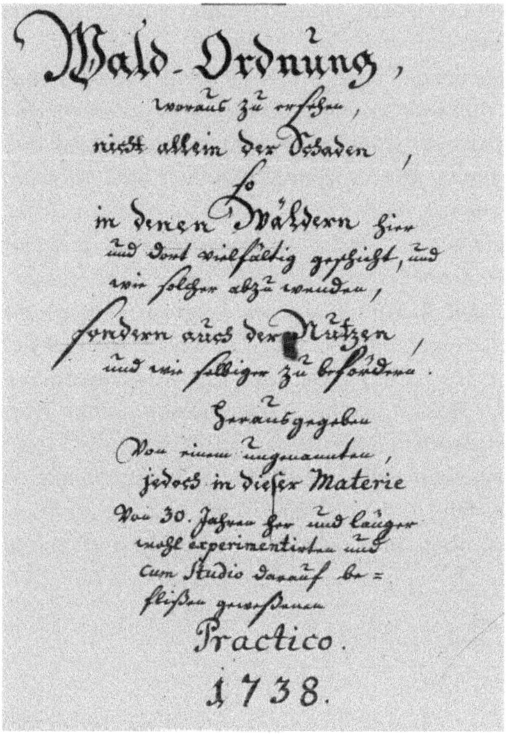

Wald-Ordnung,
worauß zu ersehen,
nicht allein der Schaden,
so
in denen Wäldern hier
und dort vielfältig geschieht, und
wie solcher abzuwenden,
sondern auch der Nutzen,
und wie selbiger zu befördern.
Herausgegeben
Von einem ungenannten,
jedoch in dieser Materie
Von 30. Jahren her und länger
wohl experimentirten und
cum Studio darauf be=
flißen gewesenen
Practico.
1738.

Die Sorge um die sich in einigen Regionen rasch vermindernde Energiereserve Holz trieb aber keineswegs nur die Verantwortlichen in den Adels- und Fürstenkanzleien des 18. Jahrhunderts um – eine Entwicklung, die eine in der Aufklärung[36] breit einsetzende Rezeptionseuphorie agrarökonomischer Grundlagenwerke noch forcieren sollte. Nein, eine auf Nachhaltigkeit setzende, vorausschauende

36 Als Beispiele: Ludolf Kuchenbuch, ‚Säuisches Wirthschaften' auf dem Land als Problem der Volksaufklärung, in: Jahrbuch für Volkskunde NF 10, 1987, S. 27–42; Clemens Zimmermann, Bäuerlicher Traditionalismus und agrarischer Fortschritt in der frühen Neuzeit, in: Jan Peters (Hg.), Gutsherrschaft als soziales Modell: Vergleichende Betrachtungen zur Funktionsweise frühneuzeitlicher Agrargesellschaften, München 1995, S. 219–238; Hans-Heinrich Müller, Johann Christian Schubart, Edler von Kleefeld: Ein Aufklärer, Propagandist und Pionier der Landwirtschaft im 18. Jahrhundert, in: Blätter für Heimatgeschichte 2, 1987, S. 3–22.

Verwaltungspraxis findet sich bereits auch in Belegstellen des 15., 16. und 17. Jahrhunderts.[37] Ganz auf dieser Linie rechtfertigte Bischof Marquard II. Schenk von Castell (1637–1685) in einer 1666 für das Hochstift Eichstätt gedruckten „*Holtz- und Forst-Ordnung*“ seine Gesetzesinitiative einleitend: „[…] *habens auch mehrmalen augenscheinlich befunden, daß in unsern deß stiffts sowol auch der prælatin, burgern, gemeinden und der underthanen selbst aignen höltzern so fahrlässig und übel gehausset, dasselbig untreulich und unnutzlich verschwendet, und die junge schläg gantz und gar nicht mehr gehayet werden. Darauß dann zu besorgen, im fall wir nicht hierinnen steiffes ensehen halten, unsern und deß stiffts underthanen und anderen jngesessenen nachkommen an gehültz großer mangel und abgang erfolgen wurde. Solchem mercklichen schaden nun hinfüro fürzukommen und damit inskünfftig die abgetribene schläg wieder besambt und gepfanzt, auch alle unordnungen mit abgehung deß gehültzes und in andere weeg verhütet und ernstlich abgestrafft werden* […].“[38] Und in der memorierenden Argumentation des Eichstätter Fürstbischofs wurde dann auch ausdrücklich auf ähnliche Initiativen aus früherer Zeit verwiesen, namentlich auf eine „*auß unßeers gelehrten herrn vorfahrers am stifft, weylundt bischoff Caspars* [Kaspar von Seckendorf, 1591–1595] *hochseel. angedenckens im jahr 1592 wolbedächtlich aufgerichten holtz-ordnung*“.[39] Damit kann man die Datierung umweltpolitischer Akzente und naturbezogen nachhaltiger Argumente in den entsprechenden Policey-, Jagd-, Bergwerks-, Forst- und Waldverordnungen der Territorien durchaus zeitlich vorrücken. Zumindest war es Usus der Kanzleien, älteres Regelwerk in die Präambeln frühmoderner Gesetzessammlungen einzubinden. Das verlieh den jetztzeitigen Aussagen größere Autorität und stärkte die Kontinuität für landesherrliche Maßnahmen zum Schutz der Umwelt. Der Salzburger Erzbischof Franz Anton Fürst von Harrach (1709–1727), der wie seine Vorgänger angesichts des enormen Holzverbrauchs in den Salinen von Hallein, dem landesweit betriebenen Bergbau und der alpinen Montanindustrie besonderes Augenmerk auf die Hoch- und Schutzwälder seines Landes legen

37 Für die Entwicklung im Herzogtum Bayern des 15. Jahrhunderts stehen etwa die Mandate zum Holzschlag im Tölzer und Aiblinger Raum sowie für die Region Auerburg und Falkenstein aus den Jahren 1476 und 1491. Freundlicher Hinweis von Frau Dr. Nicola Humphreys, StAN. Zahlreiche ähnliche Verordnungen sind registriert in: Karl Härter / Michael Stolleis (Hg.), Repertorium der Policeyordnungen der Frühen Neuzeit, 3.1 und 3.2: Wittelsbachische Territorien (Kurpfalz, Bayern, Pfalz-Neuburg, Pfalz-Sulzbach, Jülich-Berg, Pfalz-Zweibrücken), hg. von Lothar / Gerhard Schuck (Jus Commune, Sonderhefte 116/1 und 116/2), Frankfurt a.M. 1999, Nr. 98 und 126.

38 „Hoch-Fürstliche Aychstättische Holtz- und Forst-Ordnung“ (wie Anm. 15), S. 1 f.

39 Ebd., S. 2.

musste, sah sein Handeln jedenfalls historisch begründet. In der 1713 für die Salzburger Stiftslande erlassenen Waldordnung betonte der Landesherr einleitend unmissverständlich: „[…] *nachdeme wir berichtet worden, wie die von unseren geehrten herren vorfahreren seeligster gedächtnuß weyland ertzbischoffen Johann Jacoben* [von Khuen-Belasy] *schon im jahr fünffzehenhundert drey und sechzig, und ertz-bischoffen Wolff Dietrich* [von Raitenau] *im fünffzehenhundert zwey und neuntzigisten: dann ertz-bischoffen Guidobaldo* [Graf von Thun] *im sechzehenhundert neun und funfftzigisten jahr heylsam angeordnete instructionen, wie es mit denen waldungen und gehöltz im ertzstifft gehalten werden solle, seithero nicht allein zum theil in vergessenheit, oder andere observantz gerathen, sondern auch viel schädliche unordnungen eingerissen* […].“[40]

Zielkonflikte um die Rohstoffe des Waldes

Holz und Wald als Energiequellen

Holz war in vorindustrieller Zeit sowohl auf dem Land als auch in der Stadt der wichtigste Energieträger. Fossile Brennstoffe konnten trotz einer notierenswerten Zahl territorialer Bergämter und einiger Fundgruben für Braun- und Steinkohle[41] noch nicht oder nur sehr eingeschränkt genutzt werden. Die in Süddeutschland ziemlich bescheidenen Kohlevorkommen spielten als Heizmaterial keine Rolle, allenfalls der Torfstich bot begrenzte regionale Alternativen zum Holzschlag. Die menschliche Existenzsicherung in den Bereichen Leben, Arbeiten und Wohnen war somit auf das Engste mit der freien Waldnutzung und einem ausreichenden Holzangebot verbunden. Und Holzdeputate waren bis weit ins 19. Jahrhundert fester Bestandteil jeglicher Rechnungslegung gewesen, sowohl auf der Einnahmen- wie auf der Ausgabenseite. So sah beispielsweise im fränkischen Plankenfels das freiherrlich und gräflich von Egloffsteinsche Patrimonialgericht für einen Dienstvertrag im Jahr 1830 um ein Drittel höhere Bezüge vor. Der Richter bezog die üblichen 600 fl. als „fixen“ Standesgehalt und 200 fl. als Funktionsgehalt. Die zusätzlichen Bezüge fielen „*hauptsächlich um deßwillen an, weil er für Wohnung und Holz in dem Orte Sachsendorf selbst sorgen muß, während sonst der Beamte*

40 „Wald-Ordnung deß Hochlöblichen Ertz-Stiffts Saltzburg“ (wie Anm. 14), S. 3.

41 Vgl. hierzu etwa die im Bamberger Hof-, Staats- und Standkalender (1796: S. 54–57) ausgewiesenen und meist von fürstbischöflicher Hofkammer und Bergkommissionen betriebenen Steinkohlegruben St. Katharina, Erbstollen Franz Ludwig, Karl Christoph, Franz Ludwig sowie „*der vereinigte Nachbar*“.

zu Planckenfels Wohnung und Holz freÿ hatte“.[42] Und beinahe selbstverständlich war es, dass die Forstverwaltungen Dienstleistungen nicht in Geld, sondern in Holzklaftern beglichen. Im Forst um Münchberg bekamen beispielsweise der Wirt zu Zell und der örtliche Schulmeister für ihr Bemühen um die alljährliche Verkündung der Waldordnungen je einen Schnittbaum. Den ersten, um für die Versammlungen auch „*bey naß und kalten wetter eine warme stube zu machen*“, den zweiten wegen „*des waldtverpoths ablesung, daß niemand drinnen fischen, graasen, maß*[t]*-rechen und streüschneideln solle*“.[43]

Abb. 59: Planzeichnungen zu Prozessen um Jagd- und Forstrechte in der Adelsherrschaft Kunreuth. Bildnachweis: SchlossA Kunreuth, B 20, Urbarium des Ritterguts von 1728.

Eine breite Forschungsdiskussion[44] um Energiekrisen und Holzverknappung, die insbesondere in der frühmodernen Städtelandschaft beobachtet wurden, trägt

42 SchlossA Kunreuth, Verwaltung, Akt 4405, Konferenzprotokoll der Rentenverwaltung vom 6. Mai 1830.

43 StadtA Münchberg, Waldordnung von 1697 (wie Anm. 29), fol. 18v.

44 Joachim Radkau, Zur angeblichen Energiekrise des 18. Jahrhunderts, in: Vierteljahresschrift für Sozial- und Wirtschaftsgeschichte 73, 1986, S. 1–37; Winfried Schenk, Waldnutzung, Waldzustand und regionale Entwicklung in vorindustrieller Zeit im

dieser Tatsache auch Rechnung. Holz hatte, ähnlich wie der Rohstoff Salz[45], in der vorindustriellen Gesellschaft natürlich einen wesentlich höheren Stellenwert als in der von ganz anders gelagerten, aber nicht weniger drängenden Energieproblemen gekennzeichneten Gegenwart. Das Bedürfnis, dieses Gut *„ewig zu continuieren"*, war nicht nur in den holzarmen Salinen- und Sudwäldern[46] um Reichenhall aus ökonomischer wie ökologischer Vernunft angesagt. Die Sorge um Waldverlust durch zu hohe Brennholzentnahme[47] in stadtnahen Regionen war in allen Ordnungen und in allen Territorien gegenwärtig. In einer herzoglich bayerischen Forstordnung wurde bereits 1568 mit Blick auf die Städte und Märkte im Land das Problem konkretisiert.

Danach durfte man ausschließlich *„durch die geordneten vorster alle jar etliche claffter nach dem stamen, an den orten alda es den gehültzen am wenigisten schedlich, wie von alter her beschehen, vmb ain gebürlich gelt, das vns verrechnet werden sol, volgen lassen. Jedoch sol in diesem abgeben, des jungen vnerwachßnen holtz mit fleiß verschont, das gipfl holtz, vnnd die eßt vor dem stamen verfürt. Auch den vorstern bey verlierung jrer diensten hiemit ernstlich geboten sein, das sie von den paurn kain stamrecht noch offentlich oder haimlich ainige schanckung nemmen"*.[48] Der zur Existenzsicherung unvermeidliche Holzabbau erforderte aber zunehmend ausdifferenziertere Regelungen, um die Kernbestände mittel- und langfristig nicht zu gefährden. Hier hatten die Landesherrschaften vor allem gegenüber privilegierten Waldnutzern in Gemeinden und Genossenschaften Nachhaltigkeit anzumahnen, die in den Augen der Forstinspektoren allzu sorglos zu Werke gingen. Für Eichstätt ließ deshalb Bischof Marquard 1666 auch den privaten Holzschlag maßregeln. *„Und sonderlich befehlen wir, weil unsere*

---

mittleren Deutschland: historisch-geographische Beiträge zur Erforschung von Kulturlandschaften in Mainfranken und Nordhessen, Stuttgart 1996.

45 Für Bayern: Manfred Treml / Rainhard Riepertinger / Evamaria Brockhoff (Hg.), Salz Macht Geschichte, Katalog, und: Manfred Treml / Wolfgang Jahn / Evamaria Brockhoff (Hg.), Salz Macht Geschichte, Aufsätze (Veröffentlichungen zur Bayerischen Geschichte und Kultur 29 und 30/95), Augsburg 1995.

46 Georg Meister, Der „Ewige Wald" der Saline Reichenhall und Alfred Kotter, „Holznot" um 1600. Die Energieversorgung der Saline Reichenhall, in: Treml / Jahn / Brockhoff (Hg.), Salz Macht Geschichte, Aufsätze (wie Anm. 45), S. 179–185 und 186–192.

47 Für Mainfranken beispielhaft untersucht von: Winfried Schenk, Die Versorgung der Stadt Würzburg mit Brennholz im 18. und 19. Jahrhundert, in: Siemann / Freytag / Piereth (Hg.), Städtische Holzversorgung (wie Anm. 1), S. 155–172.

48 BayHStA, Amtsbibliothek 2° E 253: „Bayrische Vorstordnung" vom 1.11.1568, fol. 14. Auszüge bei: Walter Ziegler (Bearb.), Altbayern von 1550–1651 (Dokumente zur Geschichte von Staat und Gesellschaft in Bayern I/3/1), München 1992, S. 372–377.

underthanen und dorff-gemeindten in ihren hötzern bißhero kein ordnung gehalten, sondern jährlich ein große weite abhauen und gebrauchen, darauß dann erfolgt, daß sie zu ihrem gebrauch nicht allein die nothdurfft nicht mehr haben, sondern zu keinem brennholtz, so gewachsen, mehr kommen mögen. Darumben befehlen wir unsern obristen forstmaister, daß die underthanen in ihren gemain- und aigen höltzern, auch obgehörter maßen ein abthailung machen und darob halten, daß jährlich über die abgegebene und außgezeichnete lörer oder schachen [für Forstrechtler ausgewiesene Waldpartien], *weder bau- oder ander holtz, groß oder klein nicht gehauen.*" Und es bedurfte langer Schonzeiten von 20 bis 30 Jahren für die so ausgewiesenen Waldzonen in Gemeinde- und Bauernhand. Nur nach und nach sollte dort wieder Holzschlag möglich sein. So dann „*solche abtheilung wenigist auf zwaintzig oder maist auf dreyßig theilhäw geordnet und jährlich nicht mehr dann derselben einer abgehauen werden solle*".[49] Zeitliche Beschränkungen, verbunden mit einer Registrierung der Entnahmeberechtigten, waren auch im hohenzollerischen Forst um Münchberg angesagt, um den „*walt vom ruin zu conserviren*". Im 17. Jahrhundert konnten sich dort Holzberechtigte bei Bezahlung von fünf Groschen in ein amtliches Register eintragen. So wurde ihnen viele Jahrzehnte jeweils ein Klafter Hartholz zugewiesen, bis dies die Forstbehörde 1701 untersagte. Die Verbotsgründe waren einsichtig, nachdem „*der walt alschon ziml*[iche]*n licht und blaß*" erschien. Künftig war es deshalb für die Untertanen nur noch zulässig, „*bruch und looßholtz*[50]*, an dirren stangen, giepffeln, ästen, claffter-lager und pflöken*" als minderwertiges Brenn- und Leseholz zu verheizen.[51] Vernünftig war bei der Suche nach Energiequellen immer der Verweis auf minderwertiges Holz. Windbrüche oder von Schädlingen befallene Bäume mussten zur Schonung langsam wachsender Nutzholzwälder konsequenter als Heizstoff genutzt werden. Im Hochstift Passau sollte sich nach 1776 kein Waldbesitzer unterstehen, wegen „*stehenden brenn- oder scheiterholzes*" anzuhalten. Zu oft würden sich auch in seinem Wald „*windfälle und abbrüche befinden. Und würde ein solcher, wenn ferners, wie bishero* [...] *die windriße der verfaulung überlassen, und zur eigenen brennothdurft gut stehendes holz hergenommen werde, von jedem zurückgelassenen stamm windriß*" 30 Kreuzer Strafe bezahlen.[52] Zu starre Restriktionen für die Brennholzentnahme förderten andererseits auch den Holzdiebstahl und sorgten für soziale Unruhe. In den reichsritterschaftlichen Waldflächen der Fränkischen Schweiz beugte man dem beispielsweise durch eine

49 „Hoch-Fürstliche Aychstättische Holtz- und Forst-Ordnung" (wie Anm. 15), S. 7 f.
50 Per Losentscheid zugeteilte Holzrechte.
51 StadtA Münchberg, Waldordnung von 1697 (wie Anm. 29), fol. 16v, 17r.
52 „Hochfürstlich-paßauische Forstordnung" (wie Anm. 35), S. 20.

Armenklausel vor. „*Die armen bedürfftigen leuthe von dem genuß derer waldungen nicht ganz und gar ausgeschloßen, eben hierdurch aber auf verbothene wege geleitet, und durch die äusserste noth zum holz-stehlen vermüßiget werden. So ist rathsam, ihnen wöchentlich zwey gantze oder wenigstens drey halbe tage zu bestimmen, an welchen sie das unnöthige holz sammlen können.*“[53] Und in der oberfränkischen Ritterherrschaft Mitwitz, wo seit 1575 die Freiherren von Würtzburg regierten, entschloss man sich, die delikate Angelegenheit in einer Dorf- und Gemeindeordnung zeitlich wie inhaltlich möglichst präzise zu fassen. Auch hier stand die Ressourcensicherung im Vordergrund herrschaftlicher Vorgaben, die 1793 nicht zum ersten Mal festgeschrieben wurden. „*Werden für die armen in hiesigem gericht zweÿ täg erlaubt, als Mitwochen und Samstag in herrschaftlichen waldungen dörres holz lesen zu därfen, doch nur für diejenigen, die hierzu nach befinden der erlaubnis und ein zeigen von ämtern erhalten. Es wird ihnen aber dabeÿ aufgegeben, weder ein beÿl, heppen, bandschneiden oder dergleichen mitzunehmen, noch sich zu unterstehen, junge baüme so lang und viel zu beügen, und aus den wurzeln ledig zu reisen* [...].“[54]

Doch der eingeschränkte Energiekreislauf der Frühmoderne war für die Sicherung der Waldbestände auch noch in anderen Bereichen wenig zuträglich. Vor der Einführung der Mineraldünger lohnte sich das meist in Winter und Frühjahr ziemlich rücksichtslos vorgenommene Auskehren der Waldstreu („*laubrechen, laubraumen*“), um damit unersetzliche Düngemittel in die ertragreichere Feld- und Weidewirtschaft einzubringen. Die Folgeschäden für den Wald wurden in den Ordnungen vielfach angesprochen. 1568 folgte dieser kritische Punkt auch bereits an sechster Stelle in der bayerischen Forstverfügung. „*Nachdem das laub zu auffkomung des jungen gehültz, so erst aus dem samen oder kernn kompt, hoch dienstlich, dann es vnder den laubern vnd klainen vngeraumbten nesteln, im winter wann es ain schnee hat, baß erstarcken kann, als so d*[a]*z wildpret oder ander vich vmb souil desto weniger abgefretzt vnd sichere aufgebracht. Dagegen dz laubraumen mit eisnen rechen auch schaufeln dem jungen gehülz gar schödlich*“ wurde dieses, nachhaltige Forstwirtschaft sehr störende, Prozedere untersagt.[55]

53 SchlossA Kunreuth, „Wald-Ordnung“ von 1738 (wie Anm. 34), S. 41.

54 StaatsA Bamberg, Schlossarchiv Mitwitz, G 58, Nr. H II 8636. Vgl. die Edition von Marina Heller zur Mitwitzer Ordnung von 1793, in: Wüst (Hg.), Die lokale Policey: Normensetzung und Ordnungspolitik auf dem Lande (wie Anm. 9), S. 556–566.

55 „Bayrische Vorstordnung“ vom 1.11.1568“ (wie Anm. 48), fol. 16.

Abb. 60: „Bayerische Vorstordnung von 1598“, *München (Berg) 1598. Die späteren Forstordnungen – hier das Exemplar von 1598 – rezipieren und zitieren die 1568 fixierten Grundsätze. Bildnachweis: BayStaBi München, 2 Bavar. 296 o; BayHStA, Amtsbibliothek 2° E 253.*

Bayrische Vorstordnung.

M.D.LXXXXVIII.

In Salzburg sah man die Dinge noch im 18. Jahrhundert fast identisch. Dort las man in der Waldordnung schon an fünfter Stelle: „*Das laubrechen ist an solchen orthen, wo es der jungen holtzwachs zu schaden gereichte, auff keine weiß zu gestatten.*“ Und dort, wo die Leute in „*alt- und erwachsenen gehöltzen mit ihren schaufflen die Streu zusammen zu scharren pflegen*“, sollten die Salzburger Waldmeister Vorsicht walten lassen. Garantiert musste sein, dass „*die wurtzen unentblöst und mit mieß nothdürfftig bedeckt bleiben und dass in denen schon beyhilfmässig erwachsenen holtz-maissen* […], *wie auch all andern größeren gehöltzen, durchgehends keine eisene, sondern nur hölzene rechen geraucht werden*“.[56] Interessant ist das grenzübergreifende Bemühen um eine natürliche Ressourcensicherung und die Vergleichbarkeit der Umweltprobleme quer durch die süddeutschen Landesverwaltungen. Gerade an spezifischen Punkten wie der Waldstreu verdeutlicht sich unser Anliegen als ein allgemeines Phänomen. So sah der Landesherr und

56 „Wald-Ordnung deß Hochlöblichen Ertz-Stiffts Saltzburg“ (wie Anm. 14), S. 13 f.

regierende Graf Ludwig Friedrich Carl Eginhard zu Erbach in einem ganz anderen Natur- und Kulturraum, in der zuletzt zum Kanton Odenwald des fränkischen Ritterkreises steuernden Herrschaft Erbach-Fürstenau das Problem ganz ähnlich. In der gräflich-erbachisch erneuerten *„Forst- Wald- und Jagd-Ordnung“* von 1770 gab es eben auch die nämliche *„erfahrung, wie großer schaden durch das laubrechen, wodurch die wurzel und das zarte geräusche beschädigt werden, in den waldungen zu geschehen pflege“*. Wer dort künftig ohne Erlaubnis kehrte, musste einen Gulden Strafe bezahlen.[57]

Die Waldhut

Ein weiterer Zielkonflikt um die Waldnutzung und die Sicherung der Pflanzbestände und Schonungen ergab sich durch ein vielerorts seit dem frühen Mittelalter verbürgtes Recht, in Herbst und Winter Vieh zur proteinreichen Mast (Eicheln, Bucheckern, Samen, Beeren, Nüsse und so weiter) in die Laubwälder zu treiben. Für die Waldhut, die regional ganz unterschiedliche Bezeichnungen wie Mast, Trieb, Waldweide oder „Blumenbesuch“ tragen konnte, waren Schweine und Ziegen prädestiniert. Damit betrafen Verbote in erster Linie die ländlichen Unterschichten, die sich zur Existenzsicherung kein Milchvieh leisten konnten. Beschränkungen der Waldhut – gänzliche Verbote waren offenbar nicht durchzusetzen – finden sich als sozialer Sprengsatz in der dörflichen Gesellschaft so gut wie in allen Ordnungen. Der Eichstätter Bischof ließ 1666 erneut erklären: *„Als auch bißhero aurch die gaiß in den wäldern, den höltzern mercklicher großer schaden geschhen, so sollen sie hinfüro außzutreiben und zu hüten nicht allein nicht gestattet, sondern in die wäld zu treiben hiemit gäntzlich in unserm gantzen hochstifft verbotten seyn. Es wärde dann, daß man sie mit den schweinen, wie etwan anderer orthen geschichte, außtreiben und hüten lassen wollte. Und für die Bauern, die vermöglich seynd küh-viech zu halten“*, war Ziegenhaltung in den Stiftslanden gänzlich untersagt.[58]

Interessant sind für unsere Fragestellung betreffend historisch nachhaltige Naturbegegnungen differenzierte Antworten auf die Waldschäden durch Viehfraß. In der kleinen von Egloffstein'schen Adelsherrschaft sah man 1738 die Dinge aus Erfahrung weniger dramatisch: *„Dem wald mehr nützlich als schädlich ist, wann man in gehöriger zeit schweine in die eicheln schläget, und zwar um deßwillen, weiln die schwein die abgefallene eichel und büchel in dem brechen vielfältig eingraben,*

57 „Gräflich Erbach-Fürstenauische erneuerte Forst- Wald- und Jagd-Ordnung im Amte Freyenstein“ von 1770, Michelstadt 1770.

58 „Hoch-Fürstliche Aychstättische Holtz- und Forst-Ordnung“ (wie Anm. 15), S. 30.

wodurch sie hernach leichter aufgehen und fortkommen. So ist jedoch hierbey zu oberserviren, daß wann im wald brüth oder junger anflug ist, man durchaus keine schweine einschlagen dürffe, sondern die eichel und büchel müße aufleßen laßen.“[59] Andernorts nahm man ebenfalls nur die nachwachsenden Waldflächen aus dem Viehhüteprogramm und sanktionierte die offenbar auch wiederholten Verstöße. In der auch vom Bergbau gesegneten gefürsteten Grafschaft Nassau-Saarbrücken waren es laut Forst-, Jagd- und Waldordnung von 1745 gerade diese Hegeflächen gewesen, „*darinnen mit pferden, rind-vieh, schaafen und schweinen die weyde zu suchen hiermit auf das schärffste verbotten wird. Und obwohlen es denen ubertrettern an nichtigen entschuldigungen niemahlen fehlet, so sollen doch alle dergleichen ausflüchte nicht statt finden, hingegen denen verbrechern zum ersten mahl von jedem stück 1 fl., zum andern mahl 2 fl. straff angesetzt, und zum dritten mahl das vieh confisciret werden*“. Bei den Sanktionen legte die Landesherrschaft, wie bei vielen anderen Policey-Mandaten durchaus üblich, auch noch verschärfend nach: „*Sollte aber dergleichen frevel zu nachtzeit, oder auf sonn- und feyertägen begangen werden, so ist die geld-straffe zum ersten- und andern mahl zu verdoppeln, zum dritten mahl* [...] *das vieh zu confisciren.*“[60]

Gewerbe im Wald

Auch in vorindustrieller Zeit setzten zahlreiche Gewerbeformen den europäischen Waldbeständen zu.[61] Hier stellten sich vor allem bei der Salz-, Glas- und Erzgewinnung, die seit dem späten Mittelalter auch in süddeutschen Landesherrschaften planmäßig betrieben wurde, ökonomische Zielkonflikte ein. Der Bedarf an Trift-, Versand- und Grubenhölzern, an Hartholz für die Pochenstempel in den Hammerwerken, an Brennholz beziehungsweise Holzkohle für das Sieden der Salze, das Schmelzen der Quarze bei der Glasherstellung oder für die Verhüttung verschiedener Erzvorkommen war gewaltig. Und die für die frühmoderne Glasproduktion unverzichtbare Pottasche war ebenfalls ein holzverschlingendes mineralisches Endprodukt, gewonnen aus Holzasche. Welche Konsequenzen das für eine nachhaltige Waldwirtschaft zeitigte, dokumentierte 1776 die Passauer Ordnung. Es sei „*leider bekannt, wie sehr das heimliche aschenbrennen in unseren*

59 SchlossA Kunreuth, „Wald-Ordnung“ von 1738 (wie Anm. 34), S. 29 f.

60 Universitätsbibliothek (künftig: UB) München, 2 Jus 1808 # 2, „Fürstlich Nassau-Saarbrückische Forst- Jagd und Wald-Ordnung“ de anno 1745, Saarbrücken (Johann Mengert) 1745, S. 14 f.

61 Vgl. als informativen Überblick: Hansjörg Küster, Geschichte des Waldes. Von der Urzeit bis zur Gegenwart, München [2]2003, S. 155–166.

großen waldungen in schwang gehe, wo diese aschenbrenner nur in vorbeygehen die schönste buchen da und dort anzünden, sofort gleichwohl brennen lassen, und erst einige Tage hernach den aschen holen, unbekümmert, was für unheil hierdurch veranlaßet werde, indem schon öfters in denen holzmaißen die vorhandenen gehackte scheitter zu brennen angefangen".[62] In Regionen mit dichter Waldglasproduktion wie im Spessart, wo die Projektgruppe „Spessartglas" mit Hilfe ihrer seit 1978 systematisch durchgeführten Erhebungen mindestens 160 vorindustrielle Hüttenanlagen[63] kartieren konnte, muss in der Frühmoderne mit einem Jahresbedarf an Brenn- und Aschenholz pro Hütte zwischen 940 und 3.136 Festmetern gerechnet werden. Daraus errechnet sich ein Holzschlag von mehreren Hektar (6,27–20,91) pro Glashütte und Betriebsjahr.[64] Die kurmainzische Landesregierung musste ständig abwägen zwischen den ökonomisch berechtigten Interessen der Glasmacher und der nachhaltigen Forstwirtschaft. Auch in anderen Regionen wie in Schlesien, das 1526 mit Böhmen im Erbwege an das Haus Habsburg gefallen war, gab es in den Gebirgsforsten der Erbfürstentümer Schweidnitz-Jauer und Liegnitz zahlreiche Glashütten. Für die Carlsthaler Glashütte mussten 1777 die vorhandenen Holzressourcen zum Fortbestand des Hüttenbetriebs erneut gebündelt und bedarfsgerecht analysiert werden. „*Was die 1234* $^{21/160}$ *stoß 6 vierteliches weich und hart holz betrifft, welche im Carlsthaler forst bis dato noch nicht genutzet werden können. So soll zuföderts die dasige glashütte dasjenige davon erhalten, was sie beym mehrern flor über die bisher erhaltenen 105 stoß gebrauchen möchte. In dem wir wollen, daß dieselbe nicht nur conservirt, sondern auch weiter poußirt werden soll, damit es dem in Schreiberhau und Warmbrunn einmahl etablirten ansehnlichen glashandel, mit der dabey verknüpften glasschleiderey, nicht an einländischen stoff zu fortsetzung dieses gewerbes fehlen möge. Hiernächst ist das etwan noch mehr zunehmende nußholz und brettklötzer, ingleichen das fallende harte holz abzuziehen, und der rest soll dem in Schreiberhau angelegten vitriowerk bestimmt seyn.*"[65]

---

62 „Hochfürstlich-paßauische Forstordnung" (wie Anm. 35), S. 64.

63 Das war der Stand des Jahres 1984. Vgl. Stefan Krimm, Zur Geschichte der Waldglasproduktion im Spessart, in: Claus Grimm (Hg.), Glück und Glas. Zur Kulturgeschichte des Spessartglases (Veröffentlichungen zur Bayerischen Geschichte und Kultur 2/84), München 1984, S. 159–179, hier: S. 159.

64 Zahlen nach: Krimm, Zur Geschichte der Waldglasproduktion im Spessart (wie Anm. 63), S. 167.

65 „Forst-Ordnung für die Schlesischen Gebürgsforsten in den Fürstenthümern Schweidnitz, Jauer und dem Goldbergischen Creyse, Liegnitzischen Fürstenthums, wie auch der Grafschaft Glatz […]", Glogau (Christian Friedrich Günther) 1777, S. 27.

Relativ gut erforscht ist die Situation in den Sud-, Aschen- und Erzwäldern, auf die wir noch zu sprechen kommen. Doch wissen wir wenig über die waldschädigenden Wirkungen kleinerer Gewerbeformen. Die ungezählten Köhler, Töpfer, Kalkbrenner, Papiermacher, Korbflechter, wie sie beispielsweise im oberfränkischen Lichtenfels[66] Stadt und Umland dominierten, Schnitzer und Pechmacher („*pechler, pöchbrocker*"), die in großen Mengen Baumharze destillierten, konnten das regionale ökologische Gleichgewicht stören. Es waren Berufsgruppen, die in hohem Maße von der Ressource Wald lebten. Nur enormer Holzkonsum sicherte ihnen ein Überleben, sodass waldkonservierende Antworten aus den Forst- und Waldordnungen für uns interessant sind. Deutliche Spuren hinterließen diese Gruppen in den naturbezogenen Policey-Quellen der Zeit auch deshalb, weil sich die Landesherrschaften als Gesetzgeber anders als bei der Salz-, Erz- oder Glasgewinnung vom Wirken waldnutzender Gewerbe nur geringe merkantile Wertschöpfung erhoffen konnten. Im Herzogtum Bayern wurde deshalb das „*pechlen*" bereits 1568 untersagt. Auch in Eichstätt nahm man 1666 Pechler und Köhler ins Visier der Policey. „*Und nachdem in den gehültzen, sonderlich in thann- und feichten-höltzern durch das büchen, bech außhawen und waydaschen brennen viel holtz verderbt und verdorret, so soll solches hinfüro auch gäntzlivh abgeschafft und nicht mehr gestattet werden.*"[67] Im Erzstift Salzburg mussten alle Pechsammler, die wegen des Anbohrens harzreicher Lerchenhölzer örtlich auch als „*lörgetporer*" bezeichnet wurden, bei der bischöflichen Hofkammer registriert sein. Damit hatte die Regierung ein wichtiges Steuerungselement, um die Waldverträglichkeit auch für diese Gewerbeformen zu gewährleisten. Dies hatte seine Gründe, da die „*pöchbrocker* [für die] *untersuch- und sammlung deß pöchs, vil kleine feicht-bäumel mit ihren hacken zu dem ende anzubecken, zu lachen, oder zu reißen pflegen, damit sie im andert oder dritten jahr hieran pöch finden können. Dises aber der jungen holtzwachs sehr schädlich ist, indeme die stamm hiervon pöchklüfftig werden. Als wird hiemit verordnet, daß sie,* [die zugelassenen] *pöchbrocker deß jahrs nur zweymahl, nemblichen von Pfingsten biß Ulrici, dann von Jacobi biß Bartholomäi pöcheln. Ferner hatten stiftischen Waldmeister Sorge zu tragen, dass die Harzsammler keinen klienern stamm, als welcher im umkraiß wenigist allbereit bey 36 oder 38 zahl dick ist, mehr anbecken, lachen, und reisen*". Ferner war bei Strafe das so gewonnene Harz und Pech nur zum inländischen Gebrauch freigegeben.[68] Je überschaubarer die vormodernen Lebenswelten wurden, desto größer

66 Günter Dippold, Lichtenfels: Korb- und Eisenbahnerstadt am oberen Main (Bayerische Städtebilder: Franken), Stuttgart 1997.

67 „Hoch-Fürstliche Aychstättische Holtz- und Forst-Ordnung" (wie Anm. 15), S. 17 f.

68 „Wald-Ordnung deß Hochlöblichen Ertz-Stiffts Saltzburg" (wie Anm. 14), S. 27 f.

war der Mut zu praktikablen Lösungen für die ökologischen Konflikte im Wald. Es war der in Egloffstein'schen Diensten stehende Förster gewesen, der selbst das verpönte „*pechen*“ oder „*pechstechen*“ und die Sicherung der Baumbestände auf einen Nenner brachte. Er sprach sich für die Zulassung der Sammler aus. Voraussetzung war allerdings, dass „*man gesonnen ist, einen gewißen district von fichtenholz binnen 5, 6 biß 7 jahren gänzlich abzuholzen. Doch werden diejenigen, die das holz hernach zum brennen gebrauchen, gar wohl finden, daß es nicht mehr so kräftig seye, noch so viel hiz gebe, als wenn es vorhero nicht wäre gepicht worden*“.[69]

Das Fürsteninteresse am Wald

Die Jagd

Jagd- und Waldinteressen waren nie identisch, doch sorgte das fürstliche Interesse an der Jagd als aristokratische Lebens- und Unterhaltungsform und sozialzeremonielle Repräsentation indirekt für waldkonservierende Maßnahmen. Gleichzeitig liefen in den Kanzleien der Fürstenherrschaft die Fachressorts und die Aktenbetreffe zu Jagd und Wald zusammen. Dies hatte sogar zu einer kombinierten Rechnungslegung geführt, deren Trennung da und dort im 18. Jahrhundert wieder eingefordert wurde. 1769 trug man in den fränkischen Hohenzollernlanden Sorge, „*daß die wildprets-rechnungen nicht, wie bißhero geschehen, unter die holzrechnungen eingeworffen, sondern von solcher ganz in separato geführet* [...], *damit solche nicht confus, sondern mit der äussersten accuratesse gefertiget werden*“.[70] Trotzdem ergaben sich querbeet zahlreiche Steuerungsmöglichkeiten, die über Fürstendiener beidseitig zum Tragen kommen sollten. In der Eidesformel („*formula juramenti*“) der Förster in der zum Oberrheinischen Reichskreis zählenden Grafschaft Nassau-Saarbrücken wurde, wie auch andernorts, diese Doppelaufgabe konkretisiert. „*Meinem gnädigisten fürsten* [...] *treuhold und gewärtig seyn, dero mir anbefohlene wälder, wild-bahnen und forste* [...] *mit allem fleiß nach meinem besten vermögen* [...] *versehen, verhüthen, handhaben und verwahren wolle, daß so viel an mir ist, darinnen und außerhalb an fruchtbaren stämmen und obst-bäumen kein schaden geschehen soll.* [...] *In dero wäldern, hecken, büschen oder feldern weder heimlich noch öffentlich, weder klein noch großes wildpret zu schießen, zu jagen oder deme auf andere weiße nachzustellen erlauben, sondern alles solche, so hierwider freventlich handeln* [...], *wie nicht weniger alle fisch- und*

69 SchlossA Kunreuth, „Wald-Ordnung“ von 1738 (wie Anm. 34), S. 36.
70 „Hochfürstl. Brandenburg-Onolzbach und Bayreuthische Jagd- und Wildbahns-Ordnung“ (wie Anm. 28), S. 6.

krebs-diebe, schuldiger gebühr nach [der Herrschaft] *anbringen* [...] *nicht unterlassen. Noch darunter jemanden, wer der auch seyn mögte, durch die finger sehen wolle, so wahr mit* GOTT *helffe und sein heiliges wort!*"[71] Der Schutz herrschaftlicher Jagdinteressen trug auch ein Stück weit zur Entkommerzialisierung der Forste bei. Sie kann durchaus dem Komplex der Nachhaltigkeit zugeordnet werden. Im Extremfall war zur Hochzeit der Jagdhörner eben selbst das Beerensammeln im Wald nicht gerne gesehen. In Nassau-Saarbrücken nahm Fürst Wilhelm Heinrich 1745 auch darauf Bezug, da „*durch erdbeer-, himbeer-, und heidelbeer-suchen in denen holtz-schlägen vieler schaden geschiehet, indeme dadurch kein stück wildpret in ruhe bleiben kann. So ist solches hinführo in schlägen, so 3 jahr alt seyn, bey straff 10 alb. gäntzlich verbotten*".[72] Ruhezeiten für den Wildschutz und die ungestörte Jagd schützten auch anderswo den Wald vor kontinuierlicher Holzentnahme und Erschließung. Für Ansbach und Bayreuth legte 1769 der Landes- und Jagdherr, Markgraf Christian Friedrich Karl Alexander (1757/1769–1791), fest: „*Alß befehlen wir, daß von Walburgis biß Johannis sich niemanden unterfange, im wald beym holz-hauen, führen oder klauben, auch sonstigen herumstreunen sich betretten zu lassen, noch mit denen vieh-heerden hinausziehen, sondern in dieser zeit der wald gänzlich geschlossen und ruhig bleiben- und ebenso wiederum währender hirsch-prunfft-zeit von Neu-Egidii biß Michaelis, ein vollkommenes wald-verboth observiret werden solle.*" Gleichzeitig war zu verhindern, dass sich Unbefugte, Fremde oder gar Kriminelle im Wald herumtrieben. Jäger wie Förster hatten zu berichten, wenn „*auswärttige als innländische particuliers oder unterthanen ganze wälder devastiren, ausreuten- und in feld oder wiesen verwandeln wollten, maßen dadurch unser wildbahn je mehr und mehr eingeschräncket und verkleinert werden könnte*".[73] Und für die zahlreichen Diebes- und Räuberbanden[74] des ausgehenden Mittelalters bis 19. Jahrhunderts hatte der Wald geradezu eine

71 „Fürstlich Nassau-Saarbrückische Forst- Jagd und Wald-Ordnung" (wie Anm. 60), S. 7.

72 Ebd., S. 15.

73 „Hochfürstl. Brandenburg-Onolzbach und Bayreuthische Jagd- und Wildbahns-Ordnung" (wie Anm. 28), S. 15.

74 Gerhard Fritz, Räuberbanden und Polizeistreifen: Der Kampf zwischen Kriminalität und Staatsgewalt im Südwesten des Alten Reiches zwischen 1648 und 1806, Remshalden 2003; Uwe Danker, Räuberbanden im Alten Reich um 1700: Ein Beitrag zur Geschichte von Herrschaft und Kriminalität in der frühen Neuzeit (Suhrkamp-Taschenbuch Wissenschaft 707), Frankfurt a.M. 1988; Monika Machnicki, Die oberschwäbischen Räuberbanden des 19. Jahrhunderts, in: Harald Siebenmorgen (Hg.), Schurke oder Held?: Historische Räuber und Räuberbanden, Sigmaringen 1995, S. 111–122.

strategische Bedeutung für das Überleben. So kann es kaum verwundern, wenn auch dieser Waldfrevel in den Ordnungen regelmäßig thematisiert wurde. „*Da es öfters zu geschehen pfleget, daß sich rauber- und diebs-gesindel in denen wäldern und dickungen aufhalten und verstecken, so hat ein jeder jagd- und forstbedienter* [...] *zu trachten, sich solcher allenfalls mit zuhülfnehmung seines gränz-nachbarn und unterthanen zu bemächtigen.*“[75] Jagdinteressen, die sich mit Blick auf den energie- und gewerbebedingten Raubbau für die Flora als vorteilhaft erweisen konnten, mussten gleichzeitig in der Fauna keineswegs nachhaltig wirken. Im Gegenteil trennte hier eine utilitaristisch denkende Fürstenmacht zwischen Wildpret und Raubtieren. In den Jagdrevieren der fränkischen Hohenzollern war es im 18. Jahrhundert jedenfalls gestattet und wurde durch Schussgelder sogar gefördert, „*raub-thiere, als* [da waren] *füchße, marder, ildes etc.*“ auszurotten. Und im Fürstentum Ansbach war es 1769 üblich, dass die Wildmeister „*jährlich 100 paar krähen- oder elstern fänge, jeder straifer oder gränz-schütz aber die helffte, nemlich 50 paar dergleichen*“ kostenlos abliefern. Und die Fürstendiener waren gehalten, in die Horste hinaufzusteigen, um die Vögel zu fangen oder zu schießen, „*wie jeder den grösten abbruch thun kann*“.[76] Agrarreformer[77] und fürstennahe Aufklärer, die ökonomischen Fortschritt vor der Agrartechnisierung des 19. Jahrhunderts predigten und die Güter und Ländereien nur auf die jeweils beste Art nutzen und kultivieren wollten, wurden hier mitunter ökologischen Nischen in Wald und Flur zum Verhängnis.

Salinen, Bergwerke und Waldnutzung

Die Salinen- und Bergwerkswälder spielten mit Blick auf eine nachhaltig betriebene Forstwirtschaft eine Vorreiterrolle. Hier war der Holzverbrauch für die energieaufwendigen Siede- und Schmelzverfahren seit jeher besonders hoch gewesen und hier trat früher als andernorts ein fürstlich-kameralistisches Interesse

---

75 „Hochfürstl. Brandenburg-Onolzbach und Bayreuthische Jagd- und Wildbahns-Ordnung“ (wie Anm. 28), S. 16.

76 Ebd., S. 13.

77 Die Forschung hat hier in zahlreichen Regionen noch großen Nachholbedarf. Vgl. dagegen beispielsweise für Franken: Alois Schmid, Pfarrer Johann Mayer aus Kupferzell im Fürstentum Hohenlohe: Der „Gipsapostel“ – ein Wegbereiter der deutschen Agraraufklärung, in: Helmut Altrichter (Hg.), Persönlichkeit und Geschichte, Erlangen/Jena 1997, S. 105–126. Und für Brandenburg-Preußen: Hanno Schmitt, Friedrich Eberhard von Rochow: Bildungs- und Agrarreformer im Zeitalter der Aufklärung, in: Mathias Iven (Hg.), Lindstedter Begegnungen: Gespräche über Preußen 1999 bis 2001, Berlin 2002, S. 167–182.

an der Nutzung der Rohstoffe offen zutage. Salzgewinnung durch Versieden war im Alpenraum bereits in der Spätantike verbreitet und um Reichenhall konnten sich frühmittelalterliche Salzgewerke auf diese Kontinuität stützen. Ein sich verschärfender Machtkampf um attraktive Salzstandorte und Salinenbetriebe konnte nicht ausbleiben. Bereits 1195 zerstörten die Reichenhaller konkurrierende Anlagen um Berchtesgaden und Hallein, 1196 ließ der Salzburger Erzbischof im Gegenzug Reichenhall niederbrennen. Doch der Höhepunkt der Salzproduktion und damit des Holzverbrauchs war für Salzburg, Bayern und Österreich erst im 16. Jahrhundert erreicht. Bis zum Ende des 15. Jahrhunderts hatte auch der bayerische Herzog die Salzsieden aus privater Hand vollständig aufgekauft; der protostaatliche Monopolbetrieb nahm seinen Lauf.[78] Ähnliches galt für den spätmittelalterlichen und frühmodernen Eisen- und Silbererzabbau.

Enorme technische Leistungen, wie die 1616 fertiggestellte, von Reichenhall nach Traunstein führende Soleleitung, wurden vollbracht, um die Standortfrage des Waldes von den Fundstätten für Erz und Salz zu entzerren.

Zu Beginn des 19. Jahrhunderts reichten auch um Traunstein die regionalen Holzvorräte nicht mehr aus und man musste 1810 die Soleleitung bis in das vierzig Kilometer entfernte Rosenheim verlängern. Gradierwerke sorgten ebenfalls für eine Reduzierung des unerschöpflichen Energieaufwands im Siedeverfahren für Salz. Alfred Kotter errechnete den Waldverbrauch für die Saline Reichenhall für die Jahre 1500–1639. In den Hauptproduktionszeiten der Saline, als man in den fünf Jahren 1545 bis 1549 mit 2.508 Pfund Fuder Rohsalz einen Höhepunkt erreichte, lag der nötige Holzbedarf bei 122 Pfund sogenannter „*Monstiedl*". Berücksichtigt man, dass die Pfunde hier als Zähl- und nicht als Gewichtseinheit eingesetzt wurden, standen im genannten Zeitraum 601.920 Fuder Salz – das Fuder zu 27 kg gerechnet – auf der einen, 29.280 Monstiedl Holz – ein Monstiedl zu 1,66 Salinenklafter oder 4,46 Kubikmeter Holz gerechnet – auf der anderen Seite gegenüber. Der jährliche Verbrauchswert lag somit in Spitzenzeiten, nur für die bayerische Saline Reichenhall gerechnet, bei 259.290 m^3 oder circa 181.503 Festmetern Holzschlag.[79] Weitere Prioritäten zur umweltverträglichen Sicherung der Salzförderung setzte der Landesherr über entsprechende Waldordnungen. Das Halleiner Salz fand 1713 seinen direkten Niederschlag in erzstiftischen Rügen zum Waldfrevel. Dabei ging es oft gar nicht um das begehrte Nadelholz. „*Wer ein haßl-stauden zum Hällingischen Weesen raiff zu machen gewest wären unnützlich*

78 Meister, Der „Ewige Wald" der Saline Reichenhall (wie Anm. 46), S. 180.

79 Kotter, „Holznot" (wie Anm. 46), S. 187, 191; Götz von Bülow, Die Sudwälder von Reichenhall (Mitteilungen aus der Staatsforstverwaltung Bayerns 33), München 1962, S. 105 f.

verhackt, aber den stock nicht verderbt, soll straff geben“ vier Schillinge. Und *„wer einen weiden-baum, darvon Hällingische Band zu haben gewest wären, umbhackt oder schwendt“*, soll einen Gulden Strafe zahlen.[80]

Abb. 61: „Uebersichts-Karte der königlich bayerischen Saalforste auf k.k. österreichischen Gebiete“, *1836/37. Bildnachweis: Treml / Jahn / Brockhoff (Hg.), Salz Macht Geschichte, Aufsätze (wie Anm. 45), S. 181.*

80 „Wald-Ordnung deß Hochlöblichen Ertz-Stiffts Saltzburg“ (wie Anm. 14), S. 44 f.

Abb. 62: „Kayserlich-Lands-Fürstliche Holtz- und Wald-Ordnung in Vintschgau", *Innsbruck 1729. Bildnachweis: UB Innsbruck; Reprint: ReInk books 2017.*

Die Salz- und Erzgewinnung hatte natürlich drastische Auswirkungen auf die Waldordnung, insbesondere auf die Bestände der Nadelwälder. Fichten-, Tannen- und Lerchenholz war für das Versieden besser geeignet als Buche oder Eiche, die für die teuren Sudpfannen eine zu starke Hitze entwickelten. Die Folge waren der Rückbau an Laubwäldern und der Siegeszug der „Schwarzwälder" überall dort, wo nicht andere Interessen entstehende Monokulturen überlagerten. Noch 1713 waren diese Folgen in einer Salzburger Waldordnung abzulesen, wenn selbst die Almen mit Nadelgehölz überwuchert waren. „*Die eheblessen in den almen, so von schwartz-wäldern verläckt seynd, auch die mäder, aesten und oetzen, so mit zäun von alters hero eingefangen und also inngehabt worden, wann sie mit holz verwachsen wöllen und solches noch nicht hiflmässig ist, mögen wider geraumt werden. Darbey* [soll] *doch das lerchen-, zirmen-, ahorn-, oeschen-, ulmen-, eiben- und*

anders, so zu zeug-holtz und sonderlich bey den bergwercken zu wel-bäumen[81], *senstecken, enspämen, jöchern und stecken zu den land-brucken zu gebrauchen und zu bringen ist, verschont werden.*"[82] Rodung und Holzabbau unterlagen deshalb in den Erz- und Salzwäldern einer besonderen Aufsicht, die es durch die Waldmeister zu garantieren galt. So ernannte der bayerische Herzog als Hüter des „ewigen" Waldes um die Saline Reichenhall bereits 1509 einen Waldmeister.[83] Er wurde zum Garanten der Nachhaltigkeit. Für Reichenhall wurde im selben Jahr sein Wirken durch eine eigene Wald- und Forstordnung begleitet.[84] Ohne die Erlaubnis der Wald- und Forstmeister, die in seit dem frühen 16. Jahrhundert geführten Waldbüchern größere Holzentnahmen und Rodungen genau zu dokumentieren hatten, war fortan die Nutzung des natürlichen Rohstoffes nicht mehr denkbar, und bei Holznot kam sofort das Argument, für den übergeordneten Salz- und Erzbau die Ressourcen zu sichern. In einer österreichischen Holz- und Waldordnung für den Vinschgau, die 1729 in der Innsbrucker Hofdruckerei ansprechend vervielfältigt wurde, hieß es deshalb: „*die ehevorige wald-ordnung* [von 1586 haben wir] *erneueret, derselben jedoch, bevorab letster hand, schlechtlichen nachgelebt, sondern die excess und wald-verderbungen zu unwiderbringlichen schaden unserer bergwercker- und lands-unterthanen, ungeacht durch unsere öfters abgeordnete commissarien, die wohlverdiente empfindliche straffen vorgenommen.*"[85] Da für die Überwachung der zuständige Waldmeister „*an der Oetsch*" zu weit entfernt war, übertrug man die Forstkompetenzen an den Bergrichter und Verweser zu Imst, der „*wegen denen berg- und schmölzwercken ohne das öffters dahin raisen muß*". Die Vinschgauer Waldaufsicht kam so letztlich unter die Kontrolle der Obersten Berg- und Schmelzwerk Faktorei in Tirol.[86]

Ergebnisse

Über Nachhaltigkeit in einer historischen Dimension nachzudenken, lohnt sich, angesichts einer breiten einschlägigen Überlieferung an Forst-, Wald- und Jagdordnungen. Die Zielkonflikte im und um den Wald wurden dort klar

---

81 Wellhölzer eigneten sich als zylindrisch geformte Stützbalken im Bergbau.

82 „Wald-Ordnung deß Hochlöblichen Ertz-Stiffts Saltzburg" (wie Anm. 14), S. 23.

83 Von Bülow, Die Sudwälder von Reichenhall (wie Anm. 79), S. 64.

84 Schilling / Schuck (Hg.), Wittelsbachische Territorien (Kurpfalz, Bayern, Pfalz-Neuburg, Pfalz-Sulzbach, Jülich-Berg, Pfalz-Zweibrücken) (wie Anm. 37), Nr. 155.

85 „Kayserlich-Lands-Fürstliche Holtz- und Wald-Ordnung zu Vintschgau", Innsbruck 1729, S. 3.

86 Ebd., S. 3 f.

deklariert. Die These, dass die frühmoderne Fürstenherrschaft im Umgang mit der Ressource Holz eine nachhaltige Landespolitik betrieb – freilich ohne sie als solche beim Namen zu nennen – scheint sich, mit Blick auf die Jagdinteressen, die krisenanfällige Salinen- und Erzförderung, den landesweiten Aufbau einer Forstverwaltung, die Reglements gegen extensive Weide- und Gewerbenutzung im Wald und schließlich mit Blick auf die Beschränkungen kommunaler Holzrechte, zu bestätigen.

Wolfgang Wüst

Spargel in Bayern als Garten- und Ackerfrucht – Zu den regionalen Anfängen eines exotischen Gemüses

Starting from its status as an exotic prestige object in the court gardens of Stuttgart 1562, the author draws in his essay the development of the asparagus in Bavaria source-based, until, according to a tax list from Sinning in the 19th century, it was finally grown on large-scale crop. In the course of the source-based critical review, hitherto acknowledged research opinions on large-scale asparagus cultivation in today's Bavarian Abensberg and Schrobenhausen prove as unstable and must be postponed from the 17th and 18th to the early 19th century. From intelligence sheets it can be learned that the local small-scale cultivation as a luxury commodity and remedy in some little Franconian areas was already profitable in the middle of the 18th century and found consumers and buyers. At the same time, German journalists were also busy with the precious vegetable and, based on the ancient Greek authors, published essays and guides on its cultivation and use in northern climates.

Früher Spargelbau in Bayern

Die Suche nach den Erstbelegen für Spargelanbau im bayerischen Garten- und Ackerland setzt eine äußerst aufwändige Grundlagenforschung, vor allem aber ein intensives Quellenstudium ungedruckter agrarbezogener Steuer- und Abgabenverzeichnisse voraus, die wir mangels personeller Ressourcen für diesen Beitrag noch nicht leisten konnten. Diese inhaltliche Einschränkung spricht aber nicht gegen vorgenommene neue Bewertungen und Themenzuschreibungen, zumal frühe Spargelnennungen in den Hochglanzbroschüren des „Spezialitätenlands Bayern" kritischen Recherchen meist nicht standhalten. So gingen erste Berichte über fränkischen Spargelbau auf das Jahr 1670[1] zurück, ohne dass wir darüber Quellenfundiertes erfahren würden. Die Erkenntnis limitierter Recherchen will

1 URL: www.spezialitätenland-bayern.de (Fränkischer Spargel); www.spargel-franken.de (letzter Zugriff: 17.4.2018). Der Eintrag bezieht sich auf die Marktgeschichte des oberfränkischen Eggolsheim aus dem Jahr 1876, in der vom regionalen Spargelanbau seit 1670 die Rede ist. Autor war Dekan und Distriktsschuldirektor C. Ringelmann, Pfarrer in Lahm.

nur festhalten, dass die bayerische Spargelforschung gegenwärtig dem Anfang nähersteht als dem Ende. Die bis heute als unbefriedigend zu bezeichnenden Kenntnisse um den historischen Spargelbau überraschen, kam dem Spargel doch bereits in der vorchristlichen Antike ein erstaunlicher Bekanntheitsgrad als Heil-, Speise- und Kultpflanze zu.

Antike Vorbilder

Abb. 63: „Dell' Historia delle Piante di Theophrasto", *Venedig (Michel Angelo Biondo) 1549.*

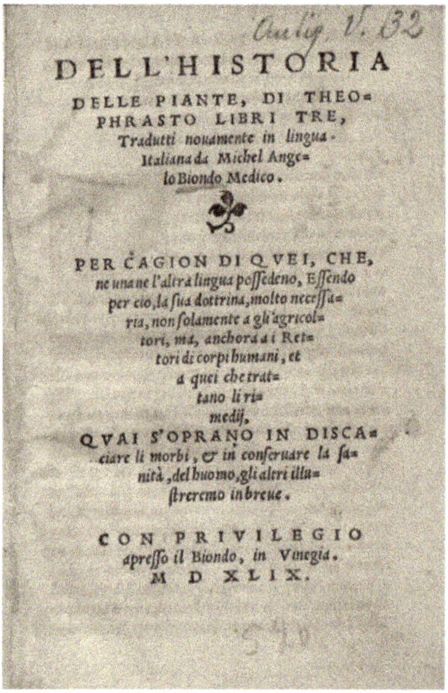
DELL'HISTORIA
DELLE PIANTE, DI THEO-
PHRASTO LIBRI TRE,
Tradutti nouamente in lingua
Italiana da Michel Ange-
lo Biondo Medico.

PER CAGION DI QVEI, CHE,
ne una ne l'altra lingua possedeno, Essendo
per cio, la sua dottrina, molto necessa-
ria, non solamente a gli agricol-
tori, ma, anchora a i Ret-
tori di corpi humani, et
a quei che trat-
tano li ri-
medij,
QVAI S'OPRANO IN DISCA-
ciare li morbi, & in conseruare la sa-
nità, del huomo, gli altri illu-
streremo in breue.

CON PRIVILEGIO
appresso il Biondo, in Vinegia.
M D XLIX.

Der griechische Philosoph und Naturforscher Theophrastos von Eresos (um 371 v. Chr.–um 287 v. Chr.) erwähnte erstmals um 300 v. Chr. Spargel in seiner Natur- und Pflanzenkunde[2] als Speisegewächs. Theophrastos' vielfach rezipiertes Naturbuch wurde dreibändig unter dem Titel *„Dell' Historia delle Piante di Theophrasto"* in italienischer Sprache von dem Arzt Michel Angelo Biondo 1549 neu herausgegeben.[3]

2 Theophrastos von Eresos, Naturgeschichte der Gewächse, übersetzt und erläutert von Kurt Sprengel, 2 Bde., Altona 1822, Reprint: Hildesheim 2013.

3 Dell' historia delle piante, di Theophrasto libri tre, tradutti nouamente in lingua italiana da Michel Angelo Biondo medico, Venedig (Vinegia) 1549.

Abb. 64: Marcus Gavius Apicius, „De re coquinaria", *als Edition: Das römische Kochbuch des Apicius, vollständige zweisprachige Ausgabe. Aus dem Lateinischen übersetzt und kommentiert von Robert Maier (Reclam Nr. 19383), Stuttgart 1991/2016.*

Marcus Gavius Apicius (um 25 v. Chr.–vor 42 n. Chr.) baute dann in seinem Kochbuch „*De re coquinaria*" aus dem frühen Jahrhundert nach Christi Geburt schon auf größere Mengen des schmackhaften Gewächses. Für einen Eierkuchen mit der Zutat von zwei Pfund Spargelspitzen lautete das Rezept: „*In einen Reibstein gib die Kopfenden von Spargeln und verreibe sie mit Wein, Pfeffer, Liebstöckel, frischem Koriander, Bohnenkraut, Liquamen* [Würzsoße Garum] *und Öl. Diesen Brei schütte in eine eingefettete Pfanne, vermische ihn mit Eiern und setze die Pfanne aufs Feuer. Wenn alles gestockt ist, streue Pfeffer über und serviere.*"[4] Spargel ist heute in Bayern – das ist keine Frage – beliebter als jemals zuvor. Auch das sollte Auftrag sein, sich mit der Geschichte des regionalen Spargelkonsums näher zu

4 URL: www.zdf.de/dokumentation/terra-x/kochrezept-aus-der-mittelalterlichen-kueche-ein-100.html (letzter Zugriff: 17.4.2018); Marcus Gavius Apicius, Über die Kochkunst. De re coquinaria. Vollständige zweisprachige Ausgabe, hrsg., übersetzt und kommentiert von Robert Maier (Reclam Universal-Bibliothek 8710), Ditzingen 2008.

beschäftigen. Bayerische Bauern ernteten 2016 auf einer Anbaufläche von über 3.000 Hektar. Seit dem Jahr 2000 hatte sich so die Spargelfläche von damals 1.200 Hektar weit mehr als verdoppelt. Die Erntemenge stieg entsprechend. Dem Landwirtschaftsministerium zufolge stachen rund 600 Spargelbauern mit ihren meist polnischen Erntehelfern im Freistaat im vergangenen Jahr rund 19.500 Tonnen weißen Spargel aus der Erde, die heutzutage nicht mehr notwendig sandig sein sollte.[5] Bevor die Massennachfrage unserer Tage die Spargelbeete erreichte, war Spargelkonsum aufgrund seines Preises und intensiver Pflege eine exquisite Angelegenheit. Spargel aß man im höfischen, klösterlichen und wohlsituiert bürgerlich-bäuerlichen Kreis in Stadt und Land. Da half auch die bereits 1786 erschienene „*Kurze Anweisung den Spargel mit wenigen Kosten und zugleich schön zu bauen*"[6] aus der Feder von Christoph Friedrich Seidel wenig. Seidel hatte als Amtmann der fränkischen Hohenzollern in Markt Dachsbach im Aischgrund zwar kleinräumige Erfahrungen im Spargelbau gesammelt, doch blieb sein Einfluss überregional eher gering. So mancher Zeitgenosse hätte Spargel gerne öfter gekostet, doch verzichtete man aus Kostengründen darauf. Auf der Leipziger Spargelmesse („*Spargkel=Meß*") nahm dazu jedenfalls ein regionaler Feinschmecker im April des Jahres 1742 Stellung: „*Willkomm zu Leipzigk Stadt!/ Willkomm uff Spargkel=Meß!/ Iß und das iß die Szeit, wo man neu Spargkel eß./ Vor diese mal ick klaub, daß er wird seyn viel rar,/ Die Leut, die kern*[7] *das Schmauß, ihr Beutel wird erfahr./ Ick ock eß Spargkel kern, dock wenn ick soll bezahl,/ Die Appetit ick kann verliehr kern allemal,/ Wenn Spargkel ick will eß, nack Ohff ich kann marchir,/ Par Compagnie ick kann da Spargkel* […] *seh mangir,/ Bros ick kann nehm mit mir, in Maul ick kann drein steck,/ Wenn Jemand schlingk, ick ock, brod zu, das muß schon schmeck;/ Die Leipzigk iß schön Orth, man find da kroß*[8] *Plaisir.*"[9]

5 Bericht der Augsburger Allgemeinen Zeitung vom 15.4.2017, Lokalausgabe: „Die Spargelsaison in Bayern ist offiziell eröffnet".

6 Der Druck erfolgte 1786 in Erlangen. Bestandsnachweis: BayStaBi, Oecon. 1590 b; VD 18-1295957.

7 Gern.

8 Große.

9 Sächsische Landesbibliothek / Staats- und Universitätsbibliothek Dresden, Hist. Saxon. H. 1495,2: „*Willkomm uff Leipzigk Spargkel=meß/ Sein Devoir soll nit verkeß Der Deutsch=Francos, Dresden*" (kgl. Hof-Buchdruckerei Stößelin), Dresden 1742, S. 2.

Abb. 65: N.N., „Spargkel=Meß in Leipzig […]", *April 1742. Bildnachweis: Sächsische Landesbibliothek / Staats- und Universitätsbibliothek Dresden, Hist. Saxon. H. 1495,2.*

Willkomm
uff
Leipßigt
Spargkel-Meß/
Sein Devoir soll nit verkeß
Der
Deusch=Francos.
M. April 1742.
Dreßden,
Gedruckt bey der verwitt. Königl. Hof-Buchdr. Stößelin.

Der Blick nach Westen

Für das Herzogtum Württemberg ist im Unterschied zu Bayern der Erstbeleg für Spargel deutlicher markiert. Peter Rückert[10] stieß im Quellenfundus des Stuttgarter Hauptstaatsarchivs auf die italienische Korrespondenz der Gemahlin Graf Eberhards im Bart, der späteren Herzogin Barbara Gonzaga aus Mantua (1455–1503). Die schwere unverdauliche Kost am Uracher Grafen- und Herzogshof schlug der Landesmutter bald auf den Magen, sodass sie im April 1475 erstmals nach Spargelsamen aus ihrer oberitalienischen Heimat verlangte. Ihr Sekretär Marino sollte den Hofgärtner in Mantua bitten, Samen und Pflänzchen nach Urach und Stuttgart zu senden: „*Se la signoria de madonna havesse uno mazo de sparzi*[11]*, li sariano grati. Se havessemo del seme ne seminaressemo*

10 Peter Rückert, Der erste Spargel in Württemberg. Barbara Gonzaga und die Anfänge der italienischen Küche, in: Archivnachrichten des Landesarchivs Baden-Württemberg 53, 2016, S. 8.

11 Spargel (ital. asparagi).

perché qua non gli n'è. Frate Epyfanio è facto ortulano dela signoria soa et ha seminato zuche, meloni, ravanelli, verze, latuche et alter cose […]."[12] Für das Herzogtum Bayern liegen ähnlich frühe Belege nicht vor. Ältere Pflanzen-, Garten- und Kräuterbücher, wie die 1543 von Leonhart Fuchs in Basel und 1565 von Hieronymus Bock in Straßburg gedruckten Werke, gaben viele regionale Tipps zum Spargelbau, doch fehlen konkrete Ortszuschreibungen für Bayern. Bei Hieronymus Bock hieß es beispielsweise, „*Spargeln wachsen gern an steynechten/ zaehen vnnd Leymechten Rechen*[13]*/ da die Sonn staets hien mag/ etwann auch in den feuchten gruenden/ inn ebenen Laendern/ als im Wormbser Gaw*".

Abb. 66.1 und 66.2: Hieronymus Bock, „Kreütterbuch, darin vnderscheidt Nammen vnd Würckung der Kreütter, Stauden […]", *Straßburg 1565, Titelblatt und S. 209. Bildnachweis: Staats- und Stadtbibliothek Augsburg, 2 Nat 27.*

Von der kreütter Vnderscheid

Spargen.

Von den Namen.

So bald die hohen Spargen stengel/ die roten Corallen zwischen den zerknitschten Fenchel bletern gewinnen/ nent man sie im gan Teüffels traube. Sonst ist der nam Asparagus / oder wie die Athener schreibē/ Aspharagus ein gemeyner name aller kreütter die da erstmals ire junge dolden oder bletter herfür stossen/ […]

Von der Krafft vnd Würckung.

Die jungen Spargen dolden gehören dem Koch in die kuchen/ […]

Innerlich.

Junge Spargen dolbē in wein gesotten/ mit Buttern vñ Essig […]

Kreütterbůch darin vnderscheid Namē vnnd würckung der Kreütter Stauden/ Hecken vnd Beumen/ sampt iren Früchten so im Teütschen Landen wachsen/ […]

Vnd jetzund von Newem fleissig übersehen/ gebessert vnd gemehret/ dazů mit hüpschen artigen vnd lüblichen Figuren der Kreütter allenthalben gezieret.

Sampt dreyen volkommen nutzlichen Registern/ Vnder welchen/ […]

Gedruckt zů Straßburg/ mit Römischer Keys. Mayestat Freyheit auff acht Jar.

M. D. LXV.

---

12 Rückert, Der erste Spargel in Württemberg (wie Anm. 10), S. 8.

13 In steinreichen und lehmhaltigen Lagen.

Abensberg und Schrobenhausen

Recherchiert man an den traditionsreichen bayerischen Spargelorten in Abensberg oder Schrobenhausen, wo man Spargel bis ins 20. Jahrhundert allenfalls im Nebenerwerb anbaute, stößt man auf die Doktorarbeit des in Abensberg geborenen Diplomkaufmanns Maximilian Georg Kroiß[14] – die Arbeit wurde 1992 an der Johannes Kepler Universität in Linz eingereicht –, aus der hervorgeht, dass die dort wirkenden Karmelitermönche marginal bereits um 1730 Spargelanbau betrieben.[15] In der Klosterküche wurde am 15. Mai 1725 von den beschuhten Karmelitern Spargel aus unbekannter Herkunft geordert. 1739 zahlte man immerhin schon 27 Kreuzer *„pro 6 fasciculis Spargl"*, also für sechs Bünde lokalen Spargels.[16]

In einem „Spezialitätenportrait" zum Abensberger und Schrobenhausener Spargel wurde deshalb in Rückgriff auf Kroiß, der Spargel im eigenen Garten anbaute, der euphemistische Schluss gezogen: „Damit zählt Abensberg zu den ältesten Anbaugebieten nicht nur in Deutschland, sondern sogar in Europa! Vor Abensberg liegt im internationalen Alters-Ranking nur noch Schweden, hier bauen hartgesottene Spargelbauer den kalten Temperaturen zum Trotz seit 1720 (!) das zarte Gemüse an. Der Ertrag der gerade mal 35 bis 40 Hektar Anbaufläche kann den schwedischen Spargelkonsum aber bei Weitem nicht decken, und auch geschmacklich kommt das Gemüse nicht an den des zweitältesten Anbaugebiets Abensberg heran."[17]

---

14 Maximilian Georg Kroiß, Abensberg, in: Edeltraud Klueting / Stephan Panzer / Andreas H. Scholten (Hg.), Monasticon Carmelitanum. Die Klöster des Karmelitenordens (O.Carm.) in Deutschland von den Anfängen bis zur Gegenwart, Münster 2012, S. 133–144.

15 Maximilian Georg Kroiß, Wirtschaftliches Gebaren im Bettelorden, dargestellt am Beispiel der beschuhten Karmeliten in Abensberg im 18. Jahrhundert, Diss. masch., Linz 1992.

16 Ebd., S. 211.

17 URL: www.weltgenusserbe.eu/presse/presseinformation-weltgenusserbe-bayern/presseinformation-detailansicht.html?tx_ttnews%5Btt_news%5D=42&cHash=-d5fe40336a5eeef863a09414beb257f5 (letzter Zugriff: 2.4.2018).

Abb. 67: Stadtansicht von Abensberg aus dem 16. Jahrhundert. Handzeichnung von Philipp Apian. Bildnachweis: BayStaBi, Kartensammlung.

Abb. 68: Spargelfelder bei Schrobenhausen im Frühjahr 2018, Foto: Autor.

Abb. 69: Das Abensberger Karmelitenkloster nach der Säkularisation. In der Klosterküche wurde am 17. Mai 1725 Spargel geordert. Bildnachweis: Fritz Angrüner, Abensberg im Bild der Jahrhunderte, Bd. I, S. 203, aus: BayStaBi München, Präsenzbestand Aventinus-Lesesaal, Hbfo/Bav. 141 ENAC 50-1.

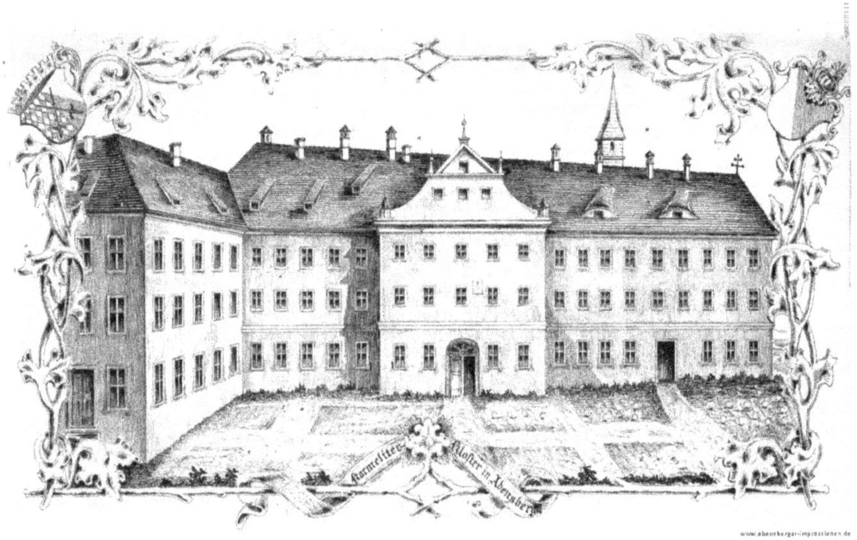

Trotz der guten Überlieferung der Rechnungsserien[18] und Urbarien aus dem Abensberger Bettelkloster verzeichnete die dortige Klostergärtnerei bis zur Säkularisation keinen eigenen Spargelabsatz. 1802 erntete man in der klostereigenen Gärtnerei keinen Spargel, aber *„300 Stück Kollraben, 600 Stauden ungebundene, 96 Stauden gebundenen Antivi, 56 Häupl Wirsing, 100 Stöckl unaufgesetzten Karviol“* und Sellerie in der Menge von *„440 Stöckl Zellerer“*.[19]

18 Maximilian Georg Kroiß, Die Einnahmen und Ausgaben des Abensberger Karmelitenklosters im 18. Jahrhundert, in: Heidemarie Specht / Raolph Andraschek-Holzer (Hg.), Bettelorden in Europa: Geschichte, Kunst, Spiritualität (Geschichtliche Beilagen zum St. Pöltner Diözesanblatt 32), St. Pölten 2008, S. 253–285. Vgl. ferner zum Stellenwert von Rechnungsbüchern bei der Erfassung klösterlicher Konsumgewohnheiten im Benediktinerkloster St. Michael in Bamberg: Wolfgang Wüst, Kloster Michaelsberg in Bamberg – Alltag, Konsum und Ökonomie im Spiegel der Rechnungsbücher 1580–1802/03, in: Norbert Jung / Holger Kempkens (Hg.), 1000 Jahre St. Michael in Bamberg, Bamberg 1015–2015. Im Schutz des Engels (Veröffentlichungen des Diözesanmuseums Bamberg 27), Petersberg 2015, S. 180–187.

19 Kroiß, Wirtschaftliches Gebaren im Bettelorden (wie Anm. 15), S. 204.

Für Abensberg war es deshalb wie in anderen süddeutschen Spargelorten noch ein langer Weg, bis die kulinarische Exotik den Sprung von der Garten- zur Ackerfrucht schaffte. Historische Bildaufnahmen aus alten Spargelgebieten belegen – so auch historische Aufnahmen aus dem Museum[20] im Abensberger Herzogskasten – einen flächenhaften Spargelanbau nicht vor dem Ende des 19. Jahrhunderts. Allerdings wurde der hier dokumentierte Anbau in aufgeschütteten Erdwällen, sogenannten Bifängen[21], bereits in den 1830er Jahren populärer.

Abb. 70: Flächenhafter Spargelbau in Sandharlanden bei Abensberg, um 1900. Bildnachweis: Stadtmuseum Abensberg, undatierte Fotografie.

Spargel im Intelligenzblatt

Intelligenzblätter[22] sind als zeitgenössische Anzeigenjournale seit der Aufklärungszeit eine weitere Quelle, um spezifische Spargelnachweise über den regionalen

20 Stadtmuseum Abensberg, Dollingerstraße 18.

21 Erich Fliegner, Beiträge zur Geschichte des Bifangs. Mit besonderer Berücksichtigung Westfalens, Freystadt 1920.

22 Wolfgang Wüst, Die „Gelehrten Sachen“ in den aufgeklärten Intelligenzblättern. Regionale Alternative oder Rezeption der „großen“ Enzyklopädie?, in: Theo Stammen / Wolfgang E.J. Weber (Hg.), Wissenssicherung, Wissensordnung und Wissensver-

Agrar- und Konsumentenmarkt zu führen. Die Struktur dieser wöchentlich oder monatlich erscheinenden Vorläufer späterer Amtsblätter war primär auf Kauf- und Verkaufsgebote („Feilbietungen") des 18. und 19. Jahrhunderts gerichtet. Spargel wird deshalb als Handelsware behandelt. Angaben zur Größe einzelner Spargelanbaugebiete oder gar zur Frage, ob Garten-, Gewächs- oder Landbau vorherrschend war, sind deshalb selten. Im Intelligenzblatt für den „Unter-Mainkreis" des Königreichs Bayern erfahren wir allerdings 1828 zu einem Spargelverkauf eher beiläufig: „*Nächsten Dinstag den 1. April* [1828] *Nachmittags um 2 Uhr wird der dießjährige Ertrag von etwa ½ Morgen*[23] *Spargelfeldes zu Schwarzenau im dasigen Pachthofe verstrichen.*"[24] Das Angebot aus Schwarzenau – heute ein Ortsteil von Schwarzach am Main – bietet demnach einen frühen Nachweis für flächenhaften Spargelbau im Maindreieck. Für Altbayern stehen an erster Stelle die Ausgaben des „*Churbaierischen Intelligenzblattes*", dessen Erstausgabe als „*Intelligenz- oder Commercien- Communications-Blatt der Churbaierischen Lande*" im März 1765 ausgeliefert wurde.[25]

arbeitung. Das europäische Modell der Enzyklopädien (Colloquia Augustana 18), Berlin 2004, S. 387–412; Ders., Reichsstädtische Traditionen in der Aufklärung. Zur Funktion Augsburger Intelligenzblätter, in: Sabine Doering-Manteuffel / Josef Mančal / Wolfgang Wüst (Hg.), Pressewesen der Aufklärung. Periodische Schriften im Alten Reich (Colloquia Augustana 16), Berlin 2001, S. 357–380.

23 Morgen (Mg) waren in Deutschland bis etwa 1900 verbreitete Flächenmaße zwischen 1.906 und 11.780 m². In Bayern entsprach ein Morgen einem Tagwerk in der Größe von 3.407, in Franken einer Größe von ca. 2.000 m². Der Schwarzenauer Ackerbefund blieb also mit ca. 1.000 m² unter einem halben Tagwerk.

24 Intelligenzblatt für den Unter-Mainkreis des Königreichs Bayern vom 29. März 1828, Anhang zu Nr. 36.

25 Michael Schaich, Churbaierisches Intelligenzblatt/Königlich Baierisches Intelligenzblatt, publiziert am 7.8.2008, in: Historisches Lexikon Bayerns, URL: www.historisches-lexikon-bayerns.de/Lexikon/Churbaierisches_Intelligenzblatt/Königlich_Baierisches_Intelligenzblatt (letzter Zugriff: 10.3.2018).

Abb. 71.1 und 71.2: Churbaierisches Intelligenzblatt von 1776. Bildnachweis: BayStaBi, 4 Bavar. 3021 a–1776.

Churbaierische
Intelligenzblätter,
für das Jahr
1776.
Mit Churfürstlichem gnädigsten Privilegium.
Herausgegeben
von dem
Churfürstlichen Intelligenz- und Addreß-Comtoir in München.

Churbaierische
Intelligenzblätter,
für das Jahr
1776.
Mit Churfürstlichem gnädigsten Privilegium.
Herausgegeben
von dem
Churfürstlichen Intelligenz- und Addreß-Comtoir in München.

1776 erfahren wir aus dem Anzeigen- und Informationsteil: „*Von dem gemeinen Spargel haben wir* [in Bayern] *2 Gattungen, als die zahme oder GartenSpargel, und die wilde Spargel, oder die Steinspargel, deren wieder 3 Gattungen gefunden werden: welche letztere zu dem medicinischen Gebrauche wirksamer sind.*“[26] Spargel ist zu dieser Zeit noch eine Heil- und Speisepflanze, die primär im klima- und wärmegeschützten Haus- und Gartenbau und nicht im rauen Ackerland gezogen wird. Der anonyme Experte fuhr deshalb im bayerischen Intelligenzblatt 1776 fort: „*Es sind übrigens die Spargel dienlich den Augen, und der Leber. Spargelwurzel mit Graswurzeln und Wacholderbeeren in Wein gesotten, darinnen Bohnemehl zerriben und getrunken ist trefflich zu reinigen die Nieren, die Blase, und verstopfte Gallengaenge. Wieder die Verstopfung der Leber, und Gelbsucht: Nimme Spargelwurzel 4 Loth, Peterselnwurzel 2 Loth, Fenchelwurzel 1 ½ Loth, fein Zucker 4 Unzen; klein geschnitten und gestossen, thu sie in eine Kanne* […].“[27] Über den bayerischen Spargel berichtete das besagte Intelligenzblatt erst wieder 1788 in einem Artikel „*Aus dem Pflanzenreiche*“. Der Autor gab diätische Hinweise zu Speisen, die man „leicht verdauen“ könnte. Dazu zählten neben Spinat, Kartoffeln, Rüben, Kohl („*Kappis*“) als

26 Churbaierisches Intelligenzblatt von 1776, S. 155.
27 Ebd.

diversem Kochgemüse auch „*Spargel- und Hopfenkeime*".[28] 1805 stellt dann bereits das für den zeitgenössischen Agrar-, Messe- und Konsummarkt im alten Bayern einflussreiche Anzeigenblatt – es ist dem Bauern, Fabrikanten und Kaufmann gewidmet – Spargel in den Kontext der süddeutschen Feld- und Ackerbaufrüchte. Die „*halmtragenden Getreidefruechte (Weizen, Roggen, Gerste, Haber) und Futterfruechte (Wicken zu Heu gemacht, Klee und edle Grassorten, Spargel, Kartoffeln, weiße Rueben, gelbe Rueben, Runkeln usw.) muessen, wo moeglich, in einem solchen Wechsel stehen, daß immer eine Futterfrucht dazwischen eingeschaltet wird.*"[29]

In München, wo sich zeitweise neben dem kurbayerischen auch ein städtisches Intelligenzblatt etabliert hatte, vermeldete 1779 ein Marktbetreiber aus der Stadt- und Landwirtschaft Preise und Produkte. In der Warengruppe mit Spargel listete er zur Bestellung Saatgut („*Koerner*") zu speziellen Gemüsesorten auf. Angeboten wurden Artischocken, Spanische „*Kerdie*"[30] als Wintergemüse, frühe „*Trauben-Gurken*", lange „*Schlangen-Gurken*", „*Calebasum*" oder „*Warzen-Kuerbisse*", Flaschenkürbisse und last but not least „*weißen dicken Spargel*".[31]

Abb. 72: Münchner Intelligenzblatt von 1783. Bildnachweis: BayStaBi, 4 Bavar. 3021 a–1783.

Münchener-
Intelligenzblätter
zum Dienste
der Stadt- und Landwirthschaft, des Nahrungsstandes, der Handlung, Künste und Wissenschaften.
Für das Jahr
1783.
Mit Churfürstl. gnädigstem Privilegium

28 Churbaierisches Intelligenzblatt von 1788, S. 271.

29 Churbaierisches Intelligenzblatt von 1805, Sp. 798.

30 Kardonen.

31 Münchner Intelligenzblatt von 1779, S. 52.

Abb. 73: Intelligenzblatt der gefürsteten Grafschaft Tirol von 1767, Reprint: Verlag ReInk Books 2017.

Nro 1. JUBET AMOR PATRIÆ.

Intelligenzblatt

der gefürsteten Grafschaft Tirol

Mit hohgnädiger Erlaubniß.

1. Allerhöchste, und hohe Dicasterialverordnungen.
2. Güter, Häuser, und andere Sachen, die zu miethen, oder zu verpachten, zu kaufen, oder zu verkaufen; und
3. Gelder, die an= oder auszuleihen verlanget werden.
4. Unterschiedliche, zum Behuf des Nahrungstandes, und der Haushaltung diensame Nachrichten.
5. Anzeigen der hieländischen Fracht= und Fuhrtaxen,
6. Neue Erfindungen und Anfragen zum Dienste der freyen Künsten, Haushaltungs,Kunst,und Handwerker: wie auch Anzeigen von nützlichen Büchern,
7. Veränderungen des Münzcourses, auch deren Verordnungen.
8. Allerley Preise von inn= und ausländischen Waaren, Venalien, Victualien, und Gattungen des Getreides.

Innsbruck, zu finden bey Michael Anton Wagners sel. Wittib und Erben. 1767.

Art. 1.

Allerhöchste und hohe Dycasterialverordnungen.

a) Von der röm. kaiserl. zu Hungarn und Böheim königl. apostol. Majestät Erzherzoginn zu Oesterreich etc. etc. unserer allergnä- Stand und Würde zu sehen, als ein Mitglied an= und aufgenommen werden soll. Wozu nichts anders erfodert wird, als sich deswegen bey dießeitiger Gubernialstelle in Zeit von 3. Wochen nach beschehener Publication zu melden.

Der Münchner Gemüse- und Obstmarkt des 18. Jahrhunderts bediente sich beim Spargel als Folge offenbar noch nicht weit verbreiteter regionaler Sorten europäischer Importware aus Italien, Spanien und den Niederlanden. Über niederländische Spargelkulturen berichtet zeitgleich auch die botanische und agrarwissenschaftliche Literatur. Johann Friedrich Kirchner – ein Autor, den wir noch näher vorstellen werden – teilte 1796 mit: „*Noch eine Art, fruehen Spargel zu bekommen, sahe ich in den Niederlaendischen Gaertnereien. Als wir ein Beet einen Schuh tief ausgehoben hatten, belegten wir dasselbe unten mit Backsteinen, die Fugen aber wurden mit Kalch ausgegossen.*“[32]

32 J[ohann] F[riedrich] Kirchner, Practische Anweisung zur Gartenkunst besonders von Treibung der Ananasse, Weintrauben, Pfirsiche, Melonen, Spargel, frühen Erdbeere und aller Obstarten, so wie auch frühen Gemüses und der holländischen Blumen. Nebst gründlichem Unterricht zur Anlegung vorzüglicher Baumschulen, Baumgärten und Weinberge. Mit Kupfern und einer Vorrede vom Professor Dr. Hirsching, in Erlangen, Leipzig 1796, S. 130.

Einen Hinweis zum Spargel als Garten- und Heilpflanze gab dann 1767 das Intelligenzblatt der Bayern nahen, gefürsteten Grafschaft Tirol. Unter der Überschrift „*Medicinischer Nutzen*“ las man: „*Die zarte Hopfenkeimen oder Schoeßlinge, so im Fruehling aus den Wurzeln sprossen, gleichen dem Spargel* [...].“[33] Im Salzburger Land schließlich verwies das Intelligenzblatt 1785 in differenzierter Weise auf den Nutzen von Spargel im Acker auch für die späte Erntezeit nach St. Johannis.

„*Unterdessen daß nun der nach Johanni immer noch hervorkommende Spargel in die Hoehe geht, und in Saamen schießt, gehen die Erbsen auf, und haben itzt vor andern so spaet gelegten Erbsen den Vorzug, daß sie der hohe* [grüne] *Spargel gegen die Hitze, die um diese Zeit gewoehnlich groß ist, gegen den Mehlthau, Sperlingsfraß und andre Unfaelle schuetzt. Wenn sich die Erbsenpflanzen endlich zu ranken anfangen, so dient ihnen der Spargel auch noch zu Stabelreisern, und so pflückt man nach abgewarteter Bluethe im September, und bey einer guenstigen Herbstwitterung auch noch im Oktober reife Schotten. Es ist dies eine neue Empfehlung für die Nutzbarkeit der Spargelbeete, die schon im Fruehjahre außer dem Spargel selbst, so reichlich Kohl, Spinat, Radischen, Rettige, Melde*[34], *Pfefferkraut usw. tragen.*“[35]

Im Intelligenzblatt der „königlich baierischen“ Stadt Nördlingen – dort befand sich das Stammhaus des C.H. Beck Verlags in München – wurde im Juli 1823 folgende Neuerscheinung angezeigt: „*Der Ulmer Spargel=Gärtner oder Nachricht, wie bei Ulm der Spargelbau getrieben wird. Nebst einer Anweisung, wie die Ulmer=Spargeln auch in andern Gegenden schön und dauerhaft erzogen werden können.*“[36] Der Agrartipp kostete in der Beck'schen Buchhandlung 40 Kreuzer. Im Ries las man demnach trotz nicht allzu ferner oberbayerischer Spargelorte wie Schrobenhausen um diese Zeit offenbar noch eher schwäbische als bayerische Spargellektüre.

33 Intelligenzblatt der Grafschaft Tirol von 1767, S. 67.

34 Die „*Gartenmelde*“ (Atriplex hortensis), auch „Spanischer Salat“ oder „Spanischer Spinat“ genannt, wurde als Salat-, Heil-, Färber- oder Zierpflanze verwendet.

35 Salzburger Intelligenzblatt von 1785, S. 227.

36 Nördlinger Intelligenzblatt von 1823, Nr. 27 vom 4. Juli.

Abb. 74: Salzburger Intelligenzblatt von 1785, aus: BayStaBi 4 Per. 10-1787/88.

Salzburger
Intelligenzblatt.

Herausgegeben
von
Lorenz Hübner
verschiedener Akademien Mitgliede.

Es ist kein schädlicherer Kopf, als der Schlangenkopf. Eccles. XXV. 22.
Nichts schützet Tugend, Fleiß, und Ruhm vor Schlangenbissen,
Nur fehle nie der Muth und ruhiges Gewissen.

Erster Jahrgang. MDCCLXXXV.

Spargel in der älteren Agrar- und Gartenliteratur

Eine besondere Rolle für die Verbreitung der weißen und grünen Spargelkulturen in Süddeutschland spielte die mit über 250 Seiten sehr ausführliche, 1796 gedruckte „*Anweisung zur Gartenkunst*" aus der Feder Johann Friedrich Kirchners. Eingeleitet hatte sie der Erlanger „außerordentliche" Philosophieprofessor und Hauslehrer Dr. Friedrich Carl Gottlieb Hirsching (1762–1800).[37]

37 Kirchner, Practische Anweisung zur Gartenkunst (wie Anm. 32). VD18-11534257.

Abb. 75: Weißer Gemüsespargel, Aspargus officinalis. Bildnachweis: Otto Wilhelm Thomé, Flora von Deutschland, Österreich und der Schweiz, Gera 1885, Nr. 113.

Abb. 76: Johann Friedrich Kirchner, Practische Anweisung [...], *Leipzig 1796. Bildnachweis: VD 18-11534257.*

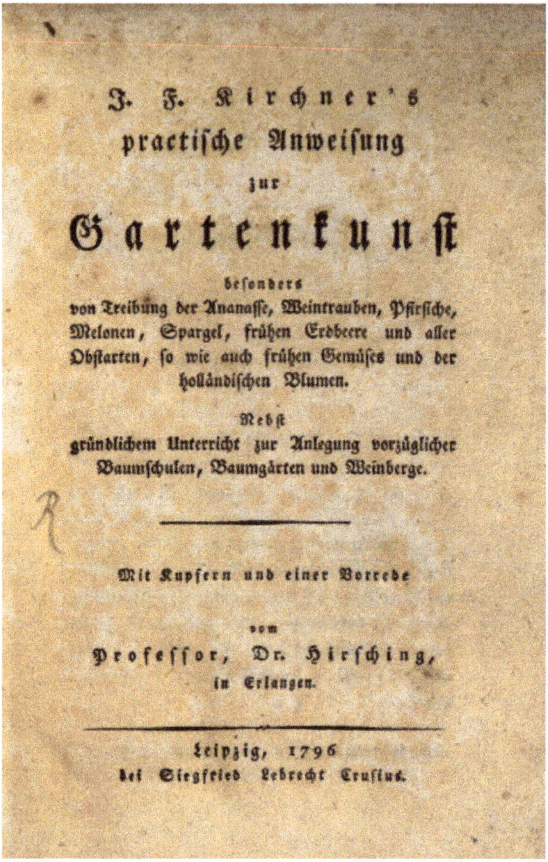

J. F. Kirchner's
practische Anweisung
zur
Gartenkunst
besonders
von Treibung der Ananasse, Weintrauben, Pfirsiche, Melonen, Spargel, frühen Erdbeere und aller Obstarten, so wie auch frühen Gemüses und der holländischen Blumen.
Nebst
gründlichem Unterricht zur Anlegung vorzüglicher Baumschulen, Baumgärten und Weinberge.

Mit Kupfern und einer Vorrede
vom
Professor, Dr. Hirsching,
in Erlangen.

Leipzig, 1796
bei Siegfried Lebrecht Crusius.

Hirsching war ein Sohn des Ansbacher Hofrats und Oberamtsphysikus in Uffenheim und Creglingen und hatte von 1782 bis 1786 in Erlangen Botanik (Naturkunde), Ökonomie und Geschichte studiert.[38] Kirchner empfahl für den Spargelbau folgende Variante: „*Die beste Art, Spargelbeete anzulegen, es sei zum Treiben, oder nur so zum Gebrauche, ist wohl diese. Man waehlet sich ein Stück Land aus, das*

38 Werner Raupp, Artikel Friedrich Karl Gottlob Hirsching, in: Biographisch-Bibliographisches Kirchenlexikon 32, Nordhausen (Bautz) 2011, Sp. 682–692; Manfred Vorholzer, Artikel Hirsching, Friedrich Karl Gottlob, in: NDB 9, Berlin 1972, S. 228.

gegen Mittag[39] *liegt, und hebt dort Beet für Beet aus. Soll es zum Treiben mit Dung gehören, so muß man jederzeit zwischen jedem Beete einen Raum von ohngefaehr 4 Schuhen liegen lassen; ist es aber nicht zum Treiben, so kann man ein Beet an das andere stoßen lassen. Dieses auf 5 Schuhe breit und 2 Schuhe tief ausgehobene Beet fuellet man ueber anderthalb Schuh tief mit Streu von Nadelholz, welche man aber wohl zusammen treten muß, damit ein vollkommener Schuh eingetretene Streu im Beete bleibet.* [...].“[40] Bei Kirchner findet sich auch die Verbindung des Spargelkonsums zur höfischen Pflanzkultur der Treibhäuser und Orangerien. Getriebener Spargel sei gewöhnlich weiß und um „*nun demselben eine Farbe zu geben, kann man ihn in einem warmen Treibhause in Wasser ans Fenster stellen, wo er sich gruen faerben wird*“.[41] Der gelehrte Spargelliterat baut auch die Brücke von der Garten- zur Ackeraussaat. „*Zum Spargelbaue braucht man aber nicht gerade einen Garten, man kann ihn auch auf einem Acker bauen, so wie es um Nuernberg herum gebraeuchlich ist, wo man darueber hinweg ackern und oben neben den Stoecken andere Gemueßarten pflanzen kann.*“[42]

Unabhängig von der Frage, ob sich der Spargelanbau vom sandigen Nürnberger Knoblauchsland[43] oder aus der traditionsreichen frühneuzeitlichen Bamberger Gartenstadt[44] – wo man dank der speziellen Art der

39 Süden.

40 Kirchner, Practische Anweisung zur Gartenkunst (wie Anm. 32), S. 128 f.

41 Ebd., S. 128.

42 Ebd., S. 129; Wolfgang Wüst, Citronen, Pomeranzen und Tabak – Exotik in Nürnbergs Gärten und Fluren der frühen Neuzeit, in: Erich Schneider (Hg.), Frankens Kunst, Geschichte und Landschaft (Altfränkische Bilder NF 13/2018), Würzburg 2017, S. 20–23; Ders., Citronen, Pomeranzen, Spargel, Tabak: Exotik im Acker und Garten – Anbau und Konsum in frühen bayerischen Quellen, in: Mitteilungen des Vereins für Geschichte der Stadt Nürnberg 104, 2017, S. 165–202.

43 Gerhard Hirschmann, Nürnberger Gartenkultur im Barockzeitalter. Stadtbürgertum und nützliche Landschaftsgestaltung gegen Ende des 18. Jahrhunderts, in: Bernhard Kirchgässner / Joachim B. Schultis (Hg.), Wald, Garten und Park. Vom Funktionswandel der Natur für die Stadt (Stadt in der Geschichte. Veröffentlichungen des Südwestdeutschen Arbeitskreises für Stadtgeschichtsforschung 18), Sigmaringen 1993, S. 35–50.

44 Mark Häberlein / Robert Zink (Hg.), Städtische Gartenkulturen im historischen Wandel (Stadt in der Geschichte. Veröffentlichungen des Südwestdeutschen Arbeitskreises für Stadtgeschichtsforschung 40), Ostfildern 2015. Vgl. darin insbesondere: Jochen Alexander Hofmann, Zur Innovationsfunktion von Gärten in der frühneuzeitlichen Agrarlandschaft. Dargestellt an Beispielen aus Franken, S. 73–92; Hubertus Habel, Gemüsesamen für Europa: Zunftgenese und Verdichtung des Bamberger Gärtnerhandwerks 1600–1900, S. 93–124.

Düngung[45] im Gemüse- und Spargelbau beste Qualität erzeugte – auch in altbayerischen Fluren verbreitete, ist der Nachweis ausländischer Gemüse- und Obstsorten in Kirchners „*Practischer Anweisung*" noch kein Garant für den Erfolg in der Fläche. So findet sich bei Kirchner auch ein eigenes Kapitel über den Anbau von Ananas-Pflanzen, ohne dass dies in Bayern außerhalb der Orangerien und Gewächshäuser Nachahmer gefunden hätte. Kirchner behauptete zunächst euphemistisch: „*Daß das Vergnuegen, selbst Ananas in seinem Garten zu haben, sehr groß sei, bestaetiget die Erfahrung und der Eifer, mit dem man solche seit einigen Jahren in Privatgaerten zu erziehen sucht.*" Im nächsten Satz schränkte er aber bereits ein: „*Nur entsprach der Erfolg dem darauf verwendeten Zeit- und Kostenaufwande nicht. Die Gartenbesitzer freuten sich zwar ueber die große Anzahl Ananaspflanzen auf ihren Beeten und hoften eine reiche Erndte zu haben; sahen sich aber in ihrer Erwartung maechtig getaeuscht und erlabten eine sehr sparsame Erndte dieser schoenen Fruechte.*"[46] Ähnlich selten dürften in Bayern seine diffizilen Ratschläge zur Melonenzucht imitiert worden sein. „*Ich* [Kirchner] *mache in der Haelfte des Janners oder Februars eine Melonen-Schule oder kleines Beet mit gutem Dung und ziehe die Pflanzen darin bis zum 2ten Blatte, dann setze ich diese in Koerbe oder Geschirre und bewahre sie im warmen Lohbeete im Treibhause* [...]."[47]

Zweifel an einer für den bayerischen Spargel allzu früh angesetzten Ackerkultur sind angebracht, da der fehlende Nachweis von gedruckten Spargelexpertisen altbayerischer Autoren des 17. und 18. Jahrhunderts zunächst auf einen agrarischen Nebenschauplatz schließen lassen. Ferner spricht der leider anonym gebliebene „*vieljährige Beobachter*" des Spargels noch 1799 zumindest für Sachsen von einer reinen Gartenkultur. Die in Bautzen und Leipzig gedruckte „*Gründliche Anweisung den Spargel vorzüglich schön, und auch dauerhaft anzulegen: nebst einem Unterricht wie man den ganzen Winter mit wenigen Kosten Spargel erzeugen kann*"[48] ist ausschließlich eine Anleitung für den Gartenbau.

45 Bei Kirchner, Practische Anweisung zur Gartenkunst (wie Anm. 32), S. 136, heißt es: „*Die Bamberger sogenannten Gaertner-Meister kaufen sehr vielen Dung aus der Stadt, und meistens sehr scharfen Dung aus den Abtritten. Diese befruchten ihre Felder mit dergleichen Duengung und bringen das schoenste Gemueß hervor.*"

46 Kirchner, Practische Anweisung zur Gartenkunst (wie Anm. 32), S. 13.

47 Ebd., S. 41 f.

48 UB Rostock, ND-5806; VD18-12912344.

Abb. 77: N.N., Gründliche Anweisung den Spargel vorzüglich schön, und auch dauerhaft anzulegen […], Leipzig 1799. Bildnachweis: UB Rostock, ND-5806.

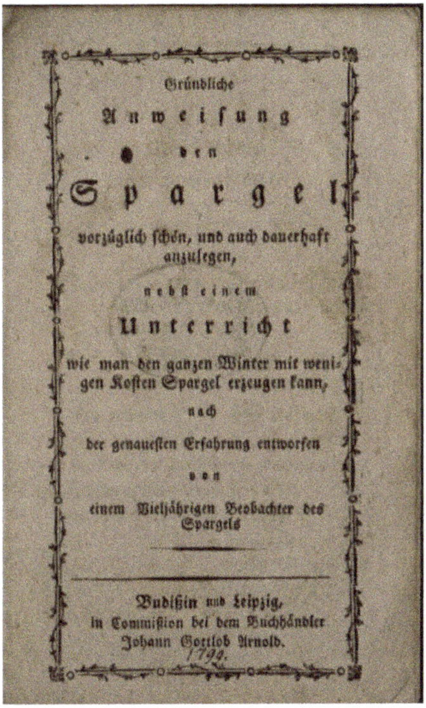

Gründliche
Anweisung
den
Spargel
vorzüglich schön, und auch dauerhaft
anzulegen,
nebst einem
Unterricht
wie man den ganzen Winter mit weni-
gen Kosten Spargel erzeugen kann,
nach
der genauesten Erfahrung entworfen
von
einem Vieljährigen Beobachter des
Spargels

Budißin und Leipzig,
in Commißion bei dem Buchhändler
Johann Gottlob Arnold.
1799.

Der Autor kannte dabei Spargelbeete, die „*vor 30 Jahren durch Pflanzen angelegt worden sind, und noch immer zahlreiche gute Spargel liefern*". Der Anonymus sprach sich dafür aus, „*in jedem guten Gartenlande*" der „*Anlegung des Spargels aus Pflanzen den Vorzug*" zu geben. Für die Unabhängigkeit des Standorts sprach dann der Zusatz: „*Wenn aber keine Pflanzen bey der Hand, oder in der Gegend umher zu erhalten sind, so ziehe man die Anlegung aus Saamen.*"[49] Ob die Ergebnisse des Expertendrucks auch in Bayern Beachtung fanden, wissen wir noch nicht. Exemplare dieser Schrift sind jedenfalls für bayerische Bibliotheken bisher nicht nachgewiesen. Eine günstigere Rezeption erfuhr sicherlich aber der 1779 in Augsburg gedruckte „*Gründliche Unterricht zur fruchtbaren Gärtnerey: Worinn kurz, und deutlich die zerschiedene Gartenanlage, Zubereitung der Erde,*

49 N.N., Gründliche Anweisung den Spargel vorzüglich schön, und auch dauerhaft anzulegen […], Bautzen/Leipzig 1799, S. 25 f.

Pflanzung, Einpropfung und Beschneidung der Bäume, auch die Heilungsmittel wider alle Krankheiten der Gartengewächse angeführt, und erkläret werden. Sammt einer Praktik, wie die Artischocken, Melonen, Spargeln, und dergleichen mehrere gepflanzet, und nützlich tractiert werden müssen. Nebst zweyfachen Gartenkalender, und einer Kupfertafel".[50] Als Autor firmierte ein Joseph Seither; gedruckt wurde in der reichsstädtischen Offizin von Matthias Riegers seligen Söhnen.[51]

Abb. 78: Joseph Seithers, Gründlicher Unterricht zur fruchtbaren Gärtnerey […], *Augsburg 1779. Bildnachweis: BayStaBi, 2171 x 1720556 Oecon.*

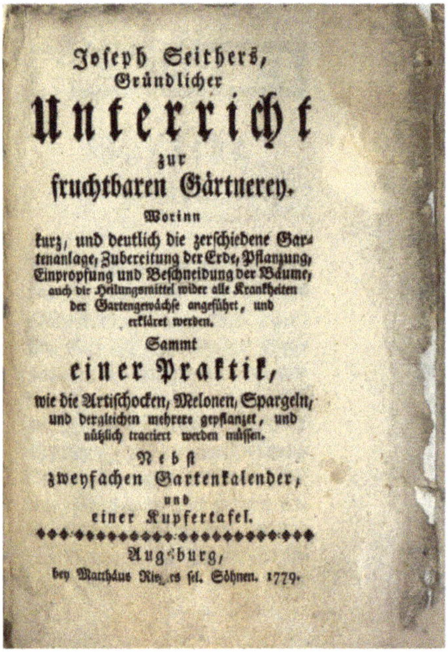
Joseph Seithers,
Gründlicher
Unterricht
zur
fruchtbaren Gärtnerey.
Worinn
kurz, und deutlich die zerschiedene Gartenanlage, Zubereitung der Erde, Pflanzung, Einpropfung und Beschneidung der Bäume, auch die Heilungsmittel wider alle Krankheiten der Gartengewächse angeführet, und erkläret werden.
Sammt
einer Praktik,
wie die Artischocken, Melonen, Spargeln, und dergleichen mehrere gepflanzet, und nützlich tractiert werden müssen.
Nebst
zweyfachen Gartenkalender,
und
einer Kupfertafel.
Aug[illegible]burg,
bey Matthäus Rie[illegible]ers sel. Söhnen. 1779.

Spargelbau war hier noch exklusiver Gartenbau mit und ohne Treibhäuser. Um Spargel früh ernten zu können, empfahl Joseph Seither Folgendes: „*Das Bett hierzu machet man in dem Christmonat*[52], *oder im Anfang des Jenners, entweder in einem Triebhauß oder in einem warmen Keller, worinn besagte Wurzeln einen*

50 BayStaBi, 2171 x 1720556 Oecon.

51 Joseph Seither, Gründlicher Unterricht zur fruchtbaren Gärtnerey […], Augsburg 1779, Titelblatt.

52 Dezember.

halben Schuh tief, sechs oder sieben Zoll voneinander verpflanzet werden.“[53] Die mit Blick auf den Spargelkonsum nach Bayern führenden botanisch-agrarischen Spuren schließen auch die Schriften des kaufmännischen Agrarpioniers Philipp Ludwig Hout (1770/80–nach 1852) ein. Er war als ausgebildeter Kaufmann zu Beginn des 19. Jahrhunderts in Baden und in der Kurpfalz um Mannheim und Heidelberg unterwegs, um über die Landwirtschaft[54] zu informieren, Seidenraupen[55] zu züchten, Obst und Gemüsekulturen[56] zu optimieren und im Spargelbau zu experimentieren. Dazu legte er im Jahr 1852 eine 80 Seiten umfassende Schrift vor, die sich auch über die Katalogeinträge in bayerischen Bibliotheken nachweisen lässt: „*Der verbesserte Spargelbau: gründliche, leicht faßliche Anweisung, den Spargel mit mehr Vortheil als bisher anzubauen und hierdurch vorzüglich wenig kulturfähigen Sandboden einen ungewöhnlich hohen Ertrag abzugewinnen.*“[57] Ein weiterer Spargelkundiger, der über einen Verlag in Leipzig seinen „*Auf zwanzigjährige Erfahrung gegründeten Unterricht wie man durch gehörige Behandlung des Hopfen, Spargel- und Merrettigbaues sehr vielen Vortheil ziehen: und wie sich arme Landleute, welche nur wenige Ländereyen besitzen, dadurch ihr reichliches Auskommen verschaffen können*“[58] publizierte, erteilte auch bayerischen Spargelbauern wertvolle und vor allem praxisbezogene Ratschläge. M. J. E. Blo(t)z meinte „*zum Besten des Landmanns*“: Eine „*mehr oder minder sorgfältige Auswahl des Erdreichs nach der Verschiedenheit der Pflanzen hat, wie die Erfahrung ausweiset, auch einen stärkeren oder schwächeren Einflus auf das gute Gedeihen desselben. Hieraus folget ganz ungezwungen, daß der Spargelpflanze ebenfalls nicht jedwedes Erdreich in gleichem Grade zuträglich seyn könne. Für dieselbe schickt sich vorzüglich ein etwas sandiger, trockner und milder oder lockerer Boden.*“

---

53 Seither, Gründlicher Unterricht (wie Anm. 51), S. 140.

54 Ludwig Hout, Die Hindernisse der Landwirthschaft: Zur Ankündigung seiner Vorlesungen, Heidelberg 1813.

55 Ders., Aufmunterung zur Seidenraupenzucht in Deutschland. Besonders im Großherzogthume Baden, Mannheim 1832.

56 Ders., Handbuch der Gemüs- und Obstgärtnerei besonders für jene welche die Erzeugnisse dieser Kunst in jeder Jahreszeit liefern wollen, Mannheim 1834.

57 Gedruckt: Berlin 1852.

58 Gedruckt: Leipzig (Adam Friedrich Böhmen) 1788.

Abb. 79: M. J. E. Blo(t)z, Auf zwanzigjaehrige Erfahrung gegruendeter Unterricht wie man durch gehoerige Behandlung des Hopfen, Spargel- und Merrettigbaues sehr vielen Vortheil ziehen [...], Leipzig (Adam Friedrich Böhmen) 1788. Bildnachweis: Det Kongelige Bibliotek Frederiksberg (Dänemark), Stregkode: 189254-10, Emnekoder: 550.

Auf zwanzigjährige Erfahrung
gegründeter Unterricht
wie man
durch gehörige Behandlung
des
Hopfen, Spargel-
und
Merrettigbaues
sehr vielen Vortheil ziehen,
und
wie sich arme Landleute, welche nur we-
nige Ländereyen besitzen, dadurch ihr
reichliches Auskommen verschaffen
können;
zum Besten des Landmanns
herausgegeben
von
M. J. E. Blotz.

Leipzig 1788.
bey Adam Friedrich Böhmen.

Nahm man in der über Landwirtschaftsschulen[59] – in Bayern geht die Tradition für Weihenstephan bis zum Jahr 1804 zurück – und Landwirtschaftsvereine vernetzten süddeutschen Agrarwelt die Blotz'schen Pflanzrezepte ernst, kann man für das späte 18. und frühe 19. Jahrhundert allenfalls von vereinzelt rentablen Spargelbetrieben sprechen. Für den Ertrag spielte die Düngung eine entscheidende Rolle. Blotz empfahl: „*Ich habe zum Düngen Kuhmist erwählet, und der ist auch*

59 Alois Seidl, Landwirtschaft (19./20. Jahrhundert), publiziert am 10.7.2012, in: Historisches Lexikon Bayerns, URL: www.historisches-lexikon-bayerns.de/Lexikon/Landwirtschaft_(19./20. Jahrhundert) (letzter Zugriff: 18.4.2018).

sicher für die Art Boden, welchen ich voraussetze, der beste. Trockner und hitziger Pferdedünger wird nützlicher für feuchten und schweren Leimgrund verwendet." Ferner musste zunächst per Hand, später per Technik der Boden gelockert und gepflügt werden. Das tiefe Pflügen („*Rejolen*") war angesagt. Der „*Zweck des Rejolens ist von dreifachem Nutzen; denn 1) wird das Erdreich für die tiefgehenden Spargelwurzeln auch in der Tiefe locker gemacht* […]."[60] Es war die pflege- und düngerintensive Art und Weise erfolgreicher Spargelkulturen, die vor der Mechanisierung in der Landwirtschaft für die Garten- und gegen die Ackernutzung sprach. „*Den Sommer hindurch muß das Spargelland fleißig gejätet werden, damit kein Unkraut aufkomme. Im folgenden Herbst werden Hornspäne um die Pflanzen gelegt, und solche zwey Zoll hoch mit wohlverfaulter Misterde*" bedeckt.[61]

Quellenfund in der Hofmark Sinning

1818 lieferte ausgerechnet ein Kleinbauer am Rande des Donaumooses größere Mengen Spargel bereits als Steuer- und Grundabgabe an die patrimoniale Guts- und Gerichtsherrschaft der Freiherren von Weveld in der Hofmark Sinning.

Diese Naturalabgabe im Jahr der bayerischen Verfassungsproklamation ist ein sehr früher Beleg für den flächenhaften Spargelbau in Bayern. Entlang der Donau gab es zumindest seit der Mitte des 19. Jahrhunderts schon größere Spargelfelder, denn zumindest im Ingolstädter Landgericht belegt der Physikatsbericht aus den Jahren 1857–1861 offene Spargelkulturen. Der aus dem schwäbischen Huisheim im Donau-Ries stammende Gerichtsarzt Dr. Franz Xaver Pündter berichtete aus Ingolstadt dazu: In den flussnahen „*Waldparzellen findet man auch den Spargel und den Hopfen wild wachsend, welche beide Gewächse sicherlich durch Ablagerung von Saamen bei Hochwassern dorthin verpflanzt wurden*".[62]

---

60 M. J. E. Blo(t)z, Auf zwanzigjährige Erfahrung gegründeter Unterricht wie man durch gehörige Behandlung des Hopfen, Spargel- und Merrettigbaues sehr vielen Vortheil ziehen […], Leipzig 1788, S. 72.

61 Ebd., S. 81 f.

62 Anton Löffelmeier, Physikatsberichte für das Stadt- und Landgericht Ingolstadt für die Jahre 1857–1861, in: Oberbayerisches Archiv 125, 2001, S. 225–260, hier: S. 227 f., 250.

Abb. 80: Schloss Sinning, Plan mit barocker Parkanlage und Ökonomiegebäuden in Sinning, 1769.

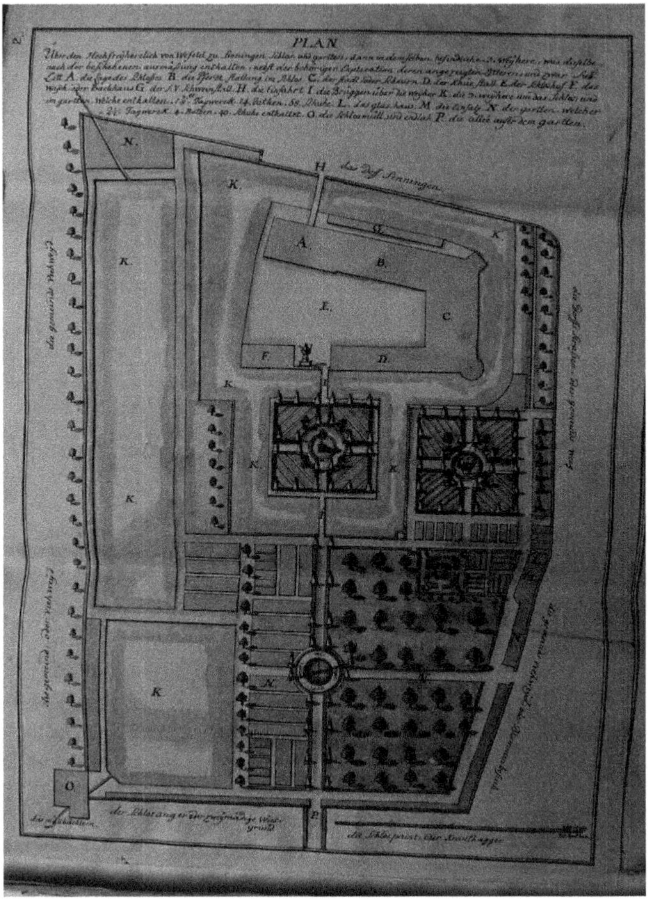

A: Schloss, Wohntrakt – B: Pferdestallung – C: Stadel, Scheuer – D: Kuhstall – F: Wasch- oder Backhaus – G: „s[alva] *v*[enia]*" Schweinestall – K: Schlossweiher und Wassergraben. Bildnachweis: Plan von Matthias Schöpfer, Schlossarchiv Sinning. Abgedruckt: Neuburger Kollektaneenblatt 160, 2012, Umschlagsseite.*

Aus kleineren Hofgütern konnte man am Rand des Donaumooses vor der Industrialisierung den familiären Lebensunterhalt nicht bestreiten. So stoßen wir bei Erb- und Besitzübergabeverträgen aus der Hofmark Sinning – der Ort liegt südwestlich unweit der wittelsbachischen Residenzstadt Neuburg an der Donau –

noch im 19. Jahrhundert auf landwirtschaftlichen Nebenerwerb. Belegt sind die weit verbreitete Hausweberei und die verschiedensten ländlichen Handwerksberufe, die in fast allen Sölden betrieben wurden. Gewerbeformen waren hier gepaart mit dem landwirtschaftlichen Auftrag, Feld-, Acker- und Gartenfrüchte zu pflanzen. Handwerksgeräte, Wagnerwerkstätten und Webstühle wurden in den Inventaren sorgsam registriert. Die Bonität der regionalen Böden war unterschiedlich, meist aber nicht optimal. Jedenfalls sind viele Tagwerke an Moos- und Moorwiesen steuer- oder zehentfrei geblieben, um Siedlungsanreize und Maßnahmen zur Bodenkultivierung zu schaffen. Aus den Frucht- und Ackerflächen erwirtschaftete man südlich von Neuburg an der Donau hauptsächlich Kartoffeln, Kraut, Gerste und örtlich auch Weizen – Bodenfrüchte, die man in den Ratenzahlungen regelmäßig wiederfindet. Öl aus den Leineflächen kam hinzu. Aufschlussreich sind nun ausgerechnet dort frühe Hinweise auf agrarische Sonderkulturen wie den regionalen Spargelanbau. Die dortige für Getreideanbau ungeeignete Bodenbeschaffenheit passte aber zum Edelgemüse, das sich in Wärme und Nässe gut entwickelt. So konnte auch der neue Bewirtschafter in der Sölde von Matthias Mair zu Sinning seit 1818 „*die Hälfte von den Spargeln*" abgeben, „*ferner ißt und wohnt der übernehmende Vater und die Mutter bey dem Sohn und dessen Eheweib*". Das ist meines Wissens bisher der früheste Nachweis von Spargel im großflächigen Feldbau in Bayern.[63]

63 Zitiert nach: StaatsA Augsburg, Adel (Rep. 394): von Weveld, Briefprotokolle Nr. 5. Vgl. ferner: Wolfgang Wüst, „Obenbleiben" nach der Mediatisierung: Die bayerische Adels-, Guts- und Gerichtsherrschaft 1806–1848, in: Gisela Drossbach / Andreas Otto Weber / Wolfgang Wüst (Hg.), Adelssitze – Adelsherrschaft – Adelsrepräsentation in Altbayern, Franken und Schwaben. Ergebnisse einer internationalen Tagung in Schloss Sinning und Residenz Neuburg a.d. Donau, 8.–10. September 2011 (Neuburger Kollektaneenblatt 160/2012), Neuburg a.d. Donau 2012, S. 33–60, hier: S. 59.

Abb. 81a und 81b: Durch das Hofmarksgericht festgesetzte Abgabenliste für den neuen Bewirtschafter der Sölde von Matthias Mair zu Sinning 1818. Bildnachweis: StaatsAA, Adel (von Weveld), Lit. 5, Gerichtsakten aus Sinning vom 18.10.1818, unpaginiert.

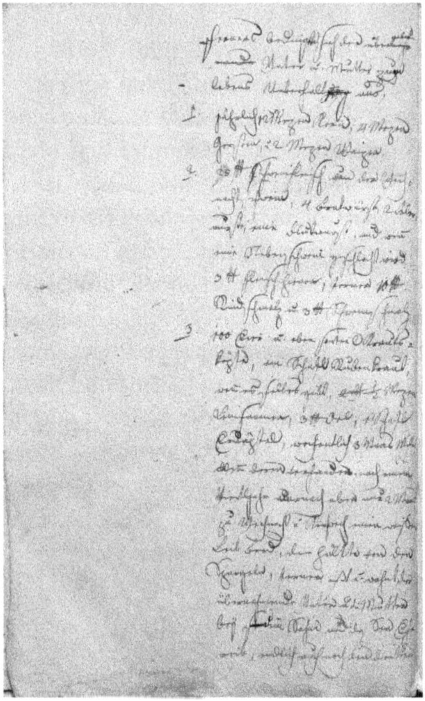

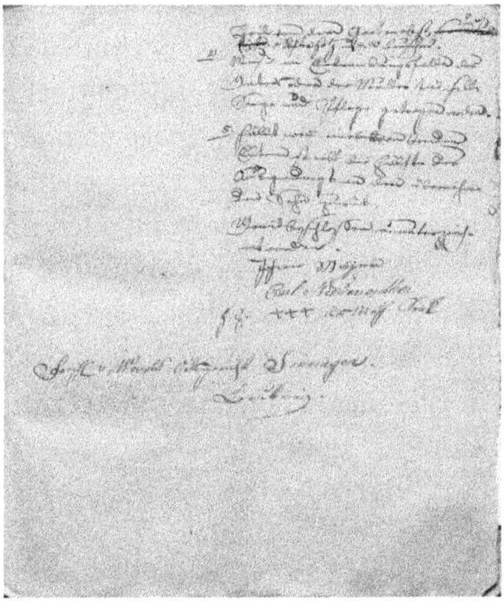

Ergebnisse

Über die bayerische Hofmark Sinning gelingt in einer Zeit, als dort noch die freiherrlich von Weveld'sche Guts- und Patrimonialherrschaft[64] die Steuern eintrieb, für den altbayerischen Kultur- und Siedlungsraum im Jahr 1818 ein früher Nachweis eines landwirtschaftlich betriebenen Spargelbaus. Ein Kleinbauer reicht die Hälfte seiner Spargelernte als Naturalabgabe an die Herrschaft. Sicher hatte er

64 Vgl. hierzu allgemein: Wolfgang Wüst, Adeliges Selbstverständnis im Umbruch? Zur Bedeutung patrimonialer Gerichtsbarkeit 1806–1848, in: Walter Demel / Ferdinand Kramer (Hg.), Adel und Adelskultur in Bayern (ZBLG, Beiheft 32), München 2008, S. 349–376.

wegen der Überschaubarkeit seines Besitzes noch keine fremden Erntehelfer[65] bezahlt, doch lässt die Abgabenmenge auf Spargel im Landbau schließen. Wesentlich älter sind dagegen in Bayern Nachweise für Spargel aus Gärten und Treibhäusern. Hier ist zum einen die Rezeption einer europaweit erschienenen Fachliteratur zur Horticultura zu beachten. Die Horticultura behandelte neben dem Spargelbau, wie vor allen Johann Friedrich Kirchner am Ende des 18. Jahrhunderts (1796) ausführte, die Pflanz- und Wachstumsbesonderheiten für Ananas, Trauben, Pfirsiche, Melonen, Erdbeeren, Obst aller Art, frühes Gemüse und holländische Blumen im nordalpinen Klima. Andere Autoren wiederum kombinierten den Spargelbau mit Meerrettich, Rettichen, Salat, Spinat, Radieschen, Pfefferkraut und Zierkohl. Der Nachweis dieser Standardwerke zur Spargelzucht gelingt zwar für bayerische Bibliotheken, auch ist ihre Verbreitung durch die Gartenbau- und Landwirtschaftsvereine anzunehmen, doch bleibt es ungewiss, ob die bayerischen Spargelbauern des 19. und 20. Jahrhunderts tatsächlich darauf zurückgriffen, oder ob sie sich nicht an Nachbarschaftsexpertisen und eigenen Beobachtungen orientierten. Zum anderen berichten meist anonym gebliebene Autoren und Feilbieter in den süddeutschen Intelligenzblättern – allen voran im „*Churbaierischen Intelligenzblatt*" – seit der Mitte des 18. Jahrhunderts über die Marktpreise, den Konsum und den Handel von und mit Spargel. Die Angebote der Intelligenzblätter basierten in der Regel auf kleinen Mengen und können so sicher überwiegend dem Gartenbau zugeordnet werden. Das in der Antike verbreitete Wissen um die Heilkraft und die Schmackhaftigkeit von Spargel ist demnach im Mittelalter abgesehen von Einzeltreffern in Rezepturen verloren gegangen. Für Bayern fehlt – im Gegensatz zu Württemberg – ein Beleg für das Spätmittelalter. In Bayerns Frühmoderne frischte man dann das Wissen um den Spargel auf, doch blieb der Weg für dieses Edelgemüse vom gedüngten und wohlpräparierten Gartenbeet zum Ackerland dem 19. Jahrhundert vorbehalten. Spargel wurde deshalb in Bayern erst lange nach Napoleon zu einer verbreiteten Feld- und Ackerfrucht.

65 Jörg Becker, Erdbeerpflücker, Spargelstecher, Erntehelfer. Polnische Saisonarbeiter in Deutschland. Temporäre Arbeitsmigration im neuen Europa (Kultur und soziale Praxis), Bielefeld 2010.

Martin Knoll

Jagd und gesellschaftliche Nachhaltigkeit in der bayerischen Geschichte

The aim of the article is to discuss the sustainability of hunting and debates hereabout in Bavarian history. The analysis is based on a twofold concept of sustainability: In a socioecological sense, a society acts sustainably if it succeeds in maintaining its material and energy exchange processes with its natural environment over a longer period of time. In the social sense, a society acts sustainably when its social organization, its constitution, its system of rule, its economy, its way to organize access to and distribution of resources, and, finally, its cultural practices are designed to provide social and political stability over a longer period of time. In the pre-modern era the conditions of the solar-energetic economy with its restraints in terms of limited energy available and limited sections of biosphere accessible for competing land use options provides the backdrop for an ambivalent evaluation of the sustainability of princely hunting in both dimensions. The later development, particularly the one of the 20th century shows a growing complexity of societal actors and interests shaping the role of hunting in society and social-ecology. Choosing the introduction of Bavaria's vegetation surveys as an instrument for rationalizing social conflicts over the sustainability of hunting in 1986 as the upper end of the investigated time period, the article stresses the high potential of parliamentary documents as relevant historical records for tracing two centuries of hunting history.

Einleitung

„*Eins hat mich uber alle masse wunder/ das die grossen Herrn und Junckern/ die doch sonst alle ire sinne/ auff den eigennutz und grossen gewin gerichtet haben/ so gar nicht mercken und sehen/ was inen für untregliche unkost jerlich auff die unmessigen Jagten gehet/ Da sie doch in abstellung derselbigen mercklichen vorrhat schaffen möchten.*“[1]

---

1 Cyriacus Spangenberg, Der Jagteufel, 1561, s.l., URL: http://www.mdz-nbn-resolving.de/urn/resolver.pl?urn= urn:nbn:de:bvb:12-bsb10187766-7, S. 276 f. (letzter Zugriff: 13.7.2018).

Jagd war und ist ein Thema, das polarisiert. Das Eingangszitat stammt aus dem 16. Jahrhundert, genauer aus dem 1561 erschienenen „*Jagteufel*" von Cyriacus Spangenberg (1528–1604) – und damit aus einem literarischen Genre, das sich parallel zu einer immer weitergehenden herrschaftlichen Monopolisierung des Jagdrechts und zu einem immer größeren Aufwand entwickelte, der für die herrschaftliche Jagd, namentlich für den landesherrlichen Jagdbetrieb, praktiziert wurde. Jagdkritische Schriften der Frühen Neuzeit argumentieren auf zwei Ebenen, zum einen sind sie Teil der generellen ethischen Debatte um Legitimität und Illegitimität von Herrschaft, zum anderen aber werden hier – will man es etwas anachronistisch formulieren – sehr konkret die aus dem Jagdbetrieb der Zeit erwachsenden Fragen sozialer und sozialökologischer Nachhaltigkeit verhandelt. Ziel des vorliegenden Beitrages ist es, in einem kursorischen Längsschnitt Fragen der sozialen und sozialökologischen Nachhaltigkeit der Jagd in der bayerischen Geschichte – und historische Debatten über diese – zu erörtern. Oberes Ende des Untersuchungszeitraumes bildet die Einführung der Vegetationsgutachten als Instrument der Rationalisierung gesellschaftlicher Konflikte um die Nachhaltigkeit von Jagd im Jahre 1986.

Vorbemerkungen zur Nachhaltigkeit

Nun ist der Nachhaltigkeitsbegriff selbst kein unproblematischer. Begriff und Konzept der Nachhaltigkeit sind in Gegenwartsdiskursen, beileibe nicht nur in umweltpolitischen Debatten, vielfach präsent. Der Historiker Joachim Radkau diagnostizierte vor rund zehn Jahren eine gleichermaßen inflationäre wie unpräzise – und geschichtsvergessene – Begriffsverwendung.[2] Dass selbst Umweltschützer den Begriff für einen Amerikanismus jüngeren Datums und eine Lehnübersetzung aus *sustainability* hielten, zeuge „von einem erstaunlichen Mangel an Geschichtsbewusstsein".[3] Befunde wie der, dass selbst die Luftfahrtindustrie für Werbezwecke eine „sustainable aviation" propagiere, nähren bei Radkau den Verdacht, ‚Nachhaltigkeit' sei nurmehr „ein leerer Begriff, eine Worthülse, eine Phrase".[4] Offensichtlich tut hier historische Reflexion not. Umso naheliegender erscheint, dass auch die Geschichtswissenschaft begonnen hat sich mit

2 Joachim Radkau, ‚Nachhaltigkeit' als Wort der Macht. Reflexionen zum methodischen Wert eines umweltpolitischen Schlüsselbegriffs, in: Jens Ivo Engels / François Duceppe-Lamarre (Hg.), Umwelt und Herrschaft in der Geschichte. Environnement et pouvoir: Une approche historique, München 2008, S. 131–136, hier: S. 131 f.

3 Ebd., S. 131.

4 Ebd., S. 132.

Nachhaltigkeitsfragen auseinanderzusetzen. Die lange Geschichte des Konzepts zwischen der Ökonomie vormoderner Forstwirtschaft und dem umfassenden politischen Konzept der Konferenz von Rio (1992) kann hier nicht nachgezeichnet werden.[5] Der Notwendigkeit, angesichts der Fülle semantischer Aufladungen des Nachhaltigkeitsbegriffs mit einem präzisen Begriffsverständnis zu arbeiten, sollte man sich aber stets gewärtig sein. So unterstreicht Joachim Radkau etwa die Wichtigkeit einer Unterscheidung zwischen ökonomischem und ökologischem Nachhaltigkeitsbegriff.[6] Im Werk Max Webers kann er zum Beispiel nachweisen, dass dessen Verwendung der Kategorie ‚Nachhaltigkeit' stets eine ökonomische Dimension im Sinne einer dauerhaften Agrarrente thematisiere.[7] Zugleich stellt Radkau am Beispiel der ökonomisch nachhaltigen Waldnutzung (in dem Sinne, dass nicht mehr Holz entnommen wird als nachwächst) fest, diese sage noch nichts darüber aus, ob die forstliche Landnutzung an einem gegebenen Ort überhaupt im Sinne der Biodiversität die wertvollste Option darstelle.[8] Viel seltener als in der französischen Geschichtsschreibung finde sich in der deutschsprachigen Historiografie das Leitbild eines agro-sylvo-pastoralen Gleichgewichts *(équilibre agro-sylvo-pastoral)*.[9]

Auch die in diesem Beitrag unternommene Anwendung des Nachhaltigkeitskonzepts auf die Jagdgeschichte muss sich kritischen Fragen stellen. Einerseits wird sozialökologische Nachhaltigkeit – etwa von der Jagdwissenschaftlerin Sigrid Schwenk – als jagdethisches Leitbild vertreten. Für die Gegenwartsjagd der Jahrtausendwende postulierte sie, man habe „Wild als fundamentale natürliche Ressource zu achten", für „die Erhaltung oder Wiederherstellung geeigneter Habitate" zu sorgen und „Jagd als nachhaltige Bodennutzung und als Ernte nachwachsender natürlicher Rohstoffe zu verstehen".[10] Andererseits benennt Joachim Radkau gerade die Jagd als Beispiel für eine der vielen Unschärfen bei der analytischen Anwendung des Nachhaltigkeitsbegriffs, nämlich die Vernachlässigung von

---

5 Vgl. dazu der Beitrag von Wolfgang Wüst in diesem Band (S. 315–349) und einführend: Verena Winiwarter / Martin Knoll, Umweltgeschichte. Eine Einführung (UTB 2521), Köln 2007, S. 301–314.

6 Radkau, ‚Nachhaltigkeit' als Wort der Macht (wie Anm. 2), S. 132–134.

7 Ebd., S. 133 f.

8 Ebd., S. 133.

9 Ebd.

10 Sigrid Schwenk, Verantwortungsbewusstes Jagen. Des Jägers Verantwortung gegenüber Umwelt und Gesellschaft, in: Thomas Werner / Frieder Hepp (Hg.), „... sonst wird dich der Jäger holen!": Die Jagd: Vergnügen und Verderben, Heidelberg 1999, S. 41–54, hier: S. 43.

Passion und Emotion in einem Geschichtsbild, das durch die Rationalität des Nachhaltigkeitskonzepts dominiert werde: „Die Gefahr dieses Konzeptes liegt vielleicht darin, daß er [sic!] eine Engführung provoziert, in der Umweltgeschichte nur das Element rationaler Planung zu sehen; Nachhaltigkeit ist ja ein Begriff rationaler Planung. Es ist zugleich aber auch wichtig zu sehen, dass die Mensch-Umwelt-Beziehungen durch starke Emotionen beherrscht werden, auch und gerade bei der Geschichte der Jagd."[11]

Dieser Monita eingedenk wird in diesem Beitrag davon ausgegangen, dass der Nachhaltigkeitsbegriff nicht als Begriff der historischen Quellensprache, sondern als analytische Kategorie Potential für die Diskussion der bayerischen Jagdgeschichte besitzt, sofern er hinreichend präzise definiert wird. Ich verwende den Begriff in einer reduzierten Bedeutungsbreite, die eine sozialökologische und eine soziale Dimension umfasst: Im sozialökologischen Sinne handelt eine Gesellschaft nachhaltig, wenn es ihr gelingt, dass „die materiell-energetischen Austauschprozesse zwischen Gesellschaften und ihrer natürlichen Umwelt über einen längeren Zeitraum aufrecht erhalten werden können".[12] Im sozialen Sinne agiert eine Gesellschaft nachhaltig, wenn sie ihre gesellschaftliche Organisation, ihre Verfassung, ihr Herrschaftssystem, ihre Wirtschaft, den Zugang zu Ressourcen und deren Verteilung, und schließlich auch ihre kulturelle Praxis so gestaltet, dass über längere Zeit hinweg soziale und politische Stabilität erwächst. Genau im Sinne dieser beiden Dimensionen wird die Messlatte der Nachhaltigkeit im Folgenden an die bayerische Jagdgeschichte angelegt.

Jagdgeschichte als Gegenstand einer integrativen Umweltgeschichte

Geschichtswissenschaft hat die Jagdgeschichte bislang vor allem aus drei Perspektiven heraus in den Blick genommen. Erstens aus einer verfassungs- beziehungsweise rechtsgeschichtlichen Perspektive. Zu denken wäre hier etwa an Karl Bosls breit rezipierten Beitrag zum Wildbann als Instrument des mittelalterlichen Herrschaftsausbaus[13], aber auch etwa Clemens Daslers Dissertation über Forst

11 Radkau, ‚Nachhaltigkeit' als Wort der Macht (wie Anm. 2), S. 135 f.

12 Helmut Haberl u.a., zit. nach: Rolf-Peter Sieferle, Nachhaltigkeit – eine Utopie?, in: GAIA 13/1, 2004, S. 40 f., hier: S. 40.

13 Karl Bosl, Forsthoheit als Grundlage der Landeshoheit in Bayern, in: Ders. (Hg.), Zur Geschichte der Bayern (Wege der Forschung 60), Darmstadt 1965, S. 443–509.

und Wildbann im frühen deutschen Reich aus dem Jahre 2001.[14] Zweitens begegnet uns Jagd als Gegenstand der höfischen Kulturgeschichte, der Kunst- und Architekturgeschichte. Die Bau- und Nutzungsgeschichte von Schlössern wie Clemenswerth, Moritzburg, Weißenstein/Pommersfelden oder Nymphenburg hat – so sie nicht ohnehin rein jagdlich motiviert ist – starke Bezüge zur fürstlichen Jagdkultur und kann entsprechend untersucht werden.[15] Ähnliches gilt für die Jagd als Bestandteil des höfischen Alltags und der Festkultur. Stellvertretend erwähnt sei die für den kurbayerischen Hof äußerst instruktive Dissertation von Samuel John Klingensmith aus dem Jahre 1993.[16]

Später als in den beiden erstgenannten Perspektiven beschrieben ist Jagd als Gegenstand in den Blick der Sozialgeschichte gerückt. Man denke hier an E. P. Thompsons „Whigs and Hunters" von 1975.[17] Für Deutschland wäre auf Hans Wilhelm Eckhardts „Herrschaftliche Jagd, bäuerliche Not und bürgerliche Kritik" aus dem Jahr 1976 hinzuweisen.[18] Eckhardt nimmt die Verhältnisse in Südwestdeutschland in den Blick. Seine Studie kann im deutschsprachigen Raum als Pionierstudie gelten. Für die Sozialgeschichtsschreibung Altbayerns ist auf Helmut Rankls „Landvolk und frühmoderner Staat" zu verweisen, eine nicht auf die Jagd spezialisierte Studie, die sich aber der Bedeutung des Themas stets bewusst ist.[19] Auch im weiten Feld der „neuen Kulturgeschichte", der Mikrogeschichte, der ländlichen Alltagsgeschichte und der historischen Kriminalitätsforschung nahm sich die Forschung der Jagd als Thema an, für das heutige Bayern wären da etwa

14 Vgl. Clemens Dasler, Forst und Wildbann im frühen deutschen Reich. Die königlichen Privilegien für die Reichskirche vom 9. bis zum 12. Jahrhundert (Dissertationen zur mittelalterlichen Geschichte 10), Köln 2001.

15 Vgl. in Auswahl die Beiträge zu Arbeitsstelle 18. Jahrhundert in: Bergische Universität, Gesamthochschule Wuppertal (Hg.), Die Jägerey im 18. Jahrhundert. Colloquium der Arbeitsstelle 18. Jahrhundert, Heidelberg 1991 und Siedlungsforschung 32, 2015, Heftschwerpunkt: Jagdlandschaften in Mitteleuropa.

16 Vgl. Samuel John Klingensmith, The Utility of Splendor. Social Life and Architecture at the Court of Bavaria 1600–1800, Chicago 1993.

17 Vgl. Edward P. Thompson, Whigs and hunters. The origin of the Black Act, New York 1975, S. 1.

18 Vgl. Hans Wilhelm Eckardt, Herrschaftliche Jagd, bäuerliche Not und bürgerliche Kritik. Zur Geschichte der fürstlichen und adligen Jagdprivilegien vornehmlich im südwestdeutschen Raum (Veröffentlichungen des Max-Planck-Instituts für Geschichte 48), Göttingen 1976, zugl.: Diss., Bochum 1975.

19 Vgl. Helmut Rankl, Landvolk und frühmoderner Staat in Bayern 1400–1800 (Studien zur bayerischen Verfassungs- und Sozialgeschichte 17), München 1999, zugl.: Habil.-Schr., München 1996.

Namen zu nennen wie Wolfgang Behringer, Reinhard Heydenreuter, Alexander Schunka oder Winfried Freitag.[20]

Der Entstehungsprozess meiner 2004 erschienenen Dissertation zur landesherrlichen Jagd der bayerischen Kurfürsten im 18. Jahrhundert[21] war von der Einsicht begleitet, dass all diese Perspektiven zwar ihre jeweils eigene Relevanz besitzen, dass man Jagdgeschichte aber nicht schreiben kann, wenn man sie nicht auch als Umweltgeschichte beschreibt. Jagd war und ist eine gesellschaftlich regulierte und limitierte Form der Nutzung natürlicher Ressourcen. Diese Nutzung hat mit all ihren Facetten einerseits viel mit der Verfassung, mit dem Aufbau einer Gesellschaft und ihrer innergesellschaftlichen Hierarchien zu tun.

Für die kurbayerischen Verhältnisse des 18. Jahrhunderts könnte man dies wie folgt schematisieren (siehe Abb. 82).

Andererseits prägt sich die Art und Weise, wie Gesellschaften Jagd organisieren und ausüben, konkret und materiell in die biophysische Umwelt ein, sei es durch Jagdbauten, sei es durch die sich wandelnde Zusammensetzung von Flora und Fauna in Abhängigkeit von der Populationsstärke jagdbarer Tiere. Es entstehen regelrechte Jagdlandschaften. Jagd koexistiert mit anderen Landnutzungsoptionen beziehungsweise konkurriert mit diesen. Auch dies lässt sich schematisch darstellen (siehe Abb. 83).

---

20 Vgl. Wolfgang Behringer, Mörder, Diebe, Ehebrecher. Verbrechen und Strafen in Kurbayern vom 16. bis zum 18. Jahrhundert, in: Richard van Dülmen (Hg.), Verbrechen, Strafen und soziale Kontrolle: Studien zur historischen Kulturforschung, Frankfurt am Main 1990, S. 85–132; Winfried Freitag, Das Netzwerk der Wilderei. Wildbretschützen, ihre Helfer und Abnehmer in den Landgerichten um München im späten 17. Jahrhundert, in: Andreas Blauert / Gerd Schwerhoff (Hg.), Kriminalitätsgeschichte: Beiträge zur Sozial- und Kulturgeschichte der Vormoderne, Konflikte und Kultur, Konstanz 2000, hier: Bd. 1, S. 707–757; Reinhard Heydenreuter, Zur Bestrafung der Wilderei im Herzogtum und Kurfürstentum Bayern im 16. und 17. Jahrhundert, in: Forum Forstgeschichte – Forstliche Forschungsberichte 161, 1997, S. 54–65; Alexander Schunka, Soziales Wissen und dörfliche Welt. Herrschaft, Jagd und Naturwahrnehmung in Zeugenaussagen des Reichskammergerichts aus Nordschwaben (16.–17. Jahrhundert) (Münchner Studien zur neueren und neuesten Geschichte 21), Frankfurt am Main 2000.

21 Vgl. Martin Knoll, Umwelt – Herrschaft – Gesellschaft. Die landesherrliche Jagd Kurbayerns im 18. Jahrhundert (Studien zur neueren Geschichte 4), St. Katharinen 2004, zugl.: Diss., Regensburg 2003.

Abb. 82: Jagdverfassung und Gesellschaftsaufbau im Kurbayern des 18. Jahrhunderts. Bildnachweis: Knoll, Umwelt – Herrschaft – Gesellschaft (wie Anm. 21), S. 351.

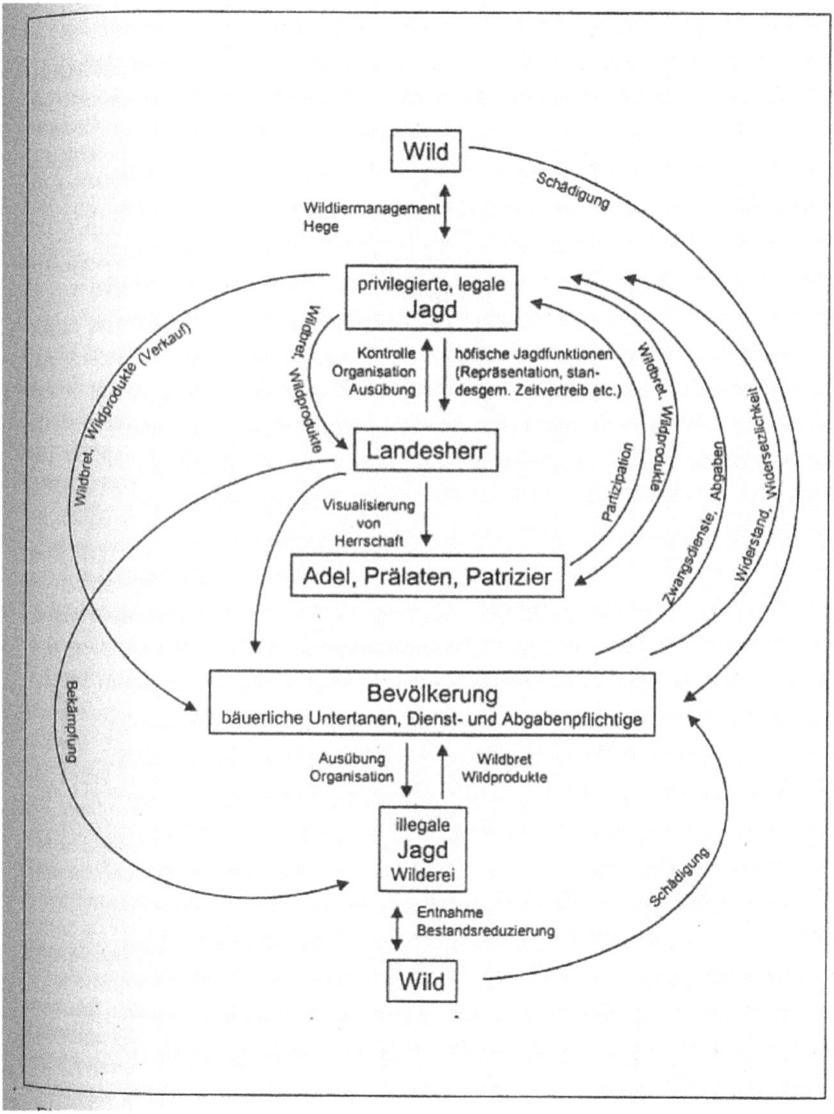

Abb. 83: Modell eines Sozialökosystems zur landesherrlichen Jagd im 18. Jahrhundert. Bildnachweis: Knoll, Umwelt – Herrschaft – Gesellschaft (wie Anm. 21), S. 350.

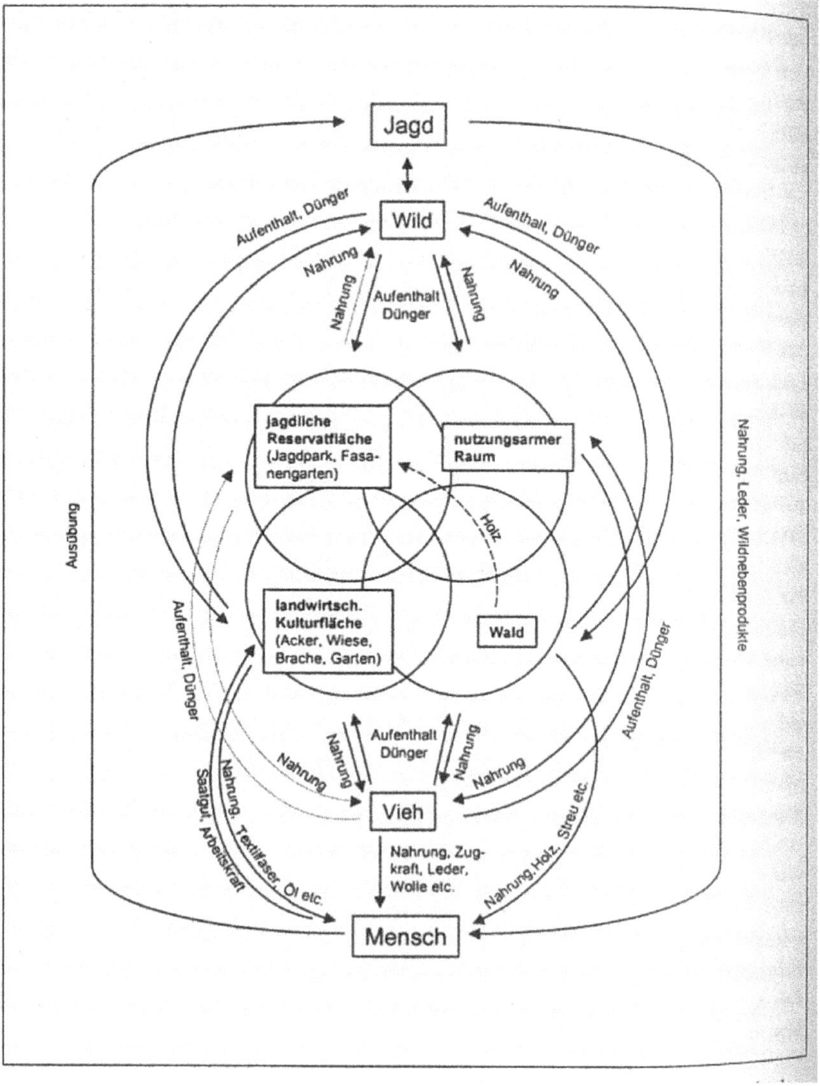

Jagd spielt sich nicht irgendwo in einer fernen Wildnis ab, sie ist in der Kulturlandschaft, im System der gesellschaftlichen Landnutzung vernetzt. Der entscheidende Unterschied der frühneuzeitlichen Konstellation zur modernen ist, dass Jagd sich bis Mitte des 19. Jahrhunderts innerhalb der Rahmenbedingungen des vorindustriellen, sogenannten solarenergetischen Zeitalters abspielte. Das heißt es gibt einerseits viel größere funktionale Überschneidungen zwischen Wald und Offenland, zwischen intensiv und extensiv genutzten Flächen. Es gibt andererseits vor dem großmaßstäblichen Umstieg der europäischen Gesellschaften und Wirtschaften auf fossile Energieträger eine strukturelle Knappheit der Faktoren Fläche und Energie.[22] Anders als heutzutage konnte Flächenkonkurrenz in der Landnutzung nicht durch den Einsatz von fossilen Energieträgern (zum Beispiel Ertragssteigerung durch synthetische Dünger, Maschineneinsatz) harmonisiert werden. Der bereits eingangs zitierte Cyriacus Spangenberg bringt das Problem der Flächenkonkurrenz zwischen jagdlicher Hege und anderen Landnutzungsoptionen sehr eingängig auf den Punkt, wenn er schreibt: „*Und wie könd man also gar ein treffliche anzal Schaff/ Ochssen/ Pferde/ Schweine und dergleichen Viehe/ mit der Weide/ und den früchten jerlich zum gemeinen nutz und besserung des lands auffziehen/ das doch sonst gar vergeblich/ vom Wilde in Welden und im Felde/ auch den armen Leuten in iren gerten wird abgefresset und zu nicht gemachet.*“[23]

Auch die hier angesprochenen Wildschäden konnten nicht so einfach wie heute durch Geld ersetzt werden, das sich – sozialökologisch zu Ende gedacht – aus Überschüssen speist, die an anderer Stelle der Volkswirtschaft unter Einsatz fossiler Energieträger erwirtschaftet werden. Und was die Knappheitsgrenzen der solarenergetischen Gesellschaft betrifft, fällt nicht zuletzt der materielle Aufwand ins Auge, der für jagdliche Infrastruktur betrieben wurde. Der 1715 fertiggestellte große Jagdpark, den die bayerischen Kurfürsten im Bereich zwischen Nymphenburg, Forstenrieder Forst und Starnberger See unterhielten, ist ein markantes Beispiel. Dieses Kernstück der jagdlichen Infrastruktur der bayerischen Kurfürsten des 18. Jahrhunderts maß eine Zaunlänge von rund 37 Kilometern und eine Fläche von rund 4.600 Hektar, in Zeiten größter Ausdehnung, nach einer Erweiterung 1772, waren es fast 6.000 Hektar.[24] Auch für das Holz, das man für die Umzäunung der Außenlinie dieses kurfürstlichen Jagdparks im Münchener Südwesten und der dort eingeforsteten Äcker und Felder verwendete, gilt: es fehlte an anderer Stelle. Alleine für die Außenlinie von 1715 muss mit gut 18.000 Eichensäulen in rotwildsicherer Höhe beziehungsweise 1.212 Festmetern Eichenholz kalkuliert werden – wohl gemerkt zuzüglich der Querverlattung.

---

22 Vgl. Rolf Peter Sieferle u.a., Das Ende der Fläche. Zum gesellschaftlichen Stoffwechsel der Industrialisierung (Umwelthistorische Forschungen 2), Köln/Wien 2006.

23 Spangenberg, Der Jagteufel (wie Anm. 1), S. 278.

24 Knoll, Umwelt – Herrschaft – Gesellschaft (wie Anm. 21), S. 83–85.

Fläche, Landnutzung, Umgang mit Ressourcen, auch Mensch-Tier-Beziehungen. Das sind Faktoren, die Jagdgeschichte zum erstrangigen umweltgeschichtlichen Thema machen. Und im Ancien Régime sollte Jagd ja gerade durch den betriebenen Aufwand, gerade dadurch, wie der Herrscher mit der Natur umging, und wie er in der Fläche sichtbar war, auch Herrschaft visualisieren. Sie sollte Macht zur Schau stellen. Robert Suter schreibt in seiner Studie über jagdkritische Literatur treffend: „Man kann die Jagd als Teil einer politischen Ökologie beschreiben, die natürliche Dinge wie Wälder, Pflanzen oder Tiere in Medien politischer Gewalt verwandelt. Es gibt keine Begegnung zwischen Wild und Bauern, die nicht auch eine politische Dimension hätte.“[25]

Auch dieser Zusammenhang von Natur und Macht qualifiziert Jagd zum erstrangigen umwelthistorischen Untersuchungsgegenstand.

Jagd, soziale und sozialökologische Nachhaltigkeit

Die Feststellung, dass höfische Jagd vielerorts im Europa des 17. und 18. Jahrhunderts sozialökologisch wie sozial in spektakulärem Maße nicht nachhaltig war, dürfte nicht übertrieben sein. Das Beispiel des kurbayerischen Hofes erweckt jedenfalls diesen Eindruck, egal ob man als Stichproben den personellen, finanziellen und materiellen Aufwand für einzelne höfische Jagdspektakel mit den geringen Erträgen dieser in Bezug setzt, oder ob man über den Verlauf des 18. Jahrhunderts hinweg die Rechnungslegung der Jagdbehörden studiert.[26]

Vergleicht man nun das fürstliche Jagdgebaren mit dem des landsässigen Adels, wird das Bild komplexer.[27] Das von Beate Spiegel untersuchte Hausmanuale der Vieregg'schen Hofmark Tutzing aus der Mitte des 18. Jahrhunderts erweckt zum Beispiel den Eindruck, dass Jagd hier mit geringem materiellen Aufwand betrieben wurde und eine ausgesprochen subsistenzorientierte Angelegenheit war,

---

25 Robert Suter, Par force. Jagd und Kritik, vollst., zugl.: Diss., Basel 2009 unter dem Titel: Ders., Politische Wälder, Konstanz 2015, S. 48; vgl. auch: Martin Knoll, Dominanz als Postulat. Höfische Jagd, Natur und Gesellschaft im ‚Absolutismus', in: Jens Ivo Engels / François Duceppe-Lamarre (Hg.), Umwelt und Herrschaft in der Geschichte. Environnement et pouvoir: Une approche historique, München 2008, S. 73–91.

26 Vgl. Knoll, Umwelt – Herrschaft – Gesellschaft (wie Anm. 21), S. 130–167; Ders., Jagd und Herrschaftsausübung im Bayern der Frühen Neuzeit, in: Siedlungsforschung. Archäologie – Geschichte – Geographie 32, 2015, S. 267–286, hier: S. 274–276.

27 Das Folgende nach: ebd., S. 276–279.

das, was man gemeinhin als Küchenjagd bezeichnet.[28] Zudem erfüllte der einzige angestellte Jäger viele weitere Aufgaben in der Hofmark. Er war Waldaufseher, Kutscher und vieles andere, er war Teil des sozialen Kitts in der Grundherrschaft und der ländlichen Ökonomie. Am anderen Seeufer zeigt die von Klaus Kopfmann untersuchte Hofmark Eurasburg aufgrund verschiedener Besitzerwechsel verschiedene Befunde. Hier bewegt sich die Ausprägung des Jagdbetriebs zwischen ökonomischer Küchenjagd und höfischer Hybris, letzteres besonders im 17. Jahrhundert, als die Hofmark in wittelsbachischem Besitz stand.[29] Unter Herzog Albrecht VI., Bruder Kurfürst Maximilians I., legte man Wildgehege an und unterhielt zweitweise einen Personalstand von 30 Mann in der Jägerei. Auch an diesem Beispiel wird die Flächenkonkurrenz (Einsatz der Produktivität der Flächen in der Hofmark für Viehfutter vs. Futter für das Gatterwild) direkt in den historischen Quellen greifbar.[30]

Hohe Wildbestände, Wildschäden, Scharwerkspflichten, die sich der Einschätzung Stephan Kellners zufolge in regelrechten „Konfliktketten“[31] durch die Alltagsbeziehungen zwischen Untertanen und Herrschaft zogen: Diese und andere Belastungen, die aus der herrschaftlichen Jagd erwuchsen, wirkten im frühneuzeitlichen Altbayern jedenfalls destabilisierend für die gesellschaftliche Ordnung, auch dann, wenn es nicht wie in den Hungerjahren der frühen 1770er Jahre zu Zuständen kam, die *„einem Aufstand“* gleichen, so die Wahrnehmung des landesherrlichen Verwalters in der kurbayerischen Reichsgrafschaft Haag im Sommer 1771.[32]

Mit dem Ende des Alten Reichs veränderte sich die Jagd – auch in Bayern.[33] In Kurbayern wurden ab 1799 nunmehrige Staatsjagdreviere verpachtet, seit 1829 stand die Jagdpacht auch Nicht-Adeligen offen. Mit dem Gesetz vom 4. Juni 1848

28 Vgl. Beate Spiegel, Adliger Alltag auf dem Land. Eine Hofmarksherrin, ihre Familie und ihre Untertanen in Tutzing um 1740 (Münchener Universitätsschriften 18), Münster 1997, zugl.: Diss., München 1994.

29 Vgl. Klaus Kopfmann, Die Hofmark Eurasburg. Ein Beitrag zur Geschichte der bayerischen Hofmark (Studien zur bayerischen Verfassungs- und Sozialgeschichte 24), München 2005, zugl.: Diss., München 2003.

30 Vgl. ebd., S. 140–143.

31 Stephan Kellner, »Dass wir bei uraltem herkommen gelassen werden […]«. Frondienste als Konfliktfeld zwischen Adel und Untertanen im frühneuzeitlichen Bayern, in: Walter Demel / Barbara Kink (Hg.), Adel und Adelskultur in Bayern (ZBLG, Beiheft 32), München 2008, S. 189–209, hier: S. 206.

32 Helmut Rankl, Die bayerische Politik in der europäischen Hungerkrise 1770–1773, in: ZBLG 68, 2005, S. 745–779, hier: S. 761 f.; Knoll, Umwelt – Herrschaft – Gesellschaft (wie Anm. 21), S. 274.

33 Ebd., S. 38 f.

wurde im rechtsrheinischen Bayern das Jagdrecht auf fremdem Grund und Boden aufgehoben. Die so verankerte Bindung des Jagdrechts an den Grundbesitz reflektiert im Grunde die wirtschaftsliberalen Vorstellungen, die die Agrarreformer um 1800 auch mit den Allmendteilungen verbanden. Auch den Kameralisten und Agrarreformern war ja die Jagd in ihrer höfischen Ausprägung ein Dorn im Auge, galt sie doch als Rationalisierungshindernis in der Modernisierung in Land- und Forstwirtschaft.[34]

Im Bayern des frühen 19. Jahrhunderts haben wir es juristisch wie kulturell mit einer Verbürgerlichung der Jagd zu tun, allerdings keiner Verbäuerlichung. Denn der 1848 geschaffene Rechtsgrundsatz der Bindung des Jagdrechts an das Grundeigentum wurde schon mit dem Jagdgesetz vom 30. März 1850 zwar de jure nicht zurückgenommen, aber de facto weitgehend entwertet. Das Jagdrecht wurde wie in den meisten übrigen Staaten des Deutschen Bundes definitorisch vom Jagdausübungsrecht getrennt.[35] Die persönliche Jagdausübung wurde an eine Mindestreviergröße von 240 Tagwerk im Flachland und 400 Tagwerk im Gebirge gebunden. Das Jagdausübungsrecht kleinerer Grundbesitzer wurde durch die Gemeinden verwaltet, die dieses in der Regel gegen Meistgebot zu verpachten hatten. Mit der zwangsgenossenschaftlichen Jagdbewirtschaftung haben die Grundzüge dieser Regelungen bis heute Bestand. Sieht man sich nun die Protokolle der diesbezüglichen Debatten in der Kammer der Abgeordneten des Bayerischen Landtags im Herbst 1849 an, dann wird deutlich: Den Abgeordneten war der Zäsurcharakter der Rechtsreform von 1848 genauso klar wie die Problematik der Revision von 1849/50.

Ludwig Fürst von Öttingen-Wallerstein (1791–1870)[36], linksliberaler Oppositionsführer in der zweiten Kammer, kritisierte die überkommenen Jagdverhältnisse harsch: „*Meine Herren! Was war das alte Jagdrecht? – Es war das Recht Einzelner, durch ihr Wild das Eigenthum dritter Grundbesitzer abfressen zu lassen,*

34 Vgl. ebd., S. 168–198.

35 Vgl. Gerald Kohl, Jagd und Revolution. Das Jagdrecht in den Jahren 1848 und 1849 (Rechtshistorische Reihe 114), Frankfurt a.M. 1993, zugl.: Diss., Wien 1993; Sigrid Schwenk, Die Revolution von 1848/49. Geschichtliche Voraussetzungen und Folgen für die Jagd, in: Thomas Werner / Frieder Hepp (Hg.), „… sonst wird dich der Jäger holen!“: Die Jagd: Vergnügen und Verderben, Heidelberg 1999, S. 85–118.

36 Zur politischen Biografie Öttingen-Wallersteins: vgl. Dirk Götschmann, Das Bayerische Innenministerium 1825–1864. Organisation und Funktion, Beamtenschaft und politischer Einfluss einer Zentralbehörde in der konstitutionellen Monarchie (Schriftenreihe der Historischen Kommission bei der Bayerischen Akademie der Wissenschaften 48), Göttingen 1993, S. 215–225.

damit ihnen zu bestimmten Zeiten oder auch nach Belieben das Vergnügen zu Theil wurde, zu erproben, ob sie gut zu zielen und schießen verstünden. Noch mehr, damit zu gewissen Zeiten sogenannte eingeschlossene Jagden stattfinden konnten, welche an Grausamkeit Alles überboten, ja wahre Metzelei waren. Diese Verhältnisse hatten nach und nach tief in des Volkes Gemüth eingegriffen, doppelt tief, weil die Zahl der Jagdbeschützenden fast eben so groß war, als die Zahl der die Jagd dulden Müssenden. [...] *Von dem politischen Standpunkte aus betrachtet, waren die alten Jagdverhältnisse vielleicht einer der gefährlichsten Krebsschäden unserer sozialen Zustände.*"[37]

Der niederbayerische Geistliche Anton Westermayer (1816–1894) kritisierte dagegen, dass mit der Freigabe der Jagd 1848 das Kind mit dem Bade ausgeschüttet worden sei und nun auf dem Lande „*eine förmliche Jagdanarchie, ein Zustand der Verwilderung*" eingetreten sei.[38] Allerdings kritisiert er an der nun zur Debatte stehenden Novelle auch, dass über das Verpachtungsgebot und die prohibitive Höhe der Jagdkartenpreise erneut viele Grundeigentümer um ihr Recht gebracht würden. In derselben Debatte gab der Abgeordnete Dr. Sepp zu Protokoll, zwei Dinge seien nun notwendig, erstens eine Verminderung des Wildbestandes, zweitens eine Verminderung des Jagdpersonals.[39] Seines Wissens, so Sepp, gebe alleine die Münchener Hofjagdintendanz jährlich 30.000 fl. für Wildschadensersatz aus und man könne sich leicht vorstellen, dass der reale Schaden fünfmal höher liege.

Betrachtet man die Entwicklung des gesellschaftlichen Konflikts um die Jagd im Königreich Bayern des 19. und frühen 20. Jahrhunderts durch die Linse parlamentarischer Quellen, dann wird eines deutlich: Fragen der Landnutzungskonkurrenz, des Wildschadens und der mehr oder minder gegebenen Möglichkeiten Wildschadensersatz durchzusetzen, blieben virulent. Das kann man etwa in den zahlreichen Beschwerden über die Verletzung verfassungsmäßiger Rechte nachlesen, die von der Kammer der Abgeordneten zwar samt und sonders abschlägig beschieden wurden, die aber einen interessanten Einblick in die Befindlichkeiten der Bevölkerung ermöglichen.[40] Gerade im Wirkungsbereich der Münchener Hofjagdintendanz findet man hier „alte Bekannte" – aus dem Ancien Régime bekannte Problemlagen und Beschwerdeführer – wieder, wenn sich etwa 1828 die Gemeinden Schöngeising und Etterschlag über Schäden an der Landwirtschaft

---

37 Verhandlungen der Kammer der Abgeordneten des zweiten bayerischen Landtags. Stenographische Berichte, II. Bd., XXIV. Sg., 20. November 1849, S. 74 f.

38 Ebd., S. 70 f.

39 Ebd., S. 76 f.

40 Vgl. Dirk Götschmann, Die Beschwerden an die Kammer der Abgeordneten des Bayerischen Landtags 1819–1918, München 1997.

durch übermäßige Wildhege beklagen.[41] Aber auch aus anderen Landesteilen kamen derlei Beschwerden, zum Beispiel 1837 von fünf Anrainergemeinden des Neuburger Waldes bei Passau (Altenmarkt, Eglsee, Heining, Neuburg, Neukirchen/Inn) oder aus vielen fränkischen Gemeinden, zum Beispiel 1822 und 1825 von Bauern der Gemeinde Hoflimbach, Landgericht Würzburg.[42] Oft ist auch die nicht ausreichende beziehungsweise verweigerte Rechtshilfe beim Wildschadensersatz Beschwerdegegenstand.

Im Petitionsausschuss, der den Bürgern seit 1872 ein Forum bot, finden sich dann zahlreiche Sammelpetitionen, die die Beschwerden über Überhege, Wildschaden und Pachtverhältnisse mit sehr konkreten Bitten um Änderungen an der Rechtslage verbanden. Allerdings kam es auf lange Sicht gesehen anders, als von den bäuerlich geprägten Interessenten erwünscht. Elemente der Refeudalisierung der Jagd, wie sie vor allem im wilhelminischen Preußen wurzelten[43], kamen mit dem Reichsjagdgesetz von 1934 auch nach Bayern. Hegepflicht, verpflichtende Trophäenschauen, all das sucht man im bayerischen Jagdrecht von 1850 noch vergeblich.[44] Und all das entspricht nicht dem Leitbild einer bäuerlichen Jagd.

Die Diagnose nicht ausgeräumter Konflikte und anhaltender Problemlagen scheint – bei sicher stark veränderten sozioökonomischen und sozialökologischen Rahmenbedingungen – übrigens bis heute angebracht. Zumindest wird man auch hierzu in den bayerischen Parlamentaria der Zeit nach dem Zweiten Weltkrieg fündig. Selbst die ehemaligen Leibjagdreviere – auch der Forstenrieder Forst – wurden erneut zum parlamentarischen Diskussionsgegenstand. Einige wenige Beispiele seien hier aus einem großen Fundus einschlägiger Überlieferung herausgegriffen. Deutlich spiegeln sich die medialen Debatten, denen sich die Jagd seit den 1970er Jahren überregional stellen muss, in der Arbeit des Parlaments. Da wäre etwa Horst Sterns jagdkritische Fernsehsendung „Bemerkungen über den Rothirsch" von Heiligabend 1971, die wohl noch mehr mediale Durchschlagskraft besaß als sein offener Brief an den Bundespräsidenten und Jäger Walter Scheel

41 Ebd., S. 270, 273.

42 Ebd., S. 217, 248, 413.

43 Vgl. Wolfram G. Theilemann, Adel im grünen Rock. Adliges Jägertum, Großprivatwaldbesitz und die preußische Forstbeamtenschaft 1866–1914 (Elitenwandel in der Moderne 5), Berlin 2009.

44 Vgl. Das Jagdgesetz sammt Vollzugs-Instruktionen für das Königreich Bayern zum praktischen Vollzug zusammengefasst. Gesetz vom 30. März 1850, die Ausübung der Jagd betr., URL: http://www.mdz-nbn-resolving.de/urn/resolver.pl?urn=urn:nbn:de:bvb:12-bsb10374873-1 (letzter Zugriff: 15.7.2018).

im Zeitmagazin vom 21. Februar 1975.[45] Sterns Sendung veranlasste den CSU-Abgeordneten Paul Diethei zu der Anfrage, was die Staatsregierung gegen derart tendenziöse Berichterstattung gegen Jägerschaft und Forstbeamte zu tun gedenke, ob die Staatsregierung die Auffassung teile, dass ein „überhegter Wildbestand“ an der Verkarstung der Alpen und der verloren gegangenen Ausgewogenheit zwischen Fichte, Tanne und Buche im Bergwald trage, und ob im Zusammenhang mit den „angeblich stark überhöhten“ Wildbeständen im Nationalpark Bayerischer Wald von einer Auseinandersetzung zwischen Landschaftspflegern und Jägern die Rede sein könne.[46] Die sehr differenziert argumentierende Antwort des Staatsministeriums für Ernährung, Landwirtschaft und Forsten spricht in zwei Punkten indikativisch Klartext: Zur Berichterstattung betont sie die Pressefreiheit als unverzichtbarem Bestandteil der freiheitlich-demokratischen Gesellschaftsordnung und zu den Wildbeständen im Bayerischen Wald: „Der Rotwildbestand im Nationalpark Bayerischer Wald ist stark überhöht und muss auf ein Maß reduziert werden, das mit den landeskulturellen Erfordernissen und mit den Zielsetzungen des Nationalparks in Einklang steht.“[47]

Seither spiegelt die politische Diskussion genau wie die Rechtslage, die sich aus ihr speist, ein Ringen um den Interessenausgleich zwischen unterschiedlichen gesellschaftlichen Interessengruppen und um den richtigen Weg in der Landnutzung. In der Vielfalt der im Landtag über die Jahrzehnte hinweg diskutierten Thematiken wird deutlich, dass traditionelle Problemlagen und Frontverläufe um neue Herausforderungen und weitere Parteien ergänzt und kompliziert werden. Als Stichworte seien etwa genannt: Siedlungsexpansion, Straßenverkehr, Naturnutzung durch Sport und Tourismus, tierschützerische Jagdkritik, Wiederansiedlung von Beutegreifern und klimaangepasster Waldumbau. Schon im Jahre 1951 hatte sich der Bayerische Verfassungsgerichtshof mit der Güterabwägung zwischen dem Recht auf touristische Naturbetretung und Wildschutz in abgesperrten Schutzgebieten zu befassen gehabt. Ins Rollen gebracht hatte den Vorgang ein Füssener Wanderer, der absichtlich eines der 1937 auf dem Verordnungswege geschaffenen und vom Bayerischen Jagdgesetz vom 15. Dezember 1949 zunächst beibehaltenen Wildschutzgebiete betreten und daraufhin Selbstanzeige erstattet hatte.[48]

45 Vgl. zu letzterem: Suter, Par force (wie Anm. 25), S. 9–12.

46 Bayerischer Landtag, 7. Wahlperiode, Drucksache 7/2322. Anmerkung: alle Landtagsprotokolle und -Drucksachen zitiert nach: URL: https://www.bayerische-landesbibliothek-online.de/landtagsprotokolle-seit-1946 (letzter Zugriff: 16.7.2018).

47 Ebd.

48 Bayerisches Gesetz- und Verordnungsblatt Nr. 17, 17.7.1951.

In den Landtagsdebatten scheinen die Frontverläufe über die Jahre nicht einfach entlang von Parteilinien verlaufen zu sein. Allerdings kommen parlamentarische Anfragen, die sich kritisch mit den jagdlichen Verhältnissen auseinandersetzten, bevorzugt von Abgeordneten der Oppositionsparteien. Nicht zuletzt die Politik der damals noch für die Staatsjagdreviere zuständigen Staatsforstverwaltung stand hier zur Diskussion, wenn zum Beispiel 1974 der SPD-Abgeordnete Dr. Reinhold Kaub angesichts überhöhter Rotwildbestände in alpinen Staatsjagden zu wissen begehrte, wie viele Hirsche der Stärkeklassen Ia und Ib in den Jahren 1969 bis 1973 von Angehörigen der Staatsforstverwaltung unentgeltlich erlegt worden seien und wie viele von Angehörigen des Landtags.[49] Die namentliche Nennung der Parlamentsmitglieder wurde übrigens vom Ministerium verweigert.[50] Im März 1983 forderte eine parlamentarische Anfrage des SPD-Abgeordneten Hans Kolo detailliert Auskunft über Aufwand, Ertrag, Strecke, Baumartenzusammensetzung und Wildschäden im Forstenrieder Park ein.[51] Und die grünen Abgeordneten Bause, Paulig und Rothe wollten 1986 eine Jagdzeitverlängerung auf Rehwild gar per Dringlichkeitsantrag erreichen.[52]

Aber der Veränderungsdruck kam eben nicht nur aus der Opposition. Das bayerische Jagdgesetz von 1974 hatte zwar wie das Bundesjagdgesetz die Hegepflicht nicht zur Disposition gestellt, verlangte aber nun Wildbestände in ausgewogenem Verhältnis zu deren natürlichen Lebensgrundlagen und eine Harmonisierung mit Interessen der Landeskultur, des Naturschutzes und der Landschaftspflege. Was angepasste Wildbestände sind, darüber lässt sich freilich bis heute trefflich streiten. Der Versuch einer Rationalisierung und Harmonisierung dieses Streits wird in Bayern mit den seit 1986 in dreijährigem Turnus durchgeführten Vegetationsgutachten unternommen.[53] Hier wird unter großem personellen und materiellen Aufwand und großer prozeduraler Transparenz stichprobenartig der Zustand der Waldverjüngung erfasst. Anhand der Ergebnisse erstellt man die Abschussplanung in den Hegegemeinschaften. – Ganz im Luhmann'schen Sinne[54] wird hier versucht, Vertrauen durch Verfahren herzustellen.

---

49 Bayerischer Landtag, 7. Wahlperiode, Drucksache 7/6735.

50 Ebd.

51 Bayerischer Landtag, 10. Wahlperiode, Drucksache 10/1120.

52 Bayerischer Landtag, 11. Wahlperiode, Drucksache 11/224.

53 Vgl. URL: http://www.stmelf.bayern.de/wald/jagd/forstliches-gutachten/ (letzter Zugriff: 16.7.2018).

54 Vgl. Niklas Luhmann, Legitimität durch Verfahren, Neuwied 1969.

Fazit

Betrachtet man die Debatten um die sozialökologische und soziale Nachhaltigkeit der Jagd in Bayern über die letzten zweieinhalb Jahrhunderte hinweg, dann fällt einmal auf, dass sich die Wildschadensdebatte tendenziell von den landwirtschaftlichen Produktionsflächen hin zum Wald verlagert hat. Nach dem Zweiten Weltkrieg ist dann insofern eine Ökologisierung der Debatte festzustellen, als ökologische Krisen rund um den Wald immer auch die Rolle der Jagd ins Scheinwerferlicht rückten. Angesichts der Waldsterbens-Debatten der 1980er Jahre, angesichts der alpinen Schutzwaldsanierung, angesichts der Wiederentdeckung von Biomasse als Energieträger und jüngst angesichts des Ziels eines klimaangepassten Waldumbaus wurde immer auch die Frage gestellt, ob und wie die gegenwärtigen Wildbestände mit den vielfältigen gesellschaftlichen Anforderungen an die Wälder in Passung zu bringen sind.

Die Beurteilung der sozialökologischen Nachhaltigkeit der Jagdpraxis in ihrer Entwicklung vom Ancien Régime bis in die demokratisch verfasste Gegenwartsgesellschaft hinein ist keine einfache Aufgabe. Für den im vorliegenden Beitrag propagierten und aufgrund noch laufender Forschungen erst stichprobenartig umgesetzten Zugang der Auswertung von Parlamentaria als aussagekräftiger Quellengattung gilt: Da Parlamenten im parlamentarischen System per definitionem die Aufgabe des innergesellschaftlichen Interessenausgleichs und damit der Wahrung und Entwicklung gesellschaftlicher Stabilität zukommt, sind Parlamentaria Quellen erstrangiger Relevanz. Wie die dauerhafte Präsenz des Themas Jagd in diesen Quellen über zwei Jahrhunderte hinweg beweist, steht die soziale und die sozialökologische Nachhaltigkeit von Jagd seit langem und weiterhin auf der politischen Agenda.

Jagd agiert heute unter den Rahmenbedingungen, die eine Gesellschaft setzt, die ihrerseits in vielen Sektoren dramatisch nicht nachhaltig wirtschaftet, egal ob wir auf die Intensivlandwirtschaft sehen, auf den Flächenverbrauch für Siedlung und Verkehrswege oder auf den *carbon footprint* unseres Mobilitätsverhaltens. Diese Einsicht sollte weder Angehörige der jagdlichen Community noch Politik, Landwirtschaft, organisierten Naturschutz – und selbstverständlich die Geschichtswissenschaft – daran hindern, die Nachhaltigkeit der Jagd in ihrer historischen Entwicklung und ihrer heutigen Ausprägung kritisch zu diskutieren.

Klaus Wolf

Bayerische Umwelt-, Klima- und Konsumgeschichte im Spiegel der Bayerischen Literaturgeschichte – Eine Blütenlese

The new "History of Bavarian Literature" by Klaus Wolf deals with 13 centuries. From the beginning of vernacular writing in the Early Middle Ages to the end of the 20th century we also get a lot of information on texts about environment and consumption.

Einführung

Umwelt-, Klima- und Konsumgeschichte waren schon immer auch weltliterarische Themen. So mag man in der Sintfluterzählung des Buches Genesis Erinnerungen an die Gletscherschmelze nach der letzten Eiszeit und damit ein literarisches Dokument der Klimageschichte sehen.[1] Und der Wein- und Champagnerkonsum von Leipziger Studenten in Auerbachs Keller wird in Goethes „Faust" literarisch stilisiert.[2] Denn die Trinkgewohnheiten von Studenten sind ebenso legendär wie zeitlos, wovon die „*Carmina Burana*" lebhaft Zeugnis ablegen, weil in „*taberna quando sumus non bibamus quid sit humus*". Diese Lieder aus Benediktbeuern stammen allerdings nach heutigem Forschungsstand zur Provenienz des „*Codex Buranus*" freilich aus Neustift bei Brixen.[3] Ihr maßgeblicher Erforscher im 19. Jahrhundert, Johann Andreas Schmeller, war dagegen ein waschechter Bayer aus Tirschenreuth, der nicht nur als Sprachwissenschaftler und Dialektologe, sondern auch für die bayerische Literaturgeschichte Herausragendes geleistet hat.[4]

Damit aber sind wir schon bei meiner Ausgangsfrage, die mich Anfang 2014 beschlich, als ich den Verlagsvertrag im Hause Beck für meine Bayerische

---

1 Vgl. URL: https://www.sueddeutsche.de/wissen/vor-jahren-der-wassersturz-am-bosporus-1.633396 (letzter Zugriff: 3.9.2018).

2 Vgl. URL: http://www.goethezeitportal.de/wissen/illustrationen/johann-wolfgang-von-goethe/faust-und-gretchen-illustrationen/illustrationen-zu-szenen-aus-goethes-faust-auerbachs-keller.html (letzter Zugriff: 3.9.2018).

3 Vgl. URL: https://www.digitale-sammlungen.de/index.html?c=highlight&projekt=11&l=it (letzter Zugriff: 3.9.2018).

4 Vgl. URL: http://www.schmellergesellschaft.de/ (letzter Zugriff: 3.9.2018).

Literaturgeschichte unterzeichnete.[5] Ist im Zeitalter der Globalisierung eine Bayerische Literaturgeschichte überhaupt noch zu rechtfertigen? Oder war eine Bayerische Literaturgeschichte wenigstens in der Vergangenheit überhaupt irgendeinmal zeitgemäß? Jedenfalls soll am Beginn des 21. Jahrhunderts ein solches literaturhistorisches Unterfangen zumindest hinterfragt werden. Noch fragwürdiger scheint, ob die Thematik der *Umwelt-, Klima- und Konsumgeschichte* überhaupt in eine Literaturgeschichte gehört und nicht besser in einer Sozial- oder Kulturgeschichte aufgehoben wäre. Das heißt, dieses Sujet findet sich gewöhnlich kaum in einer der üblichen Literaturgeschichten. Gleichwohl integriert die neue Bayerische Literaturgeschichte (2018) auch solche Fragestellungen. Dazu bedarf es allerdings literaturtheoretischer Vorüberlegungen und einlässlicher Begründung.

Dabei muss zunächst allgemein historisch (nicht nur literaturgeschichtlich) weiter ausgegriffen werden. Denn Bayerns Eigenstaatlichkeit seit gut anderthalb Jahrtausenden und mehr noch die unbestreitbare Tatsache, dass Bayern als Staat älter als Deutschland ist, lassen grundsätzlich auch nach der Berechtigung einer Bayerischen Literaturgeschichte mit der Aussicht auf Bestätigung fragen. Niemand würde überdies die Legitimität einer Literaturgeschichte Österreichs neben einer deutschen Literaturgeschichte in Frage stellen, zumal historisch betrachtet weite Teile des heutigen Österreichs wie Altbayern auf gemeinsame ethnische wie politisch-herrschaftliche (dynastische) und nicht zuletzt sprachhistorische Wurzeln zurückgehen. Auch ermutigen entsprechende, in der Vergangenheit mehrfach angestellte Unternehmungen dazu, nun, am Beginn des 21. Jahrhunderts, wieder eine Bayerische Literaturgeschichte zu wagen, zumal das überaus verdienstvolle und bereits 1987 erschienene, in weiten Teilen durchaus keineswegs überholte und von Albrecht Weber herausgegebene „Handbuch der Literatur in Bayern" mittlerweile auch schon rund eine Generation alt ist (und nichts zur Umwelt-, Klima- und Konsumgeschichte Bayerns beizutragen hat, weil solche Fragestellungen zumindest in der Germanistik in den Achtzigerjahren des 20. Jahrhunderts nicht virulent waren).[6] Während dieses Handbuch die Beiträge vieler verschiedener Experten, die für die jeweilige Epoche oder den jeweiligen Dichter als vorzügliche Spezialisten gelten, eher lose vereinigt und daher wenigstens stilistisch, teilweise auch methodisch, mitunter recht vielstimmig erscheint, will die neue Bayerische Literaturgeschichte stilistisch wie methodisch einheitlich die Literatur in Bayern von den Anfängen bis zur zweiten

5 Vgl. Klaus Wolf, Bayerische Literaturgeschichte. Von Tassilo bis Gerhard Polt, München 2018.

6 Vgl. Albrecht Weber (Hg.), Handbuch der Literatur in Bayern. Vom Frühmittelalter bis zur Gegenwart, Regensburg 1987.

Jahrtausendwende überblicksartig dokumentieren. Überdies gilt es, damals im Handbuch noch methodisch- und korpusbedingte blinde Flecken (neben der Umweltfrage etwa) zu beleuchten. Hier wären neben der Fragestellung von inter- und transkultureller Literatur nicht zuletzt die energischere Dokumentation der bayerischen Schriftstellerinnen, der schreibenden Schwestern der Bavaria, heute unbedingt zeitgemäß.

Heute wie damals beim „Handbuch der Literatur in Bayern" stellen sich jedoch ebenso schwerwiegende wie grundlegende Fragen nach dem Gegenstand (1) und der Methode (2):

Schon die Frage nach dem Gegenstand (1) im Sinne eines Territoriums ist unter diachroner Perspektive hochproblematisch. Denn Bayern in seiner heutigen Ausdehnung ist ein Ergebnis der napoleonischen Zeit und flächenmäßig teilweise anders beschaffen als etwa das frühmittelalterliche Stammesherzogtum der Agilolfinger am Anfang der bayerischen Eigenstaatlichkeit, welches etwa die Gebiete der heutigen fränkischen Regierungsbezirke nicht integrierte, dafür aber weite Teile Österreichs. Ist deshalb eine Bayerische Literaturgeschichte, welche konsequent vom Mittelalter bis zur Moderne reicht, schon aus territorialen Gründen anfechtbar und zum Scheitern verurteilt? Das Gegenargument mangelnder territorialer Kontinuität im Lauf der Jahrhunderte gilt freilich für nahezu jede Literaturgeschichte in Europa, die geographisch mehr umfasst als etwa nur eine Stadt. Auch eine Deutsche Literaturgeschichte müsste sich den Vorwurf mangelnder staatlicher Kontinuität vorwerfen lassen, zumal es ja eine deutsche Nation im Mittelalter gar nicht gegeben hat und das Heilige Römische Reich (erst später: Deutscher Nation) durchaus ein Vielvölkerstaat war, zu dem nach heutiger ethnischer Zuordnung nicht nur Deutsche, sondern beispielsweise auch Italiener, Franzosen, Tschechen, Sorben, Polen und Balten gehörten.

Ebenso ist selbst Frankreich als Nationalstaat *par excellence*, eben als *la grande nation*, erst ein Produkt der Frühen Neuzeit, während das Königreich Frankreich im Mittelalter viel kleiner als die spätere Französische Republik etwa war. Da trotz dieser territorialgeschichtlichen Fakten niemand auf die Idee käme, eine Französische Literaturgeschichte[7] vom Mittelalter bis zur Moderne abzulehnen, scheint auch eine Bayerische Literaturgeschichte durchaus legitim. Dies gilt insbesondere, weil der heutige Freistaat Bayern innerhalb der Europäischen Union als Mittelstaat anzusehen ist, der zumindest heute von seiner wirtschaftlichen Bedeutung

---

7 Vgl. Erich Köhler, Vorlesungen zur Geschichte der französischen Literatur, hg. von Henning Krauß und Dietmar Rieger, 11 Bde., Stuttgart 1983–1987, 2. Aufl. des Gesamtwerks: Universitäts-Bibliothek Freiburg im Breisgau 2006.

her mit den Niederlanden, mit Belgien, der Schweiz oder mit Österreich (wo ja auch Bairisch gesprochen wird) durchaus vergleichbar ist.[8]

Der vom Ansatz her eigentlich begrüßenswerte, frühzeitige Versuch, seit Jahrhunderten gewachsene föderale Strukturen in eine literaturgeschichtliche Form zu gießen, endete freilich zunächst in einer Sackgasse. Denn Josef Nadlers Vorgehen in seiner „Literaturgeschichte der deutschen Stämme und Landschaften“[9] lief letztlich auf äußerst bedenkliches bis fragwürdiges völkisches Gedankengut hinaus, bis beispielsweise hin zur grotesken Charakterisierung Thomas Manns (wegen seiner Herkunft aus Lübeck) als literarischer (Nieder-)Sachse, obwohl der Literaturnobelpreisträger des Jahres 1929 doch Hauptwerke wie seinen „Zauberberg“ in München schuf, jener Stadt, die er in seiner Erzählung „Gladius Dei“ als leuchtende verewigte.[10] Von daher sind Gleichsetzungen von vermeintlichem Stammes- beziehungsweise Volkscharakter mit literarischen Gegebenheiten, gar Gattungsgebrauch grundsätzlich abzulehnen. Selbstverständlich darf es überhaupt in einer seriösen Bayerischen Literaturgeschichte daher nicht um Heimattümelei gehen, sondern eine (neue) Bayerische Literaturgeschichte hat sich denselben Qualitätsstandards wie jede Deutsche Literaturgeschichte zu stellen.

Problematisch (oder besser: vorweg unbedingt klärungsbedürftig) ist nicht zuletzt die Terminologie:

Baiern oder Bayern?

Die vom Griechenland-Enthusiasten König Ludwig I. eingeführte *y*-Schreibung, die freilich auch zuvor schon stellenweise als Ligatur aus *i* und *j* beobachtbar war, ist jung und bleibt in der Regel dem Königreich und Freistaat vorbehalten, während die ältere *i*-Schreibung für den Zeitraum vom ältesten Stammesherzogtum bis zum Kurfürstentum gebräuchlich ist. Entsprechendes gilt für die Adjektive *bayerisch* und *baierisch*. Dagegen stehen attributiv oder als syntaktisch selbständig gebrauchte Nomina *bairisch* und *Bairisch* für die ostoberdeutsche Mundart, den Dialekt (durchaus zudem im Sinne einer ostoberdeutschen Schreibsprache, beispielsweise als Kanzlei- oder Urkundensprache); jener bairische Dialekt also, der zwischen Lech und Wienerwald gesprochen wird, um die markanten West- und Ostgrenzen zu bezeichnen, welche heute in der Dialektologie freilich

---

8 Vgl. Wilfried Scharnagl, Bayern kann es auch allein: Plädoyer für den eigenen Staat, Köln 2012.

9 Vgl. Josef Nadler, Literaturgeschichte der deutschen Stämme und Landschaften, 4 Bde., Regensburg 1912–1928.

10 Vgl. Thomas Mann, München leuchtete (SZ-München Bibliothek 15), München 2008.

mehr zu Übergangsräumen verbreitert werden. Das heutige Bayern mit dem Freistaat und schon das Königreich umfassten daneben aber beispielsweise auch ostschwäbische, niederalemannische oder ostfränkische Dialektgebiete und sogar das Hessische um Aschaffenburg.[11]

Um all den eben skizzierten Aporien zu entgehen, böte sich eine konsequent heuristisch orientierte Alternative an: Man bucht in diachroner Abfolge annalistisch alles, was in den Grenzen des heutigen Freistaates Bayern an Literatur überliefert beziehungsweise erschienen ist. Dies entspricht dem Konzept diverser durchaus erfolgreicher Literaturdatenbanken oder online-Lexika insbesondere der Bayerischen Staatsbibliothek in München, wo mit dem „Literaturportal Bayern“[12] oder dem (auch literaturgeschichtlich orientierten) „Historischen Lexikon Bayerns“[13] dynamisch wachsende und laufend aktualisierte digitale Nachschlagewerke vorliegen. Zwar ist ein derartiges digitales Vorgehen als heuristisches Hilfsmittel und Vorarbeit bis hin zur Anwendung in (digitalen) literarischen Wanderrouten[14] wichtig, ja unentbehrlich, aber so ein mechanisches Verfahren hat mit einer konzeptionell organisierten und auch für den interessierten Laien lesbaren Literaturgeschichte nichts zu tun. Mehr noch: Eine solche Datenbank ohne literaturhistorischen Bezugsrahmen gleicht mit ihrer Datenflut einem virtuellen Dschungel, in dem man ohne ortskundige Literatur-Scouts verloren ist. Nebenbei bemerkt zeigt sich gerade hier der Wert einer Bayerischen Literaturgeschichte in Buchform (ob gedruckt oder als E-Book oder in beiden Formen) als handliches Vademecum zur Orientierung.

Aus all diesen eben aufgeführten Aporien und Möglichkeiten scheint mir methodisch (2) Joachim Heinzles Konzept der literarischen Interessenbildung herauszuführen, das versucht, übergreifende historisch-gesellschaftliche Interessen für die Ausbildung spezifischer Literaturtypen und Literaturtraditionen namhaft zu machen, was er selbst im Rahmen der von ihm herausgegebenen mehrbändigen deutschen Literaturgeschichte im Teilband „Wandlungen und Neuansätze im 13. Jahrhundert“ anerkanntermaßen unter Beweis gestellt hat.[15]

---

11 Vgl. Werner König / Manfred Renn, Kleiner Bayerischer Sprachatlas, München 2006.

12 Vgl. URL: https://www.literaturportal-bayern.de/ (letzter Zugriff: 3.9.2018).

13 Vgl. URL: https://www.historisches-lexikon-bayerns.de/Lexikon/Hauptseite (letzter Zugriff: 3.9.2018).

14 Vgl. URL: https://www.philhist.uni-augsburg.de/lehrstuehle/germanistik/lsbay/archiv_fuer_literatur_aus_ schwaben/Digitaler-Literaturatlas-von-Bayerisch-Schwaben/ (letzter Zugriff: 3.9.2018).

15 Vgl. Joachim Heinzle, Wandlungen und Neuansätze im 13. Jahrhundert (1160/70–1220/30) (Geschichte der deutschen Literatur von den Anfängen bis zum Beginn der Neuzeit 2/2), Tübingen [2]1994.

Und in der Tat bietet sich das Moment der literarischen Interessenbildung auch für die Umwelt-, Klima- und Konsumgeschichte an, ohne dass freilich bislang im Rahmen der von Joachim Heinzle herausgegebenen literaturgeschichtlichen Reihe davon Gebrauch gemacht worden wäre, während meine Bayerische Literaturgeschichte wiederholt (etwa im Falle von Carl Amery) auf die Umweltthematik explizit eingeht. Dies ist freilich nur möglich, weil das Konzept der literarischen Interessenbildung von mir über 13 Jahrhunderte hinweg konsequent eingehalten wird. Das zumindest in der Altgermanistik mittlerweile fest etablierte Konzept der literarischen Interessenbildung hat nicht zuletzt den Vorteil, mit keinem exklusiven Literaturbegriff zu arbeiten, also alle literarischen Texte bis hin zur Mundartdichtung und Trivialliteratur sowie bis zur Sachliteratur oder Fachprosa hin zu integrieren, ohne dabei freilich eine literarische Wertung auszuschließen. Dies zeigt etwa die Epoche Ludwigs des Bayern, deren literarisches Profil und Innovationskraft auch im Schrifttum sich nur durch ein Ausgreifen auf ein breiteres Gattungsspektrum erschließt, während eine mehr traditionelle Fokussierung auf die sogenannte Höhenkammliteratur die Charakteristika der ludovicianischen Epoche gerade verfehlt. Umgekehrt wird eine solche ludovicianische Literaturepoche nicht nur durch ein Ausgreifen auf Gattungen der Fachprosa etwa sichtbar, sondern nicht zuletzt durch die Einbeziehung auch der Kunstgeschichte. Für die Rekonstruktion von literarischer Interessenbildung scheint mir daher ein interdisziplinäres Ausgreifen unverzichtbar, auch wenn der Literaturgeschichtsschreiber dabei der Gefahr des Dilettantismus gewärtig sein muss. Dennoch ist gerade mit dem Ausgreifen auf Kunstgeschichte und Kirchengeschichte für das 14. Jahrhundert das literarische Leben um den vielfach angefochtenen Herzog, König und Kaiser Ludwig den Bayern (als Kristallisationspunkt) als das entscheidende Moment literarischer Interessenbildung anzusprechen.[16]

Solch übergreifende Themen literarischer Interessenbildung im Sinne Joachim Heinzles lassen sich im Falle Bayerns für alle Epochen leicht finden, beispielsweise für das 14. Jahrhundert – wie eben schon angesprochen – Ludwig der Bayer als Leitgestalt. Für das 15. Jahrhundert wäre ein Interessensschwerpunkt der Aufschwung der städtischen Literatur und des Buchdrucks, besonders mit Nürnberg und Augsburg. Und für Augsburg lässt sich sogar der erste Druck mit Umweltthematik festmachen, nämlich die älteste deutsche Gewerbehygiene des Memminger

16 Vgl. Klaus Wolf, Literarisches Leben um Ludwig den Bayern – Literarische Gattungen zwischen Tradition und Innovation im Dienst von Netzwerken und Gegnern, in: Peter Wolf / Evamaria Brockhoff u.a. (Hg.), Ludwig der Bayer. Wir sind Kaiser! Katalog zur Bayerischen Landesausstellung 2014 (Veröffentlichungen zur Bayerischen Geschichte und Kultur 63), Augsburg 2014, S. 69–72.

Stadtarztes Dr. Ulrich Ellenbog. Dieser verfasste im Auftrag der Augsburger Goldschmiede den Traktat „*Von den giftigen bösen Dämpfen und Räuchen der Metall*".[17] Darin geht es um giftige Quecksilberdämpfe und andere gefährliche Substanzen, welche auch nach heutiger Terminologie umweltschädlich waren. Für das 18. Jahrhundert, genauer die erste Jahrhunderthälfte, ließe sich sogar bayernweit die Türkenmode als kulturell prägend erweisen, welche sich konsumgeschichtlich im Kaffeekonsum manifestierte, und für die zweite Jahrhunderthälfte wäre ebenso bayernweit die Aufklärung unbedingt prägend. Um 1900 leuchtete mit Thomas Mann nicht nur das München der sogenannten Prinzregentenzeit. Das Jahr 1945 markierte auch literarisch teilweise eine „Stunde Null". Dies sind alles Möglichkeiten für Momente literarischer Interessenbildung, die für sich natürlich nicht als alternativlos zu betrachten wären. Aus der möglichen Fülle ist daher eine mehr oder weniger repräsentative Auswahl zu treffen.

Neben den Momenten literarischer Interessenbildung steht in meiner Literaturgeschichte für jedes Jahrhundert auch eine Gesamtschau wichtiger Gattungen, Werke und Autoren. Selbstredend kommen neben der Literaturproduktion auch die Phänomene Distribution und Rezeption zum Tragen. Wo es sinnvoll ist, besonders aber bei den Momenten literarischer Interessenbildung, sind zusätzlich Verweise in Richtung Musik und bildender Kunst anzubringen. Konkret ist meine Bayerische Literaturgeschichte an den etablierten Epochenbegriffen Mittelalter und Neuzeit orientiert, auch wenn im Einzelnen wiederholt Epochenbezeichnungen hinterfragt werden, weil sich beispielsweise regional zu differenzierende Ungleichzeitigkeiten sowie Anachronismen ausmachen lassen. Dabei ist nach dem Beginn einer bis heute greifbaren Schriftlichkeit im 8. Jahrhundert als Ziel- und Endpunkt der literaturgeschichtlichen Darstellung ganz pragmatisch das Jahr 2000 anzuvisieren. Es geht in der Summe also um 13 Jahrhunderte, welche aus darstellungsökonomischen Gründen in je einem Kapitel abgehandelt werden, das wiederum ein oder zwei Momente literarischer Interessenbildung und einen nach Formen und Gattungen sortierten Teil vereint. Am Ende findet der geneigte Leser in meiner Bayerischen Literaturgeschichte[18] nicht zuletzt eine reiche Fülle von Texten, die sich mitunter der Umweltgeschichte, Klimageschichte und Konsumgeschichte verschrieben haben beziehungsweise gerade in der Vormoderne mangels anderer Quellen auch für den Landeshistoriker von Interesse sein könnten.

---

17 Vgl. Edwin Rosner, Art. Ellenbog, Ulrich, publiziert in: Neue Deutsche Biographie 4, 1959, S. 454, URL: https://www.deutsche-biographie.de/pnd100965008.html#ndbcontent (letzter Zugriff: 17.9.2018).

18 Die folgenden Zitate aus: Wolf, Bayerische Literaturgeschichte (wie Anm. 5), passim.

Mittelalterliche literarische Beispiele zur Umwelt-, Klima- und Konsumgeschichte

So finden sich bereits in der Emmerans-Vita Arbeos von Freising wertvolle Hinweise zur Wirtschafts- und Konsumgeschichte, die man nicht einseitig als topische Zitate wegerklären soll:

> „*Sacer dei famulus* […] *prospiciens ipsam terram optimam, superficie amoenam, nemorosis locupletem, vino copiosam, ferro superfluam, auro et argento et purporis habundantem, proceros viros et robustos* […]. *Cuius septentrionalem partem Danubius suo rigore contra ortum suo cursu infunditur fluenta. Regionis montana fructifera, pascuis dedita, herbis habundantia, feris saltus et frutecta cervis, alcis, bubulis, capraeis, ibicum et omnium bestiarum atque ferarum generibus ornata.*“

(Der heilige Diener Gottes erblickte jenes wunderbare Land, mit schöner Oberfläche, reich an Hainen, wohlversehen mit Wein, mit einem Überfluss an Eisenerz, Gold und Silber sowie Purpur, seine Männer waren hochgewachsen und stark. Im Norden bespült sie [die Stadt Regensburg] die Donau, die in geradem Strom gen Osten fließt. Das Bergland war fruchtbar, reich an Weiden und mit saftigem Gras; das Waldgebirge war mit wilden Tieren bevölkert und das Unterholz mit Hirschen, Elchen, Auerochsen, Rehen, Steinböcken und mit Tieren und Wild aller Art.)

Im Hochmittelalter erfährt man, dass der Sänger Walther von der Vogelweide vom Passauer Bischof Wolfger von Erla, der zugleich das Nibelungenlied aufschreiben ließ, für einen Pelzmantel Geld erhält. Oder wie es die Buchhaltung festhält:

> „*Walthero cantori de Vogelweide pro peliceo quinque solidos longos.*“

Von Passau gelangte der weinselige Walther von der Vogelweide auch einmal nach Tegernsee:

> „*Man seit mir ie von Tegersê,*
> *wie wol daz hûz mit êren stê:*
> *dar kêrte ich mêr dan eine mîle von der strâze.*
> *ich bin ein wunderlîcher man,*
> *daz ich mich selben niht enkan*
> *verstân und mich sô vil an frömde liute lâze.*
> *ich schiltes niht, wan got genâde uns beiden.*
> *ich nam dâ wazzer:*
> *alsô nazzer*
> *muost ich von des münches tische scheiden.*“

(Man berichtete mir einst über Tegernsee, wie ehrenvoll es dort um Kloster und Hofhaltung bestellt sei: Ich nahm einen Umweg von mehr als einer halben Meile in Kauf. Ich bin doch ein komischer Kauz und könnte mich dafür ohrfeigen, dass ich mich so sehr auf das Urteil anderer Menschen verlasse! Ich will es nicht weiter tadeln, denn Gott sei uns, dem Abt und mir, gnädig. Dort, in Tegernsee, bekam ich nur Wasser: Umso nasser verließ ich die Tafel des Mönchs.)

Im Spätmittelalter erfahren wir in der Naturkunde Konrads von Megenberg, wo der Pfeffer wächst und dass die Seidenraupe Maulbeerblätter frisst. Dies war für Konrads Leser, die Kaufleute in Regensburg, eine wichtige Information, da sie ja in Regensburg Seidenraupenzucht betrieben. Und für die Fernhandelskaufleute hat Konrad von Megenberg noch den Wetterbericht für Italien und den Orient. Genau genommen erklärt der Magister Konrad in seinem Ludwig dem Bayern und dem schwerreichen Nürnberger Ratsherrn Konrad Groß gewidmeten Astronomielehrbuch die Klimazonen der Erde, die selbstverständlich keine Scheibe, sondern eine Kugel ist. So war man also im 14. Jahrhundert schon recht fortschrittlich in der Klimakunde.[19] Im 15. Jahrhundert lassen uns die Nürnberger Fastnachtspiele bei den auf der Bühne beschworenen Fastnachtkrapfen das Wasser im Munde zusammenlaufen.

Neuzeitliche literarische Beispiele für die Umwelt-, Klima- und Konsumgeschichte

Dagegen zeigen andere literarische Zeugnisse des 18. Jahrhunderts, dass beim armen Mann vielfach Schmalhans Küchenmeister war. Die triumphalistische Hofhaltung Max Emmanuels in und um München wird in all ihrer Pracht kontrastiert mit dem bitteren Los der einfacheren Schichten, welche in Friedens- und mehr noch in Kriegszeiten unter der Politik des blauen Kurfürsten zu darben hatten. Denn die Siege gegen die Türken und die Niederlagen gegen die Österreicher forderten vom baierischen Volk ihren Tribut. Beredtes Zeugnis geben hierfür die äußerst umfänglichen Aufzeichnungen des Münchner Bürgerkindes Anna Maria Lindmayr, welche nicht nur als faszinierendes Ego-Dokument der Alltagsgeschichte anzusehen sind, sondern in ihrer authentischen bairischen Schreibsprache zwischen Zeitzeugnis und mystischer Vision eindrucksvoll mäandern.

19 Ausführlicher dazu: Klaus Wolf, Astronomie für Laien? Neue Überlegungen zu den Primärrezipienten der Deutschen Sphaera Konrads von Megenberg, in: Edith Feistner (Hg.), Konrad von Megenberg (1309–1374): ein spätmittelalterlicher ‚Enzyklopädist' im europäischen Kontext (Jahrbuch der Oswald von Wolkenstein-Gesellschaft 18), Wiesbaden 2011, S. 313–325.

Berührend sind ihre Schilderungen ihrer Mühen als Hausfrau und Ziehmutter der Großfamilie, die den schwierigen Alltag mit Einkaufen, Kochen und Putzen in Not- und Krisenzeiten bewältigen muss. Dabei wird sie aber anderen zur Stütze. So ist Anna Lindmayr überdies die Errichtung der Münchner Dreifaltigkeitskirche zu verdanken. Und die zeitgenössische Inschrift hält fest: „*Die Stadt läg in dem grund / Wan die Kirch nit stund.*"

Bleiben wir noch im 18. Jahrhundert: Der sogenannte Bayerische Hiasl stammte aus dem damals kurbayerischen Kissing, aber gewildert hat er eigentlich nur bei den Schwaben. In jener Zeit richtete das Wild durch Verbiss großen Schaden für die Bauern an. Rehe und Wildschweine bildeten eine richtige Landplage, nicht ganz unähnlich der heutigen Zeit. Da war Matthäus[20] Klostermayer, der auch ein Vorbild für Schillers „Räuber" abgab und von Ludwig Tieck in einem Roman verewigt wurde, der Retter in der Not, ja der Robin Hood des 18. Jahrhunderts. In zahlreichen Liedern des 19. und 20. Jahrhunderts wird er als Patron aller Wilderer und Nothelfer der Bauern gepriesen, denn das Wild auf weiter Flur sei freies Eigentum der Bayern:

> *„Bin i der Boarisch Hiasl, koa Jager hat a Schneid, / der mir mei Feder und Gamsbart vom Hiatl obakeit! / Tra-la-la-la-la-la-la. Tra-la-la-la-la-la! / Der mir mei Feder und Gamsbart vom Hiatl obakeit!*
>
> *Im Wald drauß is mei Hoamat, im Wald drauß is mei Lebn, / da schiaß i Reh und Hirscherl und Wildschwein a daneben. / Tralala ...*
>
> *I bin da Fürst der Wälder, koa Jaga is ma gleich, / so weit der Himmel blau is, so weit geht a mei Reich. / Tralala ...*
>
> *Das Wild auf weiter Erde ist freies Eigentum, / drum laß ich mich nicht hindern, denn wers net schiaßt, is dumm. / Tralala ...*
>
> *Es gibt koa schöners Leben, wia i führ auf der Welt, / die Bauern gebn mir zEssn, die Bauern gebn mirs Geld. / Tralala ...*
>
> *Ich schütze ihre Felder mit meine tapfern Leut, / und wo ich hinkomm schrein sie: Da Hiasl, unser Freund! / Tralala ...*
>
> *Und kommt die letzte Stunde, dann schliaß i dAugn zua, / da habn de Schergn und Jaga zum ersten eahna Ruah. / Tralala ...*

---

20 So richtig. Matthias dagegen ist ein schon früh auftauchender Irrtum.

Da werd sich's Wild vermehren und springen kreuzwohlauf, / und Bauern werden ruafen: „Geh, Hiasl, steh do auf!" / Tralala …"[21]

Wien hatte um 1900 seine Kaffeehausliteraten, in München waren es eher Bierlokale, wo sich die literarische Avantgarde traf, die etwa dem berühmten „*Simplicissimus*" zum Erfolg verhalfen. Der Münchner Verleger Albert Langen setzte damit insgesamt im Deutschen Reich Zeichen, denn im preußisch-reaktionären Berlin hätte der „*Simplicissimus*" nie erscheinen können, während in München sogar eine gleichnamige Künstlerkneipe in der Türkenstraße zum Podium für Georg Queri, Frank Wedekind, den späteren Revolutionär Erich Mühsam oder Joachim Ringelnatz wurde. Letzterer, eigentlich der in Sachsen gebürtige Hans Bötticher, brachte den freieren Münchner Geist auch in volkstümlicher Diktion mit dem Schneiderhüpfl vor dem Ochsen am Spieß ironisch und komisch-kulinarisch auf den Punkt:

„Ein Maß Bier und zwei Maß Bier

Und hundert Maß Bier und tausend Maß Bier.

So leben wir, so leben wir

An der Isar.

Und Kalbshaxn und Kalbshaxn.

Wir sind keine Preußen, wir sind keine Sachsen.

Wir sind keine Spießer.

Wir sind Genießer.

Oktoberfest im Mai, im August,

Oktober zu jeder Zeit.

Wir sind uns unserer selbst bewußt

Und jodeln aus herziger Brust:

„Immer kampfbereit!"

Wir sind urwüchsig und frei.

Wir sind international gesinnt.

21 Ausführlich dazu: Klaus Wolf, Matthäus (Matthias) Klostermayr – der „Bayerische Hiasl" (1736–1771). Räuber, Wilderer und ein Phänomen der Literaturgeschichte, in: Günther Grünsteudel / Wilfried Sponsel (Hg.), Lebensbilder aus dem Bayerischen Schwaben, Bd. 19, Weißenhorn 2017, S. 207–228.

Un, zwo, trois, gsuffa!

Es lebe unsere Polizei!

Wer unsere Behörden nicht liebt,

Der spinnt.

Wir sind tolerant.

Die preußischen Sauerein

Sind uns bekannt.

Kommt zum Oktoberfest!

Unterstützt unsere Brauerein!

Himmel Herrgott Sakrament!"

Vom Bierkonsum jetzt zur Ökologie, wobei den Vertretern des *Renouveau Catholique* sogar innovatives Potenzial zukommt, was sich in einer letztlich schöpfungstheologisch begründeten, in ihrer Zeit aber völlig neuartigen Sichtweise zeigt, die man bei Reinhold Schneider ebenso findet wie erstaunlich früh bei Joseph Bernhart, dem man mit seinen Essais „Die unbeweinte Kreatur. Reflexionen über das Tier" (1961) oder „Heilige und Tiere" seiner Zeit weit vorauseilend ökologische Denkweise attestieren kann, die vor dem Hintergrund damaliger Technikgläubigkeit geradezu revolutionär anmutet.[22] Von daher sind auch Linien zum Bayern und engagierten Katholiken Carl Amery[23] zu ziehen, den man ebenfalls als literarischen Vordenker der Ökologiebewegung ansprechen muss. Damit aber sind wir bei unserem Durchgang vom Mittelalter bis zur Moderne jetzt im ausgehenden 20. Jahrhundert angelangt, wo meine Literaturgeschichte auch endet.

22 Ausführlicher im Sammelband: Thomas Groll / Klaus Wolf (Hg.), Perspektiven bayerisch-schwäbischer Literaturgeschichtsschreibung, Lindenberg im Allgäu 2015.

23 Monacensia Literaturarchiv und Bibliothek, Carl Amery, URL: https://www.literaturportal-bayern.de/autorinnen-autoren?task=lpbauthor.default&pnd=118937197 (letzter Zugriff: 3.9.2018).

Sektion IV: Österreich, die Schweiz und Europa

Thomas Wozniak

Zwischen Wetterbeobachtung und Katastrophenangst. Zur Wahrnehmung frühmittelalterlicher Naturereignisse

In the yearbooks of the Niederaltaich monastery it says that in the year 839 a great storm destroyed many buildings on 4th November and in the year 873 locusts are mentioned. How can such contemporary representations of weather, and its consequences be classified? How can too positivistic or even deterministic approaches be avoided? Since the storm event of the year 839 was also stated in other independent annals to the day, its course from north to south can be easily traced. For the locusts of the year 873 there are about 20 contemporary reports with very different details. All in all, different paths of locusts can be traced, especially along the major rivers (Danube, Rhine) to Ireland or Spain. However, the locusts also appear as a plague in the fifth trumpet of the Revelation of John. The contemporary author of the *Annales Fuldenses* has now equated this well-known appearance of locusts with the fifth trombone and describes events corresponding to the sixth trombone in his work the following year. In this year almost a third of the human race was exterminated by hunger and plague that raged throughout Gaul and Germania. This completely unique message would have had to be reflected in numerous sources if the event had happened. The author partly used John's revelation as a kind of blueprint to arrange the natural events of his time. That the sequence of events of the apocalypse did not quite correspond to the events of his time, he tried to ignore by skillful formulations. Despite all adaptation to his model, however, he tried to recreate the sequence of the apocalypse if possible. Overall, the reconstruction of natural events in the early and high Middle Ages turns out to be a methodologically demanding undertaking that requires a close examination of the contexts of the events mentioned in the contemporary sources. It should be emphasized that natural events do not determine developments in a deterministic manner and that they would then inevitably have occurred. Rather, natural conditions are only the guard rails against which political, religious and cultural developments take place. Against this background, the environment should in future be perceived and treated as the fourth basic category of historical science.

Einleitung

In den „*Annales Altahenses*“, den um 1075 entstandenen Jahrbüchern des Klosters Niederaltaich in Bayern, heißt es zum Jahr 839, ein großer Sturm habe am 4. November viele Gebäude zerstört.[1] Auch in anderen Annalen wird dieser Sturm genannt, allerdings mit abweichenden Tagesdaten. Ein 33 Jahre später datierender Eintrag in Niederaltaich erwähnt Heuschrecken[2] und wieder wird das Ereignis auch in zahlreichen anderen Annalen und Chroniken genannt, erneut mit abweichenden Tagesdaten. Wie sind solche zeitgenössischen Darstellungen von Wetter, Witterung und ihren Folgen einzuordnen? Sind die Erwähnungen heftiger Sturmereignisse oder schwärmender Heuschrecken nicht grundsätzlich als allegorische Erzählung biblischen Ursprungs zu deuten? Folgt nicht schon die Betrachtung solcher Naturereignisse einer positivistischen Sichtweise oder, schlimmer noch, einer deterministischen?

Das räumliche System der Umwelt bildet den Rahmen, innerhalb dessen sich politische, kulturelle, wirtschaftliche und religiöse Entwicklungen vollziehen und entfalten können.[3] Die verschiedenen Komponenten der Umwelt, einerseits die Landschaft mit Boden, Gewässersystemen und Vegetationsbedeckung[4], andererseits die Atmosphäre mit Wetter, Witterung, Jahreszeiten und Klima, bilden die Leitplanken, innerhalb derer sich der Erfahrungshorizont menschlicher Geschichte abspielt. Vor diesem Hintergrund sollte die Umwelt zunehmend als vierte

---

1 Annales Altahenses maiores ad a. 839, hg. von Georg Heinrich Pertz (MGH SS 20), Hannover 1868, S. 784: „*Ventus magnus 2. Non. Novembris aedificia stravit.*“

2 Annales Altahenses maiores ad a. 872, (wie Anm. 1), S. 774: „*Aestas ferventissima, sequenti anno fames in Germania, locustae.*“

3 Im Herbst 2017 wurde ich freundlicherweise von Frau Prof. Dr. Gisela Drossbach (Augsburg) zu einem Vortrag auf der Tagung „Bayerische Umwelt-, Klima- und Konsumgeschichte, März 2018“ eingeladen. Nachdem das Referat krankheitsbedingt leider ausfallen musste, liegt hiermit zumindest der ausgearbeitete Text vor. Alle Beispiele sind der Habilitationsschrift des Autors entnommen, die in der ersten Jahreshälfte 2019 erscheinen wird: Thomas Wozniak, Naturereignisse im frühen Mittelalter. Das Zeugnis der Geschichtsschreibung vom 6. bis 11. Jahrhundert (Europa im Mittelalter 31), Berlin 2019.

4 Dietrich Denecke, Eingriffe der Menschen in die Landschaft – Historische Entwicklung – Folgen – erhaltene Relikte, in: Ernst Schubert (Hg.), Von der Angst zur Ausbeutung. Umwelterfahrung zwischen Mittelalter und Neuzeit, Frankfurt a.M. 1994, S. 59–71.

Grundkategorie der Geschichtswissenschaft neben Politik, Kultur und Wirtschaft wahrgenommen werden.[5]

Moderne Untersuchungen bezüglich Unwettern, aber auch Hagel oder Blitzeinschlägen im Früh- und Hochmittelalter sind rar[6], obwohl Gewitter und ihre Komponenten nach den Erdbeben zu den am häufigsten dokumentierten Naturereignissen dieser Epoche zählen. Auch der Forschungsstand zu Heuschrecken[7] ist sehr inhomogen. Zwar gibt es für die Antike eine Reihe von Untersuchungen[8], deren chronologisch letzte sich mit den Heuschreckenplagen am Übergang vom 5. zum 6. Jahrhundert befasst[9], aber das Früh- und Hochmittelalter ist fast nur in Bezug auf Irland[10] oder das 11. und 12. Jahrhundert ausgewertet worden.[11] Zwar liegen auch zum Spätmittelalter Fallstudien vor, aber eben nur für Einzelregionen

---

5 Wolfram Siemann, Umweltgeschichte. Themen und Perspektiven, München 2003, S. 10; Franz Mauelshagen / Christian Pfister, Vom Klima zur Gesellschaft: Klimageschichte im 21. Jahrhundert, in: Harald Welzer / Hans-Georg Soeffner / Dana Giesecke (Hg.), KlimaKulturen. Soziale Wirklichkeiten im Klimawandel, Frankfurt a.M. u.a. 2010, S. 241–269, hier: S. 245; Manfred Jakubowski-Tiessen, Umweltgeschichte als geschichtswissenschaftliche Disziplin in Deutschland, in: Heike Düselder / Annika Schmitt / Siegrid Westphal (Hg.), Umweltgeschichte: Forschung und Vermittlung in Universität, Museum und Schule, Köln u.a. 2014, S. 23–36, hier: S. 32.

6 Paul Edward Dutton, Thunder and Hail over the Carolingian Countryside, in: Ders. (Hg.), Charlemagne's mustache and other cultural clusters of a dark age, New York 2004, S. 169–188; Joe R. Eagleman, Severe and unusual Weather, New York/London 1983.

7 Manfred Weber, Art. Heuschrecke, in: Reallexikon für Antike und Christentum 14, 1988, Sp. 1231–1250; Christian Hünemörder, Art. Heuschrecken, in: Lexikon des Mittelalters 4, 1989, Sp. 2197 f.; Philip Weinstein, Art. Insect Hazards, in: Encyclopedia of Natural Hazards, Dordrecht u.a. 2013, S. 540–542.

8 Ian C. Beavis, Insects and other Invertebrates in Classical Antiquity, Exeter 1988, S. 62–78; Herbert Graszl, Heuschreckenplagen in der Antike, in: Naturkatastrophen in der antiken Welt, hg. von Eckart Olshausen / Holger Sonnabend (Stuttgarter Kolloquium zur Historischen Geographie des Altertums 6, 1996; Geographica Historica 10), Stuttgart 1998, S. 439–447.

9 Jeorjios M. Beyer, Chronik einer Zeit der Not – Eine Heuschreckenplage an der Wende vom 5. zum 6. Jh. n. Chr., in: Antike Welt. Zeitschrift für Archäologie und Kulturgeschichte 36, 2005, S. 87–92.

10 Dario Camuffo / Silvia Enzi, Locust Invasions and Climatic Factors from the Middle Ages to 1800, in: Theoretical and Applied Climatology 43, 1991, S. 43–73; David E. Thornton, Locusts in Ireland? A problem in the Welsh and Frankish annals, in: Cambrian medieval Celtic studies 31, 1996, S. 37–53.

11 Kathleen G. Cushing, Of "Locustae" and dangerous men: Peter Damian, the Vallombrosans, and eleventh-century reform, in: Church History 74, 2005, S. 740–757.

wie Zypern oder Tirol.[12] In der diachronen Überschau scheinen besonders die trockenen Perioden zur Ausbreitung von Heuschreckenzügen in Mitteleuropa geführt zu haben.[13] Im Folgenden werden das oben genannte Unwetter des Herbstes 839 und der Heuschreckenzug des Jahres 873 im Detail betrachtet. Der Schwerpunkt der Untersuchung liegt dabei – entsprechend der Tagung – auf der Region des mittelalterlichen Bayerns. Zwar sind die Wahrnehmungen natürlicher Phänomene nicht regional gebunden, da sie in sehr großen topographischen Dimensionen ablaufen, aber ein räumlicher Schwerpunkt bietet eigene Perspektiven auf die Ereignisse.

Die Fragestellung der vorliegenden Studie orientiert sich allgemein an den Aspekten der Wahrnehmung, Darstellung, Deutung und Instrumentalisierung der von den Zeitgenossen als extrem empfundenen Naturerscheinungen. Dabei geht es zum einen um die Möglichkeiten und Schwierigkeiten der Rekonstruktion vergangener Naturextreme und ihrer historischen Folgen, zum anderen um die intentionale Instrumentalisierung der Darstellung von Naturextremen durch zeitgenössische Schreiber. Die folgenden Fragen dienen dabei als Leitfragen, ohne dass sich alle Aspekte hier beantworten ließen[14]: a) Welche Naturerscheinungen und -katastrophen erwähnen die zeitgenössischen Chronisten und Annalisten? Wie stellen sie diese dar und welche Deutungen schlagen sie vor? b) Welche Funktionen haben die Berichte innerhalb der Texte, in welche größeren Kontexte wurden sie vom Autor gestellt? c) Wie ist die Überlieferung einzuschätzen? Wie weit war der Autor räumlich und zeitlich von den Naturerscheinungen entfernt?

Gerade die letzte Frage soll als erste beantwortet werden; denn bisher wurde kaum beachtet, dass bei der Wahrnehmung und Darstellung aller naturgebundener Phänomene auf den räumlichen Radius zu achten ist, in dem diese auftreten. Dieser Radius variiert stark und kann zu sehr unterschiedlichen Kreisen

---

12 Ronald C. Jennings, The origins of the locust problem in Cyprus, in: Byzantion 57, 1987, S. 315–325; Ders., The locust problem in Cyprus, in: Bulletin of the School of Oriental and African Studies 51, 1988, S. 279–313; Christian Rohr, Sie seind krochen wie ain kriegsordnung. Heuschreckenplagen im Land Tirol im Spätmittelalter und in der Frühen Neuzeit, in: Tiroler Heimatblätter 84/1, 2009, S. 20–25.

13 Robert Delort, Der Elefant, die Biene und der heilige Wolf. Die wahre Geschichte der Tiere, München/Wien 1987, S. 177.

14 Christian Rohr, Signa apparuerunt, quae aut regis obitum adnunciare solent aut regiones excidium. Naturerscheinungen und ihre „Funktion" in der Historia Francorum Gregors von Tours, in: Dieter Groh / Michael Kempe / Franz Mauelshagen (Hg.), Naturkatastrophen. Beiträge zu ihrer Deutung, Wahrnehmung und Darstellung in Text und Bild von der Antike bis ins 20. Jahrhundert (Literatur und Anthropologie 13), Tübingen 2003, S. 65–78, hier: S. 68 f.

potenzieller Beobachter eines Ereignisses führen. Die folgende Tabelle zeigt die Ausdehnung einiger Beobachtungsräume ausgewählter Naturereignisse.

Tabelle 1: Vergleich der Ausdehnung der Beobachtungsräume. Nachweis: Wozniak, Naturereignisse im frühen Mittelalter (wie Anm. 3).

Räumliche Einheit	**Naturereignis**	**Beobachtungsradius**
weltweit dokumentiert (Asien, Europa, Afrika etc.)	Kometen Meteorströme Supernovae Mondfinsternisse	> 5.000 km
überwiegend großräumig (Mittelmeerraum, Kontinentaleuropa nördlich der Alpen, Skandinavien etc.)	Polarlichter Extremwinter Sturmfluten und Tsunamis	500–5.000 km
sowohl groß- wie kleinräumig (Burgund, Ostfrankenreich, Irland etc.)	Epidemien Hungersnöte Trockenheit Stürme, Gewitter	250–500 km
überwiegend kleinräumig (Rheinland, Pariser Becken etc.)	Blutregen Erdbeben Überschwemmungen Sonnenfinsternisse Optische Phänomene Tierseuchen	50–250 km
kleinste regionale Einheit (Tal, Flusslauf, Hochebene etc.)	Meteoriten Heuschrecken Hagel Tornados gravitative Massenbewegung	< 50 km

Tabelle 1 verdeutlicht, dass die Kategorisierung eines Naturereignisses sehr genau erfolgen muss, denn schon der topographische Charakter eines solchen Ereignisses hat einen unmittelbaren Einfluss auf die Häufigkeit seiner Wahrnehmung, seiner Dokumentation und seiner Überlieferung. Je nach Radius kann ein Ereignis von mehr oder weniger Zeitgenossen beobachtet und wahrgenommen worden sein. Dies führt entweder zu nur lokalen Dokumentationen oder eben zu solchen, die flächendeckend in vielen Quellen der gleichen Zeitstufe auftreten können.

Die Schwierigkeiten, aber auch die Chancen sollen im Folgenden an zwei Beispielen für Bayern im Detail demonstriert werden. Sturmgewitter gehören dabei zu den sowohl groß- wie kleinräumig auftretenden Ereignissen mit einem durchschnittlichen Beobachtungsradius von 250 bis 500 Kilometern. Demgegenüber treten Heuschreckenschwärme zwar linear auf, aber vor Ort nur punktuell mit einem Radius von weniger als 50 Kilometern. Sie bilden insofern unter den Naturereignissen eine Ausnahme mit besonderen Eigenschaften.

Zwei Fallbeispiele mit Bezug zur Region Bayern

Sturmgewitter im Jahr 839

Ein Sturmgewitter mit extremen Winden zog Ende Oktober 839 durch Mitteleuropa und beschädigte viele Gebäude. Nach der Überlieferung des Klosters Iburg in Niedersachsen zerstörte es am 31. Oktober 839 unzählige Bauwerke und verursachte viele Schäden.[15] Zum selben Tagesdatum ist er auch für Hildesheim überliefert.[16] Eine fast gleichlautende Nachricht ist in den „*Annales Hersfeldenses*" enthalten, allerdings mit einem anderen Tagesdatum, 2. November 839.[17] Auf den ersten Blick liegt die Vermutung nahe, darin einen Abschreibfehler zu sehen. Aber dies ist nicht notwendig, denn in diesem Fall müssen sich die unterschiedlichen Tagesdaten nicht ausschließen. Noch weniger dürfen die Daten in einer wissenschaftlichen Edition vereinheitlicht werden, vielmehr kennzeichnen sie zwei Stationen der Kaltfront eines größeren Tiefdruckgebietes, welches für den Sturmwind verantwortlich war, denn als vierte Station wird der Sturm für den 4. November im bayerischen Kloster Niederaltaich überliefert.[18] Von Abschreibfehlern auszugehen, wie es in modernen Editionen ab und an geschieht, ist nicht notwendig[19], denn der Sturm hat sich entlang einer Bahn von Norden (Iburg und Hildesheim, jeweils 31. Oktober) weiter nach Süden (Hersfeld, 2. November) bis

15 Annales Yburgenses ad a. 839, hg. von Georg Heinrich Pertz (MGH SS 16), Hannover 1859, S. 436: „*Ventus ingens innumera subvertit aedificia, et multa dampna facta sunt in VI. Non. Novembris.*"

16 Annales Hildeheimenses ad a. 839, hg. von Georg Waitz (MGH SS rer. Germ. 8), Hannover 1878, S. 17: „*Imperatoris anno 27. ventus ingens innumera aedificia subvertit, et multa dampna effecta sunt in VI. Non. Novembris.*"

17 Annales Hersfeldenses ad a. 839, hg. von Martina Giese (MGH SS rer. Germ. 72), Hannover 2004, S. 444: „*Ventus ingens innumera subvertit aedificia, et multa damna effecta sunt in IIII. Non. Novembris.*"

18 Annales Altahenses maiores ad a. 839 (wie Anm. 1), S. 784: „*Ventus magnus 2. Non. Novembris aedificia stravit.*"

19 Annales Quedlinburgenses, hg. von Martina Giese (MGH SS rer. Germ. 72), Hannover 2004, S. 444, Anm. 656.

ins südöstliche Bayern (Niederaltaich, 4. November) ausgebreitet. Dort verliert sich mangels weiterer Überlieferung seine Spur.

Abb. 84: Das Sturmgewitter des Jahres 839 in Mitteleuropa. Bildnachweis: Wozniak, Naturereignisse im frühen Mittelalter (wie Anm. 3).

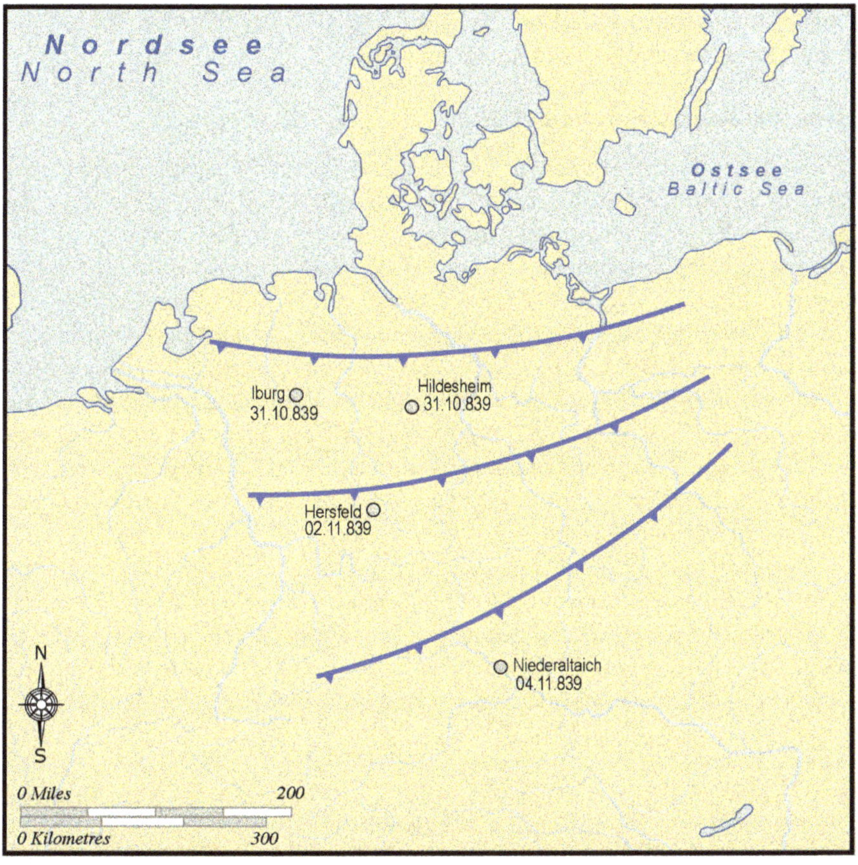

Da die Annalen die vier Daten des Sturmereignisses tagesgenau angeben, lässt sich seine Zugbahn gut nachvollziehen (Abb. 84). So lässt sich in dem Fall anhand vermeintlich nebensächlicher Details der einzelnen Einträge in den Annalen und Chroniken ein Gewitterereignis für das Jahr 839 relativ genau rekonstruieren, während wir über den Rest der Witterung des Jahres fast nichts wissen. In diesem Fall stimmen Wahrnehmung, Dokumentation und Überlieferung des Ereignisses gut überein. Als Zwischenergebnis bleibt festzuhalten, dass nicht etwa, wie das von der älteren Forschung oft vermutet wurde, Ernteschäden der Grund für die Dokumentation sind[20], denn im November wird nichts mehr geerntet. Vielmehr wurde dieses heftige Sturmgewitter dokumentiert, weil es Gebäude zerstört hat; dies aber trifft bei weitem nicht auf jedes Wetterereignis zu. Dass die Menge solcher aus unterschiedlichen Quellen zusammengetragener Details historische Ereignisse nachvollziehbar machen kann, zeigt auch das folgende Beispiel des Heuschreckenzuges durch Europa im Jahr 873.

Heuschreckenzug im Jahr 873

Das Buch Exodus enthält bei der Beschreibung der zehn Plagen an achter Stelle die Heuschrecken in Ägypten: „*Und des Morgens führte der Ostwind die Heuschrecken her. Und sie kamen über das ganze Ägyptenland und ließen sich nieder an allen Orten in Ägypten, so sehr viel, dass zuvor desgleichen nie gewesen ist noch hinfort sein wird. Denn sie bedeckten das Land und verfinsterten es. Und sie fraßen alles Kraut im Lande auf und alle Früchte auf den Bäumen, die der Hagel übriggelassen hatte, und ließen nichts Grünes übrig an den Bäumen und am Kraut auf dem Felde in ganz Ägyptenland.*“[21] Auch in der Offenbarung des Johannes werden Heuschrecken genannt, als diese während der fünften Posaune über die Erde herfallen.[22] Daneben haben auch antike Autoren die unmittelbaren Probleme der Heuschreckenplagen detailliert beschrieben.[23] Dieses Wissen stand den mittelalterlichen Autoren zur Verfügung.

Plagen von Tieren beeinflussen das Leben der Menschen vor allem dann, wenn von ihnen eine Bedrohung der Nahrungsgrundlage ausgeht. Als Folgen von Naturereignissen wurden sie von den betroffenen Menschen bis in die jüngste Zeit hinein als Katastrophe erlebt: „Aussagen über ‚Heuschrecken in Mitteleuropa‘ lösen heute eher ungläubiges Erstaunen aus. Tatsächlich waren Heuschrecken im

---

20 Fritz Curschmann, Hungersnöte im Mittelalter: ein Beitrag zur deutschen Wirtschaftsgeschichte des 8.–13. Jahrhunderts, Leipzig 1900, S. 8–10.

21 Ex. 10,13–15: „*Et mane facto, ventus urens levavit locustas; quae ascenderunt super universam terram Aegypti et sederunt in cunctis finibus Aegyptiorum innumerabiles, quales ante illud tempus non fuerant nec postea futurae sunt. Operueruntque universam superficiem terrae, et obscurata est terra. Devoraverunt igitur omnem herbam terrae et, quidquid pomorum in arboribus fuit, quae grando dimiserat; nihilque omnino virens relictum est in lignis et in herbis terrae in cuncta Aegypto.*“

22 Offb. 9,3: „*Et de fumo exierunt locustae in terram, et data est illis potestas, sicut habent potestatem scorpiones terrae.*“

23 Hans Gossen, Art. Heuschrecken, in: Paulys Realencyclopädie der classischen Altertumswissenschaft 16, 1913, Sp. 1381–1386.

Brandenburg des 18. Jahrhunderts ein häufiger und gefürchteter Fraßschädling."[24] Es verwundert folglich kaum, dass die großen Heuschreckenschwärme des Jahres 873 in zahlreichen Quellen dokumentiert wurden.[25]

Abb. 85: Erwähnung von Heuschrecken in den Chroniken zum Jahr 873. Bildnachweis: Wozniak, Naturereignisse im frühen Mittelalter (wie Anm. 3).

Dabei wurde das Auftreten der Heuschrecken zwar oft nur beiläufig erwähnt, wohingegen der folgende extreme Winter 873/74 häufig weitaus ausführlicher

24 Bernd Hermann / Jana Sprenger, Das landesverderbliche Übel der Sprengsel in den brandenburgischen Gemarkungen - Heuschreckenkalamitäten im 18. Jahrhundert, in: Bernd Herrmann (Hg.), „… mein Acker ist die Zeit", Göttingen 2011, S. 349–388, hier: S. 351.

25 Curschmann, Hungersnöte (wie Anm. 20), S. 100 f.

beschrieben wurde[26], aber im Vergleich zu anderen Naturereignissen wurde diese Heuschreckenplage von sehr zahlreichen Chronisten überliefert.[27] Die etwa 20 zeitgenössischen Nachrichten über die Plage enthalten sehr unterschiedliche Details. Einige Chronisten haben ganz persönliche Beobachtungen in ihre Darstellung einfließen lassen, von denen sich drei Aspekte als maßgeblich herausfiltern lassen: 1) die allgemeine Zugrichtung der Tiere, 2) eine genaue Datierung ihres Auftretens sowie 3) die Möglichkeiten ihrer Bekämpfung. Auffällig selten wurde von Autoren jedoch ein Bezug zur biblischen Heuschreckenplage hergestellt. Eine solche Bezugnahme scheint also nicht ein quasi automatischer frühmittelalterlicher Reflex gewesen zu sein. Das Ausgreifen eines solchen Heuschreckenschwarmes über den tropisch oder subtropischen Klimabereich hinaus in gemäßigtere Regionen war ungewöhnlich und erforderte eine besondere witterungstechnische Konstellation über Afrika und Europa, wobei besonders viele warme Luftmassen aus dem Bereich der Sahara das europäische Festland erreichen müssen, damit die Temperaturen dort auf ein für die explosionsartige Vermehrung der Heuschrecken notwendiges Niveau gehoben werden. Damit Heuschrecken sich überhaupt so zahlreich vermehren, dass sie zur Plage werden können, müssen im Juni warme Temperaturen von über 24 Grad Celsius erreicht werden.[28] Die Fruchtbarkeit der Heuschreckenweibchen ist bei einer relativen Luftfeuchtigkeit von 70 Prozent am höchsten.[29] So verwundert es nicht, dass die Nachrichten zum Wettergeschehen des Jahres 872, dem Jahr vor dem Auftreten der Heuschreckenplage, einen sehr trockenen und heißen Sommer erwähnen. Die Temperaturdifferenzen in dem Jahr scheinen insgesamt sehr groß gewesen zu sein. Die Chronisten beschreiben verheerende Sommergewitter, die bis zum Brand von Teilen der Stadt Worms führten. So heißt es in den Xantener Annalen: „*Im selben Jahre* [872] *richtete die feindliche Wirkung von Gewittern und Regengüssen und Hagel dem*

26 Christian Pfister / Jörg Luterbach / Gabriela Schwarz-Zanetti / Milène Wegmann, Winter air temperature variations in western Europe during the Early and High Middle Ages (AD 750–1300), in: The Holocene 8/5, 1998, S. 535–552 (doi: 10.1191/095968398675289943), S. 542; Michael McCormick / Edward Paul Dutton / Paul A. Mayewski, Volcanoes and the Climate Forcing of Carolingian Europe, A.D. 750–950, in: Speculum 82, 2007, S. 865–895, hier: S. 886 f.

27 Die genaue Auflistung aller Quellenstellen kann hier aus Platzgründen nicht erfolgen. Es sei verwiesen auf die Hinweise in Anm. 3.

28 Vgl. World Meteologocical Organization, Expert Meeting on Meteorological Information for Locust Control (Geneva, Switzerland, 18–20 October 2004), online: http://www.wmo.ch/agm/Meetings/milc-geneva/mtgreport-MILC.pdf (letzter Zugriff: 17.8.2006) und McCormick / Dutton / Mayewski, Volcanoes (wie Anm. 26), S. 886.

29 Delort, Elefant (wie Anm. 13), S. 187 f.

Menschengeschlecht ungeheuren Schaden an Feldfrüchten und Gebäuden an. Ein Blitzschlag hatte in Worms einen Brand entzündet.“[30] Ganz Ähnliches berichten die (rekonstruierten) Hersfelder Annalen.[31] Auch für den Autor der „*Annales Altahenses*“ war der Sommer 872 trocken und er stellte noch einen Bezug zum Folgejahr her, in dem er „*Hunger in der Germania*“ und das Auftreten der Heuschrecken erwähnte.[32] Ebenso vermerkte der Verfasser der „*Annales Stabulenses*“, des belgischen Klosters Stablo, der Winter des Jahres 872 sei hart gewesen, es habe eine Überschwemmung und Erdbeben gegeben, darüber hinaus seien in einigen Orten Heuschrecken aufgetreten.[33] Insgesamt am ausführlichsten und detailliertesten beschrieb der Fuldaer Annalist die Situation des Jahres 872 mit den folgenden Worten: „*Die ganze Sommerzeit war durch Hagel und mannigfaches Unwetter sehr verderblich. Denn der Hagel vernichtete an sehr vielen Orten die Früchte; auch drohten schreckliche Donner und Blitze fast täglich den Sterblichen mit Untergang, durch deren heftige Schläge wurden, wie man erzählt, Menschen und Zugvieh an verschiedenen Orten getötet und in Asche verwandelt. Auch der Dom des heiligen Petrus zu Worms wurde von dem himmlischen Feuer verzehrt und die Mauern vollständig niedergeworfen.*“[34] Dieser Bericht spiegelt die starken Sommergewitter wider, aber auch die große Hitze, die beide zusammen die Brandgefahr signifikant erhöhen. Zudem deutet der erwähnte Hagel auf spezielle Wind- und

---

30 Annales Xantenses ad a. 872, hg. v. Bernhard E. von Simson (MGH SS rer. Germ. 12), Hannover/Leipzig 1909, S. 31: „*Eodem anno infestatio tonitruorum et ymbrium atque grandium humano generi nocuit nimium in frugibus et aedificiis.*“ Vgl. Reinhold Rau (Hg.), Quellen zur karolingischen Reichsgeschichte, Zweiter Teil (Freiherr vom Stein-Gedächtnisausgabe 6), Darmstadt 1958, S. 366–369.

31 Annales Hersfeldenses ad a. 872 (wie Anm. 17), S. 451: „*Ictu fulminis Wormatia comburitus. Aestatis fervor immanis et siccitas nimia tots olo perdidit fructus, plurimaeque domus cum hominibus et animalibus fulminibus incensae exustae sunt.*“

32 Annales Altahenses maiores ad a. 872 (wie Anm. 1), S. 774: „*Aestas ferventissima, sequenti anno fames in Germania, locustae.*“

33 Annales Stabulenses ad a. 872, hg. v. Wilhelm Wattenbach (MGH SS 13), Hannover 1881, S. 42: „*Anno 872. Hoc anno* […] *hyems gravissima, aquarum inundatio, terrae motus, in quibusdam locis pestilentia locustarum.*“

34 Annales Fuldenses ad a. 872, hg. v. Friedrich Kurze (MGH SS rer. Germ. 7), Hannover 1891, S. 76 f.: „*Omne tempus aestivum grandinibus variisque tempestatibus pernoxium extitit; nam grando plurima loca frugibus devastavit; horrenda etiam tonitrua et fulmina pene cotidie mortalibus interitum minabantur, quorum ictibus praevalidis homines et iumenta in diversis locis exanimata et in cinerem redacta narrantur. Domus quoque sancti Petri apud Wormatiam igne caelesti consumpta est et muri penitus eversi.*“ Vgl. Reinhold Rau (Hg.), Quellen zur karolingischen Reichsgeschichte, Dritter Teil (Freiherr vom Stein-Gedächtnisausgabe 7), Darmstadt 1960, S. 86 f.

Wolkensysteme, denn zur Hagelentstehung sind bis in höhere Schichten der Stratosphäre reichende Wolkenformationen erforderlich. In diesen werden die Hagelkörner immer wieder nach oben in höhere und damit kältere Bereiche der Atmosphäre gewirbelt, wobei sie sich jedes Mal vergrößern, bis sie durch ihren Zuwachs an Eigengewicht auf die Erde niedergehen. Auch die geschilderten Blitze deuten auf ausnehmend heftige Gewitterwolken hin. Die dargestellte Witterungslage verweist auf höhere Durchschnittstemperaturen, welche wiederum als Bedingung für die Auslösung einer Heuschreckenplage notwendig sind. Der darauffolgende Winter zwischen den Jahren 872 auf 873 wurde im mittleren Rheinland als sehr schneereich dokumentiert.[35]

Für das neue Jahr 873 wurde in den Annalen der Abtei St-Bénigne in Dijon ohne weiteren Kommentar die „*Ankunft der Heuschrecken*"[36] verzeichnet, einer ganz neuen Plage (*plaga novi generis*), die am ausführlichsten in den Fuldaer Annalen geschildert wird, wo es heißt:

„*In diesem Jahre kam es zu einer gewaltigen Hungersnot in ganz Italien und Germanien und viele sind Hungers gestorben. Zur Zeit aber der neuen Früchte hat eine Plage ganz neuer Art, die zum ersten Mal unter dem Stamme der Franken sichtbar wurde, das germanische Volk infolge seiner Sünden nicht wenig betroffen. Heuschrecken, Würmern ähnlich, mit vier Flügeln und sechs Füßen kamen vom Osten her und bedeckten wie Schnee die gesamte Oberfläche des Landes, wo sie alles, was auf Äckern und Wiesen grün war, verzehrten. Sie hatten ein breites Maul, einen langen Magen und zwei steinharte Zähne, mit denen sie die zähesten Baumrinden zu zernagen vermochten. Ihre Länge und Dicke war etwa eines Mannes Daumen, ihre Menge so groß, dass sie bei Mainz in einer Stunde des Tages 100 Juchert*[37] *Feldfrüchte abfraßen. Wenn sie aber flogen, verhüllten sie eine Meile weit die ganze Luft dergestalt, dass den auf der Erde Stehenden kaum der Glanz der Sonne sichtbar blieb. Einige von ihnen schlug man an verschiedenen Orten tot und es fand sich, dass sie ganze Ähren mit Körnern und Granen in sich hatten. Als die einen nach Westen abgezogen waren, kamen wieder neue dazu, und zwei Monate hindurch boten sie mit ihrem Flug fast täglich den Zuschauenden ein schreckliches Schauspiel. Es wird*

35 Annales Colonienses ad a. 872, hg. v. Georg Heinrich Pertz (MGH SS 1), Hannover 1826, S. 98: „*Nix valida.*" Unsicher ist allerdings, ob es sich dabei um den Winter 871/872 oder 872/873 handelt.

36 Annales S. Benigni Divionensis ad a. 873, hg. v. Georg Heinrich Pertz (MGH SS 5), Hannover 1844, S. 38: „*Adventus locustarum.*"

37 Ein Joch entspricht etwa 2.500 bis 6.000 Quadratmetern, in Süddeutschland ungefähr 3.500 Quadratmetern.

erzählt, in Italien, im Gau von Brescia habe es drei Tage und drei Nächte Blut vom Himmel geregnet.“[38]

Der Eintrag fällt schon durch seine Länge und die vielen Details auf, mit denen der Autor hier die Heuschrecken beschrieben hat. Über die Versuche, sie zu bekämpfen, schrieb der Verfasser der Xantener Annalen folgenden Eintrag, wobei er sich ausdrücklich auf die ägyptische Plage bezieht: „*Hernach aber, Mitte August* [873], *erhob sich die alte Plage der Ägypter, das ist ein unzählbarer Schwarm Heuschrecken, wie aus dem Korb ausfliegender Bienen, ganz neu von Osten her durch unsere Länder, welche in der Luft fliegend einen feinen Ton wie kleine Vögelchen von sich gaben. Und wenn sie sich erhoben, konnte man kaum den Himmel wie durch ein Sieb sehen. An sehr vielen Orten nun zogen die Hirten der Kirchen und die ganze Geistlichkeit ihnen mit Reliquiaren und Kreuzen entgegen, unter Anrufung von Gottes Erbarmen, dass er diese Plage von ihnen abwendete. Doch nicht überall, aber stellenweise, richteten sie Schaden an.*“[39]

Ein ähnlich langer Eintrag, aber anscheinend völlig unabhängig von jenen der Fuldaer Annalen oder der Xantener Annalen, findet sich in der Chronik Reginos von Prüm, wo die folgenden ausführlichen Beobachtungen Eingang fanden: „*Im Jahr der göttlichen Menschwerdung 873 verwüstete eine unermessliche Menge von*

38 Annales Fuldenses ad a. 873 (wie Anm. 34), S. 79 f.: „*Eodem anno facta est fames valida per universam Italiam atque Germaniam, et multi inedia consumpti sunt. Tempore vero novarum frugum novi generis plaga et prima in gente Francorum visa Germanicum populum peccatis exigentibus non mediocriter afflixit. Nam vermes quasi locustae quatuor tennis volantes et sex pedes habentes ab oriente venerunt et universam superficiem terrae instar nivis opuerunt cuncta, quae in agris et in pratis erant viridia, devastantes. Erant autem ore lato et extenso intestino duosque habebant dentes lapide duriores, quibus tenacissimas arborum cortices corrodere valebant. Longitudo et grossitudo illarum quasi pollex viri; tantaque erant multitudinis, ut una hora diei centum iugera frugum prope urbem Mogontiam consumerent. Quando autem volabant, ita totum aerem per unius miliarii spatium velabant, ut splendor solis in terra positis vix appareret; quarum nonullae in diversis locis occisae spicas integras cum granis et aristis in se habuisse repertae sunt. Quibusdam vero ad occidentem profectis supervenerunt aliae, et per duorum mensium curricula pene cotidie suo volatu horribile cernentibus praebuere spectaculum. In Italia in pago Brixiensi tribus diebus et tribus noctibus sanguis de caelo pluisse narratur.*“ Rau, Quellen (wie Anm. 34), S. 90 f.

39 Annales Xantenses ad a. 873 (wie Anm. 30), S. 33: „*Postea vero mediante mense Augusto antiqua Egiptiorum plaga, id est locustarum innumerabilis turma more apium de alveo exeuntium, ab oriente nova exorta est per terras nostras, quae in aere volitantes, vocem subtilem velut aviculi parvi dantes. Et dum elevarentur, caelum vix velut per cribram intueri potuit. In plerisque locis vero pastores ecclesiarum et omnis clerus cum kapsis et crucibus occurrerunt eis misericordiam Dei implorantes, ut defenderet eos ab hac plaga. Non tamen ubique, sed per loca nocuerunt.*“ Rau, Quellen (wie Anm. 30), S. 370 f.

Heuschrecken, die im August von Osten her erschien, fast ganz Gallien. Sie waren größer als andere Heuschrecken und hatten sechs Flügelpaare. In wunderbarer Weise flogen sie wie Abteilungen eines Heerlagers in getrennten Scharen durch die Lüfte oder, wenn sie sich zur Erde niederließen, schlugen sie so ihr Lager auf. Die Führer gingen mit wenigen dem Heere um eine Tagesreise vorauf, als wollten sie für Plätze sorgen, die der Menge angemessen wären. Um die neunte Stunde ließen sie sich nieder, wo am Vortag ihre Führer angelangt waren, und bewegten sich nicht eher fort, als bis die Sonne wieder aufging; dann brachen sie rottenweise auf, sodass man an den kleinen Geschöpfen die Manneszucht des Krieges wahrnehmen konnte. Sie näherten sich von den Saaten, die von ihnen so abgefressen wurden, als wären sie von einem ungeheuren Gewitter vernichtet. Die Länge der Tagesreise erstreckte sich bei ihnen auf vier bis fünf Meilen. Sie gelangten aber, indem sie so die Oberfläche der Erde bedeckten, bis zum bretonischen Meere, in welches sie nach Gottes Willen durch einen heftigen Wind hineingetrieben, auf die hohe See fortgerissen und versenkt wurden. Durch die Flut aber und das Zurückströmen der Ozeane an Land geworfen, erfüllten sie die Seegestade und zwar in solcher Häufung, dass sie berghoch zusammengeschichtet waren; durch ihren Gestank und ihre Fäulnis wurde die Luft verpestet und erzeugte daraus für die Umwohnenden eine furchtbare Seuche, an der viele den Tod fanden.“[40]

Die moderne Forschung interpretiert diese Stelle als minuziösen Vergleich, wonach der Abt von Prüm in seiner Darstellung des Heuschreckeneinfalles von 873 seine Heeres- und *duces*-Vorstellungen aufgrund seiner militärisch-politischen Erfahrungen auf die Heuschrecken übertragen hätte.[41] Das ist möglich,

---

40 Regino von Prüm, Chronica ad a. 873, hg. v. Friedrich Kurze (MGH SS rer. Germ. 50), Hannover 1890, S. 105: „*Anno dominicae incarnationis DCCCLXXIII. Locustarum inaestimabilis multitudo mense Augusto ab oriente veniens totam pene pervastavit Galliam. Quae maiores erant quam caeterae locustae habebantque sena alarum remigia, et, mirum dictu, ut castrorum acies distinctis ordinibus per aera ferebantur vel terrae incumbentes castra metabantur. Duces cum paucis exercitum itinere unius diei preibant, quasi loca apta multitudini provisuri. Circa horam nonam, ubi duces pridie venerant, insidebant, nec a loco occupato movebantur, quousque sol suum representaret ortum, tunc per turmas suas proficiscebantur, ut in parvis animalibus disciplinam militarem cerneres. Segetibus vescebantur, quae ab eis ita depastae sunt, ut quatuor aut quinque milibus extendebatur. Pervenerunt autem usque ad mare Brittannicum superficiem terrae cooperientes, in quo Deo volente violento ventorum flatu inpulsae atque in profundum absportatae dimersae sunt. Aestu vero atque refusione oceani reiectae littora maritima repleverunt tantaque congeries facta est, ut ad instar montium cumulatae coacervarentur: ex earum foetere ac putredime aer corruptus diram pestem finitimis genera vit, ex qua multi perierunt.*“

41 Milène Wegmann, Naturwahrnehmung im Mittelalter im Spiegel der lateinischen Historiographie des 12. und 13. Jahrhunderts (Lateinische Sprache und Literatur des Mittelalters 40), Bern 2005, S. 83.

es muss aber ergänzt werden, dass die Anklänge in Reginos Text mehr noch der Offenbarung des Johannes entnommen zu sein scheinen, wo es heißt: „*Und die Heuschrecken sehen aus wie Rosse, die zur Schlacht gerüstet sind.*“[42] Dass Reginos Darstellung des Heuschreckensterbens im Meer ein spätantikes Vorbild gehabt haben könnte, ist nicht unwahrscheinlich, denn im „*liber de prodigiis*“ von Iulius Obsequens[43] heißt es zum Jahr 125 v. Chr.: „*Es erschien ein ungeheurer Heuschreckenschwarm in Afrika, der vom Wind ins Meer geworfen und von den Wellen angeschwemmt in Kyrene mit unerträglichem Gestank und tödlicher Ausdünstung eine schwere Viehseuche verursachte; und es wird überliefert, dass 800.000 Menschen durch die Seuche umkamen.*“[44] Allerdings weist Reginos Schilderung außer der inhaltlichen Ähnlichkeit sprachlich keinerlei Analogien auf. Entweder hat der Prümer Abt die Heuschreckenhaufen also selbst gesehen oder davon verlässliche Kunde bekommen, oder er hat zeitgenössische Berichte durch sein angelesenes (Bibel-)Wissen ergänzt.

Die Wandergeschwindigkeit von Heuschrecken wird von der modernen Wissenschaft mit fünf bis maximal 150 Kilometer am Tag bei einer Geschwindigkeit von 15 bis 20 Kilometer pro Stunde angegeben. Nach Reginos Zeugnis gelangte ein Teil der Schwärme bis ans britannische Meer, wurde dort vom Wind auf das Meer hinaus verfrachtet und verendete auf dem Wasser. Dabei ist zu beachten, dass es rezente Beobachtungen gibt, nach denen Heuschreckenschwärme durch spezielle Windkonstellationen von Westafrika nach Brasilien über den Atlantik verdriftet werden können.[45] Die Bekämpfung der Heuschrecken im Frühmittelalter beschränkte sich darauf, die Schwärme mit lautem Lärm aufzuscheuchen. Die Weiterentwicklung dieser Methode führte im Spätmittelalter zum Glockenläuten gegen die Heuschrecken. Das Problem als solches wurde dadurch aber nicht bekämpft, sondern einfach nur transloziert. Der Verfasser der „*Annales Xantenes*“ zog als einziger eine Verbindung zur alttestamentarischen Plage und schrieb, dass die Heuschrecken nicht überall, sondern stellenweise Schaden

42 Offb. 9,7: „*Et similitudines locustarum similes equis paratis in proelium.*“

43 Vgl. Peter Leberecht Schmidt, Art. Osequens, in: Der Kleine Pauly 4, 1972, Sp. 225.

44 Iulius Obsequens, liber de prodigiis, c. 30, zitiert nach: Delort, Elefant (wie Anm. 13), S. 179: „[…] *apparuit locustarum ingenti agmine in Africa, quae a vento in mare deiectae fluctibusque eiectae odore intolerabili Cyrenis mortiferoque vapore gravem pestilentiam fecerunt pecori; hominumque DCCC milia consumpta tabe proditum est.*“

45 Vgl. Nate R. Lovejoy / Sean P. Mullen / Greg A. Sword / Reginald F. Chapman / Ross G. Harrison, Ancient trans-Atlantic flight explains locust biogeography: molecular phylogenetics of Schistocerca, in: Proceedings of the Royal Society B 273, 2006, S. 767–774.

anrichteten. Dies könnte auf eine bereits fortgeschrittene Phase im Leben der Heuschrecken hinweisen, bei der sich der Schwarm durch die Befruchtung der weiblichen Individuen und die darauf erfolgende Eiablagerung immer weiter verkleinert. Während der Eiablage ist die Fresslust geringer. Insgesamt deutet die Häufigkeit der Erwähnung, die relative Unabhängigkeit der Chroniken voneinander und die Ausführlichkeit der Berichte darauf hin, dass es im Jahr 873 zu mehreren Zügen von Heuschrecken über Mitteleuropa und in den betroffenen Gebieten zu massiven Schäden der agrarbasierten Landwirtschaft gekommen ist. Im Folgenden geht es um die Frage, wie die zeitgenössischen Autoren dieses unerwartet eintretende biblische Ereignis für ihre Intentionen zu nutzen suchten.

Zur Intentionalität historiographischer Quellen

Der folgende Abschnitt untersucht die Frage, welche Rolle der Autor der „*Annales Fuldenses*" dem Wirken Gottes zuwies und wie er die Naturereignisse mit biblischen Vorbildern verband.

Zum Jahr nach dem Auftreten der Heuschrecken, also 874, überliefert der Verfasser der Fuldaer Annalen folgenden Eintrag: „*In diesem Jahre wurde durch Hunger und Pest, die in ganz Gallien und Germanien wüteten, fast ein Drittel des Menschengeschlechts vertilgt.*"[46] Dieser Bericht ist wohl nicht ohne Übertreibung, denn die gewaltige Hungerkatastrophe ist in keiner anderen Quelle überliefert. Lediglich in den „*Annales Bertiniani*" ist zum Jahr 874 verzeichnet, der lange Sommer habe bewirkt, dass das Gras dürr wurde und die Getreideernte unzulänglich gewesen sei, was aber im Vergleich zu der geschilderten Katastrophe – ein Drittel der Menschheit sei gestorben – harmlos klingt. Deshalb ist zu fragen, woher der Fuldaer Annalist die Information nahm, nach der ein Drittel der Bevölkerung gestorben sein soll[47]; und warum alle parallel erhaltenen Quellen diese Katastrophe verschwiegen. Auf der Suche nach einem biblischen Vorbild für den Tod eines Drittels der Menschheit wird man rasch in der sechsten Posaune der Offenbarung des Johannes fündig. Wie oben erwähnt, heißt es bei der fünften Posaune, dass Heuschrecken kommen werden. Mit der sechsten Posaune werde sodann ein Drittel der Menschheit getötet: „*Da wurden die vier Engel losgebunden, die auf Jahr und Monat, auf Tag und Stunde bereitstanden, um ein Drittel der*

---

46 Annales Fuldenses ad a. 874 (wie Anm. 34), S. 83: „*Hoc anno fame et pestilentia per universam Galliam et Germaniam grassantibus pene tercia pars humani generis consumpta est.*" Rau, Quellen (wie Anm. 34), S. 96 f.

47 James T. Palmer / Trevor Palmer, Natural catastrophes in the Ninth Century AD, in: Chronology and Catastrophism Review 1, 2002, S. 4–8, hier: S. 4.

Menschheit zu töten."[48] Das Auftreten der Heuschrecken im Jahr 873 scheint der Annalist als Erfüllung der fünften Posaune gedeutet zu haben. Damit muss die der sechsten Posaune zugeschriebene Hungersnot folgerichtig in der Zeit danach liegen. So lässt der Annalist im Folgejahr in Form literarischer Übertreibung ein Drittel der Menschen in Gallien und Germanien sterben. In Tabelle 2 werden die weiteren Naturereignisse im Umfeld dieser beiden Jahre aufgelistet, die der Autor in Erwartung der verschiedenen Posaunen der Offenbarung gesammelt hat. Der zeitgenössische, christlich geprägte Zuhörer dachte dann sofort weiter an das bevorstehende Jüngste Gericht.

Tabelle 2: Vergleich der Posaunen in der Offenbarung des Johannes mit den Naturereignissen in den sogenannten Fuldaer Annalen. Nachweis: Wozniak, Naturereignisse im frühen Mittelalter (wie Anm. 3).

Offenbarung des Johannes	**Annales Fuldenses**
1. Posaune: Hagel und Feuer mit Blut vermischt fallen aufs Land. Ein Drittel der Erde verbrennt.	860: Blutroter Schnee
2. Posaune: Brennender Berg fällt ins Meer. Ein Drittel der Lebewesen im Meer vernichtet.	867: Erdbeben
3. Posaune: Stern „Wermut" fällt [...] Ein Drittel des Wassers wird bitter und viele Menschen sterben.	868: Komet, Überschwemmung, gewaltiges Sterben
4. Posaune: Sonne, Mond, Sterne verlieren ein Drittel ihrer Leuchtkraft.	870: Zeichen am Himmel, Geisterstimmen; 872: Hagel, Wormser Kirche brennt, Donner, Blitze, Erdbeben
5. Posaune: Heuschrecken kommen, um die Menschen fünf Monate lang zu quälen.	873: Heuschrecken, Blutregen über Brescia
6. Posaune: Ein Drittel der Menschheit wird durch Feuer, Rauch und Schwefel getötet.	874: Durch Hunger und Pest wird ein Drittel der Menschen in Gallien und Germanien getötet.
7. Posaune: Es kommt ein Beben und schwerer Hagel.	882: Blitz, Donner, Hagel mit zackigem, ungleichem Aussehen

Der Autor nutzte die Offenbarung des Johannes teilweise als eine Art Blaupause, um die Naturereignisse seiner Zeit zu ordnen. Dass die Reihenfolge der Ereignisse

48 Offb. 9,15: „*Et soluti sunt quatuor angeli, qui parati erant in horam, et diem, et mensem, et annum, ut occiderent tertiam partem hominum.*"

der Apokalypse nicht ganz zu den Geschehnissen seiner Zeit passte, versuchte er durch geschickte Formulierungen zu übergehen. Bei aller Anpassung an sein Vorbild versuchte er aber, nach Möglichkeit die Abfolge der Apokalypse nachzubilden. So treten etwa beim Öffnen des sechsten Siegels nacheinander ein Erdbeben, eine Sonnenfinsternis, ein Blutmond und ein Sternfallen auf. Während im biblischen Text mit der dritten Posaune der Stern „Wermut" in Flüsse und Quellen fällt und viele Menschen sterben, folgt beim Fuldaer Annalisten auf das Erscheinen eines Kometen im Jahr 868 (bestätigt durch zahlreiche Parallelüberlieferung) ein gewaltiges Sterben des Menschengeschlechtes. Tatsächlich herrschte von 867 bis 869 zwar eine große Hungersnot, aber ein Sterben wird in anderen Quellen nur für Tiere genannt. Bei der vierten Posaune verlieren Sonne, Mond und Sterne ein Drittel ihrer Leuchtkraft, woraus der Annalist Zeichen am Himmel und Geisterstimmen macht.

Die hier geschilderten Beobachtungen machen die Fuldaer Annalen für die Zeit vor dem Jahr 882 zu einer schwer zu beurteilenden Quelle, da im Grunde jede ihrer Aussagen in Bezug auf Naturereignisse durch unabhängige parallele Quellenüberlieferung überprüft werden muss. Alle Darstellungen, die nicht durch andere Quellen abgesichert werden können, müssen als Zutaten oder Übertreibungen des Annalisten gelten.

Der Autor der „*Annales Fuldenses*" stand und steht immer noch in dem Ruf, empirisch genau und objektiv zu beschreiben und Augenzeugenberichte zu dokumentieren. Betrachtet man jedoch seine Darstellung im Umfeld der Jahre 860 bis 882, wird deutlich, dass der Annalist versucht hat, das von vielen anderen Quellen bestätigte Auftreten der Heuschrecken als Zeichen für die fünfte Posaune der Offenbarung des Johannes zu deuten. Zusammenfassend lässt sich also festhalten, dass sich die vom Annalisten verwendeten Topoi in ihrer Anordnung an der Offenbarung des Johannes orientieren, dass die Verfasser der Einträge zwischen 829 und 882 aber letztlich auch das Problem hatten, dass das Weltenende ausblieb. Ein Punkt auf den er und seine Nachfolger im Text nicht eingingen.

Zusammenfassung

Die frühere Forschung hat vermutet, dass von den mittelalterlichen Zeitgenossen überwiegend solche Naturereignisse dokumentiert wurden, die einen Bezug zur unmittelbaren Lebensgrundlage, also der agrarbasierten Landwirtschaft, haben.

Diese Vermutung muss etwas relativiert werden. Denn es scheint vielmehr so zu sein, dass es der Zerstörungsgrad durch Naturkräfte und die Abweichung von der zeitgenössischen Erwartungshaltung waren, welche die Autoren geleitet zu haben scheinen. Die beiden hier betrachteten Beispiele zeigen, dass es in einem Fall – Sturm im Jahr 839 – um die Zerstörungen an Gebäuden durch ein Sturmgewitter ging, im zweiten Fall – Heuschrecken im Jahr 873 – um eine streifenförmig-lineare Zerstörung pflanzenbasierter Landwirtschaft. Während für die Sturmereignisse des Jahres 839 die Zugbahn des Gewitters in Ansätzen rekonstruiert werden kann, wurden gerade das Auftreten der Heuschrecken als biblisch deutbares Ereignis verstanden und entsprechend gewertet. Dies ermöglichte es, die Offenbarung des Johannes als Deutungsfolie zu verwenden. Aufgrund der zahlreichen parallelen Nachrichten über die Heuschrecken kann von ihrer tatsächlichen Beobachtung ausgegangen werden. Der Autor der Fuldaer Annalen versuchte, die anderen Posaunen den Jahren vor und nach 873 zuzuweisen. Hierfür musste er Ereignisse übertreiben und einfügen, um der Abfolge der Offenbarung zu entsprechen. Während also ein Ereignis in den Chroniken chronologisch und inhaltlich korrekt angegeben wurde, sind andere Naturereignisse durch intentionale Einfügung instrumentalisiert worden. Bei allen früh- und hochmittelalterlichen Quellen ist deshalb künftig zu überprüfen, ob nicht hinter der Reihung und Darstellung von Naturereignissen eine biblische, antike oder andere theologische Deutungsfolie stecken könnte.

Insgesamt stellt sich die Rekonstruktion der Naturereignisse im Früh- und Hochmittelalter als methodisch anspruchsvolles Unterfangen heraus, das einer genauen Überprüfung der Kontexte der in den zeitgenössischen Quellen genannten Ereignisse bedarf. Die Chroniken sind nicht als Ereigniskataloge gedacht – ein Fehler, der früher auch in der politischen Ereignisgeschichte wiederholt gemacht wurde: Vielmehr geht es um die Wahrnehmung, Darstellungsabsicht und die teilweise Instrumentalisierung des Ereignishorizontes.

Es ist zu betonen, dass Naturereignisse die Entwicklungen nicht deterministisch vorgeben und solche dann zwangsläufig eingetreten wären. Vielmehr bilden die natürlichen Bedingungen nur die Leitplanken, vor denen sich politische, religiöse und kulturelle Entwicklungen vollziehen. Vor diesem Hintergrund sollte die Umwelt künftig als vierte Grundkategorie der Geschichtswissenschaft wahrgenommen und behandelt werden.

Christian Rohr

Zum Umgang mit schweren Hochwassern an der unteren Salzach und am unteren Inn seit dem späten Mittelalter

Along the rivers of Salzach and Inn and close to the Danube the states of Bavaria and Austria have provided wealth for the region since prehistoric times. The beginning was a result of salt mining in the Hallein mines near Salzburg. From the twelfth century, mining was intensified in Hallein and in nearby Berchtesgaden (belonged to Bavaria) transforming the Salzach and the Inn to a major transport route to the markets downstream. Salt skipper communities with specific local knowledge developed and made small cities like Laufen wealthy and important. However, people living along the river had to face frequent floods, mostly in summertime, when "Vb" weather constellations (massive low-pressure cyclones over the Northern Mediterranean moving to the Northeast) brought heavy rain to the Eastern Alps. This paper examines the perception, management and memory of floods from the Late Middle Ages onwards, focusing on the extreme events of the years 1501, 1572 and 1598 as well as on the frequency of "normal" floods within the "cultures of flood risk". After the straightening of the riverbed in the nineteenth century, smaller floods mostly vanished. Therefore, the preparedness of the people weakened. In this way, the exceptional floods of 1897 and 1899 caused severe damage to the settlements, leading to the dislocation of the village Oberndorf north of Salzburg. The deserted place has been re-used for settlement since the 1970s, still neglecting the danger of flooding. Finally, in 2002, a flood caused huge damages there. Therefore, this paper argues for a re-establishment of memory culture and local flood knowledge as well as for a sustainable flood protection by renaturation.

Einleitung: Salzach und unterer Inn als Lebensadern einer Region

Seit jeher bilden die Flüsse Salzach und Inn die Lebensadern des heutigen Bundeslandes Salzburg (Österreich) sowie des Grenzgebietes zwischen Bayern (Deutschland) und Oberösterreich (Österreich). Die Flüsse waren gleichzeitig Ernährer und Zerstörer, brachten Wohlstand, aber brachten auch das Risiko mit sich, dass bei schweren Überschwemmungen Verarmung oder gar der Tod drohte.

Der folgende Beitrag widmet sich diesem Wechselspiel von Nutzen und Risiko aus einer Langzeitperspektive und nimmt dabei den bayerisch-österreichischen Grenzraum seit dem Spätmittelalter in den Fokus. Bewusst wird daher zunächst relativ ausführlich auf den wirtschaftlichen Nutzen der Flussläufe eingegangen, bevor in einem zweiten Schritt ein Beispiel für eine „Risikokultur"[1] im Umgang mit Naturgefahren näher vorgestellt wird. Dabei stehen weniger historisch-hydrologische Rekonstruktionen im Vordergrund als die Frage nach Wahrnehmungs-, Deutungs-, Bewältigungs- und Erinnerungsmustern.

Blickt man in das späte Mittelalter beziehungsweise in die Frühe Neuzeit zurück, so befanden sich im untersuchten Bereich einerseits das Erzbistum Salzburg, ein reichsunmittelbares Territorium im Heiligen Römischen Reich Deutscher Nation, das bis 1803 auch den sogenannten Rupertiwinkel, also die heute bayerischen Gebiete westlich der unteren Salzach, umfasste, und andererseits das Herzogtum Bayern, dem bis 1779 auch das östlich des unteren Inn liegende Innviertel (heute ein Teil Oberösterreichs) angehörte. Erst 1816/1818 nach dem Wiener Kongress erfolgte die Festlegung der heute noch gültigen Grenzen zwischen Bayern und den beiden österreichischen Bundesländern Salzburg und Oberösterreich.

Die Bedeutung von Salzach und unterem Inn als Lebensader für die ansässige Bevölkerung ergab sich insbesondere durch den regen Salzhandel und den extensiven Holztransport.[2] Seit prähistorischer Zeit wurde am Dürrnberg bei Hallein südlich von Salzburg Salz abgebaut.[3] Auf der Basis des Laugverfahrens wurde die Produktion im Mittelalter wohl kurz vor 1190 wieder aufgenommen, wobei sich

---

1 Vgl. Christian Rohr, Extreme Naturereignisse im Ostalpenraum. Naturerfahrung im Spätmittelalter und am Beginn der Neuzeit (Umwelthistorische Forschungen 4), Köln u.a. 2007, S. 59 f., zum Begriff der „Risikokultur" im Zusammenhang mit vormodernen Gesellschaften im Ostalpenraum.

2 Vgl. zum Folgenden, sofern nicht anders angegeben: Christian Rohr, Der Fluss als Ernährer und Zerstörer. Zur Wahrnehmung, Deutung und Bewältigung von Überschwemmungen an den Flüssen Salzach und Inn (13.–16. Jahrhundert), in: Traverse. Zeitschrift für Geschichte 10/3, 2003, S. 37–49, hier: S. 38 f.

3 Zum historischen Salzbergbau in Hallein vgl. zusammenfassend: Ernst Penninger, Der Salzbergbau auf dem Dürrnberg, in: Keltenmuseum (Hallein, Österreich) (Hg.), Die Kelten in Mitteleuropa. Kunst – Kultur – Wirtschaft. Salzburger Landesausstellung, 1. Mai–30. Sept. 1980 im Keltenmuseum Hallein, Österreich, Salzburg 1980, S. 182–188; Kurt W. Zeller, Die Salzherren vom Dürrnberg, in: Heinz Dopsch (Hg.), Salz. Salzburger Landesausstellung 1994, Hallein, Pernerinsel, Keltenmuseum, 30. April bis 30. Oktober 1994, Salzburg 1994, S. 104–127.

die Saline nahe der Salzach in Hallein befand.[4] Ebenfalls im Mittelalter wurde im Bereich von Berchtesgaden die Solegewinnung aufgenommen; die Saline dazu befand sich, die Königsseeache abwärts, in Schellenberg, die Verladestation nahe der Mündung des Flusses in die Salzach bei Niederalm südlich von Salzburg.[5] Anders verhielt es sich mit der Salzgewinnung in Bad Reichenhall: Hier wurden schon in Frühmittelalter – und wohl schon zur Römerzeit – die Salzquellen einfach den großen Sudpfannen zugeleitet; über den Unterlauf der Saalach wurde auch dieses Salz an die Salzach transportiert.[6]

Das hochwertige Salz wurde vermutlich schon seit der Keltenzeit[7], besonders aber seit dem Mittelalter vornehmlich über die Salzach und den unteren Inn zur Donau gebracht und gelangte von Passau aus entweder auf dem Wasserweg nach (Nieder-)Österreich und weiter bis nach Osteuropa oder auf dem Landweg über den sogenannten „Goldenen Steig" nach Böhmen und ins nördliche Bayern. Zurück, das heißt den Fluss aufwärts, wurden die Schiffe von Menschenhand beziehungsweise ab dem 14. Jahrhundert von Pferden gezogen; dafür wurden am Ufer eigene Treidelwege angelegt, die allerdings anfällig für Überschwemmungen und Unterspülung waren. Am unteren Inn ist der Gegenzug mit Pferden schon 1364 bezeugt, an der unteren Salzach zwischen Burghausen und Tittmoning erst ab etwa 1430; auf der Strecke zwischen Laufen und Hallein hingegen, dem

4 Vgl. Fritz Koller, Hallein im frühen und hohen Mittelalter, in: Mitteilungen der Gesellschaft für Salzburger Landeskunde 116, 1976, S. 1–116, hier: S. 33–49; Ders., Die Salinen in der Umgebung der Stadt Salzburg um 1200, in: Österreich in Geschichte und Literatur 23/5, 1979, S. 257–267, hier: S. 262; Ders., Die Salzachschiffahrt bis zum 16. Jahrhundert, in: Mitteilungen der Gesellschaft für Salzburger Landeskunde 123, 1983, S. 1–126.

5 Vgl. Koller, Salzachschiffahrt (wie Anm. 4), S. 15–18; Fritz Koller, Das Salzwesen, in: Walter Brugger / Heinz Dopsch / Peter Kramml (Hg.), Geschichte von Berchtesgaden. Stift – Markt – Land, 3 (bzw. 5) Bde., Berchtesgaden 1991–2002, Bd. 1, S. 737–842, hier: S. 744–769.

6 Zum Salzbergbau in Berchtesgaden bzw. Schellenberg sowie zur Verarbeitung der Sole in Bad Reichenhall vgl. zur Einführung: Heinrich Wanderwitz, Studien zum mittelalterlichen Salzwesen in Bayern (Schriftenreihe zur bayerischen Landesgeschichte 73), München 1984.

7 Vgl. etwa das goldene Miniaturschiffchen aus dem 4. Jahrhundert vor Christus, das als Votivgabe in einem Grab auf dem Dürrnberg bei Hallein gefunden wurde. Vgl. zusammenfassend: Heinz Dopsch / Herbert Lämmermeyer, Laufen als Zentrum der Salzschiffahrt, in: Heinz Dopsch / Hans Roth (Hg.), Laufen und Oberndorf. 1250 Jahre Geschichte, Wirtschaft und Kultur an beiden Ufern der Salzach, Laufen/Oberndorf 1998, S. 61–92, hier: S. 61, Anm. 5.

Kernstück des Salztransports auf der Salzach, wurde die Verwendung von Pferden noch 1426 ausdrücklich untersagt, um die Arbeitsplätze der ärmeren Bewohner von Laufen und Hallein zu sichern.[8]

Die Salzproduktion und Salzschifffahrt sind schon für das frühe Mittelalter gut belegbar[9] und erreichten ihren Höhepunkt im 16. Jahrhundert. Um 1530 wurden in Hallein etwa 24.700 Tonnen Salz pro Jahr produziert, in Berchtesgaden beziehungsweise Schellenberg 4.600, in Bad Reichenhall 12.500 Tonnen. Für den Transport wurde das Salz zu großen Kegelstümpfen, sogenannten Fudern, gepresst, die im trockenen Zustand etwa 56–65 kg wogen.[10] Die sogenannten Erbausfergenrechnungen sind für die Jahre 1544 bis 1576 vollständig erhalten und dokumentieren die Zahl der Durchfahrten durch die Salzachschlinge bei Laufen. Demnach passierten zwischen 1.553 Schiffe im Hochwasserjahr 1572 und 3.327 Schiffe im Jahr 1575 die Stelle, was bei einer durchschnittlichen Schifffahrtssaison von 180 Tagen pro Jahr (April bis Dezember) zwischen 9 und 18 großen Salzschiffen pro Tag entspricht.[11]

8 Vgl. Koller, Salzachschiffahrt (wie Anm. 4), S. 56–60 und S. 95.
9 Vgl. etwa die berühmte Zollordnung von Raffelstetten (heute Asten bei Linz), ein Weistum über die Mauten an der Donau aus der Zeit um 903/905. Siehe dazu die Edition von: Alfred Boretius und Viktor Krause (Monumenta Germaniae Historica, Capitularia regum Francorum 2), Hannover 1897, S. 249–252 sowie immer noch grundlegend: Michael Mitterauer, Wirtschaft und Verfassung in der Zollordnung von Raffelstetten, in: Mitteilungen des Oberösterreichischen Landesarchivs 8, 1964, S. 344–373; Peter Johanek, Die Raffelstetter Zollordnung und das Urkundenwesen der Karolingerzeit, in: Helmut Maurer / Hans Patze (Hg.), Festschrift für Berent Schwineköper, Sigmaringen 1982, S. 87–107.
10 Vgl. Koller, Salzachschiffahrt (wie Anm. 4), S. 9 f.
11 Ebd., S. 21–23 mit Tabelle 2, aufbauend auf: LA Salzburg, Erbausfergenarchiv III, 6.

Abb. 86: Salztransport auf der Salzach beziehungsweise am Inn. Aquarellierte Federzeichnung im Zechbuch der Passauer Salzfertiger und Schiffsleute von 1422. Die obere Abbildung zeigt das Treideln der leeren Salzschiffe durch Menschenhand „hin wider gein Lawffen“, *die untere ein mit Salzstöcken (Fuder zu je 56–65 kg) voll beladenes Schiff mit drei Mann Besatzung auf der sogenannten Naufahrt flussabwärts* „hinaw gein Pazzaw“. *Bildnachweis: StadtA Passau, II A 25.*

Dieser bedeutende Wirtschaftszweig führte zur Herausbildung eines eigenen Gewerbes, das freilich vor allem auf einzelne Städte wie Laufen an der Salzach (einst im Erzbistum Salzburg gelegen, heute Bayern) konzentriert war; weitere

Städte wie Salzburg selbst, Tittmoning, Burghausen, Braunau, Obernberg oder Schärding erlangten im Salzhandel nur eine untergeordnete Bedeutung. Die Sonderstellung Laufens ergab sich durch ein natürliches Hindernis: Die Salzach bildet in diesem Bereich eine Haarnadelkurve, die zahlreiche Stromschnellen aufweist; zudem befand sich bis 1783 ein Fels inmitten der Fluten, der sogenannte Nocken. Die Schiffe wurden daher an einem Seil an den Gefahren vorbeigelotst. Schon 1278 erließ Erzbischof Friedrich II. von Salzburg ein Privileg für die Laufener Ausfergen – verbeamtete Schiffsleute als Führer –, wodurch die Kleinstadt zu relativ großem Reichtum kam.[12]

Auf dem unteren Inn wurde zudem auch Salz transportiert, das aus Hall in Tirol stammte und von dort über den Inn durch Oberbayern nach Passau verschifft wurde. Für die Märkte von Linz donauabwärts war schließlich auch das Salz aus dem Salzkammergut (Altaussee, Hallstatt, Bad Ischl) bedeutend, das über die Traun an die Donau gelangte.

12 Vgl. zur Privilegierung der Laufener Salzschiffer: Heinz Dopsch, Die erzbischöflichen Ordnungen für die Salzachschiffahrt (1267 und 1278) und die Anfänge der Schifferschützen von Laufen-Oberndorf, in: Das Salzfass. Heimatkundliche Zeitschrift des Historischen Vereins Rupertiwinkel 12/2, 1978, S. 56–80. Allgemein zur Salzschifffahrt auf der Salzach unter besonderer Berücksichtigung Laufens vgl. etwa: Karl Zinnburg, Salzschiffer und Schifferschützen von Laufen-Oberndorf, Salzburg 1977 (sehr fehlerhaft, vgl. die Rezension von Heinz Dopsch, in: Mitteilungen der Gesellschaft für Salzburger Landeskunde 118, 1978, S. 382); Franz Heffeter, Die Salzachschiffahrt und die Stadt Laufen (ungedruckte phil. Diss.), Wien 1980; Koller, Salzachschiffahrt (wie Anm. 4), S. 1–126; Hans Roth, Laufen – die Stadt der Salzachschiffahrt. Die bauliche, wirtschaftliche und gesellschaftliche Entwicklung der Stadt als Ergebnis der Monopolstellung im Salzvertrieb – ein Überblick, in: Das Salzfass. Heimatkundliche Zeitschrift des Historischen Vereins Rupertiwinkel 29/1, 1995, S. 1–24; Hans Roth, Lexikon zur Laufener Salzach-Schiffahrt. Begriffe, Gegenstände, Technik, Organisation und mundartliche Ausdrücke, in: Das Salzfass. Heimatkundliche Zeitschrift des Historischen Vereins Rupertiwinkel 29/1, 1995, S. 25–64; Dopsch / Lämmermeyer, Laufen (wie Anm. 7), S. 61–92. Vgl. für Abbildungen zur Salzschifffahrt: Horst Hieble / Herbert Lämmermeyer / Heinz Schmidbauer, Die Salzachbrücke zwischen Laufen und Oberndorf. Von der ersten Erwähnung eines Salzachüberganges im Jahre 1278 bis zur Gegenwart, Laufen 2003, S. 14 f.

Abb. 87: Salztransport im 18. Jahrhundert: Salzschiffe bei der Laufener Salzachschlinge. Laufen an der Salzach, Tafelbild, Bürgermeisterzimmer des Rathauses von Laufen an der Salzach, um 1750. Bildnachweis: Foto: Horst Hieble / Stadtarchiv Laufen, nach: Hieble / Lämmermeyer / Schmidbauer, Salzachbrücke (wie Anm. 12), S. 14.[13]

Auch der Transport von Holz, dem wichtigsten Werkstoff und Brennstoff im „Hölzernen Zeitalter" (Joachim Radkau)[14] bis zum frühen 19. Jahrhundert, erfolgte in großem Stil über das Flusssystem von Salzach und Inn. Holz wurde zum einen als Baumaterial für Häuser, Brücken, technische Bauten wie Mühlen und Schutzbauten aller Art entlang der Flüsse benötigt, zum anderen in riesigen Mengen als Brennstoff im Verhüttungsprozess für Metalle sowie bei der Salz- und Glasgewinnung. Der Transport der Baumstämme bildete eine logistische Herausforderung, die zur Ausbildung einer großräumig organisierten Holztrift an den Flüssen vom Gebirge in die voralpinen Bereiche führte. Große Sperrwerke (Holzrechen) dienten schließlich zur Bergung der Baumstämme in der Nähe der Verhüttungsbetriebe und Salinen. Mit der Holztrift war aber auch permanent die Gefahr der Beschädigung von Uferbefestigungen und Brücken verbunden. Wie unten am Beispiel des schweren Hochwassers von 1598 noch gezeigt wird, waren durch die Holzrechen durchgebrochene Baumstämme die Hauptverursacher von Hochwasserschäden, indem sie wie „Torpedos" Brücken, Häuser und Scheunen zerstörten.

13 Für den Hinweis auf den heutigen Aufbewahrungsort des Tafelbildes danke ich Horst Hieble, Laufen.

14 Joachim Radkau, Holz. Wie ein Naturstoff Geschichte schreibt (Stoffgeschichten 3), München 2007, S. 21, aufbauend auf dem Ansatz des Ökonomen Werner Sombart (1863–1941).

Daneben erfolgte auch der weitere Warentransport und Personenverkehr seit dem Ende der Römerzeit, wenn möglich, auf Binnenwasserwegen, zumal die Römerstraßen immer mehr verfallen waren. Nachteile der Straße waren insbesondere die weitgehende Unpassierbarkeit nach starkem Regen, Steigungen und unpassierbare Engstellen; zudem konnten auf Schiffen und Flößen weit höhere Transportkapazitäten bewältigt werden.

Doch auch die Flussschifffahrt wies saisonale Probleme auf: So war sie einerseits bei Hochwasser, das in den untersuchten Regionen vor allem im Frühling und Sommer auftrat, zu gefährlich, andererseits führten Untiefen bei Niedrigwasser zu Schwierigkeiten, insbesondere im Herbst und Winter. Ein Aufkratzen des Flussbetts mit Pflügen sowie ein Ausbaggern („*Krampeln*") untiefer Stellen mit „*Kreilen*" (schweren Gabeln) und „*Gatzen*" (großen Schaufeln) sollte Abhilfe gegen die Anhäufung von Geschiebe schaffen.[15] Stromschnellen und Felsen wie der schon erwähnte Nocken bei Laufen an der Salzach bildeten weitere Gefahren. Schließlich mussten für das Treideln („*Recken*") stromaufwärts auch die Treidelwege am Flussufer regelmäßig gewartet werden; sie waren nach Überschwemmungen wohl häufig so schwer in Mitleidenschaft gezogen, dass ihre Instandsetzung Wochen, wenn nicht Monate benötigte.

Die Städte an der unteren Salzach und am unteren Inn profitierten wirtschaftlich freilich nicht nur vom Handel entlang der Salzach, sondern auch von den Brückenmauten beziehungsweise den Überfuhrgeldern; letztere fielen besonders an, wenn die Brücke zerstört oder beschädigt war und die Fuhrwerke auf einem großen Schiff, der sogenannten Farm, übergesetzt werden mussten. Sie stellten den größten Teil der städtischen Einnahmen dar: Im Falle von Laufen machten die Überfuhrgelder zwischen Oktober 1508 und Juni 1509 mehr als 255 Pfund Pfennige aus, immerhin mehr als 60 Prozent der Jahreseinnahmen der Stadt.[16]

Die wirtschaftliche Bedeutung der Flüsse Salzach und Inn für den Transport des bei Hallein (Land Salzburg), Berchtesgaden und Bad Reichenhall (beide Bayern) gewonnenen Salzes sowie des aus dem Oberlauf der Salzach stammenden Holzes lässt die Frage nach den Hochwassern, das heißt nach den kleinen

---

15 Vgl. Rohr, Naturereignisse (wie Anm. 1), S. 319 f. mit Abb. 25–27 zum Oberlauf der Salzach im Salzburger Pinzgau.

16 Vgl. Hans Roth, Die alte Laufener Salzachbrücke. Das Hochwasser als ständige Gefahr für Brücke und Stadt, in: Das Salzfass. Heimatkundliche Zeitschrift des Historischen Vereins Rupertiwinkel 31/1, 1997, S. 5–32, hier: S. 11 f. Vgl. zur Geschichte der Brückenmaut in der Stadt Salzburg: Thomas Weidenholzer / Guido Müller, Salzburgs alte und neue Brücken über die Salzach (Schriftenreihe des Archivs der Stadt Salzburg 15), Salzburg 2001, S. 13 f.

Überschwemmungen wie auch nach den großen Katastrophen, unter einem ganz speziellen Blickwinkel betrachten. Die Menschen in historischer Zeit lebten am und mit dem Fluss. Der Fluss ermöglichte ihnen in vielerlei Hinsicht überhaupt das Überleben und verhalf ihnen in zahlreichen Fällen zu einem gewissen Wohlstand. Ständig wiederkehrende Hochwasser müssen aber ebenso zum Alltag der Menschen dazugehört haben. Es stellt sich somit die Grundfrage, wie weit Überschwemmungen von den Menschen seit dem 13. Jahrhundert überhaupt als Katastrophen erlebt wurden beziehungsweise, wenn ja, warum und wie. In einem nächsten Schritt werden größere und kleinere Überschwemmungen unter dem Aspekt von Wahrnehmung, Interpretation und Management untersucht.

Hochwasser des Spätmittelalters und der Frühen Neuzeit an der Salzach und am unteren Inn

Hochwasser an der Salzach und am unteren Inn sind bis heute ein aktuelles Thema, wie zuletzt das schwere Hochwasser Anfang Juni 2013 gezeigt hat, als durch das Zusammentreffen des Scheitelabflusses von Inn und Donau in Passau ein Höchststand erreicht wurde, der – wenn auch lokal begrenzt – selbst das „Jahrtausendhochwasser“ von 1501, auf das im Folgenden noch genauer eingegangen wird, übertraf. Die historische Hochwasserforschung interessiert sich daher in den letzten beiden Jahrzehnten auch verstärkt für langfristige Hochwasserrekonstruktionen und damit verbundene Risikoabschätzungen. Zu den wichtigsten Zielen der historischen Hochwasserforschung gehören dabei die Rekonstruktion von historischen Extremereignissen hinsichtlich ihres Ablaufs und Ausmaßes, die Schaffung einer Datenbasis zur Berechnung der Wiederkehrwahrscheinlichkeit von Extremhochwassern, die Definition von hochwassergefährdeten Bereichen, die Untersuchung regionaler und überregionaler Anpassungsstrategien (Siedlungsplatzwahl, Bautechniken, Erinnerungskulturen), die Bestimmung der wirtschaftlichen und sozialen Auswirkungen auf die jeweilige Gesellschaft sowie das Aufzeigen von historischen Handlungsmustern und Fehlverhalten für aktuelles und zukünftiges Handeln.

Zum besseren Verständnis der Hochwassergeschichte des Inn-Salzach-Bereichs seien zunächst einige Ausführungen zu meteorologisch-hydrologischen Grundlagen vorausgestellt. Im Gegensatz zu den stärker maritim geprägten Regionen Westeuropas sowie Mittel- und Norddeutschlands sind im bayerisch-österreichischen Alpenvorland Hochwasser vor allem im Frühling infolge einer Kombination von Schneeschmelze und Starkregen sowie im Sommer häufig. Für einen Großteil der Hochwasserereignisse in den Sommermonaten zwischen Anfang Juni und Mitte September sind im Ostalpenraum sogenannte Vb-Wetterlagen (sprich: „Fünf B-Wetterlagen") verantwortlich, also schwere Tiefdruckwirbel über Norditalien und dem Golf von Genua, die sich gegen den Uhrzeigersinn drehend über mehrere Tage entlang des Alpenhauptkammes abregnen und dann in der Regel Richtung Nordosten weiterziehen.

Diese Befunde lassen sich auch für historische Hochwasser bis ins späte Mittelalter zurück gut belegen. Dafür ist ein kleiner Exkurs auf den Fluss Traun in Oberösterreich angebracht, weil die Quellenlage insbesondere für die Stadt Wels hier außergewöhnlich gut ist. In Wels existierte seit dem zweiten Viertel des 13. Jahrhunderts ein eigenes Bruckamt für die Instandhaltung der Traunbrücke, einer etwa 600 m langen Holzbrücke über das weit verzweigte Flusssystem der Traun. Die Finanzierung dieses Amts erfolgte durch ein Drittel der Einnahmen der nahe gelegenen St.-Ägidien-Kirche. Die Stadt bestellte für die Agenden einen eigenen Bruckamtsmeister, dessen Einnahmen- und Ausgabenrechnungen seit 1350 belegt sind und ab 1441 nur mehr kleinere Lücken aufweisen. Die Woche für Woche geführten Aufzeichnungen betreffen vor allem Handwerkerleistungen und Holzeinkäufe sowie Verwaltungskosten. Hervorzuheben ist dabei, dass sich die Rechnungen rein auf die Brücke beziehen, wohingegen für die Erhaltung anderer Schutzbauten und des Stadtgrabens das Kammeramt zuständig war.

Abb. 88: Eintrag über Reparaturarbeiten an der Welser Traunbrücke nach einem Hochwasserschaden: „Item aus gebn iiii chnecht(e)n und / dm zym(er)man lxxvi d. van ain / täg daz sy enspawm haben in / zogn und dy prukgt habn / g zw gericht pey kreyz" („Ebenso habe ich vier Knechten und dem Zimmermann insgesamt 76 Pfennige für einen Arbeitstag dafür bezahlt, dass sie lange Latten montiert und *[allgemein]* die Brücke beim Kreuz repariert haben."). *Bildnachweis: StadtA Wels, Bruckamtsrechnungen 1443, fol. 8v.*

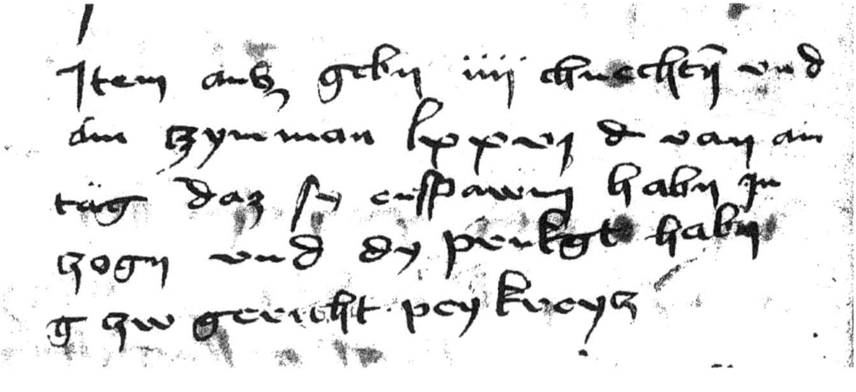

Brücken und deren Reparatur nach Überschwemmungen sind als Parameter für die Intensität von Überschwemmungen besonders geeignet, da sie in jedem Fall nur wenige Meter über dem durchschnittlichen Pegelstand der Flüsse liegen, unabhängig von der Lage der Siedlungen. Außerdem ist aus einer umweltgeschichtlichen Perspektive weniger die tatsächliche Wasserdurchflussmenge, sondern das Ausmaß der Schäden maßgeblich. Angaben in wirtschaftsgeschichtlichen Aufzeichnungen wie in den Welser Bruckamtsrechnungen sind zum einen frei von literarischer Topik und geben zum anderen relativ genau den Grad der Zerstörung der Brücke wieder, indem die Dauer und der Umfang der Reparaturen genau aufgelistet sind.

Für die historisch-hydrologische Auswertung wurden weniger die Holzeinkäufe als Parameter herangezogen, denn diese erfolgten kontinuierlich, da man in einer historischen „Überschwemmungskultur" ständig damit rechnete, dass das nächste Hochwasser innerhalb weniger Jahre eintreten werde. Vielmehr sind es vor allem die Dauer der Reparaturarbeiten und die Zahl der Handwerker, die daran beteiligt waren, außerdem Angaben zur Einrichtung von Fährverkehr, die die Auswirkungen der Hochwasser klassifizieren lassen. Daraus lassen sich die folgenden Klassifikationskriterien herleiten:

Intensität 1: Geringe und moderate Überschwemmungen von ufernahen Wiesen, Feldern und Siedlungen ohne nennenswerte Schäden.

Intensität 2: Größere Überschwemmungen, die Schäden anrichten, die in vorindustriellen Gesellschaften innerhalb eines Monats völlig behoben werden können.

Intensität 3: Sehr große Überschwemmungen, die große Schäden anrichten und Teile der (Holz-)Brücke völlig zerstören; dadurch wird ein Fährverkehr über den Fluss zumindest für einige Tage notwendig. Die Schäden können von den Menschen in vorindustrieller Zeit nur in ein bis drei Monaten völlig behoben werden.

Intensität 4: Extrem große Überschwemmungen, die aufgrund der enormen Schäden als Katastrophe wahrgenommen werden; die wirtschaftlichen und sozialen Strukturen sind zumindest für mehrere Monate schwer gestört, die Aufräumarbeiten dauern mehr als drei Monate. Die Menschen markieren den Wasserstand zur Erinnerung an die Katastrophe mit Hochwassermarken an Kirchen, Stadttoren und anderen öffentlichen Gebäuden.[17]

---

17 Rohr, Naturereignisse (wie Anm. 1), S. 206; Christian Rohr, Der Umgang mit Naturkatastrophen im Mittelalter, in: Ders. / Ursula Bieber / Katharina Zeppezauer-Wachauer (Hg.), Krisen, Kriege, Katastrophen. Zum Umgang mit Angst und Bedrohung im

Die Auswertung der Welser Bruckamtsrechnungen ermöglicht es erstmals, nicht nur die auch durch erzählende Quellen bekannten Extremhochwasser wie 1501, 1572 oder 1598 zu rekonstruieren, sondern auch die vielen kleineren Ereignisse, die gleichsam die Normalität des Lebens am Fluss ausmachten, aber das wirtschaftliche Leben entsprechend beeinflussten. Bemerkenswert ist dabei zum einen, dass es um 1500 zu einer Häufung von insgesamt vier schweren Hochwassern kam, wie die untenstehende Tabelle 3 für die Jahre 1499, 1501, 1503 und 1508 zeigt. Zum anderen ist zu erkennen, dass im Zeitraum von 1497 bis 1510 allein in einem Jahr (1502) gar kein Hochwasser zu beklagen war.[18]

Tabelle 3: Überschwemmungen an der Traun, 1497–1510 nach Rohr, Naturereignisse (wie Anm. 1), S. 555.

Jahr	**Monat**	**Überschwemmung**	**Intensität**
1497	Mai, Juni	Zwei Fluten mit Schäden	stark
1498	März, August?	Flut	mäßig
1499	Juni	Flut mit schweren Schäden	sehr stark
1500	April, Mai	Zwei? Fluten mit Schäden	mäßig/stark
1501	Juli?, August	Katastrophale Flut	extrem stark
1502		Keine Flut	
1503	September	Flut mit schweren Schäden	sehr stark
1504	Mai	Flut	mäßig
1505	Mai/Juni, August	Zwei Fluten	mäßig
1506	Juli	Flut?	gering
1507	August?	Flut?	mäßig
1508	Juli, August	Zwei Fluten mit Schäden	sehr stark
1509	Herbst?	Flut?	gering
1510		Keine Abrechnungen	

Mittelalter (Interdisziplinäre Beiträge zu Mittelalter und Früher Neuzeit 3), Heidelberg 2018, S. 13–56, hier: S. 35.

18 Vgl. zu weiteren Belegen für diese schweren Überschwemmungen im Ostalpenraum, insbesondere zu einer Gedenktafel der Katastrophe von 1508 aus Hallein an der Salzach: Rohr, Naturereignisse (wie Anm. 1), S. 240–243 mit Abb. 18.

Die Langzeitanalyse der Bruckamtsrechnungen für die Zeit zwischen 1441 und 1599 bestätigt erstens die oben geschilderten saisonalen Trends, dass die mit Abstand meisten schweren, aber regelmäßig auch kleinere Hochwasser im Sommer auftraten, wohingegen im Herbst und Winter nur selten Hochwasser zu beklagen waren. Mehrere Zerstörungen der Brücke im Februar oder März sind hingegen auf Eisstöße zurückzuführen. Zweitens sind neben der Häufung von schweren Hochwassern zwischen 1499 und 1508 auch weitere Phasen mit einem erhöhten Auftreten von größeren Schadensereignissen festzustellen, etwa zwischen 1567 und 1572.[19]

Die aus den Welser Bruckamtsrechnungen gewonnenen Erkenntnisse zur Bewältigung der Überschwemmungen – Informationen zur Wahrnehmung und Deutung sind darin kaum zu finden – zeigen deutlich, dass an den Flüssen im bayerisch-österreichischen Alpenvorland eine „Überschwemmungskultur" in vorindustrieller Zeit bestand: Dazu gehört erstens eine genaue Kenntnis von Ursachen und Auswirkungen der Überschwemmungen; dies beinhaltete auch, dass Vorwarnsysteme existierten, etwa durch die Salzschiffer an der Traun.[20] Zweitens stellte die Stadt ihre Vorsorge darauf ein, dass es zu einer raschen Abfolge von Überschwemmungen kommen kann und versuchte auch in Normalzeiten, sich stets auf kleinere und größere Hochwasser vorzubereiten, etwa durch den regelmäßigen Ankauf von Holz auf Vorrat für Brücken und Wasserschutzbauten. Grafik 1 macht deutlich, dass die Holzeinkäufe kontinuierlich erfolgten, unabhängig davon, ob sich gerade eine Überschwemmung ereignet hatte oder nicht. Die Katastrophenflut von 1501 hatte daher zunächst keinen entscheidenden Einfluss auf das System der Holzeinkäufe und auf die Preisentwicklung. Allerdings wurden Eichenstämme nach den drei aufeinander folgenden schweren Überschwemmungen von 1499, 1501 und 1503 schließlich so knapp, dass für drei Jahre überhaupt keine Eichenstämme verfügbar waren und man danach auf Lärchenstämme auswich. Nach einer weiteren zerstörerischen Flut im Jahr 1508 begannen schließlich die Holzpreise allgemein deutlich zu steigen – bis zur doppelten Höhe durchschnittlicher Jahre.

19 Vgl. im Detail: ebd., S. 209–213, mit den entsprechenden saisonalen Grafiken.
20 Ebd., S. 371.

Grafik 1: Ausgaben für Holz durch das Welser Bruckamt, 1471–1520, Grafik: Christian Rohr.[21]

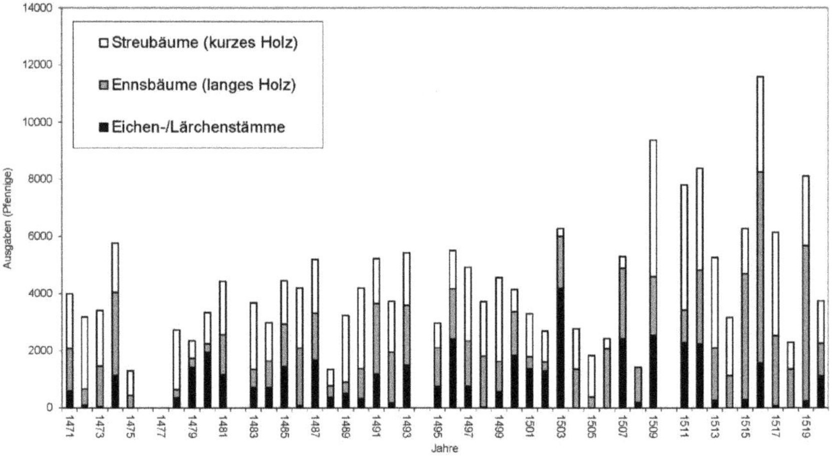

Die Erhaltung der Brücke verschlang jährlich enorme Summen, war aber aus der Sicht der Stadt offensichtlich dennoch lohnend. Schließlich resultiert daraus, dass sich etwa einzelne Berufsgruppen auf die Vorsorge sowie die Behebung von Schäden spezialisierten, ja von derartigen Aufträgen sogar abhängig waren. Die Welser Zimmerleute erwirtschafteten offensichtlich zwischen 10 und 20 Prozent ihres Jahresumsatzes mit den Brückenreparaturen.

Die Quellenlage für den Inn-Salzach-Bereich ist zwar nicht ganz so dicht wie für die Traun in Wels, doch zeigt ein Vergleich mit den für Laufen an der Salzach rekonstruierten Hochwassern des 16. Jahrhunderts eine sehr hohe Übereinstimmung der Jahre beziehungsweise Monate mit Schadensereignissen.[22]

Ebenso wie für den Raum Wels finden sich für Laufen ebenfalls Hinweise darauf, dass nach den zahlreichen schweren Hochwassern zu Beginn des 16. Jahrhunderts die Holzknappheit vor allem hinsichtlich der Eichenstämme für Brückenpfeiler dramatisch war. So wurden etwa die dort tätigen Zimmerergesellen 1507 extra dafür bezahlt, dass sie Treibholz aus dem Fluss holten. Zwei Boten

21 Die Grafik erschien erstmals mit englischer Beschriftung in: Christian Rohr, Floods of the Upper Danube River and Its Tributaries and Their Impact on Urban Economies (c. 1350–1600): The Examples of the Towns of Krems/Stein and Wels (Austria), in: Environment and History 19/2, 2013, S. 133–148, hier: S. 143.

22 Rohr, Naturereignisse (wie Anm. 1), S. 560–562 mit einer Vergleichstabelle.

wurden eigens nach Wildshut und Fridolfing geschickt, um dort zumindest Teile des abgetriebenen Brückenholzes wieder sicherzustellen und durch Schiffleute zurückbringen zu lassen. Die lokalen Obrigkeiten wurden zudem aufgefordert, darauf zu achten, dass das wertvolle Bauholz nicht von *„besen leithen"* entfremdet werde.[23] Nach den Überschwemmungen von 1507 und 1508 war es besonders schwer, geeignetes Eichenholz für den Brückenbau zu finden. Da der stadteigene Wald oberhalb der Altach auf der rechten Salzachseite damals über nicht ausreichend schlagbares Eichenholz verfügte, wandten sich die Laufener an den Abt von St. Peter in Salzburg, an die Äbtissin von Nonnberg sowie an den Salzburger Dompropst, da in deren Wäldern noch eher geeignete Eichen zu finden waren. Nach einem weiteren Hochwasser 1514 wurde die Versorgungslage mit Eichen noch prekärer, sodass die Stadt Laufen nach einer offenbar erfolglosen Anfrage beim Salzburger Erzbischof schließlich einzelne stehende Eichen ankaufte und diese dann im Taglohn fällen und weiterverarbeiten ließ.[24]

Zur Zeit der Regierung des Salzburger Erzbischofs Leonhard von Keutschach (1495–1519) lässt sich auch erstmals die Annahme belegen, dass die intensive Rodung der Wälder an den Seitenhängen der Zubringerbäche zur oberen Salzach, etwa am Hollersbach, am Ober- und am Untersulzbach, für die zahlreichen Überschwemmungen verantwortlich sei.[25] Der gesteigerte Holzbedarf war, wie schon oben dargestellt, in erster Linie durch den Ausbau der Salzförderung in Hallein sowie durch den verstärkten Gold- und Silberabbau im Gasteiner und Rauriser Tal gegeben.

Mit Abstand am meisten erfahren wir über das Management von Hochwassern, aber auch über präventive Tätigkeiten. Für den untersuchten Bereich sind schon für das 13. Jahrhundert Wehre und Wasserwerke an der Niederalbe urkundlich belegt, die die Propstei Berchtesgaden zur Ausfuhr seines Salzes bis an die Salzach benutzte. Erzbischof Leonhard von Keutschach ging als Erster daran, vor allem

---

23 Ebd., S. 370, aufbauend auf: StadtA Laufen, Stadtkammerrechnungen 1507; sowie Roth, Laufener Salzachbrücke (wie Anm. 16), S. 7.

24 Roth, Laufener Salzachbrücke (wie Anm. 16), S. 7.

25 Vgl. Bernhard Eder, Historische Entwicklung der Salzach einschließlich der baulichen Maßnahmen: Erstellung eines visionären Leitbildes (ungedruckte wassertechn. Diplomarbeit, Wien), Wien 1998, S. 35. Zur (aus heutiger Sicht nur bedingt richtigen) Verbindung von Rodungen im Gebirge und Überschwemmungen im Tal vgl. auch: Christian Pfister / Daniel Brändli, Rodungen im Gebirge – Überschwemmungen im Vorland: Ein Deutungsmuster macht Karriere, in: Rolf Peter Sieferle / Helga Breuninger (Hg.), Natur-Bilder. Wahrnehmungen von Natur und Umwelt in der Geschichte, Frankfurt a.M. u.a. 1999, S. 297–323.

den Unterlauf der Salzach zwischen Hallein und Tittmoning mit zahlreichen Uferverbauungen aus Stein abzusichern, um damit einerseits die oft mehrmaligen Überschwemmungen pro Jahr einzudämmen und andererseits der mit den Hochwassern einhergehenden Versumpfung des Umlandes Einhalt zu gebieten.

Neben den ufernahen Gebieten wurden vor allem auch die Brücken über die Salzach und den Inn von den Hochwassern in Mitleidenschaft gezogen. Dadurch wurde nicht nur die Möglichkeit der raschen Überquerung des Flusses unterbunden (was durch die Überfuhrfähren noch relativ einfach ersetzt werden konnte), sondern auch wichtige Berufsgruppen wie die Metzger von ihrem angestammten Platz vertrieben; die Verlegung der Fleischbänke in die Stadt führte nicht selten zu großen hygienischen Problemen.[26] Die Wiedererrichtung oder Reparatur der Brücke nahm oft viele Monate in Anspruch und konnte nicht ohne Hilfe des Landesherrn bewältigt werden.

In der Stadt Salzburg wurde die Brücke der Stadt immer wieder durch Überschwemmungen beziehungsweise das Treibholz zur Gänze oder teilweise zerstört, etwa in den Jahren 1316, 1499, 1505, 1567, 1572 und 1598. Die Wiedererrichtung oder auch nur die Behebung der Schäden oblag den sogenannten Brückenherren, also den großen Grundherrschaften in der Stadt; dazu zählten das Bürgerspital, der Abt von St. Peter, die Äbtissin von Nonnberg, der Propst von Berchtesgaden, das Domkapitel und die Stadt selbst. Immer wieder ist in den Quellen von zähen Verhandlungen zwischen den Brückenherren und dem erzbischöflichen Kanzler die Rede, da die Brückenherren alles daran setzten, sich die Instandsetzung von zumindest einigen Jochen zu ersparen.[27]

Die seit dem 13. Jahrhundert bezeugte Brücke von Laufen wurde erstmals 1316 durch ein Hochwasser zerstört; für das späte 14. und das ganze 15. Jahrhundert fehlen Hinweise auf verheerende Fluten fast völlig, wobei nicht völlig geklärt werden kann, ob dies rein durch die Quellenarmut dieser Zeit zu erklären ist oder ob wirklich deutlich weniger schwere Hochwasser zu verzeichnen waren. Die Serie extremer Hochwasser in den Jahren 1342 und 1343 in weiten Teilen Frankreichs, der Schweiz und Westdeutschlands dürfte jedenfalls im Salzachtal kaum Schäden verursacht haben; ähnliche Befunde gelten für den Inn sowie die Donau im österreichischen Bereich.[28] Verheerend wirkten sich aber vor allem die Hochwasser von 1567, 1572 und 1598 aus, die zudem in den städtischen Quellen

26 Vgl. zu den Fleischbänken auf den Brücken des Salzburger Raums: Weidenholzer / Müller, Salzburgs Brücken (wie Anm. 16), S. 25 f.

27 Vgl. im Überblick: ebd., S. 19–24.

28 Vgl. im Detail: Rohr, Naturereignisse (wie Anm. 1), S. 226–228 für den bayerisch-österreichischen Raum.

bestens dokumentiert sind. Auf die Hochwasser von 1572 und 1598 soll weiter unten exemplarisch näher eingegangen werden, wobei der Schwerpunkt auf den Städten Salzburg, Laufen und für 1598 auch Burghausen liegt.

Eng verbunden mit den Bewältigungs- und Präventionsstrategien sind auch die Erinnerungskulturen, weil diese das Risiko eines Lebens am Fluss im dauerhaften Bewusstsein der betroffenen Bevölkerung erhielten. Dabei können insbesondere Hochwassermarken als Zeichen einer lebendigen Erinnerungskultur angesehen werden. Sie wurden in der Regel gut sichtbar an öffentlichen Gebäuden wie Rathäusern und Kirchen, an häufig frequentierten Tordurchgängen oder an Brücken angebracht. Für hydrologische Rekonstruktionen sind sie allerdings nur bedingt brauchbar, weil sich in den letzten Jahrhunderten zahlreiche natürliche und anthropogene Veränderungen ergeben haben. Dazu zählen etwa die natürliche Eintiefung des Flussbetts, die Entstehung von neuen Flussarmen nach schweren Hochwassern, aber auch vom Menschen vorgenommene Flussbegradigungen, Ableitungen und sonstige künstliche Eingriffe. Problematisch für hydrologische Zugangswiesen, nicht aber für kulturgeschichtliche, die sich für die Erinnerungskulturen interessieren, sind zudem Veränderungen an den Hochwassermarken und Gedenktafeln, sei es, dass diese neu aufgemalt wurden oder Tafeln an einen anderem Ort neu angebracht wurden.

Ein interessantes Beispiel aus dem Untersuchungsraum bildet die Hochwassermarke auf dem alten Zollhaus von Engelhartszell an der Donau. Dort wurde knapp unter dem Dach eine einfache Hochwassermarke angebracht, die an 1501 erinnert. Im Gegensatz zu den meisten anderen Standorten ist diese auch historisch-hydrologisch von Interesse, weil die Donau zwischen Sauwald und Bayerischem Wald beziehungsweise Mühlviertel in einem Engtal das Granitmassiv durchbricht und davon auszugehen ist, dass weder nennenswerte Veränderungen im Flussverlauf noch größere Eintiefungen in den letzten 500 Jahren zu berücksichtigen sind. Ein historisches Foto, aufgenommen nach dem schweren Hochwasser von 1954 und noch vor dem Bau des heutigen Uferdamms, macht die bauliche Adaptionsstrategie nach dem „worst case" von 1501 deutlich (Abb. 90): Links neben dem alten Zollhaus ist das im 16. Jahrhundert erbaute neue Zollhaus zu sehen, das keinerlei Fenster unterhalb des Pegelstands von 1501 aufweist.

Abb. 89: Hochwassermarke an der Pfarrkirche von Mittich am Inn (Niederbayern), 1501. Die Inschrift, die direkt neben dem Eingangsportal angebracht ist, erinnert an das „Jahrtausendhochwasser" von 1501 und bleibt insgesamt sehr sachlich: „[W]as das nit an grose / slag an unser frauen tag / als in himel baid enpfanen / ist die güss daher gangen / als man zalt 1501 jar / mügt ir gelauben für bar." *Bildnachweis: Rohr, Naturereignisse (wie Anm. 1), S. 388.*[29]

29 Der Wasserhöchststand vom Tag Maria Himmelfahrt (15. August) reichte bis zu der mit dem Kreuz bezeichneten Stelle, etwa zwei Meter über dem heutigen Bodenniveau. Auch wenn eine Fotografie aus dem Jahr 1908 verdeutlicht, dass die Tafel einst etwa zwei Meter rechts vom heutigen Platz entfernt hing, so scheint die Höhenangabe insgesamt doch verlässlich zu sein. Zur historischen Fotografie siehe: k.k. Hydrographisches Zentralbureau (Hg.), Beiträge zur Hydrographie Österreichs, IX. Heft: Der Schutz der Reichshaupt- und Residenzstadt Wien gegen die Hochfluten des Donaustromes, Wien 1908, S. 7, Figur 1.

Abb. 90: Das alte und das neue Zollhaus (Mitte bzw. links) von Engelhartszell an der Donau (Oberösterreich). Bildnachweis: Foto: Siegfried Schwarzl (1954), nach: Rohr, Naturereignisse (wie Anm. 1), S. 377, Abb. 31.

Das Hochwasser von 1572

Für den gesamten bayerisch-österreichischen Donauraum und sein Einzugsgebiet sind für den Juli 1572 schwere Überschwemmungen dokumentiert – die schwersten seit dem „Jahrtausendhochwasser" von 1501. An der unteren Salzach hinterließ das Hochwasser vom Juli 1572 noch größere Schäden als fünf Jahre zuvor das Schadensereignis von 1567.[30] Erneut wurde die Salzachbrücke in Salzburg schwer beschädigt, da der Wasserstand *„umb ein Manns-Läng höher"* als 1567 lag.[31] Zur Erinnerung an die Überschwemmung stifteten die Gebrüder Thenn einen Gedenkstein, der heute beim Haus der Natur in Salzburg eingemauert ist. Die sachlich gehaltenen Informationen berichten, dass es von 5. bis 8. Juli unentwegt geregnet habe, die Brücke zerstört sei sowie 13 Häuser und Stadeln von den Fluten weggerissen worden seien.[32] Auffallend lang zogen sich zudem die

30 Vgl. zum Hochwasserjahr 1567: Rohr, Naturereignisse (wie Anm. 1), S. 243–246.

31 Franz Dückher von Hasslau zu Winckl, Saltzburgische Chronica, Salzburg 1666, Nachdruck Graz 1979, S. 262.

32 Vgl. zum Gedenkstein: Weidenholzer / Müller, Salzburgs Brücken (wie Anm. 16), S. 20 sowie im Detail: Rohr, Naturereignisse (wie Anm. 1), S. 390 f. mit Abb. 35.

Wiederinstandsetzungsarbeiten an der Brücke hin. Während dieser Zeit befanden sich die Fleischbänke innerhalb der Stadtmauern. Immer wieder kam es daher im Jahr 1573 zu Beschwerden wegen der Geruchsbelästigung.[33] Die Fleischbänke wurden folglich ab 1573 auf das Gries im Bereich des heutigen Hanuschplatzes übersiedelt; dort blieben sie auch bis zur Errichtung der neuen Salzachbrücke 1598/1599.[34]

In Laufen an der unteren Salzach übertraf das Hochwasser vom 7. und 8. Juli 1572 das von 1567 ebenfalls bei weitem; der Wasserstand lag noch *„um acht Werchschuh"* (über zwei Meter) höher als 1567. Schon am 30. Juni hatte sich abgezeichnet, dass das Wasser stark ansteigen werde und die Brücke mitreißen könnte. Deswegen wurden drei Salzschiffe auf die Brücke gezogen, die zusätzlich mit 32 Bier- und Weinfässern beladen und mit Seilen fest angebunden wurden. Allein am Füllen der Fässer mit Wasser waren 283 Personen beschäftigt, ein Umstand, der die Eile veranschaulicht, in der diese Beschwerung der Brücke durchgeführt wurde. Die Planken auf der Brücke selbst wurden abmontiert, um dem Wasser so wenig Widerstand wie möglich zu bieten.[35] Dennoch wurde die Brücke eine Woche darauf fast zur Gänze zerstört: Fünf Joche und an die 70 Ennsbäume[36] sowie alle darauf liegenden Streubäume (kürzere Holzlatten) wurden weggerissen, dazu die Fleischbänke und das Torhaus. Die Straßen und Wege waren völlig verwüstet. 50 Häuser und Stadel gingen ebenfalls in den Fluten unter; Teile der Stadtmauer stürzten durch die starke Unterspülung ein.[37]

---

33 So beschwerte sich etwa der Salzburger Bürgermeister Sebastian Althammer 1573 bei der erzbischöflichen Hofkammer (Salzburg, Salzburger LA, Hofkammer, Salzburg 1580 G). Vgl. zu diesen Auseinandersetzungen: Weidenholzer / Müller, Salzburgs Brücken (wie Anm. 16), S. 25 f.

34 Vgl. Weidenholzer / Müller, Salzburgs Brücken (wie Anm. 16), S. 27.

35 Roth, Laufener Salzachbrücke (wie Anm. 16), S. 12, allerdings ohne genauere Angabe zur Quelle.

36 Unter einem *„En(n)sbaum"* ist ein besonders langer Baumstamm von wenigstens 36 Fuß (etwa 10,8 Metern) zu verstehen, der im Gegensatz zum *„Rauchbaum"* behauen ist und als tragende Basis bei Holzkonstruktionen, besonders als Verbindung zwischen den Brückenpfeilern verwendet wird. Vgl. dazu: Altbayerische Flußlandschaften an Donau, Lech, Isar und Inn. Handgezeichnete Karten des 16. bis 18. Jahrhunderts aus dem Bayerischen Hauptstaatsarchiv. Ausstellung in München, 24. Juni bis 16. August 1998 (Ausstellungskataloge der Staatlichen Archive Bayerns 37), Weißenhorn 1998, S. 316.

37 StadtA Laufen, Az 5972 (Bittschrift an den Salzburger Landtag um finanzielle Unterstützung, 1572): „[…] *50 Häuser und Stadel gar hinweckhgerunnen und verwuest, die Pruggen mit 5 Jöchern, daneben Fleischpennkhen, Thorhaus, bey 70 Enspamen samt aller*

Mit der Zerstörung der Brücke wurde auch – wie schon 1567[38] – die Wasserleitung unterbrochen, die seit 1540 vom Brunnenturm auf der rechten Salzachseite über die Brücke in die Stadt führte.[39] Die Unterbindung der Wasserversorgung wurde noch prekärer durch den Umstand, dass auch die in einem Weiher gelagerten Brunnenrohre (Deicheln) aus Föhrenholz – immerhin 150 Stück – durch das Hochwasser von ihrem Lagerplatz weggespült wurden. Durch den extrem hohen Wasserstand füllte sich zudem der gesamte obere Stadtgraben, dass man mit einem großen Schiff hätte durchfahren können. So wie schon 1567 wurden auch 1572 zahlreiche städtische Brunnen verwüstet; der Brunnenturm der Stadt wurde so sehr in Mitleidenschaft gezogen, dass notdürftig errichtete Stützmauern und Reparaturen am Geschöpf langfristig keine Besserung versprachen. Auch die über den Stadtgraben zum oberen Tor führende Brücke wurde unterspült und so sehr beschädigt, dass eine Versorgung der Stadt mit Nahrungsmitteln auch auf diesem Weg nicht mehr möglich war.[40] Die erzbischöfliche Regierung in Salzburg verfügte daher, die Brücke über den Stadtgraben umgehend wieder in Stand zu setzen. Die Verhandlungen um den dringend notwendigen Neubau eines Brunnenturms zogen sich allerdings bis 1583 hin, nicht zuletzt, weil die Stadt seit 1572 hoch verschuldet war. Bei einem Ansuchen der Stadt Laufen um einen Sofortkredit zur Behebung der Schäden an öffentlichen Gebäuden und Brücken wurden diese mit 3.730–4.000 Gulden berechnet – die Zerstörungen an Privathäusern noch nicht mit einbezogen; der Salzburger Landtag gewährte zunächst 1.200 Gulden, später noch weitere Vorauszahlungen. Wie sehr die wirtschaftliche

---

Strey darauf hinweg, auch die Weeg, Lanndtstrassen und Steig zerrissen. [...] *die Stadtmauer, welche 10 Claffter lang, 4½ Schuech Tickh, in die hech 1½ Claffter, eingefallen, auch zwei Arckher* [Erker] *underwaschen.*“ Zitiert nach: Roth, Laufener Salzachbrücke (wie Anm. 16), S. 13.

38 Rohr, Naturereignisse (wie Anm. 1), S. 245.

39 StadtA Laufen, Az 5977 sowie Hans Roth, Schicksalsschläge der Stadt und ihrer Vororte. Überschwemmungen, Brände, Seuchen und kriegerische Ereignisse, in: Dopsch / Roth (Hg.), Laufen und Oberndorf (wie Anm. 7), S. 169–179, hier: S. 169.

40 Vgl. dazu: StadtA Laufen, Az 5972 (Bittschrift an den Salzburger Landtag um finanzielle Unterstützung): „*Daneben ist die Salzach im obern Stadtgraben dermaßen durchaus gerunnen, das man mit ainem grossen Schef* [ein großes Flussschiff] *darinn woll hett faren mugen* [...] *Dazue die ober Pruggen undterwaschen, auch das Ertrich* [Erdreich des Stadtgrabens] *abweg geflezt, daß halbe Pruggen eingangen, also daß weder Roß noch Wagen von hier aus noch alher mag, dadurch uns die Narung sambt andern gewerbe und sonderlich dem armen Schefmann sein Arbeit gespert ist.*“ Zitiert nach: Roth, Laufener Salzachbrücke (wie Anm. 16), S. 12 f. bzw. Roth, Schicksalsschläge (wie Anm. 39), S. 169.

Leistungsfähigkeit der Stadt nach 1572 angeschlagen war, zeigt der Umstand, dass neun Jahre später vom Kredit gerade einmal 300 Gulden zurückgezahlt waren.[41]

Die Äufräum- und Instandsetzungsarbeiten gestalteten sich allgemein schwierig. Zunächst wurde versucht, möglichst viel vom weggerissenen Brückenholz flussabwärts zu sichern. Noch an dem Tag, als die Brücke weggerissen wurde (7. Juli 1572), wurde ein Bote nach Tittmoning und Wildshut geschickt, damit die dortigen Stadtobrigkeiten den Bauern verbieten, das angeschwemmte Bauholz und sonstige im Fluss treibende Güter an sich zu nehmen. Am Tag darauf sagte der Tittmoninger Landrichter den Laufenern diesbezüglich seine Unterstützung zu.[42] Schließlich konnten zwei Brückenjoche wieder eingefangen werden, die um die stattliche Summe von 52 Gulden nach Laufen zurückgeführt wurden.[43]

Um die völlig verwüstete Umgebung Laufens und die Stadt selbst von Schutt, Kies, Sand und Schlamm zu befreien, wurden insgesamt 606 Arbeitskräfte, meist Bauern aus dem Umkreis der Stadt, für fast drei Wochen zu Robotleistungen verpflichtet. Für den Brückenbau war zunächst die Beschaffung von geeignetem Holz vonnöten, was sich nach der Überschwemmung – schließlich hatte es schon in den Jahren zuvor mehrere Hochwasser gegeben – als äußerst schwierig herausstellte. Solidarität war nicht selbstverständlich, wenn sie nicht von oben angeordnet wurde. So weigerte sich der Abt des Klosters Michaelbeuern, für den Brückenbau Holz abzugeben. Hingegen stellte der Pfarrer von Reichersdorf (Petting) Fuhrwerke und Knechte für den Brückenneubau zur Verfügung.[44]

Bei der Wiedererrichtung der Brücke kam es freilich zu einem Problem nach dem anderen: Zunächst erschien der Burghausener Brückenbaumeister Andreas Egghardt(en) trotz der Vermittlung durch den Salzburger Erzbischof selbst und trotz mehrmaliger Aufforderung durch die Laufener Bürgerschaft nicht in der Stadt, obwohl ihm ein hohes Gehalt zugesichert worden war. Als er schließlich ab November 1572 an der Brücke arbeitete, bot er seinen Auftraggebern wegen der schleppend vorangehenden Arbeiten weiter Anlass zur Kritik. Im Januar 1573

41 StadtA Laufen, Az 5983. Vgl. dazu im Detail: Hans Roth, Die Anfänge der Laufener Wasserversorgung. Der Bau einer Wasserleitung von Oberndorf in die Stadt im Jahr 1540 und die Zeit bis 1600, in: Das Salzfass. Heimatkundliche Zeitschrift des Historischen Vereins Rupertiwinkel 30/2, 1996, S. 81–104, hier: S. 94; Roth, Laufener Salzachbrücke (wie Anm. 16), S. 13.

42 StadtA Laufen, Az 6901.

43 StadtA Laufen, Az 7753. Vgl. dazu: Roth, Laufener Salzachbrücke (wie Anm. 16), S. 13.

44 StadtA Laufen, Az 5972. Vgl. zur Stelle: Roth, Laufener Salzachbrücke (wie Anm. 16), S. 13 f.; Roth, Schicksalsschläge (wie Anm. 39), S. 170.

zerstörte schließlich ein Eisstoß einen Teil der schon fertiggestellten Brücke.[45] Auch ein Teil des auf einem Schiff aufgebauten Gerüstes, Hengst genannt, wurde vom Eis abgetrieben und konnte trotz großer Bemühungen nicht mehr gerettet werden. Weitere Überschwemmungen nach Ostern und im Juli 1573 setzten der halbfertigen Brücke ebenfalls zu, sodass ein Ende der Arbeiten erst im Mai 1574 erzielt werden konnte.[46] Lange hielt allerdings auch die neue Brücke nicht: Teile davon wurden beim nächsten schweren Hochwasser im Jahr 1578 erneut zerstört.

Wie sehr sich das zerstörerische Hochwasser von 1572 auf das Wirtschaftsleben ausgewirkt haben muss, zeigt auch ein Blick auf die schon erwähnte Anzahl der Durchfahrten von Salzschiffen durch die gefährliche Salzachschlinge bei Laufen: Passierten in normalen Jahren zwischen 2.500 und 3.300 Schiffe die Stelle, so waren es im Jahr 1572 gerade einmal 1.553. Zudem sanken an der nahe der Stadt Laufen gelegenen Schiffslände (Anlegestelle) Altach 28 Schiffe. In ruhigen Jahren dürften gerade ein bis zwei Schiffe beim Verkehr beschädigt worden sein.[47]

Das Hochwasser von 1598

Das letzte schwere Hochwasser des 16. Jahrhunderts ereignete sich Mitte August 1598 und betraf vor allem die Donau und ihre Nebenflüsse im heutigen Österreich, aber auch Böhmen und Mitteldeutschland. Die Quellenlage dazu ist hervorragend, da zu allen größeren Flüssen ausführliche Berichte in Chroniken sowie Hinweise in wirtschaftsgeschichtlich relevanten Archivalien erhalten sind.[48]

Die unmittelbarsten Auswirkungen hatten die Regenfälle im Gebirge, etwa am Oberlauf der Salzach, da dort die Bäche ohne Vorwarnung rasch anschwollen. Aber auch in der Stadt Salzburg waren die Schäden durch das Hochwasser enorm. Eine anonym überlieferte Chronik zum Zeitalter des Erzbischofs Wolf Dietrich

---

45 Zum Eisstoß von 1573 im Einzugsgebiet der Donau vgl. ausführlich: Rohr, Naturereignisse (wie Anm. 1), S. 332–336; Ders., Floods (wie Anm. 21), S. 136–139.

46 Vgl. Roth, Laufener Salzachbrücke (wie Anm. 16), S. 14–16, allerdings ohne genauere Quellenangabe.

47 Koller, Salzachschiffahrt (wie Anm. 4), S. 21–23 mit Tabelle 2 sowie oben.

48 Vgl. zum Ostalpenraum sowie zum bayerisch-österreichischen Alpenvorland ausführlich: Rohr, Naturereignisse (wie Anm. 1), S. 257–273 sowie für Böhmen: Rudolf Brázdil / Petr Dobrovolný / Libor Elleder / Vilibald Kakos / Oldřich Kotyza / Vit Květoň / Jarmila Macková / Miloslav Müller / Josef Štekl / Radim Tolasz / Hubert Valášek, History of Weather and Climate in the Czech Lands, Bd. 7: Historical and Recent Floods in the Czech Republic, Brno u.a. 2005, S. 208–212 bzw. S. 355–357 (englische Zusammenfassung).

von Raitenau, verfasst von einem Salzburger Augenzeugen, enthält dazu einen sehr anschaulichen Bericht:

„Eben in diesem 98 Jar am Tag Maria Himelvardt [15. August] *hueb es an so starckh zu regen* [!] *und weret zwee tag aneinander, darauss ein überauss grosse Wassergiss angeloffen, das yberall in ganzen Landt grossen Schaden gethann und über die Bruckhn weidt gieng. Namb auch alle Brueckhen am ganzen Stramb* [Strom] *hinwekh und zu Lauffen den hilzen Ganng wo man zu der Pfarkyrchen hinauf gieng, auch undder Bruckhen vast alle Heisser und Stätl, dessgleichen auch zu Burckhausen. Es runen an der Salzach vill Heisser und Stadl herab unnd soviel Holz von Hällä* [Hallein] *und Schelnperg ein ganzen Tag, das ein Stockh an dem andern floss ohne das schär Holz, das unndern Wasser gieng, das ein Hundt darüber lauffen het können. Es war erbärmlich zu sehen, dass es vill schenner Gärten umb die Stat zerriss, dass einem niemernd solt gelusten an das Wasser zu pauen.*“[49]

Der Bericht beginnt somit sachlich mit der Datierung der Überschwemmung. Zwei Tage regnete es in Salzburg und damit deutlich weniger als etwa im oberen Pinzgau, wo die Regenfälle vom 14. bis zum 17. August andauerten. Die Überregnung war somit vor allem auf den inneralpinen Raum beschränkt, doch dies reichte aus, den Wasserstand der Salzach in Salzburg, Laufen und Burghausen in extreme Höhen anschwellen zu lassen. Die hölzerne Brücke in Salzburg wurde nicht nur überschwemmt, sondern wie alle anderen Salzachbrücken weggerissen. Hauptverantwortlich dafür waren die Unmengen an Treibholz. Es handelte sich dabei vor allem um die beim zerstörten Rechen von Hallein durchgebrochenen Holzmengen sowie um schon an Land befindliche, weggeschwemmte Holzvorräte, die man in den Salinen von Hallein und Schellenberg benötigte. Durch das Treibholz wurden neben der Salzachbrücke aber auch zahlreiche Häuser beschädigt und zum Teil sogar „*hingefletschet*“ (zerdrückt), wie der zeitgenössische Salzburger Chronist Johann Stainhauser berichtet.[50] In den Straßen und Gassen

---

49 Der anonyme Bericht ist in der Handschrift Salzburg, Stiftsbibliothek Nonnberg, II, 25 Cb überliefert und mit Anmerkungen ediert bei: Wilfried Keplinger, Eine unveröffentlichte Chronik über die Regierung Erzbischof Wolf Dietrichs, in: Mitteilungen der Gesellschaft für Salzburger Landeskunde 95, 1955, S. 67–91, hier: S. 74 zur Stelle.

50 Johann Stainhauser, Das Leben, Regierung und Wandel des Hochwürdigisten in Gott Fürsten und Herrn Herrn Wolff Dietrichen, gewesten Erzbischoven zu Salzburg &c. &c. (ed. Willibald Hauthaler), in: Mitteilungen der Gesellschaft für Salzburger Landeskunde 13, 1873, S. 3–140, hier: S. 56, c. 61 zum Jahr 1598: *„In disem 1598 Jahr, den 15, 16 und 17. Manatstag Augusti, ist wegen des stätten unaufhörlichen Regenwetters allhie zu Salzburg die Salzach dermassen angeloffen, daß es die Prugken und die Jöcher, auch das Werch beim Bern und die Trait-Cästen daselbsten, wie auch den Lamberger Garten*

von Hallein und Salzburg stand das Wasser so hoch, dass man dort mit Schiffen fahren konnte.[51] Auch die Überfuhr von einem Salzachufer zum anderen erfolgte für etliche Tage mit Schiffen.[52]

Das Jahr 1598 war für die Stadt Salzburg ganz allgemein ein Katastrophenjahr, denn nach dem Augusthochwasser folgte im Oktober ein weiteres Hochwasser, das die notdürftig errichteten Stege wieder vernichtete.[53] Zudem zerstörte am 11. Dezember 1598 auch ein Großbrand zahlreiche Gebäude der Salzburger Innenstadt, darunter auch die Türme des romanischen Doms. Damit war die Notwendigkeit, aber auch der Platz für eine städtebauliche Neuorientierung gegeben, die in den folgenden Jahrzehnten das bis heute typische frühbarocke Stadtbild prägen sollte. Erzbischof Wolf Dietrich von Raitenau, der sich auch persönlich intensiv für den Wasserbau interessierte, nahm bei diesen Planungen eine zentrale Rolle ein. Der Wiederaufbau der Brücke erfolgte in mehreren Phasen: Zunächst wurde 1599 behelfsmäßig eine Notbrücke aus Holz errichtet. 1608 wurde mit dem Bau einer repräsentativen Steinbrücke etwas flussabwärts der bisherigen Holzbrücke begonnen, doch wurde von ihr nur ein Pfeiler vollendet, zumal Wolf Dietrich 1612 abgesetzt wurde. Sein Nachfolger Markus Sittikus brach den Brückenpfeiler wieder ab und errichtete an dieser Stelle eine überdachte Holzbrücke.[54]

Schließlich geht die anonyme Salzburger Chronik auch auf die städteplanerischen Veränderungen Wolf Dietrichs im Zwickel zwischen der heutigen Griesgasse und der Salzach ein, die sich durch die Überschwemmungen von 1598 ergaben:

„*Als nun dye Bruckhen sambt den Fleischpenckhen unnd Kramerläden abprochen, muest die gemeine Stat dye 12 Fleischpenkh neben der Stadtmaur bauen. Dyeweil dye Güss den schönen Lamperger unnd Spitallgarten zerreissen, machet er dem Plaz alles freye Straßen auf dye Gstetten unnd sezet gryene Velperbaum*

und etlich Heüser enthalb der Pruggen, sowo auch bei den Kumpfmüllthor Heüser und Stadl zerrüssen und zum Thail gar hingefletschet hat, wie es dann auch zum Hällein den Rechen zerbrochen und unsaglich vil Holz abweck geschwummen, also dick, daß ohne Schaden ainer aufn Holz droben gesessen etliche Meil gerunnen wär.“

51 Dückher von Hasslau zu Winckl, Saltzburgische Chronica (wie Anm. 31), S. 276.

52 Stainhauser, Leben, Regierung und Wandel (wie Anm. 50), S. 57, c. 62 zum Jahr 1598.

53 Ebd., S. 56 f., c. 61 zum Jahr 1598: „*Und da man gleich etliche Steg, Prüggen und dergleichen wider gemacht, oder das Holz darzue berait und gebracht, ist über etliche Tag wider ein grosser Gewässer angefallen, hat die neu gemachten Steg sambt den beraiten und geprachten Prugk- und Worrholz alles abweckgenomen und hat solcher Güssen das Erzstift und Statt Salzburg dar umb vil tausent Florin* [Gulden] *Schaden genommen.*“

54 Vgl. zu den Brückenbauprojekten nach 1598 ausführlich: Rohr, Naturereignisse (wie Anm. 1), S. 261–265.

[Weiden] *darein. Auch ordnet er den Vischmarckt dahin, muess auch gemaine Stat ein schöne Prunstuben dahin machen. Er ordnet auch, dass man kundt auf der Seiten neben den Waser vom Clausenthor bis zum Kumpfmilthor einen Gangsteug gehen, welches vor nicht gewessen war.*“[55]

Die beiden großen Gärten an der Salzach, der Lamberggarten und der Bürgerspitalgarten, waren durch die Überschwemmung von 1598 offensichtlich so sehr durch Schlamm und Geröll verwüstet worden, dass an eine Wiederinstandsetzung nicht mehr gedacht wurde. Der Lamberggarten, der sich seit 1567 im Besitz der namensgebenden Familie Lamberg befand, war einst jedoch unter der Bedingung überlassen worden, dass er unverbaut bleibe und gegen Hochwasser zu schützen sei. Da die Familie Lamberg wenig Initiative zeigte, die Hochwasserschäden zu beseitigen, sah Wolf Dietrich das Grundstück als an den Erzbischof zurückgefallen an. Er ließ den Garten säubern, bepflanzte ihn wieder und errichtete eine neue Ufermauer etwas zurückversetzt vom Salzachufer.[56] Dahinter entstand die heutige Griesgasse als breite Verbindung zum Bürgerspital; der Häuserzwickel zwischen der Griesgasse und der Salzach wurde schließlich im ersten Drittel des 17. Jahrhunderts dicht verbaut, nachdem die umfangreichen Baumbestände gerodet worden waren.[57]

Somit lässt sich zusammenfassend feststellen, dass das verheerende Hochwasser von 1598 in der Stadt Salzburg einen städtebaulichen Neubeginn darstellte, sowohl was die Brücke(n) über die Salzach als auch was das Gebiet des ehemaligen Lamberg- und Bürgerspitalgartens betraf.

In Laufen wurde zwischen dem 15. und 17. August 1598 das ganze Zentrum der Stadt in Mitleidenschaft gezogen, obwohl dieses erhöht und im Inneren der Flussschlinge gelegen war. Der Wasserstand übertraf den von 1572 nochmals um „*4 Werckschuh*“, wie am Umgeherturm durch die dort angebrachte

---

55 Anonymus, Chronik zur Regierungszeit Wolf Dietrichs (ed. Keplinger, Unveröffentlichte Chronik, wie Anm. 49), S. 80 f.

56 Vgl. Rohr, Naturereignisse (wie Anm. 1), S. 266 mit Farbtafel 7a (Kupferstich von Franz Hogenberg, 1581) und Farbtafel 7b (Stadtansicht von 1635/1657, [Daniel Miller?], Salzburg, Erzabtei St. Peter, Kunstsammlungen, Inv.-Nr. M 814).

57 Stainhauser, Leben, Regierung und Wandel (wie Anm. 49), S. 58, c. 63 zum Jahr 1598: „*Es haben auch ihr hochfürstliche Genaden den Lamberger-Garten, der zuvor vil schonne Obstpaumb gehabt, an sich gebracht, die selben Paumb, was die Güß nit von der Wurzel ausgerissen, umbhauen, die Stock ausgraben und in die dreihundert ander kainnuze Paumb, als Eschen, Alber und dergleichen zeilweis eingraben lassen der Ursachen, wann solche erwachsen und in die Erde einwurzlen, sie gleichsamb vor dergleichen Gewässern der Statt ainen Schuz halten sollen.*“

Hochwassermarke zu eruieren war. Die Brücke wurde erneut schwer zerstört: Vier Joche wurden völlig abgerissen, die anderen vier zerbrachen. Da alle drei Schiffsmühlen zugrunde gingen, herrschte in der Stadt auch Mangel an Brot. Erneut stand auch der gesamte Stadtgraben so hoch unter Wasser, dass die Zufahrtsbrücke zum oberen Tor wie 1572 schwer beschädigt wurde. Auch der hölzerne Gang zur Pfarrkirche hinauf wurde weggerissen.[58]

Die meisten Schäden dürften aber an der Außenseite der Salzachschlinge in der Altach (heute Oberndorf) zu verzeichnen gewesen sein. Alle Häuser im Bereich der Schiffsanlegestelle wurden zerstört, in Oberndorf blieben gerade neun Häuser von 113 stehen.[59] Die Lebensumstände in Laufen dürften nach dem Zurückweichen des Hochwassers katastrophal gewesen sein. Die meisten Einwohner waren durch die erlittenen Schäden verarmt, zahlreiche Menschen wurden obdachlos und fanden keine Unterkunft und selbst an Brennholz mangelte es in der Stadt.[60]

Die Aufräumarbeiten erfolgten im Prinzip nach denselben Mustern und mit denselben Problemen wie 1572: Zunächst versuchte man, möglichst viele der fortgeschwemmten Brückenteile in den flussabwärts liegenden Gemeinden wieder aufzutreiben. Für die Aufräumarbeiten, vor allem für die Beseitigung der Schotter-, Sand- und Schlammablagerungen, wurden Untertanen, in erster Linie wohl Bauern aus den Gerichten Tittmoning und Lebenau, herangezogen. Der Neubau der Brücke gestaltete sich unter anderem auch deswegen als schwierig, weil die Brückenbaumeister von Braunau und Hallein dort unabkömmlich waren. Selbst den „*schlögel*“ und „*radzug*“ zum Einschlagen der Bruckstecken, den man sich aus Hallein ausborgen wollte, bekamen die Laufener erst nach mehreren Wochen Wartezeit zur Verfügung gestellt.[61] Schließlich war im November 1598 die Brücke

58 Anonymus, Chronik zur Regierungszeit Wolf Dietrichs (ed. Keplinger, Unveröffentlichte Chronik, wie Anm. 49), S. 74: „[…] *und zu Lauffen den hilzen Ganng wo man zu der Pfarkyrchen hinauf gieng, auch und der Bruckhen vast alle Heisser und Stätl, dessgleichen auch zu Burckhausen.*“ Schwere Schäden in Laufen bezeugt auch: Stainhauser, Leben, Regierung und Wandel (wie Anm. 50), S. 56 f., c. 61 zum Jahr 1598.

59 StadtA Laufen, Az 6901 (Bericht an Erzbischof Wolf Dietrich von Raitenau vom 20. August 1598): „*Auf der rechten Seite gegen den Perg* [in der Altach] *hat es alle Häuser samt dem Salzgeschirrgaden* [ein größerer hölzerner Bau, in welchem das Werkzeug für die Salzschifffahrt lagerte], *auch der Bürgerschaft gemaine Einlag ganzes Meistersalz ausgeschitt, im Oberndorf nur 9 Häuser stehen lassen, auch die Stadtmauer und im Pfarrhof in zimlich lenng die seitten Mauer* […] [beschädigt].“ Zitiert nach: Roth, Laufener Salzachbrücke (wie Anm. 16), S. 17.

60 BayHStA München, Hochstift Salzburg, Hofkammer 4330. Vgl. dazu: Roth, Laufener Salzachbrücke (wie Anm. 16), S. 18.

61 Vgl. im Detail: Roth, Laufener Salzachbrücke (wie Anm. 16), S. 18.

wieder weitgehend repariert. Mit extremem Aufwand waren die ärgsten Schäden innerhalb von drei Monaten beseitigt worden. Allerdings richtete im Frühjahr 1599 erneut ein Hochwasser schwere Schäden an; dabei sollen in Laufen und Oberndorf hundert Häuser weggeschwemmt worden sein.[62] Der Gesamtschaden wurde für das Erzbistum Salzburg auf 300.000 Gulden geschätzt; die Kosten im Pfleggericht Laufen betrugen dabei allein etwa 50.000 Gulden.[63]

Im Mündungsbereich der Salzach sowie am unteren Inn waren die Schäden durch das Hochwasser nicht weniger verheerend. Aus einer Stellungnahme der Churbayerischen Hofkammer vom 26. August 1598, die auf dem Bericht des zuständigen Rentmeisters von Burghausen aufbaut[64], geht hervor, dass große Schäden an den Brücken, am Maut- und Gegenschreiberhaus und anderen Orten entstanden; die Überfahrt („*uhrfahr*“) musste eingestellt werden. Zudem wurde auch der Bruckstadel mitsamt dem darin aufbewahrten Vorrat – zu denken ist wohl vor allem an Holz für einen raschen Wiederaufbau der Brücke – völlig vernichtet. Der Bericht gibt dem Mautner die Schuld für die Verluste im Bruckstadel,

62 Felix Guetrater, Hausß-Buech 1596–1634 (ed. Franz Martin), in: Mitteilungen der Gesellschaft für Salzburger Landeskunde 88/89, 1948/1949, S. 9–45, hier: S. 11 zum Jahr 1599: „*Umb dise Zeit* [im Frühjahr 1599?] *war die grosse Giss auf der Salza, welche zue Lauffen, im Oberdorf und Alta über 100 Häuser weckgetragen und eingeworffen.*“ Zu fragen ist freilich, ob die Angabe über die weggeschwemmten Häuser nicht eher auf das Hochwasser von 1598 zu beziehen ist; die Formulierung „*umb diese Zeit*“ ist in Annalen und Chroniken häufig etwas weiter auszulegen. Ansonsten wäre die Stelle in dem Sinn zu verstehen, dass offensichtlich damals immer noch viele Menschen in Notquartieren, etwa hölzernen Baracken, lebten, die 1599 von den Fluten ergriffen wurden. Vgl. zu dieser Stelle: Rohr, Naturereignisse (wie Anm. 1), S. 268 mit Anm. 214 und Bezug auf ältere Literatur.

63 Roth, Laufener Salzachbrücke (wie Anm. 16), S. 18; Ders., Schicksalsschläge (wie Anm. 39), S. 170, allerdings ohne Angabe zur Quelle.

64 Das Rentamt fungierte als Finanz- und Justizbehörde auf mittlerer Ebene. Der Vorstand dieser Einrichtung, der Rentmeister, hatte unter anderem die Aufgabe, in jährlichen Umritten nicht nur das sittlich-religiöse Leben am Land zu kontrollieren, sondern auch die Amtsführung der unteren Beamten, etwa der Pfleger, Richter, Kastner, Mautner und Förster. Zu diesem Zweck führte er Befragungen durch, überprüfte Amtsbücher und Rechnungen und nahm gerade auch bei Problemen mit Straßen und Wasserschutzbauten Lokalaugenscheine vor. Vgl. dazu: Anna Gugerbauer / Ernst Dürr, Vom Zorn des Inn. Hochwasserkatastrophen in Schärding und den bayerischen Nachbargemeinden, Wernstein 1999, S. 41 f.

der aus „*unfleiß*" nicht rechtzeitige Evakuierungsmaßnahmen unternommen habe.[65]

In der Stadt Burghausen selbst standen viele Häuser, etwa in der Schiffergasse, bis zum Dach im Wasser. Zahlreiche Menschen und Tiere ertranken, das im städtischen Tanzhaus gelagerte Salz ging zugrunde. Selbst das Rathaus musste gepölzt werden, um es vor dem Einsturz zu bewahren. Der Schaden für die Stadt wurde mit knapp 60.000 Gulden beziffert. Die Aufräumarbeiten dauerten rund zwei Monate: Vor allem Schlamm musste aus den Häusern entfernt werden. Bauern aus den nächsten Landgerichten mussten bei der Beseitigung des Schlammes helfen, wobei die unmittelbaren Aufräumarbeiten knapp zwei Monate bis um den Gallustag (16. Oktober) andauerten. Die Brücke mit den Fleischbänken wurde völlig weggerissen und musste komplett neu gebaut werden; für die Zeit des Fehlens eines Flussübergangs wurde eine Seilfähre auf die andere Salzachseite errichtet.[66] Es spricht für die Dimension der Katastrophe, dass die erhaltenen Hochwassermarken in Raitenhaslach, in Burghausen sowie am Wassertor von Schärding mit 1598 beginnen und dass die Einträge für 1598 die höchsten überhaupt sind.[67]

Ausblick: Auf dem Weg zur Katastrophenverdrängung? Vom Hochwasser 1899 bis heute

Auch in den folgenden Jahrhunderten waren die Städte an der Salzach und am unteren Inn immer wieder von schweren Hochwassern betroffen.[68] Allerdings führte die Regulierung vieler Flussläufe im Laufe des 19. Jahrhunderts dazu, dass kleinere und mittlere Hochwasser seltener über die Ufer traten und Schaden

65 BayHStA München, Kurbayern Hofkammer 135, fol. 178v: „*Das*[s] *aber durch solche güß auch der Pruggstadl sambt allem darinn gewestem Vorrath erhebt und ver(r)unnen tragen wir ab sein Mautners dißfalls gebrauchtem unfleiß, das*[s] *er nit besser zuegesehen und den Stadl mit hefften und dergleichen (wie hiervor mehrmale geschechen) versorgt ein sonders missfallen.*" Gugerbauer / Dürr, Zorn des Inn (wie Anm. 64), S. 41.

66 Johann Georg Bonifaz Huber, Geschichte der Stadt Burghausen in Oberbayern. Aus urkundlichen und andern Quellen bearbeitet, Burghausen 1862, Nachdruck 1993, S. 213.

67 Rohr, Naturereignisse (wie Anm. 1), S. 90 f. und S. 269.

68 Für die Hochwasser des 17. bis 19. Jahrhunderts in Laufen und Oberndorf vgl. im Überblick: Herbert Lämmermeyer, Das Hochwasser 1899 und die Verlegung Oberndorfs, in: Dopsch / Roth (Hg.), Laufen und Oberndorf (wie Anm. 7), S. 270–276, hier: S. 271; Hieble / Lämmermeyer / Schmidbauer, Salzachbrücke (wie Anm. 12), S. 36 f.

anrichteten. Damit entstand offenbar ein trügerisches Gefühl der Sicherheit, das dazu führte, die Hochwassergefahr gering zu schätzen. Es fällt auf, dass insbesondere die gründerzeitliche Siedlungserweiterung häufig in den einstigen Überschwemmungszonen stattfand. Die großbürgerlichen Villen wurden gerne nahe am Fluss gebaut, weil der freie Ausblick und die ufernahen Grünflächen eine Nähe zur Natur vermittelten, während ansonsten die Industrialisierung voranschritt.[69] Auch in Salzburg entstanden entlang der nun reguliert und begradigt durch das Stadtzentrum fließenden Salzach Villenbauten.

In den Sommern 1897 und 1899 kam es zweimal hintereinander zu schweren Hochwassern im bayerisch-österreichischen Einzugsgebiet der Donau (und darüber hinaus bis nach Böhmen, Mähren, Schlesien und Mitteldeutschland); allerorts waren schwere Schäden zu beklagen.[70] Zahlreiche Hausbesitzer hatten offensichtlich nicht mehr damit gerechnet, dass nach den Regulierungen derartige Überschwemmungen noch möglich seien. Insbesondere das Hochwasser vom September 1899 ist durch Fotografien exzellent dokumentiert (Abb. 91–93).

---

69 Vgl. im Detail: Christian Rohr, Stadterweiterung versus Naturgefahr. Die Stadt Wels während der Hochwasserkatastrophen von 1897 und 1899, in: Georg Heilingsetzer u.a. (Hg.), Festschrift für Walter Aspernig zum 70. Geburtstag (Jahrbuch des Oberösterreichischen Musealvereines – Gesellschaft für Landeskunde 157 = Jahrbuch des Musealvereines Wels 36), Linz u.a. 2012, S. 551–574 (zu Wels an der Traun); Ders., Das Risiko im Bild. Frühe Naturkatastrophenfotografie als Quelle der Stadt- und Umweltgeschichte – die Beispiele Salzburg und Luzern, in: Traverse. Zeitschrift für Geschichte 21/3, 2014, S. 73–82 (zu Salzburg und Luzern).

70 Zu den beiden Hochwassern im Inn-Salzach-Bereich vgl. umfassend: Eva-Maria Wiesner, Dann kam das Wasser … Der Inn-Salzach-Bereich zwischen Hallein und Schärding vor und nach den Hochwasserereignissen 1897 und 1899 (ungedruckte phil. Diplomarbeit, Salzburg), Salzburg 2009. Vgl. speziell für den Raum Schärding: Gugerbauer / Dürr, Zorn des Inn (wie Anm. 64), S. 47–69 (mit umfangreichem Bildmaterial).

Abb. 91: Das Hochwasser vom September 1899 in Salzburg: An der regulierten Salzach stehen die neugebauten Villen und auch aktuelle Baustellen unter Wasser. Bildnachweis: Foto: Fotoatelier Würthle (Archiv der Stadt Salzburg, Sammlung Würthle, Sg. 320.112).

Eine genaue Analyse dieser Fotobestände lässt nicht nur eine präzise Rekonstruktion des Hochwasserereignisses selbst zu, sondern kann auch mittels der sogenannten seriellen Ikonografie bestimmte Darstellungsmuster solcher Extremereignisse verdeutlichen. Dabei werden größere Bildbestände nach motivischen Gemeinsamkeiten beziehungsweise auch Abweichungen davon untersucht.[71] So fällt etwa für die beiden Hochwasser von 1897 und 1899 (und allgemein für die Naturkatastrophenfotografie vor dem Ersten Weltkrieg) auf, dass praktisch nie Verletzte oder gar Tote abgebildet werden. Umgekehrt wird die Außergewöhnlichkeit des Ereignisses häufig durch das Motiv von Booten in den überschwemmten

71 Die serielle Ikonografie wurde von Ulrike Pilarczyk und Ulrike Mietzner zur Analyse großer, homogener Bildbestände, etwa der bürgerlichen Porträtfotografie des 19. Jahrhunderts, entwickelt. Vgl. Ulrike Pilarczyk / Ulrike Mietzner, Das reflektierte Bild. Die seriell-ikonografische Fotoanalyse in den Erziehungs- und Sozialwissenschaften, Bad Heilbrunn 2005. Vgl. für eine erstmalige Adaption zur Beurteilung der frühen Naturkatastrophenfotografie: Rohr, Stadterweiterung (wie Anm. 69), S. 553–556.

Straßenzügen ausgedrückt. Bei genauerer Betrachtung der Details oder auch bei der Zusammenschau mehrerer Fotografien zeigt sich, dass diese Szenen mitunter weniger dramatisch waren, als es auf den ersten Blick scheint. Der Wasserstand war in manchen Fällen so gering, dass die Boote von durch das Wasser watenden Personen gezogen wurden oder die Boote sowieso auf Grund liefen. Die Gegenüberstellung von zwei Fotografien aus Schärding vom Hochwasser 1899 (Abb. 92 und 93), die offenbar in einem Abstand von wenigen Minuten entstanden, verdeutlicht dies anschaulich.

Abb. 92: Das Hochwasser vom September 1899: Überschwemmte Gassen in der Altstadt von Schärding (Blick vom Unteren Stadtplatz in Richtung Wassertor). Die Boote signalisieren den Katastrophencharakter des Hochwassers. Bildnachweis: Foto: Archiv Ernst Dürr / Anna Gugerbauer, Schärding, nach: Gugerbauer / Dürr, Zorn des Inn (wie Anm. 64), S. 53.

Abb. 93: Das Hochwasser vom September 1899: Überschwemmte Gassen in der Altstadt von Schärding (Blick vom Unteren Stadtplatz in Richtung Wassertor). Das Foto wurde offenbar unmittelbar nach dem in Abb. 92 gezeigten aufgenommen und relativiert die Katastrophenhaftigkeit des Ereignisses. Bildnachweis: Foto: Archiv Ernst Dürr / Anna Gugerbauer, Schärding, nach: Gugerbauer / Dürr, Zorn des Inn (wie Anm. 64), S. 160.

Einen Sonderfall hinsichtlich der Hochwasserschäden von 1899 stellen Laufen und Oberndorf dar: Während die Schäden im Inneren der markanten Salzachschlinge, also auf Laufener Seite, begrenzt waren, wurden die Teile von Oberndorf, die am rechten Salzachufer und damit am äußeren Rand der Schlinge lagen, massiv in Mitleidenschaft gezogen. Der alte Ortskern mit rund 200 Häusern – heute der Bereich um den Stille-Nacht-Bezirk – wurde abgesiedelt; das neue Oberndorf entstand rund 600 Meter flussaufwärts.[72] Ebenso wurde die alte Salzachbrücke von ihrer Position nach der Flussschleife zum neuen Ortskern von Oberndorf flussaufwärts verlegt.[73] Allerdings ging diese Absiedelung nur stockend voran, was sowohl politische als auch finanzielle Gründe hatte. Erst als 1920 beim

72 Vgl. zu den Auswirkungen des Hochwassers von 1899 sowie zur Ortsverlegung ausführlich: Lämmermeyer, Hochwasser (wie Anm. 68); Hieble / Lämmermeyer / Schmidbauer, Salzachbrücke (wie Anm. 12), S. 41–55 und S. 61–69.

73 Vgl. im Detail: Manfred W. K. Fischer, Die „neue" Salzachbrücke. Projektdiskussion und Baugeschichte, in: Dopsch / Roth (Hg.), Laufen und Oberndorf (wie Anm. 7), S. 475–479; Hieble / Lämmermeyer / Schmidbauer, Salzachbrücke (wie Anm. 12), S. 69–119.

nächsten schweren Hochwasser erneut Schäden in Alt-Oberndorf zu beklagen waren, wurde das Projekt zügig vollendet. Der neue, flussaufwärts gelegene Ort (Neu-)Oberndorf war dann 1954 beim ersten schweren Hochwasser der Nachkriegszeit nicht betroffen. Das Ausbleiben weiterer schwerer Hochwasser in der zweiten Hälfte des 20. Jahrhunderts – der Berner Klimahistoriker Christian Pfister hat dafür den nicht ganz unumstrittenen Begriff einer „Katastrophenlücke" (*disaster gap*) im 20. Jahrhundert geprägt[74] – führte aber erneut wieder zu Sorglosigkeit, sodass im Zuge der 1970er- und 1980er-Jahre die abgesiedelten Bereiche von (Alt-)Oberndorf wieder dicht mit vornehmlich Einfamilienhäusern bebaut wurden. Der Uferdamm konnte allerdings beim „Jahrhunderthochwasser" von 2002 keinen ausreichenden Schutz bieten; viele Anrainer waren von der Intensität der Überschwemmungen überrascht und entsprechend schlecht vorbereitet. Die danach nochmals erhöhten Schutzdämme einschließlich einer Vorrichtung zur Installierung von mobilen Hochwasserschutzwänden haben ihren Zweck beim letzten schweren Hochwasser Anfang Juni 2013 nur teilweise erfüllt.

So muss abschließend die Frage aufgeworfen werden, ob die ansässige Bevölkerung aus ihrer jahrhundertelangen Hochwassergeschichte nichts oder zu wenig gelernt hat. Erstens muss hier die These aufgestellt werden, dass Hochwasserschutz und Flussbegradigungen in der Vergangenheit zwar kleinere und mittlere Schadensereignisse verhindern konnten, aber auch sorglos gegenüber selteneren Großereignissen machten. Ein höheres Bewusstsein für die Dynamik eines Flusssystems wäre dabei vonnöten; dieses müsste schon im Schulunterricht beginnen – wo Themen wie Hochwasser weder im Geschichts- noch im Geografie- oder Biologieunterricht ausreichend vertreten sind (oder höchstens aktualitätsbezogen, wenn wieder etwas passiert ist) – und auch den Alltags- und Freizeitbereich erfassen. Das kommende Renaturierungsprojekt an der Salzach zwischen Salzburg und Laufen könnte dabei eine Chance sein, indem auf Wander- und Radwegen entsprechende Informationen angebracht werden und in teilüberschwemmten Auenlandschaften auch Phasen des Hoch- und Niedrigwassers wieder besser greifbar werden. Dabei muss aber auch den politisch Verantwortlichen sowie der Bevölkerung klar sein, dass Hochwasserschutz, insbesondere in Form von Renaturierungen, etwas kostet und auch der gemeinschaftliche Wille vorhanden sein muss, nötigenfalls bisher als Ackerland genutzte Gebiete diesen Projekten zur Verfügung zu stellen.

---

74 Christian Pfister, Die „Katastrophenlücke" des 20. Jahrhunderts und der Verlust traditionalen Risikobewusstseins, in: GAIA – Ecological Perspectives for Science and Society 18/3, 2009, S. 239–246.

Zweitens sollte die Entwicklung einer neuen Erinnerungskultur gefördert werden. Dies kann nicht unbedingt nur über die (Wieder-)Anbringung von Hochwassermarken geschehen, sondern auch über Plattformen, die sich der neuen Medien bedienen. Das Mobiliar Lab am Oeschger Centre for Climate Change Research in Bern hat gemeinsam mit der Mobiliar-Versicherung dazu im Mai 2018 die Plattform „Kollektives Überschwemmungsgedächtnis" lanciert, auf der sowohl Fachleute als auch Laien ihre Bilder von aktuellen oder historischen Hochwasserereignissen in der Schweiz hochladen können.[75] Die genaue Georeferenzierung der Bilder durch Spezialisten lässt schon wenige Monate nach dem Beginn dieser Plattform für viele Orte in der Schweiz das Hochwasserrisiko punktgenau nachvollziehen.

Drittens braucht es neue Formen des Wissenstransfers zwischen Personen, deren Familien schon über lange Zeit, vielleicht schon über Jahrhunderte, vor Ort ansässig sind und auch aus der Familientradition über historische Hochwasserereignisse gut Bescheid wissen, und den neu Hinzugezogenen. Gerade das Gebiet Oberndorf-Laufen, rund 15 Kilometer von Salzburg gelegen und durch eine Schnellbahnlinie mit der Landeshauptstadt verbunden, stellt ein typisches Agglomerationsgebiet dar, in dem sich zahlreiche Menschen niedergelassen haben, weil die Grundstücks- und Wohnungspreise deutlich günstiger sind als in der Hochpreisstadt Salzburg. Wichtig wäre, dass das Umdenken hin zu einem wieder höheren Hochwasserbewusstsein umgehend einsetzt und nicht erst, wenn wieder einmal etwas passiert ist.

75 URL: https://ueberschwemmungsgedaechtnis.hochwasserrisiko.ch/de/home (letzter Zugriff: 19.01.2019).

Stefan Lindl

Klima und Konsum. Gesellschaftliche Konstitution des anthropogen verursachten Klimawandels von 1600 bis zu Svante Arrhenius

Svante Arrhenius is considered the "father of climate change". The idea of "anthropogenic climate change" allegedly goes back to him. But this statement is not tenable on closer examination of the discourse of climate change. Hardly any position of Svante Arrhenius is genuine. He is in a long tradition of discourse from 1600 until the publication "On the Influence of Carbonic Acid in the Air upon the Temperature of the Ground" (1896). These different positions of discourse are recorded and analyzed in the present study. Svante Arrhenius is re-evaluated and classified into the following topics: Glacier, Ice Age, Greenhouse Effect, Atmospheric Carbon Dioxide. The study area is located in the Alps of Savoy, Switzerland and Tyrol.

Diskurs oder „father of climate change"?

„Klima und Konsum" – dieser nicht zufällige Zusammenstand zweier Worte impliziert eine korrelierende Verknüpfung, die im 21. Jahrhundert kaum noch in Frage gestellt wird.[1] Konsum wirkt auf das Klima, wirkt auf den Konsum, wirkt auf das Klima, wirkt auf den Konsum, wirkt auf das Klima... Der anthropogen, aber auch der nicht-anthropogen verursachte Verbrauch von Ressourcen, also deren Konsum durch Lebewesen und auch anorganische Strukturen, übt Einfluss auf deren direkte Umwelt aus. Aber der Konsum greift eben noch viel weiter; er belangt das Klima.[2] Ressourcen werden genutzt und mit ihrem Verbrauch sowie ihrer Nutzung werden sie in einen anderen energetischen Zustand versetzt. Konsum umfasst eine Vielzahl von Transformationsprozessen. Das sind Vorgänge,

1 Zu den Folgen des Klimawandels vgl. die Seiten des Potsdamer Institutes für Klimafolgenforschung, URL: www.pik-potsdam.de und www.klimafolgenonline.com (letzter Zugriff: 17.9.2018).

2 Anorganischer Konsum impliziert eine weite Definition von Ressourcenverbrauch, die beispielsweise bei der Entstehung von Kristallen und Kalkstein auftritt. Dem Anorganischen wird damit der Status der Aktanten zugeschrieben.

die nicht wirklich etwas Besonderes darstellen, denn auf ihnen beruht das Leben. Anders formuliert: Wären diese Transformationen von Ressourcen in Energie wie beispielsweise Stoffwechselprozesse nicht möglich, gäbe es kein Leben. Konsum bedeutet Leben.[3]

Die Transformation von Ressourcen in Energie betrifft die endothermen sowie die exothermen Nutzungsarten von Ressourcen. Eine endotherme Nutzung der Ressource Kohlenstoffdioxid findet sich in der Photosynthese. Pflanzen produzieren Sauerstoff und binden gleichzeitig freies Kohlenstoffdioxid. Exotherme Prozesse hingegen finden mitunter in der Verbrennung von Pflanzen statt. Sie verbrauchen Sauerstoff und setzen Kohlenstoffdioxid frei. Es wird dann zum atmosphärischen Kohlenstoffdioxid, das wiederum durch Wetterereignisse als Ressource für endotherme Prozesse verfügbar ist. Ein ausgeglichener Kreislauf könnte dies im Idealfall sein.

Dieses wesentlich idealisierte, vereinfacht und reduziert dargestellte zirkuläre Gleichgewicht von endothermen und exothermen Prozessen bestand bis ungefähr 1800 und wurde dann durch die fossile Revolution aufgebrochen. Waren bis dahin die Territorial- und Staatsökonomien Europas und Nordamerikas überwiegend endotherm-agrarisch strukturiert, so wandelten sich im späten 18. und mit hoher Intensität im 19. Jahrhundert durch die zunehmende Industrialisierung die endothermen Ökonomien in exotherme. Photosynthese, die Grundlage der agrarischen Wirtschaftssysteme, trat in den Hintergrund. Wesentlich höhere und vor allem wetterunabhängige Kapitalerträge als aus endothermen ließen sich aus exothermen Prozessen mit dem Einsatz fossiler Energieträger generieren. Ab der zweiten Hälfte des 19. Jahrhunderts ist die Asymmetrie zugunsten der exothermen Prozesse signifikant festzustellen.[4] Es wurde seitdem mehr Kohlenstoffdioxid freigesetzt, als es endotherm gebunden werden konnte. In dieser Reduktion der Komplexität endothermer und exothermer Prozesse sind die anderen Speicher des übermäßig freigesetzten Kohlenstoffdioxids nicht aufgeführt, allen voran die Gewässer der Erde, die zunehmend durch das Kohlenstoffdioxid versauern. Mit dem übermäßigen Konsum von Ressourcen achtete die industrialisierte Menschheit seit dem 19. Jahrhundert nicht darauf, die exothermen Prozesse ausreichend auszugleichen und deren Endprodukte transformierend rückzuführen. Die atmosphärische Konzentration von Kohlenstoffdioxid erhöhte sich seitdem durch anthropogene Einflüsse, die auf Konsum von Ressourcen beruhen.

---

3 Dies gilt, wenn Konsum mit Nutzung und Verbrauch von Ressourcen gleichgesetzt wird.

4 Beispielsweise: Thomas J. Crowley, Causes of Climate Change Over the Past 1000 Years, in: Science 289, 2000, S. 270–277, hier: S. 273.

Die komplexen Zusammenspiele des Ressourcenkonsums, des Treibhauseffekts, des Klimawandels und der Ressourcenkreisläufe in dieser Form darzustellen, wäre für eine naturwissenschaftliche Studie nicht zulässig. Für die Studien der *environmental humanities* geht es aber nicht um die Analyse, Aushandeln und Bewerten naturwissenschaftlicher Positionen, sondern beispielsweise um das relationale Verhältnis dieser Positionen zueinander, um ihr diskursives Verhalten untereinander. Die hier vorgelegte Studie möchte die Genese des Diskurses der anthropogenen Einflüsse auf das Klima durch den Konsum nachzeichnen. Seit wann und wie vollzieht sich dieser Diskurs? Aus welchen Diskursen ging er hervor? Wie und an welchen Phänomenen wurde Klimawandel im Allgemeinen festgestellt? Wie formierten sich die Ideen zur Existenz von Klimawandel?

In der Wissenschaftsgeschichte des durch Konsum bedingten Klimawandels herrscht die Meinung vor, der schwedische Physiker, Chemiker sowie Nobelpreisträger Svante Arrhenius habe als erster den anthropogen bedingten Klimawandel im Jahr 1896 formuliert.[5] Diese Meinung vertritt auch Willy Viehöver mit seiner grundlegenden Studie über die Narrative des globalen Klimawandels. Ihm verdankt der vorliegende Aufsatz seine Existenz.[6] In der breiten Öffentlichkeit wird Arrhenius sogar als „father of climate change“ gehandelt.[7] Historische Diskursforschung kann eine solche wissenschaftlich gut fundierte Doxa hinterfragen und aufgrund der Analyse langer Linien durch die Jahrhunderte möglicherweise zu anderen Ergebnissen kommen. So lauten die weiteren Fragen in diesem Beitrag: Wie sind Svante Arrhenius' (angebliche primäre, eventuell sogar genuine) Diskurspositionen zum anthropogen bedingten Klimawandel diskursiv einzuordnen und zu bewerten, wenn der sich gesellschaftlich konstituierende Diskurs über

---

5 Spencer R. Weart, The Discovery of Global Warming, Cambridge/Mass. 2003, S. 6 f.

6 Willy Viehöver, Öffentliche Erzählungen und der Globale Wandel des Klimas, in: Markus Arnold / Gert Dressel / Willy Viehöver (Hg.), Erzählungen im Öffentlichen: Über die Wirkung narrativer Diskurse, Wiesbaden 2012, S. 173–215, hier: S. 187. „Die ersten Erzählungen von einem CO_2-bedingten anthropogenen globalen Klimawandel kamen von Arrhenius und Chamberlin (1899) gegen Ende des 19. Jahrhunderts.“ Mein Dank gilt Willy Viehöver, der mit seinen Studien zum Klimawandel inspirierend wirkte. Seine Forschungen über den frühen Zeitpunkt zum Wissen über den anthropogenen Einfluss auf das Klima, 1896, war ein wegweisender Beitrag für die *environmental humanities* und die *environmental social science*. Nur durch eine Arbeit am Text bekommt die naturwissenschaftliche Perspektive ihre im wahrsten Sinne dieses Forschungsbereichs menschliche Dimension. Dazu gehört auch das Vergessen und die Macht der Diskurspositionen, die Meinungen wie die von Svante Arrhenius ausgrenzten und für einige Jahrzehnte in die Marginalität des Forschungsbetriebs drängten.

7 Ian Sample, The father of climate change, in: The Guardian, 30. Juni 2005.

mehrere Jahrhunderte betrachtet wird? Wie weit lässt sich der Diskurs des Klimawandels in die Vergangenheit zurückverfolgen und an welchen Phänomenen sowie an welchem empirischen Material ist dies überhaupt möglich?

Es bietet sich an, eine chronologische Abfolge weitgehend unberücksichtigt zu lassen. Die vorliegende Studie nimmt sich verschiedene Diskursschichten analytisch vor. Es wird zuerst betrachtet, welche Diskurspositionen Svante Arrhenius bezog und aus welchen Diskursen heraus sie sich formierten. Das heißt, ausgehend von Arrhenius Text werden seine offensichtlichen Verweise auf Autoren untersucht, auf die er sich in Fußnoten bezieht. Zudem wird auch das ihm möglicherweise unbewusste diskursive Feld des 19. Jahrhunderts erfasst und anschließend analysiert. Sodann werden diese Positionen an den neuralgischen Diskurspunkten im 19. Jahrhundert aufgesucht und in Relation zu Arrhenius' Ideen gestellt. Im Anschluss daran springt die Studie zurück ins Mittelalter und versucht ab dem 11. beziehungsweise 12. Jahrhundert einige frühe Spuren des Klimawandeldiskurses zu fixieren, um dann über das 16., 17. und 18. Jahrhundert wieder ins 19. Jahrhundert zurückzukehren. Letztlich wird es möglich, die prominenten Diskurspositionen Svante Arrhenius' neu zu bewerten und ihn in eine lange Tradition einzuordnen. Der Untersuchungsraum, in dem der Klimawandeldiskurs entstanden ist, liegt in den Savoyer, Schweizer und Tiroler Alpen. Von dort und über diesen Raum stammt auch das empirische Material, auf das sich die vorliegende Studie stützt. Die Methode zur Taxierung der Diskurspositionen basiert auf der von mir entwickelten Signifikanten-Interaktionsanalyse.[8]

Svante Arrhenius: Doxa, Episteme, Zuschreibung

Es gibt zwei Arten des Vaterwerdens, die eine ist materiell, die andere ist diskursiv konstituierend. Beide gehören zusammen. Den Titel „father of climate change" hat sich Arrhenius nicht selbst gegeben. Es ist eine allzu späte Zuschreibung des 20. und 21. Jahrhunderts. Aber valide Zuschreibungen beruhen auf einer Grundlage. Sie haben deswegen eine materielle Seite. Svante Arrhenius lieferte sie mit einem nahezu gleichzeitig 1896 auf Deutsch und Englisch erschienenen Aufsatz: *„Über den Einfluss des atmosphärischen Kohlensäuregehalts auf die Temperatur der Erdoberfläche"* und *„On the Influence of Carbonic Acid in the Air upon the Temperature of the Ground"*.[9] Die zentralen Diskurspositionen, die Arrhenius

---

8 Stefan Lindl, Der Umgang mit Gewordenem. Signifikanten-Interaktionsanalyse, Wien 2017.

9 Svante Arrhenius, Über den Einfluss des atmosphärischen Kohlensäurengehalts auf die Temperatur der Erdoberfläche, in: Bihang till Kungl. Svenska Vetenskapsakademiens

einnimmt, sind präzise formuliert, aber nicht ganz einfach diskursiv zuzuordnen. Die folgende Analyse seines Aufsatzes ruht auf der englischen Version, die im Philosophical Magazine and Journal of Science erschienen ist. Aus Arrhenius' Aufsatz sind folgende Diskurspositionen zu exzerpieren:

1. Die mittlere Temperatur des Bodens ist abhängig von hitzeabsorbierenden Gasen in der Atmosphäre.

   „Is the mean temperature of the ground in any way influenced by the presence of heat-absorbing gases in the atmosphere?"[10]

2. Die Atmosphäre funktioniert wie das Glas eines Treibhauses, es lässt Licht einfallen, aber die Wärmereflektionen des Bodens nicht mehr heraus.

   „[Jean Baptiste] *Fourier maintained that the atmosphere acts like the glass of a hothouse, because it lets through the light rays of the sun but retains the dark rays from the ground."*[11]

3. Kohlenstoffdioxid ist für die Absorption der Sonnenstrahlen verantwortlich.

   „[John] *Tyndall held the opinion that the water-vapour has the greatest influence, whilst other authors, for instance* [Ernst] *Lecher and* [Josef Maria] *Pernter, are inclined to think that the carbonic acid plays the more important part."*[12]

4. Der Konsum von fossilen Energieträgern durch die moderne Industrie führt zu einem signifikanten Anstieg der Kohlenstoffdioxidkonzentration.

   „The world's present production of coal reaches in round numbers 500 millions of tons per annum, or 1 ton per km² of the earth's surface. Transformed into carbonic acid, this quantity would correspond to about a thousandth part of the carbonic acid in the atmosphere. [...] *This quantity of carbonic acid, which is supplied to the atmosphere chiefly by modern industry, may be regarded as completely compensating the quantity of carbonic acid that is consumed in the formation of limestone (or other mineral carbonates) by the weathering of decomposition of silicates."*[13]

5. Der Eiszeitdiskurs des 19. Jahrhunderts und die Absenz einer schlüssigen Erklärung brachte Arrhenius zur Hypothese, dass eine Absenkung des atmosphärischen Kohlenstoffdioxids zur globalen Abkühlung führte.

Handlingar 22/1, 1896, S. 1–102; Ders., On the Influence of Carbonic Acid in the Air upon the Temperature of the Ground, in: Philosophical Magazine and Journal of Science, Series 5, 41, 1896, S. 237–276.

10 Ebd., S. 237.

11 Ebd.

12 Ebd., S. 239.

13 Ebd., S. 270.

„In the Physical Society of Stockholm there have been occasionally very lively discussions on the probable causes of the Ice Age, in my opinion, led to the conclusion that there exists as yet no satisfactory hypothesis that could explain how the climatic conditions for an ice age could be realized in so short a time as that which has elapsed from the days of the glacial epoch.“[14]

6. Die Konzentration von Kohlenstoffdioxid in der Atmosphäre hat gravierende Auswirkungen auf die Temperatur der Erde. Die 2,5–3fache Menge atmosphärisches CO_2 bedeutet einen Temperaturanstieg von 8°–9° C in der Arktis.

„[…] *Conversations with my friend and colleague Professor* [Arvid Gustaf] Högbom, […] *led me to make a preliminary estimate of the probable effect of a variation of the atmospheric carbonic acid on the temperature of the earth. As this estimation led to the belief that one might in this way probably find an explanation for temperature variations of 5°–10° C.*“[15]

„A simple calculation shows that the temperature in the arctic regions would rise about 8° to 9° C., if the carbonic acid increased to 2.5 or 3 times its present value. In order to get the temperature of the ice age between the 40th and 50th parallels, the carbonic acid in the air should sink to 0.62–0.65 of its present value (lowering of temperature 4°–5° C.).“[16]

7. Ozeane als Speicher von Kohlenstoff.

„From the determination of the amounts of dissolved substances, especially carbonates, in a number of rivers in different countries and climates, and of the quantity of water flowing in these rivers and of the quantity of water flowing countries and climates, and of the quantity of water flowing in theses rivers and of their drainage-surface compared with the land-surface of the globe, it is estimated that the quantities of dissolved carbonates that are supplied to the ocean in the course of a year reach at most the bulk of 3 km^3.“[17]

Einiges an diesen Diskurspositionen, die Arrhenius niederschrieb, ist bemerkenswert. Zuerst scheint der schwedische Chemiker damit einen Großteil des Wissens über den Klimawandel abgedeckt zu haben. Im Wesentlichen entspricht sein Wissen dem des 21. Jahrhunderts. Eine genauere Einordnung Arrhenius' Positionen in die verschiedenen Diskurse des 19. Jahrhunderts lassen allerdings seine primärgenuine Stellung, die ihm heute zugeschrieben wird, in einem differenzierteren Licht erscheinen:

Die Positionen 1–3 übernahm Arrhenius nach eigenen Angaben von Jean Baptiste Fourier, John Tyndall, Josef Maria Pernter, Ernst Lecher. So findet sich die Diskursposition 1 im Mémoire von Jean Baptiste Fourier von 1827: *„Il est difficile de connaître jusqu'à quel point de l'atmosphère l'influe sur la température*

14 Ebd., S. 267.

15 Ebd.

16 Ebd., S. 268.

17 Ebd., S. 270.

moyenne du globe.“[18] Dass die Atmosphäre die mittlere Temperatur beeinflusst, daran zweifelte Fourier nicht. So kam Fourier zu dem Ergebnis: „*c'est ainsi que la temperature est augmentée par l'interposition de l'atmosphère, parce que la chaleur trouve moins d'obstacle pour pénétrer l'air, étant à l'état de lumière, qu'elle n'en trouve pour repasser dans l'air lorsqu'elle est convertie en chaleur obscure.*“[19] („So wird die Temperatur durch das Dazwischentreten/die Zwischenschaltung der Atmosphäre erhöht, weil die Hitze in Lichtform weniger Hindernis findet, um in die Luft einzudringen, als wenn sie in infrarote Strahlung verwandelt ist.“) „*La chaleur, arrivant à l'état de lumière jusqu'à la terre solide, perdrait tout-à-coup et presque entièrement la faculté qu'elle avait de traverser les solides diaphanes; elle s'accumulerait dans les couches inférieures de l'atmosphère, qui acquerraient ainsi des températures élevées.*“[20] („Die Hitze, die im Licht-Zustand die feste Erde erreicht, würde plötzlich und fast vollständig die Fähigkeit verlieren, die durchscheinenden Festkörper zu durchqueren; es würde sich in den unteren Schichten der Atmosphäre anreichern, die somit hohe Temperaturen erreichen würden.“) Ebenso enthält John Tyndalls Text diese Position: „*The waves of heat speed from our earth through our atmosphere towards space. Theses waves dash in their passage against the atoms of oxygen and nitrogen, and against the molecules of aqueous vapour.*“[21] Tyndall übernimmt die Position Fouriers und passt sie an sein Wissen an, indem er sie um die Zusammensetzung der Atmosphäre aus Sauerstoff, Stickstoff und Wasserdampf bereicherte. Jedoch konnte er nicht auf das Kohlenstoffdioxid verweisen. Dessen Virulenz als hitzeabsorbierendes Gas wurde erst 1881 in den Diskurs eingeführt (vgl. Ernst Lecher, 1881).

Die Diskursposition 2 von Arrhenius enthält die Metapher des Treibhauses bezugnehmend auf Jean Baptiste Fourier. Fouriers Text weist sie jedoch nicht auf. Aber er beschrieb die Funktionsweise eines Treibhauses durch seine Versuchsanordnung. Mit einem Messinstrument, das Horace-Bénédict de Saussure bereits im 18. Jahrhundert entwickelt hatte, wies er auf das hin, was Arrhenius prägnant

18 Jean Baptiste Fourier, Mémoire sur les températures du globe terrestre et des espaces planétaires, in: Mémoires de l'Académie royale des sciences de l'Institut de France 7, 1827, S. 569–604, hier: S. 584.

19 Ebd., S. 587.

20 Ebd., S. 585.

21 John Tyndall, On Radiation through the Earth's Atmosphere, in: The London, Edinburgh, and Dublin Philosophical Magazine and Journal of Science 4, 1863, S. 200–206, hier: S. 202.

den „Treibhauseffekt" nannte.[22] Es handelte sich um ein Gefäß, das mit Glasplättchen abgedeckt wurde. Zur Isolierung wurde diese Schachtel mit geschwärztem Kork ausgekleidet. In verschiedenen Höhen wurden Thermometer eingesetzt. Je weiter sie von den Glasplättchen entfernt waren, desto geringer, je näher sie an den Glasplättchen positioniert waren, desto höher war ihre Temperatur.[23] „*Elle consiste à exposer aux rayons du soleil un vase couvert d'une ou de plusieurs lames de verre bien transparent.*"[24]

Zur Diskursposition 3: Der Nachweis für die Bedeutung des Kohlenstoffdioxids als Hauptverursacher des Treibhauseffekts und der Absorption der Sonnenstrahlen wurde allerdings nicht von dem Autorenduo Pernter und Lecher erbracht, wie Arrhenius intendiert. In ihrem gemeinsamen Aufsatz von 1881 kamen Pernter und Lecher zu dem Schluss: „*Nach dem Gesagten ist klar, dass einstweilen eine definitive Lösung der Frage nach dem eigentlichen Absorbers in unserer Atmosphäre noch nicht gegeben werden kann, umso mehr, da der Kohlensäuregehalt der Luft und auch all' die organischen pflanzlichen und thierischen Organismen, welche in der Atmosphäre schweben, bei Beurteilung dieses Gegenstandes von Einfluss sein werden.*[25]" Wenig später, aber doch noch im selben Jahr 1881, veröffentlichte Ernst Lecher ohne Josef Maria Pernter einen weiteren Aufsatz, in dem Lecher die tragende Rolle des Kohlenstoffdioxid nachweisen konnte.[26] Lecher fasste seine Ergebnisse folgendermaßen zusammen: „*Es ist also jene Menge CO_2, welche nach dem bisherigen meteorologischen Wissen sich über uns befindet, mehr als ausreichend, die atmosphärische Absorption der Sonnenstrahlung zu erklären.*"[27]

Die Position 4 betrifft die Industrie mit ihrem Kohlenstoffdioxidausstoß durch Kohleverbrennung. In dieser Diskursposition wird der anthropogene Einfluss auf den Treibhauseffekt und auf den daraus resultierenden Klimawandel deutlich und signifikant betont. Allerdings stammt sie, bei genauer Betrachtung des Texts, von dem Geologen Arvid Gustaf Högbom, dem Freund von Svante Arrhenius. Korrekt

---

22 René Sigrist, Le capteur solaire de Horace-Bénédict de Saussure. Genèse d'une science empirique, Genève 1993.

23 Fourier, Mémoire (wie Anm. 18), S. 585.

24 Ebd.

25 Ernst Lecher / Joseph Pernter, Über die Absorption dunkler Wärmestrahlen in Gasen und Dämpfen, in: Sitzungsberichte der Mathematisch-Naturwissenschaftlichen Classe der Kaiserlichen Akademie der Wissenschaften: Mathematik, Physik, Chemie, Mechanik, Meteorologie und Astronomie. Abteilung II, 82, 1981, S. 180–201, hier: S. 199 f.

26 Ernst Lecher, Über die Absorption der Sonnenstrahlung durch die Kohlensäure unserer Atmosphäre, in: Annalen der Physik 248, 1881, 3, S. 466–473.

27 Ebd., S. 471.

werden diese Abschnitte auch als Zitate von Högbom gekennzeichnet. Allerdings vernachlässigt die Literatur über Arrhenius den Verweis auf Gustaf Arvid Högbom. So auch Willy Viehöver: „Svante Arrhenius hat nicht nur die Theorie des Treibhauseffektes fortentwickelt, er formulierte auch einen Plot, der die künftige Erwärmung des Planeten als durch industrielle Verbrennung von Kohle verursacht beschreibt." Danach zitiert Viehöver Arrhenius: „Man hat sogar berechnet, dass die jetzige Industrie soviel Steinkohlen verbraucht, dass sie in 1.000 Jahren, also geologisch genommen einer äusserst kurzen Frist, ebensoviel Kohlensäure produzieren würde, wie der ganze Kohlensäureinhalt der Atmosphäre. Zwar spielt die teils physikalische teils chemische Absorption der Kohlensäure im Meerwasser hier eine regulierende Rolle, aber es ist doch ersichtlich, dass der Kohlensäuregehalt der Atmosphäre in recht kurzen Zeiten eine bedeutende Schwankung erfahren kann, und wahrscheinlich sogar erfahren muss."[28] In der englischen Ausgabe von Arrhenius' Aufsatz wird die von Viehöver zitierte Passage folgendermaßen eingeleitet: „*Is it probable that such great variations in the quantity of carbonic acid as our theory requires have occurred in relatively short geological times? The answer to this question is given by Prof. Högbom. As his memoir to this question may not be accessible to most readers of these pages, I have summed up and translated his utterances which are of most importance to our subject.*"[29] Arrhenius übersetzt einen Aufsatz Högboms von 1894 mit dem Titel „*Om sannolikheten för sekulära förändringar i atmosfärens kolsyrehalt*" („Untersuchungen über den Kohlensäuregehalt der Atmosphäre").[30] Högbom ist mit seinem Hinweis auf die Industrie nicht der Erfinder des anthropogenen Einflusses. Er liegt diskursiv zeitlich vor der Schrift Högboms schon bei Fourier vor. Högbom fomulierte: „*This quantity of carbonic acid, which is supplied to the atmosphere chiefly by modern industry* [...]."[31] Högbom stellte den Zusammenhang von „*modern industry*" und „*carbonic acid*" heraus, im Gegensatz zur „*l'industrie*" bei Fourier, der die Relation Industrie und ihren Einfluss auf die Temperatur erfasste: „*Les effets de l'industrie humaine*

---

28 Viehöver, Öffentliche Erzählungen (wie Anm. 6), S. 187, nimmt Bezug auf Arrhenius, Über den Einfluss (wie Anm. 19), S. 66.

29 Arrhenius, On the Influence (wie Anm. 9), S. 269.

30 Arvid Gustaf Högbom, Om sannolikheten för sekulära förändringar i atmosfärens kolsyrehalt, in: Svensk Kemisk Tidskrift 6, 1894, S. 169–176. Eine kurze Zusammenfassung des Aufsatzes erschien im Chemischen Centralblatt 1, 1897, S. 452. Im Diskursfeld um Högbom steht auch der bayerische Landtechniker Heinrich Puchner, Untersuchungen über den Kohlensäuregehalt der Atmosphäre, in: Forschungen auf dem Gebiete der Agrikulturphysik 15, 1892, S. 296.

31 Arrhenius, On the Influence (wie Anm. 9), S. 270.

[...] *modifient les températures dans chaque climat.*“[32] Bei Högbom fand also eine Anpassung der Diskurspositionen des 19. Jahrhunderts statt, die auf seine Kalksteinforschung ausgerichtet ist. Diese Differenz negiert aber keineswegs die entscheidende Übereinstimmung: Die anthropogenen Einflüsse der menschlichen Geschäftigkeit auf die Umwelt. Genau genommen fehlt in Högboms Text der Einfluss auf das Klima, den Fourier 1827 bereits formuliert hatte. Erst aus der Kombinatorik dieses von Högboms beschriebenen Effekts mit den Ergebnissen der Studie von Ernst Lecher über den Treibhauseffekt durch das Kohlenstoffdioxid, konnte Arrhenius Fouriers „*l'industrie*“ und Högboms „*industry*“ miteinander in einen argumentativen Einklang bringen. Somit behält Willy Viehöver recht: Ohne die Kombinatorik der einzelnen Diskursbestandteile durch Arrhenius, wäre die Position des anthropogen bedingten Klimawandels durch den Treibhauseffekt nicht zu dem Zeitpunkt 1896 möglich gewesen. Arrhenius entwickelte den Diskurs also kombinatorisch weiter. Unzweifelhaft ist jedoch auch, dass seit 1827 und wahrscheinlich schon davor ein Diskursbestandteil existierte, der die exothermen Geschäfte der Menschen und das Klima miteinander verknüpften.

Die Diskursposition 5 erläutert, aus welchem Diskurs Svante Arrhenius auf den anthropogen verursachten Klimawandel gestoßen ist. Es war der Eiszeit- und Gletscherdiskurs, der nicht nur in Schweden stark ausgeprägt, sondern während des gesamten 19. Jahrhunderts überall in Europa geführt wurde. Die Eiszeit(en) und die Ausdehnung der Gletscher zu einer vergangenen Zeit, ermöglichten es allein, über Klimawandel nachzudenken. Der Eiszeitdiskurs war in gewisser Weise wohl auch beängstigend. Sollte es möglich sein, dass die zivilisatorischen Errungenschaften im flachen Land, weit entfernt von gegenwärtigen Gletschern, in latenter Gefahr schwebten, von Eis bedroht zu sein, ähnlich inaktiver Vulkane, mit deren Ausbrüchen zu rechnen sei? Der lebhaft geführte Diskurs in der Physical Society of Stockholm über die Eiszeit sowie die Forschungsergebnisse von Fourier, Tyndall, Pernter, Lecher und Högbom führten zu den Diskurspositionen Arrhenius': Den Treibhauseffekt, der durch das atmosphärische Kohlenstoffdioxid bedingt wird, wendete er als Erklärung für die Eiszeit an. Der Zusammenhang von Gletscherausdehnung und Temperatur bestimmt durch die Atmosphäre findet sich jedoch auch früher in Louis Agassiz' „*Études sur les glaciers*“ von 1840.[33] Weil das Thema der Ausdehnung der Gletscher und ihre extreme Form,

---

32 Fourier, Mémoire (wie Anm. 18), S. 584.

33 Vgl. Der Gletscherdiskurs im 19. Jahrhundert in diesem Aufsatz. Zum Zusammenhang von Gletscherausdehnung und Atmosphäre: Louis Agassiz, Études sur les glaciers, Neuchatel 1840, S. 201.

die Eiszeit, der bestimmende Diskurs zu sein scheint, der Klimawandel überhaupt erst denkbar gemacht hatte, wird seine Entwicklung gesondert und ausführlich betrachtet. Alpengletscher waren der Zugang zum Klimawandel. Die Alpen boten sich zudem an, in „Himmelsnähe" Experimente durchzuführen. Es ist deswegen nicht unerheblich auf Horace de Saussure und seine Arbeit am Ende des 18. Jahrhunderts zu verweisen, der einerseits Gletscher untersuchte, andererseits mit seinen Messinstrumenten die Grundlagen für die Erforschung des Treibhauseffekts vorbereitete.[34] Darin liegt auch die strukturelle Verbindung von de Saussure und Tyndall: John Tyndall war der Horace de Saussure des 19. Jahrhunderts – Naturwissenschaftler und Bergsteiger zugleich.

Mit Diskursposition 6 fügt Arrhenius dem Klimawandeldiskurs eine Neuheit hinzu, eine simulierend-modellierende Rechnung, welche Temperaturänderung sich ergibt, wenn sich die Kohlenstoffdioxidkonzentrationen in der Atmosphäre verändern. Erhöht sie sich, erhöht sich auch die mittlere Erdtemperatur. Sinkt die Konzentration, dann wird es kälter und das bislang unerklärliche Phänomen einer Eiszeit sowie das Anwachsen von Gletschern bekommt eine evidente Erklärung. Diese Diskursposition scheint die einzige genuine Leistung von Svante Arrhenius in seinem Aufsatz zu sein, weil er auf keinen Kollegen in Fußnoten verweist. Wird jedoch die auf Italienisch erschienene Publikation von Luigi de Marchi *„Le cause dell' era glaciale"* von 1895 herangezogen, so schwindet in gewissem Maße auch diese Beurteilung von Arrhenius' Diskursposition. De Marchi berichtet von der Diskussion des Einflusses der Atmosphäre auf die Eiszeit in Italien und diskutiert den Zusammenhang von Atmosphäre Termperatur und die teils abenteuerlichen Ansichten und Schlussfolgerungen seiner Kollegen. So schreibt de Marchi: *„Esamina e trova del pari non accettabile l'opinione che attribuirebbe l'era glaciale ad una temperatura più elevata dell' atmosfera e ad una conseguente maggior evaporazione."*[35] („Er untersucht und bildet sich die inakzeptable Meinung, die der Eiszeit eine höhere Temperatur der Atmosphäre und einer daraus folgenden stärkeren Verdunstung zuschreiben würde.") De Marchis' Monographie enthält allein 126

---

34 Auf Horace de Saussure wird später noch ausführlicher eingegangen. Auf seinen Expeditionen auf die Alpengipfel begleitete ihn eine Schar von Lastenträgern, die beispielsweise auf den Montblanc in mehreren Kisten die Instrumente für die Experimente de Saussures trugen. Horace de Saussure, Kurzer Bericht von einer Reise auf den Gipfel des Montblanc, im August 1787, Strasburg 1788, S. 5: *„Ich begab mich den ersten August in Begleitung eines Bedienten und 18 Führer die meine physikalischen Werkzeuge und alles nöthige Geräte trugen, auf den Weg."* Dort findet sich auch ein Namensverzeichnis der Teilnehmer dieser Expedition.

35 Luigi de Marchi, Le cause dell'era glaciale, Pavia 1895, S. VI.

Treffer für das Wort „*atmosfera*". Der Meteorologe de Marchi berechnet und diskutiert nichts anderes als den Einfluss der Atmosphäre auf die Eiszeit. Arrhenius verweist auch auf ihn, aber nicht an der Stelle, die de Marchi gebührte. Auf Seite 267 erwähnt er, wie er auf die Atmosphärentheorie kam. Dort hätte sich auch ein Verweis auf de Marchi gut gemacht. Aber erst auf Seite 273 verweist er auf den Italiener. Dort geht es um die Auflistung bestehender Eiszeittheorien, die alle nach de Marchi abzulehnen seien. Allerdings sieht de Marchis Erklärung für die Eiszeit die Transparenz der Atmosphäre an. Wasserdampf sei dafür verantwortlich – nicht wie bei Arrhenius das Kohlenstoffdioxid. De Marchi kannte folglich die Arbeit von Ernst Lecher nicht, sondern argumentiert noch mit den Diskurspositionen John Tyndalls. Aber trotzdem sieht de Marchi die Atmosphäre und den Treibhauseffekt als Grund für den eiszeitlichen Klimawandel an und erklärt sie auch damit. Arrhenius passte de Marchis Diskursposition mit der von Ernst Lecher an. Darin liegt die Stärke und das Verdienst Svante Arrhenius'. Er kombinierte, das ist sein Diskurspotential. Er führte die Positionen von Agassiz, Tyndall, de Marchi, Lecher, Fourier und Högbom zusammen.

Wiederum von Högbom stammt Diskursposition 7. Sie simuliert, was durch einen anthropogen bewirkten Anstieg der Kohlenstoffdioxidkonzentration in den Ozeanen passiert: Sie dienen als Pufferspeicher für die nicht gelösten Karbonate. Implizit steckt darin auch die Übersäuerung der Gewässer, die bei weiterer und intensivierter Emission von CO_2 sich vollzieht.

Dreh- und Angelpunkt der anthropogen bedingten Treibhaustheorie ist die Eiszeit, das heißt das Anwachsen der Gletscher. Sie war für die Naturforscher der offensichtlichste Klimawandel im 19. Jahrhundert, der als wissenschaftlich belegtes Phänomen einer plausiblen naturwissenschaftlichen Erklärung harrte. Die Eiszeit als Phänomen des Klimawandels scheint der entscheidende diskursive Punkt zu sein, der diese für den anthropogen verursachten Klimawandel schwerwiegenden Positionen ermöglichte. Welche Rolle spielte also die Eiszeit mit ihren sich ausdehnenden Gletschern?

Klimawandel, Eiszeittheorien und die Frage nach der Erdtemperatur im 19. Jahrhundert

Arrhenius' und Högboms Überlegungen befinden sich – wie angedeutet – in einem langen Diskurs des 19. Jahrhunderts über den Klimawandel am Beispiel der Eiszeit. Wie sich zeigen wird, waren verschiedene Gletscherausdehnungen auch im Zusammenhang mit Klimawandel schon lange bekannt. Eine neue Qualität erreichte dieser Diskurs durch eine Erklärung, wenn auch keine grundlegende, warum sie sich ausdehnten und wieder abschmolzen. Für diese Erklärung war der Mannheimer Karl Friedrich Schimper nicht unbedeutend. 1837 verfasste er anlässlich des Geburtstags von Galileo Galilei in Neuchâtel ein Gedicht mit dem Titel „*Die Eiszeit*".[36] Darin beschrieb Schimper Warm- und Kaltzeiten und damit implizit Klimawandel. Die Form des Gedichts scheint außergewöhnlich für eine wissenschaftliche Theorie. Deswegen, um kein Missverständnis aufkommen zu lassen, bezeichnete er sein Poem als ein „*Wissenschaftliches Document*".[37] Trotzdem trägt es, der lyrischen Form geschuldet, vor allem narrativ-fiktionale Züge: Ein Eisbär tritt als Hauptprotagonist auf, der nun – lange nach der Eiszeit – im Norden wohne, weil es ihm in Mitteleuropa zu warm geworden sei.

> *„Mehr als das Reich rings, fesseltest du den Sinn,*
> *Eisbär des Nordpols! Führst mich in Gegenden,*
> *Wo winterfroh du noch im Treibeis*
> *Wohnst und behaglich dich übst im Fischfang.*
>
> *Wohnst hingedrängt dort lange bereits, doch einst*
> *War deine Heimath näher bei uns! Es war*
> *Vielleicht das Urland deiner Schöpfung,*
> *Winterbedeckt noch, das Herz Europas.*
>
> *Wohl war zuvor mild, milder als jetzt, die Welt:*
> *Weithin im Urwald hallte Gebrüll des Rinds,*
> *Mammuthe grasten still, in Mooren*
> *Wälzten sich lüsterne Pachydermen."*

In diesen Versen erfasst Schimper zwei Warmzeiten und eine Eiszeit: Die aktuelle Warmzeit, die den Eisbären an den Nordpol vertrieben hat, eine Kaltzeit, in der das „*Herz Europas*" seine Heimat gewesen sein soll und eine weitere Warmzeit, in der Mitteleuropa Urwald beheimatete, aber auch Rinder und Mammute sowie Pachydermen (Dickhäuter). Alle seien sie von einer Kaltzeit hinweggerafft worden, wie in den nächsten Versen beschrieben wird:

> *„Ureis von damals, als die Gewalt des Frosts*
> *Berghoch verschüttet selbst den Süden,*
> *Ebnen verhüllt so Gebirg als Meere!*

---

36 Karl Friedrich Schimper, Die Eiszeit, in: Ders., Gedichte, Erlangen 1840, S. 301–304.

37 Vgl. ebd., S. 301. Die Zuschreibung „*Wissenschaftliches Document*" erklärt sich aus dem Plagiatsstreit Schimpers mit Louis Agassiz, der angeblich – so der Vorwurf Schimpers – seine wissenschaftliche Eiszeittheorie aus Schimpers Gedicht unlauter übernommen habe.

Wie stürzte Schneesturm, welche geraume Zeit,
Endlos herab! Wie, reiche Natur, begrubst
Du lebenscheu dich, öd und trostlos!
Aber es ging ja zuletzt vorüber!"

Doch auch diese Kaltzeit endete und wurde wiederum von einer Warmzeit abgelöst, die schließlich den Eisbären in die kälteren Zonen nach Norden abdrängte. Bemerkenswert ist die Vorstellung Schimpers, warum es diese Warmzeit gab:

„*Als nach dem Ausbruch dieser Gewaltigen*
Hinsank des Frosts Reich, lebengeschwellte Natur
Der aus sich selbst erwärmten Erde".[38]

Die Erde, so schrieb er, habe sich aus sich selbst erwärmt. Wie sie das getan haben solle, berichtet Schimper nicht. Aber es wird deutlich, dass die Eiszeiten und Warmzeiten abhängig von der inneren Temperatur der Erde seien. Eine Angabe darüber, woher er diese thermodynamische Überlegung habe, bleibt er schuldig. Allerdings steht seine Erklärung für die Warmzeit im diskursiven Zusammenhang mit Gustav Bischofs „*Die Wärmelehre des Innern unsers Erdkörpers, ein Inbegriff aller mit der Wärme in Beziehung stehender Erscheinungen in und auf der Erde*", die ebenfalls 1837 erschien.[39] Auffällig deckt sich Schimpers Beschreibung der Warmzeit, mit Gustav Bischofs Beantwortung seiner forschungsleitenden Frage, ob die Erde langsam erkalte oder die Sonnenstrahlung die Erkaltung der Erdoberfläche verhindere. Diese Diskussion findet sich im vierten Abschnitt (Kapitel 27) seiner Wärmelehre.[40] Allerdings weist Bischof daraufhin, dass die Wärme des Erdinnern nicht verantwortlich für die Temperatur an der Erdoberfläche sei.[41] Davon weicht Schimper ab. Er folgt eher den Studien von Horace de Saussure aus dem 18. Jahrhundert, der Gegenteiliges vermutete.[42] Schimper griff also auf das

---

38 Schimper, Gedichte (wie Anm. 36), S. 303.

39 Gustav Bischof, Die Wärmelehre des Innern unseres Erdkörpers, ein Inbegriff aller mit der Wärme in Beziehung stehender Erscheinungen in und auf der Erde, Leipzig 1837.

40 Ebd., S. 339–341.

41 Über das Abschmelzen der Gletscher an ihren Böden: „*Die normale Temperatur-Abnahme von dem Innern der Erde bis zur Oberfläche wird also durch eine Schnee-Bedeckung an einer Stelle nicht dauernd gestört, wo die mittlere Bodenwärme Null ist, und es ist daher nicht denkbar, wie von dem Innern bis dahin jemals ein stärkerer Zug von Wärme statt finden sollte, welcher vermögend wäre, Schnee zu Schmelzen.*" Vgl. Bischof, Wärmelehre (wie Anm. 39), S. 102. Dazu auch S. 168 f.: „Über den Einfluss des Klimas auf die Temperatur des Erdinnern."

42 Vgl. „*L'une de ces causes est la chaleur intérieure de la Terre, qui fait fondre les neiges & les glaces, même pendant les froids les plus rigoureux, lorsque leur épaisseur est assez grande*

Wissen und Deuten des 18. Jahrhunderts zurück, obgleich Bischof eine weiterentwickelte Thermodynamik veröffentlicht hatte und sich viele diskursive Ähnlichkeiten auftun.

Louis Agassiz, der von Schimper lange Zeit verehrte Freund aus gemeinsamen Studientagen an der Universität Heidelberg, erarbeitete möglicherweise mit den Positionen aus dem Gedicht seine wissenschaftlich fundierte Eiszeittheorie in den „Études sur les glaciers", die er drei Jahre nach Schimper 1840 publizierte.[43] Ein Verweis auf Schimpers Gedicht fehlt in Agassiz' ausführlichem Forschungsstand, der nur wissenschaftliche Aufsätze und Monographien erwähnt. Der Freundschaft der beiden war dies nicht sonderlich zuträglich. Sie endete in einem vor allem in der Augsburger Allgemeine Zeitung ausgetragenen Streit, deren europäische Tragweite nur erstaunlich zu nennen ist.[44] Allein diese Debatte über die Plagiatsvorwürfe bezüglich der Eiszeittheorie macht deutlich, wie wichtig dieses Thema in der gelehrten Öffentlichkeit des 19. Jahrhunderts war, wie gesellschaftlich weitreichend in der ersten Hälfte des 19. Jahrhunderts Klimawandel am Beispiel der Eiszeit diskutiert wurde. Die Streitigkeiten zwischen Schimper und Agassiz über die eigentliche Urheberschaft der Eiszeittheorie sind hier jedoch nebensächlich. Interessant sind deren Argumentationen, in der sich erhebliche Divergenzen auftun. Während Schimper in seinem Gedicht auf die Erderwärmung von innen den Grund für den Klimawandel sieht – Horace de Saussure folgend –, deutet Louis Agassiz das Phänomen der Kalt- und Warmzeiten völlig anders: *„La température est l'agent essentiel de la formation des glaciers, de leur extension et de leurs*

---

pour préserver du froid extérieur les fonds sur lesquels elles reposent." Horace-Bénédict de Saussure, Voyages dans les Alpes, précédés d'un Essai sur l'histoire naturelle des environs de Genève, 4 Bde., Neuchatel 1797, hier: Bd. 1, S. 451, § 532.

43 Agassiz, Études (wie Anm. 33). In den zeitlichen Umkreis von Agassiz und Schimper gehört auch Franz Joseph Hugi und seine Veröffentlichungen über Gletscher und Findlinge. Franz Joseph Hugi, Über das Wesen der Gletscher und Winterreise in das Eismeer, Stuttgart 1842; Ders., Die Gletscher und die erratischen Blöcke, Solothurn 1843.

44 Zu dem öffentlich ausgetragenen Streit zwischen Agassiz und Schimper: Anonym, Die Eiszeit und ihre Entdecker, Allgemeine Zeitung 92, 2. April 1842, Beilage, S. 729–731; und: Anonym, Die Eiszeit und ihre Entdecker (Beschluß), in: Allgemeine Zeitung 93, 3. April 1842, Beilage, S. 737–740, besonders die Einschätzung S. 739; dazu auch der Kanzler der Republik Neuenburg: Favarger, Offener Brief, ohne Titel, in: Allgemeine Zeitung 112, 22. April 1842, Beilage, S. 894; Karl Schimper, Replik auf den Brief von Favarger, in: Allgemeine Zeitung 126, 6. Mai 1842, Beilage, S. 1005; auch: Louis Agassiz, Erwiderung auf Dr. Karl Schimpers Angriffe von L. Agassiz, in: Allgemeine Zeitung 295, 22.10.1842, Beilage, S. 2–4.

mouvemens. L'on conçoit dès lors combien il importerait de connaître exactement toutes les causes qui peuvent modifier les variations auxquels l'état de l'atmosphère et du sol de nos Alpes est soumis."[45] („Die Temperatur ist der wichtigste Faktor für die Gestalt der Gletscher, ihrer Ausdehnung und ihrer Bewegungen. Es ist leicht einzusehen, dass es wichtig wäre, alle Ursachen genau zu kennen, die die Veränderungen bewirken können, welche dem Zustand der Atmosphäre und des Bodens unserer Alpen unterworfen sind.")

Für die gletschergestaltende Temperatur macht Agassiz Atmosphäre und Boden verantwortlich, also die innere Temperatur der Erde sowie die äußere.[46] Agassiz erweiterte folglich die Schimper'sche thermodynamische Kausalität des Erdinnern um die Atmosphäre. Die Auswirkungen der Atmosphäre auf die Temperatur der Erde war eine Entdeckung, die dreizehn Jahre zuvor, 1827, von Jean Baptiste Joseph Fourier publiziert worden war. Es handelte sich dabei um das bereits erwähnte „*Mémoire sur les températures du globe terrestre et des Espaces planétaires*".[47] Fourier ging es um die Frage nach der Erwärmung der Erde, worauf sie beruhe. Seine Erklärung brachte die Atmosphäre ins Spiel: „*c'est ainsi que la temperature est augmentée par l'interposition de l'atmosphère, parce que la chaleur trouve moins d'obstacle pour pénétrer l'air, étant à l'état de lumière, qu'elle n'en trouve pour repasser dans l'air lorsqu'elle est convertie en chaleur obscure.*"[48] („So erhöht sich die Temperatur durch das Dazwischentreten der Atmosphäre, weil die Wärme in Lichtform weniger Hindernis erfährt, um in die Luft einzudringen, als wenn sie in infrarote Strahlung verwandelt ist.") Diese Position entspricht dem, was heute als natürlicher Treibhauseffekt bezeichnet wird. Fouriers Atmosphäre-Erklärung für die Erwärmung wird von Louis Agassiz als gegeben vorausgesetzt. Es findet sich keine Fußnote oder ein Verweis auf die Studie von Fourier. Auch zu diesem thermodynamischen Diskurs gehörig ist das kurz vor Agassiz' Publikation erschienene „*Mémoire sur la chaleur solaire, sur les pouvoirs rayonnants et absorbants de l'air atmosphérique et sur la température de l'espace*" von Claude Servais Mathias Pouillet.[49] Pouillet lässt sich als Mittler zwischen Fourier und John Tyndall in der Atmosphärenforschung identifizieren. In Agassiz' Text über die Gletscher fehlt er. John Tyndall berief sich explizit auf

45 Vgl. Agassiz, Études (wie Anm. 33), S. 201.

46 Pouillet nennt diese Temperaturarten: *enceinte* und *enveloppe*. Vgl. Claude Servais Mathias Pouillet, Mémoire sur la chaleur solaire, sur les pouvoirs rayonnants et absorbants de l'air atmosphérique et sur la température de l'espace, Paris 1838, S. 21.

47 Fourier, Mémoire (wie Anm. 18).

48 Ebd., S. 587.

49 Pouillet, Mémoire (wie Anm. 46).

Pouillet. Verweise auf die Arbeiten von Agassiz und Schimper als Kombinierer der Gletscherforschung und der Thermodynamik fehlen bei Tyndall. Deswegen gilt Tyndalls Text heute in der Wissenschaftsgeschichte der Klimaforschung als die wichtigste Verknüpfungsstudie beider Diskurse. Er wies auch explizit auf seine Leistung hin: „*The researches on glaciers which I have had the honour of submitting from time to time to the notice of the Royal Society, directed my attention in a special manner to the observations and speculations of De Saussure, Fourier, M. Pouillet, and Mr. Hopkins, on the transmission of solar and terrestrial heat through the earth's atmosphere.*“[50] Gletscher einerseits, die Arbeiten zur Thermodynamik, Atmosphäre und Treibhauseffekt von de Saussure, Fourier, Pouillet und Hopkins andererseits, ermöglichten ihm die Verknüpfung. Agassiz, der einundzwanzig Jahre früher publiziert hatte, wird hingegen von der Wissenschaftsgeschichte bezüglich des Klimawandeldiskurses kaum beachtet, zumindest wird ihm nicht der Stellenwert eingeräumt, der Tyndall heute zugeschrieben wird. Pouillets „*Mémoire*“ beschäftigt sich mit dem Verhältnis von Absorption des Sonnenlichtes durch die Erdoberfläche und die Atmosphäre, mit dem Verhältnis von innerer („*enceinte*“) und äußerer („*enveloppe*“) Temperatur, mit den Temperaturen des Erdinnern und der Atmosphäre. Bemerkenswert erscheint, dass Agassiz das Wort Atmosphäre nicht begrifflich spezifiziert. Tyndall ging 1861 in seiner Veröffentlichung weiter und machte für die Erwärmung der Erde durch die Atmosphäre den Wasserdampf verantwortlich, der die Wärme des Sonnenlichts hindere, in den Weltraum auszutreten. „*These waves dash in their passage against the atoms of oxygen and nitrogen, and against the molecules of aqueous vapour.*“[51] Aber er schlüsselte die Bestandteile der Atmosphäre nach ihren Spurengasen auf: „*It is well known that our atmosphere is mainly composed of the two elements oxygen and nitrogen. Theses elementary atoms may be figured as small spheres scattered thickly in the space which immediately surrounds the earth. They constitute about 99 1/2 per cent of the atmosphere. Mixed with theses atoms we have others of a totally*

50 „*The researches on glaciers which I have had the honour of submitting from time to time to the notice of the Royal Society, directed my attention in a special manner to the observations and speculations of De Saussure, Fourier, M. Pouillet, and Mr. Hopkins, on the transmission of solar and terrestrial heat through the earth's atmosphere.*“ John Tyndall, On the Absorption and Radiation of Heat by Gases and Vapours, and on the Physical Connexion of Radiation, Absorption, and Conduction – The Bakerian Lecture, in: The London, Edinburgh, and Dublin Philosophical Magazine and Journal of Science 4, 1861, S. 169–194, hier: S. 169.

51 Tyndall, On Radiation (wie Anm. 21), S. 202.

different character; we have the molecules, or atomic groups, of carbonic acid, of ammonia, and of aqueous vapour.“[52]

Die Eiszeittheorie und der Klimawandel sowie die Bedeutung der Atmosphäre waren also bereits längst vor den Publikationen Arrhenius Diskursbestandteile. Sie gehörten seit 1840 zu einem breit diskutierten und mit großer öffentlicher Anteilnahme begleiteten Phänomen des 19. Jahrhunderts. Johan Tyndall nimmt in der Tat eine besondere Rolle in diesem breiten Diskurs ein. Der Ire Tyndall war Bergsteiger und Gletscherforscher. Er bereitete die Erstbesteigung des Matterhorns vor. In den Waliser Alpen war er sogar namensgebend für den Pic Tyndall. John Tyndall versuchte das Matterhorn von Westen zu erklimmen. Er gelangte bis zu dem westlichen Seitengipfel und Grat des Matterhorns, der später nach ihm benannt wurde. Dort musste er umkehren. Erst Edward Whymper gelang die Erstbesteigung über eine andere Route. Doch die Kenntnisse der Schweizer Alpen genügten nicht, um seine Theorie zu komplettieren. Erst Tyndalls Beobachtungen in Irland ermöglichten eine weiterführende Argumentation. Bei Killarney fand er ähnliche Gletscherspuren wie in den Alpen an gegenwärtig bestehenden Gletschern. „*Killarney, to which I have already referred, affords magnificient examples of ancient glacier action. No man with the slightest knowledge of the glacier operations of today could resist the conclusion, that the Black Valley of Killarney was once filled by a glacier fed by the snows form Magillicuddy's Reeks.*“[53] Tyndall war es durch seine glaziologischen Untersuchungen und seinen Kenntnissen in der Thermodynamik möglich, die Diskurse zusammenzuführen. Trotzdem sollten Agassiz' Texte nicht minder bewertet werden. Agassiz' und Tyndalls Texte weisen Positionen beider Diskurse auf, die des Klimawandels und des Treibhauseffekts. Beide liegen diskursiv sehr nahe beisammen, auch wenn Agassiz' Studie in der zweiten Hälfte des 19. Jahrhunderts an Wirkungsmacht in der wissenschaftlichen und öffentlichen Diskussion verloren hat und Tyndall sich als wegweisender Forscher durchsetzen konnte.

Auch ist eines gewiss: Der Klimawandel-Diskurs im ausgehenden 19. Jahrhundert ist isoliert von Glaziologie und Eiszeitforschung nicht aufzufinden. Eine stete Kohärenz der Themen ist auffällig und auch gar nicht abwegig. Es ist bemerkenswert, wie lange sich dieses Phänomen allein in den Diskursausschnitten erstreckt, die hier herangezogen wurden. Von den 1830er Jahren bis zum Ende des 19. Jahrhunderts. Dabei blieben noch einige wichtige Studien und Namen ihrer Autoren unerwähnt, die in das diskursive Umfeld gehören. So sei

52 Ebd., S. 201.

53 John Tyndall, Mountaineering in 1861. A vacation Tour, London 1862, S. 71 f.

auf den Krakauer Professor für Erdkunde, Franz von Czerny, hingewiesen, der über die Veränderlichkeit des Klimas und ihre Ursachen 1881 publizierte. Seine Monographie ist ein umfassender Abriss des internationalen Forschungsstands zu Beginn der 1880er Jahre über die Gründe des Klimawandels. Für eine weiterführende Diskursforschung zur Frage des Klimawandels im 19. Jahrhundert ist sein Werk eine wichtige Referenzgröße.[54] Auch die 1890 erschienen Studie des Berner Professors für Geologie Eduard Brückner ist hier zu nennen. Seine Studie über Klimaschwankungen seit 1700 gehört bis heute zu den umfassendsten und empirisch interessantesten Untersuchungen historischen Klimawandels.[55] Brückners Ansatz bestand darin, die variierenden Wasserstände der Meere und Seen im Hinblick auf Klimaschwankungen und damit im Hinblick auf Klimawandel zu untersuchen. Beeinflusst von Brückner beschäftigte sich der bereits erwähnte italienische Meteorologe Luigi de Marchi in seiner Publikation von 1895 mit den Gründen der Eiszeit.[56] De Marchi entwickelte im Anschluss an Pouillet mathematische Formeln, um den Klimawandel bezüglich der Eiszeiten berechnen zu können. Diese Arbeit ist für Arrhenius' Texte deswegen so wichtig, weil de Marchi keine Theorie entwickelte, die sich auf das Kohlenstoffdioxid in der Atmosphäre bezog. Die dafür notwendige Diskursposition lieferte erst Arrhenius, indem er die Erkenntnisse von Ernst Lecher mit dem Treibhauseffekt kombiniert. Mit Högbom und Arrhenius ist am Ende des 19. Jahrhunderts die Relation von Klima und Konsum nach einer langen diskursiven Genese ausgestaltet worden. Wie eingangs zu diesem Kapitel erläutert, verdeutlicht die Retrospektive in die Jahrhunderte davor, dass allein die Faszination der Gletscher als europäisches empirisches Anschauungsmaterial diese Korrelation von Klima und Konsum ermöglichten.

Klimaphänomenologische Differenzerfahrungen in den Alpen

Damit überhaupt Klimawandel diskursiv konstituiert werden konnte, bedurfte es bestimmter Auffälligkeiten, die sich aus Differenzerfahrungen ableiten ließen. Auf singuläre Wetterereignisse allein konnten sie sich nicht beziehen, sondern

54 Vgl. Franz von Czerny, Die Veränderlichkeit des Klimas und ihre Ursachen, Wien/Pest/Leipzig 1881.

55 Vgl. Eduard Brückner, Klimaschwankungen seit 1700 nebst Bemerkungen über die Klimaschwankungen der Diluvialzeit, Wien/Olmütz 1890.

56 De Marchi, Le cause (wie Anm. 35), S. 209: „*La temperatura dell' atmosfera quale è definita dalle nostre formole non si può ammettere come equivalente alla effettiva temperatura media dell' atmosfera, ossia alla media delle temperature corrispondenti alle diverse altezze, ma è una funzione assai più complessa.*"

benötigten signifikante Häufungen von ähnlichen, in der Differenz zum Vorher außergewöhnlichen Wetterphänomenen. Das bedeutet, die Konstitution von Klimawandel besteht darin, dass er einen über Jahrzehnte währenden Reflex benötigte, um überhaupt eine Distinktion von Wetter und Klima zu ermöglichen.[57] Nur regelmäßige und vor allem systematische sowie langwährende Wetteraufzeichnungen sowie die Speicherung von Wetterdaten hätten es zugelassen, generationenübergreifenden bestimmten Wetterphänomenen das Wort Klima, Klimawandel und deren Begrifflichkeiten zuzuschreiben. Diese systematischen Wetteraufzeichnungen gab es aber erst ab der zweiten Hälfte des 18. Jahrhunderts beispielsweise im Augustinerstift Rottenbuch, in Innsbruck, durchgeführt von Franz von Zallinger zum Thurn, und im Benediktinerkloster Kremsmünster. Reinhard Ferdinand Nießner geht in seinem Beitrag zu diesem Sammelband ausführlich darauf ein.[58] Doch auch diese Wetterdaten reichten nicht dafür aus, dass Klimawandel in der Frühen Neuzeit hätte aus ihnen konstituiert werden können.

Trotz der weitgehend fehlenden systematischen Wettererfassung vor der zweiten Hälfte des 18. Jahrhunderts ist es möglich, durch phänomenologische Differenzerfahrung auf Klimawandel zu schließen. Allerdings ging dies nur an jenen Orten, an denen Klimawandel oder -schwankungen tatsächlich auch ästhetisch signifikante Differenzerfahrung zuließen. Besonders geeignet waren die anwachsenden oder abschmelzenden Gletscherzungen und Gletscherspuren, wie Findlinge, gekritzte Felsen sowie Moränen in den Alpen oder in deren Vorland. Zeitgemäße Beschreibungen dieser ästhetisch wahrnehmbaren Veränderungen der Gletscher lassen heute Klimaschwankungen in den vergangenen Jahrhunderten vor den Wetteraufzeichnungen am Ende des 18. Jahrhunderts erahnen. Der Grund für die Aufzeichnung von Wahrnehmungen der Gletscherausdehnung vor dem ausgehenden 18. Jahrhundert waren zufällige Erwähnungen in Urkunden. Meist regelten sie Besitz. Spätere Erwähnungen wurden durch Zerstörungen von Bauwerken oder das Überdecken von Weideland veranlasst. Gletscherzungen tangierten Eigentumsverhältnisse und hatten deswegen Einfluss auf Produktion und

---

57 Klima umfasst in seinem Begriff quantitativ viele ähnliche Wetter über einen langen Zeitraum, die eine Klimacharakteristik ergeben. Das Beispiel, das hier in diesem Beitrag verhandelt wird, ist die Ausdehnung der Gletscher in den Tiroler und Schweizer Alpen. Zu Klima und Wetter allgemein: Dieter Walch / Harald Frater (Hg.), Wetter und Klima. Das Spiel der Elemente – atmosphärische Prozesse verstehen und deuten, Darmstadt 2004.

58 Vgl. den Aufsatz von Reinhard Ferdinand Nießner in diesem Band über Franz von Zallinger zum Thurn und dessen Innsbrucker Wetteraufzeichnungen, die er bis zu seinem Tod durchgeführt hat.

Konsum. Der größte österreichische Gletscher und zugleich der größte Gletscher der Ostalpen, die Pasterze unterhalb des Großglockners, führt den Klimawandel in ihrem Namen: Pasterze wird aus dem Slowenischen abgeleitet und verweist auf den Hirten (*pastir*). Eine entsprechende sagenhafte Erzählung, die das Motiv der Berner Blüemlisalp in sich trägt, schreibt der Pasterze zu, ehemals fruchtbarstes Weideland gewesen zu sein.[59] Für das Anwachsen der Gletscher in der zweiten Hälfte des 16. Jahrhunderts und am Ende des 18. Jahrhunderts gibt es eine ganze Reihe von verschriftlichten Beobachtungen vor allem in Savoyen, der Schweiz und in Tirol.

Gletscherphänomenologie und Glaziologie ab dem 12. Jahrhundert

Heinz J. Zumbühl veröffentliche 1980 eine inzwischen prominente Studie über die Gletscherphänomenologie seit dem 12. Jahrhundert am Beispiel der beiden Grindelwaldgletscher. Er führte darin alle ihm verfügbaren Zeugnisse, Text wie Bild, über den Unteren und den Oberen Grindelwaldgletscher an. Die Sammlung Zumbühls lässt einige Diskurspositionen analysieren. Die mittelalterlichen Erwähnungen des Grindelwaldgletschers betreffen vor allem die Beschreibungen von Grundstücksangelegenheiten, welche die Lage von Grundstücken zu Nachbargrundstücken oder geologischen Auffälligkeiten in Relation setzen. So werden auch die Gletscherzungen der beiden Grindelwaldgletscher in einer Urkunde zwischen dem Augustiner Chorherrenstift Interlaken und den beiden Herren Walther und Conrad von Uspunnen (genannt Wädiswyl) erfasst, weil sie die Lage einer Alpe definiert.[60] Damit sind die Gletscher ein Mittel zum Zweck der Lokalisierung von Besitz und Eigentum, aber die Beschreibung der Gletscher

59 Heinz J. Zumbühl, Die Klimaschwankungen der Grindelwaldgletscher in den historischen Bild- und Schriftquellen des 12. bis 19. Jahrhundert. Ein Beitrag zur Gletschergeschichte und Erforschung des Alpenraums, Basel 1980.

60 Als Beispiel diene die Lagebeschreibung der Alp Mettenberg: „*Notum sit ergo universis presens scriptum inspecturis vel audituris, quod cum ego Wal. et C. frater meus, domini de Husponon, dicti de Wediswile, ex privilegio F. quondam imperatoris, patris H. imperatoris, ecclesie Interlacensi collato plene intellexerimus, terram cum monte qui dicitur Metenberch, que sita sunt in Grindelwalt a glacie inferiori usque ad superiorem, de jure pertinere ad ecclesiam Interlacensem, recognovimus nos mala fide possedisse. Unde jam dictam terram cum alpe ejusdem montis et omnibus appendiciis suis a glacie inferiori usque ad superiorem libere et absque omni conditione restituimus ecclesie jam dicte, nichil nobis juris in eisdem reservantes.*“ Fontes Rerum Bernensium, Bd. 2, Bern 1877, S. 279.

dient nicht zum unmittelbaren Zweck der Gletscherphänomenologie. Wichtiger erscheinen neben diesen Urkunden und Urbaren andere Zeugnisse, in denen der Untere Grindelwaldgletscher zum Aktanten wird. Wegen des ariden und heißen Sommers des Jahres 1540 zog sich der Gletscher merklich zurück. Drei Jahrzehnte später ab den 1570er Jahren veränderte sich die Situation und das Phänomen der Kleinen Eiszeit setzte sich klimatisch durch. Wolfgang Behringer verwies auf die Aufzeichnungen des Sebastian Schertlin von Burtenbach in diesen Jahren.[61] Auch naturwissenschaftlich nachweisbar wuchsen seit den 1570er Jahren die Alpengletscher wieder an, nachdem selbst die Talböden der Grindelwaldgletscher als Weideland in der Mitte des 16. Jahrhunderts genutzt werden konnten.[62] Der Verlust dieser Weideflächen schlug sich wiederum in Chroniken und Urkunden nieder, weil die Abweichung von Gewohnheiten Differenzerfahrungen ermöglichten. Als ein Abweichendes konnten sie schriftlichen Niederschlag finden. Zumbühl greift mitunter auf Franz Joseph Hugis, aber auch auf andere Berichte aus dem 18. und 19. Jahrhundert zurück, die wiederum auf Pfarrchroniken von Grindelwald ihre Erkenntnisse sammelten.[63] Bemerkenswert ist das wohl erste literarische Denkmal, das einem Gletscher gesetzt wurde. Es sollte eine erstaunliche Rezeption erfahren. Der Pfarrer von Muri, Hans Rudolph Rebmann, dichtete in einem „poetischen Gespräch" zweier Berge über den Unteren Grindelwaldgletscher und dessen Ausdehnung.[64]

---

61 Wolfgang Behringer / Hartmut Lehmann / Christian Pfister, Kulturelle Konsequenzen der „Kleinen Eiszeit". Eine Annäherung an die Thematik, in: Dies. (Hg.), Kulturelle Konsequenzen der „Kleinen Eiszeit". Cultural Consequences of the „Little Ice Age", Göttingen 2005, S. 7–27, hier: S. 7. Zum Egodokument: Sebastian Schertlin von Burtenbach, Leben und Taten des weiland wohledlen Ritters Sebastian Schertlin von Burtenbach, München 1910.

62 Über die dendrochronologische Analyse und Holzringanalyse von Baumstümpfen in Gletschermoränen datierte Ausdehnungen der Schweizer Gletscher: Hanspeter Holzhauser, Auf dem Holzweg zur Gletschergeschichte, in: Hallers Landschaften und Gletscher. Beiträge zu den Veranstaltungen der Akademien Schweiz 2008 zum Jubiläumsjahr „Haller 300", in: Sonderdruck aus den Mitteilungen der Naturforschenden Gesellschaft in Bern 66, 2009, S. 173–208, hier: S. 185. Ab der Mitte der zweiten Hälfte des 16. Jahrhunderts dehnen sich die Schweizer Gletscher wieder aus, nachdem eine lange Abschmelzphase seit dem Beginn des Jahrhunderts zu beobachten war.

63 Hugi, Über das Wesen; Ders., Die Gletscher (beide wie Anm. 43).

64 Hans Rudolph Rebmann, Ein neuw, lustig, ersnthafft, poetisch Gastmal und Gespräch zweyer Bergen, in der löblichen Eydgenossenschafft und im Berner Gebiet gelegen: Nemlich deß Niesens und Stockhorns, als zweyer alter Nachbarn, Bern 1606. Zur Familie der Rebmann und der Entstehung des Werks: Hans Rudolf Scheidegger, „Ein

„Bey Petronell am berg füwar
Ein grosser Glettscher hanget dar,
Hat gantz bedeckt dasselbig ort
Mit Heusren muss man rucken fort.
Stosst vor im weg das Erderich
Bäum Heuser Felsen wunderlich
Der Mettenberg an oberer Seit
Darauff das Schrickshorn sicht man weit
Hat auch sein Weiden b' sonderbar.
Der ander Glettscher obenhar
Der noch der grösser ist im Land
Damit würckt wunder Gotteshand.“

Rebmanns „*Petronell am berg füwar*“ bezeichnet eine verwüstete Kapelle, St. Petronella, die bis zum ungewissen Zeitpunkt ihrer Zerstörung durch den Gletscher eine Wallfahrtskirche gewesen war. Die Verwüstung von St. Petronella und von einigen Bauernhäusern Grindelwalds war ein überregional bekanntes Phänomen des Gletscherwachstums, das bis in die Mitte des 17. Jahrhunderts immer wieder erzählt wurde und auch noch im 18. Jahrhundert von Johan Jakob Scheuchzer beschrieben wurde. In Matthäus Merians Topographia Helveticae von 1642 wird die Zerstörung und der Zustand des Grindelwaldgletschers ohne genaue Zeitangabe beschrieben. „*Es mag dieser Berg, geliebter Leser, vor andern für etwas sonders und wohl für ein miraculum naturae gehalten werden.* [...] *Es ist nicht weit davon der Orth Capellen S. Petronel gewesen,* [...] *welchen Orth dieses Bergs Eygenschafft zum Wachsthumb sythero bedecket hat: Gestalt dann die Landleuthe dort herum observiren unnd bezeugen, daß dieser Berg dergestalt wachse unnd seinen Grund oder Erden vor sich her schiebe, daß wo zuvor eine schöne Matten oder Wiesen gewesen, dieselbe davon vergehe, unnd zum rauhen wüsten Berg werde. Ja an etlichen Orten man ime ums dieses seines Wachsthumbs willen, mit denen darauf und daran gestanden Bawren Häuser oder Hütten, haben weichen müssen: Es wachsen auch auß ihm grosse ruhe Schrollen oder Eyßschlupen, wie auch Steine, unnd ganze Felsenstück, die der Orths befindliche Häuser, Bäume und anders von sich beyseits in die Höhe schieben.*“[65] Die Ausdehnung des Unteren Grindelwaldgletschers setzte sich, so lässt sich Merian interpretieren, bis zum Erscheinen der „*Topographia*

poetisch Gespräch zwischen Niesen und Stockhorn...“, in: Jahrbuch vom Thuner und Brienzersee 1994, S. 143–152.

65 Matthäus Merian, Topographia Helvetiae, Rhaetiae, Et Valesiae, Das ist, Beschreibung und Eigentliche Abbildung der Vornehmbsten Stätte und Plätz in der Hochlöblichen Eydgenoßschafft, Graubünden, Wallis, und etlicher Zugewandten Orten, Frankfurt a.M. 1642, S. 26 f.

Helvetiae“ 1642 fort. Aber Merian ist bekannt dafür, dass seine Beschreibungen auf frühere lokale Texte und Ansichten zurückgehen. Deswegen sollte nicht allzu viel auf das Jahr 1642 gegeben werden. Jedoch hat Hanspeter Holzhauser mit Dendrochronologie und der C14-Methode bestätigt, dass die Gletscherausdehnung von den 1570er Jahren fast ein Jahrhundert bis 1678 andauerte.[66] Auffällig weist Merians Text einige Ähnlichkeiten mit dem Gedicht von Hans Rudolph Rebmann und auch mit dem seines Sohns Valentin Rebmann neu herausgegebenen Gedicht von 1620 auf. Nahe liegen die Textbestandteile und Positionen zusammen.

> *„Im Erdtreich wachst er immerdar,*
> *Das Landleut klarlich nemmen war,*
> *Wie er den grund stosst fürer bass,*
> *Da vor ein schöne Matte was,*
> *Ist jetzt grewlich wüst bedeckt,*
> *Mit Gletscher, der offt kracht und kleckt,*
> *Wirfft thüffe Schründ, herd, sand, und stein,*
> *Holtz, und was sonst für wust gemein,*
> *Würffts auss Morgens und Abends zwar,*
> *Wan es in heyssen tagen war,*
> *Gwint er sein spält und schründ mit krache,*
> *Als wolt er einen Donner machen,*
> *Also wachsst er fürbas all Jahr.*“[67]

Der Berg/Gletscher als Gottes/Naturwunder.
Merian: „*Es mag dieser Berg vor andern für etwas sonders und wohl für ein miraculum naturae gehalten werden.*“
Hans Rudolph Rebmann: „*Der noch der grösser ist im Land / Damit würckt wunder Gotteshand.*“

St. Petronell zerstört.
Merian: „*Capellen S. Petronel gewesen,* [...] *welchen Orth dieses Bergs Eygenschafft zum Wachsthumb sythero bedecket hat.*“
Hans Rudolpf Rebmann: „*Bey Petronell am berg füwar / Ein grosser Glettscher hanget dar / Hat gantz bedeckt dasselbig ort.*“

---

66 Holzhauser, Holzweg (wie Anm. 62), S. 185. Holzhausers Befund steht in gewisser Weise im Widerspruch zum Maunderminimum, das von 1645–1715 angenommen wird. Der Grund für die Gletscherausdehnung im Alpenraum kann folglich nicht nur auf die Sonnenfleckenaktivität zurückgeführt werden.

67 Zitiert nach: Zumbühl, Klimaschwankungen (wie Anm. 59), S. 18.

Landleute nehmen Wachstum an überdeckten Wiesen wahr.
Merian: „(1) *Gestalt dann die Landleuthe dort herum observiren unnd bezeugen,* (2) *daß dieser Berg dergestalt wachse unnd* (3) *seinen Grund oder Erden vor sich her schiebe,* (4) *daß wo zuvor eine schöne Matten oder Wiesen gewesen, dieselbe davon vergehe, unnd zum* (5) *rauhen wüsten Berg werde.*"
Hans Rudolph Rebmann: „(3) *Stosst vor im weg das Erderich.*"
Valentin Rebmann: „(2) *Im Erdtreich wachst er immerdar /* (1) *Das Landleut klarlich nemmen war / Wie er den grund stosst fürer bass /* (4) *Da vor ein schöne Matte was /* (5) *Ist jetzt grewlich wüst bedeckt.*"

Häuser müssen neugebaut werden.
Merian: „*Ja an etlichen Orten man ime ums dieses seines Wachsthumbs willen, mit denen darauf und daran gestanden Bawren Häuser oder Hütten, haben weichen müssen.*"
Hans Rudolph Rebmann: „*Mit Heusren muss man rucken fort/ Bäum Heuser Felsen wunderlich*"

Vielmals beruhen die Beschreibungen und Stiche von Merian auf einer guten Bibliotheksrecherche. Deswegen wäre die Beschreibung von 1642 allein kein Indiz für das Anwachsen des Unteren Grindelwaldgletschers, weil sie sich sehr offensichtlich auf die Gedichte von 1606 und 1620 bezieht. Dies belegen die Ähnlichkeiten der Diskurspositionen Rebmanns und Merians. Damit ist eine berühmte Stelle von Johann Jakob Scheuchzer ebenso von ihrer Datierung problematisch, denn Scheuchzer verweist darin explizit auf Merian: „*Addunt ex Mariani Topograph. Helv. p. 26. motum veluti progressivum quo terminos suos magis magisque soleant protendere, et esempli loco afferunt Divae Petronellae sacellum, in Grindelia valle, glacie totem opertum, et sede sua depulsum, quae adhuc dum digitis demonstrari solet, terram item adjacentem, una cum arboribus, casis stabilisiert et pascuis remoras, ut insola aliorsum casas suas migrare dependentium causa non miraculo alicui, quid verum physicarum imperiti somniant, sed omnio causi naturalibus adsorbii debet.*"[68] Scheuchzer bezieht sich also keineswegs auf das Jahr 1642, sondern entweder auf 1606 oder, sollte der Zustand des Unteren Grindelwaldgletschers auch 1620 angehalten haben, auf letzteres Datum. Jedoch sollte diese Datierungsfrage nicht den Beitrag schmälern, den Johann Jakob Scheuchzer mit seinem umfangreichen Werk „*Ouresiphoites Helveticus, sive itinera per Helvetiae alpinas*

68 Johann Jakob Scheuchzer, Ouresiphoites Helveticus, sive itinera per Helvetiae alpinas regions, 4 Bde., Leyden 1723, hier: Bd. 4, S. 287.

regiones" im Jahr 1723 herausbrachte. Die Ausgabe von 1723 vereint Reisen und Exkursionen des Naturwissenschaftlers aus den Jahren 1701–1711 in vier Bänden und verzeichnet die Schweiz als erste große und sehr genaue Landesbeschreibung, die kultur- aber vor allem naturwissenschaftliche Aspekte berücksichtigt. Für die Gletscherforschung ist vor allem der zweite Band von Interesse, der thematisch Gletscherbeschreibungen und das von Scheuchzer gesammelte Wissen über die jeweiligen Schweizer Gletscher umfasst. Wie sein gesamtes Werk haben auch diese Landesbeschreibungen enzyklopädischen Charakter. Systematisch sammelt er sie und verweist auf die Literatur seiner Zeit: So definiert er beschreibend, was Gletscher seien und wie sie entstünden, sogar auf eine mögliche etymologische Herkunft des Namens „Alpen" weist er – Alpes, Alpos, Albos –, weil die Berge ewig weiß erschienen.[69] Die Ästhetik dieser weißen Berge mache die Alpen so anziehend. „*Causas admirandi hujus Phaenomeni quod nos media etiam aestate summa cum delectatione intuemur quotidie, explicuimus alibi.*"[70] Auf den Seiten 281 bis 286 referierte Scheuchzer die Forschungsgeschichte bezüglich der Gletscher. Dort bezieht er sich vor allem auf Johannes Heinrich Hottinger, der eine Beschreibung der Schweizer Gletscher vor Scheuchzer im Jahre 1706 vorgelegt hatte.[71] Ebenso verweist Scheuchzer auf Rebmanns Gedicht über die Grindelwaldgletscher und auf die schon erwähnte Beschreibung Matthäus Merians. Für Scheuchzer sind Gletscher wie auch für Rebmann und Merian ein Wunder oder gar ein Gotteswunder, das sich verändert, das einer Naturgewalt wie einem Fluss gleicht, dem sich die Baugrenze nicht zu sehr nähern sollte. In diesem Diskurs liegt auch Albrecht von Hallers Gedicht „*Die Alpen*". Sein Panegyrikus und Scheuchzers Beschreibung und systematische Erfassung der Schweiz sind beide auf ihre Weise verantwortlich, dass der Alpendiskurs und das ewige Eis auf den Bergen zu mächtigen Diskursbestandteilen des 18. und 19. Jahrhunderts wurden.[72] Aber ein weiterführender Aspekt, beispielsweise ein exzeptioneller oder spektakulärer Klimawandel, findet sich bei diesen Autoren noch nicht. Dieser Schritt vollzieht sich erst in den 1740er Jahren.

1742 bereiste der Genfer Pierre Martel das Tal von Chamonix. Von dieser Reise blieb der Text: „*Voyage aux glacières du Faucigny*". Martel verfasste ihn als Brief

69 „*Montes perpetua Nive tectos, Alpes, quasi Alpos seu Albos, ex quorundam Philologorum mente dici constat.*" Ebd., Bd. 2, S. 280.

70 Ebd., S. 281.

71 Johannes Heinrich Hottinger, Descriptio montium glacialium Helveticorum, Zürich 1706.

72 Albrecht von Haller, Alpen, in: Ders., Hallers Versuch Schweizerischer Gedichten, Bern 1732, S. 1–25, hier: S. 17.

an William Windham, der 1741 dieselbe Reise unternommen hatte. Der Genfer beschrieb, wie er die Gletscher und deren Umgebung untersuchte und feststellte, Gletscher wachsen in bestimmten Epochen an, in anderen schmelzen sie ab. „*Les glacières et la vallée de glace augmentent et ne sont pas toujours dans le même état. Les glaces augmentent ou diminuent suivant le temps. Il y a apparence qu'elles ont été beaucoup plus abondantes. Il y a lieu de croire qu'elles ont du avoir plus de 80 pieds au dessus du lieu où elles sont actuellement, par les vestiges qui y sont restés.*“[73] („Die Gletscher und das Eistal nehmen zu und sind nicht immer in demselben Zustand. Das Eis nimmt mit der Zeit zu oder ab. Es scheint, dass sie sich stark zurückgezogen hätten. Es gibt durch die Spuren Grund zu der Annahme, dass sie mehr als 80 Fuß über dem Ort gewesen sein müssen, wo sie aktuell sind.“)

Dreißig Jahre nach Martel bereiste Gottlieb Sigmund Gruner die helvetischen Gletscher. Auch seine Reise brachte einen Text hervor: „*Reisen durch die merkwürdigsten Gegenden Helvetiens*“, London/Bern 1778. Sein Werk ist wesentlich umfangreicher als das von Martel. Es stellt eine Bestandsaufnahme der Schweizer Gletscher in den 1770er Jahren dar. Auch in Gruners Text wird historischer Wandel der Gletschergrößen konstatiert. So sei der zur Reise Gruners gegenwärtige Zustand des Rhonegletschers 1778 kleiner als jene Ausdehnung, die in den Kupferstichen von Johann Jakob Scheuchzer festzustellen sei, deren Vorlagen der Naturforscher während seiner Reise etwa 1710 als Zeichnungen anfertigen ließ und in seinem „*Ouresiphoites Helveticus, sive itinera per Helvetiae alpinas regiones*“ als Kupferstiche hat veröffentlichen lassen.[74]

Einen Kupferdruck, den Gruner in seinem Text erwähnte, stellt den Rhonegletscher dar. Der Gletscher scheint aus zwei Teilen zu bestehen. Der obere Teil zeigt eine zerklüftete Gletscherzunge, die aus den Bergen herabfallend brüchig, mit kleinen herauskragenden sowie chaotisch anmutenden Eispyramiden wie ein kleines Eisgebirge wirkt. Gipfel um Gipfel drängt sich dicht an dicht. Der Zeichner, auf dessen Vorlage der Kupferdruck zurückgeht, stand frontal zum Gletscher. Rechts im Bild wird der Gletscher durch einen Berg eingeschränkt, der in der Legende als Mont Furca bezeichnet wird. Die kleinen Eisgipfel des Gletschers enden in einer haubenartigen Viertelkugel, wohl eine Art Schutthügel aus Eis, in den die Gletscherzunge mit ihren zerklüfteten Eisgipfeln am Talgrund übergeht. Jedoch wird nicht erkenntlich, wie diese Bestandteile des Gletschers zusammengehören. Ein Bachlauf tritt aus dieser Viertelkugel aus. Er vereinigt sich

---

73 Pierre Martel, Voyage aux glacières de Faucigny 1742, in: William Windham / Ders., Relations de leurs deux voyages aux glaciers de Chamonix, Genf 1879, S. 35–68, hier: S. 48.

74 Scheuchzer, Ouresiphoites Helveticus (wie Anm. 68), Bd. 2, S. 278.

mit einem weiteren Bachlauf zur Rhone. Dieser Befund des Kupferstichs wird von einem Gemälde von William Pars von 1770/71 bestätigt. Pars wählte nicht den frontalen Blick von Süden nach Norden, sondern von West nach Ost zum Furka hin, der den Hintergrund seines Gemäldes bildet. Seinen Standpunkt wählte er direkt vor der haubenartigen Viertelkugel, die allerdings weniger mächtig wirkt als bei Scheuchzer. In dieser Ansicht wird deutlich, um was es sich dabei handelt. Diese Art des Gletschers, der eine Kugel oder einen Fächer ausbildet, heißt Vorlandgletscher. Die zerklüftete Gletscherzunge, die zusammen mit der Viertelkugel den Vorlandgletscher bildet, vollzieht einen diagonalen Bildaufbau. Pars Gemälde entstand annähernd zu dem Zeitpunkt, als Gruner die Schweizer Alpen bereiste. Seine Darstellung des Rhonegletschers wirkt sehr real-mimetisch. Ein direkter sowie naiver Abgleich dieser Ansicht mit dem Kupferstich Scheuchzers scheint einen eindeutigen Befund zu ergeben: Der Rhonegletscher hat in der Zeit von 1710–1770 an Ausdehnung verloren. Aber eine gewissenhafte Aussage darüber lässt sich nicht treffen, weil der Kupferstich eine ähnliche Perspektive benötigte wie das Gemälde von Pars – oder umgekehrt.

Einen gegenteiligen Befund zum Abschmelzen des Rohnegletschers stellte Gruner am Finsteraargletscher fest. Während unbestimmbarer Zeit sei der Gletscher angewachsen. Auf mündliche Überlieferung berufend, schrieb er, es werde erzählt, ehemals sei der aktuelle Ort eisfrei gewesen und Blüemlisalp genannt worden.[75] Auch den Grindelwaldgletscher beschreibt Gruner als ein sich wandelndes Gebilde, das durch Schwund und Wachstum gekennzeichnet sei. Wiederum bezieht er sich explizit auf Scheuchzers Abbildung.[76] Der Gletscher sei deswegen so interessant, weil er so oft in Kupfer gestochen worden sei. Deswegen könne an den verschiedensten Abbildungen des Gletschers Schwund und Wachstum abgeschätzt werden. „*Keinen, von allen Gletschern, in der Welt ist so viel Ehre bewiese worden, als diesem. Er ist nicht nur von vielen beschrieben, sondern auch zu vielen malen in Kupfer vorgestellt worden. Diese Kupfer, die den Gletscher auf sehr verschiedene Weise vorstellen, dienen aber dazu, den verschiedenen und abwechselnden Anwachs und Abnahm desselben zu zeigen. Die einzelne Zeichnung,* [...] *stellt denselben vor, wie er sich vor etwa 50. Jahren befunden hat. Damals war er größer als jemals, und hatte einen ungeheuren Eisstock an seinem Ende; obenher aber war er beynahe eben.* [...] *Das größere Kupfer oder die Aussicht im Grindelwald, die diese beyde Gletscher in der Ferne zeigt, und etwa 20. Jahr vorher mag*

75 Gottlieb Siegmund Gruner, Reisen durch die merkwürdigsten Gegenden Helvetiens, 2 Bde., London/Bern 1778, 1. Teil, S. 249.

76 Scheuchzer, Ouresiphoites Helveticus (wie Anm. 68), Bd. 3, S. 482.

gemacht worden seyn, stellt denselben vor, wie er zu selbiger Zeit gewesen; und ungefehr anjezo ist.“[77]

Der bereits mehrfach erwähnte Horace-Bénédict de Saussure erhob ebenfalls eine gewichtige Stimme im Gletscherdiskurs. Vor allem die Frage der Schwankungen der Gletschergröße beschäftigte ihn. De Saussure nimmt im 18. Jahrhundert die Schlüsselstellung ein, in dem die beiden Diskurse, Klimawandel bezogen auf Gletscher und Grundlagen, mit denen der Treibhauseffekt durch Fourier entdeckt werden konnte, zusammenlaufen. Ähnlich wie John Tyndall im 19. Jahrhundert war er beides, Bergsteiger und Naturforscher, beziehungsweise Naturwissenschaftler. Der für den Gletscherdiskurs wohl wissenschaftlichste Text des 18. Jahrhunderts findet sich im ersten Band seiner vierbändigen Reiseberichte „*Voyages dans les Alpes*“, veröffentlicht von 1779–1796.[78] Seine Texte weisen mehrere Diskurspositionen auf, die teils schon von anderen Autoren bekannt sind.

1. Gletscher vergrößern und verkleinern sich periodisch.

   „*L'existence des périodes est un fait certain* […].“[79]

2. Es gibt jedoch keine regelmäßigen Perioden, die außerhalb der Köpfe der Menschen existierten.

   „*leur* [les périodes] *régularité seule est imaginaire; mais comme on le fait, la régularité plaît aux hommes, elle semble leur assujettir les événemens, & ce nombre mystérieux de deux fois sept années, assez grand pour que le souvenir de l'état précis des chose se soit effacé de la mémoire de ces bonnes gens qui ne tiennent aucun registre, a pu facilement trouver créance dans leurs esprits.*“[80] („Ihre Regelmäßigkeit ist imaginär. Aber wie es eben ist, die Regelmäßigkeit gefällt den Menschen. Es scheint, sie unterwerfen Ereignisse unter diese Regelmäßigkeiten, und diese geheimnisvolle Zahl von zweimal sieben Jahren, ist groß genug damit die Erinnerung an den genauen Zustand der Dinge aus dem Gedächtnis dieser Männer ausgelöscht wird. Gute Leute, die keine Aufzeichnungen führen, können in ihren Köpfen leicht Glaubwürdigkeit finden.“)

3. In früheren Zeiten müssen die Gletscher wesentlich ausgedehnter gewesen sein.

   „*Le grand glacier des Bois, dans la vallée de Camouni, a eu indubitablement ses glaces anciennement plus hautes & plus étendues qu'elles ne le sont aujourd'hui. Car au dessous de Montanvert, ces glaces sont de 40 ou 50 pieds plus basses que cet amas de débris qui borde le glacier, & que l'on nomme la moraine. Elles doivent pourtant avoir été de niveau*

77 Gruner, Reisen (wie Anm. 75), 2. Teil, S. 13 f.
78 De Saussure (wie Anm. 42), Voyages.
79 Ebd., Bd. 1, S. 463.
80 Ebd.

avec ces débris, & accumulés dans cette place; ce ne sont point des fragments détachés de la montagne même de Montanvert, mais de Granits en masse dont on ne voit des montagnes qu'au haut de la vallée de glace. Et au bas du même glacier, au Nord-Ouest de la sortie de l'Arvéron, on voit jusques sur un grand rocher calcaire, dont je donnerai la description, des blocs de Granit, déposés anciennement par le glacier, qui est aujourd'hui fort en arrière de rocher."[81] („Der große Glacier des Bois im Camouni-Tal [Tal von Chamonix] hatte zweifellos sein Eis, das früher höher und umfangreicher war als heute. Denn unterhalb von Montanvert sind diese Eisschichten 40 oder 50 Fuß tiefer als dieser Trümmerhaufen, der den Gletscher begrenzt und Moräne genannt wird. Sie müssen jedoch auf gleicher Höhe mit diesen Trümmern gewesen sein und sich an dieser Stelle angesammelt haben; es sind keine Fragmente, die vom Berg Montanvert gelöst sind, sondern Granitmassen, die nur im oberen Teil des Eistals in den Bergen zu sehen sind. Und auf dem Boden desselben Gletschers, nordöstlich des Arveron Austritts [Arveyron Austritt ins Tal von Chamonix], kann man auf einem großen Kalkfelsen, den ich beschreiben werde, Granitblöcke sehen, die früher vom Gletscher, der heute weit hinter dem Felsen ist, abgelagert wurden.")

4. Methode: Es bedarf der Sammlung von exakten Daten über einen langen Zeitraum, um Aussagen über Wachstum, Stillstand oder Abnahme von Gletschern machen zu können.

„*Ce ne sera qu'après avoir rassemblé beaucoup de faits, & les avoir comparés avec une grande exactitude pendant une longue suite d'années, que l'on pourra décider avec certidude, si la masse totales glaces augment, diminue, ou demeure constamment la même.*"[82] („Erst wenn man viele Tatsachen gesammelt und sie über eine lange Reihe von Jahren mit großer Genauigkeit verglichen hat, wird es mit Sicherheit möglich sein, zu entscheiden, ob die gesamte Eismasse zunimmt, abnimmt oder sogar konstant bleibt.")

5. Grund für das Abschmelzen von Gletschern ist die innere Wärme der Erde.

„*L'une de ces causes est la chaleur intérieure de la Terre, qui fait fondre les neiges & les glaces, même pendant les froids les plus rigoureux, lorsque leur épaisseur est assez grande pour préserver du froid extérieur les fonds sur lesquels elles reposent.*"[83] („Eine dieser Ursachen ist die innere Hitze der Erde, die Schnee und Eis schmilzt, selbst während der kältesten Stürme, wenn ihre Dicke groß genug ist, um die Untergründe, auf denen sie ruhen, vor der äußeren Kälte zu schützen.")

Horace-Bénédict de Saussure ist der aufgeklärte Forscher der Gletscherphänomenologie und wahrscheinlich auch, bezogen auf die hier analysierten Texte, der erste Glaziologe, der voreilige Erklärungen und Aussagen meidet.

---

81 Ebd., S. 464 f.

82 Ebd., S. 465.

83 Ebd., S. 451, § 532.

Diskursposition 1 stimmt bezogen auf den Diskurs des 17. und 18. Jahrhunderts mit der Gletscherphänomenologie überein: Es ändert sich etwas bei den gegenwärtigen Gletschern an ihrer Ausdehnung. Ob in den Gedichten der beiden Rebmanns, Matthäus Merians Beschreibung in der Topographia, Scheuchzers wiederholende Verweise auf Merian oder durch den Gletscherphänomenologen Gruner, diese Position ist über zwei Jahrhunderte nachweisbar.

Diskursposition 2 ist eine Position der Aufklärer, die sich nicht selten über die Doxa der nicht aufgeklärten Menschen erheben. Die regelmäßigen periodischen Änderungen – sieben Jahre Ausdehnungen und sieben Jahre Zurückziehen der Gletscher – werden in das Reich der Sagen, Mythen und Legenden gerückt, die sich auf ihre Erinnerung, nicht auf Aufzeichnungen und klares Zahlenmaterial berufen. Martel hatte bereits die Diskursposition des periodischen Zunehmens und Abnehmens beschrieben.[84] Auch Martel schreibt nur von „*suivant le temps*" – jedoch nicht von einer geregelten starren Periodizität. Die Doxa der siebenjährigen Periodizität ist im Alpenraum weit verbreitet gewesen. Die zentrale Figur der Tiroler Gletscherphänomenologie und -forschung des 18. Jahrhunderts, Joseph Walcher, der die Tiroler Ferner (Gletscher) besuchte, erhob sich ähnlich über die Doxa der Bergbewohner. Mit ihm war ebenso ein ausgebildeter Naturforscher in den Alpen, vor allem im Bereich der Ötztaleralpen unterwegs, der dezidiert zur Gefahreneinschätzung von Seiten der Habsburger Administration geschickt worden war. Er vertrat folgende Positionen zur Periodizität: „*Von dem Wachsthume der Ferner hört man in Tyrol fast so vieles Fabelhaftes, als in der Schweiz von dem Wachsthume der Gletscher, von welchen man vormals geglaubt hat, daß sie durch sieben Jahre allezeit zu, und durch andre sieben Jahre wiederum abnehmen. Allein beides, das Abnehmen sowohl, als der Wachsthum hängt nur von der Witterung ab, welche in verschiedenen Jahresläuften sehr ungleich ist. Die Ferner nehmen ab, wenn das Eis schmelzet: sie wachsen, wenn entweder durch eine große Kälte ein neues Eis hervorgebracht, oder das in den Thälern sich schon befindende Eis durch die aus den Bergen herabstürzenden Eisstücke mehr aufgehäufte, aber das gar zu viel aufgehäufte von dem noch nachfolgenden fortgeschoben, und sich weiter zu verbreiten gezwungen wird.*"[85]

Walcher geht also von einer Theorie der externen Wärme und Kälte aus, die für die Formation des Gletscherumfangs verantwortlich seien. Er beschäftigte sich in den Ötztaleralpen übrigens mit einem Phänomen, das zur momentan frühesten bekannten bildlichen Gletscherdarstellung führte, dem Rofener Eissee. Dieser

84 Martel, Voyage (wie Anm. 73), S. 48.

85 Joseph Walcher, Nachrichten von den Eisbergen in Tyrol, Frankfurt/Leipzig 1773, S. 5.

Eissee entstand – periodisch, aber ohne Regelmäßigkeit. Eine Mauer aus Eis, die vom Vernagtferner gespeist wurde, staute die Rofener Ache, die aus dem Hintereisferner austrat. Am 20. Juli 1600 brach diese Staumauer, die während der Kaltphase um 1600 entstanden war. Die Flutwelle wirkte vernichtend auf das Ötztal. Sie und vor allem die diskursive Flutwelle, die sich nach diesem Ereignis über ganz Europa verteilte, führte zur Beschäftigung mit den Gletschern (beziehungsweise Ferner), die zuvor, wie von Zumbühl dargestellt, vor allem für die Grenzziehung und somit zur Lokalisierung von Grundstücken notwendig gewesen waren. Der Rofener Eissee, der mit jeder periodisch eintretenden übermäßigen Ausdehnung des Vernagtferners bis ins 19. Jahrhundert hinein immer wieder entstand, gilt als der Beginn der Gletscherphänomenologie und der Glaziologie. Die Katastrophe führte auch zur ersten bildlichen Darstellung eines Alpengletschers von Abraham Jäger, der in einer Tinten- und Aquarellzeichnung den im Jahr 1601 wieder befüllten Rofener Eissee festhielt.[86]

Das Anwachsen der Gletscher um 1773 wird von Joseph Walcher auch mit dem Blüemlisalp-Narrativ beschrieben, wie es sich bei Gruner findet, aber auch an der Pasterze: Viehweiden seien mit Eis überdeckt, der Weinbau nicht mehr in bestimmten Höhenlagen möglich.[87]

Diskursposition 3 unterscheidet sich bei Horace de Saussure von Martel nur durch den Ort der Beobachtung. Für Martel sind es die Gletscher von Faucigny im nördlichen Montblanc-Massiv. Für de Saussure finden sich die Beispiele in direkter Umgebung von Chamonix.

Martel:	„*Il y a lieu de croire qu'elles ont du avoir plus de 80 pieds au dessus du lieu où elles sont actuellement, par les vestiges qui y sont restés.*"[88]
De Saussure:	„*Car au dessous de Montanvert, ces glaces sont de 40 ou 50 pieds plus basses que cet amas de débris qui borde le glacier, & que l'on nomme la moraine. Elles doivent pourtant avoir été de niveau avec ces débris, & accumulés dans cette place.*"[89]

86 Zum Vernagt ferner im diskursiven Feld des 19. Jahrhunderts: Michael Stotter, Die Gletscher des Vernagtthales in Tirol und ihre Geschichte, Innsbruck 1846; Eduard Richter, Zur Geschichte des Vernagtgletschers. Beiträge zur Geschichte und Geographie der Alpen IV, in: Zeitschrift des Deutschen und Österreichischen Alpenvereins 7, 1877, S. 164–168.

87 Walcher, Nachrichten (wie Anm. 85), S. 6.

88 Martel, Voyage (wie Anm. 73), S. 48.

89 De Saussure, Voyages (wie Anm. 42), Bd. 1, S. 464 f.

Diskursposition 4 ist genuin für de Saussure im Vergleich zu den hier besprochenen Texten. Ganz Naturforscher, setzt er auf eine geregelte, klar strukturierte empirische Grundlage. Zahlreiche Messungen über einen langen Zeitraum seien notwendig, um valide Aussagen über generelles Wachstum, Kontinuität oder über Abnahme der Gletscher machen zu können.

Diskursposition 5 betrifft einen der Gründe für das Abschmelzen der Gletscher. Dieser Grund sei die stete innere Wärme der Erde. De Saussure erklärte diese innere Wärme der Erde folgendermaßen: *„Notre Terre a reçu du Soleil, & peut-être d'autres causes qui ne nous sont pas bien connues, un certain degré de Chaleur, qui pass pour être uniforme à la profondeur de 60 ou 80 pieds dans les parties solides de ce Globe; & qui dans ces mêmes parties à cette même profondeur, n'est pas sensiblement affecté par les variations des saisons. Cette chaleur est ce que j'appelle la chaleur intérieure de la Terre.*"[90] („Unsere Erde hat von der Sonne und vielleicht auch von anderen Ursachen, die uns nicht bekannt sind, ein gewisses Maß an Wärme erhalten, das in den festen Teilen dieses Globus in einer Tiefe von 60 oder 80 Fuß gleichmäßig ist; und die in diesen gleichen Teilen in derselben Tiefe, durch die Schwankungen der Jahreszeiten nicht bemerkenswert betroffen ist. Diese Hitze nenne ich die innere Wärme der Erde.") Diese Auffassung von der Erwärmung der Erde ohne Atmosphäre und Treibhauseffekt entspricht den Diskurspositionen der Thermodynamik seiner Zeit. Johann Heinrich Lambert, der sein weit verbreitetes thermodynamisches Werk *„Pyrometrie"* 1779 veröffentlichte, formulierte ähnlich: *„Die Wärme, welche die Erde von der Sonne erhält, zieht sich in dieselbe hinein, und schon aus diesem Grunde wird sie an der Oberfläche schwächer als sie sonst seyn würde. Es geht nun hingegen auch von der Wärme, so die Oberfläche hat, immer ein Theil durch die Luft in die Höhe, wo sie sich, so zu sagen, verliert. Dieser Abgang dauert Tag und Nacht in einem Fort, und ist dato stärker, je wärmer die Erdfläche ist, je kürzer die Tage und je länger die Nächte sind.*"[91] Hätte Lambert die Vorstellung von der Atmosphäre gekannt, wäre von keinem Wärmeverlust die Rede. Die Idee des Hineinziehens der Sonnenwärme in den Erdkörper scheint die vorherrschende Diskursposition des ausgehenden 18. Jahrhunderts gewesen zu sein. Die Atmosphäre muss im Diskurs zwischen Lamberts *„Pyrometrie"* von 1779 und Fouriers *„Mémoire"* von 1827 konstituiert worden sein.[92] Eine genauere Lokalisierung war mir bislang nicht möglich.

90 Ebd., S. 451.

91 Johann Heinrich Lambert, Pyrometrie, Berlin 1779, S. 322.

92 Bislang konnte ich die Diskursposition von der Existenz der Atmosphäre nicht fixieren. Fourier ist sich der Atmosphäre in seinem Mémoire sicher. Also muss diese Position

Die Vorabbeurteilung de Saussures Stellung in dem Gletscherdiskurs bleibt bestehen. Er ist ein aufgeklärter Naturforscher, der sich auf das Wissen seiner Zeit stützt und gleichzeitig dieses Wissen auf eine empirisch gediegene Basis stellt. In seinen thermodynamischen Überlegungen steht er einem der bekanntesten Physiker seiner Zeit, Johann Heinrich Lampert, nicht hinterher. Obgleich de Saussure das Heliothermometer (das von Fourier beschriebene treibhausartige Gefäß) entwickelte, konnte er die Bauart nicht mit dem Aspekt der Atmosphäre verknüpfen, weil er sie nicht kannte. Die Grundlage für Fourier war sein Werk, aber die Kombination von Gletscherdiskurs und atmosphärischem Treibhauseffekt blieb ihm verwehrt. Obwohl er ähnliche Dispositionen wie John Tyndall, die des Bergsteigers und Naturforschers, vorweisen konnte, hätte er den anthropogenen Einfluss auf die Gletscherzunahme beziehungsweise -abnahme noch nicht herstellen können. De Saussure war entscheidend für die Entwicklungen im 19. Jahrhundert. Seine Texte nehmen zentrale Schlüsselpositionen ein, verbleiben aber – und das ist nicht erstaunlich – in den Diskursen ihrer Zeit.

Zusammenfassung zum Diskurs ab 1700

Johann Jakob Scheuchzer und auch Albrecht von Haller mit seinem fulminanten Gedicht „*Die Alpen*" sind beide auf ihre Weise verantwortlich, dass der Alpendiskurs und das ewige Eis auf den Bergen zu mythischen Narrativen des 18. und 19. Jahrhunderts wurden.[93] Phänomene eines noch opaken Wandels waren durch Gruner und Martel in den Gletscherdiskurs im 18. Jahrhundert eingespeist worden. Martel gewann seine Erkenntnis aus materiellen Spuren oberhalb der damals gegenwärtigen Gletscherzunge, Gruner hingegen aus dem Vergleich mit Abbildungen und mündlichen Erzählung, denen er offensichtlich großes Vertrauen entgegenbrachte. Hallers Gleichsetzung der Berge mit Edelsteinen mag dafür ein Beispiel sein: „*Den ein verjährtes Eiß dem Himmel gleich getürmt / Sein frostiger Krystall schickt alle Strafen wieder / Den die gestiegene Hits im Krebs umsonst bestürmt.*"[94]

Für den Tiroler Joseph Walcher gilt, dass er den Gletscherdiskurs in den Habsburger Landen, danach während der Bayerischen Besatzungszeit und dann

bereits früher aufgeworfen worden sein. Dieser entscheidende Teil der historischen Klimadiskursforschung bleibt erst noch ein Desiderat.

93 Albrecht von Haller, Alpen (wie Anm. 72), S. 17.

94 Ebd.

während des Deutschen Bunds und Österreich-Ungarn mitbestimmte.[95] Seine Beiträge zum Diskurs sind phänomenologischer Natur. Er war ebenso wie de Saussure ein aufgeklärter Naturforscher, der sich fern der Narrative der Alpenbewohner hielt und starke systematisierende Elemente in seiner Phänomenologie aufweist. Für die anthropogenen Einflüsse auf die Gletschervariation und den Klimawandel gibt es bei ihm noch keine Anzeichen. Zu diesen Texten gesellen sich noch eine Reihe weitere im 18. Jahrhundert, die hier unerwähnt blieben. Ein Verweis darf zumindest auf die beiden folgenden Werke nicht fehlen: Johann Georg Altmann mit seinem Werk: „*Versuch einer historischen und physischen Beschreibung der helvetischen Eisbergen*".[96] Auch der Stuttgarter Gottlieb Conrad Christian Storr beschrieb in seiner „*Alpenreise vom Jahre 1781*" ebenfalls die Alpengletscher aus naturforschender Perspektive.[97]

Fazit

So wichtig das 19. Jahrhundert für die Konstitution der anthropogenen Einflüsse auf das Klima war, so wichtig waren die Jahrhunderte davor für das 19. Jahrhundert gewesen. Es lassen sich drei Phasen feststellen: Ab 1600 schienen die Gletscher, bedingt durch die Kälteperiode ab den 1570er Jahren, die Aufmerksamkeit der Alpenbewohner zu erregen, weil sie Zerstörungen anrichteten. Der Ausbruch des Rofener Eissees 1601 ist ebenso Anzeichen dafür, wie der Untere Grindelwaldgletscher, der zerstörerisch auf St. Petronell und einige Bauernhäuser wirkte. Diese Phase von 1600 bis 1700 ließe sich als eine *Intentionalitätsphase* des Gletscherdiskurses bezeichnen, in der Zerstörungen für eine erhöhte Aufmerksamkeit sorgten. Dazu gehören die Rebmanns, Merian und auch bis zu einem bestimmten Teil Scheuchzer. Zu einem anderen Teil gehört Scheuchzer bereits in eine andere Phase. Er, Hottinger, dann aber vor allem Martell, Gruner und de Saussure stehen für die *Phänomenologiephase*. Deskription und Klassifikation von Gletschern unter einem dezidiert naturforschenden Aspekt gaben sie sich zur Aufgabe. Die dritte Phase ist die *Analyse- und Explikationsphase* aufgrund guter empirischer Grundlagen. Erst im 19. Jahrhundert wurde diese Phase möglich: Schimper, Agassiz, Hugi, Tyndall, de Marchi und Arrhenius stehen mitunter dafür. Durch Schimper und Agassiz verschob sich der Schwerpunkt vom

95 Walcher beeinflusste Zallinger zum Thurn, Johann Georg von Aretin, Joseph Duile und Philipp Krapf.

96 Johann Georg Altmann, Versuch einer historischen und physischen Beschreibung der helvetischen Eisberge, Zürich 1751.

97 Gottlieb Conrad Christian Storr, Alpenreise vom Jahre 1781, Leipzig 1784.

Gletscherdiskurs zu einem Eiszeitdiskurs. Durch diese Transformation konnte der Jahrhunderte alte Gletscherdiskurs erst in einen Klimawandeldiskurs mutieren, der auch anthropogene Einflüsse nicht übersah, sondern sie dezidiert berücksichtigte. Svante Arrhenius als zentrale Figur für den Klimwandeldiskurs zu begreifen, ist zulässig, weil er mit seinem Aufsatz eine Neuschreibung des Diskurses vorgenommen hat. Der anthropogene Einfluss auf den Klimawandel durch den Treibhauseffekt wird präzise gefasst. Sein genuiner Beitrag zum Klimawandeldiskurs besteht darin, Ernst Lechers Kohlenstoffdioxid-Position mit der von Fourier, de Marchis und Högboms verbunden zu haben. Ernst Lechers Beitrag zum Kohlenstoffdioxid darf dabei nicht unterschätzt werden. Ohne seinen Nachweis, das Kohlenstoffdioxid spiele die entscheidende Rolle für den Treibhauseffekt, hätte Arrhenius nicht den aus unserer Perspektive entscheidenden Schritt gehen können, um seine Diskursposition zu formulieren.

Konsum, Verbrauch und Nutzung von Ressourcen und ihre Auswirkungen auf das Klima würden ohne diese Jahrhunderte des diskursiven Vorlaufs heute wohl nicht so präsent sein. Eine große Chance für das 21. Jahrhundert hätte darin gelegen, wenn der konsumbedingte Klimawandel schon früher in das Bewusstsein der Gesellschaften vorgedrungen wäre. In der Diskursforschung zeigt sich oft die Erkenntnis, dass selbst wenn in Fachdiskursen tiefgreifende Erkenntnisse vorliegen, sie nicht ausreichen, um auch politische Relevanz zu erlangen. Um 1900, die Jahre um das Publikationsjahr von Svante Arrhenius' Aufsatz, gab es wesentlich virulentere Diskurse, als den eines Fouriers, Lechers, Arrhenius' und Högboms. Der Klimawandel konnte offenbar zu einer Zeit, in der Konsum, exothermer Rauch, Qualm und Industrie positiv belegt waren, nicht als ein globales Problem erkannt werden. Insofern ist es nicht verwunderlich, dass es einige Jahrzehnte dauerte, bis es Hermann Flohn Ende der 1970er Jahre gelang, die Weltöffentlichkeit für den Klimawandel durch den anthropogenen Treibhauseffekt zu sensibilisieren. Seitdem sind Klima und Konsum miteinander in der breiten Weltöffentlichkeit verknüpft. Sie provozieren in ihrer Korrelation die Frage nach der zukünftigen Lebensqualität. Eine Antwort darauf, wie zu handeln sei, um Lebensqualität zu erhalten, käme nun spät, aber vielleicht noch nicht zu spät.

Reinhard Ferdinand Nießner

Überschwemmungen und Wetterbeobachtung. Zwei Forschungs- und Wissensfelder in Franz von Zallingers Werk

Spanning a period of five decades, the work of Jesuit scientist Franz von Zallinger zum Thurn (1743–1828) represent highly valuable sources for the environmental history of Tyrol. While his two areas of inquiry and expertise, weather observations and floodings, have been fairly well explored by historians and climatologists, the question that remains is how these two fields of knowledge are interrelated. This article analyses the five decades of meteorological records between 1777 and 1828, a valuable source for the historical climatology of Tyrol, and the book "Abhandlung von den Überschwemmungen in Tyrol" ("Of floodings in Tyrol") from 1779, one of the first contributions to the study of mountain torrent obstruction. In addition, Zallinger's handwritten materials, preserved in the Tyrolian State Museum Ferdinandeum, are consulted to explore the interrelation between the two areas of inquiry. In doing so, the study contributes both to the historical climatology of Tyrol and to the environmental history of mountain torrents in the late 18th century.

Einleitung

„*Man konnte* [Franz von Zallinger zum Thurn, RFN] [...] *nur bethend, lesend oder schreibend* [an]*treffen, und in diesen Beschäftigungen selbst fand er seine einzige Erholung.*"[1] Mit diesen Worten charakterisierte ein Zeitgenosse den

1 [Andreas Alois Dipauli], Innsbrucker meteorologische Beobachtungen von fünfzig Jahren mit einer Uebersicht derselben von Franz von Zallinger zum Thurn [...], hg. v. Ausschuss des Ferdinandeums, Innsbruck 1833, S. 3–51, hier: S. 39. Diese fast 50 Seiten umfassende biographische Skizze ist als die wohl ausführlichste und detailreichste Arbeit zu Leben und Werk des 1743 in Bozen geborenen und 1828 in Innsbruck verstorbenen Franz von Zallinger zum Thurn zu charakterisieren. Die Publikation enthält einen Anhang biographischer Skizzen der beiden Brüder Franz von Zallingers, Jakob Anton (1735–1813) (S. 52–71) und Johann Baptist (1731–1785) (S. 72–76), sowie von Joseph Peter von Zallinger (1730–1805) (S. 77–94), einem entfernten Verwandten. Zugleich ist dem Werk eine Tabelle der gesamten Wetteraufzeichnungen Zallingers vom 1.1.1777 bis zum 30.9.1828 beigefügt, in der sowohl der Luftdruck als auch die

ehemaligen Jesuitenpater und Professor für Mathematik und Physik, Franz von Zallinger zum Thurn (1743–1828). Dadurch avanciert der in Bozen geborene Geistliche aber noch keineswegs zu einem interessanten Akteur für umweltgeschichtliche Betrachtungen. Dennoch bilden gerade seine intensive wissenschaftliche Beschäftigung und seine von vielen Seiten gerühmte Gelehrsamkeit die Grundlage dafür, dass sich die beiden Forschungs- und Wissensfelder – Überschwemmungen und Wetterbeobachtung – im Werk des Naturwissenschaftlers hervorragend und gleich in zweifacher Hinsicht für umwelt- und klimageschichtliche Fragestellungen anbieten.

Zum einen gilt Zallingers „*Abhandlung von den Überschwemmungen in Tyrol*"[2] als (Früh-)Klassiker der Wildbach- und Flussverbauung.[3] Zum anderen beobachtete er über ein halbes Jahrhundert hinweg akribisch die Witterung in Innsbruck, führte täglich mehrmals meteorologische Messungen durch und veröffentlichte die Ergebnisse seiner Wetteraufzeichnungen in verschiedenen Publikationsorganen. Damit zählt er zu den Pionieren einer systematischen, modernen

---

Temperatur wie auch die täglichen Witterungsverhältnisse verzeichnet sind. Diese Tabelle entspricht der fünfzigjährigen Wetterbeobachtung und Temperaturreihe Zallingers. Ebenso enthält sie die letzte Publikation Zallingers: Bemerkungen über meteorologische Beobachtungen von fünfzig Jahren, nämlich von 1777 bis 1826, S. 95–107. Im Folgenden wird sowohl die Tabelle als auch die Publikation zitiert als: Zallinger, Bemerkungen. Für Kritik und Einwände bedanke ich mich herzlich bei Eberhard Merk, Irene Pallua, Maria Buck, Julian Lahner, Nadja Hendricks, Stefan Lindl, Odinn Meldsted, Gisela Drossbach und Marc Holländer.

2 Franz Zallinger zum Thurn, Abhandlung von den Überschwemmungen in Tyrol, Innsbruck 1779. Diese Abhandlung stellt eine erweiterte und umfangreichere Überarbeitung der 1778 in lateinischer Sprache erschienenen Ausgabe dar. Vgl. Ders., De caussis et remediis inundationum in Tyroli, Innsbruck 1778.

3 Vgl. Stefan Lindl, Der Tiroler Lech. Wildfluss oder Mythos vom Wildfluss, in: Ders. u.a. (Hg.), Der gezähmte Lech. Ein Fluss der Extreme, München 2014, S. 91–104, hier: S. 95–97; Herbert Killian, Der Kampf gegen Wildbäche und Lawinen im Spannungsfeld von Zentralismus und Föderalismus. Eine historische Studie. Teil I: Die historischen Grundlagen (Mitteilungen der Forstlichen Bundesversuchsanstalt Wien 164), Wien 1990, S. 35–38; Herbert Aulitzky, Über die Geschichte der Wildbachverbauung in Österreich, in: Historische Wasserwirtschaft im Alpenraum und an der Donau, hg. v. Deutschen Verband für Wasserwirtschaft und Kulturbau, bearb. v. Werner Konold, Stuttgart 1994, S. 201–227, hier: S. 204 f., nennt Zallinger „den ersten Vertreter des forsttechnischen Systems der Wildbachverbauung". 100 Jahre Wildbachverbauung in Österreich. 1884–1984, hg. v. Bundesministerium für Land- und Forstwirtschaft, Klagenfurt 1984, S. 13; Franz Fliri, Das Klima der Alpen im Raume von Tirol (Monographien zur Landeskunde Tirols 1), Innsbruck/München 1975, S. 19.

Wetteraufzeichnung, wenngleich er dafür bislang kaum gewürdigt wurde.[4] So liegen insgesamt auch nur einige wenige Beiträge zu seinem Leben und Werk vor.[5] Es darf daher auch kaum verwundern, dass die beiden für Zallinger wichtigen Wissensfelder, Überschwemmungen und Wetterbeobachtung, in der Forschung bisher nicht miteinander in Beziehung gesetzt wurden. Die Frage nach dem Wechselverhältnis der beiden Forschungs- und Wissensfelder muss dementsprechend sowohl in umweltgeschichtlicher als auch in werkgeschichtlicher Perspektive als Desiderat charakterisiert werden.

Nimmt man nun verschiedene Hochwassersereignisse in Tirol im ausgehenden 18. Jahrhundert unter umweltgeschichtlichen Gesichtspunkten in den Blick, so wird deutlich, dass die „*Abhandlung von den Überschwemmungen*" von zentraler Bedeutung ist. Darin spiegelt sich nicht nur der zeitgenössische Horizont und Wissensstand im Bereich der Wasserbaukunst im Allgemeinen wider. Diese Studie bereichert zudem den wasserbautechnischen Diskurs um die spezifische Problematik der Wildbachverbauung in Gebirgsregionen. Die von Zallinger aufgezeichnete Temperaturreihe und seine Wetterbeobachtungen ermöglichen darüber hinaus eine Rekonstruktion der klimatischen und meteorologischen Verhältnisse bei Überschwemmungen in der Landeshauptstadt Innsbruck und ihrer näheren Umgebung.

Folgender Beitrag rekonstruiert das Wechselverhältnis der Analyse von Hochwasserereignissen in Tirol und den meteorologischen Aufzeichnungen in Innsbruck im Werk des Geistlichen und Naturwissenschaftlers. Dafür wird zunächst nach Zallingers Wissensproduktion zwischen Theorie und Praxis im Feld der Wetterbeobachtung und der Überschwemmungen gefragt. Sodann liegt der Fokus auf den beiden Wissens- und Forschungsfeldern selbst. Dabei sind folgende

---

4 Vgl. Franz Fliri, Die Witterung von Innsbruck in der Periode 1777 bis 1828, in: Wetter und Leben 48, 1996, S. 49–85, hier: S. 57, weist beispielsweise auf die „Inhomogenität" der Temperaturreihe hin, die er auf S. 52 vor allem auf „schwerwiegende Veränderungen der Thermometer Aufstellung" zurückführt. Vgl. ebenso: Helmut Teutsch, Die Reduktion der 200-jährigen Innsbrucker Temperaturreihe 1777–1976, Diss., Innsbruck 1978.

5 Zur Biographie immer noch am ausführlichsten: [Dipauli], Franz von Zallinger (wie Anm. 1). Zu verschiedenen Aspekten seines Werkes und seiner Biographie liegen einzelne Beiträge vor. Vgl. Erika Kustatscher, Beten um das Heil. Das Böse und das Leid im Denken des Bozner Naturwissenschaftlers Franz von Zallinger SJ (1743–1828), in: Der Schlern 81, 4, 2007, S. 26–32; Ernst Attlmayr, Die fünf gelehrten Naturwissenschaftler von Zallinger aus Bozen, in: Beiträge zur Technikgeschichte Tirols 2, 1970, S. 36–43, hier: S. 39–41; Siegmund Günther, Der Innsbrucker Mathematiker und Geophysiker Franz Zallinger (1743–1828), in: Bibliotheca Mathematica 3/3, 1902, S. 208–225.

forschungsleitende Fragen zu beantworten: Welchen Stellenwert nahmen natürliche, meteorologische, wie auch anthropogene und theologische Erklärungen und Deutungsmuster von Naturphänomenen bei Zallinger ein und welche Konzeption gesellschaftlicher Naturverhältnisse ist dahinter erkennbar? Wozu führte der Naturwissenschaftler über 50 Jahre hinweg meteorologische Messungen und Beobachtungen durch? Im Anschluss daran wird nach dem Verhältnis der beiden Wissensfelder zueinander gefragt. Liegt ein produktives Wechselverhältnis vor oder stehen sie in Zallingers Werk disparat nebeneinander? Abschließend wird der *Nutzen und Nachteil* der Forschungs- und Wissensfelder für aktuelle umweltgeschichtliche Forschungen eruiert und ausgelotet.

Wissen und Wissensproduktion zwischen Theorie und Praxis

In der Vorrede seiner „*Abhandlung von den Überschwemmungen*“ macht der Autor seinen wissenschaftlichen Standort und seine Ausrichtung deutlich. Ausgangspunkt der Untersuchung sei sowohl die zeitgenössisch aktuelle Naturlehre als auch „*die Mathematik, die Versuche, und die Beobachtungen*“.[6] Ein profundes und „*geschicktes Urtheil*“ von dem „*Wasserbaue in Tyrol*“ erlaube jedoch nur die Kombination von Theorie und Praxis, bei der „*die Erfahrung, und eine gute Theorie*“ gleichberechtigt nebeneinanderstünden.[7] Im Folgenden steht die Frage im Vordergrund, ob Zallinger, ungeachtet dessen, dass er hier auf Versuche und Beobachtungen als empirische Grundlage seines Wissens rekurriert, als Professor nicht eher als Theoretiker denn als Praktiker einzustufen ist.

Seine Ausführungen, die er teils mit verschiedenen Beispielen aus Tirol zu untermauern suchte, waren als „*Ermunterung* [s]*einer Landsleute zur Wasserbaukunst*“[8] konzipiert. Die Praxis der Wildbach- und Flussverbauung oblag demnach nicht ihm, sondern den Wasserbaumeistern, die er in seinen Vorlesungen ausbildete.[9] Sein Werk sollte in der Praxis Anwendung finden und

6 Zallinger, Überschwemmungen (Vorrede ohne Folierung und Paginierung) (wie Anm. 2).

7 Ebd.

8 „*Wasserbaukunst*“ galt zeitgenössisch als Wissenschaft, die sich mit verschiedensten Bauwerken in stehenden und fließenden Gewässern befasste. Vgl. Art. Wasserbau-Kunst, in: Lucas Voch, Lexicon über die Hydraulik und Hydrotechnik, oder: Handbuch der Kunstwörter bey dem Brunnen und Wasserbaue, Augsburg 1774, S. 100.

9 Beispielsweise war Joseph Duile (1776–1863) ein Schüler Zallingers. Er war ab 1816 in Innsbruck bei der Provinzial-Baudirektion tätig und trat 1826 selbst als Autor eines Werkes zur „*Verbauung der Wildbäche*“ in Erscheinung. Vgl. dazu: [Dipauli], Franz von Zallinger (wie Anm. 1), S. 11; Attlmayr, Fünf Gelehrte (wie Anm. 5), S. 40; Joseph

richtete sich daher explizit an die „*practischen Wasserbauverständigen*" in Tirol.[10] Mit dieser auf die Praxis hin orientierten Ausrichtung, die einen verbesserten Hochwasserschutz zu versprechen schien, war zugleich der „*gemeine Nutzen*" wie auch Zallingers „*Eifer für das gemeine Beste unsers Vaterlandes*"[11] angesprochen. Angesichts des sich bei den Zeitgenossen verbreiteten Eindrucks zunehmender Überschwemmungsereignisse in Tirol galt es, „*den Ursprung dieses Unheils zu entdecken, und geschickte Vorkehrungen zu treffen*".[12]

Eine starke abstrakt-wissenschaftliche Orientierung schlägt sich vor allem in dem einleitenden, 33 Seiten umfassenden Theorieteil nieder. Gleiches gilt für die das gesamte Werk durchziehenden Querverweise auf andere Kapitel; von den insgesamt 42 Querverweisen bezieht sich exakt ein Drittel auf den einleitenden Theorieteil. Dieses innerwerkliche Verweissystem erhöht zum einen die Kohärenz der Abhandlung und verdeutlicht zum anderen die theoretische Komplexität der Wasserbaukunst des 18. Jahrhunderts. Ein weiterer Beleg für eine starke theoretische Ausrichtung Zallingers bilden seine auf „Erfahrung" und „Beobachtung" gegründeten und angeführten Fallbeispiele. Auch wenn die Begriffe auf Praxiswissen hindeuten, handelt es sich hierbei nicht um eigenes, aus der Praxis generiertes, sondern vielmehr um tradiertes Wissen. Den überwiegenden Teil seiner angeführten Beispiele hat der Naturwissenschaftler nämlich nicht unmittelbar selbst beobachtet, sondern der zeitgenössischen Publizistik zur Wasserbaukunst entnommen oder ist ihm von Wasserbaumeistern zugetragen worden. Dies spiegelt sich wider in Formulierungen wie „*Ich höre, daß* [...]", „*wie ich es aus sichern Nachrichten habe*" oder „*wie ich sicher hörte*".[13] Dieser Befund auf sprachlicher Ebene erscheint umso plausibler, als dass Zallinger seine eigenen Beobachtungen deutlich als solche akzentuierte. So rekurriert er beispielsweise an drei Stellen auf eine Überschwemmung im September 1776 in Bozen, die er selber miterlebt

---

Duile, Ueber Verbauung der Wildbäche in Gebirgs-Ländern, vorzüglich in der Provinz Tirol, und Vorarlberg. Zum Gebrauche für Bau- und Forstbeamte, Obrigkeiten, Seelsorger, und Gemeinds-Vorstände, Innsbruck 1826.

10 Unter „*Wasserbauverständigen*" oder „*Wasserbaumeister*" verstand man zeitgenössisch Personen, die sich mit der „*Wasserbaukunst*" auseinandersetzten. Sie mussten in verschiedenen wissenschaftlichen Bereichen, wie der „*Rechen-Kunst, Meß Kunde, Trigonometrie, Mechanik, Hydraulick, Hydrostatick, Aerometrie und Naturlehre*" bewandert sein. Vgl. Art. Wasser-Bau-Meister, in: Voch, Lexicon (wie Anm. 8), S. 100.

11 Zallinger, Überschwemmungen (Vorrede ohne Folierung und Paginierung) (wie Anm. 2).

12 Ebd.

13 Ebd., S. 88, 79, 95. Weitere Beispiele finden sich in: ebd., S. 38, 94 f., 105, 132, 147.

habe.[14] Diese Angaben sind darüber hinaus auch biographisch gut nachvollziehbar. Nachdem der Jesuitenorden am 21. Juli 1773 auf Anordnung Papst Clemens XIV. (1705–1774) aufgelöst wurde[15], kehrte der Theologe von der Universität Ingolstadt in seine Heimat Tirol zurück und erhielt in Innsbruck noch im Oktober eine Anstellung an einem Gymnasium.[16] Und bevor er im Jahr 1777 mit den meteorologischen Beobachtungen in Innsbruck begann, reiste er im Herbst 1776 nach Bozen zu seiner Familie.[17] Gleiches gilt für eine seiner Beobachtungen von 1767 über eine Brücke über die Fersina in Trient, wo Zallinger im gleichen Jahr als Gymnasiallehrer tätig war.[18]

Eine Analyse der verschiedenen Schriften des Naturwissenschaftlers zu den Wetterbeobachtungen zeigt dagegen deutlich, dass sein primäres Erkenntnisinteresse der experimentellen Ermittlung der durchschnittlichen Tages-, Monats- und Jahrestemperatur für Innsbruck galt.[19] So empfand Zallinger *„große Lust,* [s]*eine Thermometer Beobachtungen mit gleichzeitigen anderer Orte zu vergleichen“*.[20] Dafür konnte er auf meteorologische Daten aus Wien aus den Jahren 1777 bis 1791 zurückgreifen. Er wusste auch, dass in Mannheim unter Kurfürst Karl Theodor (1724–1799) und Johann Jakob Hemmer (1733–1790) seit 1780 mit der *„Societas*

---

14 Vgl. ebd., S. 116, 118, 158 f.

15 Vgl. Markus Friedrich, Die Jesuiten. Aufstieg, Niedergang, Neubeginn, München/Berlin 2016, S. 544–547.

16 Vgl. [Dipauli], Franz von Zallinger (wie Anm. 1), S. 7.

17 Vgl. ebd., S. 7 f.

18 Vgl. Tiroler Landesmuseum Ferdinandeum, Dip. 726, Pos. V, Beyträge zu Jakob v. Zallingers Biographie von seinem Bruder Franz v. Zallinger. Mit mehreren Zusätzen, fol. 1r; [Dipauli], Franz von Zallinger (wie Anm. 1), S. 5. In Trient hätte sich bei der Brücke über die Fersina einerseits eine Sandbank gebildet, die den Durchfluss hinderte, andererseits und konsequenterweise hätte sich deswegen der Fluss beim noch bestehenden Durchfluss unter der Brücke so tief in das Bett eingegraben, dass die Brückenpfeiler zusehends unterspült wurden. Auf eine ähnliche und ebenso eigene Beobachtung an der Innbrücke in Innsbruck rekurrierte der Naturgelehrte ebenfalls in seinem Werk. Vgl. Zallinger, Überschwemmungen (wie Anm. 2), S. 148 f., 174.

19 Vgl. Franz Zallinger, Auszug meteorologischer Beobachtung von dreyßig Jahren zu Innsbruck mit einer Anwendung auf das letzte Jahr 1807, in: Der Sammler für Geschichte und Statistik von Tirol 4, Innsbruck 1808, S. 1–30, hier: S. 1 f. Des Weiteren sind zu nennen: Ders., Witterungsbeobachtungen nebst einigen Höhenmessungen mit dem Barometer vorgetragen von Franz von Zallinger, Innsbruck 1784; Ders., Vergleichung einiger Beobachtungen des Thermometers und Barometers in Roveredo und Innsbruck, in: Der Sammler für Geschichte und Statistik von Tirol 5, Innsbruck 1809, S. 109–122; Zallinger, Bemerkungen (wie Anm. 1).

20 Zallinger, Beobachtung von dreyßig Jahren (wie Anm. 19), S. 10.

Meteorolgica Palatina" ein europaweites Netz an Messstationen aufgebaut wurde und, dass in München jährlich Ephemeriden herausgegeben wurden.[21] Gerne hätte Zallinger seine meteorologischen Beobachtungen mit diesen von ihm sehr geschätzten Daten verglichen. Dass er dies nicht konnte, bedauerte er zutiefst: „[A]*ber ihre Werke sind mir noch nicht zu Händen gekommen.*"[22] Ein Jahr später war es ihm dafür möglich, einen weiteren Temperatur- und Luftdruckvergleich anzustellen. Ihm standen inzwischen Messungen der Jahre 1800 bis 1808 von Joseph Bonfioli aus Rovereto zur Verfügung.[23]

Weitere experimentelle Messungen auf dem Gebiet der Astronomie führte er ab den 1770er bis 1793 durch. Auf Anfrage des ehemaligen Jesuiten und Professors für Mathematik, Ignaz von Weinhart (1705–1787), sollte Zallinger die geographische Länge und Breite Innsbrucks und Tirols ermitteln.[24] Weinhart, der die sogenannten „Bauernkartographen", Peter Anich (1723–1766), Blasius Hueber (1735–1814) und Anton Kirchebner (1750–1831) bei der Erstellung des Atlas Tyrolensis sowie bei Karten der österreichischen Vorlande unterstütze, hatte wohl Bedenken, was die Richtigkeit der von ihnen verwendeten Daten aus dem Jahr 1725 anbelangte, und bat daher Zallinger eigenständig Messungen durchzuführen.[25]

---

21 Die „*Ephemerides Societatis Meteorologicae Palatinae*" erschienen für die Jahre von 1781 bis 1792 und umfassten 39 Messstationen, die von München mit einem Netz von 21 Stationen erschienen in den Jahren 1781 bis 1789. Zu Johann Jakob Hemmer und der Meteorologischen Gesellschaft Mannheim: vgl. Kai Budde, Johann Jakob Hemmer. Geistlicher, Sprachforscher, Physiker und Meteorologe, in: Gerhard Bauer u.a. (Hg.), „Di Fernunft Siget." Der kurpfälzische Universalgelehrte Johann Jakob Hemmer (1733–1790) und sein Werk (Jahrbuch für Internationale Germanistik 103), Bern u.a. 2010, S. 13–37, hier: S. 30–36; Albert Cappel, Societas Meteorologica Palatina (1780–1795), in: Symposium anlässlich der 200. Wiederkehr des Gründungsjahres der Societas Meteorologica Palatina, Mannheim, 13.–15. Oktober 1980 (Annalen der Meteorologie, N.F. 16), Offenbach am Main 1980, S. 10–27; John Kington, The weather of the 1780s over Europe, Cambridge 1988, S. 11–14.

22 Zallinger, Beobachtung von dreyßig Jahren (wie Anm. 19), S. 10.

23 Vgl. Zallinger, Vergleichung (wie Anm. 19).

24 Zallinger wurde dem alternden Professor Weinhart auf dessen Wunsch per Gubernialdekret vom 22.8.1775 zur Seite gestellt. Zallinger übernahm vor allem die „*physischen und mechanischen Experimental-Kollegien*", bis er im April 1777 den Lehrstuhl für Physik und 1780 schließlich wiederum Weinharts Lehrstuhl für Mathematik übernahm. Vgl. [Dipauli], Franz von Zallinger (wie Anm. 1), S. 8 f., 14.

25 Vgl. ebd., S. 14–16; Tiroler Landesmuseum Ferdinandeum, Dip. 726, Pos. VII, Beyträge zu Geographie von Tirol, von Franz v. Zallinger. Zum Atlas Tyrolensis und den „Bauernkartographen": vgl. Atlas Tyrolensis. Die großen Kartographen aus Oberperfuss/Tirol, hg. v. Max Edlinger, Innsbruck u.a. 1981; Nikolaus Grass, Zum geistesgeschichtlichen

Darüber hinaus hatte er aber noch weitere, zumeist theoretisch versierte Interessen an wissenschaftlichen Debatten im Bereich der Meteorologie. Beispielsweise meinte er eine mathematische Herleitung der Durchschnittstemperatur nach Höhe und Entfernung vom Äquator nach Tobias Mayer (1723–1762) durch seine langjährigen Aufzeichnungen bestätigen zu können.[26] Zallinger errechnete die theoretisch angenommene Temperatur von 7,5 Grad Réaumur für Innsbruck aufgrund der Meereshöhe und der „geographischen Breite" Innsbrucks nach Mayers hergeleiteter Formel.[27] Da sich aus seinen dreißigjährigen Aufzeichnungen die gleiche mittlere Temperatur ergab, sah er die theoretische Herleitung bestätigt. Gleiches, das heißt eine Übereinstimmung der theoretisch hergeleiteten und der experimentell gemessenen und errechneten Temperatur konnte der Geistliche für Rovereto nachweisen.[28] Siegmund Günther hat bereits vor mehr als 100 Jahren darauf hingewiesen, dass diese Übereinstimmungen nur dem Zufall geschuldet waren.[29] Eine weitere Forschungskontroverse, an der Zallinger partizipierte, widmete sich dem Zusammenhang von Veränderungen des Luftdrucks, der Witterung und der Mondphasen.[30]

Zallinger generierte sein Wissen über Hochwasser und das Wetter zum einen experimentell auf empirischer Basis, zum anderen aber durch theoriegeleitete Forschung und Fragestellungen. Ungeachtet dessen, dass seine Darstellung zu den Überschwemmungen für die Praxis bestimmt war, baut sie vorwiegend auf einem soliden theoretischen Fundament auf, was die praktischen Hinweise zur Verbauung von Wildbächen wissenschaftlich legitimieren sollte. Die Wissensproduktion im Feld der Überschwemmungen ist daher als tendenziell theoriegeleitet zu

---

Standort des Atlas Tyrolensis (1774) von Peter Anich und Blasius Hueber. Die Tiroler Nicasius Grammatici und Ignaz Weinhart und die Mathematiker- und Astronomentradition der Universität Ingolstadt, in: Tiroler Heimat 58, 1994, S. 107–119.

26 Vgl. Zallinger, Beobachtungen von dreyßig Jahren (wie Anm. 19), S. 4 f. Zu Johann Tobias Mayer und seiner Herleitung: vgl. Siegmund Günther, Art. Mayer, Johann Tobias, in: Allgemeine Deutsche Biographie 21, 1885, S. 109–116, hier: S. 112.

27 Zallinger, Beobachtungen von dreyßig Jahren (wie Anm. 19), S. 4.

28 Vgl. Zallinger, Vergleichung (wie Anm. 19), S. 121 f.: „[S]*o bleibt der mittlere Wärmegrad für Roveredo nach Herrn Mayr = 10.78* [Grad Réaumur, RFN], *so nicht viel von dem oben bestimmten 10,45* [Grad Réaumur, RFN] *verschieden ist.*"

29 Vgl. Günther, Zallinger (wie Anm. 5), S. 214 f.

30 Vgl. Zallinger, Witterungsbeobachtungen (wie Anm. 19), S. 13–22. Dabei kommt Zallinger zu folgendem Schluss: „*Aus diesen Anmerkungen läßt sich zwar vermuthlich auf eine Verbindung des Barometers und des Wetters mit dem Monde schließen; doch scheint mir selbe gering, wegen andern Nebenursachen sehr verwickelt, und kaum einer genauen Bestimmung fähig zu seyn.*"

bezeichnen. Der Ausgangspunkt seiner Wetteraufzeichnungen war demgegenüber rein empirischen Charakters. Dies gilt auch für sein Wissen im Bereich der Kartographie, der Höhenmessung wie auch der Astronomie. In diesen Wissensfeldern verfügte Zallinger über ausgewiesenes praktisches Wissen und Expertise.[31] Erst eine eingehende Analyse seiner über viele Jahre hinweg experimentell generierten Daten ermöglichte es ihm, seine Ergebnisse in diversen wissenschaftlichen Kontexten theoretisch zu verorten und zugleich eine Klimatographie Tirols beziehungsweise Innsbrucks zu erstellen.

Überschwemmungen und gesellschaftliche Naturverhältnisse in Tirol

Ab der zweiten Hälfte des 18. Jahrhunderts kann von einer wahrnehmungsgeschichtlich feststellbaren Zunahme von Hochwasserereignissen an Wildbächen und Flüssen in Tirol gesprochen werden. Vor diesem Hintergrund beschäftigte sich Zallinger mit diesem zusehends gefährlicher werdenden Phänomen. Viele seiner Zeitgenossen meinten in den 1770er Jahren, Überschwemmungen seien „*bey unseren Tagen weit vielfältiger, und schädlicher*" als früher.[32] Der Naturwissenschaftler entwickelte im Bereich dieser Thematik differenzierte Betrachtungen zu Ursachen, Auswirkungen und Prävention. Eine genaue Analyse der „*Abhandlung von den Überschwemmungen in Tyrol*" eröffnet interessante umweltgeschichtliche Perspektiven auf die gesellschaftlichen Naturverhältnisse an Tiroler Wildbächen und Flüssen.

Gleich in dreifacher Hinsicht differenziert Zallinger die Ursachen der zunehmend häufiger und intensiver auftretenden Hochwasserereignisse. Neben einer rein naturwissenschaftlichen Erklärung finden sich eine dazu komplementäre, theologische Deutung sowie Verweise auf dezidiert anthropogene Faktoren.

1. Natürliche Ursachen von Überschwemmungen seien heftige und anhaltende Regenfälle und Schneeschmelze in den Alpen. Doch die genauen meteorologischen Ursachen der Niederschläge und des Abschmelzens des Schnees werden

---

31 Dieses praktische Wissen wurde auch vom Oberösterreichischen Landesgubernium in Innsbruck in Anspruch genommen. So sollte Zallinger 1783 die Instrumente des Oberarcheninspektors Gottlieb Samuel Besser besser auf ihren Geldwert schätzen. Vgl. dazu: Tiroler Landesmuseum Ferdinandeum, Dip. 978, Pos. XI, Gutachten und Berichte des k. k. Professors Franz v. Zallinger vom Jahre 1783 über die Errichtung von Blitzableitern auf den Pulvermagazinen der Bergwerke am Falkenstein [Schwaz, RFN] und zu Fierozzo [deutsch Florutz, RFN], fol. 8v.

32 Zallinger, Überschwemmungen (wie Anm. 2), S. 70.

dagegen als äußerst komplex eingestuft. Angesichts der „*unzähligen Ursachen*" der „*Veränderungen in unserm Dunstkreise*" sei „*es nicht wohl möglich die wirklich vordringenden* [Ursachen, RFN] *mit einer Gewißheit zu bestimmen*".[33] Ungeachtet dieser Ungewissheit glaubte Zallinger „*heftigen Regen, und einer häufigen Schmelzung des Schnees* [...] *meistenteils dem Südwestwinde*", das heißt dem Föhn-Wind, zuschreiben zu können.[34]

2. Eine theologische Deutung der Überschwemmungsursachen steht gleichberechtigt neben der naturwissenschaftlichen Erklärung. Beispielsweise argumentiert er, dass das „*hohe Steigen der Flüsse, und Bäche* [...] *nicht in unserer Willkühr*"[35] stehe. Denn über die Menge von Regen und Schnee entscheide schließlich Gott allein, „*der allezeit Mittel genug hat uns zu strafen*".[36] Diese straftheologisch anmutende Argumentation impliziert zunächst eine Machtlosigkeit des Menschen gegenüber einer als unveränderbar und gottgegeben verstandenen Natur.
3. Sodann wird auf anthropogene Ursachen von Überschwemmungen wie die Holztrift und den Holzschlag verwiesen. Die Menschen dürften keineswegs aufgrund „*träge*[r] *Sorglosigkeit jene Mittel verabsäumen, die er* [Gott, RFN] *uns selbst dem Uebel abzuhelfen an die Hand gab*".[37] Die Rolle des Menschen in der Natur reflektiert Zallinger im Hinblick auf die Überschwemmungen folglich doppelt differenziert. Einerseits müssten sich die Menschen selbst und eigenverantwortlich vor Hochwassergefahren schützen, die von der Natur und von Gott ausgehen. Andererseits sei der Mensch selbst Teil des (Umwelt-) Systems, das er durch spezifische Schutzmaßnahmen und Nutzungsweisen permanent ändern kann und auch verändert. Menschliche Praktiken an Wildbächen und Flüssen, wie etwa deren Verbauung und die Holztrift, erkannte Zallinger daher gleichermaßen als Lösung und Problem für die feststellbare Häufung von Hochwasserereignissen.

Die Konzeption der gesellschaftlichen Naturverhältnisse an Tiroler Wildbächen und Flüssen in Zallingers Abhandlung möchte ich nachfolgend besonders hervorheben und ausführen.[38] Natur und Umwelt, darunter zählt nicht zuletzt auch das

33 Ebd., S. 43.

34 Ebd., S. 44, 46.

35 Ebd., S. 69.

36 Ebd., S. 70.

37 Ebd.

38 Zum Konzept gesellschaftlicher Naturverhältnisse: vgl. Thomas Jahn / Peter Wehling, Gesellschaftliche Naturverhältnisse – Konturen eines theoretischen Konzepts, in: Karl-Werner Brand (Hg.), Soziologie und Natur. Theoretische Perspektiven, Opladen

Klima[39], galten dem Naturwissenschaftler zufolge als gottgegeben. Damit muten sie zunächst unveränderbar an. Dieser Schein trügt jedoch, denn die Rechnung ist noch ohne den Menschen gemacht. Ungeachtet dessen, dass Natur und Umwelt von Zallinger als gottgegeben und damit als konstante, unveränderbare Größen konzipiert werden, agiert der Mensch in diesem System, wirkt beständig darauf ein und wird folgerichtig von diesem System selbst in seinen Möglichkeiten – sowohl in den eigenen Grenzen als auch in den offenen Handlungsspielräumen – beschränkt oder bestärkt, kurz: beeinflusst. Damit schreibt Zallinger dem Menschen

---

1998, S. 75–93. Als Beispiel einer gelungenen umweltgeschichtlichen Umsetzung des Konzepts: vgl. Daniel Speich, Helvetische Meliorationen. Die Neuordnung der gesellschaftlichen Naturverhältnisse an der Linth (1783–1823) (Interferenzen 6), Zürich 2003.

39 Ebenso wie Zallinger die Natur im Hinblick auf die Überschwemmungen als zunächst gottgegeben und unveränderbar charakterisiert, so erscheinen ihm auch klimatische Faktoren als stabil und kaum veränderbar. Innerhalb dieses Verständnisses finden sich aber sowohl im Wissensfeld der Überschwemmungen als auch im Feld der Wetterbeobachtung naturwissenschaftlich geprägte Andeutungen, die auf eine mögliche Veränderbarkeit und damit auf Wandel hindeuten. Sein Beitrag zur Klimatographie Tirols ist daher als ein sehr früher Versuch zu bezeichnen, dass Klima statistisch aus dem Wetter herzuleiten. Das Wetter selbst schien ihm unberechenbar, kurzlebig und damit kaum vorhersagbar. Das Klima jedoch, das er als relativ stabil und damit gottgegeben betrachtete, ließ sich aus seinen Wetterbeobachtungen statistisch ablesen. Damit wird auch ersichtlich, warum sich naturwissenschaftliche und theologische Deutungen in seinem Werk nicht kategorisch ausschließen mussten. Wie Zallinger seine theologische und seine naturwissenschaftliche Tätigkeit miteinander in Einklang brachte, erschließt sich auch aus einem wissenschaftlichen Gutachten für ein Marienbild, dass ab 1797 in Absam, einem kleinen Ort unweit von Innsbruck, scheinbar auf einer Glasscheibe zu erkennen war und so zu einem beliebten Wallfahrtsort avancierte. Dabei kommt Zallinger zwar zu dem Schluss, dass „*sich der Grund dieser Erscheinung* [*aus der Mathematik allein*] *nicht erklären*“ lasse. Aber gleichzeitig wettert er gegen die Volksfrömmigkeit und die populär gewordene Wallfahrt nach Absam, da „*die Religion keiner falschen oder zweifelhaften Wunderwerken bedürftig ist, und diese für selbe schändlich, schädlich und anstossend wären* […] *und die ächten Wunder ihren Werth verlieren*“. Vgl. Tiroler Landesmuseum Ferdinandeum, Dip. 726, Pos. IX, Bemerkungen des k. k. Professors Franz v. Zallinger über das an einer Glasscheibe zu Absam entdeckte Marienbild, S. 5. Vgl. ebenso: Geschichte der Entstehung der neuen Wallfahrt von Absam (Ein Acten-Auszug), in: Sammler für Geschichte und Statistik von Tirol 3, Innsbruck 1808, S. 246–258, hier: S. 248; Johann Jakob Staffler, Tirol und Vorarlberg statistisch, topographisch, mit geschichtlichen Bemerkungen in 2 Theilen, Innsbruck 1841, S. 589 f.

in der Natur ein erhebliches Handlungs- und Gestaltungspotenzial zu, das zugleich als zweischneidig zu charakterisieren wäre. Schützen sich menschliche Gesellschaften vor Naturgefahren – wie die Tiroler Bevölkerung im ausgehenden 18. Jahrhundert vor Überschwemmungen –, so greifen sie aktiv in ihre Umwelt ein und schaffen, ja produzieren dadurch oft weitere, darauffolgende Gefahren. Der Umwelthistoriker Rolf Peter Sieferle spricht in diesem Zusammenhang von „sekundären Gefahren", welche ein erneutes Eingreifen erforderlich machen und auf diese Weise eine sogenannte „Risikospirale" in Gang setzen können.[40]

Im Folgenden veranschauliche ich die Konzeption der gesellschaftlichen Naturverhältnisse an zwei Beispielen der Tiroler Flusslandschaften im ausgehenden 18. Jahrhundert. Das erste Beispiel fokussiert auf natürliche wie auch anthropogene Ursachen der zunehmenden Überschwemmungen, das zweite dagegen auf die von Zallinger vorgeschlagenen, je spezifischen Präventivmaßnahmen an Wildbächen und Flüssen.

In Tirol seien bauliche und technische Vorkehrungen gegen die Überschwemmungen schon immer vonnöten gewesen. Neu und anders sei die Situation aber seit einigen Jahrzehnten, so Zallinger. Wildbach- und Flussverbauung seien ab der Mitte des 18. Jahrhunderts zusehends wichtiger und dringlicher geworden, weil sich zuvor eine „*Unvorsichtigkeit der Menschen*"[41] breit gemacht hätte. Die Zunahme der Überschwemmungen ab der zweiten Hälfte des 18. Jahrhunderts sei daher in erster Linie nicht naturbedingt, sondern anthropogen verursacht.[42] Die natürlichen Ursachen seien nämlich auch in „*vorigen Jahrhunderten*" vorhanden gewesen; hier wird Natur und Umwelt als konstanter Faktor konzipiert. Da die tradierten Ereignisse allerdings nicht so häufig und extrem ausgefallen seien[43],

40 Vgl. Rolf Peter Sieferle, Die Risikospirale, in: Verena Winiwarter (Hg.), Katastrophen in Natur und Umwelt (Wissenschaft und Umwelt interdisziplinär 10), Wien 2006, S. 157–166, hier: S. 157. Nicht zuletzt führt Sieferle sein Konzept am Beispiel des Dammbaus aufgrund von Sedimentablagerungen an Flussläufen als „klassisches Beispiel für eine sekundäre Gefahr" an. Grundlegend beim Konzept der „Risikospirale" ist, dass jeder menschliche Eingriff in die Natur zur Bewältigung von Unsicherheiten, sei es Bodenkultivierung oder Schutz vor Naturgefahren, weitere, sekundäre Gefahren nach sich ziehe. Sieferle geht davon aus, dass es sich dabei „um eine Universalie der Existenz innerhalb einer instabilen Welt" (S. 157) handele.

41 Zallinger, Überschwemmungen (wie Anm. 2), S. 61.

42 Vgl. hierzu dezidiert auch: Lindl, Tiroler Lech (wie Anm. 3), S. 97.

43 Die Gründe und Ursachen für weniger extreme Überschwemmungsereignisse dürfen dabei keineswegs einzig und allein auf die von Zallinger angeführten Punkte zurückgeführt werden. Vielmehr müssen Siedlungsstrukturen, Bevölkerungswachstum, Überlieferungszusammenhänge und dergleichen mehr mitbedacht werden. Dass extreme

geht der Autor davon aus, dass sich seither Veränderungen in den Flusslandschaften vollzogen hatten.[44] Der Professor meinte die Veränderungen in den fluvialen Systemen Tirols vor allem in der von ihm beschriebenen Sohlenerhöhung der Hauptflüsse, die wiederum mit einer erhöhten Geschiebeführung der Wildbäche erklärbar ist, erkannt zu haben. Der Augsburger Historiker Stefan Lindl hat jüngst herausgearbeitet, dass dieser „Geschiebediskurs" genuin Tiroler Wurzeln aufweist und weit bis ins 20. Jahrhundert wirkte.[45] Die Frage jedoch, woher und warum es zu vermehrtem Geröll- und Geschiebetransport in den Wildbächen gekommen war, beantwortet Zallinger mit einem erhöhten Holzbedarf.[46] Daher prangerte er in seinem Werk unkontrollierte Holzschläge in Gebirgslagen immer wieder an und widmete dieser Problematik auch ein eigenständiges Kapitel.[47] Damit partizipierte der Naturwissenschaftler aktiv an dem Diskurs über Holznot und Holzmangel im ausgehenden 18. und beginnenden 19. Jahrhundert, der sowohl in Tirol[48] als auch im Heiligen Römischen Reich Deutscher Nation lebhaft geführt

Hochwasser auch in früheren Jahrhunderten auftraten, besteht kein Zweifel. Für den Ostalpenraum: vgl. Christian Rohr, Extreme Naturereignisse im Ostalpenraum. Naturerfahrung im Spätmittelalter und am Beginn der Neuzeit (Umwelthistorische Forschungen 4), Köln u.a. 2007.

44 Vgl. Zallinger, Überschwemmungen (wie Anm. 2), S. 70.

45 Vgl. Lindl, Tiroler Lech (wie Anm. 3), S. 95–100. Damit wird auch deutlich, dass das von Christian Pfister und Daniel Brändli eingeführte „Abholzungsparadigma", dem zufolge Rodungen im Gebirge Überschwemmungen in den Haupttälern und vor allem im Vorland zeitigen, nicht erstmals in den Pyrenäen auftauchte, sondern bereits in den 1770er Jahren in Tirol von Zallinger, aber auch von Josef Walcher aufgestellt wurde. Vgl. Josef Walcher, Nachrichten von den Eisbergen in Tyrol, Wien 1773. Zum Abholzungsparadigma: vgl. Christian Pfister / Daniel Brändli, Rodungen im Gebirge – Überschwemmungen im Vorland. Ein Deutungsmuster macht Karriere, in: Rolf Peter Sieferle / Helga Breuninger (Hg.), Natur-Bilder. Wahrnehmungen von Natur und Umwelt in der Geschichte, Frankfurt a.M. 1999, S. 297–323, hier: S. 303. Pfister und Brändli verweisen aber auch auf neuere Forschungen, die belegen, dass diese im 18. und 19. Jahrhundert hergestellten Zusammenhänge von gerodeten Gebirgsflächen und daraus resultierenden Überschwemmungen kaum haltbar erscheinen. Damit leisteten sie einen wichtigen Beitrag zur Dekonstruktion des „Abholzungsparadigmas". Vgl. ebd., S. 297 f.

46 Zum steigenden Nutzungsdruck auf die Wälder in der Frühen Neuzeit vgl. Lothar Schilling, Ressourcenkonflikte im Alpenraum. Der Wald der Frühen Neuzeit, in: Wald, Gebirg und Königstraum. Mythos Bayern. Katalog zur Bayerischen Landesausstellung 2018, hg. v. Margot Hamm u.a., Regensburg 2018, S. 34–41.

47 Vgl. Zallinger, Überschwemmungen (wie Anm. 2), S. 61, 83, 99 f., 161–164.

48 Vgl. ebd.; Johann Baptist Zallinger, Abhandlung von den schleunig- und zuverläßlichsten Hülfsmitteln den Ackerbau im Lande Tyrol zu verbessern, und zu vermehren;

wurde.[49] In Nordtirol waren beispielsweise Unmengen an Holz für die Saline in Hall und das Bergwerk in Schwaz nötig. Im Zuge dessen wurde Holz auch in schwer erreichbaren und unzugänglichen Gebieten gerodet; beispielsweise in steilen Berg- und Hanglagen. Durch das Fehlen des Schutzwaldes kam es zu vermehrter Bodenerosion. Dadurch stieg die Flusssohle und konnte daher schneller zu Hochwasser führen. Aufgrund der Knappheit der Ressource Holz und den veränderten Praktiken im Umgang mit ihr entstand eine neuartige, sekundäre Gefahr für Überschwemmungen, die erneutes Handeln und Eingreifen des Menschen erforderlich machte. In diesem Sinne ist Zallingers Buch auch als Weckruf und Handlungsaufruf zur Wildbach- und Flussverbauung zu verstehen, wenn er mahnt: „*Will man sich zur Ausführung dieser Vorschläge* [zur Verbauung, RFN] *nicht bequemen, so muß das Uebel, und die* [sekundäre, RFN] *Gefahr der Ueberschwemmungen vom Jahre zu Jahre zunehmen, und ein jeder muß insonderheit zusehen, wie er sein eigenes Ufer wider die Überschwemmungen bewahre, und nach erfolgter Beschädigung stärker befestige.*“[50]

Als zweites Beispiel sei auf Hochwasserschutzmaßnahmen verwiesen. Was Präventivmaßnahmen betrifft, argumentiert der Autor, dass den Wildbächen in Tirol die gleiche, wenn nicht sogar die größere Aufmerksamkeit geschenkt werden müsse als den Hauptströmen, der Etsch und dem Inn. Großflächige Überschwemmungen seien zwar nur bei größeren Flüssen zu erwarten, da diese aber von den vielen Wildbächen gespeist werden, wäre eine ausschließliche Fokussierung auf die Hauptflüsse verfehlt.[51] Damit ist implizit bereits angedeutet, dass ein effektiver Hochwasserschutz nur auf Basis eines integralen, das gesamte Flusseinzugsgebiet einbeziehenden Systems und Managements funktionieren könne.[52]

---

wie auch dem anscheinenden Holzmangel durch Beförderung des Nachwachses werkthätig zu steuern, in: Vermischte Schriften der Ackerbau-Gesellschaft in Tyrol. Erstes Stück, Innsbruck 1769.

49 Für den allgemeinen Diskurs zur Holzknappheit: vgl. Joachim Radkau, Holz. Wie ein Naturstoff Geschichte schreibt (Stoffgeschichten 3), München ²2012, S. 150–162; Ders., Zur angeblichen Energiekrise des 18. Jahrhunderts. Revisionistische Betrachtungen über die „Holznot“, in: Vierteljahresschrift für Wirtschaftsgeschichte 73, 1986, S. 1–37.

50 Zallinger, Überschwemmungen (wie Anm. 2), S. 98.

51 Vgl. ebd., S. 37.

52 Diese umfassenden Systeme etablierten sich jedoch erst im Laufe des 19. und 20. Jahrhunderts. Für den Po in Italien vgl. beispielsweise: Giacomo Parrinello, Charting the Flow: Water Science and State Hydrography in the Po Watershed, 1872–1917, in: Environment and History 23, 2017, S. 65–96. Die Beachtung von Zubringern und Seitenflüssen ist aber nicht nur für den Hochwasserschutz zentral, sondern auch für aktuelle umweltgeschichtliche Forschungen zu Flusslandschaften und Flüssen. Diese

In diesem Zusammenhang ist es interessant, dass die von Zallinger vorgeschlagenen Hochwasserschutzmaßnahmen bei Wildbächen exakt entgegengesetzt zu seinen Vorschlägen für die Flüsse anmuten. Die Probleme bei Wildbächen auf der einen und den Hauptströmen in den Tälern auf der anderen Seite hätten nämlich im Hinblick auf ihr Schadenspotenzial nicht unterschiedlicher sein können. Während die Wildbäche aufgrund ihres großen Gefälles und ihrer hohen Fließgeschwindigkeit zu viel Geschiebe, also Geröllmassen aus Steinen und Sand, in die Hauptströme transportierten, waren Letztere zusehends nicht mehr in der Lage, dieses Material weiter flussabwärts zu befördern. Folglich lagerte sich das Geschiebematerial im Flussbett der Talflüsse ab, das sich dadurch erhöhen musste und zu einer geringeren Fließgeschwindigkeit führte.[53] Die Lösung, um die Gewalt der Wildbäche zu zähmen, erblickte Zallinger also in geringeren Fließgeschwindigkeiten und Sohlenerhöhung – eben genau den Problemen an den Hauptströmen. Daher schlägt er bei Wildbächen vor, *„das Bett durch einige Krümmungen zu verlängern“*[54], um ihre Fließgeschwindigkeit zu reduzieren. Bei den Hauptströmen empfiehlt er dagegen Durchstiche als *„souveraine Mittel“*[55] zur Erhöhung der Fließgeschwindigkeit. Die skizzierten entgegengesetzten Problemlagen an Wildbächen und Flüssen, die natur- und menschbedingt waren, erforderten Zallingers Auffassung zufolge diese direkt entgegengesetzten Maßnahmen zur Lösung.

Wetterbeobachtung, oder: Wissen vom Wetter

Zallingers „Hauptabsicht“ seiner langjährigen Wetterbeobachtung und Temperaturmessungen zielte auf die Bestimmung des *„mittlern Wärmegrad*[es] *für das ganze Jahr, für jeden Monat, ja beynahe für jeden Tag“* in der Stadt Innsbruck.[56] Aus dieser langjährigen Datenreihe sollte man schließlich einen ganz praktischen Nutzen ziehen können. *„Die oben angeführten Mittel von der Wärme, von den Tagen, in denen ein Regen, oder Schnee fiel, oder ein merklicher Wind gieng, dienen*

sollten keineswegs nur einzelne Flüsse in den Fokus nehmen, ohne die Seitenflüsse und das gesamte hydrologische Einzugsgebiet zu untersuchen, denn auch die Zubringer können erhebliche Auswirkungen auf das gesamte Flusssystem zeitigen. Vgl. dazu: Martin Schmid, Die Donau als sozionaturaler Schauplatz. Ein konzeptioneller Entwurf für umwelthistorische Studien in der Frühen Neuzeit, in: Sophie Ruppel / Aline Steinbrecher (Hg.), „Die Natur ist überall bey uns“. Mensch und Natur in der Frühen Neuzeit, Zürich 2009, S. 59–79, hier: S. 64.

53 Vgl. Lindl, Tiroler Lech (wie Anm. 3), S. 95–100.

54 Zallinger, Überschwemmungen (wie Anm. 2), S. 85.

55 Ebd., S. 90.

56 Zallinger, Beobachtungen von dreyßig Jahren (wie Anm. 19), S. 1 f.

zum Vergleich eines Jahres mit den anderen, wie auch der 4 Jahreszeiten, damit man einigermassen bestimmen kann, ob ein Jahr, oder eine Jahreszeit wärmer, oder kälter, feuchter, trockner, oder windiger war, als die nacherwähnten Mittel geworden wäre.“[57] Im Jahr 1777 begann der Naturwissenschaftler mit den Temperatur- und Barometermessungen und führte diese bis zum 30. September 1828, zwei Tage vor seinem Tod, kontinuierlich fort. Über seine Praktiken und die Uhrzeiten der täglichen Messungen informierte er in verschiedenen Publikationen und handschriftlichen Aufzeichnungen.[58]

Die seit dem 19. Jahrhundert tradierte Meinung, der Geistliche hätte seine Messungen über 50 Jahre hinweg stets zur gleichen Zeit durchgeführt[59], ist in Anbetracht widersprüchlicher Angaben Zallingers kaum haltbar. Als ehemaliger Jesuit behielt der Geistliche den Schlafrhythmus seines früheren Ordens sein gesamtes Leben bei; er stand um 4 Uhr morgens auf und legte sich um 21 Uhr abends schlafen. Es wurde daher gemutmaßt, dass Zallinger „*diese frühe Stunde absichtlich dazu* [zur Temperaturmessung, RFN] *gewählt zu haben* [scheint], *damit er seinem Vorsatze, so früh aufzustehen, um so sicherer getreu bliebe*“.[60] Bei dieser Einschätzung handelt es sich doch mehr um eine Mutmaßung, als um eine belegbare Aussage. Denn was die exakte Uhrzeit der Messungen betrifft, finden sich im Werk des Naturwissenschaftlers selbst mehrere widersprüchliche Angaben.

So führt er in einer ersten Veröffentlichung zu seinen Wetterbeobachtungen aus dem Jahr 1784 aus, dass er seine Temperaturmessungen immer um 6 Uhr morgens und um 15 Uhr nachmittags, die Barometermessung dagegen nur einmal täglich um 12 Uhr mittags durchführe.[61] Der Publikation von 1808 ist dagegen zu entnehmen, dass die Messungen täglich um 4 Uhr morgens – wie auch der biographischen Skizze von 1833 zu entnehmen ist – und um 14 Uhr nachmittags

---

57 Tiroler Landesmuseum Ferdinandeum, Dip. 726, Pos. VIII, Von der Wärme und Witterung in Innsbruck. Bemerkungen des k. k. Professors Franz v. Zallinger, ohne Paginierung. Zur Nutzbarmachung historischer Temperaturreihen für die aktuelle Klimarekonstruktion: vgl. Rüdiger Glaser, Klimageschichte Mitteleuropas. 1000 Jahre Wetter, Klima, Katastrophen, Darmstadt 2001, S. 43 f.

58 Vgl. Zallinger, Witterungsbeobachtungen (wie Anm. 19); Ders., Beobachtungen von dreyßig Jahren (wie Anm. 18); Ders., Vergleichung (wie Anm. 19). Bei den handschriftlichen Notizen Zallingers dürfte es sich um zwei verschiedene Publikationsentwürfe aus den Jahren 1820 und 1823 handeln. Vgl. Ders., Wärme und Witterung (wie Anm. 57).

59 Vgl. [Dipauli], Franz von Zallinger (wie Anm. 1), S. 35: „*Seine vormittägigen meteorologischen Beobachtungen sind alle von vier Uhr morgens* […].“

60 Ebd.

61 Vgl. Zallinger, Witterungsbeobachtung (wie Anm. 19), S. 3 f.

durchgeführt worden seien.[62] Einer handschriftlichen Notiz aus dem Jahr 1820, die wohl als Vorbereitung für eine Publikation diente, ist hingegen zu entnehmen, dass Zallinger seine Beobachtungen „*gewöhnlich in der Frühe um 4 Uhr und Nachmittags um halbe 2 Uhr an*[stellte]".[63] An dieser Stelle wird aber noch auf eine andere Praktik verwiesen: auf ein mehrmaliges Messen der Temperatur auch zu abweichenden Zeiten, „*um die größte Kälte und Wärme des Tages zu finden*".[64] Und in einer weiteren Publikationsvorbereitung aus dem Jahr 1823 ist ebenso wenig von einer standardisierten oder gar immer gleich bleibenden Zeit der Messungen zu lesen, sondern davon, dass die „*Beobachtung in der Frühe meistens bey der größten Kälte, und nachmittags bey der größten Wärme* [geschah]".[65]

Franz Fliri hat daher bereits zu Recht darauf hingewiesen, dass Zallinger mehr als zweimal täglich seine Temperaturmessungen durchführte, um auch die nach 4 Uhr und 14 Uhr auftretenden Temperaturminima und -maxima festzustellen.[66] Aufgrund mehrerer Aussagen Zallingers ist stark davon auszugehen, dass die in der fünfzigjährigen Temperaturreihe verzeichneten Temperaturen die täglich vermuteten Temperaturmaxima und -minima darstellen, nicht aber der Temperatur eines bestimmten, über den gesamten Untersuchungszeitraum hinweg gleich bleibenden Messzeitpunkts entsprechen.[67] So liegt es nahe, dass nur einmal täglich Luftdruckmessungen durchgeführt wurden, wie er 1784 angegeben hatte und wie es aus der 1833 veröffentlichten Tabelle ersichtlich wird. Doch wie soeben

---

62 Vgl. Zallinger, Beobachtungen von dreyßig Jahren (wie Anm. 19), S. 2 f.; [Dipauli], Franz von Zallinger (wie Anm. 1), S. 35.

63 Zallinger, Wärme und Witterung (wie Anm. 57).

64 Ebd.

65 Ebd.

66 Vgl. Fliri, Witterung von Innsbruck (wie Anm. 4), S. 52, ist daher der Auffassung, dass Zallinger die Uhrzeiten der Messung „nicht streng eingehalten" hat. Dem ist aufgrund der widersprüchlichen Angaben Zallingers zuzustimmen. Was jedoch die Feststellung der Maxima und Minima betrifft, so ist davon auszugehen, dass Zallinger deswegen die Temperatur nicht zu abweichenden Uhrzeiten, sondern – zusätzlich zu den gewohnten Zeiten – öfter gemessen hat.

67 Vgl. Zallinger, Wärme und Witterung (wie Anm. 57): „*Die Beobachtung geschah in der Frühe meistens bey der größten Kälte, und nachmittags bey der größten Wärme.*" Ders., Beobachtung von dreyßig Jahren (wie Anm. 19), S. 2 f.: „[A]*n den Tagen, an welchen ich die größte Kälte oder Wärme des Jahrs vermuthete, besaß ich das Thermometer öfter, bis ich glaubte, den höchsten Grad gefunden zu haben.*" Ders., Bemerkungen (wie Anm. 1), S. 100: „[D]*aher pflog ich das Thermometer auch öfters zu jener Zeit zu beobachten, und setzte in meinem Verzeichnisse den größeren Kälte- und Wärmegrad an.*" Auf diese Aussage stützt sich wohl: Fliri, Witterung von Innsbruck (wie Anm. 4), S. 52.

gezeigt, führte er die Temperaturmessungen nachweislich zum Teil auch mehr als zweimal täglich durch, um die Temperaturmaxima und -minima festzustellen.

Zallinger hat bei seinen Wetterbeobachtungen nicht nur Temperatur und Luftdruck gemessen, sondern auch die Witterung grob skizziert. In der posthum veröffentlichten fünfzigjährigen Temperaturreihe ist jeden Tag die Witterung nach den Kategorien *„naß"*, *„trocken"*, *„Wind"* und *„Gewitter"* vermerkt.[68] Am Monatsende wird stets die Gesamtzahl der trockenen, der nassen sowie der windigen und gewittrigen Tage angeführt. Seltene Naturphänomene wie Erdbeben, Nordlichter und Überschwemmungen fanden in gleicher Weise Beachtung und wurden in den Tabellen vermerkt. Zwischen 1777 und 1828 zählte der Professor insgesamt 38 Erdbeben, neun Nordlichter und fünf Überschwemmungen.[69] Dass diese Angaben nicht der tatsächlich stattgefundenen Anzahl der hier genannten Erscheinungen in diesem Zeitraum entsprechen, dürfte ohne weiteres einleuchten. Zallinger war auf Informationen aus zweiter Hand angewiesen, wenn man der biographischen Skizze von 1833 glauben schenken darf, dass er Innsbruck nach 1776 nicht mehr verlassen hätte.[70] Berichte über Naturerscheinungen aus der näheren und weiteren Umgebung, die er folglich selbst nicht miterleben konnte, wie ein Erdbeben vom 11. Juni 1780 in Imst und Landeck, beruhen daher auf einem Informationsnetz. Wenn man an seinen jesuitischen Schlafrhythmus denkt, dürfte gleiches auch für eine gewisse Anzahl der von Zallinger vermerkten Nordlichter gelten.

Auffallend ist zunächst sicherlich, dass fast 80 Prozent der Ereignisse in den ersten 25 Jahren der fünfzigjährigen Aufzeichnungen liegen. Dies könnte auf ein im Laufe der Zeit verringertes Interesse oder auf nachlassende Genauigkeit in der Erfassung und Registrierung der Wetter- und Naturphänomene hindeuten. Doch um diese Vermutung zu erhärten, muss einerseits nach den jeweiligen Naturerscheinungen – Erdbeben, Nordlichter und Überschwemmungen – differenziert und andererseits, ebenso wie bei den Angaben zum Zeitpunkt der Messungen, nach Inkonsistenzen in Zallingers Schriften gefragt werden. Eine solche Überprüfung wirft zudem Licht auf die Aufschreibepraktiken des Geistlichen.

Neben den Angaben zu den genannten Naturphänomenen in der posthum veröffentlichten fünfzigjährigen Temperaturreihe gab Zallinger bereits im *„Sammler für Geschichte und Statistik von Tirol"* im Jahr 1808 Auskunft über die Anzahl der

68 Zum Wert und zur Nutzbarmachung von täglichen Wetteraufzeichnungen für die historische Klimaforschung: vgl. Glaser, Klimageschichte (wie Anm. 57), S. 38–42.

69 Vgl. Zallinger, Bemerkungen (wie Anm. 1). Den fünf genannten Überschwemmungen gehe ich im Kapitel zum Wechselverhältnis der beiden Wissensfelder nach.

70 Vgl. [Dipauli], Franz von Zallinger (wie Anm. 1), S. 8.

in Tirol vorgekommenen Erdbeben und Nordlichter. Darin werden für die Zeit von 1777 bis 1807 insgesamt 17 gesichtete Nordlichter angeführt – acht mehr als im gesamten Verzeichnis bis 1828[71] – und 29 Erdbeben, das heißt nur sieben weniger als in der fünfzigjährigen Tabelle.[72] Bei den Angaben zu den Nordlichtern ist allerdings auffallend, dass sie, ungeachtet der unterschiedlichen Anzahl in den beiden Publikationen, nur für einen relativ kurzen Zeitraum von 1777 bis 1790 vermerkt sind. Eine genaue Analyse der beiden Schriften zeigt, dass auch zu diesem Naturphänomen widersprüchliche Aussagen vorliegen. Denn im Jahr 1820 schreibt Zallinger, dass „*seit 1807* [...] *hier kein Nordlicht beobachtet* [wurde]".[73] Dies widerspricht sich mit den Aussagen und Angaben aus der 1808 erschienenen Publikation, der zufolge das letzte Nordlicht in Tirol am 15. November 1789 gesichtet worden war. Vielleicht hatte er bei dieser Aussage von 1820 nur seine Publikation von 1808 im Blick, nicht aber seine originalen statistischen Aufzeichnungen. Aus diesen Angaben wird folglich zweierlei ersichtlich. Zum einen verdeutlichen sie erneut, dass der als akribisch geltende Professor nicht alle tatsächlich abgelaufenen Naturerscheinungen erfassen konnte und zum anderen deuten sie auf das gesamte Werk durchziehende Inkonsistenzen bezüglich der exakten Anzahl von Nordlichtern und Erdbeben hin. Dies wirft wiederum weiterführende, nur schwer zu klärende Fragen bezüglich der Genauigkeit und der Aufschreibepraktik der verschiedenen Naturerscheinungen auf. Die teils unterschiedlichen Angaben zur exakten Anzahl von Erdbeben und Nordlichtern könnte, vor allem in Verbindung mit der auffallenden und gehäuften Nennung zu Beginn von Zallingers Untersuchungszeitraums, auf ein nachlassendes Interesse an den Wetterphänomenen hindeuten.

Da sich diese Deutung durch das teils widersprüchliche Material nur schwer belegen lässt, erscheint es zusätzlich sinnvoll, nach den natürlichen Ursachen der jeweiligen Erscheinungen zu fragen, etwa im Hinblick auf die Nordlichter nach der Sonnenaktivität.[74] Bei den insgesamt 17 gesichteten Nordlichtern in Tirol im Zeitraum von 1777 bis 1789 ist eine weitere zeitliche Differenzierung auffallend. Die eine Hälfte der Nordlichter wurde zwischen dem 3. Dezember 1777 und dem

---

71 Die neun im Gesamtverzeichnis vermerkten Nordlichter waren zwischen dem 3.12.1777 und dem 5.9.1788 zu beobachten. Vgl. Zallinger, Bemerkungen (wie Anm. 1). Bei den 17 Nennungen fehlt dafür beispielsweise das Nordlicht vom 5.9.1788, dafür führt Zallinger neun andere Nordlichter bis zum 15.11.1789 an. Vgl. Zallinger, Beobachtungen von dreyßig Jahren (wie Anm. 19), S. 30.

72 Vgl. Zallinger, Beobachtungen von dreyßig Jahren (wie Anm. 19), S. 29 f.

73 Zallinger, Wärme und Witterung (wie Anm. 57).

74 Für diesen Hinweis möchte ich mich herzlich bei Stefan Lindl bedanken.

28. Juli 1780, die andere dagegen erst wieder zwischen dem 21. März 1786 und dem 15. November 1789 gesichtet. Von Sommer 1780 bis Frühjahr 1786 gab es demzufolge keine Nordlichter in Tirol. Für klimageschichtliche Rekonstruktionen spielen Angaben zu Nordlichtern eine nicht zu unterschätzende Rolle, denn ihr Auftreten hängt mit der Sonnenaktivität zusammen.[75] Als Indikatoren für die Sonnenaktivität der letzten Jahrhunderte werden historische Beobachtungen von Sonnenflecken herangezogen.[76] Die in Tirol gesichteten Nordlichter am Ende des 18. Jahrhunderts lassen sich so in zweifacher Hinsicht hervorragend erklären. Dass Zallinger nach 1789 keine weiteren Nordlichter mehr notierte, hängt insofern weniger damit zusammen, dass er ihnen keine Aufmerksamkeit mehr geschenkte hätte. Vielmehr korreliert das abrupte Abbrechen der gesichteten Nordlichter nach 1789 mit der als Dalton-Minimum bezeichneten Periode eines Sonnenfleckenminimums von 1790 bis 1830.[77] Und die Phase zwischen 1780 und 1786, in der Zallinger keine Nordlichter verzeichnet hatte, fügt sich eindeutig in den von Heinrich Samuel Schwabe (1789–1875) entdeckten und von Johann Rudolf Wolf (1816–1893) bestätigten elfjährigen Sonnenfleckenzyklus ein.[78] Demzufolge lassen sich die Jahre, in denen Nordlichter auftraten, von 1777 bis 1780 sowie von 1787 bis 1789, als Höhepunkte der Sonnenflecken ausmachen. Die Zeit dazwischen war dagegen im elfjährigen Zyklus durch ein Sonnenfleckenminimum geprägt.

Das Beispiel der natürlichen Ursachen für Nordlichter führt vor Augen, dass Zallinger die verschiedenen Naturphänomene im Laufe der Jahre nicht unbedingt weniger genau notierte. Es zeigt im Gegensatz dazu vielmehr, dass er Nordlichter in den Zeiträumen, in denen sie in Tirol überhaupt möglich waren und vorkamen, sehr genau, wenn auch nicht vollständig, verzeichnete.

Zum Wechselverhältnis von Überschwemmungen und Wetterbeobachtung

Fragt man nun nach wechselseitigen Bezügen zwischen den beiden Forschungs- und Wissensfeldern im Werk von Franz von Zallinger, so erscheint

---

75 Vgl. Franz Mauelshagen, Klimageschichte der Neuzeit, Darmstadt 2010, S. 45.

76 Vgl. Douglas V. Hoyt / Kenneth H. Schatten, Group Sunspot Numbers: A New Solar Activity Reconstruction, in: Solar Physics 181, 1998, S. 491–512.

77 Vgl. Mauelshagen, Klimageschichte (wie Anm. 75), S. 80.

78 Vgl. Thomas Karl Friedli / Hans Ulrich Keller, Rudolf Wolf als Pionier der Sonnenfleckenforschung, in: Vierteljahresschrift der Naturforschenden Gesellschaft in Zürich 138/4, 1993, S. 267–281, hier: S. 274.

eine eindeutige Antwort zunächst kaum möglich. In der „*Abhandlung von den Überschwemmungen*" aus dem Jahr 1779 finden sich keine Bezüge zu seinen Wetterbeobachtungen. Dies lässt sich wohl damit erklären, dass er mit letzteren erst zwei Jahre zuvor begonnen hatte. Den meteorologischen Rahmenbedingungen räumte er zwar die größte Priorität ein; vor allem extreme Regenfälle und Gewitter sowie Schneeschmelze, meist gepaart mit dem Föhn-Wind, führte er als natürliche Ursachen der Überschwemmungen an.[79] Doch anthropogene Faktoren und Nutzungsweisen, wie der Holzschlag und die Holztrift, wurden als ebenso bedrohlich eingestuft wie die eben genannten natürlichen Faktoren.

Überraschend mutet dagegen sicherlich die marginale Stellung an, die Überschwemmungen im Wissensfeld der Wetterbeobachtung einnehmen. Denn in den meteorologischen Forschungen sucht man meist vergeblich nach Verweisen und Bezügen zu genanntem Forschungsfeld. Ungeachtet dessen, dass es in Innsbruck zwischen 1777 und 1828 eine Vielzahl von Überschwemmungen gab[80], finden sich in Zallingers fünfzigjähriger Tabelle lediglich fünf Nennungen.[81] Auch hier ist wieder nach dem Modus der Erfassung und Aufnahme der Naturphänomene zu fragen. Eine zeitliche Einordnung der angeführten Ereignisse ermöglicht dabei zunächst etwas Klarheit. Die ersten beiden Nennungen aus den Jahren 1779 und 1780 fallen zeitlich mit seiner wissenschaftlichen Forschung im Feld der Überschwemmungen zusammen. Als Zallinger sein Werk im Herbst 1779 für eine deutsche Fassung überarbeitete, ereignete sich am 31. Oktober 1779 eine Überschwemmung in der Stadt Innsbruck, die in der fünfzigjährigen Temperaturreihe vermerkt ist. Gleiches gilt für ein weiteres Hochwasser im Juni darauffolgenden Jahres. Doch die nächste Nennung datiert erst wieder auf den 1. Juni 1792 und damit über zehn Jahre nach dem Erscheinen seiner Publikation. Im weiteren Verlauf finden sich nur noch zwei weitere Angaben zu Überschwemmungen, die eine vom 28. August 1817 und die andere vom 24. Juli 1820. Im Zeitraum von 1782 bis 1817 notierte Zallinger über 25 Jahre hinweg kein Hochwasserereignis in Innsbruck, wenngleich sich für diese Zeit mehrere nachweisen lassen.[82]

79 Vgl. Zallinger, Überschwemmungen (wie Anm. 2), S. 37–42.

80 Vgl. beispielsweise: Karl Sonklar, Von den Ueberschwemmungen. Enthaltend allgemeine Beschreibung, Chronik der Ueberschwemmungen und Mittel der Abwehr, Wien u.a. 1883, S. 88–98; Franz Fliri, Naturchronik von Tirol. Tirol, Oberpinzgau, Vorarlberg, Trentino. Beiträge zur Klimatographie von Tirol, Innsbruck 1998, S. 45–63.

81 Vgl. Zallinger, Bemerkungen (wie Anm. 1).

82 Vgl. Sonklar, Ueberschwemmungen (wie Anm. 80), S. 89, 91 f.

Ein Abgleich mit dem Innsbrucker Tagebuch des Hofportiers Johann Pusch, das sein Sohn Gottfried weiterführte und somit für einen Zeitraum von 1765 bis 1865 vorliegt[83], zeigt deutlich, dass es in Innsbruck während des fünfzigjährigen Untersuchungszeitraums von 1777 bis 1828 mehr als nur die fünf von Zallinger notierten Hochwasserereignisse gab. Um nur einige zu nennen, sei vor allem auf die Überschwemmung vom 10. Oktober 1789 verwiesen, „*welche die vorhergehenden bey weitem übertraf*".[84] Des Weiteren wurde die Stadt Innsbruck nur drei Wochen nach der von Zallinger vermerkten Überschwemmung Anfang Juni 1792 ein weiteres Mal vom Hochwasser heimgesucht, die der Naturwissenschaftler jedoch nicht in seine Wetteraufzeichnungen aufgenommen hatte.[85] Im Sommer 1802 erfolgten in der Tiroler Landeshauptstadt zwei weitere Überschwemmungen.[86] Die erste ereignete sich am 7. Juni 1802 und sei auf eine „*zu lange angehaltene* [...] *trockene* [...] *Witterung*" erfolgt und durch einen „*noch hinzugekommenen sehr heiße*[n] *Südwind*", der „*den noch übrigen Schnee in den Seitenthälern* [schmolz]", zusätzlich verschärft worden.[87] Pusch zufolge hatte der Inn „*seit der im Jahre 1789 stattgehabten großen Ueberschwemmung noch nie eine größere Höhe erreicht.*"[88] Auch in den letzten Jahren seiner Wetterbeobachtungen scheint Zallinger nicht alle Ereignisse notiert zu haben, denn allein im Jahr 1821 sind bei Pusch zwei Überschwemmungen verzeichnet, die sich nicht in der Tabelle finden.[89]

Im Jahr 1824 ergaben sich in der Tätigkeit des bereits 1815 pensionierten Professors noch einmal Synergieeffekte zwischen den beiden Forschungs- und Wissensfeldern, die gleichsam ein wenig Licht auf die diffuse Aufschreibe- und Aufnahemepraktik von Überschwemmungen im Wissensfeld der Wetteraufzeichnung werfen. Zallinger wurde am 21. Juli 1824 von der „*Tiroler und Vorarlberger Provinzial Baudirection*" angefragt, ob er „*im Verein mehrerer wissenschaftlich gebildeter und erfahrener Männer*" zur Klärung eines „*seltene*[n] *und*

83 Vgl. Karl Schadelbauer, Die Innsbrucker Chronik des Gottfried Pusch von 1765–81, in: Amtsblatt der Landeshauptstadt Innsbruck 7, 1937, S. 7 f.

84 StadtA Innsbruck, Cod. 136/2, Pusch-Tagebuch, Bd. 2 (1781–1806), S. 46–49, bes. S. 46.

85 Vgl. ebd., S. 78. Die Überschwemmung ereignete sich am 20.6.1792.

86 Vgl. ebd., S. 269 f., 272.

87 Ebd., S. 269.

88 Ebd.

89 Vgl. StadtA Innsbruck, Cod. 136/4, Pusch-Tagebuch, Bd. 4 (1817–1838), S. 64 f., 67. Die Überschwemmungen ereigneten sich am 27.5.1821 sowie am 11.–13.8.1821.

wichtige[n] *Naturereignis*[ses]" in der Stadt Innsbruck zur Verfügung stünde.[90] Im Sommer dieses Jahres drang in viele Keller in Innsbruck Grundwasser ein. Die Erklärungsansätze der Zeitgenossen waren sehr unterschiedlich. Zum einen machten sie den „*dieses Jahr ungewöhnlich lange anhaltenden hohen Stand des Innstromes*" verantwortlich, zum anderen aber die im gleichen Jahr erfolgte Regulierung des anderen Flusses in der Stadt, der Sill.[91] Dass der Naturwissenschaftler zur Klärung dieses Sachverhalts herangezogen wurde, lässt sich wohl darauf zurückführen, dass er in Innsbruck und in Tirol den Status eines Wasserbauexperten genoss und zugleich sein ehemaliger Schüler, Joseph Duile, seit 1816 in der Baudirektion arbeitete.

Nach einem gemeinsamen „Augenschein" wurden die Wasserstände von Sill und Inn für einen Monat beobachtet und Zallinger im August erneut um eine Stellungnahme gebeten, wenngleich die Behörde selbst dazu tendierte, dass das Grundwasser in den Kellern dem Inn anzulasten sei.[92] In seinem Gutachten bestätigte der Experte diese Sichtweise unter anderem mit der Begründung, dass „*schon in vorigen Jahren bey einem höheren Wasserstand des Inns jenes Grundwasser in tiefern Kellern erschien*[en]" sei.[93] Um diese Einschätzung zu untermauern, fügte er einen Verweis auf sein meteorologisches Forschungs- und Wissensfeld hinzu: „*Um sich genau zu erkundigen führe ich aus dem Verzeichnis meiner meteorologischen Beobachtungen die Jahre und Monate an von den merklichen Überschwemmungen in Innsbruck.*"[94] Damit wird deutlich, dass er stets nur die „*merklichen*", das heißt die außergewöhnlich starken Überschwemmungen notiert und aufgenommen hatte, nicht aber die weniger starken.

Ein Abgleich mit den fünfzigjährigen Wetteraufzeichnungen führt vor Augen, dass die dort angegebenen Überschwemmungen nicht mit jenen aus dem Gutachten übereinstimmen. Im Gutachten von 1824 ist beispielsweise ein Hochwasserereignis vom 27. September 1776 notiert, das zeitlich vor dem Beginn seiner Aufzeichnungen liegt und sich folgerichtig nicht in der Tabelle findet. Ein weiteres vom 29. März 1817 ist ebenso wenig in der Wettertabelle verzeichnet;

90 Vgl. Tiroler Landesmuseum Ferdinandeum, Dip. 978, Pos. XVI, Bemerkungen des jubilierten Professors Franz v. Zallinger über das Eindringen des Grundwassers in viele Gebäude von Innsbruck im Jahre 1824, fol. 1r.

91 Ebd. Zur Sillregulierung im Jahre 1824: vgl. Otto Stolz, Geschichtskunde der Gewässer Tirols (Schlern-Schriften 32), Innsbruck 1936, S. 296.

92 Vgl. Tiroler Landesmuseum Ferdinandeum, Dip. 978, Pos. XVI, Bemerkungen (wie Anm. 90), fol. 3r, 3v.

93 Ebd., fol. 6v.

94 Ebd.

im Gegensatz zu einer Überschwemmung vom 28. August 1817, die Zallinger wiederum nicht im Gutachten anführte.

Mit Blick auf die Aussage des Professors, nur die „*merklichen Ueberschwemmungen in Innsbruck*“[95] verzeichnet zu haben, eröffnen die Forschungsergebnisse des Umwelthistorikers Christian Rohr eine andere, neue Perspektive auf die wenigen Nennungen im Wissensfeld der Wetterbeobachtung. Rohr hat aus klösterlichen Annalen und Chroniken des Spätmittelalters und der beginnenden Neuzeit im Ostalpenraum herausgearbeitet, dass „nur die wirklich außergewöhnlich starken [Fluten, RFN] Eingang in die Annalen fanden, nur die als Katastrophe erlebten berichtenswert erschienen“.[96] Die als alltäglich empfundenen wurden dagegen meist nicht notiert. Diese Einschätzung für Annalen und Chroniken des Spätmittelalters deckt sich für Hochwasserereignisse in Innsbruck während Zallingers Untersuchungszeitraums von 1777 bis 1828 weitgehend mit Chroniken des 19. und 20. Jahrhunderts.[97] Und so scheint auch der Naturwissenschaftler nur außergewöhnlich schwere Überschwemmungsereignisse in seine meteorologischen Aufzeichnungen übernommen zu haben.

Rückt man nun aber die Intensität der in der Tabelle notierten Ereignisse in den Fokus, so ist deutlich erkennbar, dass es sich keineswegs und ausschließlich um „außergewöhnlich starke“ Überschwemmungen handelt, auch wenn die beiden in der Tabelle vermerkten Hochwasser vom 28. August 1817 und vom 24. Juli 1820 als solche gelten können.[98] Eines der verheerendsten Hochwasser in der Geschichte der Stadt Innsbruck vom 10. und 11. Oktober 1789 notierte der Naturwissenschaftler jedoch nicht, obwohl es sich dabei zweifelsohne um eine „*merkliche Überschwemmung*“ handelte.[99] Die Selbstaussage Zallingers im Hinblick auf seine Auswahlkriterien erscheint daher nicht gänzlich zutreffend.

95 Ebd.

96 Rohr, Extreme Naturereignisse (wie Anm. 43), S. 73.

97 Für Innsbruck und die großen Überschwemmungen der Jahre 1762, 1772 und 1789: vgl. Carl Unterkircher, Chronik von Innsbruck, Innsbruck 1897, S. 166, 176, 197; Konrad Fischnaler, Innsbrucker Chronik mit Bildschmuck nach alten Originalen und Rekonstruktions-Zeichnungen 1, Historische Chronik, Innsbruck 1929, S. 46, 48, 50.

98 Vgl. Pusch-Tagebuch (wie Anm. 89), Bd. 4, S. 2, 51.

99 Zu diesem Hochwasser: vgl. Tiroler LA, Jüng. Gub., Strassen, Fasz. 2912, Nr. 17843; Johann Nepomuk von Laicharding, Bemerkungen über die den 10ten October 1789 erfolgte allgemeine Ueberschwemmung Tirols, Innsbruck 1789; Pusch-Tagebuch (wie Anm. 84), Bd. 2, S. 46–49. Pusch verweist bei Überschwemmungen der Jahre 1802, 1817 und 1820 auf das Hochwasser von 1789, sodass die Überschwemmung vom Oktober 1789 gar als Referenzhochwasser charakterisiert werden kann (siehe Anm. 85 und 95).

Ein Vergleich seiner Aufschreibepraktik mit jener von klösterlichen Chroniken mutet daher zwar zunächst plausibel an, hält bei genauer Betrachtung den Anforderungen aber nicht stand. Zugleich erstaunt es doch sehr, dass der ansonsten so akkurate und detailgenaue Professor den Überschwemmungen in Innsbruck so wenig Beachtung im Rahmen seiner meteorologischen Beobachtungen schenkte. Insgesamt ist, so lässt sich in Bezug auf die Aufschreibepraktiken schlussfolgern, kein Muster oder gar Kriterium zu erkennen, nach welchen Hochwasserereignisse im Feld der Wetterbeobachtung berücksichtigt und notiert wurden.

Vom Nutzen und Nachteil Zallingers Wissensfelder für die Umweltgeschichte

Es bleibt abschließend danach zu fragen, warum die beiden Forschungs- und Wissensfelder in Franz von Zallingers Werk disparat nebeneinanderstehen und warum kaum Synergieeffekte oder zumindest ein produktives Wechselverhältnis vorliegen. Seine akribischen, über 50 Jahre hinweg durchgeführten meteorologischen Beobachtungen stehen den nur spärlich angeführten Überschwemmungen im Wissensfeld der Wetterbeobachtung geradezu diametral gegenüber. Angesichts seiner intensiven Beschäftigung mit dem Phänomen zunehmender Hochwassergefahr an Wildbächen und Flüssen in Tirol mag dieser Befund umso mehr verwundern. Die Gründe jedoch, warum Zallinger nicht jede Überschwemmung in der Stadt Innsbruck notierte, mögen vielfältig und komplex sein. Vielleicht galten sie ihm als zu alltäglich, als dass er sie hätte aufnehmen und notieren müssen – Erdbeben und Nordlichter wurden dagegen von vielen Zeitgenossen als außergewöhnliche Naturphänomene wahrgenommen.[100] Unter Umständen verlor er aber auch im Laufe der Zeit sein Interesse an den Überschwemmungen,

---

100 Vgl. Birgit Schlegel / Kristian Schlegel, Polarlichter zwischen Wunder und Wirklichkeit. Kulturgeschichte und Physik einer Himmelserscheinung, Heidelberg 2011. Spätestens seit dem verheerenden Erdbeben von Lissabon vom 1.11.1755 avancierten Erdbeben zu einem äußerst wichtigen Bestandteil des aufgeklärten Diskurses und zu einem dringend zu erforschenden Phänomen in Europa. Vgl. den umfangreichen Sammelband von: Gerhard Lauer / Thorsten Unger (Hg.), Das Erdbeben von Lissabon und der Katastrophendiskurs im 18. Jahrhundert (Das 18. Jahrhundert, Supplementa 15), Göttingen 2008; Christine Eifert, Das Erdbeben von Lissabon 1755. Zur Historizität einer Naturkatastrophe, in: Historische Zeitschrift 274, 2002, S. 633–664; Rohr, Extreme Naturereignisse (wie Anm. 43), S. 72 f., weist ebenso auf eine Diskrepanz zwischen den verschiedenen Phänomenen hin; so sei beispielsweise von „Kometenerscheinungen, Sonnen- und Mondfinsternissen" wesentlich häufiger die Rede als von Überschwemmungen.

obwohl er fortwährend Vorlesungen zum Wasserbau an der Universität hielt und die Problematik in Tirol auch über das Ableben des Naturwissenschaftlers hinaus stets akut blieb.[101]

Eine weitere Antwortmöglichkeit zu den weitgehend fehlenden Bezügen zwischen den beiden Wissensfeldern könnte aus der Perspektive der komplexen Ursachen für Hochwasser sinnvoll erscheinen. Wenngleich Zallinger spezifische Witterungsverhältnisse als Ursache anführt, so scheint eine direkte und kausale Zurechnung eines konkreten Hochwasserereignisses auf eine spezifische meteorologische Lage meist kaum möglich. Aus einer solchen Perspektive wäre die Wetterbeobachtung kein Hilfsmittel für eine Vorhersage oder gar der Prävention. Dafür bedurfte es spezieller Uferbefestigungen und anderer Vorkehrungen, wie sie in seiner „*Abhandlung von den Überschwemmungen*" angegeben sind. Die meteorologischen Messungen dienten ihm vielmehr dazu, aus den kontinuierlichen Beobachtungen der unbeständigen und kurzlebigen Witterung klimatische Konstanten und davon abweichende Extremwerte statistisch zu ermitteln und festzustellen. Gleichzeitig war damit eine Vergleichbarkeit der einzelnen Jahre und Jahreszeiten untereinander gewährleistet, die mitunter praktischen Nutzen haben konnte.[102] Damit leistete er einen frühen naturwissenschaftlich fundierten Beitrag zur Klimatographie Tirols aus gemessenen Witterungsdaten.[103]

Ungeachtet dessen, dass der Naturwissenschaftler und Geistliche Franz von Zallinger zum Thurn seine beiden Forschungs- und Wissensfelder nur in sehr geringen Ausmaß miteinander in Beziehung setzte und sie in seinem Werk disparat neben einander stehen, schmälert dies ihren historischen Wert für umweltgeschichtliche Forschungen keineswegs. Für umwelthistorische Betrachtungen von natürlichen Extremereignissen wie Überschwemmungen stellt sowohl Zallingers „*Abhandlung*" als auch seine Temperaturreihe eine äußerst wichtige Quelle dar. Denn neben dem generellen klimatischen Hintergrund muss eine Geschichte der Hochwasserkatastrophen in Tirol während der zweiten Hälfte des 18. Jahrhunderts auch die spezifischen meteorologischen Rahmenbedingungen in die Analyse miteinbeziehen. Dies erscheint umso wichtiger, als beispielsweise eine direkte kausale Zurechnung von anhaltenden, mehrtägigen Starkregen auf eine

101 Vgl. [Dipauli], Franz von Zallinger (wie Anm. 1), S. 14.

102 Vgl. Zallinger, Wärme und Witterung (wie Anm. 57).

103 Vgl. Hans von Storch / Stefan Güss / Martin Heimann, Das Klimasystem und seine Modellierung. Eine Einführung, Berlin/Heidelberg, S. 4, weisen dezidiert darauf hin, dass das Wetter gemessen wird, das Klima aber aus diesen Messungen heraus statistisch hergestellt, also errechnet bzw. konstruiert wird. Dies sei die einzige Möglichkeit, das Klima zu modellieren.

darauffolgende Überschwemmung nur in seltenen Fällen eindeutig nachgewiesen werden kann. Die Ursachen für Hochwasser sind und waren äußerst komplex und vielfältig. Eine detailgenaue Rekonstruktion von historischen Überschwemmungen steht daher vor methodisch nicht zu unterschätzenden Schwierigkeiten. Dafür sind nicht so sehr die täglichen Temperaturangaben und Luftdruckmessungen der Innsbrucker Wetteraufzeichnungen relevant, als vielmehr die konkrete Wetterbeobachtung Zallingers nach den Kriterien *„naß"* – *„trocken"* – *„Gewitter"* – *„Wind"*.[104] Mithilfe dieser knappen Beschreibungen lassen sich die meteorologischen Rahmenbedingungen vor Überschwemmungen im Raum Innsbruck rekonstruieren. Um eine dichte Beschreibung einerseits der meteorologischen Verhältnisse, andererseits des konkreten Ablaufs von Hochwasserereignissen samt den verursachten Schäden zu gewährleisten, ist ein Rückgriff auf weitere Quellen zwingend erforderlich. Zallingers Aufzeichnungen lassen sich somit für umweltgeschichtliche Fragestellungen zu Hochwasserkatastrophen in Tirol hervorragend operationalisieren, wenn seine Angaben einer quellenkritischen Überprüfung standhalten und sie in den Kontext anderer Quellen eingebettet werden können. Die langjährigen Wetterbeobachtungen Zallingers bieten daher die Chance für eine konstruktive Kombination einer „Kulturgeschichte des Klimas" mit einer Klimarekonstruktion, verstanden als historischer Klimatologie, was von Franz Mauelshagen unlängst als Forschungsdesiderat bezeichnet wurde.[105]

---

104 Darin erblickte Zallinger selbst den scheinbar größeren Nutzen, da es ihm bei Vergleichen nicht ausschließlich um die Temperaturen, sondern um die Witterung ging. Vgl. Zallinger, Wärme und Witterung (wie Anm. 57). Was klimageschichtliche Rekonstruktionen betrifft, teilt diese Auffassung auch: Fliri, Naturchronik (wie Anm. 80), S. XI.

105 Franz Mauelshagen, Historische Klimaforschung. Ursprünge, Trends und Zukunftsperspektiven eines interdisziplinären Forschungsfeldes, in: Frühneuzeit-Info 28, 2017, S. 56–73, hier: S. 58. Es besteht allerdings kaum Zweifel darüber, dass eine solche von Mauelshagen geforderte „systematische Verflechtung" in verschiedenen Arbeiten bereits umgesetzt wurde. Vgl. beispielsweise: Rohr, Extreme Naturereignisse (wie Anm. 43).

Amalie Fößel

Der „Schwarze Tod" und seine Implikationen für Umwelt und Klima

The paper focuses on the so-called 'Black Death' in Europe as well in Bavaria and Franconia in the 14th century and how weather and climate impacted on it. It discusses different aspects of how this terrifying epidemic disease can be linked to climate and gives some insight into an ongoing debate that already started in the Middle Ages. A close reading of both the narratives of modern scholarship about the 'Black Death' and the discussions in medieval texts reveal that commentators on the outbreak of the plague mostly closely connected it to special conditions of the weather and the climate. Based on antique medical knowledge and its theories of sick-making conditions of the environment and air, the people in the Middle Ages often took effective steps to handle the plague without having any idea of the path of infection. At least, a most innovative discussion on the links between plague and climate is to be grounded in current interdisciplinary studies and their new climate-based approach which asks how the plague could remain present in Europe over so many centuries.

Einleitung: Die Pest und die Umwelt- und Klimageschichte

Im Oktober 2017 titelte ‚Zeit online': „Millionen Menschen sterben weltweit durch Umweltverschmutzung". Bekannt gemacht wurde unter diesem Titel eine neue internationale Studie, die ein Team von 40 Wissenschaftlern veröffentlicht hatte und die belegte, dass im Jahr 2015 weltweit etwa 9 Millionen Menschen an Krankheiten starben, die durch Verschmutzung in Boden, Wasser und Luft ausgelöst wurden. Herzerkrankungen, Schlaganfälle und Lungenkrebs wurden als häufigste Ursachen genannt. Die meisten Toten gab es in den Ländern, die zu den ärmsten der Welt gezählt werden sowie in Staaten, die einen massiven Ausbau von Industrielandschaften erleben, allen voran Indien, Pakistan, China, Bangladesch und Madagaskar. Es wird plausibel gemacht, dass allein 6,5 Millionen Todesopfer durch Luftverschmutzung gestorben sind sowie weitere 1,8 Millionen durch Infektionskrankheiten wie Malaria, Tuberkulose et cetera. Die daraus entstandenen finanziellen Einbußen wurden auf 4,6 Billionen Dollar beziffert, die 6,2 % der globalen Wirtschaft ausmachten.[1]

Zu allen Zeiten – heute freilich eindeutiger nachweisbar und messbarer denn je – werden Krankheiten und Epidemien mit negativen Einflüssen von Umwelt und Natur, Klima und Luft in ursächliche Zusammenhänge gebracht. Das taten bereits Hippokrates (um 500 v. Chr.–425 v. Chr.) und Galen (um 130–205/215) in der Antike. Die Autoren des *Corpus Hippocraticum* schrieben von der Bedeutung der Umwelt für die Gesundheit des Menschen, bewerteten die Wahl des Wohnortes als ein entscheidendes Kriterium für den Gesundheitszustand und die Lebenserwartung und betrachteten die Einflüsse der Jahreszeiten sowie deren unterschiedliche klimatische Bedingungen als wesentliches Kriterium für die Befindlichkeit des Menschen.[2]

Weil das medizinische Wissen der Antike ins Mittelalter tradiert wurde und weit in die Neuzeit hinein die leitende Autorität war, greifen wir mit diesen Beschreibungen auch Erklärungsmuster für die Zusammenhänge von Klima, Umwelt, Luft und Epidemien wie dem sogenannten „Schwarzen Tod". Dennoch ist das Unterfangen, Aussagen über den „Schwarzen Tod" und seine Implikationen für Umwelt und Klima zu gewinnen, nicht eben eine leichte Aufgabe. Die Annahme, dass so völlig unbekannte, sich verheerend auswirkende, grauenerregende und todbringende Epidemien wie die Pest im Mittelalter, die 1346 die Mittelmeerküsten und die europäischen Häfen erreichte, spezifische Wetterlagen und sich verändernde klimatische Bedingungen voraussetzte und vorfand und den Alltag der Menschen und seine Umwelt mehr oder weniger gravierend veränderte, lässt sich für die HistorikerInnen auf der Basis des verfügbaren historischen Quellenmaterials nur eingeschränkt bearbeiten. Auch wenn Seuchenzüge wie die Pest in den Quellen oftmals mit außergewöhnlichen Naturereignissen, Naturphänomenen und Wetteranomalien verknüpft wurden, ist es schwierig, aus den wetterbedingten situativen Konstellationen heraus genauere Erkenntnisse über langfristige klimatische Ursachen und Wirkungen zu gewinnen. Über die

1 Zeit online vom 20.10.2017, URL: https://www.zeit.de/wissen/umwelt/2017-10/umweltverschmutzung-krankheiten-todesfaelle-studie (letzter Zugriff: 2.8.2018). Der Vortragstext wurde beibehalten, der Anmerkungsapparat auf die wichtigsten Belege beschränkt.

2 Klaus Bergdolt, Seuchentheorie und Umwelt in der Frühen Neuzeit, in: Lars Kreye / Carsten Stühring / Tanja Zwingelberg (Hg.), Natur als Grenzerfahrung. Europäische Perspektiven der Mensch-Natur-Beziehung in Mittelalter und Neuzeit. Ressourcennutzung, Entdeckungen, Naturkatastrophen (Graduiertenkolleg interdisziplinäre Umweltgeschichte), Göttingen 2009, S. 221–231.

durch HistorikerInnen greifbaren regionalen und lokalen Natur- und Wetterkatastrophen hinaus bedarf die Bestimmung langfristiger klimatischer Bedingungen einer interdisziplinären Herangehensweise, die medizinische, archäologische und vielfache naturwissenschaftliche Methoden, Fragestellungen und Expertisen zu berücksichtigen hat.

Inzwischen arbeiten internationale und interdisziplinäre Forschergruppen an Fragen, welche die an Umwelt und Klima interessierten HistorikerInnen brennend interessieren müssen, weil sie diese mit ihren historischen Methoden und Instrumentarien nicht beantworten können, so beispielsweise die Frage, welche klimatischen Verhältnisse eine derartig lange Pesthistorie im vormodernen Europa begünstigten und welche Konsequenzen für Umwelt und Klima aus den Pestzügen resultierten.

Die Pest im Mittelalter

Zunächst jedoch aus historischer Perspektive einige Anmerkungen zur Pest, die in Mittelalter und Früher Neuzeit für eine „Geisel der Menschheit“ gehalten wurde, für eine von Gott gesandte Plage von nie gekanntem Ausmaß und eine Strafe Gottes für die Sünden der Menschen, der man, war die unmittelbare Umgebung betroffen, nur schwer entrinnen konnte. Die zeitgenössischen Quellen enthalten dramatische Berichte über Städte im Ausnahmezustand und beschreiben die menschlichen Tragödien, die sich abspielten zwischen Eltern und ihren Kindern, Ehemännern und ihren Ehefrauen, die sich, war einer mit der Pest infiziert, gegenseitig im Stich ließen.

In der modernen historischen Forschung wird die Pest als „Menschheitstrauma“[3] und „eine der großen europäischen Erinnerungsorte“[4] erzählt und dabei deutlich gemacht, dass mit dem Massensterben von einem bis dato unbekannten Ausmaß eine Erschütterung der gesamten gesellschaftlichen Ordnung in allen Lebensbereichen einherging. Dem zufolge sieht der amerikanische Mittelalterhistoriker David Herlihy im „Schwarzen Tod“, und er meint damit vor allem die erste große Pestwelle zwischen 1347 und 1353, ein Ereignis, das die „Verwandlung Europas“ einleitete.[5] Bernd Schneidmüller benennt die Pest in der Mitte des 14. Jahrhunderts – neben dem Mongolensturm 1241 und der Eroberung

3 Mischa Meier (Hg.), Pest. Geschichte eines Menschheitstraumas, Stuttgart 2005.

4 Bernd Schneidmüller, Katastrophenerinnerung: Große Pest und Judenpogrome 1348 bis 1352, in: Pim den Boer / Heinz Duchhardt u.a. (Hg.), Europäische Erinnerungsorte, Band 2, München 2012, S. 393–401.

5 David Herlihy, Der Schwarze Tod und die Verwandlung Europas, Berlin 1998.

Konstantinopels durch die Türken 1453 – als die dritte große Zäsur der europäischen Geschichte zwischen 1200 und 1500.[6] Der Medizinhistoriker Klaus Bergdolt, der sich vielfach mit der Pest, den zeitgenössischen Erklärungsversuchen und Begleiterscheinungen beschäftigt hat, verknüpft – und damit stellt er sich in eine lange Tradition – mit dem Schwarzen Tod geradezu „das Ende des Mittelalters".[7]

In Quellen und Forschung wird der „Schwarze Tod" – grosso modo – als eine unfassbare Katastrophe mit diversen Begleit- und Folgeerscheinungen wahrgenommen, die man immer wieder aufs Neue zu begreifen und zu erklären suchte.[8] Seit dem ersten Auftreten in den Küstenstädten Süditaliens 1346 blieb die Pest in Europa eine mehr oder weniger regelmäßige, aber stets wiederkehrende Gefahr, und das bis ins 18. Jahrhundert hinein. Nach dem Ende der Pest in Europa blieb sie im 19. Jahrhundert eine globale Katastrophe mit verheerenden Pestzügen in Asien und Afrika. Und bis heute ist der Erreger, das Bakterium *Yersinia pestis*, wie es nach seinem Entdecker, dem Schweizer Bakteriologen Alexandre Yersin (1894) bezeichnet wurde, aktiv und das nicht nur in den Ländern der sogenannten Dritten Welt, sondern selbst in den Vereinigten Staaten von Amerika. Insgesamt registrierte die Weltgesundheitsorganisation für den Zeitraum von 2010 bis 2015 insgesamt 3.248 Pestfälle.[9] Dabei hat in den letzten Jahrzehnten immer wieder Madagaskar Schlagzeilen geliefert, wo zuletzt 2016/2017 die Pest ausbrach und nachweislich 131 Todesopfer forderte. „Zeit online" titelte im Oktober 2017: „Die Pest ist zurück"![10]

Längst lässt sich die Pest mit Antibiotika bekämpfen, über die man in der Vormoderne nicht verfügte, so dass die Größenordnungen der Todesfälle für Mittelalter und Frühe Neuzeit im zweistelligen Millionenbereich zu verorten sind. Die Zahlen sind Schätzungen, die in der Forschung nach wie vor diskutiert werden und teilweise stark voneinander abweichen, aber auch regional verschieden waren. Mehrheitlich wird angenommen, dass die erste Pestwelle in der Mitte

6 Bernd Schneidmüller, Grenzerfahrung und monarchische Ordnung. Europa 1200–1500 (Beck'sche Reihe 1982), München 2011.

7 Klaus Bergdolt, Der Schwarze Tod in Europa. Die Große Pest und das Ende des Mittelalters, München [5]2003.

8 Grundlegend: František Graus, Pest – Geissler – Judenmorde. Das 14. Jahrhundert als Krisenzeit (Veröffentlichungen des Max-Planck-Instituts für Geschichte 86), Göttingen [2]1988; Ole J. Benedictow, The Black Death 1346–1353. The Complete History, Woodbridge 2004.

9 Zeit online vom 4.10.2017, URL: https://www.zeit.de/wissen/gesundheit/2017-10/pest-madagaskar-ausbruch (letzter Zugriff: 2.8.2018).

10 Ebd.

des 14. Jahrhunderts etwa ein Drittel der europäischen Bevölkerung dahinraffte, und diese im weiteren Verlauf des 14. Jahrhunderts mit weiteren heftigen Pestausbrüchen noch weiter dezimiert wurde. Schätzungen für den skandinavischen Raum liegen weit höher. Hier sollen bis zu 60 % der Menschen gestorben sein. Die Pest reduzierte damit in gravierender Weise die seit dem 10. Jahrhundert infolge von Klimaerwärmung und Verbesserung der Anbaumethoden und damit der Ernährung und der Lebensumstände kontinuierlich angewachsene Bevölkerung, die für Europa um die Mitte des 14. Jahrhunderts bei schätzungsweise etwa 73,5 Millionen lag. Zu welchem Zeitpunkt danach erneut Wachstumsraten einsetzten, ob bereits zu Beginn oder erst im Laufe des 15. Jahrhunderts, ist unsicher. Angenommen wird, dass die Verluste bis Ende des 15. Jahrhunderts aufgeholt werden konnten. Der Dreißigjährige Krieg in der ersten Hälfte des 17. Jahrhunderts sollte dann wieder einen drastischen Einbruch der europäischen Bevölkerung mit sich bringen.[11]

Die erste Pestwelle im Mittelalter, die 1347 in den Städten des Mittelmeers ihren Anfang nahm, durch die meisten Regionen Europas zog und 1353 in Russland ein Ende fand, wird mit dem Begriff „Schwarzer Tod“ bezeichnet, ein Begriff, den man im Mittelalter noch nicht kannte. Die Quellen des Mittelalters sprechen vielmehr ganz unspezifisch von „*pestilencia*“ und „*mortalitas*“. Deutschsprachige Texte reden vom „*großen sterben*“, womit sie überkommene Begriffe für Seuchen aller Art benutzten: „[...] *do quam ein groß sterben in dusche lande*“ bemerkte etwa Tilemann Elhen von Wolfhagen in der Limburger Chronik.[12]

Der Begriff „Schwarzer Tod“ kam hingegen erst im 16. Jahrhundert in Skandinavien auf und wurde erst im 17. Jahrhundert zunehmend gebräuchlicher. Es ist gleichsam ein redender Begriff, der das Schreckliche, das Düstere zum Ausdruck brachte und zugleich die Symptomatik der Seuche benannte, die blau-schwarzen Beulen an den Lymphdrüsen und unter der Haut. Allgemeinen Eingang in die Wissenschaftssprache fand er, als der deutsche Mediziner Julius Hecker eine

11 Zur demographischen Entwicklung vgl. Ulf Dirlmeier / Gerhard Fouquet / Bernd Fuhrmann, Europa im Spätmittelalter 1215–1378 (Oldenbourg Grundriss der Geschichte 8), München 2003, S. 15–21; Bernd Fuhrmann, Deutschland im Mittelalter. Wirtschaft - Gesellschaft - Umwelt, Darmstadt 2017, S. 11–22; zu den methodischen Schwierigkeiten: Gisela Gruppe, Umwelt und Bevölkerungsentwicklung im Mittelalter, in: Bernd Herrmann (Hg.), Mensch und Umwelt im Mittelalter (Fischer Perspektiven 4192), Frankfurt am Main 1989, S. 24–34.

12 Amalie Fößel, Der „Schwarze Tod“ in Franken 1348–1350, in: Mitteilungen des Vereins für Geschichte der Stadt Nürnberg 74, 1987, S. 1–75, Quellenbelege und Nachweise der Bezeichnungen und zum Verlauf der Pest: S. 4–11.

umfassende Monographie verfasste und den Begriff als Buchtitel wählte: „Der schwarze Tod im vierzehnten Jahrhundert: Nach Quellen für Ärzte und gebildete Nichtärzte bearbeitet".[13]

Verlauf des sogenannten Schwarzen Todes

Nach allgemeiner Auffassung der HistorikerInnen bahnte sich der Pesterreger seinen Weg, vermutlich aus der Mongolei kommend, in den Westen, indem er über die durch das Chanat der Goldenen Horde führenden Handelswege auf die Krim gelangte. Hier beginnt mit dem Bericht des aus Piacenza stammenden Rechtsgelehrten und Notars Gabriel de Mussis die europäische Geschichtsschreibung über die Pest.[14]

Die Krim war in diesen Jahren von den Tartaren in einen Kriegsschauplatz verwandelt worden. Bei der Belagerung des von den Genuesen gegründeten Handelsplatzes Caffa, dem heutigen Feodosia, soll sich nach Gabriel de Mussis Folgendes abgespielt haben: „*Zu diesem Zeitpunkt befiel die Seuche die Tartaren. Deren ganzes Heer geriet in Panik und täglich starben Tausende. Es schien den Belagerten, als ob Pfeile vom Himmel flögen, um den Übermut der Tartaren zu zügeln. Diese zeigten bald entsprechende Symptome an ihren Körpern, an den Gelenken und auch an den Leisten verklumpte Körpersäfte. Folgte das Fäulnisfieber, starben sie, wobei die Ärzte weder Rat noch Hilfe geben konnten. Als aber die Tartaren, vom Kampf und der Pest geschwächt, bestürzt und in jeder Hinsicht erschrocken zur Kenntnis nehmen mussten, dass ihre Zahl immer kleiner wurde und sie also erkannten, dass sie ohne Hoffnung auf Rettung sterben mussten, banden sie die Leichen auf Wurfmaschinen und ließen sie in die Stadt Caffa hineinkatapultieren, damit dort alle unter dem unerträglichen Gestank zugrunde gehen sollten. Man sah, wie sich die Leichen, die so*

---

13 Erschienen Berlin 1832.

14 Die Annahme der älteren Forschung, dass Gabriel de Mussis von 1344 bis 1346 auf der Krim gelebt habe, vor der Seuche fliehen konnte und damit als ein Augenzeuge nach der Rückkehr in seine Heimatstadt Piacenza 1348 seinen Bericht verfasste, wird neuerdings bezweifelt; vgl. dazu: Mark Wheelis, Biological Warfare at the 1346 Siege of Caffa, in: Emerging Infectious Diseases 8, 2002, S. 971–975, der zudem das in der Forschung wörtlich genommene Narrativ, dass die aus Caffa Geflüchteten die Pest mit nach Europa gebracht hätten, relativiert und auf S. 974 zu dem plausiblen Ergebnis kommt: „Thus, refugees from Caffa would most likely have constitued only one of several streams of infected ships and caravans leaving the regions. The siege of Caffa, for all of its dramatic appeal, probably had no more than anecdotal importance in the spread of plague, a macabre incident in terrifying times".

hineingeworfen waren, zu Bergen türmten. Die Christen konnten sie weder beiseite schaffen noch vor ihnen fliehen […]".

Einigen sei dennoch die Flucht auf Schiffen in den Westen gelungen, jedoch waren sie größtenteils infiziert. Als sie in Italien an Land gingen, zuerst in Messina, Genua und Venedig, starben sie. „*Wenn einer erkrankt war*", so Gabriel weiter, „*brach er bald zusammen und starb. Dabei infizierte er seine ganze Familie. Entsprechend starben auch die Totengräber, die die Leichen bestatten sollten. Und der Tod kam auf diese Weise sogar durch die Fenster. Städte und Burgen wurden entvölkert, und man weinte um ganze Ortschaften wie um seine Verwandten*", soweit Gabriel de Mussis.[15]

Anfang Oktober 1347 in Messina, im November in Genua und Marseille, am 1. Januar 1348 in Pisa und am 25. Januar 1348 in Venedig verbreitete sich die Pest in den folgenden Jahren in ganz Europa. Noch im Jahr 1348 kam sie in England an, 1349 in Skandinavien. 1350 verbreitete sie sich über die Nordseehäfen in Norddeutschland und erreichte über die Ostseegebiete schließlich Russland.

Erklärungsversuche

Frühzeitig versuchte man den Schrecken der Seuche zu begreifen und zu erklären. Man wusste über die neue todbringende Krankheit nur was man sah und nichts über die Infektionswege. Erst nach der Isolierung des Erregers während eines Pestausbruchs in Hongkong 1894 konnte der Bazillus identifiziert werden. Einige Jahre später, 1898, konnte man die Infektionswege über die Ratten und menschenpathogenen Flöhe nachweisen. Man erkannte, dass die Übertragung auf den Menschen erfolgt, wenn kranke Wanderratten die Hausratten infizierten und die Pestflöhe damit in den Lebensraum der Menschen gelangten, in Schiffe, Häuser, Lager et cetera. Einem Pestausbruch ging ein Massensterben infizierter Nagetiere voraus. Die Flöhe mussten sich einen neuen Wirt suchen und konnten bis zu dreißig Tage ohne Nahrungszufuhr in Kleidern und Betten überdauern. Stach der den Pestbazillus in sich tragende Floh den Menschen, wurde der Bazillus übertragen. War ein Mensch infiziert, äußerte sich das zunächst durch grippeähnliche Symptome und schließlich durch die sogenannten Pestbeulen an den Lymphknoten und in den Leisten. Gelangte der Pestbazillus von hier in die Blutbahn war der Tod die unaufhaltsame Folge. Mit der Zeit lernte man, dass ein

15 Gabriele de Mussis, Ystoria de Morbo, in: Heinrich Haeser, Lehrbuch der Geschichte der Medizin und der epidemischen Krankheiten, Bd. 3, Jena [3]1882, S. 157–161, hier zit. nach der Übersetzung von: Klaus Bergdolt, Die Pest in Italien. Fünfzig zeitgenössische Quellen, Heidelberg 1989, S. 19–32, hier: S. 19–22.

Aufstechen der Beulen die Überlebenschancen deutlich erhöhte, und die einst erkrankten und geheilten Überlebenden eine Resistenz gegen die Pest entwickelten. Hilflos blieb man jedoch bis in die Neuzeit hinein gegen die sogenannte Lungenpest, die wie die Influenza durch Tröpfcheninfektion leicht übertragen werden konnte und gegen die man kein Heilmittel hatte.[16]

Pest und Klima

Virulenz und Lebensdauer des Pesterregers wurden durch die klimatischen Verhältnisse beeinflusst. Das zeigen die Ergebnisse der modernen Forschung. Bei Temperaturen unter 10 Grad Celsius fällt der Pestfloh in eine zeitweilige Kältestarre und überlebt, bei Temperaturen über 27,5 Grad Celsius sterben die Pestbazillen ab. War Hitze abträglich für das Legen der Eier und Ausschlüpfen der Larven, so lagen optimale Bedingungen für eine starke Vermehrung vor, wenn die Temperaturen zwischen 20–25 Grad lagen und die Bazillen zwei- bis dreimal so lange in den Flöhen überdauern konnten als bei höheren und niedrigeren Temperaturen. Eine weitere Voraussetzung für die Verbreitung ist zudem eine bestimmte Luftfeuchtigkeit von 60–80 %. Alles in allem heißt das, dass Pestausbrüche durch warm-feuchtes Wetter begünstigt wurden.[17]

Auch wenn präzises Wissen über die Verlaufsformen und klimatischen Voraussetzungen erst in den letzten gut hundert Jahren gewonnen wurden und eine Übertragbarkeit der um 1900 erlangten Kenntnisse über Ansteckung und Verbreitung der Pest auf die Zeit des Mittelalters nicht so ohne weiteres möglich erscheint, weil sich bakterielle Eigenschaften in Zeit und Raum verändern[18], lassen sich entsprechende klimatische Bedingungen dennoch in etwa mit Daten aus dem spätmittelalterlichen Nürnberg abgleichen. Die Analyse von Pestausbrüchen in Nürnberg zwischen 1449 und 1543 zeigt, dass diese in 10- bis 12-jährigen Abständen ausbrachen und es sich dabei um typische Sommerepidemien handelte, die zwischen 26 und 34 Wochen andauerten, ihre höchste Sterberate jeweils im September und Oktober erreichten und sich bis in die Wintermonate, bis in den

16 Vgl. Bergdolt, Der schwarze Tod (wie Anm. 7), S. 17–20.

17 Hans-Peter Becht, Medizinische Implikationen der historischen Pestforschung am Beispiel des „Schwarzen Todes“ von 1347/51, in: Bernhard Kirchgässner / Jürgen Sydow (Hg.), Stadt und Gesundheitspflege (Stadt in der Geschichte 9), Sigmaringen 1982, S. 78–94.

18 Ole Georg Moseng, Climate, Ecology and Plague: The Second and the Third Pandemic Reconsidered, in: Lars Bisgaard / Leif Søndergaard (Hg.), Living with the Black Death, Odense 2009, S. 23–45.

Januar und Februar hinzogen. Die Pestjahre waren klimatische Ausnahmejahre, mit feuchten Sommern, warmen Herbstmonaten und milden Wintern.[19]

Für die Ausbreitung der Pest wird in den mittelalterlichen Chroniken und Pesttraktaten beziehungsweise den *Pestconcilia* der Ärzte dem Faktor Klima eine wichtige Rolle zugeschrieben. Die Beschreibungen gingen freilich meist nicht über allgemeine Beobachtungen hinaus und basierten auf dem tradierten antiken medizinischen Wissen, demzufolge Fäulnisstoffe aus der Luft oder über die Nahrung direkt in den Körper gelangten. Die Verpestung der Luft erklärte man sich durch Ausdünstungen, den sogenannten Miasmen. Man fürchtete sich daher vor feuchtschwülem Wetter und den Südwinden sowie stehenden Gewässern und Sümpfen, weil sie im Verdacht standen, Miasmen zu befördern. Die Fenster der Wohnungen sollten den *Consilia* zufolge daher nur geöffnet werden, wenn Nordwinde herrschten. Niemals aber sollte man warmfeuchte Südwinde in die Zimmer strömen lassen.[20] Ein entsprechendes Erklärungsmodell hat der umbrische Arzt Gentile da Foligno niedergeschrieben, der bereits im Juni 1348 in Perugia an der Pest starb. Ihm zufolge hätten ungünstige Sternenkonstellationen dazu geführt, dass krankmachende Dünste von Meer und Land in die Atmosphäre und als „*verdorbene Winde*“ zurück auf die Erde gelangten, eingeatmet wurden und als giftige Dämpfe in Herz und Lunge strömten, alle Organe infizierten und beim Ausatmen die Familienangehörigen und alle Anwesenden ansteckten. Die Erklärung entspricht medizinischem Wissen der Antike, das schwülfeuchte Luft als krankheitsförderlich einstufte. Zu meiden seien daher, so schon Galen, insbesondere Brunnen, stehende Gewässer, Tierkadaver und menschliche Leichen, die die Luft verpesteten. Schließlich wurden auch Erdbeben als Ursache für eine Verpestung der Luft angeführt, weil beim Beben der Erde schlechte Luft aus dem Inneren der Erde frei gesetzt werde, wie Avicenna ausführt. Das Erdbeben, das sich im Januar 1348 im Friaul ereignete, wurde daher ursächlich mit der Pest in Verbindung gebracht.[21]

---

19 Charlotte Bühl, Die Pestepidemien des ausgehenden Mittelalters und der Frühen Neuzeit in Nürnberg (1483/84 bis 1533/34), in: Rudolf Endres (Hg.), Nürnberg und Bern. Zwei Reichsstädte und ihre Landesgebiete (Erlanger Forschungen. Reihe A: Geisteswissenschaften 46), Erlangen 1990, S. 121–168, hier: S. 122 f.

20 Bergdolt, Der schwarze Tod (wie Anm. 7), S. 21.

21 Ebd., S. 24 f. Über die Zusammenhänge zwischen Erdbeben und Pest bei Konrad von Megenberg vgl.: Dagmar Gottschall, Wissenschaft bei Konrad von Megenberg. Seine Texte zur Pest von 1348, in: Claudia Märtl / Gisela Drossbach / Martin Kintzinger (Hg.), Konrad von Megenberg (1309–1374) und sein Werk. Das Wissen der Zeit, München 2006, S. 201–227.

Auf dieser Basis wurden Ratschläge und Anweisungen in den sogenannten *Pestconsilia* gegeben, die als neue medizinische Literaturgattung im Zusammenhang mit der Pest entstanden und im 15. Jahrhundert eine weite Verbreitung vor allem in den Städten fanden.[22] Allen voran wurde der Ratschlag formuliert, aus den betroffenen Gebieten zu fliehen, was unter anderem Giovanni Boccaccio als Motiv im „Dekamerone“ stilisierte und als Rahmenhandlung mit der eindrücklichen Berichterstattung vom „Schwarzen Tod“ in Florenz verknüpfte. Der Rat, aus Seuchengebieten zu fliehen, enthielt viele Verhaltensmaßregeln und unter anderem auch eine vor 1360 verfasste anonyme Pestregel aus Padua, die Klima und Jahreszeiten als ausschlaggebende Faktoren benannte: *„Seh ich zur Frühjahrszeit eine Pest heraufziehen oder im Sommer, muß ich noch im Frühling vor der* [verseuchten] *Luft fliehen, bevor ich mich damit anstecke. Das gilt auch für die anderen Jahreszeiten. Gibt es eine Möglichkeit, sich zurückzuziehen, muß zunächst, um die Luft entsprechend zu beeinflussen, schon vom Morgen an durchgehend ein Feuer aus nicht verfaulten und verdorbenen Hölzern unterhalten werden, die nicht bereits in der Natur tot waren. In dieses Feuer streue man etwas Weihrauch oder Aloenholz oder Wacholderbeeren. Dies gilt besonders für die Gesunden. Ist der Körper aber schon akut fiebrig, soll das Haus mit Rosenwasser oder ganz kaltem Wasser oder Essig besprengt werden. In den Häusern* [der Kranken] *zerstreue man Blätter von Weiden, Wein, Rosen, Seerosen, Veilchen und allem, was gut riecht, wobei diese kalt und trocken sein müssen. Kommt die Pest nun von unten, weil in Höhlungen der Erde Fäulnis auftritt, soll man in einer Gegend hoch auf den Bergen wohnen und, soweit es möglich ist, Räume im Erdgeschoß meiden. Kommt sie aber von oben, soll man sich gegenteilig verhalten. Auch die Fenster eines Hauses soll man schließen, da durch sie verderbliche Luft eindringen könnte“*.[23]

Als der Mergentheimer Arzt Sixtus Kolbenschlag sein, in Nürnberg bei Leonhart Milchtaler 1540 gedrucktes, *Pestconsilium* verfasste, waren die ärztlichen Kriterien immer noch dieselben wie in den Jahrhunderten zuvor. Für Würzburg schrieb er *„Eine tröstliche fruchtbare Ordnung und Unterricht/ Wider die schröcklichen schnellen Kranckhait der vergifften Luft und Pestilentz. Einer Erbarn Gemain*

---

22 Die umfangreichste gedruckte Sammlung: Karl Sudhoff (Hg.), Pestschriften aus den ersten 150 Jahren nach der Epidemie des „schwarzen Todes“ 1348, in: Archiv für Geschichte der Medizin 4, 1910/11, S. 191–222 u. S. 389–422; 5, 1911/12, S. 36–87 u. S. 332–396; 6, 1912/13, S. 313–379; 7, 1913/14, S. 57–114; 8, 1814/15, S. 175–214 u. S. 236–286; 9, 1915/16, S. 53–78 u. S. 117–167; 11, 1918/19, S. 44–92 u. S. 121–176; 14, 1922/23, S. 1–25 u. S. 79–105 u. S. 129–168; 16, 1924/25, S. 1–69 u. S. 77–188; 17, 1925/26, S. 12–139 u. S. 241–291.

23 Bergdolt, Pest in Italien (wie Anm. 15), S. 167 f.

zu Würtzburg zu sonder trost geschrieben": Die verfaulte und zerstörte Luft ist für ihn die Ursache der Pest, die durch Herz und Lunge in alle Körperorgane gelange und den Köper verseuche und mit böser ansteckender Feuchtigkeit anreichere. Von allen Jahreszeiten hält er den Übergang vom Sommer zum Herbst für am gefährlichsten und er begründet das – interessanterweise – mit dem erhöhten Konsum von Obst. Obst verwässere das Blut, so Kolbenschlag, und führe zu einem Mangel und einer Schwächung der Abwehrkräfte. Ein schwaches Immunsystem könne aber auch als Folge von Krieg und Hunger entstehen.[24]

Schutzmaßnahmen und Hygiene als Form der „Kultur der Umwelt"

Als ein probates Mittel des Schutzes gegen die Pest wurden Räucherpfannen bewertet, die mit wohlriechenden Kräutern angereichert waren und die Luft säubern sollten. So soll sich Papst Clemens VI. auf Anraten seines Leibarztes zwischen solchen Räucherpfannen in den Räumen seines päpstlichen Palastes in Avignon aufgehalten haben. Es gab darüber hinaus eine Fülle weiterer Ratschläge, die ohne Kenntnis der Ursache der Pest und der Infektionsweise allein aufgrund von Beobachtungen richtige Maßnahmen verordneten. Dazu gehörten Quarantänemaßnahmen und Maßnahmen für eine bessere Hygiene, die vereinzelt schon frühzeitig ergriffen wurden, so in Venedig und einigen Städten der Toskana. Dazu gehörten aber auch spezifische Begräbnismodalitäten und die Durchsetzung einer Meldepflicht. Entsprechende Praktiken lassen sich mit dem Kölner Medizinhistoriker Klaus Bergdolt als Hygienemaßnahmen verorten und als spezifische Formen einer „Kultur der Umwelt" erzählen.[25]

Besonders vorsichtig war man im Umgang mit Fremden: Bereits 1374 wurden Verdachtsfälle bei Reisenden in Reggio d'Emilia isoliert, bevor man sie die Stadt betreten ließ. In Ragusa hat man seit 1377 Schiffe und Seeleute aus unter

---

24 *„Die dritt Frag/ Warumb ist dieser gebrechen mer im Herbst/ dann zu abdern zeyten/ so doch der Herbst von seiner natur kalt vnd trucken ist/ welche bayde wider die feule sind. Antwort. So der vergangne Sommer mit seiner werm/ den Lufft/ so subtil genacht hat/ vnd der menschen leyb geöffnet ist/ so nehmen die Cörper den Lufft geringer inn sich/ Auch so der Herbst küll ist/ so bleyben die dempff vnuerzert/ vnd vermischen sich mit dem Lufft/ Inn der zeyt/ sind auch der menschen Cöper mer entricht/ vmb des vnstetten weters willen/ Vnd man isst zu der zeyt vil Frücht/darauß vil wesserigs geblüts kompt/ geschickt zu der feule"*, Sixtus Kolbenschlag, Eine tröstliche fruchtbare Ordnung und Unterricht [...], Nürnberg 1540, S. 49.

25 Bergdolt, Seuchentheorie (wie Anm. 2), S. 231.

Pestverdacht stehenden Häfen für 30 Tage in Quarantäne genommen. In Marseille galt ab 1383/84 eine Quarantäne von 40 Tagen. In Venedig verhängte man Quarantäne für Schiffe ab 1403. Demgegenüber lassen sich für Nürnberg Maßnahmen, die auf Absonderung von pestverdächtigen Personen und Fremden abzielten, erst gegen Ende des 15. Jahrhunderts greifen. Diesen schriftlichen Anordnungen dürften in den Jahrzehnten zuvor vermutlich entsprechende mündliche Anweisungen vorangegangen sein. Für 1494 sind Befehle an die Torwärter überliefert, keine Fremden und auf keinen Fall Kranke ohne Erlaubnis eines Bürgermeisters in die Stadt zu lassen, auch nicht für ärztliche Behandlung. Für dasselbe Jahr 1494 sind erste „*zettel*“ für „*pestilencie*“ in Nürnberg nachweisbar. 1520 verfügte der Rat für die Pestordnung eine Auflage von 6.000 Stück, die Hygienevorschriften, Gebote und Verbote zur Bekämpfung der Ansteckungsgefahr sowie Bestimmungen zur medizinischen Versorgung der Kranken und zur Begräbnisordnung enthielten.[26]

Gemeinhin wird die Veränderung der Bestattungspraxis außerhalb der Stadtmauern und der Ortschaften mit der Pest in Verbindung gebracht. Es zeigt sich jedoch, dass es oftmals nicht einfach war, die neuen Regelungen durchzusetzen, weil das Recht der Toten, in ihren Familiengräbern und nah an den Gräbern der Heiligen um die Kirchen herum bestattet zu werden, für wichtiger gehalten wurde als die Autorität der Mediziner und die durch die Miasmenlehre begründete Ansteckungsgefahr durch den Gestank aus den Gräbern, die mittels Wacholderstauden gereinigt wurden. Trotz der Pestjahre 1484 und 1505 und gegen den erbitterten Widerstand setzte der Nürnberger Rat schließlich ein allgemeines Bestattungsverbot innerhalb der Mauern in den Pestjahren für Reiche und Arme durch. Das war aber erst 1517 der Fall.[27]

Das effektivste Mittel, um der Pest zu entgehen, blieb die Flucht. Diesen Ratschlag befolgten die Nürnberger noch im Jahr 1533. Einem Brief Michael Behaims an seinen Vetter Paulus im Oktober dieses Jahres zufolge, den er von Breslau aus schrieb, war ein Drittel der Stadtbewohner vor der Pest aus der Stadt geflohen. Das war eine Option, die freilich vor allem die vermögende Ober- und Mittelschicht realisieren konnte: „*Weytter so wis, freundtlicher, lieber vetter, wie ich gen Leyptzigk kham, vernam ich vom Hans von Bloen vnd andern Nürmbergkern, so ihres handels halben alda waren, das es mechtig seer zw Nurmbergk styrbt vnd mer dan 1/3 der gantzen stadt wegk geflohen, forderlich was die erbarn belangt, nyemandt in Nurmbergk ist, dan* [als] *die 7 alten herrn* [Ratsherren]. *Auch ist bey*

26 Bühl, Pestepidemien (wie Anm. 19), S. 134–137 mit Bezugnahme auf die Nürnberger Ratsbücher vom 9.11.1519.

27 Ebd., S. 152f.

menschen gedechtnu nie erhoerdt worden, daß das handtwergksvolck den sterben so seer geflohen hat, als dismals“, so Behaim 1533 mit einem abschließenden „*Got wol sich vber vns erbarmen!*“[28]

Eine zentrale Frage stellte sich der Mergentheimer Arzt Kolbenschlag am Ende seines Textes: Warum wird durch die vergiftete Luft „*eins inn einem geschlecht/ daruon vergifft/ vnd das ander nicht/ etliche inn einer Stat/ inn der andern nicht/ inn einem Hauß/ vnd im andern nicht*“. Seine Antwort darauf ist wenig überraschend, indem humoralpathologisch die individuell unterschiedlich ausgeprägte Abwehrkraft der Menschen als Ursache genannt und zum anderen die Barmherzigkeit Gottes angeführt wird: „*Gott aber ist allenthalben/ wo wir vns hinkeren/ vnd teylt seine gnaden/ nach seiner Barmhertzigkeyt auß/ die wir alle von im bitten vnd begeren sollen/ das wir/ der auch teylhafftig werden/ Amen*“.[29]

Der „Schwarze Tod“ in Bayern und Franken

Die Frage, warum von der ersten verheerenden Pestwelle von 1348 bis 1350 vereinzelte Städte und Regionen Europas verschont blieben, ist eine zentrale Frage für die bayerische und fränkische Geschichte.

„Wie in Italien“, so hat das Kay Peter Jankrift in seinem Studienbuch zu Krankheit und Heilkunde im Mittelalter plastisch vor Augen gestellt, „so hinterließ der schwarze Tod auf seinem Triumphzug durch Europa allerorts ein Bild des Grauens. Ganze Landstriche wurden entvölkert. Niemand brachte die Ernte ein. Der Handel brach zeitweilig zusammen. Die Reaktionen auf den schwarzen Tod waren überall dieselben. Fassungsloses Entsetzen und Hilflosigkeit bestimmten die Szenerie. Rätselhaft ist bis heute, warum manche Städte, wie etwa die kaiserliche Residenzstadt Prag, vom Ansturm der Seuche zwischen 1347 bis 1350 verschont blieben. Im Frühjahr 1348, ein Jahr nach ihrer Ankunft im Süden Europas, hatte die Pest das deutschsprachige Reichsgebiet erreicht. Über den Brenner- und Reschenpass sowie das Pustertal schob sich die Seuche weiter nach Bayern und Tirol vor. Nachdem die Pandemie auch hier ihren Blutzoll gefordert hatte, zeigte sich der schwarze Tod im Sommer 1349 am Oberrhein“.[30]

---

28 Michael Behaim, zit. nach Johann Kamann, Aus Paulus Behaims I. Briefwechsel, in: Mitteilungen des Vereins für Geschichte der Stadt Nürnberg 3, 1881, S. 73–154, hier: S. 107.

29 Kolbenschlag, Ordnung und Unterricht (wie Anm. 24), S. 51.

30 Kay Peter Jankrift, Krankheit und Heilkunde im Mittelalter (Geschichte kompakt. Mittelalter), Darmstadt 2003, S. 87.

Jankrift fasst damit einen Befund zusammen, der pars pro toto für viele historische Darstellungen zitiert werden kann. Anzuknüpfen ist bei dem von Jankrift als „rätselhaft" bezeichneten Umstand, dass „manche Städte, wie etwa [...] Prag [...] zwischen 1347 bis 1350 verschont blieben". Darauf hat bereits Robert Hoeniger hingewiesen, der 1882 mit seinem Buch „Der schwarze Tod in Deutschland" eine erste historische Auswertung der Quellen vorgenommen und ein Grundlagenwerk vorgelegt hat, das die Forschung bis heute beeinflusst. Ihm zufolge sind nicht nur Prag, sondern ganz Böhmen und Mähren sowie die Reichsstadt Nürnberg vom „Schwarzen Tod" verschont geblieben.[31]

Darüber hinaus sind weitere Städte und Regionen zunächst nicht betroffen gewesen: Brabant, Flandern und das Hennegau sowie Mailand, das jedoch frühzeitig, bereits 1350, von einer zweiten Pestwelle in Italien erfasst wurde, die vielleicht durch die aus Norden kommenden Pilgerströme auf dem Weg nach Rom ausgelöst wurde, weil Papst Clemens VI. zum zweiten Mal in der Kirchengeschichte trotz aller Kontroversen ein Jubeljahr in Rom hatte ausrufen lassen, das große Mengen von Pilgern in Bewegung setzte.

Für Bayern, Franken und Böhmen hat die moderne Forschung inzwischen ein differenziertes Bild gezeichnet und deutlich gemacht, dass für die Erfassung von Pestausbrüchen eine pauschalisierende Sicht auf ganze Länder wenig hilfreich ist und vielmehr erst durch einen kleinräumigen regionalen und lokalen Zugriff genauere Daten ermittelt werden können, von daher die Landeshistorikerinnen und Landeshistoriker in die Pflicht zu nehmen sind, die in der Literatur kursierenden Daten zu überprüfen und zu präzisieren.

Dass das von Jankrift pars pro toto gezeichnete Bild vom Auftreten des „Schwarzen Todes" in Bayern nachhaltig in der Forschung präsent ist, ergibt sich letztlich vor allem aus vereinzelten historiographischen Quellen, die in ihrem Aussagewert jedoch nicht immer über jeden Zweifel erhaben sind. Dem Regensburger Domherrn Konrad von Megenberg zufolge kam die Pest von Wien aus, wo sie vom 31. Mai bis 29. September 1349 gewütet haben soll, nach Bayern und Passau und viel weiter (*„gegen paiern und ze Pazzaw und vil ferrer"*).[32] Die chronikalische Überlieferung macht zudem einen Ausbruch in Regensburg 1349 wahrscheinlich. Die Annalen von Mattsee schließlich berichten von der *„crudelissima pestilencia"* in Wien und Passau sowie deren Vordringen nach Bayern, wo in Mühldorf am

31 Robert Hoeniger, Der schwarze Tod in Deutschland, Berlin 1882, ND Schaan 1981; zur Pest in Böhmen vgl. neuerdings: David C. Mengel, A Plague on Bohemia? Mapping the Black Death, in: Past and Present 211, 2011, S. 3–34.

32 Konrad von Megenberg, Buch der Natur, hg. von Franz Pfeiffer, Stuttgart 1861, ND Hildesheim 1971, S. 110.

Inn 1.400 Menschen gestorben seien, sowie Braunau, München und Landshut. Dabei sind in der Forschung bislang drei Wege nach Bayern plausibel gemacht worden: 1. Von Venedig über Kärnten und die Steiermark nach Österreich und Bayern; 2. über Tirol von Trient und Bozen ins Pustertal, den Vinschgau und den Reschen; sowie 3. über die Westalpen und den St. Gotthard an den Vorderrhein, nach Bern und Basel.[33]

Fraglich ist mehr denn je, welche Städte und Teile Bayerns 1349/1350 tatsächlich betroffen waren. 2003 hat Manfred Vasold auf der Basis von Nichterwähnung in Stadtgeschichten die These formuliert, dass es „sich nicht mit Sicherheit sagen“ lasse, wann die Pest erstmals bayerisches Gebiet erreicht habe und (mit Referenz auf die 1884 erschienene Darstellung von Karl Lechner) darüber hinausgehend formuliert: „überhaupt scheint das südliche Bayern weitgehend – oder vollkommen – verschont geblieben zu sein“.[34] Unter Berücksichtigung der breiten Quellenüberlieferung hat 2005 der Augsburger Landeshistoriker Rolf Kießling ein differenziertes Bild gezeichnet und dabei zahlreiche „weiße Flecken“ in Schwaben und Altbayern konstatiert.[35] Dazu gehören München, wo frühestens 1356 ein Ausbruch erfolgt sein soll, und Augsburg, das wahrscheinlich erstmals 1380 von einer Pestwelle überrollt wurde. Eindeutiger stellen sich die Befunde für Franken dar. Hierher kam die Pest erstmals 1356 während einer zweiten Welle, so in Nürnberg und in Würzburg.[36]

Neben dem von Vasold stark gemachten Argument des Schweigens der Quellen, sind es vor allem wirtschaftsgeschichtliche Beobachtungen und Phänomene, die in den letzten Jahrzehnten im Rahmen der Diskussion um die sogenannte spätmittelalterliche Agrarkrise intensiv debattiert wurden und belegen, dass für weite Teile Bayerns und Frankens keine gravierenden Bevölkerungseinbrüche zu verzeichnen sind. Nürnberg erlebte vielmehr einen wirtschaftlichen

33 Annales Matseenses, hg. von Wilhelm Wattenbach, in: MGH SS 9, S. 829. Zum regionalen Verlauf in Bayern und der schwierigen Quellenbasis vgl.: Fößel, Der „Schwarze Tod“ (wie Anm. 12), S. 7–9.

34 Manfred Vasold, Die Ausbreitung des Schwarzen Todes in Deutschland nach 1348. Zugleich ein Beitrag zur deutschen Bevölkerungsgeschichte, in: Historische Zeitung 277, 2003, S. 281–308, Zit. S. 295.

35 Rolf Kießling, Der Schwarze Tod und die weißen Flecken. Zur großen Pest von 1348/49 im Raum Ostschwaben und Altbayern, in: ZBLG 68, 2005, S. 519–539.

36 Fößel, Der „Schwarze Tod“ (wie Anm. 12). Zu Würzburg: Helmut Martin, Die Pest im spätmittelalterlichen Würzburg. Pesterwähnungen in den Quellen. Vom Schwarzen Tod 1348 bis zum Tode Bischof Lorenz‘ von Bibra 1519, in: Mainfränkisches Jahrbuch 46, 1994, S. 24–72.

Aufschwung.[37] Für Augsburg ist ein Zuwachs an Steuerzahlen und Häusern zu konstatieren.[38]

Warum weite Teile Frankens, Bayerns und Schwabens zunächst verschont geblieben sind, ist dennoch eine weitgehend offene Frage. Ausgehend von der Beobachtung, dass die schnelle Verbreitung der Pest in der Mitte des 14. Jahrhunderts vor allem über die Häfen und Wasserwege erfolgte, liegt die Schlussfolgerung nahe, dass die Virulenz des Pesterregers mit seinem Vordringen ins Landesinnere über die Landwege nachgelassen hat.

Die Pest und die moderne Klimaforschung

Die Frage der Virulenz des Pestbazillus ist in den letzten Jahren ganz neu gestellt worden. Dabei ist die tradierte Annahme, dass der Pesterreger, nachdem er 1346 europäischen Boden erreichte, in den folgenden Jahrhunderten in Europa blieb und in Ruhezeiten in Rattenpopulationen weiterlebte, um in witterungsbedingt günstigen Jahren immer wieder neue Pestausbrüche in Gang zu setzen, durch ein Forscherteam aus Norwegen (Oslo), der Schweiz (Bern) und der Slowakei (Brünn) grundsätzlich in Frage gestellt worden. Ausgangspunkt war die Überlegung, dass der Pestbazillus, wäre er über die lange Dauer bis ins 18. Jahrhundert hinein in Nagetierpopulationen in Europa präsent geblieben, Niederschlag in den historischen Quellen hätte finden müssen. Dabei hat das Forscherteam einen Quellenbestand von 7.711 Pestausbrüchen durchgesehen und ausgewertet. Die Studie kommt zu dem Ergebnis, dass es keine Hinweise auf lokale Pestquellen in Europa gebe, jedoch auch weiterhin die Häfen und Handelsstädte die Dreh- und Angelpunkte für Pestausbrüche darstellten. Summa summarum wird daraus die Schlussfolgerung gezogen, dass die These von einer einmaligen Einwanderung des Pesterregers so nicht aufrecht erhalten werden könne. Eine Überprüfung erfolgt mit klimaanalytischen Methoden auf der Basis von dendrochronologischen Untersuchungsreihen. In Baumringen aus Pakistan ist das Team fündig geworden. Nachgewiesen wurden in den Baumringen Klimaeffekte, die einen Zusammenhang mit den Pestausbrüchen in Europa nahelegten, was zu der These verdichtet wurde, dass die Pestbazillen keineswegs über die langen Zeiträume in Europa präsent geblieben sind, sondern jeweils in Abständen von 15 plus/minus einem

37 Fößel, Der „Schwarze Tod“ (wie Anm. 12), S. 59–65.

38 Raphael Matthias Krug, Pest in Augsburg 1348–1351? Eine Studie zur Frage eines Pestvorkommens zu Zeiten des Schwarzen Todes in Europa, in: Rolf Kießling (Hg.), Stadt und Land in der Geschichte Ostschwabens (Augsburger Beiträge zur Landesgeschichte Bayerisch-Schwabens 10), Augsburg 2005, S. 285–321.

Jahr über die Handelsrouten der Seidenstraße immer wieder aufs Neue in den Westen reimportiert wurden.[39]

Die Klimaforschung mittels Baumringanalysen ist ein Forschungsfeld, an dem mehrere Teams vernetzt arbeiten.[40] Damit ist eine neue Debatte um die Langlebigkeit der Pest in Europa eröffnet worden.

39 Boris V. Schmid / Ulf Büntgen / W. Ryan Easterday / Christian Ginzler / Lars Walløe / Barbara Bramanti / Nils Chr. Stenseth, Climate-driven introduction of the Black Death and successive plague reintroductions into Europe, in: Proceedings of the National Academy of Sciences 112, 2015, S. 3020–3025, URL: http://www.pnas.org/content/112/10/3020 (letzter Zugriff: 3.8.2018).

40 Ulf Büntgen / Valerie Trouet / David Frank / Hans Hubert Leuschner / Dagmar Friedrichs / Jürg Luterbach / Jan Esper, Tree-ring indicators of German summer drought over the last millennium, in: Quaternary Science Reviews 29, 2010, S. 1005–1016.

Orts- und Personenregister

C

M

Y

Z

www.ingramcontent.com/pod-product-compliance
Ingram Content Group UK Ltd.
Pitfield, Milton Keynes, MK11 3LW, UK
UKHW021820290926
8980IPUK00004B/180

9 783631 777480